Arriba América Latina
라틴아메리카여 일어나라!

라틴아메리카의 열정과 헌신

라틴아메리카여 일어나라!

초판 1쇄 찍은 날 · 2007년 6월 02일 | 초판 1쇄 펴낸 날 · 2007년 6월 11일

엮은이 · 아세아연합신학대학교 라틴아메리카 연구원 | 펴낸이 · 김승태

편집 · 방현주, 이덕희, 최선혜 | 디자인 · 민상기, 이은희, 정혜정, 이훈혜
영업 · 변미영, 장완철, 김성환 | 물류 · 조용환, 엄인휘

등록번호 · 제2-1349호(1992. 3. 31.) | 펴낸 곳 · 예영커뮤니케이션
주소 · (110-616) 서울 광화문우체국 사서함 1661호 | 홈페이지 www.jeyoung.com
출판사업부 · T. (02)766-8931 F. (02)766-8934 e-mail: jeyoungedit@chol.com
출판유통사업부 · T. (02)766-7912 F. (02)766-8934 e-mail: jeyoung@chol.com
제작 · 예영 B&P T. (02)2249-2507 F. (02)2249-2508 e-mail: yeyoungbnp@hanmail.net

copyright ⓒ2007, 아세아연합신학대학교 라틴아메리카 연구원

ISBN 978-89-8350-435-7 (03230)

값 22,000원

Arriba América Latina
라틴아메리카여 일어나라!

라틴아메리카의 열정과 헌신

라틴아메리카 연구원 엮음

예영커뮤니케이션

제1차 라틴아메리카 선교전략회의. 과테말라 한인교회 (2005.11.29-12.2.)

제2차 라틴아메리카 선교전략회의. 쿠바 Hotel Varadero Playa de Oro (2006.10.17~20.)

제1차 라틴아메리카 선교전략회의

3박4일간의 전략회의를 마친 후 과테말라 한인교회에 감사패를 전달하는 모습과 수고한 임원들

제1차 라틴아메리카 선교전략회의 때 선교전략을 발표하고 있는 김혜란 선교사(브라질 교육현황과 유치원 사역의 효율성)와
박건영 변호사(아르헨티나 교도소 선교전략과 신학교 사역)

전략회의 좌담회 (주제 : 세계선교에 있어서 라틴아메리카 선교의 위치)

라틴아메리카 지도 앞에서 여선교사들과 전체 전략회의 모습

중·남미 19개국에서 모인 선교사들의 연합 및 은혜 찬송

제2차 선교전략회의 때 전체 일정 동안 후원한
김동우 Ampelos Group 회장

제2차 라틴아메리카 선교전략회의 때 김위동 선교사가
"콜롬비아에서 열매맺는 신학교육"을 발표하고 있는 모습

P·R·O·G·R·A·M

아세아연합신학대학교 선교대학원 라틴아메리카 선교연구원 2005

	11월 29일	11월 30일	12월 1일	12월 2일
6:00 - 7:00	BIENVEN-	새벽예배		
8:30 - 10:20		오전 특강1	오전 특강2	오전 특강3,4
10:30 - 12:20		전략강의 및 논의A (중남미)	전략강의 및 논의B (한국,미국)	전략강의 및 논의C (중남미)
12:30 - 2:00		알무에르소		
2:00 - 3:00	IDOS	전략강의(과테말라)		국외탐방
3:00 - 6:30 6:30 - 7:30		오이코스 코이노니아 세나		
7:30 - 9:00		찬양과 저녁집회		
10:00		준비와 평가		

제2차 라틴아메리카 선교전략회의 프로그램

2da Conferencia Estratégica para La Misión en América Latina

기간 : 1부 2006년 10월 17-20일 (장소 : Hotel Varadero Playa de Oro)

2부 2006년 10월 20-23일 (장소 : Hotel Habana Kohly)

ACTS 아세아연합신학대학교 선교대학원 라틴아메리카 선교연구원 2006

	10월17일	10월18일	10월19일	10월20일
a.m. 6:00-7:00	BIENVE-NIDOS	Culto del Alba 설교 · 김만우 목사		
8:20-10:20		Curso 특강 2 prof.이복수	Curso 특강 3-4 prof.이복수 / pas.김만우	Curso 특강 6-8 pr.이복수 porf. 장근조
10:20-10:30		휴식 (간식)		
10:30-12:20		Conferencia Estrategica 전략회의 A (남미 5명)	Conferencia Estrategica 전략회의 C (카리브해 5명)	Conferencia Estrategica 전략회의 D (중미 5명)
12:30-2:00	A L M U E R Z O			
2:00-3:20	Pre-Orientación Presentación 강사, 참가자 소개 Curso 특강 1 윤춘식 원장 La Cena del Señor 성찬식 설교 · 김만우 목사	Conferencia Estrategica 전략회의 B (스탭, 미국 5명)	Curso 특강 · 선택5 Conversación y Plática (전체워크샵 70명: 사역별)	Ceremonia de Cláusura (폐회) 설교 · 조서구 목사
3:30-6:00		OIKOS KOINONIA PASEO por la PLAYA (카리브 해변산책 · 해수욕)		Para Habana 하 바 나 ｜ 행
6:00-7:00	C E N A			
7:00-7:30	Alabanzas 찬양 · 과테말라 한인교회 Culto Nocturno Especial 설교 · 조서구 목사			
7:30-9:00				
9:10-10:00 p.m.	Oración y 기도회 Preparación	Concierto 미니콘서트 en el Evangelio	Función Colectiva por Regiones 지역별 발표회	

권두언

라틴아메리카 문화 속에서의 선교

윤 춘 식 교수
ACTS 지역선교학
라틴아메리카 선교연구원장

유럽과 아메리카 대륙 간의 애정 없는 결합에서 태어난 라틴아메리카 –

출발부터 모순의 대륙이었다. 좋을 때는 친자로 맞이하고 싫을 때는 서자 취급을 받은 땅. 16세기 초엽 수많은 원주민 부족들이 스페인 군대의 총칼에 희생당했던 역사는 주지의 사실이다.

한 때 낭만적 이상주의와 영웅적 민족주의를 내세워 제2의 파리 건설을 외쳤던 유럽의 이민자들은 북부의 볼리바르와 남부의 산 마르띤 장군 영도 아래 독립을 쟁취하게 된다. 독립 후 오늘에 이르기까지 다양한 정치구조와 혼합문화를 가지고 있으며, 어떠한 기본 틀에도 적용시키기 어려운 다인종 사회계층의 황당한 대륙이 되었다.

멕시코의 지성 까를로스 푸엔떼스가 그의 저서 『묻혀진 거울』에서 토로했듯이, 라틴아메리카의 정체성을 찾으려 들면 들수록 정제성은 더 흐려진다고 정체성의 딜레마를 고백한 적이 있다. 더욱이 우리에겐 너무나 먼 대륙이다. 사도행전 1:8에 등장하는 '땅끝'의 해석이 분분하겠지만, 우선 지리적으로 한국에서 가장 먼 곳이다. 우리는 그들과는 판이한 역사와 문화적 유산을 갖고 있으며 의식구조가 완전히 다른 획일화된 유교 생활권 속에서 살아왔다. 우리가 여름을 맞으면 저 곳은 겨울을 맞고, 우리에게 햇빛이 들면 저 곳에선 달빛이 든다.

개신교의 경이적인 성장추세는 Operation World 자료에 따르면, 카리브 해를 포함한 라틴아메리카에만 7천만 명에 육박한다. 이러한 성장은 오순절 운동이 파격적이긴 하지만 오순절교단 안에만 머물지는 않았다. 또한 라틴아메리카의 주 종교인 로마 가톨릭은, 제2차 바티칸 공의회(1962-65년)를 거쳐 수십 년간 정치에 대하여 영향력을 확보하고, 공공교육에 대하여 통제력을 되찾으려고 의미심장한 변화를 시도했으나 수적으로나 사회의 영향력이라는 영역에서 지속적인 하향곡선을 보여 왔다.

최근 중·남미에선 '빠라-복음주의'(para-evangelico)라고 일컬을 수 있는 새로운 물결이 일어나고 있다. 로마와 인연을 끊은 몇몇 카리스마적 천주교회들(예를 들면, 페루의 agua viva- 생명수교회)과 미국의 초대형 은사주의 교회들의 선교로 세워진 교회들(과테말라의 Verbo- 말씀교회), 그리고 전통적인 개신교회들과 결별한 단체들이 바로 이들이다.

이 중에는 피터 와그너가 미국에 본부를 두고 감독하는 신사도적 운동과 연합한 단체들도 존재한다. '빠라-복음주의' 교회들은 복음주의자들이 연합함으로써 자신들의 정당성을 찾으려고 노력한다. 그럼에도 불구하고, 그들의 수적 증가, 신학에 대한 무지, 포스트모던 문화에 종속되는 신앙생활 추구, 새롭고 독창적인 자기주장은 개신교와 가톨릭교와도 구분되는 또 다른 종교 세력으로 취급하기에 충분하다.

이제 '아세아연합신학대학교(ACTS) 라틴아메리카 선교연구원'에선 중·남미 대륙을 품고서 하나님의 나라를 확장하는 사역에 작은 힘이나마 일조하려 한다. 곧 라틴권의 영혼사랑, 선교사 정보교환, 자료 분석과 공유, 선교 동원, 나아가 숨겨진 백성을 찾아가 구령하기 위한 선교사역자 개발을 기원 드린다.

라틴아메리카 제1-2차 선교전략집을 버면서

ACTS 편집부

우리가 처음 과테말라에 도착할 때 모두의 마음은 설레었습니다.

우리 자신이 세계선교 대열에 서 있다는 사실에 대견스러웠고 만나게 될 동역자들의 모습이 궁금했던 것도 사실이지만, 무엇보다도 큰 관심은 하나님께서 부르시고 인도해 가실 모든 일정들이었습니다. 결국 1-2차 전략회의는 선교를 바로 해 보자는 결의였고 각성이었습니다.

중 · 남미를 위한 이러한 선교운동을 사심 없는 태도로써 협력하고 중 · 남미 자국인을 통해 중 · 남미 선교시대를 열어가자는 것이 모토가 아니겠습니까?

한국에서 파송된 선교사들이 아무리 훌륭한 선교사역을 전개해 간다 해도 중 · 남미 지역 교회들이 후원하고 지지하지 않는다면, 21세기 또한 아무런 일도 발생하지 않은 채 지나가고 말 것입니다. 복음이 가장 전파되지 않은 곳에 복음을 전하기 위한 목적으로 그리고 그 사명을 감당하기 위해 파송 받은바 경력(senior) 선교사들이 함께 만나 마음에 열정을 가지게 하신 이유가 있을 것입니다.

중 · 남미 선교사들이 만난 목적은 단순히 고독감을 해소한다거나 중미와 카리브해(과테말라 · 쿠바) 문화를 체험하고 허울뿐인 재충전을 받자는 의도가 아님은 이미 알려져 있습니다. 각자가 세계선교에의 소명을 받은 분량대로 사역하며 충성해 왔던 간증들을 나누며, 선교지 안팎으로 보다 효과적인 코이노니아 선교전략을 찾고 토의한 현장이 되었던 것을 확신합니다.

라틴아메리카는 너무도 낯선 대륙입니다. 하지만 한국교회로부터 멀리 떨어져 있다는 소극적인 사고를 벗어나 한국교회가 가장 심도 있게 접근할 수 있는 곳(가능성)으로 만들고, 동시에 환경이 열악한 중·남미 현장에서 예수 그리스도의 복음을 힘차게 증거할 수 있다면 중·남미 선교사들이야말로 특혜를 가진 자임을 자랑스럽게 여길 수 있을 것입니다.

그러나 이제 라틴아메리카 대륙은 해외선교사를 받아들이기만 하는 나라는 아닙니다. 중·남미 교회의 선교사 파송도 만만치 않습니다. '이베로아메리카 선교협력기구'(COMIBAM)와 'UN 인구 사무국' 자료를 보면 1993년 말 중·남미 전체에서 해외선교사 14,527명을 받았고, 4,615명을 파송했다고 나타납니다. 지금은 약 70%는 증가했다고 예상되고 있습니다.

라틴아메리카 영혼을 위해 함께 멍에를 멘 강사님들께 감사드립니다. 현장사역으로 분주한 중에서도 강의안을 만들어 발표하신 경력 선교사님들과 세계 각국에서 이 전략회의를 위해 기도해 주신 중보기도 팀에게도 감사를 드립니다.

독자들께선 선교사들의 화끈하고(열정) 진솔한 발표와 전략들을 대하면서 가슴 벅찬 감동을 가눌 길이 없을 것입니다. 일생에 한 번 정해진 방향을 따라 흔들림 없이 예수 그리스도만을 위해 목숨을 건 영적 투사들을 발견하게 될 것입니다. 그리고 한국에서 손에 잡힐 듯 귀에 익은 피선교지(被宣敎地)의 이름들이 아닌 멀고도 먼 변방의 장수들을 만나게 될 것입니다. 하나같이 한국교회가 배출한 사역자들이자 거의가 한국교회의 목회라는 큰 우물에서 퍼 낸 교역자들입니다. 오직 지상명령에 순종하여 친척 아비 집을 떠난 그리스도의 산 증인들입니다. 선교현장의 땀은 향기롭습니다. 글을 읽으시는 분들은 단지 여기에 발표된 선교사들만이 아니라, 이러한 먼 영적 전쟁터에 파송된 파트너들을 위해 무엇 하나라도 더 동원해 드리고 싶은 순수한 마음이 일어날 것이라 사료됩니다.

그리하여 마침내 중·남미 선교를 가까이 이해하며 중·남미 선교에 참여하게 되리라 믿어집니다. 이렇게 되기를 바라는 것이 이 책을 편집하게 된 acts 편집진의 정성이며, 중·남미 선교사들의 희망입니다.

특별히 과테말라 한인교회 선교위원회와 쿠바 암펠로스 그룹의 재정적 협력이 아니었으면 1-2차 선교전략회의가 열매 맺기 어려웠을 것입니다. 이러한 협력이 성공리에 마칠 수 있도록 길라잡이 역할을 해 주었습니다. 낯선 3국에서 개최하다보니 부족한 부분들도 있었지만 첫 술에 배부를 수 없다는 교훈을 벗 삼아 다음 해를 기대해 봅니다.

이번 쿠바에서 선정된 라틴아메리카 5개 지역권(중미, 카리브해, 안데스 북부, 안데스 남부, 브라질 및 아마존 지역) 20여 명의 선교 연구위원들은 라틴아메리카 선교를 위해 큰 책임을 느끼고 있습니다.

이제 2007년 개최될 제3차 라틴아메리카 선교전략회의를 고대하면서 한 발자국 더 진보하는 중 · 남미 선교운동이 되길 기대합니다.

차 례

선교전략 발표

부 록

개회사 및 환영사

개 회 사 (1차)

윤 춘 식 교수(Ph. D.)
ACTS 라틴아메리카 선교연구원장

오늘, 하나님의 은혜 안에서 제 1차 라틴아메리카 선교전략회의를 시작하게 되었습니다. 18세기 후반 윌리암 캐리를 선두로 현대선교의 포문을 열어 가신 하나님께선 마지막 시대에 라틴아메리카를 사랑하시고, 이 대륙에 급하고 강한 성령의 바람과 불길을 보내 주셨습니다.

이 시간 개회되는 선교전략회의는 복음이 뿌리내리기에 척박한 라틴아메리카 대륙에 흩어져 사역하고 있는 450여 한국 선교사님들 가정과 200여 한인 디아스포라(이민)교회에 격려와 용기를 드리게 될 것입니다.

한국교회의 세계선교 동향은 Window 10/40 지역과 미전도 종족과 아시아를 중심한 타종교권 선교에 박차를 가해 온 것이 사실입니다. 이에 세계선교의 균형을 중 · 남미의 가톨릭교권으로부터 이루어가야 함을 절실히 느끼고 있습니다.

이번 컨퍼런스는 라틴아메리카 14개 국가에서 사역한 지 12년 이상 된 50여 명의 경력 선교사님들이 모여 각 분야별 전문성을 띤 선교전략을 발표하며 실천 방안을 모색하게 될 것입니다. 이러한 전략회의가 외부에서 스쳐 지나가는 어떤 단체들에 의해 주도되지 않고 이 대륙의 백성들을 몸소 섬기며, 열악한 현장에서 가족과 함께 복음을 전파하는 선교사님들이 직접 강사가 되어 선교적 실천의 삶을 나누며, 선교 좌담을 하게 된 데에 의의가 깊다고 하겠습니다.

아울러 시공간적으로 멀리 떨어져 있는 한국교회와의 거리 단축을 위해 성령 안에서 무시로 기도하며 토의하게 될 것입니다. 시간을 쪼개어 참여한 선교사님들께 감사드립니다. 또한 쾌적한 장소를 제공하며 참여한 모든 분들께 숙식의 편의를 제공하며 물심양면으로 지원하고 계시는 과테말라 한인교회와 김상돈 목사님께 감사드립니다.

아무쪼록 3박4일 간의 순서와 진행 속에 하나님의 크신 영광이 나타나며, 중·남미에서 참여한 우리 모두에겐 지성과 영성에 넘치는 재충전이 있기를 기원 드립니다.

개 회 사 (2차)

윤 춘 식 교수(Ph. D.)
ACTS 라틴아메리카 선교연구원장

제2차 라틴아메리카 선교전략회의를 개회할 수 있도록 한 자리에 불러주신 하나님께 감사드립니다. 1492년 콜럼버스를 통하여 신대륙 발견이 이루어졌고, 개척시대 이후 개신교는 450여 년 동안의 모진 핍박을 견뎠으며 오늘에 이르러 이 대륙의 복음화는 12%라는 놀라운 성장을 해 왔습니다. 이제 약 7천만에 달하는 복음주의자가 태어나게 되었습니다.

이 시간 개회되는 선교전략회의는 카리브 해안 쿠바에서 진행되는 역사적인 의의가 있다고 하겠습니다. 라틴아메리카 19개 국가에서 사역하는 70여 명의 시니어 선교사님들이 참가하여 쿠바를 비롯한 중 · 남미 대륙에 예수 그리스도의 통치가 이루어지길 기원하고 있습니다.

우리는 이국의 먼 길을 마다하지 않고 신앙과 의지를 갖고 모였으며, 주님의 지상명령을 순종하기 위해 7박8일 동안 동고동락하게 될 것입니다.

사회주의 국가의 긴장되고 곤궁한 환경 가운데서도 아름다운 장소를 제공하여 주신 김동우 회장(Ampelos Group)님께 감사드립니다. 말씀전파와 경제적 후원으로써 중 · 남미 선교사님들을 섬겨 주시는 조서구 목사님(부산 · 북교회), 김만우 목사님(필라 · 제일교회)과 특강을 맡아주신 이복수 교수님(고신대 · 선교학)과 김상돈 목사님(과테말라 · 한인교회), 김정기 장로님(왕성교회), 장근조 장로님(장충교회), 그리고 쿠바의 현지 감리교 Obispo, Ricardo Pereira Diaz 목사님께 사의를 표합니다.

우리는 지난해 제1차 과테말라 컨퍼런스에서 라틴아메리카 '선교선언문'을 채택하였으며 선교전략회의 이후 자료집을 발간하여 오늘 그 내용을 함께 읽어볼 수 있게 되었습니다. 이번 선교전략회의의 주제는 "주께서 행하시리라"(사 43:13)입니다. 바라기는 이번 선교전략회의가 주께서 친히 행하시는 회의가 되기를 소원합니다.

- 프로그램 속에서 사람을 만나는 것보다 하나님의 임재를 더 갈망하십시다.
- 우리들의 영성 깊이에서 열정 어린 샘물이 터지며 하늘 문이 열리도록 기도하십시다.
- 로마 가톨릭교의 땅 모압에서 돌아온 사람들이 되어 중·남미 상처받은 영혼들을 사랑하며 구령운동에 앞장서십시다.
- 참여한 78명의 형제자매들이 서로 코이노니아 선교를 나누며 blue-ocean이 교환될 수 있도록 성심을 다해 주시길 기대합니다.

우리들의 심령에 만나를 내리시는 하나님의 임재를 기뻐하며, 연약한 육신에 은혜를 베푸시는 살아 계신 주님께 영광을 돌려 드립니다.

환 영 사 (제1차, 과테말라)

김 상 돈 목사, 선교사
과테말라 한인교회 담임
ACTS 선교대학원 이사

이번 제1차 라틴아메리카 선교전략회의에 참석하신 선교 동역자님들을 주님의 이름으로 환영합니다.

주최하는 아세아연합신학대학교 선교대학원(라틴아메리카 선교연구원)과 한국과 미국에서 어려운 시간을 허락해 주신 세 분의 주강사님, 협력해 주신 과테말라 한인교회연합회, 그리고 사랑의 수고와 아낌 없는 지원을 해주신 과테말라 한인교회에 감사를 드립니다.

주님께서 주신 대위임령을 몸으로 실천하며 선교현장에서 치열한 영적 전투를 전개하시던 영적 야전 사령관들이 이렇게 전략회의로 모이는 매우 중요한 일에 과테말라 한인교회가 쓰임 받게 됨을 영광스럽게 생각하고 하나님께 감사를 드립니다.

우리는 영적 전쟁에서 승리하기 위하여 지금 중·남미 선교전략회의로 모였습니다. 굳이 손자병법을 거론하지 않더라도 영적 싸움터에서 전략이 얼마나 중요한지를 우리는 익히 알고 있습니다.

"우리의 싸움은 혈과 육에 대한 것이 아니요 정사와 권세와 이 어두움의

세상 주관자들과 하늘에 있는 악한 영들에 대함이라" (엡 6:12)

우리는, 영적 전쟁은 결과적으로 승리가 보장된 전쟁이라는 사실을 알고 있습니다. 왜냐하면 예수님께서 십자가에서 이미 사탄을 패배시켰기 때문입니다.

사탄의 IQ는 6,000이라고 하지만, 우리와 함께 사역하시는 하나님은 전지전능하시기에 그분과 함께 중·남미 영혼구령을 위해 선교전략을 수립한다면 우리는 반드시 결과뿐 아니라 과정 중에서도 승리하게 될 것입니다.

바라기는 이미 오랫동안 영적 전투의 현장에서 주님의 이름으로 승리하신 기쁨과 전략을 함께 나누며, 사랑과 수고를 서로 격려하고 새 힘을 얻는 중·남미 선교전략회의가 되기를 기도합니다.

2005. 11. 29.

환 영 사 (제2차, 쿠바)

김 동 우 집사
Ampelos Group 회장

사회주의국가인 쿠바에서 라틴아메리카 선교전략회의를 개최할 수 있게 해 주신 하나님께 감사 드립니다.

하나님 나라의 확장을 위해 환경이 척박한 라틴아메리카에서 온 몸과 마음을 바쳐 선교사역에 임하고 계신 선교사님들을 모실 수 있는 기회를 부족한 저에게 허락해 주신 하나님께 진심으로 감사드리며 매우 영광스럽게 생각합니다.

바쁘신 사역 중에도 귀한 시간을 할애하셔서 이번 제 2차 라틴아메리카 선교전략회의에 참석하신 목사님들과 선교사님들과 하나님의 말씀으로 섬겨주실 주강사님들, 그리고 모든 일이 차질 없이 진행되도록 꼼꼼히 챙기며 수고해 주신 아세아신학대학교 라틴아메리카연구원 원장님과 여러 스탭진들과 먼 곳에서 취재차 방문해 주신 모든 분들을 주님의 이름으로 환영합니다.

선교사님들께서 각 선교지에서 경험하신 일들을 함께 나누고 증거하심으로써 본 라틴아메리카 선교전략회의를 통해 하나님의 영광이 더욱 크게 드러나게 되기를 바랍니다.

이번 선교전략회의를 통해 앞으로 각 선교지에서 필요로 하는 모든 것이 효율적으로 채워질 수 있는 전략이 세워지기를 바랍니다. 참여하시는 모든 선교사님들이 영육간에 필요한 힘과 지혜와 믿음을 재충전하실 수 있는 기회가 되시기를 바라오며, 모든 진행 과정 가운데 성령님께서 뜨겁게 역사하시는 귀한 시간이 될 수 있기를 간절히 기도드립니다.

아무쪼록 짧은 시간이긴 하지만 아름다운 쿠바 해변에서 누적된 피로도 말끔히 씻으시며 보람있는 만남과 휴식을 누리는 복된 시간이 되시기를 바랍니다.

부활하신 주님께서 주신 새 생명의 능력, 복음의 능력이 중·남미 사역 현장 속에서 힘있게 전파될 수 있기를 기도드립니다.

2006. 10. 17.

FORTALECE MI FE (주제곡)

LOS QUE AQUI ESTAMOS HOY SOMOS HIJOS BENDITO DE DIOS
여기에 - 모인우리 주의은 총받은자여 라
주님의 - 뜻하신바 헤아리 기어렵더라 도

Y POR FE SABEMOS DE SU PRESENCIA EN ESTE LUGAR
주께서 - 이자리에 함께계 심을아노 라
언제나 - 주뜻안에 내가있 음을아노 라

SIEMPRE TE ALABARE — Y ADORANDO TE SEGUIRE
언제나 - 주님만을 찬양하 며따라가리 니
사랑과 - 말씀들이 나를더 욱새롭게하 니

Y AUNQUE EL MAL ME TIENTE AMI JUNTO A TI VICTORIA
시험을 - 당할때도 함께계 심을믿노 라
때로는 - 넘어져도 최후승 리를믿노 라

EL QUE ES SEñOR ME GUARDA Y FORTALECE MI FE
이믿음 더욱굳세 라 주가 지켜주신 다
이믿음 더욱굳세 라 주가 지켜주신 다

Y AUN QUE ESTE INTENSA LA OSCURIDAD EL QUE ES UUZ MEGUIARA
어둔밤 에도주의 밝은빛 인도 하여주신 다
어둔밤 에도주의 밝은빛 인도 하여주신 다

원제 : We will keep our faith alive!　　작사, 작곡 : Don Besig & Nancy price
한국어 번역 : 나영수　　　　　　　　스페인어 번역 : 편집부
출처 : Nancy Price & Besig – SATB Choral Series, Shawnee Press USA.

제1차 라틴아메리카 선교전략회의 주제곡 찬양

선교전략 좌담회 및 토의

좌 담 회 (과테말라)

세계선교에 있어서 라틴아메리카 선교의 위치

2005. 11. 30. 9:30 p.m.
장소: 과테말라 한인교회 교육관 Guatemala City
참석자: 중·남미 선교사 55명

기록 : 임복제 총무, 장윤현 선교사 (한국)

사회자 1 : 지금까지 이번 선교전략회의에 **참석하게 된 동기**에 대해 말씀해 주셔서 감
사합니다.

그러면 한국교회 입장에서 보는 **라틴아메리카의 세계선교적 위치**에 대해
서 말씀해 주시기 바랍니다.

□ 라틴아메리카 선교의 위치

김상익 선교사 (온두라스 원주민교회 개척사역)

한국에서는 일반적으로 가톨릭교에 대해서 우호적인데, 라틴아메리카에 와 보니까 배타적이었습니다. 미사 참석률은 겨우 2-3%, 즉 대부분 명목적(Nominal Catholic) 상태입니다. 이들을 복음화하기 위해서는 구별 정책이 필요합니다. 종교개혁을 위한 구호! 이것은 가톨릭을 정면으로 대적하는 구호입니다. 그런데 가톨릭이 우리 구호를 베꼈습니다.

한국에서는 라틴아메리카 선교에 대한 반응이 매우 약합니다. 로마 가톨릭 지역의 선교에 관심을 가져야 하는지 말아야 하는지에 대해서도 미온적입니다. 그러나 라틴아메리카에 발은 딛는 그 순간부터 이곳이 진정한 선교지임을 재다짐하게 되지요.

최광규 선교사 (도미니카 원주민교회 개척사역)

각종 선교대회에 참석해 보면 그 지역권의 위상을 볼 수 있습니다. 이상하게도 중·남미 대표는 숫자도 적고 소외되어 있습니다. '세계선교' 하면 먼저 아시아, 그 다음에 중동과 아프리카로 이어지니까요. 중·남미 선교엔 관심을 보이지 않고 있으며 때때로 제외되기도 합니다. 중·남미는 미국에서 가까움에도 불구하고 준비된 선교사가 오지 않습니다.

세계선교를 위해 미국으로 준비하러 갔던 선교사 후보자들마저 바로 턱 아래에 있는 중·남미로는 내려오지 않습니다. (일동 웃음) 왜 입니까? 먼저 파송 받은 우리가 중·남미 선교지에 대해 홍보하지 않았음 인가요? 아니면 지리적·문화적으로 너무 먼 거리 때문입니까?

김성남 선교사 (과테말라 원주민교회 개척사역)

한국 선교계에 선교 용어 선택이 잘못 되어 있습니다.

첫째, 윈터 WCC총재가 '언 터치드 피플' 또는 '히든 피플' 이라는고 사용하고 있지만, 성경 어디를 찾아보아도 그 용어가 없습니다. '로스트 피플' 은 있어도……

둘째, Window 10/40은 성경에 나타나지 않습니다. 이 용어는 세계선교를 주로 아시아 쪽으로 편중되게 하였습니다. 물론 성경에 제시되지 않았다고 해서 틀리다는 말은 아니지만, 선교의 백지상태에 있는 성도들에겐 마치 그곳만 선교지인 듯한 인상을 주게 됩니다. 그래서 성경에 없는 것을 너무 강조하거나 10-40창을 만든 것 자체가 모순이라고 생각합니다.

셋째, 이러한 용어를 바꿔야 선교에 대한 관점을 바꿀 수 있습니다.

제가 보기엔 중·남미 가톨릭교 국가가 추수지역 가운데서 복음을 받을 준비가 가장 잘 되어있습니다. 그런데 추수할 일꾼이 부족한 상태입니다. 그런데도 추수할 준비가 안 되어 있는 곳에 많은 인력을 소모하는 것은 한국교회가 재검해야 해야 할 부분입니다.

현대 한국교회의 선교정책 입안에 있어서 우리의 입장을 개진해야 할 때가 온 것입니다. (일동 박수)

변흥규 선교사 (과테말라 한인교회와 원주민교회 선교사역)

'언 터치드'가 아니고 '언 리치드'로 해야 할 것입니다. 중·남미 안에도 미전도 종족은 많습니다. 과테말라와 아마존 지역만 해도 수백의 종족들이 복음을 기다리고 있습니다.

이웅섭 선교사 (파나마 인디오 부족선교)

저는 오랫동안 볼리비아에서 사역하다가 1년 전 파나마로 옮겨왔습니다. 아직 파나마에서의 정착이 완전치는 못하지만…. 파나마는 미국의 군사적 침입이 있었고 마약사범이 늘어나고 있습니다. 파나마엔 크게 다섯 원주민 부족이 주류를 이루어 살고 있는데, 저는 그중의 한 부족을 선교하고 있습니다. 중·남미 미전도 종족이 이렇게 많이 산재해 있다는 사실에 대해 한국교회에서는 정보가 미약합니다. 우리가 선교적 사명을 갖고 지치지 않고서 계속 정보를 보내야 합니다. 한국교회가 오늘날과는 달리 중·남미 선교에 대해 적극적인 대안으로 다가올 때가 멀지 않다고 확신합니다.

안승렬 선교사 (브라질 아마존 신학교육 및 의료사역)

중·남미에 와 있는 우리의 반성이 필요합니다. 사실적 정보를 알리지 않았던 우리의 실수라고 생각합니다.

우리가 남미의 인디오를 선교한다고 말하지만 한국교회에서 볼 때 한국과 남미의 인디오가 무슨 상관이 있나요? 같은 선교보고라 할지라도 동일한 아시아 지역권에서 보낸 보고가 한국에선 더 어필할지도 모릅니다. 그러므로 우리는 상류층에 접근해야 할 것입니다. 중·남미 선교를 위해 올바른 접근을 하면 해결책이 나올 것입니다.

스탠리 리 선교사 (코스타리카 원주민 인터넷사역)

라틴아메리카 선교전략회의 1차를 모였으니까, 이제 앞으로는 라틴권 선교를 위한 뼈대를 잡아야 한다고 봅니다. 잘 홍보해야 하겠습니다. 만일 복음주의 교회와 중·남미 가톨릭교를 동일시하면 누구 한 사람도 선교사로 올 이가 없을 것입니다.

그들은 진정한 크리스천도 아니며 가톨릭을 내세운 혼합주의자들입니다. 성당 안에서 버젓이 미신적 제사를 드리고 있지 않습니까? 이것을 한국교회에 제대로 알려서 여기도 선교지라는 것을 강조해야 합니다. 과연 이 땅이 가톨릭교(보편적 교회)란 말입니까? 십자가를 지신 예수 그리스도를 전혀 알지 못하고 있습니다.

전재덕 선교사 (쿠바 신학교육사역)

공식 국가로부터 섬 지역에 이르기까지 합하여 스페인어를 공용어로 사용하는 나라가 32개국이나 됩니다. 전 세계적으로 볼 때 동일 언어로써 이만한 언어권을 형성하는 지역이 결코 없습니다. 그런데도 한국교회에서 중·남미 선교를 소홀히 여긴다는 것은 이해가 가지 않는 부분입니다. 중·남미 외에 북미에도 히스패닉 3,800만 명이 거하고 있지요.

도미니카에서는 주민들의 소원이 일생에 미국 한 번 들어가는 것입니다. 중·남미 선교사를 파송하여 북미 히스패닉을 변화시키면 복음을 받은 그들이 고향으로 돌아가 큰 영향력을 발휘하게 될 것입니다. 도미니카인은 북아프리카인과 동일한 점이 많아서 아프리카 선교도 가능합니다.

장영관 선교사 (아르헨티나 원주민교회 및 빈민사역)

저는 아르헨티나 빈민층에서 사역하고 있습니다. 한국교회가 단기선교 운동으로 세계선교의 햇불을 밝히고 있는데 비해 라틴아메리카 파송은 요원한 상황입니다. 미국에선 청년들의 멕시코 단기선교가 빈번하다고 듣고 있는데 다른 대륙보다는 중·남미 단기선교가 뜸한 것 같습니다. 아르헨티나와 칠레, 우루과이까지는 참으로 먼 곳입니다.

지난해에는 L. A. 동양선교 교회에서 중·남미 선교팀이 17명이나 왔었는데 아르헨티나와 우루과이에서 단기사역을 하였어요. 이렇게 차츰 열리고 있는 상황이 아닌가 싶습니다. 한국에서 단기선교팀이 파송되어 온다는 것은 상상을 할 수 없지요.(일동 동의) 중미를 넘어서 남미의 남쪽 나라에 들어오기까지 적어도 10년 세월은 더 걸릴 것 같습니다.

한국교회 목회자들 중엔 세미나 인도나 선교지 행사 때 초청받아 오는 경우를 종종 볼 수 있습니다.

김선웅 선교사 (브라질 원주민교회 및 유치원 교육사역)

최근 브라질을 비롯하여 아마존 정글 지역에 단기 선교팀이 연결되고 있습니다. 하지만 아직 본격적인 선교 팀웍의 문이 열렸다고 볼 수는 없지요. 남미엔 한국 이민자들과 교포교회들이 많이 세워져 있기 때문에 선교협력과 선교요원들을 한인교회에 의존하는 경향이 없지도 않습니다.

그러나 선교사가 설립한 원주민 토착교회에서 선교요원의 자체개발이 시급합니다. 이러한 제자 개발을 위해서도 한국교회와 교단선교부의 관심과 협력은 꼭 필요하다고 봅니다.

요즘 젊은 선교사들은 영어권 선교지를 선호하는 경향이 있습니다. 다는 아니지만 이미 영어가 준비되었다거나 자녀교육 문제를 먼저 생각하는 이유도 있겠습니다. 어떤 선교사 가족은 부족 언어부터 배우겠다는 열심도 있습니다. 무슨 언어를 준비하는 것이 하나님의 나라와 선교를 위해 우선순위인지 판가름하기 어렵겠으나 영어(국제어)를 준비한 후에 중·남미에 파송 받기 위해 다시 스페인어와 포르투갈어를 배우는 데는 이중의 수고가 요구될 것입니다.

김용훈 목사 (워싱턴 열린문교회 담임)

중·남미에서 차세대 젊은이들을 세계선교 무대에 올려놓아야 합니다. 그들을 선교교회로 영입할 사명이 선교사님들께 있습니다. 저희 교회도 차세대를 위한 선교 슬로건을 내걸고 있습니다.

세계선교에 대한 젊은이들의 안목은 아주 높습니다. 그들은 선교와 전도에 대해 정확히 구별하고 있지요. 그들은 중·남미 가톨릭을 향해서는 전도라는 개념을 가지고 있으며 가톨릭교를 전도해야 한다고 강조합니다.

젊은이들이 가톨릭교를 정확히 이해하도록 교회는 책임 있는 교육을 실시해야 합니다. 가톨릭교와 상이한 구원론을 구체적으로 설명해 주어야 하고 신학적 차이를 지도해야 할 것입니다. 그리고 중·남미 가톨릭교 선교의 중요성을 이해시켜 주어야 합니다.

윤춘식 원장 (전, 아르헨티나 원주민 신학교육 및 문서사역)

한국교회에 비친 중·남미 선교위상에 대해 기본적인 것들이 거의 나왔습니다. 선교사님들의 좌담을 들으면서 '월드 펄스'(World Pulse) 편집장 스탠리 거쓰리의 한 마디가 기억납니다. 윈도우 10/40의 지나친 주장은 그건 개가 꼬리를 흔드는 꼴이라고 말했습니다. 그의 말대로라면 중·남미 선교를 위해서도 흔들어대어야 합니다 (일동 웃음).

관심집중은 거기에 있습니다. 각 대륙간의 균형 있는 선교정책과 후원과 파송이 필요합니다. 이를 바꾸려면 한국교회와 선교행정가들과 선교사 사이에 세계선교를 논하는 공개적인 장과 아카데믹한 분위기가 필요합니다. 한국교회를 방문할 때도 중단 없는 호소가 필요합니다.

중·남미 종족선교를 위한 정글선교와 도시빈민 선교에도 정서적 인식이 계몽되어져야 합니다. 한국교회가 안데스 산맥 정글이라고 해서 정서적으로 통하고, 도시빈민가라고 해서 도시적인 편의 요소가 있는 것으로 판단하는 오류에서도 벗어나야 합니다.

나아가서 중·남미 교회의 문화적 관찰도 무시할 수 없을 것입니다. 우리들이 중·남미에서 사역하고 있는바 문화 내부자(Emic)로서 또 외부자(Etic)로서의 관찰이 필요합니다. 선교는 주님의 명령으로서 계속되어야 할 당위성이 있고 우리의 힘은 제한되어 있습니다. 나아가서 한국교회 차세대의 생각과 방향을 알아야 합니다.

제2차 선교전략 좌담회

좌 담 회 (쿠바)

2006. 10. 19. 11:00 a.m.
장소: Hotel Varadero Playa de Oro, Cuba
참석자: 중 · 남미 선교사 78명

기록 : 임복제 총무, 정일신 간사 (한국)

찬양인도 : 이철영 선교사 (도미니카)

사회 : 윤춘식 원장 (acts)

기도 : 안요셉 선교사 (미국), 장근조 비거주선교사 (한국)

　　사회자 1 : 호텔측의 부탁도 있고 해서 이 장소에서 마음껏 찬양하지 못해 안타깝습니다. 내년에는 이번에 다 하지 못한 찬양을 한몫에 하도록 하십시다. 핸드북 37페이지를 펴시면 2차 좌담회 내용들이 소개되어 있으며 대략의 느낌을 가지시리라 봅니다. 문항을 생각하면서 자유롭게 말씀해 주시면 감사하겠습니다.

　　우리는 지금 카리브 해에서 가장 아름다운 쪽빛 바다를 갖고 있는 쿠바에 와 있습니다. 동시에 라틴아메리카에서 가장 빈궁한 경제로 희망 잃은 영혼들이 탈출구를 찾고 있는 쿠바에 와 있습니다. 어느 선교사님은 쿠바에 온 것이 마치 꿈을 꾸고 있는 것 같다고 얘기한 적도 있습니다.

　　워밍업을 하기 위해서 이번 제2차 선교전략회의에 **참석하게 된 동기**에 대해 스타트를 끊어 주시겠습니까?

양주림 선교사 (페루 도시빈민사역)

　acts로부터 e-mail을 받았습니다. 지난해에 과테말라에서 1차 회의를 진행했다는 얘기도 듣고서 관심을 가지게 되었습니다.

김성제 선교사 (볼리비아 교회 개척사역)

　라틴아메리카 선교전략회의를 쿠바에서 한다는 것이 너무 인상적이었습니다. 전략회의에 참여하는 것이 우선이었지만 공산주의 국가에 기독교인이 있을까? 하는 궁금증이 있었습니다. 물론 쿠바의 복음화 소식을 몰랐던 것은 아니지만, 남미에서 선교하고 있는 사람으로서 평소에 쿠바를 위해 기도해 왔었습니다. 쿠바 개신교회에 대해 알고 싶었습니다.

임낙길 선교사 (코스타리카 신학교육사역)

　첫째는 e-mail을 통해 연락을 받았고, 두 번째는 적어도 사역 10년 이상 된 시니어 선교사들의 모임으로 배울 것이 있고 무게감이 있다고 생각되었습니다. 서로 친목도 하고 또 쿠바교회도 둘러보고 싶은 마음이 생겨 참석하게 되었는데, 집회에 은혜를 받으면서 오기를 잘했다고 생각됩니다. 그리고 제 여동생(임SS 선교사)이 쿠바 선교를 위해 중미에서 드나들며 헌신하고 있는 나라입니다.

김위동 선교사 (콜롬비아 신학교육사역)

저는 선교전략회의가 어떻게 진행되는지를 한 번 보고 싶어서 참여했습니다. 사실 선교대회 참여는 저의 콜롬비아 사역 이후에 처음입니다. 여기 와보니 중·남미 선교사님들 간에 은혜로운 교제도 되고 정보와 자료도 나눌 수 있게 됩니다. 이런 전략대회를 지역별로 더 발전시켜서 해마다 진행했으면 좋겠다 하는 생각이 듭니다.

정금태 선교사 (파라과이 예술학교장 사역)

선교사님들, 오시느라 수고 많았습니다. 잘 오셨습니다. 저는 사실 너무 늦게 선교사로 나갔기 때문에 어떻게 해야 남미 선교를 잘할 수 있을까? 고민을 많이 했던 사람입니다. 애태우다 보니 이런 기회도 주어졌습니다. 지난해에 이어 올해도 상상외로 많은 분들이 참가했습니다. 귀한 강사님들이 오셨는데 새벽과 저녁집회에서 은혜 많이 받으시기 바랍니다.

정상근 선교사 (볼리비아 안데스교회 개척사역)

작년부터 이 모임을 알았습니다. 올해는 꼭 참가하겠다고 약속했습니다. 그렇지만 이런저런 사역들로 분주하여 쿠바까지 오기가 힘들었습니다. 그래도 사나이가 약속을 하면 지켜야 한다 싶어 참석했습니다. 볼리비아에선 모두 일곱 가정이 참여하여 은혜를 받고 있습니다. 선교는 책상 앞에서 하는 것이 아니라, 현장에서 발로 하는 것이기 때문에 이러한 전략회의를 통해 중·남미에 직접 선교의 장이 열리게 됩니다. 의미 있는 시간이 이어져서 하나님이 보내셨구나 확신하고 있습니다.

황문규 선교사 (브라질 원주민교회 목회사역)

브라질 목회사역 11년째입니다. 나이가 되어 은퇴는 하였지만 계속 복음을 전하고 있기에 은퇴보다 전환기(Era of transition)라고 하고 싶습니다. 은퇴 이후엔 아르헨티나에서 성경교육을 맡았습니다. 다시 미국으로 건너가 중·남미 선교에 집중하게 되었습니다. 선교는 다 중요하지만 특히 중·남미 지역에 흩어져 사역할 지방 목회자들을 양성하는 것은 아주 중요합니다. 그들에겐 신학교육이 절실합니다. 그래서 저는 여기에 참여하여 중·남미에서 수고하시는 분들을 만나고 싶었습니다. 이번에 참석하고 있는 분들 가운데 제가 가장 유익을 얻고 있을 것입니다. 브라질은 잊을 수 없는 저의 선교지입니다. 올해 11년째로서 중·남미 선교의 근거지가 되고 있지요. 중·남미 여러 나라에서 오신 여러분들을 사랑합니다. (일동 박수)

Paul Seo 선교사 (멕시코 차세대 선교사역)

이런 모임이 있는지를 몰랐어요. 많이 은혜 받고 있습니다. 저는 한국말이 부족해요. 한국말뿐만 아니라 사람도 너무 부족해요. 한국 사람처럼 생겼지만 남미에서 자랐기 때문에 오히려 멕시코, 파나마, 아르헨티나 사람들하고 친해요. 거기서 사역 했구요. 저는 여기에 세컨드 제너레이션에게 어떻게 미션 마인드를 제공해 줄 수 있는지를 공부하러 왔어요. 저희 선교지엔 미국에서 단기선교팀이 많이 와요. 지금까지 약 300명 쯤 단기선교를 와서 하나님을 만나고 변해서 돌아갔어요. 저는 어려운 한국말로 하면 강의를 잘 못 알아들어요. 그래도 참석하게 된 것이 참 감사합니다. Thank you very much! (일동 박수)

저는 특히 브라질에 있는 한인 2세들에게 포르투갈어로 설교했을 때를 잊을 수 없어요. 그런데 한국어로 한 것보다 결과가 더 좋더라구요. 저에게 있어서 라틴 미션의 키포인트는 relationship인데 랭귀지가 중요해요. **랭귀지에 예수님 칼라를 넣으면 2세들도 은혜를 더 받을 수 있어요.** 저는 내년에도 참여하고 싶어요. 저에게 꼭 알려 주세요.

> **사회자 2** : 제일 큰 형님과 막내의 이야기에 박수가 터져 나옵니다. 이러다간 워밍업만으로 날이 새겠습니다. 우리 가운데는 성실하게 은혜 받는 분, 서로 교제하며 열심히 명함을 교환하는 분, 깊은 생각에 잠기신 분, 수영을 즐기시는 분, 참 다양한 분들이 함께하고 있습니다.
>
> 이번엔 여러 선교사님들이 생각하고 있는바 **중·남미 대륙의 선교적 중요성**에 대해 말씀해 주시기 바랍니다.
>
> 중·남미 선교의 포지션이 세계적 안목과 한국교회적인 입장에의 양면에서 보았을 때 어떠합니까?

안요셉 선교사 (ubf 과테말라-멕시코 대학생 및 전문인 선교사 양성사역)

저는 중·남미를 세계선교의 입장에서 보게 되었습니다. 선교 통계학자들에 의하면 2025년까지 남미계열 선교사 숫자가 백인 선교사 수를 능가한다고 합니다. 21세기로 넘어오면서 교회의 현상유지가 힘들다는 이야기를 듣고 있습니다. 지난주 백인 선교단체 모임에서의 어떤 결론이 "미국은 지금 시체가 되어가고 있다. 큰일 났다."는 것이었습니다. 이제 하나님께선 지구촌에서 유일하게도 남반구에 역사하고 계십니다. 중·남미 성령의 역사와 교회개척은 해마다 폭발적인 증가를 하고 있습니다. 미국 자체에서도 서부 지역과 남부 일대는 히스패닉 계통의 종사자들로 넘치고 있으며, 2020년에는 Spanish-Speaking 대통령이 나오지 않을까 하고 예상할 정도로 라틴 파워가 확대되고 있습니다.

제가 미국에서 5개월 전, Spanish Worship Service를 시작했는데 관심 있는 미국 학생들이 참가문의를 하는 등 놀라운 반응을 나타내는 것을 보면서 하나님께서 21세기에 라틴의 세계적인 중요성을 부각시키고 계심을 느낄 수 있었습니다. 저의 사역은 77년도부터 35년 동안 라틴권을 핵심공략하고 있는데, 이번 모임에 와 보니까 저와 같은 사역자들이 이렇게 많아 깜짝 놀랐고, 배후에서 준비시키시는 하나님을 만나게 됩니다.

이렇게 많은 분들을 이미 오래전부터 준비하고 있었구나…. 를 깨닫습니다. 제가 중·남미 나라를 거의 3번 이상 다녔는데 곳곳에 그렇게 많이들 계신 줄 몰랐습니다. 하나님께서 중요하게 생각하시는 중·남미를 우리가 맡고 있는데, 서로 이해하고 협력하기를 원하시는 하나님의 뜻이 아닌가 생각했습니다.

정상근 선교사 (볼리비아 안데스교회 개척사역)

window 10/40라는 선교이론이 나와서 전 세계 특히 한국교회의 관심을 집중시키고 있습니다. 소위 미전도종족(unreached people)이라는 단어로 많은 동원을 했습니다. 제가 남미에 파송된 지 12년 됐으니 막내 중 한 사람인데 10/40 창 못지않게 남미엔 묘하게 천주교라는 거대집단이 있어서 그 뒤에 감추어져 있는 것들로 인하여 실체가 드러나지 않고 숨겨져 있습니다. 천주교라고 하면 외부인들은 큰 거부감을 느끼지 않고, 그냥 되어져 있는 그대로를 받아들이려고 하는 관습을 발견하게 됩니다.

사실, 중·남미 천주교의 실체를 우리가 더 많이 공부해서 세계 선교단체와 한국교회에 알려야 한다는 사명감을 갖게 됐습니다. 저도 처음엔 몰라서 천주교에 대해 거부감이 없었으나 깊이 연구할수록 알려지지 않은 사실들이 나타나고 있으며, 그것을 꺼내놓지 않으면 앞으로 중·남미 선교에 많은 문제가 생길 수도 있고 선교의 효과가 떨어질 수도 있을 것이라는 생각이 듭니다. 그러므로 그런 부분에 대해서도 토의하는 자리가 이 곳이길 바랍니다. 선교전략회의를 통해서 상호 공부할 수 있는 계기가 되었으면 하는 바램이 있습니다.

정금태 선교사 (파라과이 예술학교장 사역)

아시다시피 천주교 국가가 세계 48개국 가운데 중·남미에 26개국이 있습니다. 실제로 10/40 창을 주창한 사람들은 천주교를 기독교로 인정한 것인데, 세계 선교대회에 참석해 보면 중·남미 기독교국가로 딱지를 붙여 놓았음을 느끼게 됩니다. 중·남미 천주교가 간악한 우상종교임을 모르고 "남미는 생각할 필요 없어! 다 복음화 됐어."라고 생각하게 만드는 학자들의 책상 선교가 문제입니다. 그리고 "천주교가 왜 이단이냐?"며 개신교 지도자들까지도 좀 전에 정 선교사님이 말씀한 것처럼 되어져 있는 대로 받아들이려고 하는 흔적이 많습니다. 중·남미에 진정한 기독교를 좀먹고 있는 천주교가 얼마나 무서운지 소리 높여 외쳐야 할 것입니다. 앞으로 우리 중·남미 모임이 비전을 갖고 지속될 수 있어야 합니다. 지금 대륙마다 선교전략 컨퍼런스의 진행이 세계적인 추세입니다.

하지만 중·남미에 관한 선교전략 콘퍼런스는 아직 너무 미미합니다. 제가 바라기는 우리 이 전략회의 모임이 더욱 커져서 매년 이슈와 주제를 가지고 발전하며 중·남미 현지교회 지도자들까지 포함되길 소망합니다. (일동 박수)

김위동 선교사 (콜롬비아 신학교육사역)

사실 중·남미는 떠오르는 대륙이고 20세기부터 급성장하고 있으며 인적자원이 무궁한 대륙입니다. 그런데 교회에 참으로 문제가 많은 것이 가톨릭교 때문만이 아니라, 배타성이 약점이 되고 있습니다. 오순절 교회 계통의 성령운동 주도를 극복할 필요가 있습니다. 그래야 중·남미의 영적, 인적 자원이 세계선교에 활용될 가능성이 높아질 것입니다. 따라서 교회 지도자 양성이 정말 중요합니다.

훈련받지 않은 채 목사가 된 사람 자체가 교회성장에 방해되는 경우가 많습니다. 오순절 성령운동에 대한 어떤 대책이 있어야 한다고 생각합니다.

저는 생각하기를 우리 선교사님들이(중·남미 사역자) 한국교회나 한국 선교학자들 앞에서 소외받는 것은 오히려 장점일 수도 있다고 봅니다. 만약 한국교회가 window 10/40 방법으로 중·남미에 선교사를 보내고 우리가 달려왔다면 이 대륙에 더 큰 피해를 주지 않았을까…. 저는 이런 소외되고 멀리 떨어진 상황에서 진정한 선교사역이 일어날 수도 있다고 보기 때문에 피해의식을 가질 필요는 없다고 제안하고 싶습니다. 오히려 진정한 선교사역을 할 수 있는 기회로 만들 수 있지 않을까 생각합니다.

공호권 선교사 (볼리비아 미션스쿨사역)

저는 볼리비아에서 20년 가까이 미션스쿨 사역을 하고 있습니다. 유·초등부~고등학생까지 300명의 학생들을 데리고 있습니다. 학생들이 모두 가톨릭입니다. 그래서 사역하면서 가톨릭교로부터 박해와 불이익을 얼마나 당했는지 모릅니다. 말할 수 없는 수모도 겪었습니다.

말로 표현할 길이 없는데요…. 100% 가톨릭교로 둘러싸인 지역에서 목회하며 느끼는 것은 가톨릭교와 개신교 사이에 차이가 없다는 것입니다. 가톨릭 신부의 설교를 들어보면 윤리적인 면에서 목사 설교와 거의 같습니다. 이신득의에 관한 것만 개신교가 가진 설교 수준인데, 가톨릭 신자들의 신앙이 우리와 다르다는 것이 하나의 도전입니다. 그런데 오순절파 교회가 성령운동을 하는 것은 좋은데 경건의 모습, 영적 생활, 말씀의 이해가 없어 가톨릭 신자들이 등을 돌릴 때가 많습니다. 개신교회 신자들이 삶의 질을 향상시키고 신앙의 프락티스가 있어야 하겠습니다.

미주 선교 잡지를 보니 라틴아메리카가 장차 세계의 제3선교를 감당할 대륙으로 표현되어 있었습니다. 복음의 통로가 예루살렘 → 유럽 → 미국 → 아시아 → 라틴 순서로 되어 있더군요. 세계 최대의 선교언어가 스페니쉬로 나타나 있습니다. 약 7억 인구가 서반아어를 사용한다고 합니다. 21세기 세계 선교에 있어 중·남미의 위치는 계란의 노른자라고 말하고 싶습니다.

그런데도 한국에서 보면 여전히 땅 끝인데요. 중·남미에 자원하는 선교사가 줄어들고 있는 상황입니다. 이런 여건들을 어떻게 수습하면 좋을지요?

조계성 선교사 (볼리비아 전문인 및 대학생 선교사역)

예리한 지적에 공감합니다. 라틴아메리카는 세계선교의 기지 형성에도 굉장한 가능성이 있다고 봅니다. 아랍이 스페인을 800년이나 지배했기에 스페인은 아랍의 큰 영향을 받았습니다. 그래서 볼리비아에 이주해 온 아랍인들은 적응을 굉장히 빨리 합니다.

먼저 중·남미에선 아랍 선교에도 보다 큰 가능성을 갖고 있습니다. 아랍인들은 크리스천들에게 큰 거부감을 나타내지만 중·남미 인들에게는 좋은 유대감을 갖고 있습니다. 그런 의미에서 우리는 크리스천 리더를 세워서 아랍에 파송할 비전을 갖는 것이 중요하구요.

다음으론 미국에서 중·남미와 스페인어권에 대한 개념이 확장되고 있다는 것입니다. 볼리비아 선교단체에서는 선교사를 미국으로 역 파송하고 있습니다. 훌륭한 리더만 세워진다면 얼마든지 가능한 것입니다. 이런 두 가지 선교 측면에서 중·남미는 굉장한 가능성을 갖고 있다고 봅니다.

이철영 선교사 (도미니카 전문인 및 찬양사역)

다들 긍정적 발언이신데요. 사실 중·남미엔 무한한 가능성이 있긴 합니다. 그렇지만 저는 다른 각도에서 보고자 합니다. 현재의 중·남미 환경이 너무 열악한 상황인지라 외부에서 물량공세를 펼치는 사례들이 너무 많이 있어 왔습니다. 이렇게 매스미디어를 통해 모두의 마음을 모아서 견실히 모이는 회합이 있는가 하면, 엄청난 물량을 투자하여 사람들을 모으고 사역하는 모임도 있습니다. 그동안 우리들의 환경은 열악했지만 각개전투 하듯 피땀 섞인 노력이 헛되지 않도록 단합을 통해, 대내외적으로 건강한 모임을 이루어가야 하겠습니다. 따라서 우리 모두의 참여의식과 책임의식이 있어야 할 줄 압니다. 중·남미에서의 선교도 같은 시각에서 성취해 나가야 한다고 생각합니다.

박명하 선교사 (온두라스 신학교육사역)

온두라스에서 사역한지 15년 되었는데요. 저 역시 선교의 잠재력을 많이 보고 있습니다. 그런데 중미는 남미와 상황이 좀 다른 것 같습니다. 중미 여러 나라에선 개신교가 상당히 강합니다. 이제 개신교를 박해할 수 있는 가능성을 넘어 섰다고 봅니다.

온두라스는 가톨릭 국가가 아니라고 국회에서 선포하여 기독교에게도 가톨릭과 마찬가지로 교회당 세금면제권을 주었습니다. 특히 온두라스인의 영성과 언어구사력, 유창한 화술을 보면서 선교에 도입할 수용력에 관심을 갖고 있습니다. 요즘 들어와 이삭줍기를 하고 있다고 느낍니다. 그리고 앞서 발표한 선교사님들과 같이 21세기 기독교계의 참신한 지도력이 라틴에서 나올 것을 확신하고 있습니다.

최근 지도자들의 학력 수준이 향상되고 배우려는 욕구와 훈련의지가 높아져 있습니다. 신학교에 진학하는 비율도 높아지고 있습니다. 저도 4-5군데 신학교에서 지도하고 있습니다만.... 중·남미 지역엔 언어, 문화가 비슷하여 선교사 파송시 많은 재정도 들지 않고 정서적으로도 잘 통합니다. 소명자 가운데는 굉장한 열정을 가지고 선교사로 파송되고자 훈련받는 이도 적지 않습니다. 명실 공히 선교의 황금어장이지 않습니까? 지금 당장은 힘이 들지만, 엄청난 잠재력이 있다고 믿고 있습니다.

윤춘식 원장 (라틴아메리카 선교연구원 사역)

지금까지 중·남미 대륙에서의 선교적 위상과 잠재력 내지 가능성을 말씀해 주셨고 동시에 환경의 열악성을 언급해 주셨습니다. 몇 분의 관심을 가진 선교사님들이 이러한 중·남미 선교에 대해 로마 가톨릭교의 교리와 문화를 연구하는 사례가 일어나고 있습니다. 저는 요즘 『로마 가톨릭교의 세계관 연구』라는 논문을 쓰고 있습니다만, 로마 가톨릭교는 다른 타종교와는 달리 성경교리와 동의영역이 있고 상이영역이 있기 때문에, 제가 가톨릭의 세계관을 연구하면서도 기독교 윤리 부분에서는 때때로 우리와 같은 세계관이 언급되는 것 같아 머뭇거리기도 합니다. 주 텍스트를 〈제2차 바티칸 공의회 문헌〉 전체를 사용하고 있는데 가톨릭만의 세계관을 찾는 작업이 결코 만만치 않습니다. 문헌뿐만 아니라 실제의 가톨릭 미사와 그들의 생활과 문화와 역사의식 속에 나타나는 행동과 사고방식을 관찰해야 하기 때문에 아주 어렵습니다. 그런데 가톨릭교 세계관을 연구하는데 있어서 남미보다 나은 곳이 이 지구상에 또 어디에 있겠습니까? 내년에 완성이 되면 가톨릭교 지역 선교와 문화이해에 도움을 드리게 되리라 봅니다. 기도해 주십시오.

아까 window 10/40 대해서도 말씀해 주셨는데, 매년 거르지 않고 나타나는 이슈입니다. 거기에 버금갈지는 모르겠습니다만, 남미에서도 선교학자들에 의해 **'남미의 문'**을 찾아 내었습니다. **La Puerta de Sudamérica** 입니다. 지금 다 설명할 수는 없겠으나 저희 신문 (Tiempo Latino Cristiano: 아르헨티나 발행) 2002년 9월 11일자에서 보도한 바 있습니다. 위치는 남위 20°, 북위 10° 및 서경 60/80° 지역의 문을 말합니다. 이러한 창/문의 문제가 나오면 많은 아이디어가 떠오르게 됩니다.

아프리카와 중동과 아시아에서의 '선교의 창'을 북위 10/40°로 클로즈업 시킨데 대해, 남미에선 '남미의 문'을 찾고 개발해 낸 것입니다. 즉 베네수엘라 남쪽, 콜롬비아 동남쪽, 페루의 동부, 볼리비아 북부와 브라질의 북서부(아마존 정글) 지역을 포함하는 직사각형(세로)을 그려내는 밀림 지대를 말합니다. 현재 20여 가정의 한국 선교사들이 사역하고 있기도 합니다. 주로 미전도 종족이 산재해 있는 정글지대이며, 브라질 아마존 지역이므로 몹시 열악한 지역으로 알려져 있습니다. 그러므로 밀림 속의 종족을 섬겨야 하는 가장 어려운 지역이기도 합니다.

중·남미 26개국에 있어서 복음전파의 관문이 도시와 빈민지역이라면, 이 지역에 관해 '남미의 문'(La Puerta de Sudam'erica)이라 불러도 과언이 아닐 것입니다. 현재 남미의 선교 상황은 이 지역으로 파송하기 위해 준비하며 훈련시키는 단체가 늘어나고 있습니다.

window 10/40에 대한 중립적 견해는 뉴욕에서 발행하는 ≪세계의 맥박≫ (World Pulse)의 편집장 스탠 거쓰리(Stan Guthrie)가 비유한대로 "개가 꼬리를 흔드는 것"에서 비롯된 것이니만큼, 그 중요성을 놓치지 않고 강조(흔드는 것)하는 것이 아니겠습니까? 10/40에 대한 이만한 풍자를 저는 일찍이 읽은 적이 없습니다.

우리들의 토의도 결국 21세기에 라틴을 더욱 사랑하고 한국교회와 피선교지 간에 간격을 좁히기 위한 노력이라 여겨집니다.

사회자 3 : 이제 다음 주제로 넘어가겠습니다. **중·남미 장·단기 선교에 대한 효과와 기대**에 대해 말씀 나눠주시길 바랍니다. 오늘 이 자리에 볼리비아 장영표/장사라 선교사님의 딸(엠.케이) 장혜진 자

매가 참여했습니다. 남미 선교사님의 자녀로서는 처음으로 의사 선

생님이 배출된 줄 압니다마는....

장혜진 자매 (볼리비아 의사 사역)

여러 시니어 선교사님들 앞에 서기가 쑥스럽습니다. 오지에서 선교 하시는 부모님 따라 단기선교를 자주 갔었는데요. 지속해야 할 필요가 있는 치료일 경우 단기선교만으로는 불가하고 복음전도로 기간이 지나면 마치게 됩니다. 의무 진료로써 마이라나(La Mairana)에 있는 오지로 가서 의료선교를 하는 동안 독일 수녀들이 운영하는 의료진에서 많은 장ㆍ단점을 볼 수 있었습니다. 사역한지 30년 된 곳으로 수녀들이 없으면 마을운영이 안될 정도였습니다. 너무 체계적으로 진행하는 과정에서 사랑이 결핍된 느낌도 받았습니다. 동네 주민들과 친해지고 복음을 전하고 나면, 가톨릭교회에 나가야만 하는 상황이기에 우리는 그런 약점을 보완시키면 효과적인 선교가 이루어지지 않을까? 를 생각하게 되었습니다. 먼저는 단기선교를 그 다음에 체계를 가진 장기선교가 필수라 봅니다.

정상근 선교사 (볼리비아 안데스교회 개척사역)

볼리비아에서 올해 11년째 단기선교를 받고 있습니다. 단기선교는 선교지를 찾아오는 사람들이 단기간 동안 현지에서 복음을 전하며 생활하는 것이라고 생각했었습니다. 그들이 현지에서 할 수 있는 일을 찾아서 봉사하고 예배시간에는 함께 예배드리고, 또 마을 사람들의 필요를 채워주는 것이 단기 선교라고 생각합니다. 몸을 씻기고, 머리도 감기고, 이빨을 뽑아주면서 잠시 동안 현장에 와서 사는 것이라고 .... 그런 후에 마지막 한 주간(1/3 기간)은 가장 아름다운 곳으로 인도하여 탐방하는 등 구경하면서 현장에 질리지 않도록 배려했습니다.

첫째, 감사한 것은 한 팀이 "평생 볼리비아에 단기선교를 오겠다"고 다짐했습니다. 그 팀원들의 삶이 변하는 것을 보았습니다. 습관화된 교회생활의 모습이 아니라, 순간순간 대처해야 하는 선교지 상황들, 형식이 갖추어지지 않은 예배, 거친 땅에 무릎을 꿇는 모습들, 시작과 마침 시간이 제 각각인 무질서 속에서도 하나님을 발견하게 된다는 것입니다. 그야말로 마음대로 찬송하고 설교하는 원주민의 모습 속에서 '이것이 진정한 예배가 아닌가?'

느끼면서 변화하는 것을 보았습니다.

둘째, 선교지에서의 봉사는 프로그램대로 진행하는 것에서 끝나는 것이 아니라, 현장 상황 가운데 처하여 풀어나가는 것을 보는 것입니다. 그것이 본 교회로 돌아갔을 때 힘 있게 예배하고 박력 있게 신앙생활 하게 만듭니다.

단시선교의 중요성이 더 있습니다. 그것은 장기 선교사가 가진 수많은 문제들을 선교사가 직접 한국에 가서 설명하면 잘 납득시킬 수 없을 때가 있습니다. 실제로 현장의 땀 냄새와 피 흘림을 모두 알 수 없는 것입니다. 그런데 장기 선교사의 삶을 단기 선교팀이 체험하고서 한국으로 돌아가 그 체험담(선교현장 이야기)을 전하고 이해할 수 있도록 설득하는 역할을 감당한다고 봅니다. 단기 선교사가 나서주지 않으면 장기 선교사의 편에는 아무도 없습니다.

셋째는, 장기 선교사가 요구하는 현장의 필요를 단기 선교팀이 인지하여 제공하고 기도하게 된다는 것입니다. 저는 단기선교로 왔던 모든 팀에게 제가 이 2차 전략회의에 참석함을 알렸습니다. 그래서 앞으로는 동반자로서 장·단기 선교사가 함께 참여한다면 단기선교가 장기선교에 큰 유익을 줄 수 있으리라 믿고 있습니다.

> **사회자 4** : 요즘 한국 대학생들은 진달래!(진실하고 달콤한 내일을 위하여), 개나리!(개인과 나라의 이익을 위하여)를 외친답니다. 우리도 지루하지 않도록 진달래, 개나리 한번 외쳐보시지요! '주바라기'가 좋을 것 같습니다. **주바라기!**

박동한 선교사 (도미니카 원주민교회 사역)

저는 배우려는 자세로 처음 참석했습니다. 교회 지도자들 가운데는 유럽과 아프리카, 인도, 중앙아시아 등 40개국 이상을 다니시며 각 나라의 입장에서 말씀하시는 것을 들으면서, 그분 스스로는 다양성을 인정치 못함을 보게 되었습니다. 외람된 말씀이지만, 한 곳에서 10년 이상 선교사역을 하시다보면 변화에 익숙하지 못함을 보게 됩니다. 요즘 한국에서는 "변화하지 않으면 죽는다."라든지 '변화와 성숙' 등의 책들이 나와 있듯이, 저는 현장에서 어떻게 변화되어야 할지 배워가고 싶습니다. 단기선교와 장기선교는 둘 다 필수인데 대체로 장기 선교사의 장기사역이 파송교회에 더 설득력이 있으리라 봅니다. 그러기 위해서 장기 선교사는 더 변화에 익숙해야 할 것입니다.

이보금 선교사 (콜롬비아 원주민교회 및 신학교육사역)

신학적인 이야기는 아닙니다만, 선교 초기에 집집마다 전도하러 가면 어린이들만 교회에 나오고 말도 잘 안 통했을 때, 그런 상황에서 전도하니 물을 뿌리고 문을 안 열어 줬습니다.

그런데 외부에서 의료선교팀이 다녀간 후엔 "한국 사람들이 좋은 일을 하는구나"라고 느끼기 시작하였고 주민들이 교회에 나오기 시작했기에 저는 단기선교를 장기선교와 똑 같은 비중으로 생각합니다. 그리고 단기선교는 장기선교를 위한 연결고리인 것 같아요. 이번 전략회의에 한국에서 오신 분들을 의사들에게 자주 단기선교를 떠나도록 권면해 주시면 좋겠습니다.

김용원 선교사 (아르헨티나 캠퍼스선교사역)

저는 대학생들을 대상으로 사역하고 있기 때문에 많은 생각은 못했습니다만, 단기 선교팀의 효력은 주로 원주민교회를 무대로 하는 것 같습니다. 한국교회에선 60년대 이후 여름성경학교 봉사가 성행하였는데 이젠 글로벌 시대를 맞아 해외 단기선교팀으로 다양화 되었습니다. 단기선교 이후 평가회에서 단기 선교팀 스스로가 더 많이 배우고 은혜 받았다는 고백을 들어보면, 단기 선교팀 속에 상호축복(mutual bless)이 있다고 확신합니다. 물론 잘 못하는 팀들 때문에 빈축을 사는 일도 있지만, 그 가운데 성령께서 역사하시니 계속 오도록 격려하고 싶습니다. 원주민 교회들도 참 고마워합니다. 저희도 단기 선교팀이 오고 나서야 교회가 최초로 성장하는 것을 경험했습니다. 단기 선교팀을 보내는 교회나 받는 현지교회 모두에게 축복이 된다고 생각합니다.

Paul Seo 선교사 (멕시코 차세대 선교사역)

선교지가 미국 바로 아래 있으니까 단기선교팀이 많이 와요. 저는 선교지가 제 것이 아님을 가르쳐 줘요. 어쩔 때는 제가 믿음을, 은혜를 멋지게 만들어 내는 것 같은 착각도 해요.

그런데 단기선교팀이 없었으면 제가 사역을 멈췄을지도 몰라요. 그들을 통해서 하나님이 나를 지키고 있고, 사랑하심에 대한 증거를 보게 되고, 단기선교팀들 스스로의 변화와 파송 교회의 변화를 보게 되요. 처음에는 그냥 선교지에 가서 봉사만 했는데, 나중에 그것이 약이 되어 교회에 돌아와서 많이 변화되었다는 성도들이 있어요. 단기선교팀을 통해서 현재 미국교회의 변화를 알 수 있어요. 중 · 남미 선교지를 위해서는 미국 교회가 앞장 서주기를 기다리고 있어요. 사실 단기선교팀이 만들어내는 문제도 많지만 그래도 하나님께서 단기선교팀과 함께 하고 계심을 알고 있어요.

조서구 목사 (부산 · 북교회 담임)

중 · 남미에서 사역하고 있는 경력 선교사님들을 직접 만나뵙게 되어 한없이 반갑고 기쁩니다. 여기까지 오는데 미국을 경유하면서 자그마치 서른 시간이 걸렸습니다. 저녁 집회 말씀을 수종들면서 제 나름대로 라틴을 사랑하시는 주님의 뜻을 깨닫게 됩니다.

라틴아메리카는 멕시코 방문을 제외하고는 처음 입니다. 이번에 라틴권의 쿠바, 파나마, 페루, 파라과이, 브라질(이과수지역), 아르헨티나 선교지 모두 6개국을 방문할 예정입니다. 무엇보다도 중 · 남미의 선교에 있어 독보적으로 유력한 것은 스페인어라는 것을 발견하고는 새삼스럽게 선교지 언어의 중요성에 새로운 감동을 받습니다.

선교사님들은 사역 10년 이상 된 분들이고 지금까지 가톨릭권에서 사역해 왔기 때문에 누구보다도 이 지역의 언어와 영혼을 사랑하고 가톨릭교의 오류들과 허상에 맞서 싸우며 영적 전쟁을 치루고 계십니다. 사실 한국교회에선 모슬렘이나 불교와 힌두교권에 대해서는 영적 전쟁을 하는 것으로 공감하고 있지만, 가톨릭권에 대해선 민감하지 못한 것이 사실입니다. 그럼에도 불구하고 미신과 우상종교에 빠져 있는 가톨릭에 맞서 선교를 진행한다는 것은 놀라운 저력입니다. 마틴 로이드 존스 목사는 가톨릭을 '마귀의 간계' 로 해석하였습니다. 이 세상 어딘들 마귀의 간계가 없는 곳이 있겠습니까? 비록 땅 끝이라 할지라도 소외되었다고 생각하지 마시고, 그리스도의 십자가를 붙들고 끝까지 승리하는 선교사님들이 되시기 바랍니다.

저도 돌아가서 더 라틴을 기억하고 라틴 선교에 협력할 것입니다. 한국교회와 미주 한인 교회들이 장차 라틴의 선교사님들을 오늘보다 더 귀중히 여기고 단기선교를 돕게 될 것입니다. 라틴엔 선교의 순수성이 있습니다. 한국교회에서도 가장 먼 대륙에 파송 받아 수고를 아끼지 않았던 라틴 선교사님들의 마음 중심을 헤아리게 될 줄 믿고 여러분을 사랑합니다.

사회자 : 감사합니다. 이제 정한 시간이 다 된 것 같습니다. 정성을 다해 참여해 주셔서 감사드립니다. 다음 해에는 어떻게 하면 잘 훈련된 장 · 단기 선교사들을 중 · 남미에 많이, 그리고 다양하게 파송할 수 있는지를 좌담하며 워크숍을 했으면 합니다. 장근조 장로님께서 기도해 주시고 마치겠습니다.

제1차 선교전략회 토의 (과테말라)

라틴 아메리카에서의 장·단기 선교사역에 대한 적용

2005. 12. 01. 9:00 p.m.

사회자 : 다음으로 라틴아메리카에서 사역한지 10년이 넘은
선교사님들로서 장·단기 선교사역에 대한 현실적
적용을 말씀해 주시기 바랍니다.

정금태 선교사 (파라과이 원주민 예술학교장 사역)

파라과이는 빈국이라 그러한지 현대 선교에 있어서 '영어!', '컴퓨터!', 그리고 '악기!' 라는 말만하면 하면 꼼짝 못합니다.

요즘 단기선교팀을 통해서 성경교육 프로그램을 많이 준비하여 들어옵니다. 음악도 복음송과 예배용을 아예 분류하여 갖고 들어옵니다. 의료선교팀도 의료봉사는 물론 성경 가르침을 많이 준비해서 옵니다. '4영리'(Ha oido usted CUATRO Leyes Espirituales?)는 필수입니다. 비타민만 주어도 의사가 왔다 하면 주민들이 많이 몰려옵니다. 의사 청진기만 한 번 만져봤으면..... 그래서 우리는 먼저 청진기를 대기 전에 복음을 전합니다. 진찰 중에 혹은 약을 줄 때도 복음을 함께 전할 수 있습니다. 약을 하나씩 줄 때마다 여러 장의 전도지를 거치며 읽도록 합니다.

단기선교팀의 유익은 본국에서 파송된 장기선교사보다 현지 상황을 더 잘 나눌 때가 있답니다. 요즘 단기선교팀들은 장기 선교사의 훈련 못지않게 그만큼 고도의 준비와 훈련을 받고 오는 이들이 늘어납니다. 언젠가는 그들도 장기선교에 투입되겠지요. 그들 중에 10-20%가 소명을 받고서 장기 선교사로 파송된다는 보고도 있습니다.

우리는 단기팀의 사역을 위해 어떤 프로그램을 적용할 것인지를 미리 토의합니다.

단기선교팀이 몰려오면 현지인이 좋아한다는 사실을 알아내었습니다. 그러나 특히 열악한 곳에서, 무작정 단기선교팀이 온다고 해서 유익만 주는 것은 아닙니다. 사전 협의 없는 프로그램 진행은 현지 선교사의 입장을 난처하게 만들기도 합니다. 어떤 경우 선교사 몰래, 불쌍하다고(혹은 자기를 잘 따른다고....) 원주민에게 us$10불도 주고, 50불도 주면, 선교사는 그만 가난뱅이로 전락하게 되고, 원주민들은 정착한 선교사보다 단기팀 오기만을 기다리게 됩니다. 그러므로 단기선교 프로그램은 하류층을 위한 것과 중류층을 위한 것을 각기 따로 만들어야 합니다.

장기선교와 단기선교에 대한 용어 이해를 먼저 해야 합니다. 도시선교와 빈민선교를 위해서도 단기선교팀이 주민들에게 잘못된 영향을 미치면 지역교회가 몰락하는 위험도 있습니다.

한국교회는 선교사들과 협의하여 단기에서 장기선교로 이어지는 과정을 개발해 내어야 합니다.

안승렬 선교사 (브라질 아마존 교육사역 및 의료선교)

문화 외부자적 관점에서 보면, 아마존은 단기선교 접근이 어려운 지역입니다. 먼저는 도착하기까지 비용이 너무 많이 듭니다. 그리고 건강해야 합니다. 인적, 물적, 영적으로 열악한 곳이므로 단기선교를 준비하는 과정이 다른 곳보다는 몇 배나 더 걸릴 수도 있습니다.

그렇지만 문화 내부자의 관점에서 본다면, 브라질 현지인 교회와 접촉하면 용이한 점도 있습니다. 아마존 원주민 가운데 차세대는 최근의 교육을 통해 거의 포르투갈어를 합니다. 언어가 준비되니 접근이 쉬워집니다. 그러면서도 인디오의 언어로 접촉하기는 아주 어렵습니다. 부족어는 배우기 힘듭니다.

따라서 한국 이민자 중 1.5세 또는 2세는 언어가 통하므로 단기사역자로 세우면 복음증거에 확실한 효과가 있습니다. 브라질 현지인들이나 한국 이민자 1.5세나 2세들을 대상으로 영적인 훈련을 잘 시키는 것이 우리의 과제이기도 합니다.

이철영 선교사 (카리브 해협국가 원주민교회 찬양사역)

카리브 해협 국가엔 주로 미국에서 단기선교팀이 파송됩니다. 한국보다는 미국이 가깝다는 이유도 있겠지만, 최근 미국에 설립된 한인교회의 자각이 있습니다. 그런데 단기선교팀들은 선교를 시작한지 오래된 경력 선교사(시니어)들에게 치중하는 경향이 있습니다.

저는 카리브 해협에서 10년 이상 사역을 해 오면서 계속 도미니카를 돌았는데 실망된 분야들이 있었습니다.

미국에서 여름방학이 되면 단기선교팀이 카리브 전역에 보통 40팀 가량 옵니다. 약 3개월에 걸쳐 40팀 정도 들어오는데 그 준비와 물량이 엄청납니다. 오래된 선교사들은 노-하우도 많겠지만, 파송된 주변 선교사들을 위해서 개인적 재량을 나눠야 할 것입니다. 선교의 아이러니가 아직 너무 가려져 있습니다. 편중된 선교입니다. 단기선교팀을 보내는 교회에서는 이것을 극복해야 합니다. 그리고 선교사들은 노-하우를 활짝 열어서 주변 선교사들과 좋은 네트워킹을 해야 합니다. 선교는 결코 한두 선교사에게 치우친 복질 복의 선교가 되어서는 안 된다고 생각합니다. 그러면 선교사 사이에 위화감만 생깁니다. 주님 앞에서 클리어하게 진행해야 합니다.

저는 선교는 치유하고 찬양함으로써 죄인이 주님 앞에 회개하고 근본적으로 예수 만난 첫사랑을 유지해야 한다고 강조합니다. 주변 동역자들과 나누고, 소개해 주고, 함께 찬양하는 동역자 의식이 필요합니다.

카리브 해협에서의 선교는 찬양을 동반합니다. 저희 부부는 찬양의 도구입니다. 이번 제1차 라틴아메리카 선교전략회의에서도 찬양으로 섬기고 있습니다. 장소를 제공하는 과테말라 한인교회에서도 우리는 찬양으로 교제합니다. 특송을 맡은 선교사 합창단의 준비를 위해서도 찬양으로 봉사합니다.

우리의 안목으로 볼 때, 카리브 해협에서의 장기선교는 거의 미국교회에서 파송하며, 100% 섬 국가들로 이루어져 있고, 스페인어와 불어를 사용하고 있으며, 위치적으로도 미국과 가까워 선교의 수용성이 큰 나라들입니다. 미래에도 선교의 가능성이 넓은 나라들임에 틀림이 없습니다. 그리고 복음주의 노선이 많습니다. 도미니카 내의 복음주의 교회는 전체 인구의 7% 정도입니다. 한국교회의 선교 대상국으로 희망이 있습니다.

정금태 선교사 (파라과이 원주민 예술학교장 사역)

어디서든지 단기선교팀이 오면 일반적으로 선교사 자신의 사역지만 돌게 되는 것이 관례입니다. 파라과이 전역에는 파송된 선교사 약 40가정이 있습니다. 우리는 단기선교팀이 도착하면 처음 2-3일은 먼저 다른 선교사의 사역지에 보내어 동역하게 합니다. 파라과이엔 주로 미국에서 오게 되는데 빈번하게 오지는 않는 편입니다.

그렇지만 한 번 도착하면 최선을 다합니다. 단기선교팀이 현지 선교사들의 협력사역과 협력관계를 보고서 다음에 또 오겠다고 약속하는 것이었습니다.

박건영 선교사 (변호사, 아르헨티나 교도소 신학교육사역)

저는 한인교회 목회와 원주민 교도소 내의 신학교육을 담당하고 있습니다. 아직 단기선교팀을 경험해 보지는 못했습니다. 그러나 외지에서 부에노스 아이레스에 단기선교팀이 오면 선교사님들이 상호 협력하는 모습을 본 적은 있습니다. 지난 해 아르헨티나 현지인 목회자 200여 명이 모여 신학 세미나를 인도할 때도 선교사님들이 서로 협력하며 성공리에 마치는 것을 목격하였습니다. 저도 통역자의 한 사람으로서 봉사하였습니다. 미국에서 장로교측 SFC 대학생 선교팀이 왔었을 때도 환상적인 팀웍을 이루는 것이었습니다.

제가 사역하는 '라 쁠라따'(La Plata) 시 교도소 [Unidad 25]는 크리스천 전용 교도소입니다. 이 교도소 사역을 위해서도 미국에서나 한인교회에서 단기선교팀이 올 수 있도록 기도해 주시길 바랍니다. 한인교회들은 개교회주의의 틀이 있기 때문에 제가 교도소 신학교육을 맡았다 해서 제가 목회하는 한인교회가 모든 후원을 다 해준다고 생각하는 경향이 있습니다. 그런 그렇지 않습니다. 저를 파송한 곳은 신학교 당국이기 때문에 많은 부분에 협력사역이 요구됩니다.

김혜란 선교사 (브라질 원주민 교육사역)

브라질에 파송된 정규 선교사(장기)는 아마 100가정이 넘을 것입니다. 아마존 지역에도 10가정 된다고 듣고 있어요. 상 파울로를 중심으로 한인선교사 연합회도 있지만, 워낙 큰 나라여서 아직 서로 만나보지 못한 경우도 많습니다. 그런데 선교사들을 초청하는 각종 모임에 가보면 주최측의 사람들과 강사들만 얘기하고 선교사들은 그냥 듣기만 해야 경우가 대다수입니다. 여기서는 그렇지 않군요.

꼭 스피커가 되어야 한다는 뜻은 아니지만, 그렇다고 들러리가 다 좋은 것도 아니지요. (일동 웃음) 이번에 참여하여 중·남미 선교사님들이 함께 정보를 나누고 전략회의를 하니 큰 힘을 얻습니다. 자체 반성도 하고 미래지향적인 꿈도 가질 수 있고….

ACTS의 라틴아메리카 연구원에선 전략회의를 매년 개최할 계획이신지요? 이러한 전략 회의를 브라질에서 열었으면 선교사들이 참여하는 숫자나 공유하는 폭도 넓어지고 매우 유 익하겠다는 생각을 해 보았습니다. 감사합니다!

과테말라 한인교회에서도 얼마나 준비를 많이 하셨는지, 강단 휘장이며 중·남미 국기 들, 회의실과 식당과 고급 호텔까지 부족함 없이 챙겨주신 것을 보고 은혜를 받습니다. 다 른 어디에서 준비한들 이렇게 잘 갖출 수 있을지…. 숙소(호텔)가 교회와 멀어 새벽기도부 터 저녁 집회까지 타이트 했어요. 그렇지만 우리 부부는 내년에도 참석할 계획을 세웠어요.

오안도 선교사 (광주 ENM 대표)

이번에 두 번째 라틴아메리카 방문이 이루어집니다. 처음엔 아르헨티나에서 3개월 동안 현지인 집에 거하면서 현지인의 생활양식대로 생활한 적이 있습니다.

하루 일과와 의복과 음식은 물론 스페인어 언어를 익히면서 저희 부부가 함께 현지적응 을 위해 최선의 삶을 살아왔습니다. 그것은 저희가 중·남미 선교 개척을 하기 위한 구체적 인 과정이며 헌신이었습니다. 그리고 ENM 선교회가 남미를 향한 균형 잡힌 선교를 제창하 면서 세계 각 대륙을 새로운 안목으로 살펴보게 되었습니다. 그 일환으로 ENM 주최로 윤 춘식 교수님을 강사로 초청하여 중·남미 선교를 향한 사흘 동안의 세미나에서부터 스페인 어 반이 편성되기까지 여러 과정이 진행되었습니다.

2006년 7월에 저희 ENM 형제들의 브라질 정탐이 체계적으로 시행될 예정입니다.

현재 한국에서 중·남미 선교가 다른 대륙에 비해 열악하게 전개되어 가고 있는 모습을 보고 있습니다. 과거에 우리가 그랬으니까요! (일동 웃음)

한국교회에서나 교단선교부에서 선교사들을 중·남미에 파송한 다음 다른 대륙(선교지) 과의 동일한 시점에서 동역하지 않는다면 그것은 중·남미 선교사를 국제 미아 내지 무관심으로 치닫게 되는 심각한 편애를 낳게 됩니다. 무엇보다도 대륙간의 선교균형이 우선되어야 합니다. 중·남미는 21세기의 추수지역이며 성령의 바람이 강하게 불어오는 선교지임에 과장됨이 없을 것입니다.

김상돈 목사 (과테말라 한인교회)

중·남미 선교를 위한 영적 전쟁의 현장엔 단기와 장기 사역 모두가 필수적인 과정이라고 생각합니다. 그간 10여 년 동안에 수많은 단기팀이 미국과 캐나다에 있는 한인교회에서 왔습니다. 중·남미 학생들과 대학 청년부에 이어 최근엔 장년층이 중심이 된 의료선교팀, 아버지 학교와 찬양 사역팀이 방문하기도 합니다. 단기선교팀을 통해서 성경배포, 노방전도, 성경학교, 찬양사역, 인형극, 영어교실 등 획기적인 전도가 이루어지고 있으며 중·남미에 정착하고 있는 장기 선교사님들과 한인교회들을 교량으로 삼아 연합사역을 전개해 오고 있습니다.

단기사역팀들은 현장사역을 위해 영적 에너지를 공급해 주며, 최신 정보들(서적)과 컴퓨터 기술보급 및 주일학교 교육용 자료들을 투입해 주기도 합니다.

그래도 선교현장을 찾아오는 대부분의 단기선교팀은 돌아갈 때, 파송된 선교사들(장기)로부터 은혜를 받고 세계선교에 고무되어 돌아갑니다. 결국 그 단기선교팀을 보낸 본교회에 유익한 영적 자원이 됩니다. 그들 중에 장기선교사로 헌신하는 예는 비일비재합니다. 중·남미엔 적어도 400가정 이상의 장기선교사들이 사역하고 있습니다. 각 지역마다 영적 전투가 치열하게 전개되고 있으며, 예수 그리스도의 능력과 중보기도 사역으로 병든 것과 약한 것들이 치료되는 역사가 일어나고 있지요.

내일 새벽기도 후엔 선교사님들께 과테말라에서의 대중집회 때(한인교회 전도대회) 영적 전쟁을 담은 생생한 비디오테이프 시청과 선교보고를 드리고자 합니다. 그리고 과테말라 한 도시가 땅의 저주를 받은 데서 회복되어 도시 인구 전체의 95%가 복음화된 실례를 말씀드리고자 합니다.

박영주 목사 (부산 삼일교회)

이번 [제1차 라틴아메리카 선교전략회의]에 주강사로 참여했지만, 실상 세계선교에 관해 배운 바가 많습니다. 특히 과테말라 한인교회 전체 교우들의 선교 마인드에 감동을 받았습니다. 그 조직력과 체계를 보았습니다.

저도 한 교회를 목회하는 목사로서 김상돈 목사님의 선교신앙과 철학을 지켜보면서 큰 도전을 받습니다. 온 성도들이 저녁 집회와 새벽 기도회에 적극적으로 참석하며 선교사님들의 식사를 위해 때마다 식당 디자인과 분위기를 바꿔가면서 식탁을 준비하는 열심과 충성심을 보았습니다. 친절하시고요. 그뿐만 아니라 과테말라에 파송된 선교사님들의 연합활동을 보면서 감사했습니다.

저는 지난 4월에 태국에서 개최된 교단(예·장고신) 선교포럼에 참여하여 세계선교를 위해 구체적인 조감도를 갖게 되었고, 이번 계기로 중·남미 선교에 새로운 관심을 갖게 됩니다.

주최측으로부터 저는 중·남미에서 가장 크게 발전하는 한인교회가 A. B. G. 교회라는 말을 들었습니다. 곧 아르헨티나의 중앙교회, 브라질의 동양선교교회, 과테말라의 한인교회라는 것입니다. 제2차 회의는 쿠바에서, 그리고 제3차 회의는 다시 중미에서 열린다고 합니다.

이번에 개최된 제1차 라틴아메리카 전략회의에 계속 참여하신 분이 있는데.... 전체 진행과정을 지켜보면서 마음에 확신을 가진 과테말라 C 교회 목사님은 2년 후 자신이 목회하는 교회에서 개최하자고 제의해 왔습니다. 그러므로 2년 후에 다시 만날 기회가 오기를 바랍니다.

여기 참여한 선교사님들을 축복합니다. 힘을 내십시오. 돌아가면 중·남미 선교를 위해 기도하며 헌신하고자 합니다.

제2차 선교전략회 토의 (쿠바)

중·남미 선교지에서 가톨릭교와 겪는
상호관계성에 대해서
가톨릭이 개신교 선교에 어떤 효력을 끼치는지....
아니면
가톨릭교가 전파한 기독교가
복음전파에 전혀 무효한지의 적용

2006. 10. 19. 2:00 p.m.

이건화 선교사 (볼리비아 원주민교회 사역)

저는 가톨릭교가 긍정적인 영향을 미쳤다고 봅니다. 모슬렘 지역에서는 기독교의 접근방법이 어렵겠지만 우리는 그렇지 않습니다. 아이마라(La Aimara)라는 오지에 가보니 서로 타 문화권에 속한 유대감 가운데서 사역할 수 있었습니다. 현지 의사 20명 정도와 함께 성경공부하는 데 참 즐거웠습니다. 저는 성경공부를 인도할 때, 서론에서 마리아에 관해 많이 다룹니다. 가톨릭교가 있었기에 예수에 대해 어려움 없이 접근하고 이해할 수 있고 헌신할 수 있기에 남미가 희망적이라 생각합니다.

김마태 선교사 (아르헨티나 대학생 선교사역)

제자 사역에서 겪는 가톨릭에 대한 경험은.... 중미와 남미가 다르다는 느낌이 듭니다. 남미엔 가톨릭교의 영향력이 막강합니다. 아르헨티나에서 매주 캠퍼스 방문(심방)을 하는데 학생들이 제가 개신교임을 알게 되면 말하기를 거절합니다. "같은 하나님을 믿는다면, 그리고 프로테스탄트 교회를 반박하려면 성경에 대해서 알아야 하지 않겠는가? 그래서 성경공부를 통해서 예수님을 알아가 보자."고 하면서 성경공부에 초대합니다. 성경공부를 통해서만이 자신들이 성부 하나님과 성자 예수님, 성령 하나님을 잘못 알았음을 깨닫게 되는 것을 보게 됩니다. 구원에 관련해서는 가톨릭교 체제를 인정할 수 없습니다. 성경에 기초해서 예수님을 바르게 가르치는 일이 필요합니다.

안승렬 선교사 (브라질 아마존 신학교육 및 의료사역)

저는 극단적으로 부정적입니다. 아마존 오지로 들어갈수록 가톨릭교는 미신적이며 성경에서 많이 벗어납니다. 그들은 성경을 믿는다 하면서도 성경 내용보다 더 첨가한데서 문제가 심각해집니다. 도시 가톨릭교회에게는 그래도 전도의 여지가 있으나, 오지 사람들은 개신교 선교사들을 귀신으로 봅니다. 한 번은 아마존 강 지류에서 배를 타고 가는데 사람들이 쳐다보기에 물었더니 "가톨릭 사제가 이야기하기를 개신교 선교사는 눈이 하나인 괴물이다."라고 했답니다. 오지 사람들에게 개신교 선교사가 사역하는 병원선(病院船)은 마을에 받지 말라고도 합니다. 선교에 전혀 도움이 안 되는 하나의 이방종교인 상황입니다.

김성제 선교사 (볼리비아 라 빠스 원주민교회사역)

볼리비아 라 빠스 꼭대기에서 선교할 때 가톨릭교의 방해는.... 개신교 선교사가 아이들의 피를 빨아먹는다는 소문을 냈습니다. 또 개신교 의사들을 초청해서 원주민 선교를 했는데 수가 적어 가톨릭교 의사들에게까지 오픈을 했는데 개신교 의사들의 헌신을 보고서 그 과정에서 예수님을 영접하기도 했습니다. 명목상의 가톨릭교인일뿐 실제 성경에 대해선 무지함을 알 수 있습니다.

김위동 선교사 (콜롬비아 신학교육사역)

가톨릭교에 대한 제 경험이 독특한 듯해서 말씀드리겠습니다. 대체로 지금에 와서는 남미에서 모든 국가들이 개신교를 다 인정하고 있습니다. 그럼에도 반발이 큰 이유는 우리가 상대를 인정하지 않으니까, 그들로 인정치 않는 감정적 요소가 강한 것 같습니다. 선교를 위해서는 가톨릭교와 좋은 관계를 유지하는 것이 필요하다고 봅니다. 대화하고 오해를 풀고 하는 것이 좋은데....

콜롬비아에서 우수한 신학대학의 교수들과 저희 신학교 교수들과 에큐메니칼에 대해서 이야기하면 가톨릭교 사람들은 매우 좋아합니다. 그런데 오히려 개신교가 반발합니다. 볼리비아에 있는 저희 신학대학을 졸업하면 가톨릭교 신학대학에서 2/3 정도를 인정해 줍니다. 신부들도 자신의 약점을 다 인정합니다. 성경적으로 옳은 것은 인정해 주되, 우리가 그들보다 더 성서에 기초했다는 점에서 우위에 있기 때문에, 접근해서 품어주면 선교에 큰 도움이 된다고 봅니다.

손동식 선교사 (파나마 원주민 선교사역)

원주민 목사님들에게도 가톨릭에 대해서 많이 알려줄 필요가 있다고 봅니다. 바른 신학교육을 전개함으로써 개신교의 기본적 진리에 대해서 확실히 알려주어야 합니다. 원주민들에게 선교할 때도 바르게 가르쳐야 합니다. 문제는 많은 현지인들이 개신교와 가톨릭교가 비슷하다고 알고 있는 데 있습니다. 가톨릭교와 개신교의 차이에 대해 올바른 경각심을 가져야 할 것으로 봅니다.

박기억 선교사 (멕시코 한인교회 목회사역)

중·남미 선교와 가톨릭교에 대해서 깊이 통찰해야 한다는 생각이 앞섭니다. 한국에 있을 때와는 달리 멕시코에 와서 한인사역을 하면서부터 안타까운 것이 선교사님들과 만날 기회가 없다는 것입니다. 서로를 잘 모르기에 말입니다.

저는 이러한 전략회의가 선교사님들만의 회의로 끝날 것이 아니라, 선교사들과 한인목회자의 만남이 이루어져야 할 것이라는 생각이 듭니다. 중·남미에 장기적 선교를 위한 목회자/선교사간의 모임의 장이 되었으면 좋겠다는 생각입니다.

멕시코에서 사역을 하면서 단기선교팀이 봉사하고 가면 그들 스스로가 변하고 그들을 통해 한국의 성도들이 변합니다. 마찬가지로 제가 뭘 어떻게 협력해야 할지 선교사님들이 아이디어를 주시면 적극적으로 돕겠습니다.

다음으로 말씀드리고 싶은 것은, 선교사님들을 만나 뵈면 선교사 양성 계획을 다 가지고 계시는데 이를 위해서는 중·남미 선교사님들이 모여서 한인교회 목회자들과 함께 프로그램을 마련하여 학생들에게 일종의 자격증을 마련해 주는 계획이 필요하다고 봅니다. 한인교회가 가진 재원과 자원을 선교사님들이 십분 이용해 주시길 바라고 싶습니다.

□ 중 · 남미 선교지와 한국 후원교회와의 간격 좁히기에 관한 의견

사회자 : 중 · 남미와 한국교회(후원) 사이엔 태평양이 가로 놓여 있습니다. 지리적인 거리감뿐만 아니라, 역사와 문화, 정서적인 거리도 멀기만 합니다. 양 대륙에서 기도하면 서로 만나지도 못한 채 태평양에 빠져버린다는 우스개 이야기도 있습니다. 중 · 남미 거리가 멀다는 것은 단순히 땅 끝 개념이라기보다는 한국과 가까운 동남아 지역을 생각할 때, 상대적인 거리감이 작용할 수 있습니다. 이러한 시공간을 어떻게 극복해 나갈 수 있겠습니까?

장근조 장로 (한국 비거주선교사)

중 · 남미 선교현지와 한국교회 사이의 간격 좁히기는 단순하고 쉽습니다. 자주 교류하면 됩니다. 로마서 마지막 장을 보면, 동역자들을 위한 문안으로 한 장을 마칩니다. 많은 분들이 선교사님들을 후원하고 있는데, 그분들에게 자주 문안하시면 됩니다. 문안을 통해 기도 제목이 나누어집니다. 한국교회에 부족한 산소를 보내줄 곳이 바로 선교지이며, 산소의 주체는 선교지에 계시는 여러분들입니다. 선교현지와 한국교회가 연합할 때, 서로 시너지 효과를 누릴 수 있는데 상호 동시에 시작해야 한다고 봅니다.

우리가 활용할 수 있는 가장 쉬운 수단을 가지고 선교 동원하기 – 핸드폰에 선교사님 전화 번호 저장하고 e-mail 보내기 등을 하고 있습니다.

후원교회 입장에서 보면 8년 동안 선교보고를 한 번도 안 하시는 선교사님도 있습니다. 서로 교제를 더 강화하고, 기회 날 때마다 서로 만남의 융통성을 갖고 교제할 때 거리가 좁혀진다고 생각합니다.

김마태 선교사 (아르헨티나 캠퍼스사역)

파송선교사가 너무 많고 한국교회들마다 후원하는 선교사에 대한 범주가 있기 때문에 전문인 선교사들은 자비량 할 수밖에 없는 상황이 생깁니다. 정말 한국에서 초교파 선교사역

에 관심 있는 교회가 있다면, 정해 놓은 범주를 초월해서 협력할 수 있는 선교사를 받아들여야 하지 않는가 생각합니다. 교회와 선교사가 상호 콘택트 할 수 있는 공간 마련을 해주시기를 부탁드립니다.

심덕임 선교사 (볼리비아 교회개척사역)

1-2팀을 마친 선교사들은 본국과의 관계나 현지 선교사들과의 관계가 모두 좋을 수 있지만 10-20년 넘어가면 서로의 인간관계가 약해지기 쉽고, 선교사 혼자 곰이 재주넘듯 홀로 선교를 감당해야 한답니다. 사역의 규모는 커지지만 후원금 모금의 상황은 신임 선교사에게 밀리는 현실입니다. 이를 해결할 방안은 '모금 선교사' (전문인)입니다. 그분은 선교에 대한 경험이나 지식이 많지 않아도 상관없습니다. 은퇴 목사님이시거나 열정적인 장로님이시면 .... 그런 분들이 그룹을 만들어서 선교사들을 신용해 주어서, 능력은 있는데 자원이나 형편이 안 되는 시니어 선교사들을 후원해 준다면 좋은 성과가 있을 것입니다.

선교를 하기 원하지만 후원이 어려운 상황에 있는 한국선교의 현안들을 보면서.... 예를 들면 선배 선교사가 후배인 담임 목회자에게 이야기하기 힘든 상황 아닙니까? 이런 약점을 보완해 줄 수 있는 협력선교사(전문인) 제도를 도입하여 뜻있는 분들이 늘어난다면, 시공간을 초월하여 선교가 힘을 얻게 될 것이라 생각합니다. 자칫하면 선교사 위주의 선교로 편중될 수 있을 테니 이 제도는 교회와 선교사 상호협력 하에 이루어져야 할 것입니다.

장근조 장로 (한국 비거주선교사)

언젠가 설교컨설팅 간판을 내걸라는 제안을 받았습니다. 교단이나 선교단체에 속하지 않은 기독 실업인이 선교사역을 후원할 필요가 있다는 제안이 처음에는 농담인줄 알았습니다. 하지만 시간이 흐를수록 이해되는 영역입니다. 힘닿는 데까지 선교 복덕방을 해보겠다고 말씀드렸습니다. 제 개인적으로는 **서로 정보를 교류하는 만남의 장소를 마련할 용의가 있**습니다. 현재는 기도팀들에게 선교지 사연을 연결해 드리고 있습니다만....

교회 평신도 가운데는 선교하고 싶은데 접근법을 모르는 사람들이 너무 많습니다. 교회 안의 무명용사들 중에 훌륭한 선교의 자원들이 산재해 있습니다. 이분들을 깨우면 큰 힘이 될 수 있습니다. 어떻게 네트워크 할 수 있을지를 해결해야 할 것입니다. 이 일은 저에게 주어진 과제이기도 합니다.

사회자 : 이제 마무리 하도록 하겠습니다. 오늘 발표를 못하셨더라도 우리가 교제하는 중에 나누어지길 바랍니다.

앞으로의 전략회의는 업그레이드 되기 위해 중미, 카리브해, 안데브 북부, 안데스 남부, 브라질과 아마존의 5개 권역 연구원이 필요합니다. 그동안 쌓아온 경험과 선교이론을 정리하고 연구하고 싶은 분들과 함께 일해 나가고 싶습니다. 이런 일에 동참하길 원하시는 분들은 말씀해 주시길 바랍니다. 경력 선교사 20여 명이 필요합니다. 이분들이 모여서 제3차 선교전략회의를 준비하게 될 것입니다.

내년(2007)엔 각 교단과 선교단체, 파송교회가 갖고 있는 중ㆍ남미 선교정책에 대해 논의하며 반성(평가)하며 재창조해 가고자 합니다.

장시간 동참해 주셔서 감사드립니다. 하나님께 영광의 박수를 돌려드리겠습니다. (일동 박수)

선교를 위한
메세지

영적 관심을 갖는 신앙인이 되자

(마 16:13-20)

박 영 주 목사 | 부산 삼일교회
www.samil.org
(사진: 1차 앞줄 좌로부터 여섯 번째)

신앙생활을 한다고 다 되는 것이 아닙니다.

신앙생활을 잘할 수 있고, 잘 못할 수도 있습니다. 주의 관심에 맞게 하는 신앙생활은 잘하는 것이며, 주의 관심에 맞지 않게 하는 신앙생활은 자기는 열심히 한다 할지라도 잘못하는 것입니다. 그런 의미에서 주의 관심을 이해한다는 것은 대단히 중요합니다.

예를 들어 오른편 어깨가 가려워 아내에게 긁어 달라고 부탁했을 때 가려운 부분을 두세 번만 긁어주면 아주 시원할 것입니다. 그러나 왼쪽 어깨나 등을 박박 긁어 대거나 피가 나도록 문지른다 하더라도 오히려 아프고 고통스럽지 오른편 근지러운 부분이 시원해지지는 않습니다. 무조건 열심히 하는 것이 결코 신앙생활 잘하는 것이 아닙니다. 활동 많이 하고 봉사 많이 한다고 결코 신앙생활 잘하는 것이 아닙니다. 주님의 뜻에 맞도록 신앙생활 하는 것이 잘하는 것입니다. 주님의 관심을 이해하면서 그 관심에 맞추어 신앙생활 하는 것이 잘하는 것입니다.

　자녀들이 부모의 진의를 바로 이해해야 부모에게 사랑받는 자녀가 되고 부모에게 진정한 효자가 될 수 있습니다. 제자들이 스승의 참뜻을 바로 이해해야 스승에게 사랑받는 제자가 되고 스승이 원하는 참제자가 될 수 있습니다. 크리스천들이 주님의 진정한 관심을 이해하고 그 관심에 관심을 가져야 진정으로 주님을 기쁘시게 할 수 있고, 주님의 인정과 칭찬을 받을 수 있고, 주님의 모든 복을 받아 누리게 됩니다. 주님의 관심과 우리의 관심이 일치될 수도 있고 거리가 멀 수도 있습니다. 주님의 관심과 우리의 관심이 가까우면 가까울수록 우리의 삶은 영적인 삶이 되고 하나님의 뜻에 부합된 삶이 되지만, 주님의 관심과 우리의 관심이 멀면 멀수록 우리의 삶은 육적인 삶이 되고 하나님의 뜻에 빗나가는 삶이 됩니다. 주님의 관심과 거리가 멀면 아무리 열심히 하고, 정성으로 하고, 의욕적으로 하더라도 아무런 소용이 없습니다.

　결국 헛수고에 지나지 않습니다. 주의 관심에 관심을 가져야 합니다. 주의 관심이 무엇인가를 바로 이해해야 합니다. 오늘은 주의 관심이 과연 무엇인지에 대해 초점을 맞추어 생각해 봄으로 함께 은혜를 나누고자 합니다.

1. 주님의 관심은 그리스도를 바로 아는 것입니다.

　예수님은 가이사랴 빌립보 지방에서 "사람들이 인자를 누구라 하느냐?"고 물으셨습니다. 예수님의 지대한 관심은 자기를 누구라 하느냐하는 이것이었습니다. 사실 예수님을 따르면서도 예수님을 제대로 알지 못하는 자가 너무도 많습니다. 옛날이나 지금이나 앞으로도 마찬가지입니다. 예수님 당시의 사람들은 예수님을 세례요한이라고 생각했습니다. 세례요한은 그 당시 최고의 인기를 지닌 사람이었습니다. 예수님은 인기가 높은 사람이라는 뜻입니다. 예수님 당시의 사람들은 예수님을 엘리야라고 생각했습니다. 엘리야는 능력의 사자, 불의 사자였습니다. 예수님은 능력의 사람, 하늘의 불을 끌어내리는 사람이란 뜻입니다. 예수님 당시의 사람들은 예수님을 예레미야라고 생각했습니다. 예레미야는 애국의 선지자로 유대인들에게 큰 존경을 받는 인물이었습니다. 예수님은 백성들로부터 존경받는 사람이라는 뜻입니다. 예수님 당시의 사람들은 예수님을 따르면서도, 예수님의 설교를 들으면서도, 예수님을 제대로 알지 못했습니다.

오늘날에도 예수님을 따르면서도 예수님을 위대한 사상가로, 훌륭한 의사로, 존경받는 선생으로, 심오한 철학가로, 사랑의 실천가로, 종교 창시자로, 세계 4대 성인의 한 사람으로, 기적을 행하는 능력가로, 시대적 영웅으로, 조용한 혁명가로 알고 있는 자가 많습니다. 이러한 것은 예수를 잘못 알고 있는 것이며, 부분적으로만 알고 있는 것이며, 인간적으로만 알고 있는 것이며, 외형적으로만 알고 있는 것이며, 피상적으로 알고 있는 것입니다. 예수님은 이런 종류의 답을 듣고 만족하시지 않았습니다. 주님의 진정한 관심은 이런 답을 듣는 것이 아니었기 때문입니다. 그래서 제자들을 향하여 또다시 "너희는 나를 누구라 하느냐?"고 물으셨습니다. 그때 베드로는 "주는 그리스도시요 살아 계신 하나님의 아들이시니이다."라고 대답했습니다. 베드로의 대답을 들으신 예수님은 아주 만족하셨습니다. 예수님은 꼭 듣고 싶었던 고백을 베드로의 입을 통하여 들으셨기 때문입니다. 주님의 관심은 예수 그리스도에 대한 바른 이해입니다. 예수 그리스도에 대한 정확한 고백입니다. 주님은 주는 그리스도라는 고백을 듣고 싶어 합니다. 주님은 그 고백 듣기를 원하셨기 때문에 베드로로부터 그 고백을 들었을 때에 마치 어린아이가 장난감을 선물로 받아들고 좋아하는 것처럼 예수님은 그렇게 좋아하시고 기뻐하셨습니다. 주님의 관심은 예수를 그리스도로 아는 것, 이것입니다.

선교사 여러분! 신앙의 핵심이 예수를 그리스도로 아는 것, 이것입니다.

예수는 그리스도입니다. 그리스도, 이것은 신비 중의 신비입니다. 오묘 중의 오묘입니다. 비밀 중의 비밀입니다. 그리스도, 이것은 신비의 뭉치요, 오묘의 덩어리요, 비밀의 노다지입니다. 그리스도는 기름부음을 받았다는 뜻으로 하나님으로부터 기름 부음을 받은 자입니다. 그리스도는 인간 가운데 임하신 참 하나님의 신성적 이름입니다. 그리스도는 하나님의 아들의 공식 명칭입니다. 그리스도는 하늘과 땅의 모든 권세를 가지신 분입니다. 그리스도는 하나님의 비밀, 하나님의 지혜, 하나님의 능력입니다. 그리스도는 우주의 통일이요, 영광의 소망입니다. 그리스도는 범죄한 인생을 위하여 세우신 하나님의 대칙입니다. 예수님이 곧 그리스도시다는 것을 아는 것 이것이 정말 중요합니다. 이것이 최고의 지식입니다. 예수님이 곧 그리스도시라는 것을 아는 것, 이것을 주님은 원하시고 계시고 이것이 주님의 진정한 관심입니다. 주님의 진정한 관심이 '예수는 그리스도시다' 라는 사실입니다. 성경의 '핵심이 예수는 그리스도시다' 라는 사실입니다. 성경의 비밀이 '예수는 그리스도시다' 라는 사실입니다. 전도의 구호가 '예수는 그리스도시다' 라는 사실입니다. 설교의 주제가 '예수는 그리스도시다'라는 사실입니다.

이 세상은 어두움의 권세 아래 있는 세상입니다. 이 세상이 왜 어두워졌습니까? 사단의 영향력 때문입니다. 죄의 권세 때문에 저주가 임했고 사단의 그릇된 오도 때문에 무지에 빠져 뒤죽박죽의 세상이 되었습니다. 이러한 뒤죽박죽의 세상을 한마디로 표현하면 어두움의 권세입니다. 그런데 이 사단과 저주와 무지의 어두움을 극복하신 분이 예수 그리스도입니다. 그리스도는 곧 죄와 저주와 무지와 사단을 극복하신 분이란 뜻입니다.

그리스도는 왕이요 제사장이요, 선지자의 상징을 겸한 유일한 직분입니다. 사단을 이기신 왕이요, 저주를 회복하신 제사장이요, 무지를 일깨운 선지자입니다. 사단과 저주와 무지를 해결하기 위해 하나님이 보내주신 분이 그리스도입니다. 사단과 저주와 무지를 해결하기 위해 인간의 몸을 입고 오신 분이 그리스도입니다. 그리스도만이 사단과 저주와 무지를 해결할 수 있습니다. 그러므로 어두움의 세력을 이길 수 있는 힘은 예수 그리스도 이외에는 없습니다. 그래서 예수 그리스도는 인류의 소망입니다. 그래서 예수 그리스도는 세상의 빛입니다. 그래서 예수 그리스도는 인생의 해답입니다. 그리스도는 범죄한 인생을 위해 하나님이 친히 세우신 유일한 대책이요, 온전한 대책이요, 영원한 대책이신데 동정녀 마리아에게서 태어난 예수 '그가 곧 그리스도다' 라는 말입니다. 그 예수를 그리스도로 아는 예수님에 대한 자기인식, 그것이 주님의 참된 관심입니다.

하나님은 그리스도 밖에 있는 것에 대해서는 전혀 관심이 없습니다. 그리스도 안에 있는 삶은 모두가 의미가 있습니다. 그리스도 안에 있는 모든 것은 귀하고 아름답고 가치가 있습니다. 하나님은 그리스도 중심의 삶에 깊은 관심을 갖고 있습니다. 우리는 종교의식적인 삶이 아니라 그리스도 중심의 삶을 살아야 합니다. 그리스도 없는 신앙생활은 알맹이 없는 껍데기에 불과합니다. 그리스도 없는 종교생활은 생명력 없는 제도에 불과합니다. 예수 그리스도를 날마다 더 깊이 깨달아 가는 신령한 생활을 하시기 바랍니다.

2. 주님의 관심은 그리스도를 바로 믿는 것입니다.

"주는 그리스도시요"라는 이 베드로의 대답은 지식적 대답이 아니라 그의 신앙적 고백입니다. 다시 말하면 고백적 대답입니다. 그래서 예수님이 매우 기뻐하셨습니다. 예수가 그리스도시다는 것을 바로 알 뿐만 아니라 믿는 것이 주님의 진정한 관심입니다. 깨달아 아는 것은 믿기 위한 전제입니다. 아는 것이 중요한 것은 알아야 믿을 수 있기 때문입니다. 바로 알아야 바로 믿을 수 있습니다. 바로 믿는 것이 주님의 관심입니다.

구원 얻는 것이 하나님의 뜻입니다. 요6:40절에 "내 아버지의 뜻은 아들을 보고 믿는 자마다 영생을 얻는 이것이니 마지막 날에 내가 이를 다시 살리리라"고 했습니다. 딤전2:4에 "하나님은 모든 사람이 구원을 받으며 진리를 아는데 이르기를 원하시느니라"고 했습니다. 구원 얻는 것이 하나님의 뜻입니다. 그러면 어떻게 하면 구원을 얻을 수 있습니까? 구원 얻는 길은 여러 가지가 있는 것이 아니고 단 한 길밖에 없습니다. 예수 그리스도를 구주로 믿는 길 이외에는 전혀 다른 길이 없습니다. 요14:6에 "예수께서 가라사대 내가 곧 길이요 진리요 생명이니 나로 말미암지 않고는 아버지께로 올 자가 없느니라"고 했고, 행4:12에 "다른 이로서는 구원을 얻을 수 없나니 천하 인간에 구원을 얻을 만한 다른 이름을 우리에게 주신 일이 없음이니라"고 했고, 딤후3:15에 "또 네가 어려서부터 성경을 알았나니 성경은 능히 너로 하여금 그리스도 예수 안에 있는 믿음으로 말미암아 구원에 이르는 지혜가 있게 하느니라"고 했습니다.

예수 그리스도를 믿음으로만 구원을 얻을 수 있습니다. 예수 그리스도를 믿는 것이 구원을 얻을 수 있는 유일한 길이고, 온전한 길이고, 영원한 길입니다. 하나님의 절대관심은 우리가 예수 믿어 구원을 얻는 이것입니다. 예수님의 절대관심은 우리가 예수 믿어 구원 얻는 이것입니다. 왜냐하면 예수님은 구주이시기 때문입니다. 예수님은 우리가 구원 얻지 못한 채 종교적인 사람으로 머물러 있기를 원치 않습니다. 예수님은 우리가 구원을 얻지 못한 채 율법적인 사람으로, 도덕적인 사람으로 머물러 있기를 원치 않습니다. 예수님은 우리가 구원을 얻지 못한 채 방황하고 있기를 원치 않습니다. 하나님은 우리가 어떤 노력을 하기를 원하는 것이 아니고, 어떤 고행, 수고를 하기를 원하는 것이 아니고, 구원 얻기를 원하고 있습니다. 그런데 우리가 구원 얻는 것은 예수 그리스도를 믿는 이 길밖에 없으니 예수 그리스도를 믿는 것이 주님의 진정한 관심입니다. 우리는 주님의 관심을 바로 깨달아야 합니다.

한번은 제자들이 예수님께 "우리가 어떻게 하여야 하나님의 일을 하오리이까?"하고 물었을 때 예수님은 "하나님의 보내신 자를 믿는 것이 하나님의 일이라"고 했습니다. 하나님의 보내신 자가 누구입니까? 예수 그리스도입니다. 예수 믿는 것이 하나님의 일입니다. 하나님이 가장 기뻐하시는 일입니다. 믿는 것이 무슨 일이냐고 반문하실지 모르지만 믿는 것이 큰일입니다. 위대한 일입니다. 예수 믿는 것이 제일 귀하고 소중한 일입니다. 예수 믿는 것이 큰 뜻을 품는 것보다 더 중요합니다. 예수 믿는 것이 많은 돈을 버는 것보다 더 중요합니다. 예수 믿는 것이 사업에 성공하는 것보다 더 중요합니다. 예수 믿는 것이 육신의 건강을 회복하는 것보다 더 중요합니다. 예수 믿는 것이 권력을 얻는 것보다 더 중요합니다. 예수 믿는 것이 공부를 많이 하는 것보다 더 중요합니다. 예수 믿는 것이 승진하는 것보다 더 중요합니다. 예수 믿는 것이 사랑에 빠지는 것보다 더 중요합니다. 예수 믿는 것이 봉사하고, 활동하는 것보다 더 중요합니다. 예수 믿는 것이 종교생활, 종교의식에 참여하는 것보다 더 중요합니다.

예수 믿는 것이 하나님의 일이기 때문입니다. 인간의 일이 아닌 하나님의 일이기 때문입니다. 하나님이 가장 기뻐하시는 일이기 때문입니다. 예수 그리스도를 믿는 것이 위대한 일이며 가장 가치 있는 일입니다. 영육에 후회함이 없는 가장 안전한 일이요, 흔들림 없는 가장 견고한 일이요, 헛되지 않는 가장 확실한 일이요, 어떤 것도 그것을 따를 수 없는 가장 성과 있는 일입니다.

예수 믿는 것을 아무것도 아닌 것처럼 생각하고 있는 분이 있습니까? 예수 믿는 것을 시시한 일로 여기는 분이 있습니까? 아닙니다. 예수 믿는 일이 얼마나 중요한 일인지 모릅니다. 믿으면 구원받고, 영생 얻고, 하나님의 자녀가 됩니다. 믿으면 영적인 눈이 열리고, 신령한 세계가 보입니다. 믿으면 하나님의 많은 약속들이 그리스도 안에서 우리의 것이 됩니다.

믿으면 하나님의 영광이 나타납니다. "너희가 믿으면 하나님의 영광을 보리라."고 했습니다. 믿으면 하나님의 능력이 나타납니다. "너희 믿음대로 되리라."고 했습니다. "내게 능력주시는 자 안에서 내가 모든 것을 할 수 있느니라." 믿으면 하나님의 역사가 나타납니다. "이 말씀이 또한 너희 믿는 자 속에서 역사 하느니라."고 했습니다. 믿는 대로 하나님의 역사가 나타납니다.

우리의 믿음을 따라 하나님은 일하십니다. 알고만 있고 믿지 않으면 하나님의 역사가 나타나지 않습니다. 예수 그리스도를 믿는 것, 이것이 하나님의 관심입니다. 잘못 믿으면 안됩니다. 인본주의로 믿으면 안 됩니다. 하나님의 세우신 방식대로 믿어야 합니다. 교회에 충실히 다니는 것이 주님을 바로 믿는 것이 아닙니다. 종교생활에 열심 내는 것이 주님을 바로 믿는 것이 아닙니다. 봉사생활 많이 하는 것이 주님을 바로 믿는 것이 아닙니다. 예수 그리스도를 범죄한 인생을 위하여 하나님이 세우신 대책으로 믿어야 합니다. 예수 그리스도를 우리를 죄의 권세에서, 사단의 세력에서, 저주의 어두움에서 건져내신 구주로 믿어야 합니다. 예수 그리스도를 영육의 모든 문제를 해결하시는 해결자로 믿어야 합니다. 우리의 신앙생활을 예수 믿는데다 중점을 두어야 합니다. 하나님의 진정한 관심이 예수 그리스도를 믿음으로 우리가 구원 얻는 이것임을 우리는 순간도 잊어서는 안 됩니다.

3. 주님의 관심은 그리스도를 바로 누리는 것입니다.

제가 보기에 한국교회 성도들이 이것이 잘 안되고 있다고 생각합니다. 우리가 구원 받았다는 것은 어떤 의미에서는 예수 그리스도를 누리는 자가 되었다는 것입니다. 하나님의 자녀들은 진정으로 그리스도를 누릴 특권을 가지고 있습니다. 예수 그리스도는 우리 크리스천들이 누릴 가장 큰 보화 덩어리입니다. 하나님의 자녀들에게 얼마나 영광스러운 특권이 주어져 있는지 그것을 모르고 산다면 우리의 삶의 감격이 반감될 것입니다. 본문 말씀 속에서 그리스도를 바로 고백하는 자에게 주어진 특권이 무엇임을 똑똑히 보여주고 있습니다.

① 베드로는 예수님의 칭찬을 받았습니다. 칭찬을 받는다는 것은 인정을 받는 것이고 신임을 얻는 것임으로 그 자체가 바로 행복입니다.

② 베드로는 교회 세우는 축복을 받았습니다. "너는 베드로라 내가 이 반석 위에 내 교회를 세우리니"라고 했습니다. 성도의 행복은 교회와 함께하는 행복입니다. 성도의 행복은 복음과 함께 하는 행복입니다. 하나님은 성도에게 복음을 위해서, 교회를 위해서 축복해 줍니다. 하나님 앞에서 복음과 교회를 위해서 일하기로 작정만 하면 하나님은 그 자녀를 축복해 주시고 행복케 해주십니다. 이런 의미에서 신앙생활을 하고 있으면서도 복음에 대한 눈이 열리지 못한 자는 진정한 행복자라고 말하기가 힘듭니다.

③ 베드로는 승리의 보장을 받았습니다. "음부의 권세가 이기지 못하리라."고 했습니다. 성도는 절대승리의 보장을 받고 있습니다. 성도는 결코 실패할 자가 아닙니다. 성도는 승리가 보장되어 있고 성공이 보증되어 있습니다. 음부의 권세가 성도를 이기지 못하기 때문에 성도는 진정한 행복자입니다.

④ 베드로는 천국열쇠를 받았습니다. "내가 천국 열쇠를 네게 주리니 네가 땅에서 무엇이든지 매면 하늘에서도 매일 것이요 네가 땅에서 무엇이든지 풀면 하늘에서도 풀리리라"고 했습니다. 성도는 하늘 문을 여는 열쇠를 쥐고 있는 행복자입니다. 하나님은 성도들이 자기에게 주어진 권세와 특권을 알고 그것을 마음껏 누리면서 행복하게 살기를 원하고 있습니다. 하나님의 진정한 관심은 크리스천들의 행복에 있습니다. "항상 기뻐하라 쉬지말고 기도하라 범사에 감사하라 이는 그리스도 예수 안에서 너희를 향하신 하나님의 뜻이니라"고 했는데 이 말씀의 참뜻은 성도는 그리스도 안에서 당연히 항상 행복하게 살아야 한다는 말씀입니다.

크리스천은 그리스도 안에서 당연히 행복해야 합니다. 이것이 우리를 향하신 하나님의 소원이요 하나님의 뜻입니다. 크리스천은 그리스도 안에서 당연히 행복해야 한다는 말은 예수 그리스도를 당연히 누리면서 살아야 한다는 말과 같습니다. 우리를 향하신 하나님의 생각은 평안이기 때문입니다. 예레미야 29:11에 "나 여호와가 말하노라 너희를 향한 나의 생각은 내가 아나니 재앙이 아니라 곧 평안이요 너희 장래에 소망을 주려 하는 생각이라"고 했습니다.

우리를 향하신 하나님의 관심은 우리의 행복에 있습니다. 선교사 여러분, 여러분도 그리스도를 마음껏 누리면서 행복하게 사시기 바랍니다. 세상 사람들이 부러워할 만큼 행복하게 사시기 바랍니다.

왜 크리스천이 행복하게 살아야 합니까? 예수를 그리스도로 믿기 때문입니다. 구원 받았기 때문입니다. 그리스도는 행복의 요소입니다. 그리스도는 우리를 죄악과 저주와 무목적에서 건져 주신 분입니다. 그리스도는 우리에게 자유함과 평안함과 안식을 주신 분입니다. 하나님은 우리의 행복을 위하여 가정을 주셨고, 천지만물을 지어 주셨고, 구원시켜 주셨습니다. 행복할 수 있는 모든 여건을 허락해 주셨습니다.

우리의 행복을 시기하고 우리의 행복을 빼앗는 원수가 있습니다. 간교한 사단의 장난에 놀아나기 때문에 구원을 받고도 행복을 누리지 못하고 항상 탄식하고 한숨 쉬고 불평불만에 빠져있습니다. 이것은 크리스천의 삶이 아닙니다. 예수 그리스도의 이름을 부름으로 어두움의 세력을 물리치고 그리스도 안에서 승리의 삶을 누리십시오. 예수 믿는 자는 하나님의 자녀이기 때문에 밝게, 행복하게, 의미 있게 살아갈 당연한 특권이 주어져 있습니다. 예수 믿으면서도 행복을 누리지 못해서는 안 됩니다. 크리스천이 행복을 잃고 사는 것은 자기의 지위를 지키지 못하는 못난 삶입니다. 예수 그리스도를 순간순간 누리면서 초막이나 궁궐이나 예수 그리스도를 모시고 천국을 이루어 행복하게 살아가는 크리스천이 되시기 바랍니다.

4. 주님의 관심은 그리스도를 바로 증거하는 것입니다.

"너는 베드로라 내가 이 반석 위에 내 교회를 세우리니 음부의 권세가 이기지 못하리라."고 했습니다. 내 교회를 세운다는 말은 교회를 통하여 구령운동을 일으키시겠다는 말입니다. 하나님의 근본적 관심은 백성들이 그리스도를 통하여 구원을 받는 것이고, 존재적 측면에서의 관심은 자녀들이 하나님의 은혜와 축복 속에서 행복하게 사는 것이고, 사명적 측면에서의 관심은 구령운동을 통하여 하나님 나라를 확장시켜 나가는 것입니다. "내가 천국 열쇠를 네게 주리니 네가 땅에서 무엇이든지 매면 하늘에서도 매일 것이요 네가 땅에서 무엇이든지 풀면 하늘에서도 풀리리라."고 했습니다. 이 말씀은 기도의 응답과 성도의 권세를 의미하는 말씀임과 동시에 복음사명의 중요성을 역설하는 말씀이기도 합니다. 사명적 측면에서 하나님의 관심은 성도들이 복음을 전하여 영혼을 건지는 구령운동을 일으키는 것보다 더 깊은 관심을 갖는 일이 없습니다. 우리는 교회를 성장시킨다거나 부흥시켜야 한다는 이기적인 생각에 사로잡히기 이전에 복음을 전하여 영혼을 건져야 한다는 구령운동에 깊은 관심을 가져야 합니다.

하나님은 이 일을 참으로 기뻐하시기 때문입니다. "유대인은 표적을 구하고 헬라인은 지혜를 찾으나 우리는 십자가에 못 박힌 그리스도를 전하니"라고 했습니다(고전1:22-23). 유대인들은 표적을 자랑하고 헬라인들은 지혜를 자랑하지만 우리 그리스도인들은 십자가에 못 박힌 그리스도를 전해야 합니다. "나의 달려갈 길과 주 예수께 받은 사명 곧 하나님의 은혜의 복음 증거하는 일을 마치려 함에는 나의 생명을 조금도 귀한 것으로 여기지 아니하노라."라고 했습니다. 사도바울은 생명을 걸어 놓고 복음 증거하는 일을 행한다고 했습니다(행 20:24). "하나님의 지혜에 있어서는 이 세상이 자기 지혜로 하나님을 알지 못하는 고로 하나님께서 전도의 미련한 것으로 믿는 자들을 구원 하시기를 기뻐하셨도다."라고 했습니다. 하나님은 전도라는 방법을 통하여 믿는 자가 있게 하시고 그 믿는 자들을 구원하신다는 말씀입니다. 그리스도를 증거하는 것은 하나님의 뜻입니다.

교회가 이 땅에 존재하는 근본의미는 하나님께 예배하는 일과 구령운동을 일으켜 영혼을 구원하는 이 일을 하게 하기 위한 것이라고 생각합니다. 왜 하나님이 교회를 이 땅 위에 세워 주셨습니까? 왜 예수님이 이 세상에 오셔서 교회를 세웠습니까? 왜 성령님이 오순절에 강림해서 교회를 태어나게 했습니까? 그리스도의 복음을 전하기 위해서 입니다. "이 반석 위에 내 교회를 세우리니 음부의 권세가 이기지 못하리라."고 했습니다. 예수님은 바른 신앙의 고백 위에 예수님 자신의 교회를 세웠습니다. 왜 교회를 세웠습니까? 음부의 권세를 깨뜨리기 위함입니다. 교회는 음부의 권세를 깨뜨리는 쇠방망이입니다. 교회는 어두움의 권세, 죽음의 권세, 사단의 권세를 깨뜨리는 성령의 쇠방망이입니다. 교회는 생명의 권세요 세상은 음부의 권세입니다. 음부의 권세를 깨트리는 힘은 교회뿐입니다. 복음뿐입니다. 예수 그리스도뿐입니다.

예수 그리스도의 복음을 증거하는 교회만이 음부의 권세를 이길 수 있습니다. 영혼을 사망에서 건져냄으로 음부의 권세를 깨뜨리는 것입니다. 어두움에 사로잡혀있는 사람을 살려냄으로써 음부의 권세를 깨뜨리는 것입니다. 그리스도를 증거하는 교회, 구령운동을 일으키는 교회라야 산 교회요, 교회다운 교회요, 교회의 본질에 부합되는 교회요, 하나님의 마음에 맞는 교회입니다. 그리스도를 증거하는 일은 교회 존재의 의미요 본질입니다. 우리가 복음을 위해 살 때 하나님께서도 우리를 위해 주십니다. 우리가 복음을 위해 시간을 바칠 때 하나님은 우리의 시간을 더 값지게 해주십니다. 우리가 복음을 위해 물질을 바칠 때 하나님은 우리의 물질을 더 풍요하게 채워 주십니다. 우리가 복음을 위해 목숨을 바칠 때 하나님은 우리를 하늘의 별과 같이 빛나게 해주십니다. 우리가 그리스도를 증거하는 일에 깊은 관심을 가질 때 하나님은 우리를 향해 깊은 관심을 가지시는 것입니다.

예수 그리스도를 증거하는 것을 복음전파라고 하는데 복음 전파는 예수님의 가장 큰 명령이요 예수님의 가장 지엄한 명령입니다. 복음전파는 예수님의 지대한 관심거리입니다. "너희는 온 천하에 다니면서 만민에게 복음을 전파하라."라고 했습니다. "너희는 가서 모든 족속으로 제자를 삼아 아버지와 아들과 성령의 이름으로 세례를 주고 내가 너희에게 분부한 모든 것을 가르쳐 지키게 하라."고 했습니다. 이것이 예수님의 최고 명령이요 대 명령이요 지상명령입니다. 그리스도를 증거하는 이 일은 남을 살리는 운동인 동시에 나를 살리는 운동입니다.

복음을 열심히 증거하면 힘이 들고, 능력이 소모되고, 맥이 빠지는 것이 아니고, 영혼구원의 현장을 보고 힘이 생기고, 능력이 생기고, 용기가 솟아납니다. 남을 살리면서 자신도 사는 것입니다. 자신도 살리고 남도 살리는 생명운동입니다. 초대 예루살렘 교회는 집에 있든지 성전에 있든지 예수는 그리스도라는 것을 증거하고 가르치는 일에 전념했습니다. 행5:42에 "저희가 날마다 성전에 있든지 집에 있든지 예수는 그리스도라 가르치기와 전도하기를 쉬지 아니 하니라." 매일 그리스도를 증거하시기 바랍니다. 집에서는 자녀들에게, 성전에서는 다른 사람들에게 그리스도를 증거하시기 바랍니다. 쉬지 말고 계속적으로 그리스도를 증거하시기 바랍니다. 주님의 관심은 그리스도를 깨달아 알고 믿는 자가 자신이 그리스도를 누리고, 그 다음에 그리스도를 증거하는 이것입니다.

예수 믿는 사람은 영혼의 오아시스를 발견한 사람들입니다. 한마디로 말해서 인생의 횡재를 만난 사람들입니다. 영혼의 생수를 날마다 마시면서 행복과 만족을 누리고 살고 있으며, 새로운 소망과 기대에 넘치는 삶을 살아가고 있습니다. 이 세상에서 제일 행복한 사람이 예수 믿는 그리스도인들이라는 사실을 저는 확신합니다. 우리가 그리스도인 되었다는 것이 보통사건이 아닙니다. 그러나 우리 주변에는 영혼의 어두움과 절망 속에서 허덕이며 인생을 괴로움과 고통 가운데 몸부림치면서 불행하게 사는 사람들이 너무도 많습니다. 성도는 나만 행복하다고 만족하여 살아서도 안 됩니다. 어두움 속에서 몸부림치는 수많은 영혼들을 생각하면서 살아야 합니다. 우리는 어두움에 빠져 있는 자들을 건져야 합니다. 무목적에 휩싸여 있는 우둔한 영혼들을 살려야 합니다. 탁류에 휘말려 죽어 가고 있는 불쌍한 영혼들을 살려야 합니다.

선교사 여러분! 주님의 진정한 관심이 무엇입니까? 세계선교 대열에서 그리스도를 바로 증거하는 것입니다. 신앙생활도 축복에 초점을 맞추는 대신에 전도에 초점을 맞추고, 봉사생활도 단순한 활동이 아니라 그리스도를 증거하는 구령에 초점을 맞추고, 사회적인 지위, 어떤 재능, 주어진 환경, 특수한 여건들을 나의 평안과 안정을 위한 수단으로 삼지 말고 복음을 전하는 수단으로 삼아야 합니다. 그러나 전도가 무거운 짐이 되어서는 안 됩니다. 신앙생활은 짐스럽게 하는 것이 아니기 때문입니다. 신앙생활은 기쁨과 즐거움으로 해야 합니다. 무슨 일을 하든지 기쁨과 즐거움으로 해야 합니다. 먼저 내 자신이 그리스도를 깊이 깨달아야 됩니다. 내 자신이 그리스도를 바로 믿어야 합니다. 내 자신이 그리스도를 누려야 합니다. 이 말은 다르게 표현하면 내가 예수 믿고 복음 받아 행복하게 살아야 합니다.

내가 그리스도의 사람으로 새로워져야 합니다. 그리스도의 향기를 풍겨야 합니다. 그리스도의 빛을 비추어야 합니다. 그리스도의 냄새를 나타내야 합니다. 그리스도의 향기와 냄새를 풍기는 나를 보고 세상 사람들이 주목할 것입니다. 그리스도의 빛을 비추는 나를 보고 세상 사람들이 주목할 것입니다. 그리스도 안에서 변화되어 그리스도인답게 살아가는 내 모습을 보고, 그리스도 안에서 그리스도를 누리면서 만족하고 행복하게 살아가는 내 모습을 보고 세상 사람들이 주목할 것입니다. 이것이 생활의 전도입니다. 관심을 갖는 그들에게 내 삶의 주 원인자이신 예수 그리스도를 증거해 주는 것이 전도입니다.

오늘날 전도를 가로막는 대부분의 사람들이 교회에 다니는 교인들입니다. 진정한 의미에서 그리스도인이 되지 못한 교인들입니다. 그들이 그리스도인답게 살지 못하면서 전도를 하니 오히려 역효과가 나타납니다.

말씀을 맺습니다.

우리가 무엇에 관심을 가져야 합니까? 주님의 관심에 관심 가져야 합니다. 주님의 관심은 그리스도를 바로 깨달아 아는 것입니다. 주님의 관심은 그리스도를 바로 믿는 것입니다. 주님의 관심은 그리스도를 바로 누리는 것입니다. 주님의 관심은 그리스도를 바로 증거하는 것입니다.

차세대와 기독교와의 접점

Interfacing with "The Next Christendom"
- Larry Poston -

김 용 훈 목사 | 워싱턴 열린문교회
e-mail:p.y.kim@cox.net
(사진: 1차 1줄 좌로부터 일곱 번째)

선교사역자들의 수세기에 걸친 열매가 무르익어 가면서, 기독교 신앙의 지역적 중심부는 적도 이남으로 전환될 것이다. "차세대 기독교"에 대하여 지지하는 사람들은 이 지구상의 가난한 자들 사이에 있게 될 것이라고 필립 젠킨스(Philip Jenkins)는 말하고 있다. 그들은 후기 계몽주의 형태보다 초기와 중세 기독교의 특징에 더 가까운 모양의 "완고하게 전통적"이 될 것이다. 그리고 그들은 성령의 은사, 꿈과 환상, 신유, 축귀, 묵시적 예언과 같은 것을 강조하면서 "매우 강한 초자연적 성향"에 의해 특징지어질 것이다. 북반부와 남반부 기독교의 상호 관계성을 정의함에 있어서 다음의 7가지 이슈를 제시하도록 할 것이다.

1. '기록된 하나님의 말씀'과 '오늘을 위한 하나님의 말씀'

"오늘날 하나님께서는 그의 백성들에게 어떻게 말씀하시는가?" 요한계시록이 완성되었을 때 하나님은 인간과 커뮤니케이션 하는 것을 중단하였다고 주장하기 원하는 사람은 아무도 없을 것이다. 그러나 만일 하나님께서 지금도 말씀하고 계신다면, 어떤 방식으로 그렇게 하시는가? '차세대 기독교'를 주창하는 많은 사람들에겐 하나님이 각 개인들에게 직접적으로 커뮤니케이션 하는 것을 통해, 성경에 기록된 하나님의 계시와, 꿈이나 환상, '지식의 말씀' 등등과 별다른 차이점이 없다는 것이다.

처음부터 "성경 외적인 계시"를 주장하는 운동을 다루어 온 북반부의 믿는 자들은 기록된 성경이 "하늘로부터 온 하나님의 음성"보다 더 신뢰할 만하다는 것을 베드로 후서 1:16-21로부터 지적해 볼 수 있다. 베드로는 "이 목소리는 우리가 실제로 하늘로부터 나옴을 들은 것이라"고 말하고 있지만, 성경에서 말씀하고 있는 "더 확실한 예언의 말씀이 있다."는 것을 분명히 하고 있다. 성경과 성경 외적인 계시에서 선택할 때 우선권은 항상 전자에 두어야 한다.

그러나 남반부에 있는 형제들은 곧바로 이런 질문에 이끌려 있다: "오늘날 하나님은 어떻게 말씀하시는가?" 하나님의 기록된 말씀을 통해 하나님을 들어야만 한다면, 우리는 살아계신 실체인 이 말씀을 어떻게 보아야 하는가? "하나님의 말씀은 살았고 운동력이 있어… 마음의 생각과 뜻을 감찰하시나니"(히브리서 4:12)를 어떤 식으로 설명할지를 현 세대에서는 무시해 왔단 말인가? 기독교인들이 기록된 하나님의 말씀을 조직적으로 연구할 때 제자 삼는다는 것은 그들로 하여금 성령의 조명해 주심을 인정할 수 없게 해야만 한다는 것인가?

2. 기적적인 '기사와 이적'에 관한 회의론을 수용할지 여부

초자연적 현상에 대한 관심사는 차세대 기독교의 특징이 되었다. 분명히 여기에는 이런 강조에 대한 긍정적인 면들이 있다. 계몽적 합리주의에 의해 태동한 모더니즘은 특이한 방법으로 역사하는 성령의 능력이 일반적으로 세속주의자들에 의해, 또한 많은 '자유주의' 기독교인들에 의해 부정되는 방식으로 우리를 이끌어갔다. 부연하자면, 20세기 동안 많은 보수주의 기독교인들은 '기사와 이적들'은 그 당시에만 일어났던 능력이라고 주장하는 세대주의 신학을 받아들였다.

우리의 남반부에 있는 형제·자매들은 기적적인 현상들을 액면 그대로 받아들이고 있다. 이런 현상들 중에 얼마는 심리학이나 귀신의 활동이란 관점에서 정말로 설명이 가능할 수 있을지언정, 보고된 모든 경우가 그런 원인에 기인한 것이라는 데는 의구심이 간다. 결과적으로, 이런 현상들은 우리의 지나친 합리적 기독교 신학을 좀 더 균형 잡힌 관점으로 되돌리게 해야 한다. 서구에 있는 우리는 "방언하기를 금하지 말라"(고전 14:39)와 "예언을 멸시치 말고"(살전 5:20)라고 한 바울의 권고에 대한 의미를 회복해야 한다.

동시에 북반부에 있는 기독교인들은, '기사와 이적들'은 한 분 진실하신 하나님의 활동에 있어서 반드시 나타나야 하는 것은 아니라는 것에 유념해야 한다. 마태복음 7:21-23에서 예수님은 가짜 현상들에 관하여 경고를 하셨다. 거의 세계 모든 종교가 방언과 신유와 죽은 자를 일으키는 것과 다른 기적적인 현상들에 대한 이야기를 가지고 있다.

북반부 사람들은 예언을 경시하지 말라는 바울의 권고가 있었고, 즉시로 뒤이어 "범사에 헤아려 좋은 것을 취하고 악은 모든 모양이라도 버리라."(살전 5:21-22)는 말이 나왔다는 것을 남반부 사람들에게 상기시켜주어야 한다. 그런 경고에 대한 것을 설명해 줌으로써 사람들이 영적인 삶의 왜곡을 피할 수 있는 여과장치를 제공받을 수 있다.

3. '신 정령신앙'의 위험을 피하면서 마귀의 능력을 주의하기

마귀와의 전쟁의 문제에 관한 논의는 서구에서 오랫동안 수면에 잠겨 있었다. 1960년대에 사탄의 활동들이 '미개한' 지역 사람들에게 한정되지 않았다는 인식이 일어나게 되었다. 이런 것이 영적인 삶의 영역의 문제가 될 때 남반부의 기독교인들이 북반부 사람들보다 훨씬 앞선 것으로 어떤 사람들은 생각한다. 귀신들린 사람들과의 인터뷰를 통해 남반부에 있는 '축귀 상담자들'(deliverance counselors)은 이 세상 여러 다양한 지역에 있는 귀신들에 관한 정보를 발견하였다고 믿고 있다. 악령들은 기생하고 있는 기능에 따라서 이름이 붙여졌다: 분노, 두려움, 탐욕, 동성애 등등. 귀신들은 특히 이슬람과 같은 세계 종교의 배후세력이라고 일컬어졌고, '지역의 영들'이 효력을 나타내지 못하게 될 때까지, 복음은 이런 신앙 체계에 붙잡혀 있는 사람들의 마음에 침투하지 못할 것이다.

남반부의 기독교는 우리에게 영적 세계에 대해 다시금 민감하게 함으로써 북반부 사람들을 분명하게 섬기고 있다. 결과적으로, 북반부 기독교인들은 귀신의 능력이 다루어질 수 있다는 방법을 탐구하기 시작했다. 동시에, 역사신학은 현재 확인된 것보다 더 균형 잡힌 관점을 남반부 사람들에게 주어야 한다. 예를 들면, 신약에서 귀신들림에 대한 9가지 예들 안에서, 귀신들은 비범한 힘을 주기도 하고, 사람들을 이상한 곳에서 살게 하기도 하고, 벙어리, 장님, 발작, 비명을 지르는 경련 등등을 일으킨다. 하지만 '분노의 귀신'을 쫓아내서 그런 성향으로부터 그 사람을 자유롭게 했다라고 어디에서도 언급이 되어있지 않다. '축귀 사역'이 이루어질 수 있다는 것에 대한 기대를 지나치게 강조해 온 종족집단 사이에서 바로잡아주는 그런 작업이 필요하다.

4. '성령 안에서 신뢰하는 것만'과 연관된 신학체계의 중요성

신학은 차세대 기독교를 지지하는 사람들 사이에서 거의 강조되지 않았다. 믿음과 실천의 문제에 대답을 주기 위해 신학체계에 의지하기보다 "성령께서 인도해야 한다."는 말을 사람들은 종종 듣고 있다. 분명히 서구 신학체계에는 특히 성령론, 교회론, 귀신론, 선교학조차에서도 차이점과 약점들이 있다. 이런 영역에서 우리의 남반부 동역자들은 우리의 지식을 더해주고 정정을 해 주고 있다.

그러나 동시에 북반구의 기독교는 성경에 근거한 신학의 역사적 중요성을 남반부에 보여주어야 한다. 유럽의 이교도 문화와 기독교의 만남은 오늘날에도 아직 존재하고 있는 혼합주의를 양산하게 되었다. 차세대 기독교의 지지자들은 바울의 선교전략의 적응성을 요약해 놓은 "여러 사람에게 내가 여러 모양이 된 것"(고전 9:22)과 토착적인 종교적 관습을 존속시키는 것에 대해 하나님이 몹시 싫어하심을 보여주는 "너희 하나님 여호와에게는 그런 식으로 섬기지 말고"(신 12:4) 사이에서 균형을 배우도록 도전받아야 한다. 젠킨스의 글은 혼합주의가 이미 남반부 기독교에 퍼져가고 있고, 이런 것을 수정하는 것이 빠르면 빠를수록 전체 기독교를 위해 좋은 것이라고 말하고 있다.

5. 전체주의 정권에 대항하는 민주사회 질서의 상대적 가치

일반적으로 "복음주의자들은 혁명의 불길을 꺼버린다"고 젠킨스는 주장한다. 남반부의 기독교인들은 가족들이나 이웃이나 일자리에서 영적 에너지의 대부분을 '기독교인의 삶'을 살아가는 것에 돌린다. '넓은 차원'의 문제에는 전혀 주의를 기울이지 않는다.

북반부 사람들은 전체주의적, 단일 종교적, 공산주의 지역에 반대하여 민주적, 다원주의적, 자유로운 기업 사회 가운데 살고 있는 기독교인들을 위해 어떤 유익이 있었는지를 최근의 역사에서 보여줄 수 있다. 북반부 사람들에 의해 향유된 자유가 없이, 앞선 3세기 동안의 기독교 선교활동이 계속 존재할 것이라는 것에 깊은 회의가 든다.

동시에, 지난 몇십 년 동안 '옛날을 회상하는' 도덕과 '잃어버린' 정치적 영토에 관심을 두고 있는 미국의 보수주의 기독교인들은 개인적이고 지역적 주도권을 강조하는 남반부로부터 많은 것을 배울 수 있다. 차세대 기독교를 지지하는 대부분의 사람들이 영향을 주어야만 하는 정치적이고 경제적인 조건들은 사회에 대한 폭넓은 관심보다 개인적이고 지역적인 상황에 집중함으로써 생존하고 번성했던 초대 기독교인들의 상황과 많은 공통점을 가지고 있다.

6. 일반적으로 교회와 사회에서 여성의 역할

"새로운 남반부 운동들에 대한 근거는 이런 구조들 안에서 여성에 대한 널리 퍼진 역할을 인식하는데 실패하지 않을 것이며... 그들로 하여금 그들의 목소리를 발견하는데 있어서 이 새로운 교회들은 여성들의 삶을 재형성하는데 왕성한 역할을 하게 된다"고 젠킨스는 말하고 있다. 우리의 남반부 형제·자매들은 북반부에서 여성사역에 대하여 역사적으로 옳았다는 것보다도 훨씬 더 많이 여성들이 교회의 일반적인 사역기능에 참여해야 한다는 것을 권유받고 있다.

그러나 이것이 지도자 역할의 문제가 되면, 흥미로운 대조를 보이게 된다. 북반부 기독교에서는 여성들이 교회에서 지도적 역할을 맡도록 허용하는, 밀어붙이면서 까지도, 어떤 영역이 증가하는 경향이 있어왔다. 그러나 남반부 교회들은 여성을 위한 전통적인 역할에 대해 설교를 하는데 있어서 북반부 사람들 보다 대체로 훨씬 더 편하게 느끼고 있다고 젠킨스는 말한다.

많은 북반부 기독교인들은 디모데 전서 2:11-15와 같은 초문화적 형태에 대해 무관심함으로써 문화적 순응주의에 굴복한 것으로 나타난다. 남반부 기독교인들은 이 문제에 관하여는 신약의 가르침을 더 잘 이해한 것처럼 보인다.

동시에, 북반부 사람들에게는 특히 가족단위, 직장, 일반적인 사회에서 예전의 선조의 가르침을 버린 것이 오래 되었다. 그러나 그런 족장제도는 아직도 남반부에서 기독교 가정에서조차 최고의 세력으로 군림한다. 이런 지역에서는 북반부 기독교인들이 어떻게 성경이 여성을 하나님의 형상을 함께 지닌 자로서 세워주고 있는지를 보여 주면서, 남반부 동역자들을 위해 모범적으로 섬기며 '삶의 은혜'의 남성들과 더불어 '유산에 참여'할 수 있다.

7. 개신교와 가톨릭의 적절한 관계성 구축

로마 가톨릭에 관한 견해에 있어서 보통은 보수 개신교회들이 나누어져 있다. 북반부에 있는 대다수 가톨릭교도들의 문화적으로 파생된 종교적 유산은 종종 진정한 영성에 반하는 '주입된 사상'(inoculation)으로 보이고 있다.

그러나, 최근에 어떤 개신교도들은 가톨릭과 관계를 개선해 보려고 한다. 1990년대에 모임이 개최되었고 ECT. I와 ECT. II(Evangelicals and Catholics Together)와 같은 공식 성명서에 협력의 새 장이 밝았다는 희망을 갖고 서명하였다.

'차세대 기독교'의 지지자들은 북반부 사람들이 가톨릭에 대해 모호한 것을 얼마간 해결할 수 있도록 도울 수도 있다. 남반부에 있는 이런 공동체들간의 관계성은 유럽이나 북미에서보다 일반적으로 더 낫다. 그럼으로, 남반부 기독교는 북반부 사람들이 과거의 선입견으로부터 자신들을 분리시키고 예전에 해 왔던 것보다 더 실제적인 대화의 형태에 문을 여는 데 도와줄 수 있다.

그리고 북반부 기독교인들은 루터의 시대로부터 발생하였던 교리 문제에 대한 역사적 분열의 기록을 나눔으로써 가톨릭교회 안에 있는 운동이나 분파에 의해 만들어져 왔던 혼합주의를 남반부 사람들이 피하도록 도와줄 수 있다. 예를 들면, '이단'(Christo-paganism)이라고 알려진 현상들에 대한 공동 검토 작업은 모든 쪽에서 상황화 신학의 특별한 문제를 다루는데 도움을 받을 수 있는, 의미 있는 대화를 만들어낼 수 있을 것으로 생각된다.

결 론

젠킨스가 보여준 한걸음 더 나아간 관찰은 "만일 과거의 선례들이 지나간 어떤 것이라면,

남반부의 종교적 조직들은 더 공식적이고 교회답게 될 것이며, 신유와 예언에 관한 주장들에 관해 어쩌면 더 회의적이 될 것이다."는 것이다. 북반부에 있는 많은 사람들은 긍정적인 발전, 즉 남반부 기독교인들 편에서 '성숙'의 증거가 되는 그런 제도화에 대해 생각해 보게 될 것이다. 다른 사람들은 남반부의 교회들이 쇠퇴와 정체 속에 있는 북반부의 형제 · 자매들을 따르게 될 것이라고 믿으면서, 그런 예상에 대해 염려하고 있다. 그러나 만일 북반부에 있는 우리가 어떻게 "불을 계속해서 지필 수 있는지"에 대해 남반부 동역자들로부터 이제 배울 수 있다면, 그리고 그들이 혼합주의적이고 문화에 기인한 내분으로 쇠퇴해 가는 것을 어떻게 막을 수 있는지 우리의 과거 역사로부터 배울 수 있다면, 그러면 우리를 주시하고 있는 모든 사람들에게 증거가 될 확신과 담대함을 가지고 미래를 향해 함께 움직여 갈 수 있는 것이다.

선교사와 고독 극복

(딤후 4:9-22)

조 서 구 목사 | 부산 · 북교회
mail:csgoo@hananet.net
(사진: 2차 2줄 좌로부터 세 번째)

요즈음 중 · 고등학교 학생들 가운데 학교에 와서 종일 엎드려 잠자는 학생들이 많다고 합니다. 그 가운데 학교 수업시간에는 잠자고, 학교 마치고 학원으로 바로 가서 공부하고 또 학교에 와서 자고 그런다는 것입니다.

그러니 이거 뭐가 잘못돼도 한참 잘못된 거죠.

그런데 학원에서 열심히 공부했기 때문이 아닌데 잠자는 애들이 있다는 것입니다. 이 아이들은 친구와 놀다가 이렇게 된 거예요. 밤새도록 논 친구가 있는데 친구 이름은 컴퓨터이고, 친구와 논 장소는 인터넷이라는 곳입니다. 밤새도록 사이버 공간을 헤매고 다니다가 학교에 와서는 잔다는 겁니다.

그런데 이게 학생들 문제만은 아니라는 점입니다. 많은 가정의 주부들이 남편이 출근하고 나면 하루 종일 사이버 공간에서 논다는 거예요.

문제는 학생이라면 공부를 망칠 테니 문제요, 주부들은 이러다가 잘못되기 십상이라는 겁니다. 여러 가지 경우에 문제가 생기고 부작용이 일어나고 있습니다만, 무엇보다도 점점 심각해지고 있는 현상이 뭔고 하면, 학생이건 주부건 간에 [현실과의 괴리현상] 입니다.

인간을 사회적 동물이라고 하잖아요. 인간이 '인간답다' 라는 말 속에는 사람들과 어울려 살아간다는 뜻을 포함하고 있습니다. 그래서 인간은 고독하면 안 됩니다. 하나님께서 아담을 창조하시고 이렇게 말씀하셨습니다. "사람의 독처하는 것이 좋지 못하니 내가 그를 위하여 돕는 배필을 지으리라"(창2:18) 하나님이 보시기에 사람이 독처하는 것, 혼자 외롭게 사는 것, 고독하게 사는 것을 좋지 않다고 하셨습니다. 다시 말씀드리면 인간은 창조될 때부터 고독하게 살지 않도록 만들어진 거예요.

그래서 외딴 섬에 홀로 남게 되면, 제일 견디지 못하게 하는 것이 바로 고독이라는 거죠. 먹을 것도 있고, 잠 잘 곳도 있고, 뭐 생존하는 데는 지장이 없지만 고독을 제일 견디기가 힘들다는 겁니다. 곧잘 견딘다 하더라도 정신이 이상하게 되기 십상이고, 다시 구조되어 사회로 돌아와도 정상적으로 적응하지 못하는 경우가 허다하다는 것입니다.

그만큼 고독이라는 병은 무섭다는 거예요.

그런데 요즈음 이렇게 사이버 공간에서, 실제 사람이 아닌 사람, 가상의 인물들과 지내다 보니 사회적응을 잘 못한다는 거예요. 친구들과 교제하는 것에도 문제가 생기고, 부모와의 관계, 형제와의 관계, 이웃과의 관계에서 대인관계가 원만하지 못하게 되어버린다는 겁니다. 이러다가 군에 들어가면 새로운 환경에 잘 적응하지 못해서 그만 끔찍한 사고를 저지르게 되는 일들이 심심찮게 벌어지고 있는 것입니다.

왜 이렇게 되는가 하니, 사이버 속의 가상 인물은 자기가 조정할 수 있습니다. 그것이 게임이라면 자기가 언제든지 그 게임에서 주인공입니다. 지더라도 다시 시작할 수 있습니다. 실력만 늘리면 언제나 이길 수 있습니다. 뭐 내 자존심 상할 필요가 없는 거예요. 뭐 상대가 아무리 강해도 게임 다시 시작하면 되는 거예요. 그런데 실제 인물은 안 그렇거든요. 언제나 부딪쳐야 하고, 원만한 관계를 위해서는 내가 양보해야 하고, 자존심도 내려놔야 합니다. 인간관계에 의해서 생긴 문제를 싹 지워버리고 다시 시작할 수가 없습니다. 아픔을 견뎌야 하고, 기다려야 하고, 참아야 하는 겁니다. 싫든 좋든 이런 부대낌 속에서 살아가야 인간이 인간답게 성장할 수 있는 겁니다.

그런데 요즈음 형제가 없습니다. 혼자 자라다 보니 자기 마음대로입니다. 자라면서 형제와 티격태격 싸우고, 삐지고, 화해하고, 타협하고, 적당히 양보 수위를 조절해 가면서 배우는 인간관계 훈련이 아예 가정에서는 없습니다.

그러니 멀쩡한 것 같은데 이 아이들이 다 고독한 거예요. 그나마 학교 친구나 이웃 친구들과 잘 어울리며 살아야 할 텐데, 이거 집에 틀어박혀서 컴퓨터가 친구요, 노는 장소가 동네 마당이 아니라 사이버 공간 게임방이란 말입니다.

그러니까 실상은 점점 고독해지는 거예요. 하나님께서 창조해 놓으신 인간상과는 점점 멀어지는 거죠. 그리고 여기에서 발생하는 문제가 아주 심각한 지경에 이르게 된 거예요.

그러니 고독이라는 질병에 걸리지 않도록 해야 합니다. 예방하고 치료하고 또 이에 대한 바른 지식을 가져야 되는 것입니다.

선교사님들, 나도 예외는 아니라는 사실입니다

여기에서 또 하나 우리가 기억해야 할 것은, 이 고독은 누구에게나 찾아온다는 점입니다. 뭐 혼자 자란 아이나 컴퓨터에 중독된 사람에게만 찾아오는 것이 아니라, 모든 인생에게는 고독이라는 불청객이 불쑥불쑥 찾아오게 됩니다. 젊은이에게는 젊은이대로, 나이가 많아지면 많아지는 대로 찾아옵니다. 아무튼 그 어떤 형태의 고독이든 간에 이 고독을 잘 처리할 수 있어야 하는 것입니다.

LID 증후군이라는 말을 들어 보셨습니까?

Loss Isolation Depression이라는 말인데, 이제 점점 핵가족화 되면서 노인들에게 찾아오는 고독병을 가리키는 말입니다. 자녀들 키울 때는 정신없이 지냈지요. 그런데 아이들이 자라서 하나 둘 분가해서 떠나고, 또 주위에 의지할 사람들이 하나 둘씩 세상을 떠나면서 고독감을 느끼게 되고, 자녀와는 떨어져서 대화가 안 되고, 가까이 있어도 세대차이 난다고 대화를 기피하니 대화할 상대를 잃은 채 소외감과 고독감으로 깊은 우울증에 빠지게 된다는 것입니다.

그래서 여러분, 효자가 되시려면요, 나이 많은 어르신들과 대화해 주시는 게 가장 큰 효도입니다. 뭐 한 소리 또 하고, 한 소리 또 하셔도 "아이구, 어머니! 이제 한 번만 더 하시면 100번째요 백번!" 그러시지 말아요. 저도 그런 말 많이 했는데요, 정말 후회됩니다. 그저 백한 번째 하신 말씀 또 하셔도 처음 듣는 것처럼 신기한 얼굴을 하고 들어줘야 하는데.... 어렵지요. 정말 어려운 것 압니다만, 그대로 복이 되고 말 거예요. 하나님이 위에서 보시고 감동을 받고 복을 듬뿍 주실 겁니다. 현대인 치고 그런 사람 없거든요. 약속 있는 첫 계명을 지켜서 하나님께 복을 받을 사람이 별로 없는 거예요. 로또 복권도 보니까요, 당첨 된 사람이 없어서 다음으로 넘기고 넘기고 하니까, 당첨금이 수백억이 될 때도 있더라구요. 그래서 하나님께서 그 모아놓은 축복을 이런 사람에게 한꺼번에 다 주시지 않을까!

오늘날 효자가 많이 없다는 말씀을 드리는 겁니다.

이 세상에서 고독으로 고통 받고 계신 부모님들을 보세요

제가 심방을 가면요, 어떤 분들은 늙으신 부모님이 목사님 오셨다고 방문을 열고 나오시면 자꾸 못나오게 하고, 또 그 방에 제가 들어가지도 못하게 하는 분이 있어요. 이유는 뻔합니다. 냄새 나지요, 또 엉뚱한 소리 하지요. 목사님 보고 좋은 말만 하면 좋겠지만, 뻔하거든요. 며느리가 어쩌고 저쩌고, 심심한데 못나가게 하고, 밥도 잘 안 주고 여기도 아프고 저기도 아프고....

그러니까 자식 입장에서는 정말 최선을 다하는데도 손님만 오면 푸념을 하고 불평을 하시니까 얼마나 속이 상합니까?

그러나 말입니다. 제가 다 알거든요. 오히려 고독 속에서 몸부림치다가 목사라도 오면, 실컷 투정이라도 부려야 되는 거예요. 그러면 영적으로 스트레스가 해소되는 거예요. 저는 아무렇지도 않은데, 제가 돌아가고 난 후 "어머니, 목사님께 왜 그런 말 했어요. 어휴 창피해, 못 살아 못 살아!" 이러는 교인들이 많거든요.

그런다고 어머니가 고치실 것 같지만, 다음에 제가 가면 그것까지 다 일러 주시거든요.

그렇지 않습니다. 이건 누구에게나 찾아오는 고독감입니다. 자식이 잘하건 못하건 상관없이 찾아오는 소외감이 있는 거예요.

더 무서운 영적 고독병이 있습니다

그러나 나이 많아 찾아오는 고독감은 부끄러운 것이 아닙니다. 그건 아주 자연스러운 현상일 뿐입니다. 문제는 어린 아이가 고독병에 걸리고, 중 · 고등학생, 젊은이들이 깊은 고독병에 걸려 신음하고 있는 것이 문제입니다.

그러나 그보다 더 무서운 고독병이 있습니다. 그것은 바로 영적 고독병입니다.

아담과 하와가 에덴 동산에서 외로움도 몰랐고, 고독도 몰랐고, 두려움이 뭔지도 몰랐습니다. 그러나 범죄하고 하나님과의 관계가 끊어져 버리자 이 모든 것들이 몰려옵니다. 그래서 숨어야 했고, 숨겨야 했고, 불안에 떨어야 했습니다. 이것이 곧 영적 고독입니다.

오늘날 인생들이 이 고독의 문제를 자꾸 세상 물정으로만 생각하려고 합니다. 이런 모든 문제들이 근본적으로 하나님과의 관계라는 것을 모르고 있다는 말입니다. 여러분, 아무리 세상에서 가질 수 있는 것 다 가져도 하나님과의 관계가 바로 되지 않으면 고독감에서 벗어날 수 없습니다.

아무리 가지고, 아무리 올라가도 허전하고 공허한 마음이 더 많아집니다. 오늘날 보십시오. 왜 돈도 있고, 인기도 있고, 명예도 있고, 무엇 하나 부러울 것이 없는 사람들이 마약을 더 많이 복용하고, 술과 도박과 음란의 죄에 더 깊이 빠지게 될까요? 이것이 영적 고독이라는 것을 모르는 거예요.

선교사 여러분, 우리는 오늘 본문을 통해서 깊은 고독감에 빠진 한 선교사를 만나게 됩니다. 그가 바로 대 사도 바울입니다. 바울도 고독감에 빠졌다면 우리도 피할 수 없는 것입니다. 그러나 바울을 통해 목사요, 선교사인 우리가 어떻게 이 고독의 문제를 해결할 것이며, 마지막 때를 살아가는 우리에게 필요한 것이 무엇인지를 교훈 받을 수가 있습니다.

디모데후서는 바울의 최후 서신으로 알려져 있습니다. 그러니까 이 글을 쓰고 있는 바울은 마지막 숨을 거두기 직전 기록한 서신이라는 것입니다.

바울이 두 번째 로마 감옥에 갇혀 참수되어 순교했다고 알려진 해가 68년입니다. 예수님이 서른 세살 나이에 십자가에 죽으셨습니다. 그 때 바울의 나이가 얼마나 되었을까요? 스무 살 정도만 잡아도 80이 훨씬 넘은 나이입니다.

지금 바울은 두 번째 로마 감옥에 갇혔습니다.

벌써 바울은 자기가 순교의 제물이 될 것을 이미 예견하고 있었음이 틀림없습니다.

디모데후서에 보면 이렇게 말합니다. "관제와 같이 벌써 내가 부음이 되고 나의 떠날 기약이 가까웠도다"(딤후 4:6). 그리고 이어서 "내가 선한 싸움을 싸우고 나의 달려갈 길을 마치고 믿음을 지켰으니"(딤후 4:7) 라고 합니다.

선교사인 바울도 그랬습니다

그런데 여기 사도요 선교사인 바울의 고독한 모습을 보십시오.

그가 한 마디로 이러고 있습니다. "내가 외롭다. 내가 고독하다."라고 하는 거예요. 그래서 "누구는 어디로 갔고, 누구는 어디로, 누구는 나를 떠났고, 누구는 어디로 보냈다." "내 옆에는 아무도 없다."는 것입니다.

그래서 사랑하는 디모데에게 기별을 하여 "어서 속히 내게로 오라."고 합니다. 디모데는 아들도 아닙니다. 형제도 아니요, 핏줄을 나눈 친척도 아닙니다. 그럼에도 불구하고 고독할 때, 외로울 때 "어서 속히 내게로 오라."고 할만한 영적 아들이 있었다는 것입니다.

선교사 여러분, 인간은 육체적인 존재만은 아닙니다. 인간은 영적인 존재이기 때문에 영적 만족이 없으면 견딜 수 없는 것입니다. 그래서 주님께서 "내게로 와서 값없이 생수를 사서 마시라."라고 하신 것입니다.

그리스도인은 영적인 자식이 있어야 합니다. 그래야 그 영혼이 외롭지 않게 됩니다. 누군가가 나를 향하여 "내 영적 아버지요, 내 영적 어머니이십니다."라고 고백할만한 사람이 있어야 합니다. 전도하여, 보살피고 양육하여 기른 영적 자식 말입니다.

이제 여러분은 모두 영적 자녀를 많이 갖게 되시기를 축원합니다. 그래서 영적 고독감에서 해방되고, 마지막 숨을 거두는 그 순간까지 영적 자녀를 계속 낳는 삶을 살다가 주님 만나게 되시기를 축복합니다.

그런데 인생에게 외로움과 고독감이 찾아오면 제일 두드러진 특징이 뭔고 하면 [사람들이 그립다]는 것과 함께 [섭섭한 사람들에 대한 원망스런 마음]입니다. "그렇게 사랑을 베풀었는데 어떻게 이렇게 소홀할 수 있단 말인가?", "다른 사람 다 그래도, 그 놈은 그럴 수 없어!" 이런 마음이 생기는 거예요. "그래, 이놈 잘 되는가 보자." 원망의 마음입니다.

대 사도요 선교사인 바울도 별 수 없는 거예요.

그러니 목사도 별 수 없고, 선교사도 별 수 없는 거예요.

보십시오.

"데마는 이 세상을 사랑하여 나를 버리고 데살로니가로 갔고, 그레스게는 갈라디아로 갔고, 디도는 달마디아로 가버렸고...." 이러면서 떠난 사람들에 대한 섭섭한 마음이 고스란히 담겨있습니다. "다 떠나갔고 지금은 누가만 나와 함께 있다." 외로워 죽겠다는 뜻이지요.

또 구리장색 알렉산더가 자기를 많이 괴롭혔다고 하면서 "주께서 그 행한 대로 저에게 갚으실 것"이라고 합니다. 이것이 바울의 솔직한 심정입니다.

그러나 바울은 이 원망하는 마음 그대로 두지 않았습니다. 16절에 보면 이렇게 말하고 있습니다. "내가 처음 변명할 때에 나와 함께 한 자가 하나도 없고 다 나를 버렸으나 저희에게 허물을 돌리지 않기를 원하노라"(딤후 4:16) 처음 함께 복음을 전하던 동역자들이 다 떠났다는 거예요. 자기를 버렸다는 것입니다. 섭섭하다는 거지요. 그러나 저희에게 허물을 돌리지 않겠다고 합니다. 원한을 가슴에 묻지 않겠다는 거예요.

선교사님들, 기억하십시오.

세상에서 원한을 제일 잘 못 푸는 사람이 예수 믿는 사람들이라는 말이 있습니다. 세상 사람들은 싸워도 술 한 잔 마시고 풀어버리는데, 예수 믿는 사람들은 죽을 때까지 안 푼대요. 의외로 주의 종들 가운데도 많다는 거예요. 그런데 "왜 그러느냐?"고 물으면, "나는 감정도 없고 풀려고 하는데 상대방이 안 푼다."고 하는 거예요.

선교사님들, 이거 몰라서 하는 소리예요. 용서하고 푸는 것은 상대와 아무런 상관이 없는 겁니다. 상대야 풀든지 말든지, 속에 칼을 품고 있든지 말든지 그것 상관없이 내가 풀어버리면 끝입니다.

반대로 상대는 다 풀었는데 내가 안 풀고 있으면 나만 손해 보는 거예요. 나만 영적으로 고독하게 되는 것이고, 병을 가슴에 품고 사는 것과 같은 겁니다.

미움이라는 게 그런 거예요. 미운 사람 있습니까? 그 사람 생각만 하면 미운 사람 말입니다. 그런데 내가 미워하면 그 사람이 괴로워하느냐? 그렇지 않은 경우가 더 많거든요.

누군가가 미워 죽겠어요. 지구를 떠나 버리면 좋겠어요. 그러면 내가 그 상사를 미워하기 때문에 그가 배가 아프다던가, 가다가 넘어진다든가 합니까? 내가 얼마나 자기를 미워하는지를 좀 알아주기만 해도 화가 덜 날 텐데 이건 내가 자기를 좋아하는 줄 알고 있단 말입니다. 그가 윗 사람일 경우에는 고개를 숙여야 하잖아요. 그래서 더 화가 납니다. 그러면 누가 손햅니까? 나만 손해 보는 거예요. 나만 고독하고 외로운 거예요. 그건 그 사람과의 관계가 아니라, 나와 하나님과의 관계요, 내 자신의 영적인 문제일 뿐인 거예요. 그러니 왜 그 사람 때문에 내가 손해를 봅니까? 왜 그 사람 때문에 하나님과의 관계가 멀어져, 영적 고독에 붙잡혀 살아야 합니까? 그냥 벗어 버리는 거예요. 내가 일방적으로 용서해 버리는 거예요.

왜 이중으로 손해를 봅니까? 일하면서 스트레스 받는 것도 억울한데, 왜 나 혼자만 영적으로 손해까지 보아야 하느냐는 말입니다.

바울 사도를 보십시오.

"나를 떠난 자들이 많다. 섭섭하다. 원망스러운 마음도 들고, 기분 나쁘다. 그러나! 저희들에게 허물을 돌리지 않겠다!" 일방적으로 선언해 버립니다. 저들이 뉘우치건 말건, 저들이 깨닫건 못 깨닫건 상관없이 용서해 버립니다. 마음에서 털어내 버립니다. 이것이 영적 고독에서 벗어날 수 있는 중요한 비결임을 잊지 마시기 바랍니다. 하나님과 가까워지기 위해서는 마음의 원한을 털어내야 합니다.

바울을 보십시오.

11절을 보면 "누가만 나와 함께 있느니라. 네가 올 때에 마가를 데리고 오라. 저가 나의 일에 유익하니라"(딤후 4:11) 디모데가 올 때 같이 데리고 오라는 이 마가가 누구입니까?

사도행전 15장에 보면, 바울이 바나바와 다툽니다. 이제 전도 여행을 떠나는데 바나바는 마가를 데려가려고 합니다. 그러나 바울은 마가는 데리고 갈 수 없다고 합니다. 지난 번 전도 여행 때 중간에서 돌아갔다는 이유 때문이었습니다. 믿을 수 없다는 거죠. 비겁하게 중간에 돌아가 버리는 그런 인간을 어떻게 다시 데리고 갈 수 있느냐는 것입니다.

결국 이것 때문에 서로 싸우고 바울은 바울대로 실라와 함께 시리아 쪽으로, 바나바는 마가를 데리고 구브로 키프로스로 각각 따로 가고 맙니다.

그런데 바로 그 마가, 바울이 싫어해서 데리고 갈 수 없다고 했던 그 마가를 데려오라고 합니다.

선교사 여러분, 하나님과 가까워지는 비결이 여기에 있습니다. 영적 고독을 극복하는 비결은 내 마음속에 자리 잡고 있는 미움을 털어내고 용서하는 데 있습니다. 상대를 위해서가 아닙니다. 나를 위해서 상대를 용서해야 하는 것입니다. 내가 자유하기 위해서 미움을 털어내야 하는 것입니다.

선교사님들이여, 겨울이 오기 전에 ....

21절에 보면 바울이 디모데에게 말하기를 "겨울 전에 너는 어서 오라."고 합니다. 겨울이 오면 지중해 해안이 얼어붙어서 배가 정박을 할 수 없기 때문에 그 이전에 오라는 것입니다. 그리고 13절에서는 "드로아 가보의 집에 둔 겉옷을 갖다 달라."고 합니다. 추위가 오기 전에 추위를 대비해야겠다는 것입니다.

그러니 이 때가 가을이겠지요. 겨울이 오기 전 겨울을 준비해야 할 가을 말입니다. 지금이 가을입니다. 이제 곧 산마다 단풍이 들고 낙엽이 떨어지기 시작할 것입니다. 그리고 잠시 후 앙상한 가지에 찬바람이 부는 겨울이 될 것입니다. "겨울이 오기 전에, 추위가 오기 전에 옷을 가지고 오라."

선교사 여러분, 인생의 겨울은 나이 많아서야 찾아오는 것은 아닙니다. 인생의 겨울은 언제나 만날 수 있습니다.

겨울을 만나도 다음 봄을 기다릴 수 있지요. 그러나 다음 봄을 기약할 수 없는 겨울을 만나는 사람도 있을 것입니다. 어떤 경우이든 우리는 겨울을 대비할 수 있어야 합니다.

선교사님들, 이 세대를 보십시오.

허리케인과 태풍이 이렇게 불어 닥친 일이 역사상 있었나요? 동서양이 따로 없습니다. 태풍도 불었지요. 해마다 허리케인도 불었지요. 그러나 불었다 하면 수천수만 명이 죽는 바람은 그렇게 많지 않았습니다. 그러나 이제 불었다 하면 수천 명은 수에 치지도 못할 정도입니다. 지진은 어떻습니까? 바다 가운데서 지진이 일어나니까, 쓰나미가 일어나 한꺼번에 수십만 명을 죽입니다. 파키스탄, 인도, 아프가니스탄에서....

조류독감, 사스, 구제역 동물들도 떼죽음을 당하고 있습니다. 지구의 허파로 불리는 아마존은 지금 환경 대재앙에 직면해 있다고들 합니다. 세상에서 제일 비가 많이 온다는 아마존 지역에 가뭄으로 강바닥이 들어나고 물고기가 떼죽음을 당하고 있는 장면이 뉴스에 나오고 있습니다. 어떻게 설명을 해야 할까요?

이걸 다들 지구 온난화 때문이라고들 합니다. 그럴 수 있지요. 그러나 그보다 더 근본적인 문제, 하나님이 성경을 통해서 그렇게 경고하시고 경고하시는 하나님의 말씀! 말세가 되면 전쟁과 지진과 기근과 각종 재난이 일어날 것이라고 하는 이 사실은 애써 말하지 않습니다.

그러나 세상 사람들이야 그렇다 해도, 우리 그리스도인들은 달라야 합니다. 하나님의 사람들은 달라야 합니다. 더군다나 주의 종들인 목사와 선교사는 달라야 합니다. 세상의 겨울이 가까워오고 있다는 점을 알아야 합니다. 이와 동시에 내 개인적인 겨울도 눈앞에 있다고 생각하며 준비해야 합니다. 점점 사람들이 하나님과의 관계를 멀리함으로 고독의 병을 앓고 있습니다. 그것이 영적 고독인 줄도 모르고, 그것이 내 인생을 얼마나 파괴적으로 만들고 있는지도 모르고, 그저 뭐가 부족해서 그런 줄만 압니다.

그러나 이러한 때 하나님과 더 가까워져 저와 선교사님 여러분은 영적 고독을 극복하고 성숙한 그리스도인의 삶을 살다가, 갑자기 겨울을 만나도 추위에 떨지 않게 하는 은혜의 외투를 준비하시게 되시기를 주님의 이름으로 축원합니다.

선교 특강

라틴아메리카 선교의 의의

(수 5:13-15)

김 만 우 목사 | 필라델피아 · 제일장로교회
한인세계선교협의회(kwmc)공동의장
e-mail:revmanwookim@hanmail.net
(사진: 2차 2줄 우로부터 아홉 번째)

■ 들어가는 말

제2차 라틴아메리카 선교전략회의가 쿠바에서 오픈 되었다. 중 · 남미 선교사들이 한데 모여 선교의 이슈와 당면한 주제들을 다루게 될 것이다. 경력 선교사들이 각기 선교지에서 경험한 사역과 전략을 나누는 자리를 마련하는 일은 참으로 의미가 있다 하겠다.

최근 선교단체들이 일어나 각 선교지마다 선교대회를 주관하는 일들이 있어 왔다. 선교지선교사들은 선교단체가 동원하는 모임에 참여할 의무를 지지 않는다. 각자가 소속된 총회 선교부와 파송처가 당연히 있기 때문이다. 이런 저런 모임에 참여하려면 혼란스럽기도 할 것이다.

그러나 진정한 선교는 아무리 여비를 100% 대어주고 초청한다 해도 선교지를 파수하는 것이 선교사 본연의 자세임을 알아야 한다. 선교단체들도 이것을 무시해서는 아니 된다.

금번 acts의 라틴아메리카 선교연구원에서 주최하는 중 · 남미 전략회의는 선교단체의 일과는 무관하다. 여기엔 적어도 선교사역 10년 이상 된 경력 선교사들이 직접 모여 좌담하고 토의하는 책임이 따르는 연구 모임이기 때문이다. 여기에 참여한 선교사들은 해외선교에 대한 확고한 정체성을 가진 분들이라 믿어진다.

한국교회로부터 너무나 먼 원거리에 처해 있는 중·남미 선교지는 선교사 자신들의 몸부림이 없이는 상대적으로 응원요청이 요원할 수 있다. 따라서 한국교회와 중·남미 선교지 사이엔 보다 성숙한 돌봄과 신뢰가 필요한 현실이다.

하지만 이러한 모임 속에 기도가 없고 성경 말씀이 없다면 무엇이 유익하겠는가? 선교의 실천과 평가는 오직 성경적이어야 한다.

필자는 목회자로서 미국에서 오래도록 한인과 흑인교회 연합운동을 전개해 왔으며, 아랍권의 이슬람 선교에 사명감을 갖고서 봉사해 왔다. 동시에 본 교단(고신)의 남미 선교지역도 여러 차례 방문을 통하여 이미 가까워져 있다. 브라질, 아르헨티나, 파라과이, 페루, 멕시코 등에 지금까지 선교협력을 하고 있다. 카리브 해안 국가엔 처음이다.

오늘날 지구촌 각 대륙마다 그리스도의 복음을 위해 한국 선교사들이 서로 교제하며 타민족의 영혼을 사랑하는 모습을 볼 때마다 한국교회 선교의 미래는 희망적이다.

1. 선교 헌장인 사도행전 1:8의 이해

"오직 성령이 너희에게 임하시면 너희가 권능을 받고 예루살렘과 온 유대와 사마리아와 땅 끝까지 이르러 내 증인이 되리라 하시니라"

(1) 선교의 땅 끝이 어디인가? : 지리적 이해
    a. 해뜨는 곳에서부터 해지는 곳까지, 대상 : 이방민족들(말 1:11)
    b. 동서남북으로부터 하나님나라 잔치에 참여하는 것(눅 13:29)
    c. 당시의 땅 끝 이해 : 8가지 측면
        ① 바울 – "열매를 확증한 후에 너희를 지나 서바나로 가리라"(롬 15:28)
        ② 열방들과 먼 섬들(렘 31:10)
        ③ 먼 나라들(사5:26)

④ 복음의 서진(西進) - 브루기아 -〉 갈라디아 -〉 무시아 -〉 (비두니아) -〉
드로아 -〉 사모드라게 -〉 네압볼리 -〉 빌립보(행 16:6-10)

⑤ 문화권 - 모세가 기록한 신명기에 의하면 당시 요단강 동편의 모압 평지에서
이스라엘 백성들에게 행한 세 편의 긴 설교에 나타나 있다(지리적, 역사적 배경
과 교훈).

⑥ 미국의 관점 - 예수께서 갈릴리에 오심(막 1:14). 갈릴리 가까운 마을(막 1:37-
39). 온 천하(막 16:15)

⑦ 복음화의 관점 - 예루살렘으로부터 일루리곤까지(롬 15:19-21). "이제는 이 지
방에 일할 곳이 없고.... 서바나로 갈 때에"(롬 15:23)

⑧ 복음 전파자의 관점 - 모세에게 "거룩한 땅"(출 3:5). 여호수아에게 군대 장관
이 한 말 "거룩한 곳"(수 5:13-15). 우리가 선 곳이 땅 끝이며, 모든 크리스천의
삶의 터전이 곧 선교의 터전이다.

(2) 선교의 동력이 무엇인가? : 성령의 권능(dynamin) 이해

a. 경건의 능력(딤후 3:5)

b. 지혜의 권하는 말에 있지 않고 성령의 능력(고전 2:4). 하나님의 나라는 말에 있
지 않고 오직 능력에 있음(고전 4:19-20)

c. 바울과 마술사와 제사장 스게와의 일곱 아들이 행한 능력의 비교(행 19:11-16)

(3) 동력의 근원이 무엇인가?

동력의 근원 : 삼위일체 인격적 하나님

a. 성령의 임하심(epelthontos)

b. 하나님의 약속 : "내 증인이 되리라"(esesthe)

2. 중 · 남미 이해

(1) 신대륙 발견(1492)과 스페인의 원주민 정복정책 및 유럽의 이민정책 이해, 가톨릭
교 유입

(2) 언어권 45개국 : 카리브 해안 섬 지역까지 합하여 전 라틴아메리카 국가 (Operation World 2002. p. 29)

(3) 언어 : ① English 9

② English, Creole (크리올 원주민어) 2

③ English, Spanish 3

④ English, French, Creole (원주민어) 1

⑤ Portuguese 1

⑥ French, Creole (원주민어) 4

⑦ 화란어, Papiamento 2

⑧ Papiamento (Spanish, Dutch-Holland, Portuguese, Creole) 2

⑨ 스페인어 21

(4) 문화적 특수성

① 가톨릭 영향 : 종교혼합주의, Nominal Catholicism

② 인디오 문명(아즈텍, 마야, 잉카 등)

③ 관광지로써 특수성

④ 마약문제

⑤ 미국과 유럽의 영향

⑥ 다인종 문화

(5) 정치 경제적 블록

① 군부독재로부터 해방, 불투명한 정체성, 교육의 열악성, 외채의 위기

② 메르꼬수르(Mercosur) : 남미공동시장 연합체(5개국-브, 아, 파, 우, 베) 7개국 치안 시스템 통합(메르꼬수르 5개국과 볼리비아와 칠레 합의)

③ 쿠바와 베네수엘라의 좌파 연합과 볼리비아의 좌파 세력 강화

3. 중 · 남미 선교의 유의점

(1) **로마 가톨릭교에 대한 태도** : 라틴 대륙은 원래 전통적으로 로마 가톨릭교가 우세한 지역이다. 그러나 20세기에 접어들면서 교세의 판도는 달라지기 시작했다. 때를 같이하여 가톨릭교의 오류에 대한 개혁신학의 정신무장이 절대적으로 필요하다. 가톨릭교 체제와 교리에 대한 부정적인 면과 긍정적인 면의 신중한 결정을 해야 하고 복음전파에서 로마 가톨릭교 문화의 혼합사상을 경계해야 한다.

(2) **동일 언어권 선교전략** : 라틴아메리카는 언어적, 문화적으로 비교적 동질성을 갖고 있기 때문에 대륙적인 선교운동을 준비하기에 유리한 면을 가지고 있다. 라티 아메리카 선교전략회의가 가능한 이유도 이 때문이다. 예를 들어 언어 특강, 한국 선교사 세미나, 워크숍, 전략회의가 유용하다.

(3) **교회 속의 선교운동** : 로마 가톨릭교의 세력이 점점 줄어들고 개신교 내에 은 사주의 운동이 영향력을 나타내기 시작하였다. 개신교의 성령운동은 문화적 기질면 에서나 문화의 다양성 속에서 자문화 우월주의에 빠질 위험성이 적다. 따라서 문화 적응이 빠르고 진취적이며 고갈되어져 가는 서구 선교사 배출에 중요한 무기를 갖고 있는 셈이다.

(4) **한인 디아스포라(diaspora) 교회의 역할** : 한인교회는 풍부한 인적 자원을 갖고 있다. 동양인과 서구인들의 양대 문화에 적응력이 있다. 또한 중 · 남미 복음화의 교두보이자 1.5세대와 차세대 선교 사역자 배출에 중요한 관문이다. 파송선교사들 과의 연합과 연결고리 역할을 할 수 있다.

(5) **서구 선교사의 한국선교 모델 연구** : 한국교회 선교역사 및 자립선교 모델, 선 교사의 인격과 윤리를 연구하여 모범적 선교를 해야 한다. 현지 주민들이 요구하는 선교사의 덕목에 신뢰를 갖고 대처하며 성령충만과 그들의 영적 요구사항에 귀 기울 여야 한다.

(6) **선교사 상호간의 Net-working** : 상호 정보자료 교환, 연합회 사역 협력, 신문 · 방송사역을 보완시켜야 한다. 라틴 대륙은 언어, 문화권이 거의 동일하기 때문에 여러 나라를 한 지역권으로 묶어 네트워크를 실현할 가능성이 높다.

(7) **바른선교, 바른신학, 바른목회** : 이 모든 타이틀은 신학교육에서 비롯된다. 따라서 준비되고 실력 있는 사역자들이 연합하여 팀 선교를 구현해야 할 것이다. 목회자 재교육과 선교지에서 계속 발전되어 갈 수 있도록 선교사 연장교육 제도에 관심을 갖고 참여해야 한다.

(8) **이단 대처** : 대개 피선교지 자체의 국내 이단들도 있겠으나, 선교시대를 맞아 한국의 이단들이 교민교회 내지 원주민 사회에 파고 들어오기 쉽다. 이단 대처는 크리스천 모두가 맡아야 할 사역이며, 지역 연합회가 토의하여 설교로 혹은 문서 활동으로 폭 넓게 경계하며 적극적으로 대처해야 한다.

(9) **기도 운동** : 매일기도, 개인기도, 기도합주회 등으로 기도제목들을 매월 나누도록 하며 중재기도를 요청해야 한다.

(10) **선교사, 파송교회, 후원교회, 선교기관의 상호관계** : 끊임없는 교제와 서신으로 후원처를 확립하며 소식을 나눠야 한다, 선교지 방문, 단기선교사 파송, 중보기도 등.

(11) **미국에 있는 교회의 역할** : 북미에 설립된 4,000여 한인교회와 중 · 남미 선교 연합정책이 필요하다. 특히 미국의 차세대가 동원되어 방학 때에 단기선교팀으로 올 수 있도록 노력해야 한다. 원거리를 극복할 수 있도록 사역현장을 소개하는 등 정서적으로 가까워질 수 있는 최선의 교제를 시도해야 한다.

■ 맺는 말

선교는 삼위일체 하나님의 뜻이다. 선교의 관점에서 볼 때 우리의 선교현장인 중 · 남미도 땅 끝이다.

땅 끝 선교사역은 오직 성령님의 능력을 힘입어 하나님의 뜻을 순종하고 복음을 전파하여 영혼을 구원하는 일이다.

하나님의 뜻은 성경에 잘 나타나 있다. 매일 묵상과 성경연구가 몸에 배어 있도록 하자. 선교는 하나님께 영광을 돌리고 하나님을 기쁘시게 해드리는 것이어야 한다. 즉 하나님 중심, 성경 중심, 교회 중심으로 이뤄져야 한다.

중 · 남미 선교전략의 수립은 이러한 점에 유의해야 할 것이다. "한 번 해병은 영원한 해병이다."라는 말이 있다. 한 번 선교사로 파송 받았으면 평생 선교사의 소명으로 선교지 영혼을 사랑하자. 하나님의 진리의 말씀대로 이뤄지는 중 · 남미 선교가 되기를 기원한다.

세계선교에 쓰임 받을 미래 교회를 꿈꾸며

김 용 훈 목사 | 워싱턴 · 열린문교회
e-mail:p.y.kim@cox.net
(사진: 1차 1줄 좌로부터 일곱 번째)

여는 말씀

건강하게 준비된 지역 교회가 없이 선교는 효과적으로 이루어질 수 없습니다. 그러므로 지금 많은 이민 교회들은 세계선교에 쓰임 받는 미래 교회로 탈바꿈을 기해야 하는 전략적으로 중요한 시기에 서 있습니다.

- 세계선교에 쓰임을 받는 미래 교회는 다 세대가 함께 조화를 이루고 섬기는 교회의 모습이 되어야 합니다.

☞ 행 6:1-7, "....형제들아 너희 가운데서 성령과 지혜가 충만하여 칭찬 듣는 사람 일곱을 택하라 우리가 이 일을 저희에게 맡기고 우리는 기도하는 것과 말씀 전하는 것을 전무하리라 하니 온 무리가 이 말을 기뻐하여 믿음과 성령이 충만한 사람 스데반과 또 빌립과 브

로고로와 니가노르와 디몬과 바메나와 유대교에 입교한 안디옥 사람 니골라를 택하여 사도들 앞에 세우니 사도들이 기도하고 그들에게 안수하니라."

1. 사도행전 6장은 예루살렘 교회가 단일세대의 리더십에서 다세대 리더십으로 변신하는 과정을 묘사하고 있다.

☞ 행 8:5-6,12, "빌립이 사마리아 성에 내려가 그리스도를 백성에게 전파하니 무리가 빌립의 말도 듣고 행하는 표적도 보고 일심으로 그의 말하는 것을 좇더라....
빌립이 하나님 나라와 및 예수 그리스도의 이름에 관하여 전도함을 저희가 믿고 남녀가 다 세례를 받으니"

2. 사도행전 교회가 세계선교에 쓰임을 받기 전에 꼭 지나가야 하는 관문이었습니다.

☞ 행 1:8, "오직 성령이 너희에게 임하시면 너희가 권능을 받고 예루살렘과 온 유대와 사마리아와 땅 끝까지 이르러 내 증인이 되리라 하시니라."

I. 세계선교를 위하여 미래형 교회를 세워 나가려면 시대의 흐름에 민감해야 합니다.

☞ 마 9:15-17, "예수께서 저희에게 이르시되 혼인집 손님들이 신랑과 함께 있을 동안에 슬퍼할 수 있느뇨 그러나 신랑을 빼앗길 날이 이르리니 그 때에는 금식할 것이니라."

1) 시대의 흐름에 민감하지 못한 단체나 개인은 쓰임 받는 자리에서 물러나게 되어 있습니다.
　　(예) 베드로와 바울의 리더십 교체

2) 세계선교에 쓰임 받기를 꿈꾸는 교회와 선교단체가 민감하게 관심을 보여야 할 시대적인 변화는 다세대간의 조화 있는 동역을 위한 변신의 몸부림입니다.
　　a) 일반 사회에서는 이미 다세대간의 갈등이 치열하게 일어나고 있습니다.

b) 미국을 포함한 서구권의 교회들은 지금 다세대간의 차이점을 극복하기 위하여 몸부림치고 있습니다.

c) 북미주의 이민 교회들은 다세대가 함께 강점으로 발휘하며 세계선교에 쓰임을 받는 교회를 꿈꾸며 변신에 몸부림치는 교회들이 많이 있습니다.

3) 지금이 찬스입니다. 변화의 적절한 시기(window of opportunity)를 놓치지 마세요.

a) 성숙해지고 준비된 2세들이 증가하고 있습니다.

b) 다세대교회에 대한 인식이 긍정적인 변하고 있습니다.

건강한 이민 교회들이 많아짐을 통하여 다세대 교회에 대하여 부정적인 인상보다 긍정적인 인상을 가진 젊은 세대가 늘어나고 있습니다.

c) 다세대 교회의 필요성을 절실히 느낍니다.

II. 세계 선교를 위하여 미래형 교회를 세워나가려면 변화를 두려워하지 말아야 합니다.

☞ 마 9:16-17, "생베 조각을 낡은 옷에 붙이는 자가 없나니 이는 기운 것이 그 옷을 당기어 해어짐이 더하게 됨이요. 새 포도주를 낡은 가죽 부대에 넣지 아니하나니 그렇게 하면 부대가 터져 포도주도 쏟아지고 부대도 버리게 됨이라 새 포도주는 새 부대에 넣어야 둘이 다 보전되느니라."

1) 다세대가 함께 섬기는 교회의 강점에 초점을 맞추세요.

a) 시너지 효과로 단일 세대 공동체보다 더 많은 열매를 맺습니다.

b) 세계선교를 위한 실제적인 훈련장이 될 수 있습니다.

2) 변화의 바람을 타기 위한 테크닉을 익혀야 합니다.

"우리는 파도를 일으킬 수는 없지만 파도를 탈 수 있는 기술은 익혀야 한다."
(릭 워런 목사)

a) 공유할 수 있는 비전을 세우고 나눌 수 있어야 합니다.

b) 변화를 수용할 수 있는 새 부대 만들기

☞ 마 9:17, "새 포도주를 낡은 가죽 부대에 넣지 아니하나니 그렇게 하면 부대가 터져 포도주도 쏟아지고 부대도 버리게 됨이라 새 포도주는 새 부대에 넣어야 둘이 다 보전되느니라."

　　　　(예) 각 교회에는 특유의 thumb print가 있다 :
　　　　　　윌로 크릭의 찬양과 단막극이 있는 예배

　3) 여러분의 교회와 단체의 실정에 맞는 새 부대를 만들어야 합니다.
　　"양자는 힘이 없다. 자기가 낳은 자식은 다르다!"

마무리 짓는 말씀

히스기야의 실수를 답습하지 맙시다.

☞ 왕하 20:16-19, "이사야가 히스기야에게 이르되 여호와의 말씀을 들으소서 여호와의 말씀이 날이 이르리니 무릇 왕궁의 모든 것과 왕의 열조가 오늘까지 쌓아 두었던 것을 바벨론으로 옮긴바 되고 하나도 남지 아니할 것이요 또 왕의 몸에서 날 아들 중에서 사로잡혀 바벨론 왕궁의 환관이 되리라 하셨나이다. 히스기야가 이사야에게 이르되 당신의 전한바 여호와의 말씀이 선하니이다 하고 또 가로되 만일 나의 사는 날에 태평과 진실이 있을찐대 어찌 선하지 아니하리요 하니라."

선교 특강 [3]

영성의 정의에 관한 선교신학적 고찰과 적용

정흥호 교수(Ph.D) | 아세아연합신학대학교 선교학
www.acts.ac.kr
(사진: 1차 1줄 우로부터 여섯 번째)

1. 들어가는 말

다른 어느 때보다 최근 들어 선교에 대해 언급하는 사람들도 영성에 대한 중요성을 강조하고 있다. 이는 여러 가지 많은 이유가 있겠으나 무엇보다 현대가 사회 과학을 중시하고, 고도로 발달된 기술문명(technology)의 시대이며, 기능적인 면을 강조하는데서 오게 되는 일종의 반작용이라고 말할 수 있을 것이다. 특히 선교계에서는 신학과 사회 과학의 통합 문제가 많은 논의를 불러일으키면서 영성에 관한 관심이 고조되고 있는 것도 사실이다. 이런 차제에 선교 신학적 차원에서 영성에 관한 견해를 살펴보고 현장에서 사역하는 사람들에게 어떤 점을 적용해야 할 것인지를 연구해 보는 것은 의의가 있을 것이라 생각된다.

특히 선교사를 모집함에 있어서 장기 사역보다는 단기 사역에 대한 매력과 관심도가 높아지고 있는 시기와 맞물리게 되면서, 선교를 해야 되는 동기 및 소명의식과 더불어 기술적인 전문화를 선교 지원자에게 요구하게 되고, 따라서 더욱 영성에 대한 필요성을 절감하고 있는 것이다. 또한 선교에 관한 이런 기술–산업적인 접근방법이 점차 중시됨과 동시에 선교를 경영적인 차원에서 고려해 보면서 실제적인 새로운 형태를 요구하고 있는 현실을 부인할 수는 없다.[1] 이런 것들은 과거의 오래된 선교사들이 생각지 않았던 새로운 패러다임이 등장하게 된 것이며, 이로 말미암아 영성에 대한 논의가 자연스럽게 부각되었고 그 정의나 해석에 있어서 다양한 견해를 보이게 되었던 것이다.

사실상, 이 문제는 선교사나 교역자나 평신도를 불문하고 하나님의 말씀과 더불어 영성이 실제적인 삶에 어떻게 적용될 수 있을 것이냐 라는 문제와 연관이 될 것이며 아울러 기독교인의 삶 속에서 신학과 삶을 어떻게 연계시켜나가야 하는지에 대한 심각성을 내포하고 있는 것이다. 따라서 이는 우리 기독교인들이 사역을 해 나가면서 반드시 계속해서 스스로에게 물어야 할 우리의 공통 과제라고도 할 수 있다.

더구나 현대는 다원주의화되어 가면서 다양하게 선택할 수 있는 삶의 방식을 존중해 주고 있다. 아직은 이런 주장들이 서구 사회를 중심으로 강한 영향력을 가지고 있지만 세계가 지구촌화되어 감에 따라 점차로 한국과 일본을 비롯한 제 2/3 세계 사람들의 세계관에 영향을 끼치게 될 것은 자명한 일이다. 다시 말하면, 이렇게 다원주의화되어 가면서 기독교가 가지고 있는 독특한 영성의 문제들이 희석될 우려가 높아지고 있다는 것이다. 기독교가 전해지는 곳에는 언제든지 세속화와 기독교 영성 사이에 갈등과 긴장이 있게 마련이다. 이미 서구는 소위 포스트모더니즘 시대에 접어들면서 그것을 경험하고 있다. 찰스 콜슨은 이런 서구의 모습을 두 얼굴을 가진 야누스로 비유하였다. 한쪽 면은 무익하고 공허한 세속주의이며, 다른 한 면은 자유와 부와 성경에 근거한 영성이 자리 잡고 있으면서 이 둘 사이에는 '문화적 전쟁'이라고 표현할 수 있는 내적 갈등이 있음을 지적하였다.[2]

현대 선교학계에서도 문화인류학적인 관점에 눈을 뜨게 되면서 인간은 자기들 나름대로 다양한 삶의 스타일을 갖고 다양한 체계 속에 살고 있다는 것을 인정하게 된 것은 그렇게 오래 전의 일이 아니다. 그러면 이런 다양성 가운데 기독교 문화 속에 담겨있는 독특한 "영성"을 어떻게 전해주고 또 실천해 가야하는지에 대한 물음과 논의는 사역지의 상황을 불문하고 오늘을 살아가는 그리스도인들에게 깊은 의미를 던져주고 있는 것이다.

그러므로 본 논문에서는 영성에 관한 몇 가지 견해를 살펴보고, 진정한 영성이란 어떻게 정의를 내려야하며, 또한 어떻게 선교적 상황에 적용해 보아야 할 것인지를 논의해 보고자 한다.

2. 영성(Spirituality)의 이해

사실상 '영성'이란 말은 금세기에 들어서 유행이 된 단어이다. 그 기원은 불란서 가톨릭에서 찾을 수 있지만 이제는 개신교에서도 자연스럽게 사용하게 되었다. 그러나 '영성'이란 단어는 성경에서 직접적으로 언급된 동일한 단어가 없으며, 역사적으로도 18세기 이전까지는 신학적으로 잘 정립된 분야로 나타나지 않았었다.[3]

더구나 '영성'이라는 말 자체는 기독교에서 뿐만 아니라 다른 종교에서도 같은 용어가 사용되기도 하지만, 본 논문에서는 기독교 영성에 대해서만 다루기로 하겠다. 물론 기독교 내에서라도 학자에 따라, 기독교 전통에 따라, 다양한 의미로 받아들일 만큼 그 이해에 있어서 복잡성을 띄고 있는 것은 부인할 수 없다. 여기서는 몇몇 학자들의 기독교 영성에 대한 이해를 소개하므로 영성에 대한 정의에 접근해 가고자 한다. 아울러 여기에 전제가 있다면, 영성이란 단어가 분석적(analytic)이기보다는 통합적(synthetic)이라고 보는 것이 타당할 것이다. 왜냐면 성경 자체에서도 단편적이기보다는 삶 전체와 관련지어 영성에 대한 의미를 적용하고 있기 때문이다.[4]

우선 기독교에서 말하는 영성이란 하나님 자신이 하나의 인격체로서 인간의 몸을 입고이 땅에 오셨다는 사실에 대한 믿음에서 출발하는 것이며, 예수 그리스도 안에서 그의 사랑을 우리에게 보여주셨다는 믿음이 전제가 되는 것이다.[5] 따라서 기독교의 영성은 "역사적인 예수의 삶과 인격과 정신을 본받아 살며 그의 성품"[6]을 닮아 실천해 가는데 있다. 다시 말하면, "기독교 영성은 살아계신 우리 주 예수 그리스도와의 관계의 삶이요, 예수 그리스도 안에서 구체화된 하나님의 형상을 본받는 필생의 삶의 과정을 의미"[7]하는 것이다.

구약에서 말하고자 하는 영성은 무엇보다도 하나님의 영(성령)에 근거해 있었다. 물론 하나님의 영은 어떤 물질이나 물리적인 속성에 제한받지 않으시는 분임을 말해준다: "하나님은 영이시니 예배하는 자가 신령과 진정으로 예배할 지니라"(요 4:24; 4:21).[8] 다시 말하자면, 우상 숭배나 자연 숭배와 같이 눈에 보이고 만질 수 있는 것으로부터 초월해 계신 분이며 지리적인 위치에 제한되어있지 않음을 말하고 있는 것이다.[9] 구약에서는 이스라엘이라고 하는 하나님의 언약 백성들을 통하여 "인간이 하나님과 갖는 교제(Communion), 인간의 존재 전 영역에서의 하나님과의 만남(Encounter)"[10]이 그들의 영성을 나타내주고 있다는 것이다. 즉, 구약에서의 영성은 창조주 되시는 하나님의 주권(God's sovereignty)을 인정하는 데서부터 온다는 것을 말해 준다.

기독교 영성은 하나님 앞과 그의 창조된 세상 안에서의 실존을 말한다.[11] 이는 예수 그리스도 안에서의 삶이며, 성령에 의해 이해되고, 유지되며, 변화되어지는 영적 삶을 말하는 것이다. 이로써 믿는 자들의 연합(communion)을 추구하게 되고 하나님의 나라와 완성될 구원을 기대하며 살게 된다.[12]

노만 샤우척(Norman Schawchuck)도 기독교의 영성은 하나님과 인간과 영적인 교류를 강조하면서 말하기를, "기독교 영성은 주 예수님과의 인격적 교제 가운데서 경험하는 삶의 변화인데 이것은 하나님이 선물로 주시는 것"[13]이라고 하였다. 이는 바로 주님 되신 예수 그리스도와의 인격적인 교제를 통해 삶의 변화가 있어야 함을 의미하는 것이며 지속적인 영적 교제를 통해 이루어질 수 있음을 뜻하는 것이다.

휴스톤(J. M. Houston)은 기독교 영성의 성격을 말하면서 먼저 그리스도 중심적(Christocentric)이라고 한다. 그 이유 중 가장 중요한 것은 바울에 의해 그리스도와의 연합을 강조하는 "그리스도 안에서"라는 말이 믿는 자의 삶 속에서 강조하여 사용되었기 때문으로 본다.[14]

또한 기독교 영성은 삼위일체 안에서의 삶으로 본다. 즉, 기독교인들은 하나님을 아버지로서 앎으로써 자녀 됨에 대한 확신을 갖고 사는 것이며, 이는 예수 그리스도의 아들 됨(Sonship)과 죄를 용서해 주는 구원 사역과 영원한 생명을 은혜로 주시는 것을 인식하는데서 오게 되는 것이다. 믿는 자들은 이 영성을 성령의 역사를 통하여 실현해 나간다.[15] 무엇보다도, 휴스톤은 갈라디아서 5장에서 말하고 있는 '성령의 9가지 열매'가 진정한 영성이 되는 것이라고 강조한다.[16] 이런 것들은 곧 성도 간의 교제와 연합으로 이어지게 되는 것이다.

헨리 누엔은 간접적으로 영성 있는 자의 삶이 어떤 것인지를 기독교 지도자들의 모습을 지적하면서 일러주고 있다.

미래의 기독교 지도자는 예수로 성육신하신, 즉 '육신의 마음'을 가지신 하나님의 마음을 참으로 아는 사람이다. … 미래의 성직자와 목회자들은 도덕적인 사람이 된다거나 훈련을 잘 받았다든가 동료들을 도우려는 간절한 열망과 그 시대의 불붙는 논쟁들에 대하여 창조적인 대응책을 제시할 능력이 있다는 것만으로는 충분치 않다. 그 모든 것이 아주 가치있고 귀중한 것임에는 틀림없지만, 기독교 지도자의 마음은 아니라는 것이다.

이에 대한 중심 질문은, "미래의 지도자들은 진정으로 하나님의 사람들입니다. 하나님의 존전에 거하기를 간절히 사모하는 사람들입니까? 하나님의 음성을 듣고자 합니까? 하나님의 아름다움을 보고자 합니까? 구체적인 하나님의 말씀에 접하고자 합니까? 하나님의 그 끝없는 인자하심을 맛보고자 합니까?"이다.[17]

특히 타문화권에서 사역하는 사람들에게 있어서 이 성육신적 모델은 내적인 힘(inner strength)과 개인적인 믿음(personal faith)에 대한 시험인 것이며, 그 무엇보다도 자신의 사랑에 대한 진실성(the veracity of one's love)의 시험이 되는 것이다.[18] 이것은 영성 있는 자의 삶이 어떤 것인지를 한마디로 표현해 주고 있다고 보인다. 만일 우리가 그리스도의 본을 따르려 한다면, 성육신적인 삶에 목표를 두어야한다.[19]

3. 영성에 관한 선교신학적 고찰

두말할 나위 없이, 선교는 영성 있는 사람들에 의해 행해지는 지상대위임(the Great Commission: 마 28:18-20; 행 1:8)의 과업이다. 그러나 여기서 진정으로 영성이란 어떤 것이냐에 대한 정의를 내리는 것이 선교신학적 차원에서 논의된 이슈들을 보더라도 결코 쉽지 않음을 알 수 있게 된다. 더구나 최근 들어 선교학계에서는 '영적 전쟁'(Spiritual Warfare)이나 '능력대결'(Power Encounter)과 같은 논의가 활발해지면서 '영성'에 대한 의미가 귀신을 쫓아내며, 방언을 말하며, 신유의 역사가 나타나는 등등 어떤 신비적인 현상의 획일적인 해석이라든가 왜곡으로 말미암아 오게 되는 신비주의에 대한 위험성을 지적하지 않을 수 없다. 이런 것은 곧 감성주의에 빠지게 되어 복음의 본질은 뒷전으로 밀려나고 인간의 감정적인 면만을 강조하고 호소하므로, 역시 나타나는 현상에 치우친 한 시대의 일시적인 유행으로 끝나버릴 수도 있다.

특히 현대에 우려되는 것은 혼합주의의 양상이다. 그 대표되는 예가 뉴에이지 운동이라고 말할 수 있는데 '神-人 合一'을 추구하므로 신비주의에 기울어지면서 혼합주의의 형태를 띄게 되는 경우를 말한다. 아울러 폐쇄주의적인 면도 지적하지 않을 수 없다. 세상과는 담을 쌓고 수도원이나 기도원 같은 데에 파묻혀 '속세'를 멀리하고 혼자만의 영성을 추구해 가는 것도 결코 바람직한 형태는 아니다.

이와는 다르게, 오히려 너무 적극적으로 세상과 사회에 밀착되어 사회적인 문제를 위한 해결점을 찾음으로써 선교적 사명을 이루어가는 것으로 보는 견해도 있었다. 1975년 케냐의 나이로비에서 열린 에큐메니칼 총회에서 M. M. Thomas는 "전투를 위한 영성"(Spirituality for Combat)이란 주제를 발표함으로써 선교학계에서도 소위 '영성'(spirituality)이란 용어에 대한 논의가 있게 되었다. 그는 "그리스도인들이 사회를 변화시키기 위하여 애쓰며 싸울 때에 이를 위해 필요한 영적 전제 조건을 갖출 수 있게 하기 위함이며 뿐만 아니라 그리스도인들이 현 시대의 요구에 더 잘 맞는 공동체의 삶을 교회들에게 본보여 줄 수 있게 하기 위함"인 것으로 풀이하였다.[20]

무엇보다도 토마스는 신학과 영성(Theology and Spirituality)은 이 세상을 변화시키는 책임있는 행동 안에서 보여져야 하는 것으로써 기독교와 교회를 위한 기본적인 틀(the essential framework)을 제공해야 한다고 주장하였다.[21] 특히 인간의 존엄이란 이름으로 현 시대에 책임있는 행동에 부응하지 못하는 신학은 정당한 신학(authentic theology)이 될 수 없다고 믿었다.[22]

첫째로, 그는 오늘날의 신학적 인류학(theological anthropology)에 대한 탐구는 전체가 인류 가족이란 면에서 예수 그리스도 안에서 새로운 인간성(the new humanity)을 말함으로 현대의 삶과 연관되어야 한다는 것을 주장한다. 둘째로, 그리스도와 그의 왕국의 도래에 있어서 역사의 완성에 대한 궁극적인 소망은 이 세상의 미래를 만들어가기 위한 인간 책임의 기초를 제공한다고 본다. 즉, 인류의 미래는 인류가 만들어간다는 적극적인 자유의 지를 표명한 것이다. 셋째로, 가난한 자와 억눌린 자의 그리스도에 대한 재발견은 해방을 위한 투쟁과 함께 교회의 연대성(solidarity)과 정체성(identity)의 근거가 된다고 보았다.

넷째로, 인간의 존엄성을 되찾기 위해 인류의 연대의식과 더불어 권력구조에 대한 투쟁의 필요를 역설하였다.[23)]

토마스는 이런 모든 이슈들이 '전투를 위한 영성'의 필요성을 일깨워 준다고 주장하였던 것이다.[24)] 주제 발표의 제목에서 보아 알 수 있듯이, '투쟁'(struggle)이란 용어보다 더 강한 의미를 가지고 있는 전쟁 용어인 '전투'(combat)라는 말을 사용함으로써 "영성을 정치적 투쟁을 위한 하나의 방법과 기능으로 의미절하시켰다"[25)]는 비판을 받을 수밖에 없었다.

여기서 영성의 문제를 더 잘 이해하고 선교신학적으로 접근해 가기 위한 세 가지 견해를 살펴보고자 한다: Thomas a' Kempis, Lewis Sperry Chafer, Donald Dorr. 먼저 네덜란드에서 기도와 사랑으로 영성을 유지하며 생활 속에서 그리스도께 복종하는 삶에 대해 그 당시 큰 영향을 끼쳤던 토마스 아 캠피스(Thomas a' Kempis, 1379-1471)의 영성에 관한 견해를 소개한다.[26)]

무엇보다도 그는 영적인 삶을 위한 실제적인 조언으로써, 따를 만한 모델을 가져야 하는데 그것은 말할 나위 없이 예수 그리스도가 되어야 함을 말하고 있다. 예수께서 보여 주신 삶에 우리의 삶이 맞추어지도록 해야 한다. 사람들이 그리스도의 말씀을 완전히 이해하기 원한다면, 그리스도의 모델 위에다 자기의 전 생애를 만들어가야 하는 것이다.[27)]

하나님 앞에서 겸손한 사람의 지식은 다른 어떤 것보다 확실하게 하나님께 향하는 길이 될 수 있다. 이는 바로 깨끗한 양심과 거룩한 삶을 살게 하는 것이다. 진정으로 위대한 사람들이란 자신의 지위에 연연하거나 남보다 앞서 가는 데에 전심전력하는 사람들이 아니다. 예수 그리스도가 존귀케 되기를 원하는 사람들은 이 세상에서 이루어 놓은 업적을 분토처럼 여길 줄 아는 사람들이다. 이런 점에서, 영적으로 교육받은 사람이란 자신의 의지를 버리고 겸손히 하나님의 뜻을 이루도록 배워 가는 사람을 말한다.[28)]

사실상, 어떤 행위 그 자체가 가치를 부여하는 것은 아니다. 하나님을 사랑하는 마음으로부터 나온 것이 아니라면, 그것은 무가치한 것이 된다. 결국, 하나님 앞에서는 우리가 행한 일의 많고 적음에 있는 것이 아니라, 그런 것이 사랑으로 행해졌느냐에 달려 있는 것이다. 즉, 올바른 동기는 자신의 생각을 버렸을 때 얻어지는 것이다.[29)] 이때에 우리는 영적인 삶을 맛볼 수 있는 것이며 하늘의 뜻이 무엇인지를 경험할 수 있게 된다.[30)]

하나님 나라가 의미하는 것은 바로 성령 안에서 평강과 기쁨을 말하는 것이다. 예수 그리스도를 사랑하고 진리를 사랑한다면 우리 자신의 것을 내어버리고 성령의 인도함에 맡기게 될 때 만족함을 얻게 된다. 그럴 때에 예수님을 사랑한다는 것이 무엇인지, 자신의 것을 버린다는 것이 무엇인지를 진정으로 이해하는 영적인 사람이 될 것이다. 다시 말하자면, 하나님은 다른 어떤 것보다도 자신만을 우선적으로 사랑하기 원하시기 때문에, 그에 대한 사랑을 위해서라면 다른 어떤 것도 포기할 수 있어야 한다. 그럴 때에, 그분께서는 우리의 모든 실패로부터 우리를 도와주실 것이다.[31]

예수님과 함께 어떻게 자기의 생을 살아가야 하는지를 아는 것은 위대한 예술이며, 주님과 더불어 그것을 어떻게 지속시켜 나갈 수 있을지를 안다는 것은 지혜의 절정이다. 겸손하고 평화를 전하는 자들과 신실한 자들에게 주님은 함께 하실 것이라고 믿고 있다.[32]

끝으로, 십자가 안에서 쏟아 부어 주시는 영적인 기쁨을 맛보아야 할 것이며, 그로 인하여 심령이 강건케 될 수 있는 것이다. 그 안에 거룩함의 완성이 있다. 십자가 외에는 영혼을 위한 구원이 있을 수 없으며, 영원한 삶의 소망도 없다. 십자가는 우리 자신도 거기서 죽었다는 것이 전제가 되어있는 것이며, 이것이 모든 삶의 근원이 되어야 한다. 날마다 우리 자신이 거기서 죽어야 하는 십자가의 길 외에 진정한 내적 평화나 생명에 이르는 다른 길은 있을 수 없다.[33] 그러므로 누구든지 진정한 영적 성장을 위해서는 자기 자신을 부인해야 하며, 이런 자기 부정은 예수 안에서 안전과 엄청난 자유를 누리게 되는 것이다.[34] 이상의 견해는 토마스 아 캠피스가 보고 있는 영성있는 삶의 모습을 요약한 것이다.

두 번째로 살펴볼 견해는 루이스 쉐이퍼(Lewis Chafer)의 것이다.[35] 먼저 쉐이퍼는 고린도 전서 2장 9절에서 3장 4절까지를 근거로 하여 사람을 세 종류의 그룹으로 나눌 수 있는 소위 '삼중적 분류'(threefold classification)라는 표현을 사용하고 있다.[36]

먼저 '자연인'(the natural man)에 대해서 말한다. 자연인은 하나님의 영적인 일을 받지 못하며, 하나님의 계시에 의해 일어난 일들을 이해할 수 없다. 그들은 인간의 지식으로 말씀을 읽을 수는 있지만 그 안에 담겨있는 영적인 의미를 받아들일 수가 없다. 계시라는 것을 알지도, 받을 수도 없다. 따라서 구원받지 못한 자연인은 초자연적인 일들을 믿을 수가 없게 된다. 예를 들어, 진화론은 구원받지 못한 사람들에게 우주의 기원에 관한 문제에 있어서 최선의 답변으로 제시되었던 것이다. 하지만 거듭난 사람들에게는 하나님의 존재가 실재적이며, 하나님은 창조주이시며, 모든 만물의 주인이라는 확신을 가지고 만족과 안식을 누릴 수 있는 것이다.[37]

그 다음은 '육신적인 기독교인들'(the carnal Christians)이 있다. 고린도 전서 3장 1절에서 4절까지 언급하고 있는 것처럼, 그들은 아직도 이 세상의 일들에 따라 행동하고 있다. 다시 말하자면, 육신의 일들이 그들을 지배하고 있는 것이다. 생활에 있어서는 자연인과 별로 다를 바 없는 것을 말한다. 여느 사람들과 마찬가지로 영적이지 못한 일에 그들의 목적을 두고 열정을 쏟고 있는 것이다. 육체의 소욕을 따라 행하므로 하나님의 깊은 것을 이해할 수 없는 "그리스도 안에 있는 어린아이"와 같은 모습을 보이는 자들을 말한다.[38]

마지막으로, 인간이 경험할 수 있는 것 가운데 두 가지 커다란 영적인 변화가 있다고 보면서 "자연인"으로부터 구원받은 자로 변화되는 것과, "육신적인" 사람에서 "영적인" 사람으로 변화되는 것을 말한다. 전자는 그리스도 안에서 진정한 믿음을 가지게 될 때 이루어질 수 있는 것이며, 후자는 성령의 역사에 진정으로 의존하게 될 때 일어나는 것이다.[39]

실제적으로 그리스도 안에서 믿음으로 구원받은 사람들은 동시에 전적으로 하나님께 순종하게 되며 곧바로 진정한 복종의 삶으로 들어서게 된다. 영적인 사람은 삶과 사역에서, 하나님과 더불어 능력 안에서, 사람들 가운데, 지속적인 교제와 축복 속에서 신성한 삶의 모습을 가진 자이다.

그러면 어떠한 사람들이 영성을 개발할 수 있는가? 진정한 영성의 조건과 사실을 발견해 보려는 시도는 하나님의 관계성 속에서, 하나님은 전능하신 능력으로 이 세상을 다스리시며, 성령은 지금도 활동하는 능력으로, 성경적인 계시의 분명한 이해에 근거해 있어야 한다.[40] 또한 영적인 기독교인이란 역시 성령의 지속적인 충만이 있어야 한다. 그러나 성령이 충만한 삶을 산다고 하는 것은 성령을 더 많이 소유했느냐 아니냐의 문제가 아니라, 내주하시는 성령의 능력을 통해서 매일 매일의 삶 가운데서 신성한 목적과 계획을 체험하는 사람인 것이다.[41]

선행을 추구하고 인식하는 것은 모든 믿는 자들에게 체험되어질 수 있는 것이 아니라, 하나님께서 받으실 만한, 살아있는 희생물로 자신의 몸을 드리며, 이 세상에 집착하지 않고 그들의 마음을 새롭게 하므로 변화를 받은 사람들에게만 경험될 수 있는 것이다. 한편, 봉사가 영성에 항상 본질적인 것은 아니라고 본다. 만일 영성이 우리를 위한 하나님의 뜻이라면 우리가 쉴 때나, 놀 때나, 아플 때나 모두, 우리가 봉사하고 있을 때와 같은 영적인 상태에 있게 되는 것이다. 일반적으로 진정한 영성은 헌신된 믿는 자들의 사역 속에서 나타나고 보이는 것이며 하나님의 능력이 함께 함으로써 완성될 수 있는 것이다.[42]

쉐이퍼는 기독교인의 성장이 말씀의 연구와 기도와 봉사에 달려있다고 보는 반면에, 영성은 이런 일을 행함으로써 얻어지는 것이 아니라, 성령에 즉시적으로 순응하는데 달려 있다고 믿는다. 즉, 자신을 겸손하게 어느 상황에서든지 어떤 일을 통해서든지 말씀하시고자 하는 하나님의 음성을 기꺼이 들으려는 겸손한 자세가 필요하며 중요한 것이다. 진정한 영성을 인식하는데 있어서 믿는 자들의 책임을 한마디로 표현한다면, 그것은 "드린다"(롬 6:13)는 말로 대변할 수 있음을 강조한다. 하나님께 드린다고 하는 것은 하나님께서 우리의 삶을 진행과 효율성을 위해 계획하시고 실행할 수 있도록 그분께 맡기는 것을 의미하는 것이다.[43]

그러므로, 우리가 이 세상에 집착하지 않으며 우리의 생각이 새롭게 변화를 받게 될 때, 온전히 하나님의 뜻을 행하며 우리의 삶 속에서 그 증거들이 보이게 되는 것이다. "복종케 한다는 것"(yieldedness)은 구원받은 자들에게 있어서 제일 우선적이고 가장 중요한 문제이며 영성은 미래의 어떤 이상향이 아니라 지금 경험되어져야 하는 것이다.[44]

세 번째로, 위의 두 견해와는 조금 다른 관점에서 영성을 설명하고 있는 도날드 도르(Donald Dorr)[45]의 견해를 소개하고자 한다. 먼저 도르는 영성의 정의를 말하면서, 영성이란 기도와 금욕적인 개인의 생활과 주로 관련된 것으로 보았지만, 그것은 "나"를 형성하는 것 이상의 것으로, "나"를 움직여가는 것이라고 한다.

"그러면 하나님께서 나의 영성을 어디로부터 오게 하였는가?"라는 실제적인 질문을 도르는 던지면서, 이 질문에 관한 대답은 하나님의 행동이 초월적(transcendent)임과 동시에 현시적(immanent)이라는 것으로 풀어 나간다.[46] 한편 어떤 행동을 하기 위해 하나님에 의해 감동된 사람들이 하나님의 부르심을 정확하게 경험하게 되는 곳을 구체화시키는 것이 어려운 것이 사실이지만, 이 세상의 현실을 볼 때 균형 잡힌 세 가지 요구가 미가서 6장 8절에 나타나 있는 것으로 보고 있다: "공의를 행하며, 인자를 사랑하고, 겸손히 네 하나님과 함께 행하는 것이라." 오늘날 영성이 왜곡되고 있는 것은 이 세 가지 중에 어느 하나를 지나치게 강조한다든가 아니면 어느 하나를 경시하기 때문에 오는 것이라고 주장한다.[47)

"겸손히 네 하나님과 함께 행하는 것"이란 하나님과의 개인적인 관계성을 말한다. 기도를 통해서, 개인적으로 하나님의 돌보심과 섭리를 인식하게 되지만, 단지 거기서 끝나서는 안 된다. 왜냐면, "종교적 회심"(religious conversion)은 하나님과 자신과의 순전히 개인적인 문제만은 아니기 때문이다. 다시 말하자면, 하나님의 손이 자기 자신의 삶 속에서만 아니라, 이웃의 삶 가운데서도 인도하고 있다는 사실을 인식해야 한다는 것이다.[48)

도르에게 있어서, 종교적 회심이란 소유, 권력, 사회적 특권 및 종교의 이해에 대한 태도가 바뀌어져야 하는 것으로 본다. 하나님 나라에 대한 믿음은 상호 개인의 영역과 사회, 경제, 정치적 영역 속에서 보여져야 하는 삶 그 자체인 것이다. 이런 것들이 완전하게 현재적이 되기 위해서는 전체적으로 공동체와 사회에 변혁이 있어야 함을 주장하고 있다.[49)

"인자를 사랑한다"는 것은 우정이나 가족 생활, 혹은 공동체 생활이나 보통의 일상적인 관계를 포함하여, 다른 사람들과 함께 상호간의 친근한 관계를 형성하는 데에 관심을 갖는 것을 말한다. 이는 "도덕적 회심"(moral conversion)과 관련이 있는 것으로, 이에 대한 중요한 요소라면 다른 사람들을 신뢰함으로써 자신을 기꺼이 드러내 놓는 것이다. 이는 약점이 있는 자신을 인정하면서, 다른 사람들에게 자신을 진정으로 신뢰할 수 있게 하는 문제인 것이다. 이를 위해서는 다른 사람들의 필요와 어려움에 함께 해야 하는 것이다.[50)

"공의를 행한다"는 것, 즉 정의(justice)란 어떻게 사회가 조직되어지고, 부나 권력이나 특권, 권리 및 책임이 모든 영역에 분배되어지고 있는지와 관련된 것으로 이해하고 있다. 즉, 개인들이 어떻게 서로 연관을 갖고 있는지를 다루는 '상호간의 정의'(commutative justice)는 사회적 정의에 의해 이룩되어가는 것이라고 주장한다. 따라서 정의와 인권이 교회의 공동체 안에서도 존중되어야 한다는 의식과 함께 대중의 삶에 동참하고 정의를 위해 일을 해야 한다는 것을 강조하게 되는 것이다.[51)

이런 관점에서 도르는 영성이 단지 '종교적' 혹은 '도덕적' 회심의 양태에 뿌리를 두는 것이 아니라 세 가지 모두, 즉 '종교적,' '도덕적,' '정치적' 회심이 이루어지는 가운데 있게 되는 것이라고 주장한다.[52)

위에서 몇 가지 영성에 관한 다른 견해를 살펴보았듯이, 도날드 도르는 하나님 왕국의 가치가 개인적인 하나님과의 관계와 더불어 사회적 정의를 위한 행동이 따르는 곳에 진정한 영성이 있다고 보고 있으며, 루이스 쉐이퍼나 토마스 아 캠피스에게는 기독교 영성이라는 것이 사회적 정의와 동일시되는 것은 아니며, 사회적 행동에 선행하는 것으로 보고 있다. 하지만 사회 정의를 위한 참여와 행동은 성령의 인도함을 통해 진정으로 회심한 기독교인들의 책임인 것은 인정하고 있다.

비록 영성에 대한 해석이 조금씩 다른 점을 보이고는 있지만, 여하튼 기독교 사역이라고 하는 것이 영성 없이 이루어질 수 없다는 전제는 분명한 사실이다. 다만 선교적 상황에 따라 어떤 점을 더 고려하고 관심을 가져야 할지에 대한 "온도 조절 장치"의 역할을 사역자가 감당함으로써 위의 견해들이 가지고 있는 장·단점을 보완하여 적용해 보는 지혜가 필요한 것이다.

3. 선교인들(Missioners) 자신에게 적용되어야할 영성의 문제

로버트 그랜트(Robert Grant)는 연구를 통하여 현장에서 사역하고 있는 선교사들이 여러 가지 어려운 상황을 맞이하게 될 때마다 헌신된 선교사들의 마음이 좌절되고 상처를 받게 된다는 사실을 지적하였다.[53] 많은 2/3 세계에서 사역하고 있는 사람들은 자신들의 믿음 체계 안으로 수용하여서 통합시킬 수 없는 '괴로운 삶의 체험'이 계속될 때, 소위 PTSD(Complex Post Traumatic Stress Disorder), 즉 계속적으로 마음에 상처를 받으므로 오는 스트레스로 인하여 정신적인 무질서의 상태가 되는 경우를 말하는 것이다. 자기의 가족을 포함하여 선교지 사람들을 보호해야 한다는 강박관념 때문에 자신이 극복할 수 있는 개인의 능력을 초과하게 되는 일이 발생한다거나 자신을 억누르는 긴장이 지속될 때, 이런 것들이 마음의 상처(trauma)로 남게 되어 정신적으로 무조절, 무기력, 무능력의 상태를 수반하게 된다는 것이다.

달리 말하면, 이는 곧 현장 사역자들의 영성 관리에 문제점이 있게 된다는 것을 의미하며 궁극적으로 사역 자체에 위기감을 조성하게 되는 위험성을 내포하고 있는 것이다. 이런 스트레스의 결과로 가정에서 자주 폭력을 사용하게 되며, 부부 생활에서도 이상한 행위를 요구한다거나, 지나치게 모험적으로 일을 벌려나가기도 하며, 자극적인 행동을 즐기려하기 때문에 때로는 술, 마약, 도박 등에 손을 대기도 한다는 것이다.

이렇게 실제적인 사역 가운데 상처 후기 반응(Post Traumatic Reaction)이 나타나는 것은 사역자 자신이나 선교지를 위해서 크나큰 손실이 아닐 수 없다. 결국은 이런 문제들이 사역자 자신의 영성 관리라고 하는 문제로 귀착될 수밖에 없는 것이다. 물론, 이런 마음의 상처를 치유할 수 있도록 선교 본부나 동료 선교사들의 헌신적인 도움이 필요로 되는 것은 사실이다. 그러나 근본적인 치유는 역시 사역자 자신에게 있다고 말해야 할 것이다. 영성 관리라고 하는 차원과 관련지어서, 치유가 된 이후라도 폭력이나 억압, 또는 악한 것들과 비인간적인 것들이 계속해서 사역 가운데 나타나게 되는 것에 대비하는 방법은 사역자 자신이 가지고 있는 소명에 대한 진정한 의미와 사역의 바른 방향성을 확립할 수 있도록 훈련되어야 하는 것이 필수라고 말할 수 있다. 결국 영성의 문제는 예수 그리스도 안에서 부단히 자신과의 싸움이 있어야 함을 의미하는 것이다.

아울러, 국내외 선교를 막론하고 영성 관리라는 관점에서 위에서 지적한 마음의 상처로 인한 영적 침체기에 빠져드는 것을 예방하기 위해서는 끊임없이 말씀을 통하여 자신의 믿음을 재확인하고, 세계관에 대한 바른 정립을 통해 타문화권에서 일어날 수 있는 여러 가지 가능성들을 진단해 보는 선교적 안목이 필요하며, 스스로 기도를 통해 그 대비책을 강구해 나가야만 할 것이다.

영성이라고 하는 것이 '한 번의 주사'를 맞고 끝나는 것이 아니라면, 분명히 사역의 현장에서 지속적으로 끊임없이 이루어가야만 할 것이다. 이를 위해, Kenneth Gangel은 몇 가지 도움이 될만한 견해를 제시하고 있다.[54] 첫째는, 지금 바로 시작하라는 것이다. 이론적으로 어느 방법이 좋다 나쁘다를 따지고 있기 보다는 지금 있는 위치에서부터 자기 훈련의 방법을 체득해 나가야 한다는 것이다. 둘째로, 하나님의 말씀에 따라 자신의 삶이 다른 사람들에게 모범(pattern)이 될 수 있도록 해야 한다. 성경에 다른 여러 인물들 중에서도 특별히 바울은 그리스도를 닮아가려는 내적인 갈등을 통해 다른 사람들에게 본을 보여 주려 했던 모습의 좋은 예가 될 것이다.[55] 셋째로, 성령의 통제에 자신을 맡겨야 한다. 에베소서 5장에서 성령을 좇아 사는 모습이 매일 매일의 삶 가운데서 어떻게 나타나야 하는지를 잘 가르쳐 주고 있다. 이는 우리 안에 역사하시는 성령을 의지하는데서 오는 결과이다. 끝으로, 무엇보다도 쉽사리 포기해 버리는 사람이 되지 말아야 한다. 훈련이 지속적이 될 때, 그 효과가 잘 나타나는 것처럼 영성도 훈련의 차원에서 계속적으로 성숙시켜 나가야 하는 것이다: "또 무리에게 이르시되 아무든지 나를 따라 오려거든 자기를 부인하고 **날마다** 제 십자가를 지고 나를 좇을 것이니라"(눅 9:23).

무엇보다도 사역을 하는 가운데 침체된 영성을 회복해 가는 길은 날마다 삶 속에서 예수 그리스도와 정상적인 원만한 관계를 맺어 가는데 있는 것이며, 이것이 곧 "참된 영성의 대 전제"56)가 된다고 해야 할 것이다.

4. 나오는 말

영성이 있는 자라면 당연히 영분별의 은사도 함께 받은 자이어야만 한다: "우리가 세상의 영을 받지 아니하고 오직 하나님께로 온 영을 받았으니 이는 우리로 하여금 하나님께서 우 리에게 은혜로 주신 것들을 알게 하려 하심이라"(고전 2:12). 만일 어떤 것이 세상의 영이고 어떤 것이 하나님의 영으로부터 온 것인지를 분별할 수 없다면 우리는 그런 사람을 영성 있 는 사람이라고 말할 수 없다.

또한 이런 것들은 어떤 인위적인 훈련에 의해서 얻어질 수 있다기보다 하나님의 말씀(성 경) 자체에서 우리에게 향한 하나님의 뜻을 분별해 가는 것이다. 왜냐하면 하나님의 말씀 안에는 성령의 감동하심이 있는 것이며 성령의 가르치심이 있기 때문에, 사람의 지혜를 통 해서 분별력을 얻는 것이 아니라, 성령의 가르침을 통해서 분별할 수 있기 때문이다.

만일 하나님의 말씀 안에 근거하지 않은 영성이라면 결국 그 판단 기준이 모호하기 때문 에 그것이 진정한 영성인지를 구분할 수 없게 된다. 즉, 하나님의 말씀은 성령의 감동하심 으로 이루어진 것이며, 하나님과 함께 계시고 하나님을 잘 아는 성령님이 가르쳐 주신 것이 기 때문에 모든 것에 분명한 기준이 될 수 있는 것이다: "모든 성경은 하나님의 감동으로 된 것으로 교훈과 책망과 바르게 함과 의로 교육하기에 유익하니 이는 하나님의 사람으로 온 전케 하며 모든 선한 일을 행하기에 온전케 하려 함이라"(딤후 3:16-17).

따라서 이 세상의 일과 육신적인 일에 매여 있는 사람은 하나님의 영을 받지 못한 고로 하나님의 일을 분별할 수 없게 되어 있는 것이다. 왜냐면 하나님의 일은 성령을 통해서만 알 수 있는 신령한 것이기 때문이다: "육에 속한 사람은 하나님의 성령의 일을 받지 아니하

나니 저희에게는 미련하게 보임이요 또 깨닫지도 못하나니 이런 일은 영적으로라야 분변함
이니라"(고전 2:14).

누가 궁극적으로 영성있는 사람인가? 우리를 사랑하시되 자기 몸을 버리시면서까지 섬
김의 도를 보여 주신 우리 주님의 모습을 닮아가는 자, 그런 사람이 하나님 보시기에 진정
으로 신령한 자인 것이다. 우리는 외형적으로 나타나는 신유와 방언과 굉장한 표적을 보여
주는 사람들도 있음을 본다. 하나님이 주시는 은사에 따라 외형적으로 나타나는 그런 표적
들이 일어날 수 있음을 부인하지 않는다. 왜냐하면 그 모든 것들은 하나님의 은사로 주어지
기 때문인 것이다(고전 12장). 그러나 그런 일들을 일으킨다고 해서 반드시 그런 사람들이
영성있는 사람이라고 말할 수는 없다. 하나님 보시기에 진정으로 신령한 사람이란 우리에
게 본을 보여 주신 예수 그리스도의 발자취를 묵묵히 따르며 그대로 실천해 보려고 애를 쓰
는 사람을 말하는 것이다. 다시 말하자면, 그리스도의 모습이 빠져 있는 '행위'는 주님 되신
분과는 아무런 상관이 없는 일이 되는 것이다.

궁극적으로 예수는 자기를 따르는 자들에게 무엇을 요구하고 있는가? "너희는 세상의 빛
이요 소금이라"(마 5:13-14). 이는 피동적이며 수동적인 삶이 아니라 적극적으로 세상 속에
서의 삶을 요구하고 있는 것이다. 요하네스 베르쿠일(J. Verkuyl)도 "선교학의 책임은 교회
가 직면한 문제-교회의 삶이 '세상의 빛과 소금'이 되어야 하는 그의 소명에 따르고 있는
가-에 대답하는 것이다"[57]라고 지적하였다.

하나님께서는 물론 이 세상을 다양하게 창조하셨다. 또한 하나님은 이 다양함 속에서도
그리스도인들이 가져야 할 세계관과 가치체계를 말씀을 통하여 우리에게 가르쳐 주고 있
다. 분별없이 아무것이나 모두 좋다고 하는 그런 다양성을 말하는 것이 아니라, 하나님이
우리 삶의 중심점이 되어 그의 말씀에 따라 선과 악이 무엇인지를 분명 하게 밝혀 나가는
독특한 삶의 방식을 요구하고 계신 것이다. 이런 면에서 그리스도인들은 문화적 다양성을
파괴하지 않으면서 복음과 함께 기독교가 가지고 있는 독특한 영성에 관한 것을 다른 문화
권에도 전해 주어야 할 사명이 있는 것이다.

그리스도인들은 예수를 구세주로 영접하는 순간, 완성품으로 존재하기보다는 그때부터
완성되기 위한 시작에 들어선 것이다. 정체된 상태의 존재가 아니라 성령의 인도함을 받아

서 끊임없이 삶의 방향이 바뀌어 가야 하는 것이며 이것이 진정한 영성을 가진 자의 삶이라 본다. 이는 어느 문화권에 있든지, 어떤 상황이 되었든지 한 사회 속에 살고 있는 그리스도인이라면 반드시 겪어야 할 과정이며 이를 통해 영성을 회복해 가는 것이다.

결론적으로 영성이란 어떤 교리(doctrine)나 '주의'(ism)나 '운동'(movement)이 아니라 주어진 상황 안에서 날마다 삶 가운데 그리스도의 인격체를 닮아가는 훈련을 통해 성숙해 가는 과정으로 보아야 할 것이다.

미 주

1) Ted Ward. "The Case of the Disappearing Missionaries: Reflections on Missionary Recruitment and Retention" In *Trinity World Forum* (Fall 1995), 3.

2) Charles W. Colson. "The Enduring Revolution" 1993년 9월 2일. 미국 시카고 대학에서 행한 Templton 수상 연설문.

3) Sinclair Ferguson & David F. Wright. eds. *New Dictionary of Theology* (Ill.: Inter-Varsity Press. 1991), 656.

4) Ibid., 657.

5) 한정애 외 3인. 『기독교 신학과 영성』 (서울: 도서출판 솔로몬. 1995), 7.

6) 오성춘. 『영성과 목회: 기독교 영성훈련의 이론과 실제』 (서울: 장로회 신학대학교 출판부. 1995), 45.

7) 오성춘. 『영성 훈련의 실제』 (서울: 성지 출판사. 1992), 46.

8) "God is Spirit, and those who worship Him must worship in spirit and truth."

9) Millard J. Erickson. *Christian Theology* (Mich.: Baker Book House. 1985),268.

10) 박해령. "구약성서의 영성 이해." 『기독교 신학과 영성』 (서울: 도서출판 솔로몬. 1995), 46.

11) Geoffrey Wainwright. "Christian Spirituality" In *The Encyclopedia of Religion*. Vol. 3. ed. Mircea Eliade (N.Y.: Macmillan Publishing Co. 1987), 452. "Christian Spirituality is an existence before God and amid the created world."

12) Ibid.

13) 재인용. 오성춘. 『영성과 목회』 (서울: 장로회 신학대학교 출판부. 1995), 50

14) J. M. Houston. "Spirituality" In *Evangelical Dictionary of Theology*. ed. Walter A. Elwell (Mich.: Baker Book House. 1984), 1047.

15) Ibid.

16) Ibid.

17) Henri J. M. Nouwen. 『예수님의 이름으로』 (서울: 도서출판 두란노. 1991), 24-27. 헨리 누엔은 20여 년 동안 목회 심리학, 목회 신학, 기독교 영성학 교수로서 일하였으며, 하버드 대학의 교수를 그만두고 정신 장애아들을 위한 라슈 공동체(L'Arche Communities)중의 하나인 데이브레이크 공동체(Daybreak Community)에서 일하고 있다.

18) Sherwood G. Lingenfelter & Marvin K. Mayers. *Ministering Cross-Culturally: An Incarnational Model for Personal Relationships*. (Mich.: Baker Book House. 1991), 25.

19) Ibid.

20) 한정애. "교회사와 영성." 『기독교와 영성』 (서울: 도서출판 솔로몬. 1995), 17.

21) Roger E. Hedlund. *Roots of the Great Debate in Mission* (India: Evangelical Literature Service. 1981), 368.

22) Ibid.

23) Ibid., 369-371.

24) Ibid.

25) 한정애. "교회사와 영성", 18.

26) Thomas a' Kempis. *The Imitation of Christ* (N.Y.: Sheed and Ward. 1959).

27) Ibid., 17.

28) Ibid., 25.

29) Ibid., 35.

30) Ibid., 29.

31) Ibid., 60.

32) Ibid., 71.

33) Ibid., 78-79.

34) Ibid., 141.

35) Lewis Sperry Chafer. *He That Is Spiritual* (Mich.: Zondervan Publishing House. 1973). 루이스 쉐이퍼는 28년간이나 미국의 달라스 신학교에서 총장을 지냈으며, 이 책을 통하여 믿는 자들의 삶 속에서 역사하시는 성령과 함께 영적인 삶이 무엇인지에 대해 잘 설명해 주고 있다.

36) Ibid., 15.

37) Ibid., 17-19.

38) Ibid., 19-21.

39) Ibid., 22.

40) Ibid., 23.

41) Ibid., 44.

42) Ibid., 54.

43) Ibid., 86.

44) Ibid., 139.

45) Donald Dorr. *Spirituality and Justice* (N.Y.: Orbis Books. 1984). 도날드 도르는 카톨릭 선교사로서 아일랜드에서 철학과 신학을 가르쳤고, 아프리카와 남미에서도 사역을 하였다. 그는 이 책을 통해 전통적인 영성의 개념에 도전하고 있다.

46) Ibid., 21.

47) Ibid., 8.

48) Ibid., 8-9.

49) Ibid., 96-97.

50) Ibid., 12-14.

51) Ibid., 14.

52) Ibid., 18.

53) Robert Grant. "Trauma in Missionary Life" in *Missiology* (January 1995).

54) Kenneth O. Gangel. *So You Want to Be a Leader* (Pennsylvania: Christian Publications. 1989), 25-26.

55) "그러므로 내가 너희에게 권하노니 너희는 나를 본받는 자 되라" (고전 4:16, 참조: 고전 11:1; 빌 3:17; 살전 1:6; 빌 4:9; 살후 3:9), "형제들아 내가 그리스도 예수 우리 주 안에서 가진바 너희에게 대한 나의 자랑을 두고 단언하노니 나는 날마다 죽노라" (고전 15:31).

56) 김상복. 『참된 영성이란 무엇인가』 (서울: 도서출판 횃불. 1993), 35.

57) 요하네스 베르카일. 『현대 선교신학 개론』 (서울: 기독교문서 선교회. 1996), 25.

참 고 문 헌

a' Kempis, Thomas. *The Imitation of Christ*. N.Y.: Sheed and Ward, 1959.

Chafer, Lewis Sperry. *He That Is Spiritual*. Mich.: Zondervan Publishing House, 1973.

Colson, Charles W. "The Enduring Revolution." 1993 Templeton 수상연설문.

Dorr, Donald. *Spirituality and Justice*. N.Y.: Orbis Books, 1984.

Erickson, Millard J. *Christian Theology*. Mich.: Baker Book House, 1985.

Ferguson, Sinclair and Wright, David F. eds. *New Dictionary of Theology*. Ill.: Inter-Varsity Press, 1991.

Gangel, Kenneth O. *So You Want to Be a Leader*. Penn.: Christian Publication, 1989.

Grant, Robert. "Trauma in Missionary Life" In *Missiology*. January 1995.

Hedlund, Roger. *Roots of the Great Debate in Mission*. India: Evangelical Literature Service, 1981.

Houston, J. M. "Spirituality" In *The Encyclopedia of Religion*. Vol. 3. ed. Mircea Eliade. N.Y.: Macmillan Publishing Co., 1987.

Ward, Ted. "The Case of the Disappearing Missionaries: Reflections on Recruitment and Retention" In *Trinity World Forum*. Fall 1995.

김상복. 『참된 영성이란 무엇인가』 서울: 도서출판 횃불, 1993.

누엔, 헨리. 『예수님의 이름으로』 서울: 도서출판 두란노, 1991.

박 해령. "구약성서의 영성 이해", 『기독교 신학과 영성』 서울: 도서출판 솔로몬, 1995.

베르카일, 요하네스. 『현대 선교신학 개론』 서울: 기독교문서선교회, 1996.

오성춘. 『영성과 목회: 기독교 영성훈련의 이론과 실제』 서울: 장로회 신학대학 출판부, 1995.

_____. 『영성훈련의 실제』 서울: 성지 출판사, 1992.

한정애. "교회사와 영성"『기독교 신학과 영성』서울: 도서출판 솔로몬, 1995.

한정애 외 3인. 『기독교 신학과 영성』서울: 도서출판 솔로몬, 1995.

현대선교에 대한 이해의 재고再考[1]

Reconsideration of Understanding about Mission

이 복 수 교수(Th. D.) | 고신대학교 선교대학원 원장, 선교학

e-mail:bslee@kosin.ac.kr

(사진: 2차 2줄 좌로부터 네 번째)

〈Abstract〉

The term "revival" was one of the famous terms in the past time of the Korean church's history. But now it has changed into the term "mission". It is a natural situation in which the Korean church has passed through the process of revival. What then is mission? There are various understandings of it. There are even different understandings of it among missiologists. The writer is going to present a new understanding of mission in a basis of reformed theology.

Some missiologists think that "evangelism" is to proclaim the Gospel of Jesus in domestic conditions; but "mission" is to do it in a foreign country. Others understand that evangelism is to proclaim the Gospel to the people in an area where the Gospel has already been heard; but mission is to do it to people in an area where the Gospel has not yet been heard. It is also expressed as follows: evangelism is for "no more Christians", but mission is for "not yet Christians." Others explain that evangelism is to proclaim the Gospel in their same cultural area, but mission is to do it in a different cultural area. According to these understandings, evangelism and mission are not different from one another in the aspect of character of works. Namely, they are to the same work as proclaiming the Gospel of Jesus Christ. However, it is necessary for us to reconsider mission as a more comprehensive dimension rather than evangelism. This is a way of understanding mission and evangelism in the aspect of character in each of their works.

According to this understanding, mission is the comprehensive works of the church and Christians for the Kingdom of God, placing evangelism in the central rank of the works. This understanding of mission seems to be harmonized with a Biblical teaching and a reformed theology as in the following reasons. (1) The total works of Jesus, evangelism, teaching, and healing, are considered as mission. But it is not easy for us to think that His works in a foreign country or in a different cultural basis are mission, but His works in His own country or in a same cultural area are evangelism. (2) The works of the apostles are also not easy for us to divide in that way. If it is possible, Peter the apostle must be called an evangelist, but Paul as a missionary. In fact, this is meaningless. (3) Mission as more comprehensive works is harmonized with reformed theology's aim of mission as the Kingdom of God, because the Kingdom of God is also a more comprehensive dimension rather than any dimension which can be achieved by evangelism.

In conclusion, it can be said that mission is the comprehensive works of the church for extending the Kingdom of God, placing evangelism as its central place. Accordingly, it is not necessary for us to understand that mission is cross-cultural work of missionaries. Rather it is better for us to understand that cross-cultural work of missionaries are one of the various kinds of mission.

I. 들어가기

한국교회는 세계에서 그 유래를 찾아보기 어려울 만큼 짧은 기간에 급성장을 이룩했다. 성장의 속도가 가장 빠르게 나타나기 시작했던 1970년대 이후에는 선교에 대한 관심이 일어났고, 1990년대에 들어서서는 한국교회 내에 선교에 대한 열기가 뜨겁게 나타났다. 이러한 흐름의 결과로 한국교회는 현재 해외에 선교사를 많이 파송한 제2위 국가로 부상했다. 이것은 이제 겨우 120여 년을 넘긴 짧은 한국교회의 역사에 다른 어떤 나라가 추종할 수 없는 진기한 기록임에 틀림이 없다.

한국교회가 이러한 선교의 시대를 맞았으나 "선교가 무엇인가?"라는 질문 앞에서 그리 명확한 대답들을 가지고 있지 않거나 혹은 해외에 선교사들이 파송되어 복음을 전하는 사역정도로만 이해하는 범위를 벗어나지 못하고 있는 것으로 파악된다. 어쩌면 이러한 상태는 당연한 현상인지도 모른다. 그리스도께서 그의 제자들에게 위임한 선교사역의 흐름은 지금까지 계속되고 있으나 아직도 선교학자들 사이에는 선교가 무엇인가? 라는 주제를 두고 논쟁하고 있기 때문이다. 따라서 필자 역시 선교가 무엇인가를 논하기에 별다른 어색함을 느끼지 않으면서 선교를 개혁주의 신학의 입장에서 재고(再考)해 본다.

II. 선교란 용어의 개념

"선교(mission)"란 용어는 라틴어 *mitto*에서 유래된 것으로 "보내다"라는 의미이다. 신약성경에 직접 "선교"란 용어를 발견할 수는 없지만 보내거나 파송하는 의미를 지닌 헬라어로는 "아포스텔로"(ἀποστέλλω)와 "펨포"(πέμπω)가 각각 135회와 80회 정도로 나타난다.[2] 이러한 어원적인 배경 위에서 볼 때 특수한 임무를 부여하여 그 임무를 수행하도록 파송하는 것이 선교란 용어 자체가 지니는 본래적 의미인 것을 알 수 있다.

이러한 개념에 근거하여 영어의 "missionary"(선교사)가 나타났는데, 이것은 13세기에 로마 가톨릭의 수도원에서 사용되었다. 당시에 이 단어는 "세상에서 사도의 생활과 사역을 위하여 보냄을 받은 자"를 지칭했다. 16세기와 17세기에 와서는 로마 가톨릭교회가 세워지지 않은 지역에 파송하는 전도자들에게 선교사란 명칭을 부여했다. 후에 개신교가 세계 선교를 하면서 이 명칭을 그대로 사용한 것으로 복음전도를 위하여 해외에 파송되는 사람들을 선교사로 불렀다.[3]

이렇게 선교는 특수한 임무를 부여받고 파송(dispatch)되는 어원적 의미를 가지기에 선교학의 조종(祖宗)으로 불리는 독일의 선교학자 구스타프 바르넥(G. Warneck)은 파송의 의미를 부각시키는 정의를 내리고 있다.

> 우리는 비기독교의 사람들 가운데 교회의 설립과 조직을 기독교로 이해한다. 이것을 "선교"로 부르는데 여기에는 파송의 행위를 필요로 한다. 파송은 사자(使者)를 통하여 수행되며 선교의 목표가 달성된다. 일반적으로 "선교"라는 명칭은 높은 위치로부터 부여된 사명을 수행하는데 적용된다. 그리스도는 다음과 같이 선언하신다: "내 아버지께서 나를 보내시니 나도 너희를 보내노라"(요 20:21). 바울도 말한다: "이러므로 우리가 그리스도를 대신하여 사신이 되었다"(고후 5:20). 그리스도의 봉사자로서, 그리고 하나님의 비밀을 맡은 자로서(고전 4:1) 파송되는 것이 성경적인 선교의 개념이다.[4]

영(John M.L. Young)은 그의 저서, 『선교의 동기와 목적』(*The Motive and Aim of Missions*)에서 다음과 같이 말한다:

> 참된 선교는 그 근본이 하나님 안에 있다. 또한 하나님이 선택한 인간에 의해 이루어지는 일이며 하나님의 영광을 위해 세계 도처에 퍼져 나가는데 선교의 목적이 있다. 선교란 용어는 아직 복음을 모르거나 조금 밖에 모르는 다른 나라들에게 하나님의

종들을 통해 복음을 전하도록 주로 외국에 하나님의 백성을 <u>파송하는 일을 말한다.</u>[5]

이러한 인용들에 의하면 파송의 개념이 선교란 용어의 본래적인 의미이었음을 더욱 확인할 수 있다. 필자는 위의 두 인용에서 파송이란 의미를 포함시킨 정의를 내렸다는 사실만을 부각시키려 한다. 그들이 지정하고 있는 대상으로 "비기독교의 사람들"이나 "아직 복음을 모르는 사람들"이라는 지역적 제한을 두고 있는 것에는 동의하지 않는다. 그 이유는 필자가 선교를 지역으로 구분하는 것과는 다른 의미로서 제시하려는 입장을 취하기 때문이다..

III. 전도(Evangelism)와 선교(Mission)의 차이

위에서 선교의 어원적 개념이 파송에 있음을 살폈다. 어원적 개념이 선교를 정의하는데 주요한 단서가 될 수 있으나 보다 다방면에서의 고찰이 필요하다. 그러한 일환으로 과거에 선교와 전도를 각각 어떻게 이해하여 왔는가를 파악하는 것이 우선되어야 할 것이다. 선교(mission)와 전도(evangelism)는 다른가? 만일 동일하다면 선교와 전도는 같은 내용을 교차로 호칭하는데 지나지 않은 것인가? 다르다면 각각 그것의 차이는 무엇일까? 이것에 대한 바른 고찰은 선교에 대한 바른 이해를 도울 것이다.

지난날의 선교에 대한 이해는 복음전도의 차원에 머물렀던 것은 사실이다. 다시 말하면 선교와 전도를 특별히 구분하려 하지 않았다는 것이다. 선교학자 데이비드 보쉬(David J. Bosch)는 "선교와 전도 두 가지가 다 오로지 복음을 구두로만 선포하는 것"이 초기의 견해라고 지적한다.[6] 더욱이 선교 학자들 중에서 헨드릭 크레이머(Hendrik Kraemer)와 요하네스 호켄다이크(Johannes Hoekendijk) 같은 학자들은 전도와 선교를 같은 의미로 해석할 것을 요청한 바도 있었다.[7] 그러나 이와 반대의 경우로서 전도와 선교를 구분하는 경향이 일어나기도 했다. 보쉬에 의하면 과거에 전도와 선교는 지리적이거나 신학적으로 구분하는 것이 일반적이었다.[8]

먼저 지리적인 구분에 의하면, 선교는 타국에 가서 복음을 전하는 것이고, 전도는 본국에서 복음을 전하는 것으로 이해하는 것이다. 이러한 구분에 의하면 단순히 지역으로만 본국과 타국으로 나눈 것에 불과하며 사역의 성격에는 차이가 없는 것이다. 다시 말하면 복음을 전한다는 사역의 내용은 동일한 것이다. 특별히 이러한 지역적인 차이로 선교와 복음전도를 이해한 것은 16세기의 상황에 어울렸다. 왜냐면 그 당시에 서구는 이미 기독교가 정착되었기에 서구가 아닌 다른 지역에 나가서 복음 전하는 것을 선교로 이해하는 경향이 되었기 때문이다. 사실에 있어서 16세기에 서구의 기독교 국가들이 아시아, 아프리카, 그리고 아메리카를 식민지화하는 관심에서 복음을 전하며 그것을 선교로 이해했으며, 이방인의 개종을 위해 선교사를 해외로 파송했던 유럽의 기독교회가 선교라는 말을 강조했다. 따라서 선교사는 멀리 떨어진 지역에 파송되는 사람으로, 전도자는 국내에 활동하는 사람으로 이해했다.

이러한 지리적인 구분의 입장 위에서 선교를 정의한 사람들로는, 이미 위에서 언급되었던 존 영(John M.L. Young)이나 구스타브 바르넥의 경우를 들 수 있다. 영에 의하면 "선교란 용어는 아직 복음을 모르거나 조금 밖에 모르는 다른 나라에게 하나님의 종들을 통해 복음을 전하도록 주로 외국에 하나님의 백성을 파송하는 일을 말한다"[9]고 정의했다. 구스타프 바르넥 (G. Warneck) 역시 "비기독교 지역에 교회를 세우고 조직하는 것"[10]을 선교라고 말함으로 지역적인 구분 개념으로 표현했다.

다음은 신학적 구분으로서, 선교는 "아직도 기독교인이 되지 않은 사람들(Not-yet-Christians)과 관계되는 일이고, 전도는 더 이상 기독교인이 아닌 사람들(No-more-Christians)이나 혹은 이름만의 기독교인으로 자칭하는 사람들(Nominal Christians)의 신앙을 부흥시키는 일"로 나누었다.[11] 다시 말하면 선교는 이직도 복음이 전파되지 않은 지역의 사람들에게 복음을 전하는 사역이라면, 전도는 이미 복음이 전파되어 믿는 사람이 있는 지역의 불신자들뿐만 아니라 믿는다는 사람들 중에도 사실은 믿지 아니하는 명목적 기독교인들(Nominal Christians)에게 복음을 전하는 사역으로 이해한 것이다.

이러한 구분을 보다 이해하기 쉽게 오늘의 상황에 적용해 본다면, 미전도종족을 위하여 복음을 전하는 사역은 선교이고, 이미 복음을 받은 지역의 불신자들과 아직 그리스도를 영접하지 않은 이름만의 신자들을 대상으로 복음을 전하는 사역을 전도로 이해했다고 할 수 있을 것이다. 이러한 구분 역시 사역의 성격에는 차이가 없는 것으로 복음을 전하는 범위에 제한되어 있는 것을 발견할 수 있다.

신학적인 구분은 이미 위에서 고찰한 지리적인 구분과 유사성이 없지 않다. 복음을 전하는 자의 입장에서 볼 때에 본국은 이미 복음을 수용한 것이 분명하며, 타국은 아직 복음을 수용하지 않았다는 전제를 가지기 때문이다. 그러나 위의 두 구분이 반드시 동일할 수는 없는 것이다. 지리적인 구분은 단순히 장소로서 본국이냐 타국의 구분이라면, 신학적인 구분은 이미 복음을 받은 지역의 사람인가 아니면 아직도 복음이 들려지지 않은 지역의 사람인가에 더욱 초점을 두는 구분이기 때문이다. 다시 말하면 지리적인 구분은 장소에 강조를 두는 구분이라면 신학적인 구분은 대상에 강조를 두는 구분이라는 점에서 차이가 있는 것으로 이해할 수 있는 것이다.

특별히 신학적인 구분에 있어서 전도의 대상으로 명목적 기독교인들을 포함시킨 것은 서구교회의 심각한 현상들을 고려한 것으로 이해된다. 기독교 역사가 깊은 서구의 교회들이 겪는 문제점들을 지적하고 그들을 반드시 복음에 재차 직면토록 해야 한다는 관심임에 틀림없다. 크리스천 부모의 가정에 태어나 유아 세례를 받았고, 일 년에 적어도 한두 번, 즉 부활절이나 성탄절을 교회의 명절로 생각하여 참여하면서 자신이 신자인 것으로 생각하고 있는 것이다. 필자는 서구교회들 안에는 명목적인 그리스도인이 적지 않음을 지적하는 한 설교자의 지적을 기억하고 있다. 세계 인구의 30%가 소위 크리스천으로 불리는데 그 중에 5%정도가 진정한 크리스천일 것이라는 지적이다. 사실에 있어서 어느 정도의 정확성이 있는 통계인지에 대해서는 의문이 있으나 명목적인 신자가 많다는 심각성은 충분하게 지적하고 있는 것이다. 선교와 전도를 신학적으로 구분하여 이미 복음을 수용한 지역의 사람들일지라도 다시 복음에 직면케 해야 한다는 복음전도에 대한 관심을 표명하고 있는 것은 귀한 일이라 아니 할 수 없는 것이다.

선교와 전도에 대한 신학적인 구분 개념을 지지했던 사람들 중에는 화란 신학자 반 룰러(A. A. Van Ruler)가 있다. 보쉬는 룰러의 이해를 다음과 같이 정리한다:

그는 그리스도 안에서 하나님은 오랜 역사를 서구 사람들과 함께 걸어왔고.....유럽에서는 하나님 자신이 어떤 면에서 아시아에서와는 달리 복음을 위한 접촉점이 있다. 기독교에서 벗어나 세속화된 유럽 사람이라 할지라도 이교도는 아니다. 사실상 서구인은 이제 이교도로 되돌아갈 수 없다....서구인은 이제 다시는 기독교 이전의 세계로 또는 이교주의 세계로 되돌아갈 수 없고, 그가 이미 기독교 이후의 세계에 속해 있다. 바로 이러한 이유 때문에 우리는 선교와 전도를 구별해야 한다.[12]

월터 프레이타그(W. Freytag) 역시 선교를 "주 예수 그리스도를 믿는 믿음이 이방인 가운데서 이루어져 하나님의 나라가 이 땅에 임하도록 하는 것"[13]으로 말하여 단순한 지역 개념보다는 대상으로서 이방인에게 복음을 전하는 것을 선교로 이해한 입장을 표명하고 있다.

지금까지 선교와 전도에 대하여 일반적으로 구분해 온 것으로 지리적인 구분과 신학적인 구분에 대하여 고찰해 왔다. 필자는 여기서 이러한 두 경향 외에도 또 다른 한 경향으로서 문화적인 구분에 대하여 말하려 한다.

문화적인 구분은 위에서 언급된 두 가지 구분의 경향보다는 근래에 일어난 것으로 오늘날 우리들 주변에서 많은 목회자들과 신자들이 선교와 전도를 구분하는 입장이 아닌가 생각된다. 문화적인 구분 개념에 의하면 동일 문화권에 복음을 전하는 것은 전도이고 타 문화권에 복음을 전하는 것을 선교로 이해하는 경우이다. 이것 역시 문화권으로만 구분하여 복음을 전하는 사역의 성격에는 구분이 없는 입장이다. 이러한 문화적 구분은 지리적 구분과 차이가 없는 것 같이 생각될 수 있다. 그 이유는 타 문화권은 지리적으로 본국이 아니고 타국이며 동일 문화권은 주로 본국이기 때문이다. 그러나 이것은 반드시 그러한 것은 아니다. 동일 국가이면서 문화 전통이 다른 민족들로 이루어진 경우에는 결코 동일할 수 없는 것이다.

필자가 남아 공화국에서 수년간의 선교사역을 수행하는 동안에 문화적 구분과 지리적 구분은 명확한 차이가 있음을 발견할 수 있었다. 남아 공화국은 백인과 언어가 서로 다른 많은 흑인 종족들이 한 국가를 형성하고 있는 것이다. 300여 년 전에 유럽에서 이주해 간 백인들은 서구의 문화를 그대로 유지하고 있으며, 여러 흑인 종족들은 서로 언어와 문화가 다른 상태로 남아 있으면서 하나의 국가를 형성하고 있는 것이다. 따라서 이러한 상황 가운데서는 문화적 구분이 지리적인 구분과 반드시 일치할 수 없는 것이다.

필자가 남아 공화국의 한 백인 목사와 친숙하게 지내면서 나눈 대화로 통하여 그가 문화적 구분의 개념으로 선교를 이해하고 있다는 사실을 발견할 수 있었다. 그는 현재 백인교회를 담임하는 목회자로 사역하고 있지만, 과거에는 선교사로 사역했다는 것이다. 필자가 그에게 선교사로 사역한 곳이 어디인가를 물었을 때, 그곳은 근접해 있는 이웃 흑인 부락이었다. 지역적으로는 바로 이웃 부락이었으나 문화권을 달리하는 흑인 부락을 대상으로 사역했다는 입장에서 그의 사역을 선교로 이해했던 것이다. 분명히 이러한 경우는 선교와 전도에 대하여 지리적인 구분이 문화적인 구분과 동일할 수 없는 것이다.

이러한 문화적인 구분으로 선교를 정의하려는 사람들 중에는 미국의 선교학자 맥가브란(Donald A. McGavran)을 들 수 있다. 그는 선교에 대한 정의를 내림에서 문화의 경계를 명확히 하고 있음을 볼 수 있다. "선교란 예수 그리스도를 따르지 아니하는 사람들에게 전도하기 위하여 복음을 가지고 문화의 경계를 뛰어 넘는 것"이라고 했다.[14]

IV. 포괄적 사역으로서 선교와 중심적 사역으로서 전도에 대한 이해

지금까지 선교와 전도에 대한 개념의 차이에 관한 몇 가지의 구분들을 고찰했다. 그러한 구분들에 의하면 사역의 성격이 전혀 고려되지 않았다. 사역의 성격은 오직 복음전도의 한계 안에 머물렀다. 이러한 한계에 의하면 선교가 복음전도를 중심으로 하면서 그 이상의 포괄적인 사역으로 이해하는데 미흡함이 있는 것이다. 따라서 필자는 선교와 전도를 사역의 성격으로 분리하면서 선교에 대한 정의를 내리려고 한다. 다시 말하면 전도는 그리스도의 복음, 즉 구속에 대한 메시지를 선포하는 사역이라면, 선교는 교회가 전도를 중심사역으로 하여 하나님 나라 확장에 필요한 보다 포괄적인 사역으로 구분한다는 것이다.

학자들 중에는 선교가 단순히 복음을 전하는 차원 이상의 포괄적인 사역으로 이해하여 자신의 견해들을 피력하고 있는 것을 볼 수 있다. 케인(Kane)[15]에 의하면 "복음의 구속적 선포"의 활동을 전도로, 전도활동 뿐만 아니라 교회 개척, 의료 봉사, 교육 사업, 농업 사업 등 여러 가지 봉사 활동은 선교에 포함시켰다. 이러한 구분에 의하면 선교가 보다 포괄적인 개념으로 설명되었다. 심지어 코스타스(Costas)[16]는 복음전도 이상의 포괄적 사역을 선교로 보면서 전도와 선교의 우선권에 차별을 두는 것마저 거부하여 두 가지 전체를 교회의 전체(total) 선교로 말하고 있다.

팩커(Packer)는 교회의 사명을 포괄적인 의미로 설명하여 말하기를, "죄인을 불러 예수 그리스도를 구주로 영접하게 할 뿐만 아니라 교회의 교제 속에서 왕으로 모시도록 하는 것이다. 그리고 교회란 예배하며 전도할 뿐만 아니라 지상에서 주를 위하여 일하는 사명을 가진 성도의 연합이다."[17]라고 했다. 팩커는 선교와 전도를 명확히 구분하고 있지는 않으나 교회가 예배하고 전도하는 일에만 한정되지 말아야 할 것을 강조하고 있으면서 지상에서 주를 위하여 해야하는 보다 포괄적인 일들을 암시적으로 나타내고 있다.

스토트(John R. W. Stott) 역시 선교와 전도를 명확하게 구분하고 있지는 않으나 복음전도와 사회봉사의 활동을 포함하는 것으로서 선교의 개념을 수용해야 할 필요성을 말하고 있다.

만일 우리가 세계 속의 기독교적 봉사로서 복음전도와 사회 활동을 포함하는 이 넓은 의미의 선교에 대한 개념을 받아 수용한다면, 즉 우리 주님의 지상 선교를 모델로 하여 우리에게 주어진 이 선교관을 가진다면, 기독교인들은 하나님을 위한 복음 활동과 사회 활동으로서 보다 큰 영향, 우리의 수적 능력과 또한 그리스도의 위임의 엄청난 요구에 상응하는 커다란 영향력을 행사할 수 있을 것이다.[18]

스토트는 포괄적 개념으로서의 선교관은 주님의 지상 선교를 모델로 하는 것과 관련이 있는 것으로 말하면서, 선교에 대한 성경적인 이해를 위해서도 포괄적인 의미의 수용이 필요함을 강조하고 있다.

1974년 스위스의 로잔(Lausanne)에서 모인 세계 복음전도 국제대회(International Congress on World Evangelism)의 보고서는 다음과 같이 정의했다.

> 복음을 전파한다는 것은 예수 그리스도께서 우리의 죄를 위하여 죽으시고 또 성경대로 죽은 자들 가운데 살아 나셨으며, 이제는 통치하시는 주님으로서 모든 죄의 용서와 자유케 하시는 성령의 은사를 믿고 모든 회개하는 자들에게 주시는 좋은 소식을 전하는 일이다. 우리 그리스도인들이 이 세상에 있는 것은 복음전도에 필수 불가결한 일이며...그러나 복음전도 그 자체는 사람들을 개인적으로 그리스도께로 나아와 하나님과 화목하게 되도록 설득할 의도로써 역사적이며 성경적인 그리스도를 구세주와 주님으로 전도하는 일이다. 복음의 초대를 나타냄에 있어서 우리는 제자의 직분에 따르는 희생을 피할 수 있는 자유가 없다. 예수님께서는 여전히 그를 따르는 자는 모두 자신을 부인하고 자기의 십자가를 지고 그가 속한 새로운 사회 속에서 동일하게 생활하면서 따라 오도록 말씀하며 부르고 계신다. 복음전도의 결과들에는 그리스도께 대한 순종과 그리스도의 교회 안에서의 협력과 세계 속에서의 책임 있는 모든 봉사가 포함된다.[19]

로잔언약 역시 전도와 선교를 구분하여 각각의 개념을 정립하고 있지 않으나, 세상을 향한 교회의 사역은 성격적인 그리스도를 선포하는 것이 필수불가결함을 밝히면서, 아울러 세계 속에서의 책임 있는 봉사를 피해서는 안 될 것으로 강조하여 포괄적 사역을 제시하고 있다.

이상의 몇몇 인용들에 의하면 선교란 기독교회에 주어진 보다 포괄적인 사역을 포함하는 것으로 그것의 중심적인 과제로서 전도를 이해하는데 도움을 준다. 따라서 필자는 선교를 다음과 같이 정의한다. 선교란 주의 백성들이 예수 그리스도의 복음을 선포하는 복음전도의 중심적 사역과 더불어 세상에서 빛과 소금으로서 사회를 변화시키는 봉사의 활동들을 통하여 하나님의 나라가 확장되게 하는 포괄적인 사역을 의미하는 것으로, 선교는 복음전도보다 더욱 포괄적인 개념이며, 복음전도는 선교의 핵심 요소라고 할 수 있다. 특별히 유의가 필요한 것은 복음전도를 선교에서 따로 떼어놓을 수 없는 것으로, 복음전도를 선교에서 분리한 봉사사역은 선교가 아니라 단순한 봉사활동에 지나지 않는 것이다. 다시 말하면 복음전도를 중심으로 하는 치료행위는 선교일 수 있으나, 복음전도를 제외한 치료의 행위는 선교가 아니라 단순한 치료행위에 지나지 않다는 의미이다.

V. 포괄적 사역으로서 선교 이해를 위한 성경적이며 신학적인 고찰

전도를 중심으로 하는 포괄적 사역으로서 선교에 대한 이해가 보다 타당한 이해임을 여기서 고찰하려 한다. 여기 이러한 고찰에는 그리스도와 사도들의 선교사역을 중심한 성경적인 입장과 선교를 명하는 그리스도의 지상명령(The Great Commission)을 살피는 것은 물론, 개혁주의 신학의 입장에서 말하는 선교의 목적에 부합하는 선교의 이해가 어느 것인지를 고찰하려 한다.

(a) 그리스도의 사역

주님은 그리스도인들에게 복음 전파를 명령하셨을 뿐만 아니라(막 16:15) 세상에서 빛과 소금의 역할을 다하도록 말씀하셨다(마 5:13-16). 복음전파의 사역과 빛과 소금으로서의 사역은 성도들에게 주어진 두 종류의 사역이다. 이러한 사역은 그 하나가 다른 하나를 대신할 수 없는 것으로 각각의 의미와 중요성이 있는 것이다. 그러나 복음전파가 그것의 중심에 있어야 하는 것으로 이해할 필요가 있다. 나아가서 주님은 친히 복음을 전하셨을 뿐만 아니라 가르치셨고 병자들을 고치시기도 하셨다(마 4:23; 9:35). 주님의 이러한 포괄적 활동의 중심은 복음전파임을 의심할 여지가 없다. 만일에 복음전파를 의도하지 않고 단순히 가르치고 고치기 위하여 오셨다면 오직 위대한 교육자나 의사에 지나지 않았을 것이다. 그러나 주님은 하나님 나라의 확장을 위하여 포괄적인 사역을 포함하는 복음전도 활동을 폈다는 것을 이해할 때 선교를 포괄적으로 이해하는데 도움을 준다.

이러한 포괄적 이해와 다르게 성경에 기록된 주님의 사역을 지리적으로나 문화적인 입장으로 나누어 선교와 복음전도를 구분하려 한다면, 그것이 간단한 문제일까? 주님께서 문화를 뛰어 넘어 먼 해외에 복음을 전하러 간 기록이 얼마나 있는가? 물론 주님은 탄생 후 멀리 애굽으로 피난 하신 일이 있고 공생애를 시작하시어 사마리아에서 복음을 전하신 일이 있으나, 애굽이나 사마리아에서의 사역은 선교이고 유대에서의 사역은 전도라고 구분할 수 있는가? 나아가서 주님은 이방인에게 복음을 전하기도 하셨다. 그러나 주님의 복음을 들은 그들의 문화가 다르기에 그들에게 전한 것은 선교이고, 동일한 문화권인 유대인에게 전한 것은 복음전도라고 나눌 수 있는가? 사실에 있어서 주님의 사역을 지리적으로나 문화적으로 심지어 신학적으로 구분하기 어렵다. 그러므로 우리는 주님의 가르치시고 고치시고 복음을 선포하신 전체적인 사역을 주님의 선교사역으로 볼 수 있는 것이 아닌가? 만일에 이러한 이해가 보다 성경적이라고 한다면 하나님 나라의 확장을 위한 포괄적 사역으로서 선교와 그러한 포괄적 사역의 중심적 요소로 그리스도의 복음선포를 전도로 이해하는 것이 보다 타당할 것이다.

(b) 사도들의 사역

사도들은 그리스도로부터 직접 훈련을 받고 선교적인 삶을 위하여 보냄을 받은 사람들이다. 사도들 중에는 유대인들의 사역에 주력했던 사람이 있는가하면 이방인들에게 관심을 기울였던 사람도 있다. 그러나 사도들의 사역 역시 단순히 문화적이며 지리적인 차이로 나누는 잣대에 의하여 나누어질 수 있는가? 이방인을 중심으로 복음전도 활동을 했던 바울은 선교 사역을 했던 사람이며, 유대인을 중심으로 복음전도를 펼쳤던 사도들은 전도의 사역을 했다고 나눌 수 있을까? 이러한 구분은 사실에 있어서 의미가 없는 일이다. 누구도 사도들의 사역을 이렇게 구분하여 선교와 전도를 구분하려고 시도하지 않은 것으로 고려한다. 오히려 사도들의 사역은 그리스도의 복음을 전하는 복음전도의 중심적인 사역 위에 하나님 나라의 확장을 위한 총체적인 사역을 펼쳤기에 그들을 전도자요 아울러 그리스도를 이어 나타난 위대한 선교사들로서 평가하는 것이 더욱 타당한 것으로 여겨진다.

(C) 개혁주의 신학이 이해하는 선교의 목적

개혁주의 신학은 하나님의 주권적 통치가 우주적으로 시행되는 것으로서 하나님 나라의 확장을 강조한다. 이러한 하나님의 통치는 복음을 통하여 개인의 심령에 하나님의 구원 역사가 시행되는 것을 중심으로 삼으나 단순히 개인의 심령에만 제한시키지 않는다. 이러한 이해 때문에 개혁주의 신학은 인간 삶의 모든 영역에 관심을 가지나 대속주 (Redeemer)로서 그리스도의 사역과 상관없이 단순한 사회적인 개선을 하나님의 나라로 인정하지 않는다.

벨카일(Verkuyl)[20]은 하나님의 나라가 수직적인 것과 수평적인(the vertical and the horizontal) 차원을 포함하고 있다는 표현을 통하여 하나님과의 관계를 기본으로 두면서 인간 삶의 포괄적인 영역으로 확대되어 가야 할 것을 강조했다. 판덜 발터(Van der Walt)[21] 역시 포괄적으로 "모든 것을 포함하는 나라(the all-encompassing kingdom)"라는 표현 속에서 하나님의 나라가 단순한 개인 영혼의 구원에 머물 수 없는 것을 강조했다.

이러한 하나님의 나라는 개혁주의 신학이 이해하는 선교의 목적이다. 선교학자 보에티우스(Voetius)는 일찍이 선교의 목적을 3가지로 말했는데, 이방인의 회심, 교회의 설립, 그리고 하나님의 은혜를 확증함과 영광을 돌리는 것으로 표현했다. 개혁주의 신학자 바빙크(Bavinck)는 그러한 세 가지 목적을 성경적인 목적으로 인정하면서, "그러나 분명히 알아야 할 것은 이 세 가지 목적은 명확히 분리되어 있는 것이 아니라 사실은 하나님 나라의 도래와 확장이라는 단 한가지의 목적에 세 가지 양상에 불과하다."고 강조하여 하나님 나라의 확장이 보다 더 궁극적인 선교의 목적임을 말했다.[22]

화란의 개혁주의 선교학자 벨카일(J. Verkuyl) 역시 개혁주의 신학이 가지는 선교의 목적을 다음과 같이 밝힌다.

> 하나님께서 예수 그리스도 안에서 자신을 계시하심으로, 이 세상에 대하여 증거 하신 것은 실제로 어떤 목적 때문이었는가? 하나님의 선교의 궁극적인 목표는 무엇인가? 그 해답은 쉽게 발견할 수 있다. 구약과 신약에 있어서, 하나님께서는 그의 말씀과 행위로써 증거하셨는데, 그것은 자유케 하시는 주권적 통치를 회복하는 하나님의 나라를 가져오는 것이다. 이것이 하나님께서 성경으로 통하여 자신의 의도를 가장 명백하게 표현한 것으로 나타난다.[23]

개혁주의 신학은 하나님 나라 확장을 선교의 목적으로 강조하고 있다. 개혁주의 신학은 선교의 목적을 단순히 영혼구원에 목적을 두는 복음전도의 목적에 제한시킬 수 없는 것이다. 복음전도의 목적이 영혼구원에 직결된다면 선교의 목적은 자연히 영혼구원을 중심으로 하면서 보다 포괄적인 목표로서 하나님 나라의 확장에 두는 것이 더욱 타당할 것이다.

나아가서 개혁주의 신학에 있어서 선교의 목적인 하나님의 나라에 대한 이해는 사회복음(the Social Gospel)이나 해방신학(Liberation Theology)이 선교의 목적으로 강조하는 하나님의 나라와는 다르다. 사회복음이나 해방신학이 말하는 하나님의 나라는 하나님과 인간의 관계가 무시되고 주로 인간관계 안에서만 세워 나가는 수평적 차원에서만 강조하고 있다. 그러나 개혁주의 신학에서는 수직적이며 수평적인 것, 두 요소를 포함한다.[24]

이와 같이 수직적이며 동시에 수평적 차원으로서 하나님 나라 확장을 선교의 목적으로 이해하는 개혁주의 입장은 자연히 선교를 포괄적으로 이해하는데 어려움이 없는 것이다. 다시 말하면 선교를 전도의 차원에서만 이해하면서 전도를 통하여 하나님 나라 확장이란 목적을 이루어 가려는 것이 타당한가? 아니면 선교를 포괄적 사역으로 이해하면서 선교의 목적으로서 수직적이며 수평적인 것을 포함하는 포괄적인 영역으로서의 하나님 나라 확장을 이룩해 나가는 것이 타당한가? 라는 문제이다. 이 물음에 대한 해답은 선교를 전도의 중심적 사역 위에 있는 포괄적 사역으로 이해하고 하나님 나라 확장이라는 그것의 목적을 이룩하는 것이 더욱 타당한 관계로 수용된다. 따라서 보쉬(Bosch)[25]와 존 스토트(Stott)[26] 역시 선교의 목적으로서 하나님의 나라는 교회의 포괄적인 활동으로서 크리스천의 사회적 책임들과 그리스도 안에 있는 구원의 선포로서 전도를 포함한다고 말한다. 벨카일(Verkyul)[27] 역시 "교회의 깊고도 넓은 선교적 사명은 그 초점을 하나님 나라의 관점에서 맞추고, 이것으로부터 전체적인 안목에서 다루어져야 한다."고 말한다.

거듭 강조하여 말하면, 하나님의 나라는 그리스도를 영접한 성도(교회)가 하나님의 뜻이 그의 삶의 전 영역에서 시행되도록 하는 것을 포함한다. 이러한 개념으로서 하나님 나라의 확장이 기독교 선교의 총체적 목적이라면, 이러한 목표를 이루어 나가는데 더욱 적합한 선교관은 선교를 단순히 복음전도 차원으로 이해하기보다는 복음전도를 중심으로 하면서 주님의 교회가 하나님 나라를 확장하는데 필요한 포괄적 사역으로 이해하는 것이 더욱 적합하다는 것이다.

이러한 입장에 더욱 이해를 돕는 것은 선교가 영혼을 구원하는 구속적 명령(evangelistic mandate)을 수행하는 것만이 아니라 문화적 명령(cultural mandate)도 함께 수행해야 하는 것을 그것의 과업으로 삼는다는 사실이다. 헤드런드(Roger E. Hedlund)는 문화적 명령이 선교적 개념임을 다음과 같이 말한다.

> "...창조된 인간에게 주신 '생육하고 번성하여 땅에 충만하라, 땅을 전복하라....다스리라 하시니라' (창 1:28)는 명령 속에서도 선교적 의미를 발견할 수 있다. 신학적으로 이 명령은 문화적 사명이라고 하는데, 이 명령은 인간이 범죄하기 이전에 자연을 하나님의 뜻대로 지배하도록 위임 받은 것을 의미한다."[28]

따라서 선교의 중심 요소인 복음전도로 인간을 창조의 위치로 회복시키고 회복된 인간이 문화적 명령을 수행하도록 하는 교회의 포괄적 활동이 곧 하나님 나라 확장을 이룩하는 선교의 목적이라면 당연히 선교를 포괄적인 사역으로 이해하는데 어울리는 것이다. 그러므로 포괄적 개념으로서 선교에 대한 이해는 개혁주의 신학이 강조하는 선교의 목적으로서 하나님의 우주적인 주권이 삶의 모든 영역에서 시행되도록 해야 한다는 가르침과 조화된다는 것을 확인할 수 있다.

(d) 그리스도의 지상명령(the Great Commission)이 담고 있는 내용

주님이 선교를 직접적으로 명령하신 지상명령의 내용을 파악하는 일 또한 선교의 의미를 파악하는 좋은 방편으로 이해된다. 주님이 선교사역을 지상명령으로 주신 말씀들은 복음서와 사도행전에 각각 기록되어 있다(마 28:16-20; 막 16:14-18; 눅 24:44-49; 요 20:19-23, 행 1:8). 그런데 주님께서 지상명령으로 주신 말씀들의 내용은 단순히 복음전도 이상의 포괄적 의미로서의 사역을 명하고 있다. 스토트(Stott)는 요한복음에 담긴 지상명령에 대하여 다음과 같이 말함으로 선교가 단순히 복음전도의 차원 이상임을 설명한다.

> 요한복음의 지상명령은 교회의 선교가 성자의 선교를 본받아야 할 것을 가르치는데 그것은 우리가 섬기기 위하여 세계 속으로 보냄을 받았다는 것과 우리가 행한 겸손한 봉사는 그리스도의 봉사처럼 말과 행위를 다 포함하며 기아에 대한 관심뿐 아니

라 육체와 영혼의 질병에 대한 관심, 즉 복음 활동과 사회 활동을 다 포함해야 할 것을 가르치고 있음을 본인은 앞에서 논증하려고 노력한 바 있다. 그러나 가령 어떤 사람이 지상명령(the Great Commission)이 전적으로 복음전도에만 관계된 것이라고 확신하고 있다고 가정해 보라. 그러면 어떤 문제가 생길까? 하나님의 주권이 교회와 성도들로 통하여 인간 삶의 모든 영역에 시행되게 하는 포괄적인 그리스도의 제자가 되게 하는 일이 적극적으로 전개될 수 있을까?[29]

호와드(Howard)에 의하면 마가복음의 지상명령(16:15)은 선교사역에 관한 범위에 대해서도 가르치고 있는 것으로, 거기 "천하"(world), 곧 코스모스(kosmos)가 우리의 선교사역의 영역에 포함되기에 포괄적 사역을 외면할 수 없다는 것을 강조하고 있다.[30] 몰간(Morgan)은 특정한 성경을 지적하지 않으나, 지상명령이 담고 있는 선교는 구원이 필요한 인간을 위하는 사역으로 시작되어야 하지만 보다 포괄적인 사역으로서 모든 피조물의 소생과 관련되어야 할 것을 피력하고 있다.

교회는 항상 사람과 더불어 시작해야 한다. 그러나 이 지상명령이 강조하는 바가, 사람이 주목하는 궁극적인 결과는 모든 피조물의 소생에 대한 것이라는 사실을 교회는 잊지 말아야 한다 – 각 개인의 구원을 목표로 하는, 그리스도인의 책임에 대한 개념은 피조물들의 탄식을 전적으로 도외시하는 한, 이 지상명령의 의미와 완전히 조화를 이루지 못하게 된다.[31]

이상에서 인용된 바에 의하면 그리스도께서 특별히 선교에 대한 최상의 명령으로 남긴 대 위임령의 내용은 틀림없이 복음으로 제자 삼는 일이 중심이지만, 단순히 복음 전도만을 명한 것이 아니라 인간의 삶에 모든 영역에서 그리스도의 사람으로 활동할 수 있는 제자 삼도록 명령하는 내용을 포함하고 있다. 따라서 그리스도의 지상명령 자체가 선교란 복음전도를 중심으로 하여 하나님 나라의 확장과 관련된 포괄적인 사역으로 가르치고 있는 것으로 이해된다.

(e) 선교란 용어의 현실적 사용

이것은 신학적이거나 성경적 조명과 관계가 없다. 단지 오늘의 많은 목회자들과 성도들이 선교를 지리적으로나 문화적으로 타국 혹은 타 문화권에서의 사역으로 이해하면서 용어 사용에는 선교를 포괄적으로 이해하고 있다는 것을 지적하려 한다. 그러한 예들은 다양한 것으로 여기 몇 가지를 들 수 있다. 교회에서 어린아이들에게 복음전도를 목적으로 교육의 사역을 위하여 개설한 기관을 "선교원"으로, 국내에서 청소년들을 복음화 하기 위한 활동들을 "청소년 선교"로, 복음전도를 목적으로 교육하는 학교들을 "미션스쿨"(mission school)로 표현하는 경우들이 있다. 그 외에도 과거에 교회 내에서 "남전도회" 혹은 "여전도회" 등이 "남선교회" 혹은 "여선교회"로 호칭되는 것도 그러하다. 이러한 호칭들은 선교를 포괄적 사역으로 이해한 용어의 사용이라고 말할 수 있는 것이다. 다시 말하면 그러한 용어들이 선교를 지리적으로 외국이나, 문화적으로 타 문화권과 관련시킨다면 선교라는 용어보다는 전도란 표현의 합성어들, 즉 "전도원"이나 "청소년 전도" 등의 표현이 되어야 할 것이다. 그러나 그러한 사역들이 포괄적인 사역의 요소에 해당하기에 "선교원" 혹은 "청소년 선교" 등의 선교란 용어의 합성어들로 표현한 것이라면 선교를 바르게 이해한 용어 사용이라고 아니할 수 없는 것이다.

VI. 결론

일반적으로 선교를 지역적, 신학적 혹은 문화적인 구분으로 이해하여 타국이나 아직도 복음이 들어가지 않은 지역의 사람들을 대상으로 혹은 타 문화권에 복음을 전하는 사역으로 이해하고 있다. 이러한 이해는 선교가 전도 사역의 한계를 넘어설 수 없는 것으로 이해된다. 따라서 선교에 대한 이해의 재고(再考)를 위하여 용어와 정의 그리고 선교와 전도의 차이 등을 고찰했다. 이상의 고찰에 의하면 선교를 사역의 성격에 따라 정의해야 할 필요를 인식하면서 선교란 복음전도의 중심적 사역을 토대로 하여 보다 포괄적인 사역으로 이해할 수 있음을 제시했다.

여기 복음전도를 중심으로 하는 포괄적인 사역 역시 그 범위를 제한할 필요가 있는 것으로 하나님 나라의 확장과 관련된 사역으로 한정할 수 있다. 특별히 이러한 제한이 필요한 것은, 오늘날 에큐메니칼 선교신학이 이해하는 하나님의 선교(missio Dei)에 의하면 선교란 교회와 관계없이 하나님께서 세상에서 행하시는 모든 일로 강조하기 때문이다. 이러한 강조에 의하면 하나님의 세계에 대한 관계는 "하나님-교회-세계"가 아니라 "하나님-세계-교회"라는 공식에서 설명된다.[32] 이러한 입장에 의하면 선교란 세상의 모든 일들과 차이가 없게 된다. 따라서 복음전도를 중심으로 하는 포괄적 사역 역시 교회를 통하여 하나님 나라를 확장해 나가는데 필요한 사역으로 제한할 필요가 있는 것이다. 스토트[33]에 의하면 선교란 "하나님께서 세상 속의 교회가 행하도록 하신 모든 일"로 표현함으로 교회와 무관한 모든 활동이 선교에 포함될 수 없는 것으로 한정하고 있다. 이러한 사역들을 좀 더 구체적으로 표현한다면 복음전도를 중심으로 교육, 구제, 의료, 봉사, 예배, 친교, 정의실행, 그리고 그리스도인 개인이 부여받은 다양한 재능의 영역에서 하나님의 뜻이 시행되게 하는 포괄적인 사역들로 열거할 수 있다.

나아가서 복음전도를 중심으로 하여 하나님 나라 확장에 관련된 포괄적 사역으로서 선교에 대한 이해에서 주의해야 할 사항은 교회에 주어진 같은 임무에 대한 두 측면을 말하는 것이지 각각 다른 방향에 있는 별개의 사역으로 분리할 필요가 없는 것이다. 다시 말하면 그리스도의 복음을 선포하는 전도를 따로 떼어놓은 교회의 하나님 나라 확장을 위한 사역은 선교라는 이해에 이르지 말고, 선교가 복음 전도보다 더욱 포괄적인 개념이며, 복음 전도는 선교의 핵심 요소라는 관계 속에서 선교를 이해해야 한다는 것이다. 선교에 대한 이러한 정의는 지상에 존재하는 교회가 복음전파의 핵심적 사역을 중심으로 하여 하나님의 주권이 인간의 모든 삶의 영역에 시행되도록 하는 균형 있는 사역을 교회의 사명으로 하는데 더욱 깊은 이해를 더할 것으로 고려된다.

단지 선교에 대한 이러한 이해 속에는 선교의 개념으로서 "파송한다"는 의미가 부각되지 않는 것 같으나 세상 속에 있는 성도는 이미 주의 보내심을 받았다는 사실 자체가 파송과 무관하지 않는 것으로 이해할 수 있다. 예수님이 강조하신 것으로 성도가 세상에 속하지 않고(요 17:14) 세상에 보냄을 받았다(요 17:18)는 가르침은 파송과 무관한 것으로 생각하지 않는다. 만일에 파송의 개념을 해외나 혹은 타 문화권으로만 한정한다면 선교의 목적으로서 하나님 나라 확장은 해외에서만 이룩되어야 하는가? 라는 문제를 유발시킬 것이다.

기독교 선교 역사에 있어서 이방인 선교 혹은 해외 선교는 늘 중요한 위치에 놓여 내려왔다. 그러나 이상에서 고찰한 바에 의하면 해외선교가 기독교 선교의 총칭 명칭으로 이해되는 것은 바람직한 일이 아니다. 다시 말하면 선교가 곧 해외선교라는 이해, 즉 선교 = 해외선교라는 등식으로 이해하는 것은 바람직하지 않다는 것이다. 오히려 기독교 선교는 근본적으로 장소성과 관계없는 포괄적 사역으로 구성되는 것으로서, 해외 선교 역시 기독교 선교의 한 부분으로 이해하는 것이 더욱 타당할 것이라 생각한다. 그러나 해외 선교가 비록 기독교 선교의 한 부분이지만 해외 선교에 대한 비중과 관심은 다른 사역보다 우선해야 할 것이다. 그 이유는 하나님의 연민은 아직도 이방에 복음을 모르는 사람들에게 더욱 우선한다는 사실을 인정하는 것과 관련이 있기 때문이다.

미 주

1) 본 논문은 필자가 〈고신신학〉 창간호에 게재한바 있는 논문임.

2) Kittel, Gerhard and Go, Frieckich, (ed), *Theological Dictionary of the New Testament*, vol.1, Grabd Rapids: Eerdmans, 1964, pp.396-406.

3) Wieser Thomas, (ed), *Planning for Mission,* New York: The U. S. Conference for the World Council of Churches, 1966, p.39. 전호진, 「선교학」 개혁주의신행협회, 1994, p.20, 박영호, 「선교학」 기독교문서선교회, 1993, p.13.

4) Warneck, Gustav, *Evangelich Missionslehre*, Gotha: Friedrich Andreas Perthes, 1887, p.1.

5) 권달천(역), 「선교의 동기와 목적」(John M. L. Young, *The Motive and Aim of Missions),* 개혁주의신행협회, 1972, p.9

6) Bosch, David, *Witness to the World*, Atlanta: John Knox Press, 1980, p.12.

7) Ibid, p.13.

8) Ibid, p.12.

9) 권달천(역), op. cit., p.9.

10) Schomerus, H. W., *Missions-Wissenschaft*, Leipzig: Verlag Quelle, 1955, p.4.

11) Bosch, D., op.cit, p.12.

12) Ibid, p.13.

13) Manecke, D., *Mission Als Zeugendienst*, Wuppertal: Theologischer Verlag Rolf Brockhaws, 1972, p.66.

14) Glassser, A. F. and McGavran, D. A., 1983, *Contemporary Theologies of Mission*, Grand Rapids: Baker Book House, 1983, p.26.

15) Kane, Herbert, *The Christian World Mission: Today and Tomorrow*, Grand Rapids: Baker Book House, 1981, p.144.

16) Costas, Orlando E., *The Church and Its Mission : A Shattering Critique from the Third World,* Wheaton: Tyndale House, 1975, p.11

17) Packer, J. I., *Evangelism and the Sovereignty of God*, Londdon: IVF. 1965, p.39.

18) Stott, J. R. W., *Christian Mission in the Modern World*, London: Falcon, 1975, p.34.

19) Douglas, J. D, (ed.)., *The Lausanne Covenant, Let the Earth Hear His Voice*, Minnesota: World Wide Publications, 1975. p.4.

20) Verkuyl, J, "The Biblical notion of Kingdom", *The Good News of the Kingdom*, C. van Engen, D. S. Gilliland and P. Pierson. (ed.), New York: Orbis Books, 1993, p.73.

21) Van der Walt, B. J, *The Liberating Message*, Potchefstroom: Potchefstroom

University, 1994, p.308.

22) Bavinck, J, H., *An Introduction to the Science of Missions*, Phillisburg: Presbyterian and Reformed Publishing Co., 1960, p.155.

23) Verkuyl, J, *Contemporary Missiology*, Grand Rapids: Eerdmans, 1978, p.197.

24) Lee, B. S, *The Social Gospel's View of Mission of Mission and Its Impact on the Ecumenical Movement and Liberation Theology*, Potchefstroom: Potchefstroom University, 1994, p.414.

25) Bosch, *Transforming Mission*, New York: Orbis Books, 1992 p.10. *Witness to the World*, pp.15, 18.

26) Stott, op.cit., pp.35, 37.

27) Verkuyl, *Contemporary Missiology*, p.198.

28) 송용조(역), 『성경적 선교신학』(Roger E. Hedlund, *Mission to Man in the Bible*), 서울성경학교 출판부, 1991, p.25.

29) Stott, op.cit., pp.28f.

30) 김경신(역), 『그리스도의 지상명령』(David M. Howard, *The Great Commission for Today*), 예수교 문서선교회, 1970, pp.97, 102.

31) Morgan, G. Campbell, *The Missionary Manifesto*, Grand Rapids: Baker Book House, 1970, pp.77f.

32) Stott, op.cit., p.17.

33) Ibid, p.30.

참 고 문 헌

Bavinck, J, H., *An Introduction to the Science of Missions*, Phillisburg: Presbyterian and Reformed Publishing Co., 1960.

Bosch, D., *Witness to the World*, Atlanta: John Knox Press, 1980.

Bosch, D., *Transforming Mission*, New York: Orbis Books, 1992.

Costas, Orlando E., *The Church and Its Mission : A Shattering Critique from the Third World*, Wheaton: Tyndale House, 1975.

Douglas, J. D, (ed.).,*The Lausanne Covenant, Let the Earth Hear His Voice*, Minnesota: World Wide Publications, 1975.

Glassser, A. F. and McGavran, D. A., *Contemporary Theologies of Mission*, Grand Rapids: Baker Book House, 1983.

Kane, Herbert, *The Christian World Mission: Today and Tomorrow*, Grand Rapids: Baker Book House, 1981.

Kittel, Gerhard. and Go, Frieckich., (ed.), *Theological Dictionary of the New Testament*, Vol. I, Grand Rapids:Eerdmans, 1964.

Lee, B. S., *The Social Gospel's View of Mission of Mission and Its Impact on the Ecumenical Movement and Liberation Theology*, Potchefstroom: Potchefstroom University, 1994.

Manecke, D., *Mission Als Zeugendienst*, Wuppertal: Theologischer Verlag Rolf Brockhaws, 1972.

Morgan, G., Campbell, *The Missionary Manifesto*, Grand Rapids: Baker Book House, 1970.

Packer, J. I., *Evangelism and the Sovereignty of God*, London: IVF, 1965.

Schomerus, H. W., Missions–Wissenschaft, Leipzig: Verlag Quelle, 1955.

Stott, J.R.W., *Christian Mission in the Modern World*, London : Falcon, 1975.

Van der Walt, B. J., *The Liberating Message*, Potchefstroom: Potchefstroom

University, 1994.

Verkuyl, J., *Contemporary Missiology*, Grand Rapids: Eerdmans, 1978.

Verkuyl, J., "The Biblical notion of Kingdom", *The Good News of the Kingdom*, C. van Engen, D. S. Gilliland and P. Pierson. (ed.), New York: Orbis Books, 1993.

Warneck, Gustav, *Evangelich Missionslehre*, Gotha: Friedrich Andreas Perthes, 1887.

Wieser Thomas, (ed.), *Planning for Mission*, New York: The U.S. Conference for the World Council of Churches, 1966.

권달천(역), 『선교의 동기와 목적』, (John M.L. Young, The Motive and Aim of Missions), 개혁주의신행협회, 1972.

김경신(역), 『그리스도의 지상명령』, (David M. Howard, The Great Commission for Today), 예수교 문서 선교회, 1970.

박영호, 『선교학』, 기독교 문서선교회, 1993.

송용조(역), 『성경적 선교신학』, (Roger E. Hedlund, Mission to Man in the Bible), 서울성경학교 출판부, 1991.

전호진, 『선교학』, 개혁주의신행협회, 1994.

아르헨티나 마뿌체 부족(MAPUCHES)의 세계관

- 마뿌체 부족의 신년축제(kawin we tripantu)를 통한 선교 접촉점 찾기 -

윤 춘 식 교수
ACTS 라틴아메리카 선교연구원장
www.acts.ac.kr
(사진: 1차 1줄 우로부터 다섯 번째)

들어가며

아르헨티나에서의 인디오 부족을 대상으로 한 연구는 인종과 역사, 언어와 문화면에서 흥미 있게 다루어져 온 주제 가운데 하나이다. 즉 고고학, 언어학, 문화인류학, 자연과학, 사회학적 입장에서 끊임없이 관찰되어져 왔다.

그렇지만, 아르헨티나 국가 자체가 18-19세기 유럽인들의 대거 이민운동과 오늘의 다혈통 사회임을 감안할 때, 소수민족 연구도 아닌 원주민(인디오) 선교를 목적으로 논문을 쓴다는 것은 용이한 작업이 아니다. 더욱이 한 인디오 부족의 신년축제를 통해 선교 접촉점을 열어가는 데는 마뿌체 부족과의 내부자적 관찰과 언어 · 문화, 지역연구, 문헌연구 및 실제 선교경험이 필요함은 두말할 나위가 없다.

제1장. 문제의 제기

마뿌체 부족연구의 현대적 의미는 그들이 과거의 무리사회 내지 부족 집단만의 사회를 훨씬 뛰어 넘고서 진보적 농경과 목축산업, 그리고 다인종의 시장경제 속에 노출되어 있다는 점이다. 그러면서도 "마뿌체 부족의 혈관엔 마뿌체의 피가 흐른다."고 웅변하는 응집력을 보면 현대문명 속에 개화되거나 퇴화하여 역사의 자취를 잃어가는 부족에 비하면 그들의 생명력이 활기를 얻고 있음은 주지의 사실이다. 생명력이 넘쳤던 이스라엘 족속도 그들 조상 가운데 아브라함과 이삭과 야곱을 영웅시 하였으며 특히 하나님의 소명에 응답한 조상들로 기억하고 있다. 마뿌체 부족 선교에 있어서도 이러한 소명의 부족이 되도록 하기 위해서는 지금까지 조상신(祖上神)들과 주술사에게 의지했던 정령사상과 마법주의에서 출애굽 해야 마땅하다. 그러면 어떻게 마뿌체 부족이 제사장 나라가 되도록 선교의 접촉점을 찾으며 하나님의 교회 확장의 길을 모색하며 전략을 세워야 할 것인가?

스페인 군대가 남미의 남부 땅을 점령했던 16세기 초엽 지금의 아르헨티나 지역엔 14개 토착부족이 살고 있었다고 전한다.[1] 그 중 하나가 마뿌체 부족이다. 마뿌체 부족에 관해서도 지금까지 인종과 문화, 사회적 인권, 그리고 역사적인 관점에서 연구된 것이 상례이다. 마뿌체 부족의 지도자인 아이메 빠이네 마뿌체(Aime Paine, Mapuche, 1987)는 다음과 같이 말했다.[2]

> 나는 초등학교 교사들에게 5학년 교과서에 언급되어 있는 원주민이 '살고 있었다' 라는 부분을 원주민이 '살고 있다' 로 고쳐줄 것을 요청할 것이다. 왜냐하면 이들 원주민들은 지금도 포르모사, 차꼬, 살따, 빠따고니아 등지에 거주하고 있기 때문이다. 현재 아르헨티나에는 수천 명의 원주민들이 거주하고 있다. 그러나 원주민 문화에 대해 실제 알고 있는 사람은 극소수에 불과하다.

그는 원주민 부족이 현대문화의 지평에서 하위계층을 지칭하는 것이 아니라, 인종적·문화적으로 구별됨의 권리가 있음을 강조하였다. 1997년 마침내 마뿌체 부족어(마뿌둥구: Mapudungu)로 번역된 '신약성경'(Nguinechen Tani Kume Dungu)이 칠레에서 발행되었다.[3] 칠레 성서공회(Sociedad Biblica Chilena)에서 심혈을 기울인 결과였다. 본래 마뿌체족 언어엔 문자가 없었기 때문에 모든 발음을 스페인어 형태로 된 음역으로 옮겨놓은 것이다. 이로써 마뿌체 부족선교에 박차를 가할 수 있는 획기적인 신기원을 이루게 되었다.

1) 연구 배경과 방법

필자는 현재의 도시빈민촌 사역을 감당하기 이전, 1991-93년까지 3년간 마뿌체 부족 사이에서 선교사역을 하였다. 그들 중 스페인어를 구사할 줄 아는 젊은 세대를 중심으로 개인 전도와 그룹 성경공부 및 자생적으로 개척된 부족교회에서 함께 예배하며 섬기기도 하였던 것이다. 이들의 주거 공동체 중심은 수도 부에노스 아이레스에서 약 1,100Km 떨어진 네우껜 주(州)로서 부족민은 주로 농업과 유목업을 하며 살고 있다. 헌데 안데스 산맥 중부지역과 팜파평원에서 생활하는 인디오들은 북쪽의 열대권에 속한 부족들에 비해 집단촌락을 이루며 살고 있지 않다. 팜파의 광활한 평야에선 굳이 부락을 형성해야만 할 까닭이 없다. 어느 정도의 땅을 소유한 소수의 마뿌체 부족민을 제외하고는 대부분 소작인으로서 땅을 경작하고 있다. 유목민의 일부는 안데스의 중부 산악 건조지역에서 양떼를 치고 있다. 그리고 일부는 도시 외곽지역의 기초 상업에 진출하여 시장경제에 참여하기도 하며, 도시화의 물결에 편승한다. 하지만 백인사회의 중심부로 파고들기는 현저하게 어려우며 단순히 가족들의 생계를 꾸려갈 정도이다.

가끔 마뿌체 공동체가 법인체를 형성하거나 연합하여 주청사 앞이나, 연방수도에 있는 국회의사당 앞에 모여 "마뿌체족의 옛 땅을 돌려 달라!"고 시위하는 모습을 볼 때, 그들에 대한 정부의 사회적 대우를 짐작케 한다. 현재 마뿌체 부족민은 칠레 남부 Concepcion과 Temuco시(市)를 중심한 지역(태평양권)과 아르헨티나의 안데스 산맥 중부지역과 팜파 평야를 중심(대서양권)하여 산재해 있다. 필자는 마뿌체 부족 선교사역에 수종들면서 내부 관찰자로서의 선교자료를 수집, 응용해 왔다. 또한 마뿌체 부족 연구문헌을 통해서 그들의 언어연구와 실습, 사회문화 및 종교적 축제에 대해서도 깊은 관심을 갖고 살펴보기 시작했다.

본 논문은 앞서 이들의 언어와 신화를 고찰했던 칠레의 언어학자, 아달베르또 살라스(Adalberto Salas) 교수의 'El Mapuche O Araucano' (1992)[4]와 아르헨티나 인류학자, 에스떼반 에리세(Esteban Erize) 교수가 집대성한 'Mapuche' (1989)[5] 문헌 전체 6권을 검토하였다. 그리고 Bahia Blanca 주(州)- 살레시오 수도회에서 편찬한 『Mapuche 언어 사전』'Diccionario mapuche basico' 『이중언어 학습 기초용』(1987)을 참고하였다. 가장 현대적 연구서로서 칠레의 시사 해설가 아니발 바레라(Anibal Barrera)가 쓴 'El Grito mapuche' 『마뿌체의 함성』(2000)은 마뿌체족의 최근 뉴스와 사진을 곁들여 편집한 것인데, 저자 자신이 '미완성의 역사'라고 표기해 놓았다. 또한 민족사관의 입장에서 마뿌체 부족을 칠레 국가에 동화된 동족적 시각으로 집필한 역사학자 에르난 산 마르띤(H. San Martin)의 책, 'Los Araucanos'『로스 아라우까노스』(1972)를 참조하였다. 그 외 많은 서적을 섭렵치 못하였다. 몇 가지 더 관심 있는 연구는 차후의 주제로 삼고자 한다. 『마뿌체 부족의 개신교 교회개척 연구사』라든지 『마뿌체 문화 속에서의 성육신적 사역』, 『신약성경 번역에 관한 연구』등을 연구과제로 남긴다.

2) 연구 목적

본 논문의 연구 목적은 곧 세계선교의 목적과 통한다. 이것은 세계선교를 향한 어떤 거창한 구조나 공간적인 네트워크를 의미하는 것이 아닌, 가장 근본적인 영혼구원을 위한 가치체계를 세우며 선교정보를 제공하자는 것이다. 그것은 자율적인 부족교회를 세운다거나 형식적인 종족입양을 하자는 뜻이 아니다. 세계를 그리스도와 그의 왕국에 굴복시키기 위해 전 세계적인 비전을 가지고 남아메리카의 부족들과 함께 동역할 수 있는 교회를 세우는 하나의 전망이라고 말할 수 있겠다. 이는 비록 부족교회라 할지라도 토착문화 안에서 상호간 인정되어지고, 세계복음화를 위한 동반자로서 하나님의 부르심을 입은 몸 된 교회를 건설한다는 것을 인식하게 될 때 비로소 가능하게 된다.

본 논문의 연구 목적도 궁극적으로는 마뿌체 공동체교회를 세우기 위해 시도된 신년축제 연구인 것이다. 축제 연구를 통해 그들의 공동체와 정체성에 더욱 가까이 다가가 그들과 친숙히 대화하며, 그들의 삶을 그리스도께 위임하며 새롭게 되어 그들에게 새로운 시작을 위한 길을 열어주자는 것이 목적이다. 현재 마뿌체 부족의 상황은 혈족관계의 입장에선 수직적 남성주도형인 부족사회의 기본틀을 유지하고 있다. 그러면서도 땅의 소산으로 자급자족하며 정교한 농업기술과 유목업을 발전시키며, 일부 도시민과 시장경쟁을 벌여야 하는 농촌경제 안에서 생계를 유지해야 한다. 또한 현대성과 도시화가 팽창되면서 많은 젊은이들이 일자리와 쾌락을 위해 도시로 이주하고 있다. 그런가하면 이들 가운데 문화적 분열 내지 다원주의가 등장했다.[6]

여기에서 마뿌체 부족의 정체성의 위기가 드러나고 있다. 과거 물물교환은 단순하고 소규모였으며, 직접적이고 개인적인 거래에 적합했지만, 이제는 국가의 공식 화폐를 사용함으로써 가치의 상징이 다양화 되었다. 따라서 마뿌체 부족의 공동체를 묶어 주며 그들의 정체성을 이해하는 새로운 세계관을 소개해 주어야 하며, 마침내 성경적 부딪침이 일어날 수 있도록 그 접촉점을 추구해 가야 할 때이다. 마뿌체 부족 사회는 아직 그들의 공동체 내에 타 부족민이 혼합해 사는 인종적 혼합주의에 빠져 있지는 않다. 단지 문자가 없어 구술공동체를 형성하고는 있으나 신세대에게는 산악지대나 벌판에 설립된 스페인어 임시학교에 등교하여 새 언어를 배울 수 있는 기회가 주어졌다. 그들의 축제연구를 통해 우리가 위임 받아야 할 임무는 무엇인가? 크게는 그들의 세계관을 이해하여 타문화 학습자로서 배우기를 열망하며, 사마리아에서의 예수 그리스도처럼 그들과의 관계 속으로 들어가 직접 대화하면서 진정한 회심에 이르게 해야 한다. 작게는 이러한 부족 선교연구가 도시빈민 선교와 공통분모를 같이하여 세계선교의 균형을 이루어 가는데 이바지하기를 바라는 마음이다.

제2장. 마뿌체 부족, 그들은 누구인가?

아르헨티나 인류문화학자인 땀 무로(C. Tam Muro)와 엘레나 아이센(Helena Aizen)의 공동연구서를 읽어 보면,[7]

> 우리가 흔히 알고 있는 마뿌체 부족 조상들은 B.C. 500년경 안데스 산맥 중부 호숫가에 자리 잡고 살았다. 그들은 좋은 흙에서 생산되는 감자를 재배하였으며 수렵생활을 바탕으로 한 작은 부족이었다. A.D. 1,000년에도 그들은 여전히 같은 장소를 파수하였으며, 홍수로 인해 강이 범람하여 연락이 끊겼던 그룹들로 나누어지기 시작하였고, 옥수수, 감자, 키노아(약용 식물) 등을 수확하고 도자기 만들기와 청동기술로 발달해 왔다.

1) 인종과 분포

마뿌체 부족은 콜럼버스가 1492년 신대륙을 발견한 이후, 스페인 군대가 아르헨티나를 점령하기 이전부터 하나의 부족국가를 형성하고 있었다. 남미의 인류학자들은 마뿌체 부족이 인종상으론 빠따고니아 팜파족(Rasa pampida)에 속하며 두개골의 기원과 형태는 아마존족(Rasa amazonica) 부(副)그룹에 속한다고 밝힌다.[8] 하지만 몽고족의 후예들이 배링해협(Bering land bridge)을 건너고, 북미 지역과 잉카 지역을 거쳐 빠따고니아에 정착하게 되었다는 일설도 배제할 수는 없다.[9] 아무튼 마뿌체 부족은 일찍이 잉카족이 남하정책에 실패할 수 밖에 없었던 만큼 강력한 병력을 거느리고 있었으며, 스페인 정복시기 때도 저항세력이 아주 독특했던 부족이기도 하다.[10] 그들은 남아메리카 안데스 문화권에 속하여 영토확장을 꾀하였고, 당시 칠레 중부지방을 '아라우까니아'(Araucania)라고 불렀는데, 통상 이 지방의 사람들을 가리켜 '아라우까노'(Araucano)라고 명명했던 것은 자연스러운 일이다. 이들의 분포도를 보면 남위 30도에서 아르헨티나의 최남단 주(州)인 Tierra del fuego(불의 땅)까지를 말한다.[11] 그들은 독립된 부족언어인 마뿌체어(Mapudungu = Lengua del los mapuches)를 구사하고 있었다.

스페인이 정복할 시기 마뿌체족들은 칠레의 중부 Choapa 강에서부터 남부 Chiloe 섬까지 확장해 있었다. 그들은 북부 사람인 삐꾼체(Picunches) 부족과 남부 사람인 우일리체(Huilliches) 부족과 같은 언어를 사용하며 부족국가를 형성했었다. '마뿌'(mapu)라는 말이 '땅'이라는 뜻 외에 '국가'라는 뜻도 포함하기 때문에 국가 형태였던 것을 과소평가할 수는 없는 일이다. 마뿌체 부족은 17세기 정복을 완성한 정복군의 지배와 박해로 인해 땅을 빼앗기고, 그들 중 일부는 고향을 등지고 안데스 산맥을 넘어 아르헨티나에 정착하게 된다. 후에 다른 원주민들과 스페인과 상업을 하기 위해 야생동물 야마(llama: 하역용 낙타)를 타고 안데스 산맥을 오르내리게 되었다. 현재 아르헨티나 국내의 마뿌체 부족은 주로 중남부 지역인 Chubut, Rio Negro, Neuquen 주(州), 그리고 적은 숫자이지만 팜파 평야 지대의 남서쪽과 부에노스 아이레스 주, 산따 끄루스 주에도 약간의 종족과 그의 혼혈 후손들이 분포되어 있다. Esteban Erize에 의하면 마뿌체 부족은 현재 122만 평방킬로미터(칠레, 260만 / 아르헨, 960만)의 지역에 산재해 있으며, 16세기 초에 약 40-50만 명의 부족민이 거주하고 있었지만, 지금은 아르헨티나 내에 불과 2만 5천-3만 명 정도의 부족민이 중남부 지역에 흩어져 살고 있다고 제시한다.[12]

2) 부족의 정체성
마뿌체 문명은 가족사회에 바탕을 두고서 가족들이 남자의 혈통 쪽으로 모여 살았으며 정착지에서 농업과 목축업을 장려하며 발달하였다. 경작지가 좁아지면 남자들은 그의 가족들과 함께 새로운 정착지를 찾아 이주하기도 했다. 그렇지만 과거를 회상하며 계속 모임을 갖는 것은 신년축제를 통해 부족의 정체감을 이어가는 일이 크기 때문이다. 현대사회에 접목되면서 그들에게도 포스트 모더니즘 시대의 환경전이와 시장화와 도시화는 그들의 정체성 확립을 방해하고 있다. 즉 '끄리아세로스'(Criaceros) 라고 하는 전통제도[13]에서 점점 벗어나려고 시도한다. 그것은 가축사육이나 유목생활로부터 탈피하고자 하는 사회제도의 변화를 의미한다. 겨울철에는 가장 단단하고 낮은 평지에 자리잡으며 봄이 끝날 무렵에는 가축들과 함께 안데스의 높은 지대로 올라가 눈이 녹아 생긴 관계용수를 이용한다. 그 중 일부 몇 가족은 아직도 불안전한 오두막집에서 거주하기도 한다. 4-5월경 첫 눈이 내리기 전, 다시 겨울철을 나기 위해 아래로 되돌아 간다. 이렇듯 농업과 목축업은 마뿌체 부족에게 가장 근본이 되는 산업이다.

하지만 그들 대부분은 농작을 하기에는 불리한 조건의 시골 토지 또는 산악지역에 뿔뿔이 흩어져 살거나 혹은 소외된 채 도시의 빈민지역에서 살고 있다. 경작하기에는 좁은 땅, 부족한 자원과 가난한 경제력, 그들의 생산품을 약탈당하는 일, 국가적 무보상, 무원조 등이 그들을 더욱 열악하게 만들어 가고 있다. 실상 마뿌체 부족의 빈곤은 사람들에게 공동생활에서 벗어나 타지방이나 도심에 들어가서 날품팔이라도 하게끔 부축인다. 오늘날 마뿌체 부족은 도전 없는 단순한 삶 속에서 지속되는 생존경쟁을 겪고 있는 것이다.

마뿌체 부족이 번성할 때는 네우껜 주(州)의 뻬우엔체 부족(Los Pehuenches)[14]을 비롯한 타 부족들까지도 마뿌체 사회의 언어와 관습을 받아들일 만큼 발전적이었다. 뻬우엔체족의 직업은 지금까지 해변을 중심으로 한 노동력 제공과 숯굽기, 해초 말리기, 작은 무리의 산양 사육, 솔방울 채집 등이다.[15] 특히 칠레에서 마뿌체 문명이 확장될 무렵엔 원예업과 옥수수, 감자, 호박, 고추 등의 수확이 경제발전에 큰 영향을 미쳤다. 수렵생활, 목축업, 낚시, 조개잡이 등은 식량에 보탬이 되었으며, 전통 수공업은 질이 좋은 세라믹 공예품을 생산하기도 했다. 그들은 필수 용품을 만드는데 있어 나무를 많이 사용하였고, 금, 은 세공과 여러 가지 모형 및 색깔을 짜내는 세로직이 베틀을 사용해서 만든 직물 수공업이 성행하였다.

한때는 이렇게 경작지를 파수하며 양민을 보호해 왔던 부족이 현대 산업화의 징후와 도시가 주는 허망한 꿈에 얽매이게 되었다. 자신들에게 값진 정체성과 지원을 해 주었던 공동체와 문화적 전통을 상실해 가며 겨우겨우 생계를 꾸려 나가고 있다. 그 가운데서 도시로 진출한 몇몇 친척들과 친구들을 만나기 위해 융숭한 대접을 기대하고 시골에서 상경한다. 그뿐 아니라, 도시 외곽(빈민촌) 거주 부족들은 자신들이 어렵게 벌어 소유한 것들을 함께 나누라는 전통적 부족사회의 요구 앞에서, 장차 집을 사고 사업자금을 축적해야 할 개인의 필요 사이에서 갈등하게 된다.[16] 더 나아가 부족의 대가족 안에 긴장감이 가득할 때도 있다. 연로한 가장은 새로운 변화를 받아들이려는 장성한 아들에게 주도권을 넘겨 주지 않으려 한다. 고부 사이에서도 분개가 일어날 수 있는 여지가 많아진다. 이러한 긴장의 결과로 세대 단위의 간격은 넓어지고 결국 가장의 사망으로 토지는 나눠지며 가족은 분열된다. 부족의 이주는 과거와는 다르게 부족마을을 황폐케 만들기도 한다. 이토록 오늘의 부족들은 현대성에 적절히 적응치 못하고 붕괴되거나 소외되어 지고 있다.[17]

이상 살펴보았듯이 마뿌체 부족은 작게나마 후기 농촌사회와 도시화에 동화되어 가는 갈등의 과정에 처해 있다. 이들의 정체성이 혼합문화 안에서 문화적 분열을 야기시킨다. 그렇다면 오늘의 교회가 현대화의 폐해로 고통당하고 있는 부족민들에게 어떻게 접근해 가야 할 것인가? 복음으로 접근해 가기 위해 전도자와 교회는 그들의 정체성에 소망의 빛을 비춰 주어야 한다. 그들에게 존엄성을 공급하며, 그리스도 안에서 얻을 수 있는 구원, 새로운 정체성, 그리고 새로운 삶을 공급해야 할 것이다.

3) 교육

마뿌체 부족의 교육은 주로 가정과 용사 교육에 의존한다. 가장 연로한 자가 그들의 수령으로서 어떤 의례행사 땐 행사를 주도하기도 하며, 가정의 재산 재분배를 지도하기도 한다. 원로는 전쟁 때 명령의 권한을 가지고 있었다. 한때 마뿌체 부족이 빰빠에 진입해 오면서 '토끼(Toqui: 군대 사령관)'의 명성과 권한은 아주 높았으며 과거의 생활들을 개선하는데 앞장 섰다. 이러한 군대교육이 19세기에 들어와 '대추장의 지위'로 불리면서 그의 권력은 부추장들을 통솔하며 넓은 영토로 확장되어 갔다.

1960년대에 들어오면서 아르헨티나엔 원주민 부족공동체 정체성을 찾는 운동이 활발히 전개되었고, 원주민 인권 옹호 기관들이 자리 잡기 시작했다. 1964년도엔 21명의 까시께 (Cacique: 추장)를 중심으로 한 21개의 법인체가 조직되었고, 72년과 86-87년에 걸쳐 15개의 공동체가 추가로 법인체 등기를 하게 되었다.[18] 이때는 부족들을 위한 건강지원과 후생복지, 보건소 설립 등 후세교육에 대한 계획들이 추진되었으며 무엇보다 부족들에 대한 아르헨티나 시민권 수속이 마무리되는 시기였다. 각 공동체마다 간이학교를 세워 거기서 스페인어 언어교육과 과학, 역사, 수학 등 기초 공교육이 실시되었다. 그리고 주정부(州政府)에선 도시에 마뿌체 부족민을 위한 '루까(ruca: 집)'를 세워 병원이나 교육 및 취직 정보 등을 위해 여행자 편의처를 마련해 놓았다. 그렇지만 건강지원은 매우 열세하다. 교육환경에 있어서도 오늘날 안데스 산악지대에선 한 주간 당 이틀을 공부하며 교사들은 원거리를 왕래해야 하는 등 박봉에 시달리고 있는 형편이다. 그런데 오늘날 이러한 부족 가운데 개척된 교회가 선교적 사명을 안고 있는 것은 아주 고무적이다. 하지만 자생된 부족교회의 재정 능력으로는 이 모든 것을 감당하기에 역부족이다.

제3장. 마뿌체 부족의 종교적 세계관

세계관은 철학적인 수준에서 시작된다.[19] 아직 체계적인 이론이나 의도는 없다 할지라도 세계관은 사람들의 행동 근거가 되는 신념이나 태도, 가치 평가로부터 출발한다고 볼 수 있다. 사람들은 언제 어디서나 이웃과 세계에 대한 특정한 감정이 있기 마련이다. 이것이 비록 비분석적이고 비조직적이라고 해도 이에 대한 반성으로서 더 예리하게 검토되어지고 발전된 관점(틀)이 만들어질 수 있다. 말하자면 각자의 생활환경에서 관점들이 발생하여 자신도 모르는 사이에 공식화되어져서 세계관으로 발전된다는 말이다. 따라서 모든 세계관은 자기 관점에서 출발하며 자아 성찰을 거쳐 세계에 대한 통일된 개념을 갖게 된다. 마뿌체 부족도 예외는 아니다. 마뿌체족이 소유하는 문화적 지식의 배경에는 세상을 바라보는 방식과 본질을 유추해 내는 근본적인 생각들이 존재한다. 그것은 통전적이고도 유기적인 관계를 유지하면서 최고의 가치와 선을 추구하며 책임을 맡는 일이다.

마뿌체 부족은 아주 깊숙이 그들의 필요성, 풍습, 민간신앙으로 말미암아 땅과 불가분의 관계에 놓여 있었다. 인간과 동물들, 그리고 자연 속의 흙, 물, 불의 3요소가 하나같이 땅과 함께 연결되어 있는 것으로 생각한다.[20] 마뿌체 부족은 아직도 그들의 전통적인 관습과 수공업, 언어사용, 종교의식을 간직하고 있다. 그들의 종교관은 항상 '엥기네첸'(Nguinechen: 최고의 조상신)과 관련되어 있다. 인간의 생노병사와 신념이 그 신과 관련 맺고 있음을 고백한다. 그 앞에서 공동의 복지를 기원하기 위해 1년에 한 차례씩 모여 축제(제의)를 즐긴다. 이 축제를 통해 그들은 아주 소중한 연대감을 이루는 것이다.

1) 마뿌체 부족이 생각하는 하늘과 땅

마뿌체족이 의미하는 하늘은 항상 '위'라는 개념이다. 신령한 것은 '저 위에 있는 것' 즉 하늘엔 영혼(삐잔: Pillan)으로 가득 채워져 있다고 믿는다. 마뿌체 군인들이 전쟁에서 죽었을 때, 그 영혼은 구름 위로 올라가서 천둥과 번개로 변한다고 믿고 있다. 마뿌체의 영혼들은 하늘에서도 전쟁을 계속하는데, 스페인 군대와 원주민들이 싸우고, 물론 마뿌체의 영혼들도 스페인 군대와 싸운다고 생각하는 것이다. 월식 때가 오면 달이 죽는 것으로 생각하고, 일식 때가 오면 해가 죽는 것으로 생각한다. 단 태양은 다시 존재하기 위해 죽는 것으로 받아들인다. 밤하늘의 별들은 조상들의 영혼이 은하수 위에서 타조처럼 뛰어 다니는 것이며, 그 곁의 구름들은 영혼의 날개라고 생각한다.[21] 그리고 하늘에선 조상들의 영혼이 동맹을 맺기도 하면서 원하기만 하면 지상에 있는 사람들을 죽일 수도 있다고 믿었다. 하늘의 영혼들은 막 세상을 떠난 육신의 심장에 구멍을 내어 피를 빨아 마시며, 그래서 그 심장 안에 있는 오목한 구멍들은 하늘의 영들이 만들어 낸 것이라고 상상했다. 땅은 마뿌체 부족에게 있어 삶의 기반이요, 식물소산의 보고이다. 하늘엔 조상의 영들이 활동하고 있지만, 그 영들의 축복과 저주가 실현되는 곳은 땅이다. 그들에게 땅은 상품일 수 없으며 조상의 영혼들과 만나는 신성한 장소인 것이다. 실제로 마뿌체 부족어의 '땅(nagmapu)'을 찾아 보면 땅은 일터이며 씨앗을 뿌리고 경작하며 재료를 얻는 터전으로 나타나 있다. 그런데 풀이 자라지 않거나 물이 없는 땅을 가리켜 '마귀의 땅'(huecuvumapu)이라고 부른 것을 보면, 마뿌체족은 모든 자연물에 악령이 존재하고 있다고 믿었던 것 같다.[22]

아르헨티나의 북서쪽에 분포한 께츄아(Quichua)와 디아기따(Diaguita) 부족은 잉카문명의 영향을 받은 흔적을 갖고 있는데, 그들은 8월 1일부터 한 달 동안 '땅의 어머니'로 지칭되는 '빠차마마'(pachamama)에게 헌물제사를 드린다. 이들은 농장 울타리 아래 혹은 살림집 마당의 특별한 곳에서 이 예식을 치른다. 이 축제의 날에 땅을 깊이 판 웅덩이에 자정 쯤 그들이 준비한 헌물(음식)을 묻는다. 음식의 첫 조각, 치차술의 첫 잔, 불이 붙은 양털 등을 넣으면 빠차마마가 받고서 그들의 선물을 품에 안으며 땅으로부터 풍성한 추수를 허락해 준다고 생각하는 것이다.[23] 하지만 마뿌체족에겐 이러한 땅에 관한 신에게 드리는 예식은 요란하지 않으며, 축제 때 단순히 치차술(Chicha)을 붓는 예식만이 눈에 띈다. 마뿌체족은 그들 자신이 '땅의 사람'이기 때문에 땅에 관한 특별한 종교의식을 개발시키지는 않았다.

2) 마뿌체 부족사회의 신념과 정령사상

마뿌체 부족의 신념체계는 동질 그룹의 내부 지향적인데 있다. 방문자를 제외한 부족 전체가 같은 언어를 사용하고 동일문화를 공유한다. 동일한 지역에 살며 동일한 혈통에 소속되어 있다. 이러한 동질의 소속감이 마뿌체 부족의 신념형성에 기초가 된다. 그들은 비교적 자율적인 공동사회를 유지하면서 때론 고립되며 때론 개방한다. 그렇지만 같은 종족 그룹끼리 혈통을 중심으로 결혼하며 결속된다. 마뿌체 부족의 미신은 주로 '마치'(machi: 주술사)와 연결되어 나타난다. 마치는 제사장의 역할을 담당하기도 하며, 환자를 괴롭히는 악령들을 달래어 병을 고치며, '레우에'(rehue: 성스러운 장소)를 만들어 마뿌체 부족 최고의 조상신에게 기도를 드리기도 한다. 마치는 레우에에서 영들과 대화하며 이러한 종교적 상징물을 많은 곳에 만들어 놓았다.

하지만 필자는 마뿌체 부족에게서 특별한 예배 의식을 찾아 볼 수는 없었다. 그들은 특별한 신상을 만든다거나 성전을 건축한 일도 없다. 그들은 마치를 통해 레우에를 세우는 의례는 갖고 있지만, 레우에에게 직접 신탁하지는 않는다. 라파엘 오우세(Rafael Housse)는 이것을 가리켜서 승려주의(el druidismo)의 일종이라고 말했다.[24] 또한 마치는 거룩한 장소를 선호하였으며, 신들의 몸짓을 나타내기 위해 자연물들을 상징으로 나타내기도 한다. 그러면 왜 마뿌체 부족은 세상 영웅이나 빌딩, 국가의 고급관리들을 경배하지 않고 조상신만을 추모하는 이유는 무엇일까? 대답인즉 그들의 인종에 배어진 긍지 때문이다. 그들은 사실 그들의 독립심에 지나친 애착을 가진다. 어쩌면 이러한 규례주의가 그들의 자유를 방해하고 있는지도 모른다. 그들은 공동으로 조상의 영혼에게 제사하지 않으면 영악한 악령을 자기들에게 보낼 것이라고 믿고 있다. 그들이 엄숙한 기도(탄원)를 드리면 조상의 영들은 언제나 자기들 편에 서 있으며 가축과 농토를 지켜줄 것이라 믿는다. 이러한 제의는 동물제사, 생 담배잎을 태우는 연기, 희생 동물의 피를 따르는 것, 그리고 향을 피우는 일에서 발견되어진다.

3) 영들의 세계

마뿌체 부족문화 가운데 영들의 세계는 특별한 관심이 필요하다. 그것은 창조자, 천사, 영들, 악령, 주술 등 신앙과 관련된 정령사상적 세계관에 대한 이해이다. 이러한 세계관을 우리는 이교적이라는 이원론적인 논리로써 단지 허무맹랑한 상상의 단편들이라고 쉽게 거부할 수 있을까? 그들은 이러한 문화를 인정하고 나아가 미래를 예견할 수 있다는 우월성을 결코 포기하지 않을 것이다. 영들에 의해 발생되는 현상과 그렇지 않은 것들을 분별하는 일은 쉽지 않은 일이다.[25]

a. 창조자 : 최고의 창조자는 '엥기네첸'(nguinechen)이라고 불린다. 그가 세상 만물을 다 만들었으며 왕과 목자로서, 세상과 인간을 통치하며 생명을 준다. 또 인류에게 번식력을 공급하며 모든 동식물들과 자연을 다스리며 행복을 주는 동시에 사람을 파멸시키는 능력도 가지고 있다. 그는 하늘에 존재하는 폐하로서 그의 거처는 하늘의 정점에 있다고 하여 '아버지'(Chau) 혹은 '어머니'(niuke)라고도 불린다. 그는 영으로서 존재하며 양성을 가졌으며 '인간을 잉태시켰다'고 말할 땐 남성 신으로, 그리고 '인간을 출산시켰다'고 말할 땐 여성 신으로 등장한다. 그는 모든 인종의 창시자이며, 태양의 아들이며, 그의 집은 순금으로 지어져 태양으로도 현현한다고 믿었다. 그는 인간들의 청원을 친근히 들어주는 분이며, 하늘의 지배자로서 비를 만들며, 하늘의 물을 지배하는 자이다.[26] 이 단어(nguinechen)는 마뿌체 부족이 가장 신성하고 민감하게 여기는 단어이며, 조상신에 대한 최고의 예우이다. 마뿌체 부족이 제사 때 사용하는 말은 남여성을 모두 소유한 신에 대한 경배의 뜻으로 지금도 그 조상신들과 연결된 o-, om-, pu-, am- 이라는 말을 사용하고 있다.

b. 영 : 영은 죽은 자의 그림자로 통한다. 곧 유령, 환영 등이 여기에 속한다. 마뿌체 부

족 사이에서 영혼은 alhue로 불린다. 영은 타세계의 환상이며, 사람이 만질 수 없는 수증기처럼 되어 있고, 영(alhue) 자신이 원하면 그 몸을 보여 줄 수 있다고 믿는다. 그런데 영은 사람이 죽는 즉시 나타난다는 것이다. 죽음과 동시에 시체 안으로 들어가 무덤에 함께 머물며, 죽은 자의 몸이 없어질 때까지 같이 존재한다고 믿는다. 그 후에 죽은 자를 떠나며, 떠날 때 '주술자'(calcu)의 마술에 걸리게 되는데, 마술에 걸려 있는 상태의 영을 huichar alhue라고 부른다.[27] 마뿌체족은 이 영에게 헌물을 바치게 되는데 정글 안에 있는 나무, 돌, 깃털, 옷 조각, 음식물을 준비한다. 선교사들은 이 나무를 가리켜 사탄이라고 부른다.

마뿌체 부족에게 있어 죽은 조상의 영은 주로 '삐잔'(pillan)으로 불린다. 삐잔은 영원토록 죽지 않는 존재가 된다. 그래서 무덤에 관을 내릴 때 무덤을 장식하며 음식, 옷, 항아리, 치차주의 술잔, 도구들, 전쟁 때 사용하던 무기를 넣어 준다는 것이다. 라파엘 오우세(R. Housse)에 의하면 A.D. 2-3 세기의 무덤에서 닭과 사슴의 뼈와 숲의 새들과 조개류와 창촉이 발굴되었다는 것이다.[28] 때로는 떠도는 영을 위해 불덩이를 넣어 주면 영이 따뜻해 진다고 믿었다. 축제 때 영들은 찾아와 주는 가족들과 함께 거하며 가족의 꿈 속에 나타나 준다고 믿었던 것이다. 시간이 지나 그 영들에 대한 기억이 후손들에게서 사라질 때, 그 영의 이름은 '암'(am)이라 불리며, 그 후, 영들이 사는 세계로 돌아갈 때 '뿔루'(pullu)라고 바꿔서 부르게 된다.

영들의 세계는 언제나 화산 가까이 있는데 중요한 가족들과 추장은 화산 가까이 갈 수 있다. 영들은 형체를 갖고 있기 때문에 생각하고, 패션과 기호를 필요로 한다는 것이다. 무덤에 넣어준 옷과 보석과 음식을 계속 사용한다고 믿는다. 삐잔은 부족이 바친 헌물이 좋은지 싫은지를 자연물을 통해서 표현한다. 즉 축복의 형태는 풍작, 건강한 애기와 산모, 행복을 선사하며, 저주는 화산, 지진, 홍수, 번개, 얼음을 보내어 추수를 방해한다고 믿었다. 마뿌체 부족은 조상의 영들을 신처럼 혹은 악마로 섬기지는 않지만, 그들을 만족하게 해 주려고 동물제사를 드리며 주술을 통해 그 영들을 부리려고 애를 쓴다. 신년축제 때 생 담배잎을 태우며 동물의 피와 치차술을 땅에 따르는 의식을 즐겨 사용하는 것이 한 예이다.

c. 천사 : 마뿌체 부족어에 '천사'의 개념이 없는 것은 괄목할 만 하다. 빈번하지는 않지만 수호천사라는 의미를 가진 '안치말겐'(anchimalguen: 태양의 여인)이란 단어가 있다.[29] 이는 아름다움을 상징하는 요정으로 번역할 수 있겠는데 예쁜 장식용 요정일 뿐, 어떤 행동을 취하지는 않는다. 간혹 마치(샤먼)에 의해서 선한 영이 움직일 수 있는데, 곧 보호와 구제를 담당한다. 이를 '우이찬꾸진'(huichancullin)이라 부르지만, 천사의 의미보다 주술사에 의해 수종드는 지니(알라딘의 요술 램프에 나오는 하인) 정도로 생각할 수 있겠다. 97년 마뿌체 부족어로 번역 출간된 신약성경엔 '천사'(angel)가 pullu(영/ 靈)로 번역되어 있다. 앞서 언급했지만 pullu는 조상의 주검으로부터 나간 영혼이 일정기간 무덤에서 살다가 영의 세계로 이동할 때 붙여지는, 하나의 전환된 상태의 영이다. 따라서 적합하지는 않지만, 여기서 우리는 과거 문자가 없었던 곳의 성경번역이 얼마나 어려운 것인가를 실감할 수 있다. (마뿌체어에는 본래 '편지'라는 말이 없기 때문에 스페인어의 '까르따〈carta: 편지〉'를 별도− 외래어로− 삽입한 것을 보면 그 난해도를 이해할 수 있다).

d. 악령 : 마뿌체 부족은 초자연의 영역을 믿으며 그 영역은 언제나 조상들과 관련되어 나타난다. 문제는 현세계와 초월세계의 중간에 자리잡은 중간영역에 대해 확장시키는 자연신론적 해석이 두드러진다는 점이다. 마뿌체 부족 사이에서 악령은 '우알리추'(hualichu)라고 불린다. 에스떼반 에리세(E. Erize)는 악령이라는 단어가 어디서 유래되었는지 찾을 수 없다고 썼다. 그는 단지 아르헨티나의 평원 빰빠(Pampas)에서 오래전 처음 사용했을 것이라고 추측한다.[30]

이 우알리추는 마뿌체 부족에게 불행과 질병을 보내며, 가장 나쁜 일들만 일어나게 하는 재간을 갖고 있다고 믿었다. 우알리추는 때때로 구알리초(gualicho)라고도 불렸는데, 어느 곳에나 원하는데 거할 수 있으며 사람들을 어떻게 괴롭힐까를 계획하고 있는 존재로 나타난다. 사람의 눈에 보이지 않지만 머리와 배와 다리를 아프게 하고, 약탈, 죽음, 몹쓸 전염병을 갖다 주며, 더러운 강물, 썩은 과일, 상한 잡초 그리고 창끝이나 스페인 군대의 총구에도 있다고 믿었다.

특히 악령은 깊은 밤 어둠 속에서 활동하며 사람을 어지럽게 하는 도구 속에도 존재한다는 것이다.[31] 한 마디로 우리가 이해하지 못할 이상한 것들 안에 악령은 다 들어가 있다고 확대시킨다. 예를 들면 사람의 눈 안에 들어가면 맹인이 되고, 귀 안에 들어가면 귀머거리, 입으로 들어가면 벙어리가 되게 한다는 것이다. 이를 방지하기 위해 1년에 한 번씩 소나 양, 암말을 바쳐야 했다. 그러므로 마뿌체 부족은 이 악령과 잘 사귀어야 하며 가능하면 접근하지 못하도록 주술사의 충고와 부적을 받아들이며 악령에게 헌물을 해야 한다고 믿었다.

e. 영들의 부활 : F. 산 마르띤(Felix de San Martin)은 마뿌체 부족의 부활관에 대해 다음과 같이 썼다.[32]

> 마뿌체 부족은 인간의 두 번째 삶을 믿는다. 영들이 자신의 위치로 돌아간 세계에선 죽은 자도 다시 살아난다는 것을 의심하지 않는다. 그래서 죽은 자를 장사 지낼 때 제물들과 무기를 넣어 준다. 다른 세상에서도 그러한 물질이 필요하다고 생각하기 때문이다.

그러나 이것은 어디까지나 상상력에 머물 수 밖에 없다. 영이 어디서 어떻게 다시 몸을 입는지에 대해선 막연하다. 하지만 고등종교가 말하는 사후세계의 교의체계가 비록 마뿌체족에게 없다 할지라도 그들은 자연신관에서 인간의 부활에 관해 생각하고 있는 증거를 보인다. 이는 선교의 접촉을 열어갈 수 있는 진면목이다. 이에 관해선 5장에서 다룰 예정이다.

4) 샤먼의 사회적 위치와 역할

마뿌체 부족사회에서의 샤먼(영매) 세계는 두 부류가 있다. 주술이나 복술을 사용하면서 영들과 대화하는 '깔꾸'(calcu)가 있고, 부족의 치료와 신유를 경험케 하는 '마치'(machi)가 있다.

a. 샤먼(calcu: 스페인어 brujo) : 불행의 마법을 거는 자이다. 마뿌체 부족 사이에서 샤먼의 봉사는 미신의 뒤엉킨 옷감을 풀 듯이 악령에 의한 내력, 즉 질병, 죽음, 불행 등의 슬픈 저주와 불행의 줄거리를 끈질기게 풀어가는 역할이다. 샤먼들은 악령들과 계약을 맺으며 지하 동굴에서 악령을 지휘하며 악령 가운데 주술사의 집회를 시도한다.[33] 이러한 집회를 '레누'(renu)라고 부른다. 그 가운데는 보호와 구제를 맡은 영들도 있다. 샤먼은 이 집회

의 규례를 따라 짐승인 사람 – 여우, 뱀, 부엉이 모양을 한다. 그리고 한 어린 아이를 세우고서 다리, 목덜미, 얼굴을 앞 뒤로 번갈아 때리며 흉하게 만든다. 죽은 시체에 들어온 영을 붙들기도 한다.

샤먼은 죽음 저편의 영들을 알고 있는 사람으로 통한다. 그들은 공개적인 힘을 과시하여 의식이 깨어있는 사람으로 부족민의 존경을 받는다. 과학적 설명이 불가능한 불행에 대해 그들은 해석해 주기 때문에 마법과 마술에 익숙한 자의 태도를 취한다. 샤먼은 공동체의 의식을 집례하며, 날씨를 조절하고 질병을 막으며, 전투에서 승리하도록 이끌며, 범법자를 벌하며, 부족의 번영을 거져다 주는 사람으로서 부족에게 유익을 주는 보호자로 인정한다. 현대사회의 정치인(아르헨티나)들과 고급 관료들도 샤먼을 친구로 두는 일이 허다하다. 그러나 개인적으로 비밀리에 행해지는 마술은 악한 목적으로 사용되기도 하여 사람들로 하여금 두려움의 대상이 된다. 사람들은 샤먼이 경쟁관계나 사랑의 묘약을 통해 타인을 약화시키실 수 있다고 생각한다. 또 공동체의 불행이 주술에 의해 온다고 믿는 사람들에겐 샤먼이 위협적인 존재가 될 수 있다. 그리고 반사회적 존재로 자신만의 이익을 위해 악한 일도 한다고 비난하기도 한다.

b. 마치(machi: 스페인어 curandero) : 남여 모두 마치(machi)가 될 수 있고, 이들은 부족민을 위해 공적으로 병을 치료하는 일을 수행하는 자들이다. 문제는 검증된 자격을 갖추지 않은 직업이다. 사실상 마푸체 부족사회에선 '깔꾸'나 '마치'가 크게 분리되지 않는다.

마치가 확신하는 바는 몸 속의 모든 질병은 전혀 근거없는 솜씨로서 나쁜 신비한 영향으로 생겨난다는 것이다. 마치는 질병의 원인을 악령이 가져다 준다고 확신한다. 때로는 회오리 바람 속에도 존재한다고 믿는다. 이 악령의 이름은 아르헨티나 마뿌체족에게는 '우알리추'(hualichu)라고 불리고, 칠레 쪽 마뿌체족에게는 '우에꾸부'(huecuvu)라고 불린다. 이러한 질병엔 주로 운명적 특성이 있다고 보았다. 마치는 죽은 사람의 영이 그 곁에서 움직이고 있는지를 말해 준다. 마치에겐 영들이 활동하고 있는 모습이 보이기 때문이다.[34] 혹은 죽은 사람의 원수가 회오리 바람 속이나 지나가는 다리, 지하실에 있을 때, 그의 심장이나 뼈나 머리를 잡고서 아프게 한다고 생각한다. 이 때 마치는 그 악령을 자신의 능력으로 피부쪽으로 유인해 낸다. 거기서 악령을 빨아 내어 나뭇잎에다가 뱉어 내어 태우는 것이다. 만일 이러한 과정에서 악령을 놓치게 되면 마치는 그를 다시 잡기 위해 온갖 이상한 행동으로 추격한다. 결국 허공에서 잡든지, 머리카락, 짐승, 벌레들에게서 잡아내어 즉시 태우게 된다. 그래서 악령은 연기로 변하여 그의 동굴로 돌아가고 나쁜 불행은 거기서 끝나게 된다.

마치는 이런 악귀 추방에 사용하려고 좋은 약재를 구한다. 계피나무를 구하며 또 전설적인 뱀의 모양을 준비하는데, 그 안에 다음의 3가지를 넣는다. 즉 심홍색의 왜전나무, 뱀, 무엇엔가 시선을 쏟는 것 3가지이다. 이것을 사용할 때 노래를 부르며, 마술을 시작할 때 악영들에게 자기를 도와달라고 약속을 구한다. 이로써 마치는 부족민들과 신뢰를 쌓아가며 치료받기 위해 찾아오는 사람에게 언제 어느 악령을 불러야 될지 그의 이름과 성격을 파악하며 영들이 원하는 것을 해 줄 수 있다. 에스떼반 에리세(E. Erize)는 악령의 19가지 이름을 연구한 바 있다. 그 이름들을 열거하면 이상한 남녀 이름들, 여자 아이, 청년, 태양, 옥수수, 하늘, 어린 독수리, 피, 불에 탄 뼈, 영혼, 메꽃이 핀 땅, 결투한 영, 유부녀 따위의 황당무계한 이름들이다.[35] 꾸란데로(마치) 역시 마뿌체 부족 사이에선 존경받는 직책이다. 비과학적인 특이한 재능으로 질병을 치료하며 환자들을 돌보지만, 그들은 경제적인 부(富)를 누리고 있다. 비록 도시의 지성층 그룹엔 발 붙일 수 없으나 부족사회 안에서는 한 유지로서 지역사회 개발에도 그의 견해가 중요한 여론을 형성하기도 한다.

5) 마뿌체 부족의 신화들

마뿌체 부족사회엔 현존하는 여러가지 전설과 신화적 이야기들이 있다. 그 유형을 보면 소녀의 황홀한 결혼 이야기, 마귀에게 납치된 소녀 이야기, 결혼이 유보된 이야기와 죽은 나라의 이야기, 죽은 곳과 살아 있는 곳의 방문, 강신녀의 아들 이야기와 소녀 '총총' 이야기가 있으며 특히 동물 이야기는 생생하다. 마뿌체 부족사회에도 동물 중에 여우는 영악스러운 동물로 묘사되며 그 이야기들이 여우 단독이 아닌 푸마, 수달피, 메추리(자고새), 홍학 등과 같이 등장하는 것이 흥미롭다.

여기선 먼저 마뿌체 부족과 신화와의 관련성을 서술하고자 한다. 그 다음에 마뿌체 부족사회와 밀접한 관계를 맺고 있는 마치(샤먼) 이야기와 젊고 아름다운 처녀 '총총'의 사랑 이야기를 소개하고자 한다.

신화는 종교의 관념을 표현하는 상징이라 할 수 있다. 그것은 하나의 이야기이다. 하지만 단순히 꾸며냈거나 오래된 것이라고 방치할 수는 없다. 신화는 상징으로 가득찬, 인간이 가지고 있는 궁극적 질문에 대해 답변을 시도한다. 신화를 통해 사람들은 자신들이 살고 있는 장소에 대한 우주적인 의미를 이해하게 되고, 사물들을 어떻게 이해해야 하는지를 생각하게 된다. 고등종교처럼 도식화된 신조체계는 신화에 나타나지 않는다. 폴 틸리히(P. Tillich)의 말을 빌려오지 않더라도 '문화는 종교의 보자기'로서 문화의 합리성을 이해할 수 있겠으나, 신화의 표출은 자연세계 배후에 있는 비합리적 불가사의한 사건의 영역인 것이다.

신화에 대해 폴 히버트는, 세상과 삶의 이면에 숨겨진 실체에 대해 사람들이 생각하는 것을 비유적이고도 시적으로 해석한 철학으로 이해하였다.[36] 따라서 신화는 진실이라고 믿어지는, 그래서 신성하다고까지 믿어지는 하나의 신념인 것이다. 그 줄거리 속에 표현된 삶은 혹독한 조건에 처해 있으나, 결국 더 나은 세상과 연계되어 나타나고 있다. 마뿌체족 신화의 내용은 비록 과거의 이야기이지만, 현재 생활의 모습을 성찰하게 하는 챠트가 펼쳐진다. 즉 그들의 신화엔 언제나 나레이터가 순간순간 해설하며 얘기하는 특징이 있다. 예외 없이 종교사회적 관념이 표현되고 있음을 발견한다.

   a. 숨빨(El Sumpall) 신화 : '숨빨(Sumpall) 신화'는 마뿌체 부족사회에 대한 가족 전체, 친척, 이웃의 집합적인 개념과 기적과 행복에 대해서 전해지는 이야기이다.[37]
   처음 구절은 "옛날, 내가 들판(밭)에 살고 있었을 때, 어른들이 한밤에 집 안 모닥불 가에 모여서 항상 들려주던 이야기가 있었다."로 시작된다.[38] 이러한 시작 형태는 매우 동양적이다. 이 이야기가 수집된 장소는 바닷가 마을임을 시사하고 있다.

[줄거리] : 한 번은 해질녘 한 아름다운 소녀가 바닷가를 거닐고 있었다. 그런데 그 소녀는 자취를 감추게 되고 그 부모, 형제, 친척, 이웃 모두가 찾아 보았지만 결코 행방을 알지 못했다. 많은 세월이 지난 후, 하루는 그 소녀 혼자서 어머니를 찾아 왔던 것이다. 모녀의

만남은 아주 슬펐다. 딸의 머리는 발까지 길어 있었고 어머니가 딸에게 이제는 함께 살자고 말하였다. 그러나 딸은 대답하길 나는 다시 오지 않을 것이라 했다. 딸은 말하길, "나는 이 제 변화되어 숨빨(Sumpall)이 되었다."고 말한다. 이제는 젊은 숨빨의 여자가 되었다는 뜻 이다.

그것은 바닷물 아래서 자기를 무척 귀여워해 주는 남편이 있으며 시부모와 동서들이 있 다고 말했다. 그리고는 "내가 살아 있음을 보고 그만 슬퍼하라."고 위로했으며 "앞으로 가 족들은 땅(마뿌: mapu)을 얻게 되고, 많은 짐승들도 몰아낼 것이다."라고 말했다. 그리고 는 작별인사를 하고 "앞으로 바닷가에 징표가 있을테니 내가 거기서 기다리고 있을 것이 라."고 희망을 밝힌다. 그 어머니는 모든 이웃이 보는데서 사위 숨빨(Sumpall)을 얻는다. 그 후 온 가족이 바닷가에 도착하였다. 그 때 바닷물이 크게 소용돌이 쳤다. 그리고 많은 종 류의 고기들을 건졌다. 그들은 숨빨(Sumpall)에 대해 일체의 의심을 버리고, 안전한 사람 이며 육지의 여인(딸)을 취하여 부부가 되었다고 축하하였다. 그 가족들의 의견에 따라— 많 은 사람들이 큰 파도가 칠 때면 바닷가에 나갈 수 있었다.

b. 만끼안(El Manquian) 신화 : '만끼안(Manquian) 신화'는 마뿌체 부족이 가장 좋아하 는 이야기 중의 하나이다. 만끼안은 마뿌체족 가운데 널리 알려진 아주 고전적인 남자 이름 이다. 이 이야기는 칠레의 9번째 지방인 까우띤(Prov. de Cautin) 지역의 치료를 위한 신비 스러운 이야기이다.[39] 해변 가까이 위치한 바위 투성이의 작은 섬이 배경으로 나타난다.

[줄거리] : '만끼안(Manquian)'이라는 한 젊은이가 바위로 변하는 내용이다. 마뿌체 부 족이 한 병자를 위해 치료의식을 가지려고 하였다. 그래서 사람들은 그 약재를 구하려고 마 치(샤면)를 찾아 갔다. 마치는 많은 돌들 사이에서 약을 구했는데 그것은 약으로 쓰던 작은 돌이었다. 그것은 큰돌의 가장 꼭대기에 있던 '삘삘'(Pilpil)이라는 돌이었다. 이 돌은 치료 에 효과가 있었다. 사람들은 치료의식에서 이 돌을 나누어 주었고, 이 돌을 계속 찾으려고 애썼다. 그런데 그 마을에 만끼안이라고 불리는 한 장난꾸러기 젊은이가 있었다. 누군가 갑 자기 "아주 예쁘구나, 돌에서 물이 나오고 있구나!"라고 말했다. 사람들이 그 곁을 지나가 면서 이 말을 계속 반복했다. 만끼안도 그 돌을 지나가려는데 그만 그 물(액체)에 발이 붙어

버렸다. 아무리 발을 빼려해도 땅에 붙은 돌이 발을 붙들고 말았다. 한 발은 빠졌지만 다른 발은 뺄 수가 없었다. 젊은이는 지쳤고 그 돌에서 나오는 물은 '띨띨'(tiltil)소리를 내었다. 사람들은 검은 양을 잡아 음식을 만들고, 그가 구제되기를 빌었다. 부침개도 만들어 신에게 바쳤지만 소용없었다.

셋째날 밤에 젊은이는 친척들에게 "나는 이제 여기를 빠져 나갈 수 없으니 나를 위해 더 오지 마십시오. 더 염려하지 마십시오!"라고 말했다. 사람들은 어쩔 수 없이 그를 거기에 남겨 두었다. 그날 밤, 그 젊은이는 돌이 되고 말았다. 그는 점점 돌로 변해 갔고, 완전히 돌이 되었다. 그 후 바닷물이 육지를 덮쳐 왔다. 지금도 바닷물은 그 장소에 있다. 오늘날 마뿌체 부족은 그 돌을 '만끼안 바위'라 부른다. 지금은 그곳이 바다 가운데가 되어 있다. 마뿌체 부족은 믿기를 과거에 자기들이 그 쪽에 살았었다고 믿는다. 그리고 지금까지 만끼안 바위가 바다 안에 있다고 믿는다.

c. 소녀 총총(Chong Chong) 신화 : 이 신화는 마뿌체 부족의 정령사상을 가장 두드리지게 나타내 주는 대칭적인 서사구조를 가지고 있다. 예컨대 사랑과 고통, 축제와 친구, 행복과 불행, 애정과 증오, 삶과 죽음, 안전과 두려움 그리고 축복과 저주의 양극을 지니고서 인간 실존의 다양한 거울들을 반영한다.

[**줄거리**] : 마뿌체족 어떤 사람이 한 아름다운 소녀를 사랑했다. 그는 매일 그녀를 보기 위해 강 어귀, 연못가, 강가로 찾아 갔다. 하지만 그녀는 그 남자를 좋아하지 않았다. 그래서 그 남자는 자신의 괴로움을 말하며 사랑의 표현을 멈추지 아니했다. 그러던 어느날 마뿌체 부족의 큰 행사가 있었다. 거기서 그 남자는 먹고 마시며 즐거워하면서 그 친구에게 말했다. "나는 오늘 밤에 그 소녀를 만나러 갈 것이다." 전에는 밤에 찾아 간 적이 없었던 것이다. 그녀의 집에 도착하자 개들이 짖었고, 그는 개에게 음식을 주어 달래었다. 그 남자는 그녀에게 사랑한다고 말하려 했던 것이다. 그런데 방 안에 누워있던 그녀를 발견하는 순간 남자는 깜짝 놀랐다. 그녀의 머리가 없었던 것이다. 그는 놀라 그 집에서 뛰쳐나왔다. (중략)

다음날 아침 그 사람은 그녀의 집 앞으로 천천히 가 보았을 때, 총총, 총총, 총총, 총총.... 하는 말이 계속 들려왔다. 그 총총은 그녀의 머리였다. 그런데 곁에서 이러한 광경을 다 보고 있던 그 남자의 친구가 말했다. "그녀는 네가 사랑하는 마녀이다. 그녀는 머리가 없으며 고통스럽기 때문에 옆으로 누워 있는 것이다" 라고. 그 남자는 그 친구에게 그녀가 나를 괴롭게 한다고 계속 되뇌었다. 그 남자는 다시 말하길, 그녀가 자기를 사랑하지 않았기 때문에 아플 것이라고 말했다. 하지만 그 친구는 그녀의 집 앞에 가서 '총총' 이라고 불렀다. 그런 후 집에 들어 가 보니 그 여자의 등만 보이는 것이었다. 그런데 조금 후, 그녀는 머리를 가진 채 일어났다.

다음 날, 그 친구가 그녀를 만나러 갔다. 그녀는 그 친구를 보고서 고맙다고 인사를 했다. 그리고는 "당신을 좋아한다. 당신은 아버지이다." 라고 말했다. 그리고 "당신 때문에 내가 살았다"고 말했다. 그녀는 계속 말하길, "그 사람은 나쁜사람- 나를 옆으로 둔 사람이며, 나에겐 잘못이 없다. 그 사람이 나를 이렇게 태어나게 했다."고 말한다. 그리고는 저주하기를 그 사람은 병과 괴로움을 얻어 죽을 것이라고 했다. 며칠 후 그 남자는 많은 고통을 당하고 병들어 죽게 죽고 말았다.

그래서 마뿌체 부족들은 "마녀는 밤에 머리가 없어지기 때문에 혼자 지내길 원한다. 마녀는 결혼하지도 않으며, 아니면 마법사(남)와 결혼해야 한다. 왜냐하면 둘 다 머리가 없기 때문이다."라고 말한다. "마녀는 밤에 총총으로 변한다."라고도 말한다. 그 때 작은 새들이 곁을 지나가며 '총총' 이라고 말했다. 새들은 "사람의 머리다! 보지도 말고 나쁜 짓도 말아라!" 라고 외치는 것이다. 그래서 마뿌체 부족은 마녀를 존경한다. 또한 "오늘도 이것을 믿는 마뿌체는, 마녀에게 비록 머리가 없더라도 그녀를 그냥 두어야 한다."고 말한다. 마뿌체는 항상 이것을 믿는다.[40] (이 신화에서 말하려고 하는 것은, 마녀는 자신의 몸을 다 풀어 헤칠 수 있으며, 등을 받치고 누웠을 때, 그 머리는 빠져 나가 새처럼 날아 간다는 것. 그리고 그 머리는 노래를 부르며 불행과 죽음에 대해서 말한다는 것이다. 마침내 마법사나 마녀는 약해지며 머리는 돌아온다 해도 다시 몸에 붙지 않고서, 목이 잘린 채 죽고 만다는 얘기다.)[41]

필자는 위에 나타난 신화에 대해 문학적 장르나 문체에 관해 살펴보지는 않았다. 그것은 본 연구의 주제와는 다른 영역에서 취급해야 할 자료들이다. 하지만 우리는 아달베르토 살라스(A. Salas) 교수가 소개해 준 위의 세 신화(칠레 지방)에서 마뿌체 부족의 자연관과 문화적 상징과 마치(샤먼)를 향한 존경과 신뢰를 관찰할 수 있는 것이다.

제4장. 마뿌체 부족의 신년 축제(kawin we tripantu)

마뿌체 부족의 신년축제는 일반에게 잘 알려져 있지 않다. 그들의 달력으론 6월 21일, 동지를 맞아 새해가 시작되기 때문이다. 안데스 산맥 중부산악지대는 겨울이 시작되면서 유목민은 양떼를 몰아 평지를 찾아 내려 오는 시기이다. 이 신년축제는 사실 6월 초부터 준비하며 6월 20일 밤을 새워 새벽 해뜨기 전에 마을에서 가장 가까운 강가에 가 몸을 씻으면서 시작된다. 마뿌체족의 신앙은 아침 시간에 위대하고 신성한 영이 강물에 신비한 정기를 넣어주기 때문에 그 능력을 받기 위해 누구나 목욕재계하는 것을 부족의 긍지로 삼는다. 남자 성인들은 3일간 여성과의 동침을 피한다.

남녀노소, 건강한 자나 병든 자나 할 것 없이 모두가 흐르는 물에 몸을 씻으며 새해 맞이 함성을 지른다. 긴 목욕이 끝난 후, 뛰며 즐거워하며 대화하며 아침을 먹는다. 해가 돋을 때까지 축제 준비를 마쳐야 한다. 새해를 맞은 마뿌체 부족에게 가장 중요한 제의는 마시는 규례이다. 치차(chicha)술을 한 달 전에 만들어 놓고서 새해 맞이를 위해 마시는 것이다. 술의 발효는 깨끗이 씻은 치차 열매를 질항아리 안에 넣고 흙으로 만든 뚜껑으로 막고서 묻어두면 나중에 탄산수가 강하게 발효되어 사람들을 취하게 한다.

부족의 성인들은 아침 일찍(대략 오전 8시) 어린 양을 잡는다. 그리고 부족 공동체가 한데 모여 그 위대하고 신령한 조상신 앞에 제사를 드린다. 제사장 격인 원로들이 어린 양을 죽인 피 가운데 거품이 가장 많이 나는 피를 모아 흙을 태워서 만든 질항아리에 담고, 치차 술이 들어있는 다른 항아리를 꺼내 두 질항아리를 하늘을 향해 번쩍 치켜 올린다. 조상신의 신비로운 권능이 두 항아리에 가득 채워지기를 기다린다. 그리고는 그 두 가지를 다시 천천히 땅에 부으면서 땅의 풍성한 수확을 기원한다. 한 해 동안 어른과 아이들이 건강하기를 축사하며 부족에게 불길함이 없이 평안하기를 의뢰한다. 또한 부족 전체가 독립적인 자치력을 갖추고서 추장이 다스릴 수 있기를 바란다. 특히 마뿌체족이 새해를 맞을 때 그 시기를 도와주는 영들이 있는데 그들에게도 기원하는 것을 볼 수 있다. 그 후 제의에 바쳤던 음식을 나눠 먹으며 낮 축제가 이어진다.[42]

신년축제가 벌어지는 장소를 '레우에'(rehue)라고 부른다. 이는 '신성한 장소'라는 뜻이다. 're'는 정결을 의미하고, 'hue'는 장소를 의미한다. 이 장소를 이해함은 그들의 신년축제를 연구하는데 아주 중요한 동기가 된다. 이 장소에 세워지는 나무 둥치 역시 '레우에'라고 부른다. 나무 중간 지점에 계단식 홈이 파여 있다. 이를 신령한 나무의 층계 혹은 '레우에'라고 부르는 것이다. '레우에'는 마뿌체 부족의 종교행사의 근본이 되며, 그 마당은 부족을 묶어주는 신년축제의 터전이 된다. 이것으로써 축제의 도구가 완비된 것은 아니다. 원로들은 세 가지 막대기를 준비하는데 그것은 계수나무와 계피나무와 마뀌나무(maqui: 칠레산(産) 식용식물)이다.

이 세 막대기를 월계수 뿌리로 싸고 등나무 덩굴로 다시 묶어서 축제장소의 '레우에'(신령한 나무의 층계를 의미하기도 함) 곁에 갖다 놓는 것이다. 그러면 그 바닥이 신성해진다고 생각한다. 그 장소에서 신령한 영들과 커뮤니케이션이 이루어지고, 그들로부터 영감을 받으며 환상을 받게 된다. 마뿌체 부족의 손에 계피나무가 들려 있다는 것은 조상의 영들이 정직한 의도를 갖고 현현한다는 것을 상징한다.

1) 신년축제의 개념과 의미
마뿌체 부족의 신년축제는 영들에게 엄숙한 청원을 올리는 것을 중요시한다. 리까르도 랏참(Ricardo E. Latcham)은 마뿌체족의 역사와 종교에 대해 깊은 열정을 가지고 관찰했던 인류학자이다. 그는 말하길,[43]

> 초기 마뿌체 부족에게 절대적인 종교는 없었다고 본다. 그러면서도 16세기 마뿌체족의 사회적 삶은 신앙적 삶의 반영이었다. 그들에게 있어 종교라는 개념은 신학적으로 말하자면 나보다 더 큰 존재에 대한 찬양의 예배를 드리는 것이었다.

하지만 마뿌체 부족이 과연 그 수준에 이를만한 지성과 심리적인 성숙이 되어 있었을까? 그들은 자연의 현상과 힘에 대해 이해하지 못하였고, 따라서 그들의 성격은 개성화되고 강한 행동으로 나타나게 되었다.

마뿌체 부족에게 있어 신년축제는 조상신들에게 올리는 기원과 지상에서 부족의 행복을 기대하는 평안제이다. 한 해가 시작되면서 부족의 연대감 형성을 절감하며 점차 현대화되어가는 혼합문화 속에서 그들의 정체성을 찾고자 하는 몸부림이다. 그들은 단순한 조상의 영들에게 기원하는 것으로 만족을 누리지 못하고, 오히려 만물의 창조주와 통치자를 찾으며 보다 위대한 신을 호신(呼神)하는 종교적 열망이 재현되고 있다고 보는 것이 타당할 것이다.44) 필자에겐 마뿌체 부족에게서 아직도 신성한 존재에 대한 불안정성이 보인다.

2) 신년축제의 제의적 구성과 기능

마뿌체 부족의 신년축제는 하나의 신성한 제의이다. 제의란 신령한 것, 또는 우주의 근본적인 운행과 관련된 믿음들을 상징적인 행위로 표현하는 신성한 드라마이다.45) 제의적 행위는 위에서 언급했듯이 나름대로의 의미를 지니면서 다른 제의의 행위들과 조합되고 배열되면서 부족 전체의 구문을 형성해 낸다. 이러한 전체 구문은 제한과 확장을 거듭하면서 하나의 메시지를 창출한다. 하지만 이러한 메시지조차도 결코 단순하거나 확연한 코드를 제시해 주지 못한다. 그것은 부족민의 삶과 애환, 신념과 역사를 나타내는 세계관이 다양한 뜻으로 표명되기 때문이다. 그 다양한 메시지들은 일차적 경험에서 돌출된 내면적 감정이 추상적이고도 사회적인 의미로 연결되기도 한다.

이러한 워밍업을 토대로 마뿌체 부족의 신년축제를 관망할 때, 그 구성이 세 가지 단계로 나타남을 볼 수 있다. 그 첫 단계는 분리이다. 축제를 주관하는 마치(샤먼)는 일상적일 때와는 달리 특별한 가운을 걸치고, 노래를 부르면서 주변세계를 일상으로부터 신성한 단계로 분리시킨다. 그의 손에는 계수나무가 들려져 있음을 볼 수 있다.

두 번째 단계는 축제에 참여하는 행동의 단계이다. 참여한 모든 부족민을 한 상태에서 다른 상태로 이끌어 올리는 것이다. 특히 그들이 모인 장소를 성스럽게 하기 위해 '레우에' (rehue)라고 부르는 나무를 세운다. 축제의 시작이 그 나무를 세우는 순간부터인지 아니면 신년 당일 새벽녘 강가에서 몸을 씻을 때부터 시작인지 알 수 없지만(아무도 프로그램의 시작에 대해선 관심없으나) 축제는 보이지 않는 순서에 의해 진행이 된다. 이 단계에선 매우 부패한 존재라도 그 신분이 신성하게 상승된다. 반면 사회적으로 격리되는 초자연적인 세계로 초월해 지기도 한다.

세 번째 단계는 제의를 종결하는 차례이다. 이 단계를 통하여 질병이나 불행을 치료 받고, 조상신을 달래며 평안을 희생제사(동물)의 담보로 제공 받게 된다. 그리고 다시 사회로 재통합된다.

마뿌체 부족의 신년축제가 수행하는 기능은 대단히 암시적이다. 모든 제의가 그렇듯이 마뿌체 부족 또한 그들의 문화정보를 한 세대에서 다음 세대로 전달해 주는 정보전달의 역할을 담당한다.[46] 과거 문자가 없던 마뿌체 부족에겐 이 축제의 본질이 정확하게 전수되어 왔음을 볼 수 있다. 그리고 부족민의 소속감(정체성)을 매년 재확인하며, 자신의 위치와 역할을 깨닫는다. 또한 위기 때에 그 위험을 극복할 수 있는 행동지식을 무언 중에 제공받는다. 마뿌체 부족민은 이 축제를 통해 자연과의 친화를 배운다. 생태계의 질서와 경외심, 순환의 이치를 배우는 것이다. 이러한 제의에 종교적 의미가 더 뚜렷해지면 하늘의 영들과도 가까워지려고 노력한다. 이를 통해 부족민 중에는 생의 전환점을 경험하는 경우도 많다.

이 축제의 형태는 매년 변형되지도 않고 위기의식을 조장하지도 않은 매우 전통적이다.

3) 마뿌체 부족의 월력(puron)

마뿌체 부족은 1년을 12달로 계산했지만, 흥미있게도 달의 운행을 따라 한 달을 3 주간과 10일을 더 합한 것으로 이해한 것은 독창적이다. 한 해의 시작을 6월(unen chror cuven)로 보았으며 겨울로 접어드는 계절이다. 마뿌체 부족이 말하는 달력(puron)의 의미는 '마디' 혹은 '연결점'이다. 그들의 달력은 하루 하루의 연결이기도 하지만, 지불, 죽음, 외적의 침입 등 생각 밖의 일들이 갑자기 일어나는 것을 염두에 두고 있다.[47]

a. 시간관 : 이 부족에게 있어 시간은 과거의 조상들과 연관된 땅(공간)의 개념과는 다

르다. 땅은 마음만 먹으면 언제든지 사용할 수 있고 효용가치가 있으며, 파종에 따라 열매를 제공한다. 그러나 시간은 늘 현재에 맞추어져 있다. 시간은 상품도 아니며 측량한다거나 고갈되는 것도 아니다. 마뿌체 부족은 시간을 다양한 사건들의 반복이라고 생각한다. 예를 들면, 밭에서 일하는 시간이 지나면 그 다음엔 가축들에게 먹이를 주는 시간이 된다. 이제 낮에 일한 시간은 과거사가 되고 다음에는 가족이 저녁을 먹는 시간이 된다. 이어서 잠자는 시간이 오고, 그리고 다음은 어제에 이어 밭에서 일하는 시간이 돌아오게 될 것이다. 따라서 시간은 현재 진행되고 있는 사건 속에서 과거와 현재, 그리고 미래가 연속적으로 모두 포함되어 있다. 일상의 시간들이 낮과 밤의 사이클로 순환하고 있으나, 시간과 분, 초까지 정확하게 정해져서 그들의 활동을 통제하지는 않는다.

삶의 시간에 대해서도 출생- 성인- 결혼- 죽음이라는 일반적 순환주기를 거치지만, 삶은 계속되며 자손들을 통해 끊임없이 새로워진다. 즉 시간자체가 반복되기 때문에 역사에 대한 개념이 희박할 수 밖에 없다.[48] 거기다 문자가 없는 마뿌체족에겐 소유할 역사의 자취가 무의미하다. 대부분 땅과 공간이 시간이나 역사보다 중요하게 취급된다. 마뿌체 부족에게 복음증거를 시도할 때, 인간의 역사야말로 하나님이 베푸신 구원사에 대한 우주적 반응과 밀접하게 연관된 것이었고, 그래서 인간의 역사 또한 중요한 위치를 차지하고 있음을 제시해야 한다. 마뿌체 부족에게 그들의 역사가 하나님의 구원에 동일하게 중요한 위치를 차지하고 있음을 복음과 동시에 제시해 주어야 할 것이다.

b. 제의관 : 공동체의 제의와 축제는 부족들의 삶을 윤택하게 하는 역할을 한다. 문화적인 차원에서 볼 때, 이러한 의례는 사람들의 신념을 강화시킨다. 사회적인 측면에선 공동체 내부의 관계질서를 극적으로 표현하게 된다. 부족의 추장과 원로들은 매년의 행사를 기획할 것이다. 그렇게 함으로써 자신들이 지도자임을 나타낸다. 다른 이들은 각기 해당 그룹에서 지위에 따라 참여한다. 더 높은 지위와 큰 권위를 성취하고자 하는 자들은 공적 제의 행위에서 자신들의 주장을 정당화 해야 한다. 그러므로 공동체의 제의는 필수적으로 사회적 경쟁과 적대감이 표현되고 변화가 추구되는 하나의 영역이 된다. 이를 통해 성공적인 제의 수행은 부족의 신앙을 증명하고 부족사회의 질서를 강화시키게 된다. 나아가서 사회적 정의와 해방의 문제도 다루게 될 것이다.

종교적 차원에서는 깔꾸(샤먼)의 주술과 마치(치료자)의 치료가 부족의 행복과 직결되어 나타난다. 사람들은 스스로 자신의 몸을 건강하게 돌봐야 하고, 풍작을 위해선 경작지에 씨를 뿌려야 한다는 사실을 알고 있다. 기독교가 하나님의 구속사와 삼위일체와 천국에 들어가는 방법을 가르쳐 준다. 그러면 이러한 교리나 과학이 막아주지 못하는 가뭄, 전염병, 재앙, 불확실성 등을 어떻게 다루어야 하는가? 여기에 부족민이 정령숭배와 지역신을 섬기는 민간 신앙행위를 포기하지 못하는 딜레마가 존재하는 것이다. 여기서 샤먼이 하늘의 영들과 주의 깊은 만남을 가지고, 사랑의 묘약으로 젊은이들의 결혼을 성립시켜 주며, 비를 내리게 하고, 지역의 조상신에게 후손의 행복을 기원할 때, 사람들은 자신을 보호하기 위해 더욱 샤먼을 의지하게 될 것이다. 정령사상은 논리적인 질서를 갖추고 있지는 못하지만, 부족민 사이에서 느슨하게 연관된 신앙과 행위의 동아리로 구성된다. 이에 기독교 선교는 부족 기존의 사회질서와 기독교 복음을 하나의 화목된 공동체로 모으시기 위해 부르시는 하나님의 부르심 사이에 존재하는 긴장에 직면해야 할 것이다. 기독교 선교는 모름지기 사람들의 다양성을 허용해야 하나, 열방이 성령 안에서 하나됨을 증언해야 한다.

4) 신년축제의 퍼포먼스

William Moesbach는 마뿌체 부족의 제단에 대해 소개한다. "축제 때 장소가 선정되면 희생된 짐승들의 피를 묻힌 나무와 제의용 치차술과 구멍 뚫린 신성한 돌들(레츠리꾸라: rechricura 라고 부름)을 갖다 놓는다."[49]고 한다. 현재도 마찬가지다. 축제기간 동안 짐승의 피와 치차술을 성석의 구멍에 조심스럽게 따르는 것이다. 이는 하늘의 영들을 주의깊게 소유하는 예식이다. 이 제의는 3일 동안 계속되며 노래와 춤으로 즐거워하며 교제한다.

a. 레우에(rehue) 예식 : 성스러운 장소(제단)를 상징하는 나무를 세우는 예식이다. 대개 새롭게 위임된 마치(샤먼)가 이 나무를 만들어 세우게 되는데 한국의 장승처럼 3m 높이의 키에 윗부분은 머리 모양을 하고, 팔과 다리는 계단식으로 홈을 파 놓았다. 이를 가리켜 '신성한 층계' 라고도 부른다. 주로 마치를 상징하였다. 마치가 계단에 오르면 우주의 네 나라에 닿을 수 있다고 믿는다. 축제 때는 이 레우에를 중심으로 부족들이 둘러 서고 원로급

마치가 어린 양의 목을 베고, 양의 오른쪽 귀를 잘라 목에서 흐르는 피에 적신 후, 오른 손으로 치켜들고 동쪽을 향하여 기도를 올린다.

b. 노래와 춤 : 신년축제 때의 노래와 춤은 다양하다. 프라이 아우구스따(Fray F. Augusta)는 마뿌체족의 노래에 대해 이렇게 설명한다.[50]

> 마뿌체족의 노래는 말투와 가사 내용과 줄거리를 통해서 알 수 있다. 그렇지만 마뿌체족의 노래를 듣고 가사를 이해한다 해도, 그 안에 들어있는 시적 언어를 이해하기란 아주 어렵다. 그래서 작시법을 나타낼 수가 없다. 시구를 만들어 내는 음절의 수를 알아 낼 수 없으며, 한 마디에 들어 있는 리듬도 찾아내기 힘든다. 그 하나의 마디 안에 음절과 엑센트와 장중함이 다 들어 있다. 그러므로 노래를 불러 보아야 행이 몇 개 들어 있는지를 파악할 수 있게 된다.

마뿌체 족의 노래(울: ul)는 주제에 따라 남자들의 노래(nguneulun)와 여자들의 노래(tayeleu)가 분리되기도 한다. 즉 멜로디가 서정과 애수를 띠는 것, 변주곡, 로맨스를 다룬 음악적 재능은 남자들에게만 속한다. 한편 여자들만 부르는 노래는 현저하게 슬픔을 띠는 것과 똑같은 멜로디가 두 행마다 반복되는 것, 그리고 긴 일감이 주어졌을 때 부르는 노래가 있다. 일반적으로 민속음악 풍이 많으며 주제로는 인디오의 수난, 애정, 흙에 대한 노래들이 발달되어 있다.

춤(뿌룬: purun)은 축제나 의례의 성격에 따라 각기 동작과 호흡이 달라진다. 마뿌체 부족은 남성 중심의 동물흉내를 내는 춤을 즐긴다. 축제 때 가장 많이 추는 춤은 '타조 춤'이다. 타조 춤은 남성 5명의 그룹이 각자 자기에게 할당된 춤을 추어야 하는데, 타조의 다섯 걸음과 몸짓을 흉내 내는 전통 춤이다. 남성 5명이 첫 걸음부터 다섯 번째 걸음까지 나타내는 흥겨운 춤이다. 갈수록 춤은 빨라지며 목을 좌우로 저으며 발은 땅을 난타하는 특징이 있다. 이 때 큰북을 치고 뿔나팔과 피리를 불면서 지그재그로 흥을 돋운다.[51] 축제 때엔 과나꼬 춤과 푸마 춤, 떼로(tero) 새의 춤, 그 외 발로 땅을 난타(nuhuinpurun)하는 춤이 있는데 계피나무 주변을 돌면서 작은 북의 박자에 맞춰 남녀가 함께 춘다. 그 외 부족의 추장

(cacique)을 칭송하는 춤이 있다. 신년축제 때는 위에 소개한 춤을 모두 추게 되는데, 특히 성스러운 장소(rehue)로 나아갈 때 추장이 "론꼬메우(roncomeu: 의례의 춤) !" 하고 외친다. 그러면 5명의 용감하고 건장한 젊은이가 윗옷을 벗고 깃털로 장식하며, 다른 이는 가슴 둘레에 색깔 있는 리본을 붙이거나 색칠을 하며, 늘어뜨려 고정시킨 화려한 깃털을 달고 거룩한 장소(reuhe)로 진행한다. 이 때 작은 북이 동원되어 공동체 모두가 춤에 참여하게 된다.

　　c. **평화 기원** : 마뿌체 부족에게 평화예식이 존재했다는 사실이 역사에 처음 기록된 것은 1641년의 일이다. 스페인의 후작 바이데스(Baydes)가 칠레에서 이들과 화목을 서약한데서 전해지고 있다.[52] 마뿌체 부족은 부족 내에서 혹은 타종족과 화친을 맺을 때 양들을 잡는 관습이 있었다. 이는 제사가 아닌, 양고기를 나눠 먹으면서 땅의 평화를 모색하는 사회적 제도였다. 마뿌체족은 낯선 외부인을 환대할 때도 양을 잡는다. 바이데스 후작은 기록하기를 양쪽 군대로부터 총과 단도와 밧줄, 활과 창을 거두고 30명의 추장들과 함께 32마리의 양을 잡아 식사를 나누었다고 한다. 우선 땅을 파고 거기에 모든 무기를 놓고, 그 위에 양을 올려 놓았다는 것이다. 지금도 마뿌체족 사이에는 화목의 뜻으로 어린 계수나무를 뿌리채 선물한다. 이러한 화목은 실제로 마뿌체족의 마치와 하늘의 영들 사이에서 행해진 유래를 찾을 수 있다. 축제 때 레우에(rehue) 주변엔 많은 부족민이 함께 모여 즐겁게 노래하며 보조를 맞추어 춤추며 외치는 것은 공동체의 유대와 교류를 우선하는 동시에 창조자와도 화목해야 한다는 긴장이 있었다. 최고 지위의 마치(machi)는 이렇게 평화의 기도를 올렸다.[53]

　　지배자여! 인류의 아버지여!
　　하늘이 만든 이 동물의 피와 이슬을 받으소서!
　　큰 무리의 후손들을 주신 친밀함을 알고 있나이다.
　　장수하게 하시나이다!
　　평화롭게 하소서!
　　매년 우리에게 은혜를 베푸시는 하늘에 비오니!
　　우리에게 양식과 땅의 열매를 허락하소서!
　　높은 곳에 계시는 아버지여!

거부하지 마옵시고 좋은 추수기와

더불어 살아갈 수 있도록 비를 허락하옵소서!

홍수를 보내지 마옵소서!

복되게 하시는 하늘의 뜻을 따라 ....

oh o om um [54]

제5장. 기독교 선교 접촉점

선교의 접촉점은 부족사회의 특징을 이해하고 지역을 둘러싼 환경친화가 중요하다. 마뿌체족은 지금까지 땅과 공간을 중히 여겨 왔으며, 역사관에 대해선 소홀히 살아 왔다. 일상의 사건들은 시간적 반복에 불과했다. 축제를 통해서도 지역개발 방면이나 현대사회 속에 문화적 유산으로 확산시키지 못했고, 내부지향적인 공동체 제의로써 굳어져 내려 왔다. 마뿌체 부족에게 있어 삶의 질을 높이는 공동의 프로그램이 필요하다. 메릴 에와트(Merril Ewart)와 야시노(Yaccino)에 의해 제시된 농촌사회를 위한 공동 개발프로젝트는 현대를 살아가는 마뿌체 부족에게도 유효하다.[55] 즉 자신들의 발전을 위한 적극적인 참여, 의사결정 과정에 대한 지역의 주인의식, 공동체 개발과정에 대한 지역자원의 위임, 변화를 촉진하는 외부기관의 역할, 변화를 일으킬 수 있다는 자신들의 능력에 대한 믿음, 자신들이 소유하고 있는 토착지식에 대한 높은 평가, 지역의 우선권을 억제하는 제한적 구조들의 변화, 프로젝트의 성공률보다 과정을 우선하는 것 등이다. 무엇보다도 선교의 접촉점을 성경에 기초하여 찾아야 할 것이다. 부족의 정령신앙을 무조건 무시하거나 정죄해서는 안 된다. 부족민의 신앙을 진지하게 취급할 필요가 있다.

필자는 비판적 상황화란 이 진지함과 연민하는 통찰에서 얻어낸 열매라고 시인한다.

정령신앙의 세계관을 비판적으로 성찰하기 위해서는 첫째, 그것을 하나의 문화체계로서 이해하고 현상학적으로 다루어야 하겠다. 앞서 전개한 마뿌체족의 모든 믿음체계는 선과 악의 이분법을 초월하여 '믿음 자체는 참되다' 라고 하는 전체 아래서 그들의 세계관과 샤먼의 심령주의를 신중하게 다루어야 하는 것이다. 둘째, 마뿌체족이 숭앙하는 영들과 주술에 관한 행위들을 성경진리의 조명하에 존재론적으로 평가해야 한다. 그들과의 접촉점을 찾기 위해서는 그들의 신앙과 행위에 대해 하나님께서 어떻게 반응하시는가를 이해하려고 노력해야 한다. 셋째, 선교접촉점은 어디까지나 선교학적으로 풀어야 한다는 점이다. 우리의 사역을 통해 사람들이 하룻밤 사이에 회심하지도 않을 것이며, 선교사 또한 그들이 세계관을 바꿀 때까지 무턱대고 기다릴 수도 없다. 우리는 병자, 귀신들린 자, 두려워하는 자, 불안해하는 자들을 위해 기도해야 하고 그들이 성경의 하나님 안에서 진정한 피난처를 찾도록 도와 주어야 한다.

1) 성경적 접촉점 찾기

정령사상의 비판은 비단 마뿌체 부족의 세계관을 향해서만은 아니다. 최근 사회와 종교에 새로운 형태로 샤머니즘이 부흥하는 징조들이 나타나고 있으며 전통문화의 미명으로 의미와 가치를 부여하려고 한다. 특정 국가를 언급지 않더라도 일련의 정치집단에서조차 이런 일은 비일비재하다. 샤머니즘은 한 개인이나 부족의 길흉은 예언하지만, 사회의 불의를 고발하고 미래를 예언하는 선지자적 통찰력이 결여되어 있다. 하지만 전호진 교수에 의하면 현대사회가 공격적 자세를 싫어하기 때문에 타종교와 타신앙을 공격적 태도로 대하는 것은 부적절하다고 덧붙인다.[56] 성경에 나타난 정령사상에 대한 접촉점은 바울의 루스드라 전도에서 소개된다(행 14 : 8-17). 바울은 루스드라에서 걷지 못하는 앉은뱅이를 일으켜 사람들의 이목을 집중시킴으로 선교를 점화시켰는데 이것은 기독교 선교와 자연신관의 세계관을 가진 종교와의 만남이었다. 동일한 원리로써 기독교와 샤머니즘(부족신앙과 현대사회의 관점)의 세계관을 비교해 보면 아래와 같다.

[표 1] **기독교와 마뿌체 부족 정령사상(샤머니즘)과의 세계관 분석**

	기독교	정령사상(마뿌체 부족)	현대 샤머니즘(증후 군)
신관	창조주, 사랑	조상신, 죽은자의 영혼	종교 다원주의
제의관	속죄, 구속사	축제, 춤, 마치(샤먼) 중심	세속적 교제
세계관	개척적, 모험적	운명적, 의타적	포스트모더니즘
시간관	과거 현재 미래 균형	현재 중심	전생과 후생의 순환적
신앙관	심은대로 거둠	주술, 요행, 내부지향	자기중심, 이기적
예배관	예술적, 찬미	정령들과의 교통	오락적 기능
성령론	중보자, 회심	마치(샤먼)와 교통하는 영	인간 정신
귀신론	마귀, 악령	존재의 유래를 알지 못함	유령, 환상

a. 하나님 : 마뿌체 부족의 신 개념은 아주 희박하다. 그들에게 '엥기네첸' 이라는 최고의 조상신이 있지만 부족사회 속의 마치(샤먼)를 통해서 현현하기 때문에 주술에 의해 움직이는 신이다. 이 신은 남여 양성을 모두 가지고 있으며, 하늘 꼭대기에 계시며 부족을 출산했으며 계속 통치한다. 하늘의 비와 땅의 소출을 만들며 때때로 '목자(kaman)' 라고도 불린다. '최고의 신', '창조자', '목자' 는 기독교 선교와 어렵지 않게 접촉점을 마련할 수 있다. 마뿌체 부족어 성경책(신약)에 하나님이 이 단어(nguinechen)로 번역되어 있어 선교적 접촉은 한층 용이해졌다.

예를 들면, 사도행전 17장에서 바울은 아덴의 우상들을 보며 마음에 의분이 생기게 되었다. 그는 아레오바고 가운데 서서 설교하게 되는데, "알지 못하는 신에게"(23절)라고 새긴 제단에 대해 언급하는 구절이 있다. 여기서 마뿌체족 성경 번역자는 '신' 을 '엥기네첸' 으로 번역하였다. 그리고 다음 절(24절), "우주와 그 가운데 있는 만물을 지으신 신", 곧 창조주에 대해서도 같은 말로 번역했음을 볼 수 있다. 이러한 제시는 '신' 개념에 관해 보다 적절하게 접근해 갈 수 있도록 도움을 준다. 사도 바울은 루스드라 사람들에게 선교할 때도 자연계시를 접촉점으로 삼고 창조주 하나님과 그의 섭리에 대해 증거하였다(행 14:15). 바울은 1) 창조주 하나님 2) 자연을 통해 계시하시는 하나님 3) 자연을 섭리하시는 하나님 4) 인간의 필요와 요구를 충족시키시는 하나님을 소개하였다. 그의 메시지엔 헛된 신을 버리고,

참되신 하나님 앞에서 회개하고 돌아오기를 촉구하였다. 선교에 있어 회심은 한 순간의 결단보다 점진적 과정으로 인내하는 것이 중요하다.

b. 예수 그리스도 : 마뿌체 부족의 신앙에는 최고의 신(조상신)이 인간의 몸을 입고 이 땅에 오셨다는 내용이 없다. 그의 죽음과 죽음의 까닭, 부활과 재림에 대해선 더욱 생소하기만 하다. 마치에 의해 청원된 기도는 오직 자연물을 통해 상징적으로 교통할 수 있을 뿐이다. 선교사는 마치 대신에 신과 인간의 참 중보자이신 예수 그리스도를 전해야 한다. 악령의 권세에서 해방하실 분은 예수 그리스도 이시다. 부족민들에게 악령의 권세를 물리치고 질병의 궁극적 치유자가 되시는 예수 그리스도를 영접하도록 중보기도를 쉬지 않아야 한다(약 5:14).

인간을 죄에서 구속하시고 해방의 비전을 선포하시는 그리스도는 마뿌체 부족에게도 필요하다. 샤머니즘의 문화가 그리스도를 만날 때, 그 어두운 옷을 벗고서 자유와 책임과 봉사의 균형에 성숙하게 될 것이다. 따라서 마뿌체 부족에겐 공포와 억압에서 해방감을 느끼며 자유할 수 있도록 은혜와 사랑을 전하며, 동시에 동일한 은혜와 사랑의 법을 제정하신 그리스도를 증거해야 한다. 수세기에 걸쳐 마뿌체 부족에게 전수된 신앙과 신념들이 있겠지만, 가장 생명력 있는 신조는 "예수 그리스도는 주님이시다."라는 간단한 선언이다(빌 2:11). "입을 열어 가르쳐 가라사대"(마 5:2). 그분은 열방과 민족을 가르칠 수 있는 하나님의 아들이시다. 지금까지 진정한 영적인 능력을 베풀며 능력대결에서 승리하신 분은 예수 그리스도 뿐이시다. "아버지께 구하는 것을 내 이름으로 주시리라"(요 16:24). 그 이름만이 마뿌체 부족을 구원하실 수 있다.

c. 영혼 구원 : 마뿌체 부족이 가지고 있는 단어의 한계는 심각할 정도이다. 영혼(pillan)은 인간이 죽음을 통해서 비로소 무덤에서 만나게 되는 첫 손님, 첫 인격으로 취급된다. 더구나 그 영혼은 요구하는 것이 많은데 그것이 충족되지 못할 때, 지상의 사람들과 갈등을 일으키고 사람들을 해롭게 하는 악령들로 변환되는 단순구조를 갖고 있다. 그 악령의 출처에 대해서는 마치(machi)도 모른다. 또한 그들에겐 '구원'이란 단어가 없다. 지상의 사람들이 구원을 얻기 위해 예수 그리스도를 믿어야 한다고 하면, 그들은 오히려 혼돈에 빠

지고 말 것이다. 마뿌체족의 신앙에서 구원은 육신의 건강과 행복과 안정과 수확의 풍성에 관련된 개념이다. 필자는 오직 성령께서 그 영혼에게 말씀하실 수 있다고 믿는다.

구원은 마치의 주술행위나 인간의 공로로 얻는 것이 아니라 하나님의 선물이다(사 55:1, 롬 6:23). 구원은 도덕성을 기초로 한다. 칭의는 믿음에서 온다(롬 1:17). 하나님의 속성은 거룩하셔서 공의를 희생하면서까지 자비를 베풀지는 않는다. 마뿌체족은 축제 때, 양을 잡는다. 이것은 기독교 복음을 설명하거나 접촉을 제시할 때 그 어떤 부족의 실례보다 유력하다. 양이 희생된다는 정황은 그들이 비록 조상신에게 바치기 위함이었지만 접촉점으로서 충분하다. 예수 그리스도께서 희생양이셨기 때문이다. 그러면 마뿌체족은 선택된 부족일까? 지금까지 부족의 혈육을 지탱하며, 칠레 남부지역에서는 마뿌체교회의 엄청난 부흥운동기를 맞이하고 있다. 그리스도께서 지신 십자가는 엄청난 메시지를 담는다. 곧 "피 흘림이 없은 즉 사함이 없느니라"(히 9:22). 그러나 마뿌체 부족이 염두에 두어야 할 텍스트는 "이는 황소와 염소의 피가 능히 죄를 없이 하지 못하리라"(히 10:4) 이다. 구원은 값없이 얻을 수 있는 선물이지만, 또한 하나님께서 당신의 독생자의 피로써 그 값을 치루신 것이다. 구원은 영혼을 포함한 인간의 전존재(전인적)가 해방을 목표로 삼는다.

d. 교회 : 부족민들에겐 같은 언어와 문화를 소유하면서 함께 모여 정체성을 발휘하는 강력한 힘이 존재한다. 마뿌체 부족에게도 결혼, 이주, 농장사용 등과 같은 중요한 일의 의논은 가계나 부족 단위의 결정에 의해 수행된다. 부족의 모임에서 보다 큰 방식은 사회적 협의체를 시도하는 모임인 '까윈(cawin)'이 있다. 까윈에서는 원로들과 추장들이, 최근에는 법인체 회장들이 모여 정부와의 토지문제와 차세대 교육전망과 마뿌체족 문화유산 관리에 대해서 심도깊은 토의를 한 바 있다.

그런데도 부족의 협의체는 도시행정의 기관화와 관료화에 균등하게 설 수 없는 계층구조의 차별의식에 부딪친다. 마뿌체 부족이 1964년부터 법인체를 설립하기 시작했지만, 그 법적 권익에 따르는 모든 효력을 도시 행정으로부터 획득해 낸다는 것은 거의 불가능한 일이다. 이러한 기관 설립이 정치행정상 융통성과 편리를 제공하지만, 부족사회의 몰락을 부채질하는 도시의 얼굴없는 원격조정에 이끌리게 될 우려가 있다. 전통사회의 붕괴는 수많은 도덕적 문란과 분쟁을 가속화시키고 있다. 현대 도시민의 의식구조는 인종의 다양성을 선호하지만, 아직도 부족세계 내에서는 종속집단에 사로잡혀 있는 현실이다.

필자의 이러한 우려는 도시와 동시에 부족을 향한 부정적인 견해일 수 있지만 또 다른 면에서 검토할 때, 부족의 정통성을 상실해 가는 그들의 마음속에 새로운 복음을 제시함으로써 대화의 통로를 트고 삶의 의미와 목표를 공유할 수 있는 전혀 새로운 공동체의 창문을 열어갈 수 있는 것이다. 그러면 인간 공동체가 갖는 본래의 가치관은 어디에 있는가? 문제는 그들을 위한 명분으로 법적 공동체는 만들어졌으며 서류는 갖고 있는데, 개인의 현실적 소속감은 어디에 있느냐의 질문이다. 이러한 부족의 사회배경 안에서 교회야말로 하나님의 가정으로서의 공동체임을 통찰해야 할 것이다.[57] 그러므로 마뿌체 부족민에게 교회는 하나님의 한 가정이며, 연합된 사람들과의 교제이며, 성령님에 의해 능력을 입고 생활하는 하나님의 가족임을 증거해야 한다. 여기서 집단개종의 가능성도 배제할 수 없다. 하나님의 가정은 허공 속에 존재하지 않는다. 하나님의 가정의 성장은 그리스도를 머리로 섬기는 수직적인 성장이요, 세계 안에 존재하며 이웃의 필요를 보살펴 주는 수평적 성장을 가져온다(고후 9장, 벧후 3:18 이하).

2) 개척된 교회를 통한 선교

부족사회의 교회는 자신들의 문화적 맥락 속에서 예수 그리스도를 만나고, 그들이 새로운 정체성을 발견할 수 있도록 도와야 한다. 즉 그들의 인종문화적 정체성을 유지할 수 있도록 도덕적, 영적 뿌리를 키워 주어야만 할 것이다. 마뿌체 부족민은 스페인 군대의 침략을 통해 너무나 많은 영토와 역사를 빼앗겼다. 그들은 자국을 방어하며 자국의 유익을 위한다는 명목으로 주저없이 가족과 친지들을 죽였던 서양의 기독교에 대해 의문을 품는다. 그들의 교회가 서양 선교사(가톨릭)에 의해 개척된 것이 아니라, 부족민 자체(전도자)에 의해 자생된 것만 보아도 증명된다. 그렇다고 서양 선교사의 선교자체가 불온했다는 뜻은 아니다. 물론 서양 선교사의 희생적 선교가 오늘날 복음의 꽃으로 나타나고 있음을 우리는 피부로 느끼고 있다.

그러나 우리는 스리랑카의 감리교 전도자인 닐스(D.T. Niles)의 예리한 호소에 귀를 기울일 필요가 있다.

> 복음은 일종의 씨앗과 같은데 당신은 그것을 뿌려야 한다. 당신이 복음의 씨앗을
> 팔레스타인 땅에 뿌릴 때, 팔레스타인 기독교라고 불리는 한 나무가 자라게 된
> 다. 만일 당신이 그것을 로마에 뿌릴 때, 로마 기독교라는 나무가 자란다. 당신
> 이 복음을 영국에 뿌리면 당신은 영국 기독교를 거두게 된다. 그 복음의 씨앗을
> 나중에 미국으로 가져가면 미국 기독교라는 나무가 자란다. 선교사들이 우리 땅
> 에 왔을 때, 그들은 복음의 씨앗뿐만이 아니라 그들 자신들의 기독교라는 나무와
> 심지어 화분까지 가지고 들어온 것이다! 따라서 우리가 해야만 하는 일은 그 화
> 분을 부수고, 복음의 씨앗을 꺼내어, 그것을 우리 자신의 문화 토양에 뿌림으로
> 써 우리 자신의 기독교가 자라도록 하는 것이다.[58]

많은 선교지에서 그 화분이 부수어지지 않았다는 것이 자명하다. 라틴 아메리카 안에는
미국의 교회들을 그대로 복사하려고 노력하는 많은 교회들이 있다. 한국 교회로부터 가져
온 나무와 화분은 과연 라틴권의 문화에 맞는 것인가? 마뿌체 부족교회를 위한 토착화와 선
교의 상황화는 '신학함의 의미'와 '문화적응'을 고려함으로써 통찰할 수 있으리라 본다. 적
응이라 함은, 선교를 위해 문화적 요소들에 '동화'되려고 노력하는 것이 아니라, 타문화와
의 친숙한 형태와 사상들을 통해서 복음을 '표현'하고자 하는 것이다. 예수 그리스도께서
이 땅에 오신 성육신은 단순한 순응이 아니라는 점에서 로고스의 위상이 드러난다(요 1:1-
4). 따라서 마뿌체족 선교에서도 그들의 문화 형태와 사상을 통해 로고스가 사역하며 토착
교회가 성립되어져야 할 것이다.

또한 리더십에 있어서도 서양의 지도방식은 마뿌체 부족사회에 적합하지 않다. P. 히버
트는 서양적 리더십의 속성이 계층적이고 엘리트 의식에 젖은 관료적 경향을 띠고 있다고
지적한다.[59] 서양의 지도자들은 교회의 공동체를 세우는 것보다 교회가 계획한 사업들을
수행하는데 초점을 맞춘다. 이러한 교회 운영의 결과는 교회 내에 존재하는 관계들이 다소
손상을 받는다 하더라도 업무는 완수되어야 한다는 압박감을 초래한다. 현재의 한국교회가
이러한 전철을 밟고 있다.

마뿌체 부족교회가 신학적으로 해결해 나가야할 과제는 너무나 많다. 결혼과 첩의 문제, 축제와 복음과의 충돌 문제, 성경해석, 교회성장에 있어 의존과 독립의 관계, 불건전한 오순절 은사운동, 정부를 향해 시위하는 정의와 해방의 문제, 의례와 마치(샤먼)에 대한 문화개혁과 집단개종의 문제 등 다양하다. 이러한 임무들 가운데서도 마뿌체족 교회에 무엇보다도 우선해야 할 관심사는 세계관 문제이다. 마뿌체족 교회가 현재 직면해 있는 가장 깊은 신학적 문제는 혼합주의 세계관이다. 가톨릭에서 개종하거나 복음을 처음 받은 마뿌체족 2,000여 명의 신자(아르헨티나)들은 교회의 성경적인 가르침을 믿고 따른다. 하지만 번역에 필요한 성경의 단어들을 마뿌체 부족어에서 차용해 왔을 때, 두 가지 언어의 의미를 서로 연결시키려 할 것이다. 예컨대 하나님, 조상신, 영, 천사, 악령, 성령, 중보자, 교회, 신성한 장소, 치차술, 성찬식, 신년축제..... 어떤 의미를 취하고 어떤 의미를 버릴 것인가? 문제는 그렇게 연결된 단어들은 교회가 가르치는 본질적인 의미를 왜곡시킬 확률이 높다. 그 결과로 기독교적인 생각과 비기독교(정령사상)적인 생각의 혼합주의가 뒤죽박죽 되는 것은 자명하다.

a. **능력대결** : 마치가 보여주는 능력은 부족민 전체에게 영향력을 끼치는 세력의 주체이다. 이 능력이란 적을 물리치고 성공적인 지도자가 되며, 병을 고치며, 풍성한 추수를 하며, 많은 자녀들을 거느리게 하는 것이다. 이러한 능력들은 주술이나 영들을 통해 얻어진다. 알란 티펫(A. Tippett)은 부족사회에서 보여지는 능력들 간의 조우를 '능력대결'이라 불렀다. 그는 공개적 힘의 대결(왕상 18장: 여호와의 선지자와 바알의 선지자)과 그리스도인이 되고자 개종을 수반하는 능력대결(갈 4:3-7)을 예시하였다. 위의 두 본문은 영들의 세계에 대해 계속적인 두려움을 품고 살아왔던 부족민들에게 참으로 복된 소식이다. 다시 말하면 선교는 정령체계의 신앙들과 사회구조에 대해 끊임없이 도전해야 한다. 만약 기독교 선교가 그것들에 대해 침묵한다면 부족 가운데 세워진 신생교회는 기독교 에니미즘으로 혼합될 위험에 처하게 될 것이다.

남아메리카에서 마뿌체 부족들에게 복음을 전하는 선교사(현재 한국선교사 4가정/ 칠레, 아르헨티나)들은 주로 마치(machi)와 토론한다. 누가 더 강한가의 주제가 아니라, 누가 더 타당한가의 이성적 진리대결로 맞설 때가 많다. 마뿌체 부족을 선교할 때, 이러한 영적 도전이 승리하는 순간 병이 낫고, 불행이 치유되었으면 사람들은 선교사를 '꾸란데로' (curandero: 신비와 수술을 통한 치료자) 혹은 '독또르'(doctor: 의사)라고 부른다. 이것은 내부지향적 사회문화권에서 선교사를 보는 관점이다. 아무리 기독교의 하나님을 증거해도 그들은 조상 중의 최고신(nguenechen)의 한계를 넘기 어렵다. 시간이 필요한 것이다. 마뿌체어 성경번역에서도 '여호와' 라는 의미의 단어를 선택하지 못하고 'nguenechen'을 선택했음에는 이러한 언어적 순례가 있었으리라 짐작한다.

선교 접촉점으로서의 능력대결은 아래의 5가지 결론에 이르게 한다.

첫째, 창조주와 자연의 통치자로서의 하나님을 증거할 수 있다.

둘째, 마치에게 악령의 권세를 깨뜨리시고 질병을 치유하는 예수 그리스도를 증거한다.

셋째, 마치의 샤먼 활동 대신에 신과 인간의 참 중보자되시는 예수 그리스도를 증거한다.

넷째, 조상신과 악령의 능력을 능가하며 자연은총을 존속케하는 성령님의 사역을 강조할 수 있다(시 104:25-30, 욥 36:31).

다섯째, 부족 사회문화권에서 토착교회 건설을 신중히 시도해야 한다.

b. 총체적 선교 : 마뿌체 부족을 대상으로 선교의 총체적 사역을 하기 위해서는 어떠한 모습을 갖춰야 할까? 필자는 여기서 펼친 그림을 다 그릴 순 없지만 하나의 모델을 가지고 있다. 1999년 5월 우리와 함께 사역하던 동반자 선교팀 일행(4명)은 자동차로 안데스 산맥을 넘어 산띠아고(칠레 수도)에 이르렀고, 다시 남쪽으로 달려 마뿌체족의 도성 '떼무꼬' (Temuco) 시(市)에 도착하였다. 왕복 총 5,500km의 거리였다. 그 곳에서 성경연구 교재 '크로스 웨이'(El Drama Divino)를 지도하기 위해 세미나 강사로 부름을 받은 터였다. 그 곳에선 마뿌체 부족교회 목회자 27명이 참여했었다. 필자는 하나님의 구원계획에 대해 가르치고 배우면서 스페인어를 구사할 줄 아는, 교육받은 목사들과 4박5일 동안 교제할 수 있었다. 마뿌체족이 모이는 '떼무꼬 교회'는 설교, 찬양, 행정, 교육, 교제, 예배, 치유가 결합된 중심센터 역할을 하고 있었다. 그 교회에선 평신도들이 함께 모여 성경을 공부하고, 서로를 위해 중보적 기도를 하며, 은사를 개발하여 부족민과 빈민을 섬기는 오순절 불꽃운동을 늦추지 않았다.

필자는 '총체적 선교'란 다름 아닌 훈련된 선교사가 갖는, 예수 그리스도가 죄인의 땅에 오신 성육신적 자세와 부족(토착)교회 목회자와 평신도들이 함께 기도하는 연합전략이라고 말하고 싶다. 먼저 오순절 비전이 교회의 목적을 이끌어 갈 수 있는, 즉 치유와 소망의 비전, 용서와 자유의 비전, 해방과 능력부여의 프락티스를 말한다.

다음으로 부족교회가 매년 맞이하는 기독교 절기를 충분히 활용하여 복음과 중생의 진자(추) 운동을 가르치며 기독교인의 삶의 의미를 새롭게 갱신시켜 주어야 한다.

[표 2] 마뿌체 부족교회 절기를 통한 선교 접촉점

절 기	마뿌체 부족 전통	기독교 문화 변혁
1 성년식	낀세 아뇨스(Quince anos) kechu tripantun(15세 성인식)	스페인정복 이후 여성에게 성인이 되는 예식 순결서약식을 겸하도록 한다
2 세례식	신년축제 때 강가 목욕	3위1체 하나님과 연합 공식기독교인 교제
3 성찬식	신년축제 때 양고기를 먹는 평화의례 참여	예수 그리스도의 죽음과 부활(빵, 포도즙)에 참여 공식 기독교인 교제
4 성탄절	사람의죽음으로인해 영들이 들어감	성육신
5 수난일	신년축제 때 동물의 희생(양닭)	예수 그리스도의 고난과 죽음(금식기도)
6 부활절	영들이 시체를 떠나 자기들의 곳으로 돌아감	예수 그리스도의 부활 소망 구제선교
7 감사절	신년축제(6월21일) 추수기 조상신께 제사(감사절기 없음)	추수축제 청교도에서 유래 하나님께 예물
8 성 회	새로운 마치(machi)의 취임축하 의례행사 평안제 사냥축제	전도초청 봄가을 야외 예배 성경공부 부흥회 수양관 스포츠
9 신년제	신년축제 행사	송구영신 예배 찬양 부흥회

위 표에 비교한 것같이 마뿌체족 부족교회가 기독교적 문화변혁의 과제를 품고 기도하며, 각 절기 때마다 부족의 종교전통을 새롭게 대입하면 효과적인 선교 접촉점을 얻을 수 있으리라 본다.

3) 사회문화적 이슈 접촉점 :

부족사회 안에서의 살아있는 의례들은 그들의 가장 깊은 신앙, 감정, 가치를 축적하고 있다. 따라서 선교는 의례를 없애는 것만으로 승리할 수 없는 것이다. 기독교적 대안은 지속적으로 새롭게 갱신되는 생동적이고도 강력한 제 3의 의식으로 전환되어져야 한다.

출생의식은 생명의 신성함에 의미를 부여해 주어야 한다. 딸들은 아들과 똑같이 귀중히 여겨져야 한다. 결혼의식은 통과의례라기보다는 가정을 세우고 성윤리를 지키는 데 보다 큰 의의와 역할이 있다. 결혼은 배우자에 대한 순결과 신뢰성을 가르치며 사회적 유대강화를 돕는다. 장례식은 죽음으로 끝나는 것이 아니라, 부활과 영생, 천국으로 인도하는 관문이요, 신앙세계에 실존적으로 증거하는 강력한 의식이다. 따라서 마뿌체 조상신을 섬기는 마뿌체 부족민들에겐 존경과 예배의 차이점을 분별할 수 있도록 가르쳐야 한다. 상기한 성년식은 부족들이 가장 큰 관심을 갖는 통과의례이다. 이 때 선교사는 기회가 닿는 대로 순결교육을 수행할 수 있을 것이다.

a. 마뿌체 부족과 현대 도시화의 쟁점 : 마뿌체 부족민이 사라져 가고 있다. 이제 이들은 재능껏 도시를 향해 가며 어떤 이들은 도시적응에 실패하며 좌절한다. 마뿌체족의 젊은이들도 도시의 변두리에서 소외되기도 하고 알콜에 젖어 삶을 버린다.

경제정치적인 면에서도 마뿌체 부족은 자신들보다 더 크고 활발한 세계와 밀접한 관계를 맺고 싶은 기대가 삶의 방식에 영향을 끼친다. 카스트와 같은 사회계급구조가 아니기 때문에 마음만 먹으면 도시에 나가 기술을 개발하며 중류사회에 발을 딛을 수도 있다. 수확과 생산품은 도시로 유통되며 교역을 통해 지배관료와 공생관계를 맺고 있다. 시장경쟁에 이기기 위해서는 어쩔 수 없이 전문화 기술을 익혀야만 한다.

경제적 경쟁력만이 이들의 이슈는 아니다. 정치적 압박에서 오는 불안과 과거에 경험해 보지 못했던 빈부의 격차가 생기고, 고리대금 업자가 인간관계를 돈으로 묶어놓고 있다. 정의와 해방의 문제가 부족들에게까지 파고 들어와 정치적 논쟁을 야기시킨다. 해방신학이 가난하고 착취당하고 억압받는 많은 빈민에게 나타나 대접을 받았다는 사실은 그리 놀랄 만한 일이 아니다. 현대 해방신학이 마르크스주의적인 사회분석을 그 기초로 하여 물질적인 성취를 그 목표로 삼고 있지만(폭력사용도 옹호한다) 인간중심주의만 내세우고 하나님의 능력을 과소평가하는 급진해결책에 손을 들어 줄 수는 없는 일이다. 하지만 해방신학이

제기한 질문들은 너무나 중요하고, 기독교 선교가 그것들을 무시할 수도 없다. 왜냐하면 하나님께서 이런 문제들에 대해 깊이 관여하고 계시기 때문이다.

정의와 자유를 가져오게 하는 가장 중요한 방법은 부족들로 하여금 스스로를 조직하고, 자신들의 삶에 책임지도록 하는 것이다. 우리는 선교현장에서 소외받은 자들이 새로운 중생의 기쁨을 체험하고 교회의 일원으로 사역하는 많은 사명자들을 만나볼 수 있다. 마뿌체 족 교회가 오순절 은사운동에 가담하고서 회중주의적 성격을 띤 교회라는 것은 잘 알려진 사실이다. 그들은 남성이든 여성이든 평신도 지도자들에게 권한을 주어 교회를 개척하고 지도력을 발휘하는데 은사를 활용하게 한다. 이와 같은 특징들은 교회가 억압적인 사회조직체에 맞서게 될 때 큰 힘을 공급해 줄 수 있다.

b. 교차문화적 관점에서의 회심 : 마뿌체 부족 선교는 교차문화적 측면에서 볼 때, 3중의 문화가 겹친다. 곧 스페인어권 문화와 한국문화와 부족 자체 문화가 그것이다. 한국을 떠난 선교사는 각기 세계관이 완전히 다른 문화권에 들어가 동시에 호흡하고 있는 것이다. 기적이다. 은혜이다. 그리고 노동이다. 그렇지만 회심하는 사람이 없다면, 그 선교는 일단 다시 점검을 받아야 할 것이다. 회심이란 본질적으로 하나님께 돌아오는 것을 말한다. 예수 그리스도는 이스라엘 민족뿐만 아니라 이방인을 구원하기 위해 타문화권에 가서서 선교하였다(마 8:5-13, 15:21-28). 건강한 자에게는 의원이 필요 없고 오직 병든 자에게라야 필요하다(마 9:12-13). 바울도 선교의 목적을 문화권을 초월한 회심에 두었다(행 15장). 요나 또한 니느웨로 가라는 이중의 교차문화적 소명을 받았다. 메시지의 골자는 회심이었다. 도날드 맥가브란은 "선교에 있어 가장 중요한 사명은 인도주의적 봉사를 하는 것이 아니라, 불신자들을 제자 삼는 것- 불신자들을 그들의 집단 안에서 그리스도께 헌신하도록 데려오는 것"이라고 이해하였다.[60]

다렐 화잇맨(D.L.Whiteman)은 회심에 대해 이렇게 썼다. 그는 3단계의 작업이 필요하다고 제시한다. (1) 히브리, 희랍 및 로마사회의 문화적 형태로 표현된 본래의 성경적 의미 파악 (2) 우리 자신이 살고 있는 현 사회에서 본래 의도된 성경의 의미를 표현하기 위해, 현재의 문화형태와 본래의 성경적 의미를 구분할 것 (3) 결국 이러한 구분을 고려하여 성경적 의미전달을 바르게 하기 위하여 언어와 문화의 장벽을 넘어야 한다는 것이다. 이 과정을 거칠 때 비로소 '그리스도와 같이 됨'의 의미가 파악되고, 서로 다른 문화와 서로 다른 시대 속에서 '회심'이 재발견되어야 한다고 주장한다.[61] 바꾸어 말하면 마뿌체 부족은 그리스도인이 되기 위해 유대인이나 헬라인이 될 필요가 없는 것이다. 이는 마뿌체 부족(토착)교회를 세워야 할 선교적 과제를 적절히 해명해 준 등가적 논리이다.

제6장. 나가며

교회 개척자와 선교사로서의 필자는 섬기는 사람들이 소유하고 있는 고등종교에 유의하고 있는 것이 사실이다. 하지만 전도 대상자들이 고등종교를 갖고 있다 하더라도 민간신앙이나 주술, 마법, 강신, 조상신, 악령에 사로잡혀 있는 경우가 많으며 정령사상에 관심을 두고 있는 것을 발견한다. 현존하는 태반의 교회가 과거의 정령숭배와 기복신앙(풍요신학)적 방식을 기독교라는 또 다른 종교층을 덮어 쓴 형국으로 치닫고 있음을 직시한다. 현금에 이르러 이러한 서구적인 세계관을 반성하며 부족민에 대한 구령의 사명을 새롭게 하는 이들이 있어 21세기의 복음증거는 고무적이다.

본 연구는 이러한 선교적 자세를 가지고 아르헨티나 마뿌체 부족을 회심시키는 순도 높은 무기는 결국 성경 말씀뿐임을 믿고서, 그들의 사회·문화·종교·교육의 최고 집결지라고 말할 수 있는 '레우에'(rehue)에 대한 종교적 세계관을 고찰하였다. 나아가 신년축제의 제의적 구성과 기능 및 민간 신화를 연구하였다. 모두가 선교의 접촉점을 찾기 위한 노력이다. 본고는 정령들이 뒤끓는 능력대결의 현장에서 진정한 승리와 통치는 하나님의 나라와 진리에 있음을 증거하고 있다. 마뿌체 부족의 신년축제 이해는 교차문화 속에서의 타민족 이해와 궤를 같이 한다. 마뿌체 부족민의 회심은 과거 서구 선교가 남긴 문화의 경계를 기준으로 한 개념이 아니라, 문화의 중심체제인 종교관과 세계관을 축으로 삼고 접근해야 함을 다시금 배운다. 비 그리스도인인 마뿌체 부족민의 중심이 하나님께로 돌아오기를 기준으로 삼아 진정한 회심이 이루어지도록 접촉해야 한다.

마뿌체 부족의 정체성을 찾다가 오히려 기독교 선교의 정체성을 잃을까 다시 구심점을 향해 뒤돌아 봄이 필요하다. 필자는 마뿌체 부족문명이나 인종그룹을 옹호하는 입장이 아닌, 어떻게 하면 그들이 정령사상에서 돌이켜 그리스도 앞으로 돌아올까를 기도하는 마음으로 피력하였다. 하지만 그들의 정체성이 도시화의 물결에 침식되고 현대 다원주의의 불길에 화상을 입고 있음을 발견한다. 필자는 지금은 외부 관찰자로서 마뿌체 부족선교를 연구하고 있지만, 조상신을 섬기며 악령에 시달리고 있는 그들을 사랑하는 마음은 변함이 없다. 그들은 '땅의 사람' 혹은 '강한 마뿌체'라는 정체성을 가지고 수십 세기 동안 빠따고니아와 빰빠 평원과 안데스 산맥 중부의 황막한 산악지대를 파수해 왔다. 그러기에 하나님께선 이 시대를 위한 복음의 나팔로 쓰시고자 하는 뜻이 있을 것이다.

또한 칠레 남부와 아르헨티나 중남부 지역에서 이미 부족교회를 건설하며 땅 끝까지 이르러 복음의 증인이 되기 위해 헌신하는 마뿌체 형제자매들이 존재한다는 사실은 남아메리카를 위한 동반자 선교를 보다 가치 있게 만든다. 진정한 회심을 통해 기독교적인 세계관으로 무장한 마뿌체족 교회가 주님 오실 날까지 지상에 우뚝 서 있기를 기대한다.

미 주

1) Lilia A. Bertoni y Luis A. Romero, *Una Historia Argentina: asi empezo nuestra historia*, Libros del Quirquincho, Buenos Aires, Argentina, 48.

2) Tam Muro & Helena Aizen, *Diversidad Cultural Argentina*, Imp. Bavaria, S. Carlos Bariloche, Argentina, 4.

3) El Nuevo *Testamento en Mapudungun*. Sociedad Biblica Chilena, N.I.E. Colombia. 1997. 사실 마뿌체 부족어 문법연구를 위해서 1990년부터 칠레 중남부 5개 주에서 '땅의 말', '땅의 소리' 등을 강조하며 마뿌체족 언어 배우기 운동을 전개한 바 있다. (Anibal Brrera, *El Grito Mapuche: Una historia inconclusa*, Editorial Grijalbo, 176 참조.)

4) 본서는 마뿌체 부족언어의 음성학(문법구조)과 신화전설들을 편집해 놓았다. Mapuche는 칠레 남부 본거지에서 불려졌던 부족 고유의 이름이며 '땅의 사람' 이라는 뜻을 갖고 있다. (mapu=땅, che=사람). 학자들 중엔 마뿌체 부족을 '아라우까노(araucano)' 라 부르는 것을 부적절한 명칭으로 간주하는 이도 있다.

5) 본서는 1960년 Esteban Erize의 조부 Esteban Erize 1세가 마뿌체 공동체 안에서 편집했던 Mapuche 사전과 관련 문헌을 손자가 다시 집대성한 책으로써 마뿌체 연구서로서는 가장 유력하다.

6) Paul G. Hibert & Eloise Hiebert Meneses, *Incarnational Ministry*, B.B.H. Grand Rapids, Michigan, 180-83.

7) Tam Muro & Helena Aizen, 29-30.

8) Andres Ferreyra(ed.) *Argentina Indigena & Prehistoria Americana*, Tea., Bs. As. Argentina, 153. Mapuche 부족의 인종설은 대충 4개의 범주로 나눈다. 1) 리까르도 랏참(R.E. Latcham)에 의한 견해로써 14세기경 잉카의 케츄아족(Los Quechuas)이 잉카의 마지막 왕조인 '뚜빡 유빵끼(Tupac Yupanqui)' 시대에, 농경과 수렵, 낚시를 위해 칠레북부에 자리잡고 있던 과라니족(Guarani) 혹은 아마존족(Las Amazonicas) 지역을 지나 오늘날 칠레의 Itata 강과 Tolten 강, Bio-Bio 강까지 들어왔다고 추정한다. 이 학설에 따르면 이들 일부가 칠레 북쪽을 지나 아르헨티나의 빰빠 평원을 거쳐 현재의 마뿌체족지역에 도달했을 것으로 본다. 2) 현재의 마뿌체 거주지(칠레)가 그들의 본래 원시적 본원지였다고 주장하는 학설. 3) O. Menghin을 중심한 인류학자들의 주장으로써 이들이 아마존에서 이동해 왔음이 확실하다는 학설. 4) 아르헨티나의 북서쪽으로부터 진입해 왔으며 인종상의 뿌리는 몽골인종으로 보는 견해. 이 견해에 따르면 칠레 땅에 가장 처음 발을 딛었던 주종족을 마뿌체 부족이었다고 추정하고 있다. (Hernan San Martin, Los Araucanos, *Empresa Editora : Nacional Quimantu Limitada*, Santiago, 31-33, 37. 참조)

9) Ibid., 152-55.

10) *Diccionario Enciclopedico Ilustrado*, El Diario Clarin, Bs. As. Argentina, 52.

11) Ibid.

12) Esteban Erize, *Mapubhe*, Editorial Yepun, Bs. As., Argentina, Vol. 1. 7-8. 1962년 칠레 정부의 인구조사에 의하면 마뿌체 부족 인구는 약 323,000 명으로 집계된 바 있다. 그 후 1966년 칠레 '원주민 관리국(La Direccion de Asuntos Indigenas)' 통계엔 241,816명으로 나타나 있다. 66년 같은 해 A. Saavedra의 인구조사 결과에 따르면 총 326, 066명이 집계 되었는데, 칠레엔 약 230,000명의 마뿌체족 인구가 760여 개의 공동체에 가입되어 있으며, 그 외 15,000명 정도는 아직 이름 붙여지지 않은 약 200여 개의 공동체에 흩어져 거주하고 있음이 발표되었다. (Hernan San Martin, *Los Araucanos*, p. 77. 참조)

13) 안데스 산맥을 이동하면서 양떼와 염소 떼를 돌보는 목자들을 말함.

14) Tam Muro & Helena Aizen, 27. 칠레산(産) 나무 이름으로서 곧 그 숲에 사는 사람이란 뜻.

15) Adalberto Salas, *El Mapuche o Araucano*, Editorial Mapfre, Madrid, Spain, 28.

16) Paul G. Hibert & Eloise Hiebert Meneses, 183.

17) Ibid., 199.

18) Neuquen 주청사 발행의 Neuquen Agrupaciones: Localidades cercanas mas importantes. 조회 번호 910호 참조. 1995. * 주 12의 칠레 마뿌체족 공동체와의 비교.

19) Arthur Holmes, Contours of a World View, 이승구 역, 『기독교 세계관』, 엠마오, 56.

20) Tam Muro & Helena Aizen, 59.

21) Esteban Erize, *Mapubhe*, Vol. 3. 122.

22) Esteban Erize, Vol. 5. 165.

23) Tam Muro & Helena Aizen, 34-35.

24) Esteban Erize, *Mapubhe*, Vol. 2. 121

25) Paul G. Hibert & Eloise Hiebert Meneses, 196-99.

26) Esteban Erize, *Mapubhe*, Vol. 2. 138.

27) Ibid., 127-28.

28) Ibid.

29) Ibid., 130.

30) Ibid., 138-39.

31) Ibid., 139.

32) Ibid., 151-52.

33) Ibid., 133.

34) Ibid., 135-36.

35) Ibid., 136-37.

36) Paul G. Hibert & Eloise Hiebert Meneses, 111.

37) Adalberto Salas, *El Mapuche o Araucano*, 217-220.

38) Ibid., 217.

39) Ibid., 229.

40) Ibid., 274-280

41) Ibid., 274.

42) Esteban Erize, *Mapuche*, Vol. 2. 103-104.

43) Ibid., 123-24. 재인용.

44) 안영권, "문화적 하부체계로서의 종교체계", 복음 선교신학회(편), 『문화인류학』, 157.

45) Paul G. Hiebert, *Cultural Anthropology*, Baker Book House, G.R.Michigan, 372-76.

46) Ibid.

47) Esteban Erize, Vol. 5, 128.

48) Paul G. Hibert & Eloise Hiebert Meneses, 131.

49) Ibid., 150.

50) Ibid., 93.

51) Ibid., 115-16.

52) Ibid., p.114.

53) Ibid.,

54) 조상신과 커뮤니케이션 할 때 나타나는 일종의 방언 코드.

55) Paul G. Hibert & Eloise Hiebert Meneses, 131.

56) 전호진, 『종교 다원주의와 타종교 선교전략』, 개혁주의 신행협회, 140.

57) 윤춘식, 『현대교회와 선교교육』, 영문, 287-88.

58) Emilio A. Nunez & William A. Taylor, *Crisis and Hope in Latin America*, 변진석역, 『라틴 아메리카의 위기와 희망』 CLC 간, 449 재인용.

59) Paul G. Hibert & Eloise Hiebert Meneses, 161.

60) 홍기영, "교차문화적 관점에서 본 회심", 한국 복음주의 선교신학회(편), 『선교를 위한 문화인류학』, 복음주의 선교신학회, 412

61) Darrell L. Whiteman, *Effective Communication of the Gospel Amid Cultural Diversity*, Missiology; International Review, Vol. 12-3호, 275-6.

참고 문헌

1. Adalberto Salas, *El Mapuche o Araucano*, Editorial Mapfre, Madrid: Spain, 1992.

2. Andres Ferreyra(ed.) *Argentina Indigena y Prehistoria Americana*, Tea., Bs. As.: Argentina, 1993,

3. Anibal Brrera, *El Grito Mapuche : Una historia inconclusa*, Editorial Grijalbo, Santiago: Chile, 2000.

4. Darrell L. Whiteman, *Effective Communication of the Gospel Amid Cultural Diversity*, Missiology; International Review, Vol. 12-3호, 1984.

5. *El Nuevo Testamento en Mapudungun*. Sociedad Biblica Chilena, N.I.E. Colombia. 1997.

6. Esteban Erize, *Mapubhe*, Editorial Yepun, Bs. As..: Argentina, Vol. 1-6. 1989.

7. Hernan San Martin, *Los Araucanos*, Empresa Editora: Nacional Quimantu Limitada, Santiago: Chile, 1972.

8. Lilia A. Bertoni y Luis A. Romero, *Una Historia Argentina: asi empezo nuestra historia*, Libros del Quirquincho, Bs. As.: Argentina, 1989.

9. Paul G. Hibert & Eloise Hiebert Meneses, *Incarnational Ministry*, B.B.H., Grand Rapids, Michigan, 1995.

10. Paul G. Hiebert, *Cultural Anthropology*, B.B.H., G.R.Michigan, 1992.

11. Tam Muro & Helena Aizen, *Diversidad Cultural Argentina*, Imp. Bavaria, S. Carlos Bariloche, Argentina, 1995.

[번역서]

12. Arthur Holmes, *Contours of a World View*, 이승구 역, 『기독교 세계관』, 서울: 엠마오, 1991.

13. Emilio A. Nunez & William A. Taylor, *Crisis and Hope in Latin America*, 변진석

역, 『라틴 아메리카의 위기와 희망』, 서울: CLC 간, 2004.

14, Paul G. Hiebert, *Anthropological Insights for Missionaries*, 김동화, 이종도, 이현모, 정흥호 공역, 『선교와 문화인류학』, 서울: 죠이선교회, 1996.

[단행본]

15. 안영권, "문화적 하부체계로서의 종교체계", 서울: 한국 복음주의 선교신학회(편), 『선교를 위한 문화인류학』, 서울: 이레서원, 2001.

16. 윤춘식, 『현대교회와 선교교육』, 서울: 영문, 2001.

17. 전호진, 『종교 다원주의와 타종교 선교전략』, 서울: 개혁주의 신행협회, 1994.

18. 홍기영, "교차문화적 관점에서 본 회심", 서울: 한국 복음주의 선교신학회(편), 『선교를 위한 문화인류학』, 서울: 이레서원, 2001.

[스페인어 백과 사전과 자료들]

19. *Diccionario Enciclopedico Ilustrado*, El Diario Clarin, Bs. As. Argentina, 1997.

20. *Diccionario Mapuche*, Centro Universitario Saleciano del Sur Argentino(ed.), Ediciones Goudelias, CUSSA, Bahia Blanca, Agentina, 1987.

21. *Himnario Mapuche (Tati pu Himno)*, 『마뿌체 부족교회 찬송가』, Union de Centros Biblicos, Chile, 1975.

22. *Provincia de Neuquen Agrupaciones: Localidades cercanas mas importantes*, 『마뿌체족 주요지역 공동체 자료』 네우껜주(州) 주청사 발행, 조회 번호 910호, Neuquen: Argentin, 1995.

[그 외 마뿌체 부족 관련 참고 문서들]

1. 벵고아 호세, 『마뿌체 부족 역사』, Sun사, Santiago: Chile, 1985.

2. 게바라 S., 「아라우꼬 부족 문명」, 아르헨 아라우까노를 위한 의회 소집, PCAAA 간, Bs. As.: Argentina, 1989.

3. 에르난데스 이사벨, 「원주민 인권 ; 마뿌체 부족」, Búsqueda-Yuchan 간, Bs. As.: Argentina, 1985.

4. 만드리니 R., 「19세기 빰빠 지역 원주민 부족사회」, Eudeba 간, Bs. As.: Argentina, 1985.

5. 나르디 리까르도, 「아르헨티나의 마뿌체 부족: 인종 역사 구조-아르헨티나에서의 마뿌체부족 문화」, '문화교육부 연구소' 간, Bs. As..: Argentina, 1982.

6. 문화부 차관실 산하 'INA 연구원', 「아르헨티나 마뿌체 부족문화」, INA 간, Bs. As.: Argentina, 1982.

과테말라에서의 영적전쟁

김 상 돈 목사 | 선교사
과테말라 한인교회
e-mail:guatekim@naver.com
(사진: 1차 앞줄 우로부터 일곱 번째)

영적 전쟁의 영역은 육체와 세상, 그리고 마귀이며, 하나님께서 주신 본질적인 영적
무기는 예수의 보혈과 예수의 이름, 그리고 하나님의 말씀이다. 영적 전쟁에서 승리
하기 위해서는 싸움의 대상을 명확히 알고 그리스도인의 신분과 권세를 알아야 하며,
특히 생각과 마음과 입술을 잘 지켜야 하며, 마귀와 반대 정신으로 살아야 한다.

1. 영적 전쟁의 영역

영적 전쟁의 영역은 육체와 세상, 그리고 마귀라고 할 수 있다. 에드 머피는 육체를 "마음
과 감정과 의지를 포함한 죄악된 몸 가운데서 자기 중심적인 경향을 가진 결함투성인 인간
성을 말하는 것"[1]이라 정의한다. 레이 스테드먼은 육체가 "우리들의 본성을 비뚤어지게 하
고, 우리들로 하여금 스스로 하나님이 되게 만드는, 즉 십자가를 지지 않으려고 하며 의도
적으로 반항하고 권위에 도전하게 하는 교만한 자아, 자기 중심적인 행위를 충동질하는, 도
덕적으로 부정적인 의미를 가지고 있다"[2]고 정의했다.

육체라는 말은 인간의 타락한 본성을 동일시하는 데 공통적으로 사용되고 있다[3]. 육체가 그토록 제어하기 힘든 원수라는 이유 중의 하나는 그것이 성도의 인격과 매우 밀접한 내면적 관계를 맺기 때문이다. 육체는 마음과 의지, 그리고 감성에 밀접하게 얽혀 있으며 그것은 인간의 내적 생활을 절대적으로 지배한다.

육체와의 싸움이 왜 중요한가?

첫째, 육체의 죄를 자의적으로 범하게 하는 것은 사탄이 성도의 생활에서 그의 지배권을 가질 수 있는 기회를 허락하기 때문에 육체와의 싸움이 중요하다. 육체의 죄는 마귀들을 향해 열린 출입문이 될 수 있다. 일단 영적인 악이 우리의 생활 속에서 그 발판을 얻으면 그 악은 우리의 생활을 대적하는 흑암의 권세로서 우리의 전체 생활을 지배하는데까지 발전한다. 육체와의 싸움에 승리하기 위해서는 먼저 육적인 죄를 성령께서 나타내 주시기를 간구하는 것이 중요하다.

둘째는 죽음의 단계이다(롬 6:1-13; 갈 2:20, 5:24). "그리스도 예수의 사람들은 육체와 함께 그 정과 욕심을 십자가에 못 박았느니라"(갈 5:24). "이와 같이 너희도 너희 자신을 죄에 대하여는 죽은 자요 그리스도 예수 안에서 하나님을 대하여는 산 자로 여길지어다"(롬 6:11).

육체에 대한 전쟁은 예수가 십자가에 죽으셨다는 진리의 기초 위에서 이루어진다. 성도들이 물려받은 타락한 죄의 본성은 그들이 더 이상 죄의 종이 되지 않도록 하기 위해 갈보리에서 그리스도와 함께 십자가에 못 박혔다. 육체에 대한 승리는 항상 능동적이며 적극적으로 날마다 순간마다 "내가 그리스도와 함께 십자가에 못 박혔나니"(갈 2:20)라는 절대적 진리의 적용이 필요하다.

세 번째 단계는 성령 안에 거하는 일이며 성령을 따라 행하는 것이다(갈 5:16-25). 바울은 육체와 성령의 싸움과 관련하여, 그 싸움 가운데 승리할 수 있는 동일한 비밀을 제시하고 있다. '성령 가운데 행하라'. 다음 구절은 육체와의 싸움에 매우 중요한 원리를 보여 준다. "형제들아 너희가 자유를 위하여 부르심을 입었으나, 그러나 그 자유로 육체의 기회를 삼지 말고 오직 사랑으로 서로 종 노릇하라. 내가 이르노니 너희는 성령을 좇아 행하라 그리하면 육체의 욕심을 이루지 아니하리라. 너희가 만일 성령의 인도하시는 바가 되면 율법 아래 있지 아니하리라"(갈 5:13, 16, 18).

다음으로 영적 전쟁의 영역인 이 세상에 대해 바울은 부정적인 견해를 선언했으나 사도 요한은 하나님께서 이 세상을 사랑하신다고 선언한 예수님의 말씀을 요한복음 3:16에서 기록하고 있다. 세상은 영적 전쟁에서 적극적으로 대적해야 할 원수이다. 신약 성경에서 '세상'으로 번역되는 가장 일반적인 헬라어는 코스모스(kosmos)이며, 이 단어를 신약에서 약 2백 회나 사용했다. 그 외 아이온(aion-세대)과 오이쿠메네(oikoumene-사람이 사는 세상)가 비슷한 빈도로 사용됐다.[4] 코스모스라는 단어는 우리의 원수를 묘사하는 데 사용된 중요한 헬라어이다. 요한복음 3:16에서는 하나님이 세상(코스모스)을 사랑하신다고 묘사되어 있다. 그러나 요한일서 2:15은 성도들에게 세상(코스모스)을 사랑하지 말라고 명령하고 있다. 아마도 하나님이 이 세상과 맺으신 관계는 애증의 관계라고 부를 수 있을 것이다.

하나님은 세상의 전 인류가 죄악으로 찌들어 있으며 하나님과 떨어져서 하나님을 거역하며 살고 있음에도 불구하고 그들을 사랑하신다(고후5:18-21). 이모리스는 세상과 벌이는 영적 전쟁 연구에 필요한 중요한 설명을 하고 있다. "하나님이 창조하신 전체 피조 세계는 타락으로 다 깨져 버렸고, 하나님의 심판 아래 놓여 있으며, 예수께서 구세주로서 그 속에 나타내신다. 그렇기 때문에 세상은 어떤 의미에서 구속사 속에서 구세주의 가장 커다란 대적자로 인격화되었다고 볼 수 있다". 그러나 하나님께서는 이 세상의 체제와 제도를 몹시 미워하신다(요 7:7, 14-17).[5]

세상적인 삶의 철학은 인간들이 하나님의 놀라운 사랑을 볼 수 없도록 눈멀게 만들며, 인간이 하나님과 떨어진 죄악된 분리 상태를 더욱 강화시킨다. 이런 의미에서 세상은 내적 원수인 육체와 외적 원수인 악한 영의 세력의 행위가 집합적이고 사회적으로 표현된 것이라고 정의라고 할 수 있다. 사탄과 육신이나 옛 사람은 그 활동과 철학에 있어서 세상 제도를 형성하는 데 중요한 역할을 한다.[6] 사도 요한은 "이는 세상에 있는 모든 것이 육신의 정욕과 안목의 정욕과 이생의 자랑이니, 다 아버지께로 좇아 온 것이 아니요 세상으로 좇아 온 것이라"(요일 2:16)고 분명히 가르치고 있다. 이 구절은 세상의 조직체 속에는 인간의 타락한 본성이 아주 큰 비중을 차지하고 있다는 것을 나타내고 있다. 세상 제도도 역시 성도에 대한 하나님의 계획을 반대하는 사탄과의 전쟁의 확대이며 또한 그것을 포함하고 있다. 예수께선 사탄을 이 세상 임금이라 불렀다(요 12: 31). 세상은 성도로 하여금 세상 기준을 따르도록 유혹한다(요 15:18-19, 17:6, 9, 14-16; 롬 12:2; 골 2:8).

오늘날 사탄은 박해와 핍박 등을 통해 일하는 것이 아니라, 이 시대에 맞는 전략으로 영화와 비디오, 만화나 록 음악, 컴퓨터 게임이나 인터넷, 스포츠 신문이나 서적들을 포함한 출판물, 텔레비전 등의 대중문화를 통해 수많은 사람들, 특히 감수성이 예민한 청소년들을 유혹하고 있다. 사도 요한은 세상에 대한 성도의 승리를 "우리의 믿음"으로 정의하고 있다.[7] "대저 하나님께로서 난 자마다 세상을 이기느니라. 세상을 이긴 이김은 이것이니 우리의 믿음이니라. 예수께서 하나님의 아들이심을 믿는 자가 아니면 세상을 이기는 자가 누구뇨"(요일 5:4-5). 그리스도께서 세상에 대하여 십자가에 못 박히셨기 때문에 나도 세상에 대하여 못 박힘을 받아 죽는다(갈 2:20, 6:14). 승리는 예수님께서 하나님의 아들이심을 믿는 우리의 믿음에서 온다.

세 번째로 사탄과 싸움에 있어서 고린도후서 4장은 사탄의 궁극적인 전략과 현재의 방법을 조명해 주는 매우 중요한 구절이다.

"만일 우리 복음이 가리웠으면 망하는 자들에게 가리운 것이라 그 중에 이 세상 신이 믿지 아니하는 자들의 마음을 혼미케 하여 그리스도의 영광의 복음의 광채가 비취지 못하게 함이니 그리스도는 하나님의 형상이니라"(고후 4:3-4). 이 세상 신인 사탄의 최고의 관심은 하나님의 형상을 입으신 예수 그리스도의 복음의 빛이 자기에게 속한 자들에게 뚫고 들어오는 것을 가로막는데 있다. 이러한 목적을 위해 사용하는 무기는 곧 영의 눈을 어둡게 만드는 것이다.

그러면 사탄은 어떤 활동을 하는가? 사탄은 먼저 하나님과 연관하여 성품에 있어 하나님을 대적하고 하나님의 계획을 위장하고 하나님의 권위를 거스림으로써 그의 계획을 방해한다.[8] 또한 만국을 미혹하여 그들의 정부에 영향력을 행사하고 있다. 불신자에 대해 여러 가지 다양한 활동을 하고 있는데 가장 중요한 일은 진리를 받아들이지 못하도록 복음에 대해 마음을 어둡게 한다(고후 4:3-4). 또한 뿌려진 말씀을 빼앗아 가 구원받지 못하게 한다(눅 8:12). 또한 사탄은 거짓 것에 이끌리게 한다. 거짓 종교를 주입시키고(딤전 4:1-3), 거짓된 세상 풍속에 깊이 뿌리박게 한다(엡 2:1-3).[9]

그리스도인과 연관하여 사탄은 ;

첫째, 사탄과의 싸움이 아닌 사람과 싸우게 만든다(엡 6:12). 둘째는 참소하고 비방하게 만든다(계 12:10). 마귀가 참소자를 의미하듯 사탄은 그의 이름에 맞게 행동한다. 그는 신자의 죄와 결점을 하나님 앞에서 참소한다. 셋째, 의심을 심어 준다(창 3:1-5). 사탄은 신자로 하여금 하나님의 선하심과 그의 말씀을 의심하게 한다. 그리하여 사탄은 하나님의 인격을 중상하고 하나님의 권위에 도전한다. 넷째, 죄를 짓도록 유혹한다. 다섯째 교회에 침투해 들어온다. 사탄은 그의 사자들을 광명의 천사로 가장시켜 거짓 선생으로 일한다. 미혹하는 일꾼으로서 그들은 참 사역자들을 대적하고 합법적인 또는 인본주의적인 종교 형태를 조장한다(고후 11:13- 15, 벧후 2:1-19). 여섯째 분열을 조장한다(고후 2:10-11). 완전한 용서로 마음이 화합되지 않는 곳에 사탄이 분쟁과 분열을 일으킬 소지가 남아 있다. 고린도 교인들은 이미 그들 가운데 다른 분열을 일으켜 놓았던 세상 지혜를 사탄이 조장함으로써 영향을 받고 있었다 (고전 1:10-11,3:1-9, 5:2, 6:1,8:1-13).

따라서 이러한 마귀의 유혹에 대처하기 위해 성경은 "하나님의 전신갑주를 입으라"(엡 6:11), 그리고 "믿음의 선한 싸움을 싸우라"(딤전 6:1), "마귀를 대적하라 그리하면 너희를 피하리라"(약 4:7)고 말한다.

2. 영적 전쟁의 무기

하나님께서 각 성도에게 주신 본질적인 영적 전쟁의 무기들이 있다. 즉 하나님의 말씀, 예수의 이름, 예수의 보혈이다. 그리고 이러한 본질적인 무기를 가지고 영적 전쟁에 무기의 수단으로 사용할 수 있는 것들이 있는데 기도, 찬양, 간증, 전도, 금식 등이다. 하나님의 말씀, 예수의 이름, 예수의 보혈은 미사일의 탄두(warhead)라면 기도, 찬양, 전도, 금식 등은 미사일을 날라다 주는 로켓의 역할을 한다고 할 수 있다. 파괴하는 힘은 탄두에 있지, 로켓

자체에 있는 것이 아니다. 따라서 영적 전쟁 가운데서도 영적 전쟁의 본질적인 무기인 하나님의 말씀과 예수님의 이름과 예수님의 보혈의 능력을 알고 효과적으로 사용할 줄 알아야한다.

성령의 검 곧 하나님의 말씀은 공격용이며 동시에 방어용 무기이다. 적의 세력 한가운데서 침투해 들어가는 일, 그리고 도사리고 있는 사탄의 영향력을 밝히 드러내 보이는 일에 있어서는 성령의 능력으로 선포되는 하나님의 말씀에 필적한 만한 것은 없다. 성령이 능력으로 역사할 때 하나님의 말씀은 검이 된다. 예수의 보혈이 영적 무기가 되는 이유는 사탄이 형제들의 참소자로서 하나님의 자녀들을 정죄하고 참소할 때 보혈은 우리에게 의로움을 주기 때문이다(롬 5:9). 예수의 보혈로 말미암는 의는 '의의 흉배'로서 방어용 무기일뿐 아니라, '의의 병기로 좌우하고'(고후 6:7) 에서처럼 공격용 무기도 된다. "또 여러 형제가 어린 양의 피와 자기의 증거하는 말을 인하여 저(마귀)를 이기었으니"(계 12: 11). 예수의 이름 안에 구약에 계시된 하나님의 성품과 속죄를 포함하는 모든 요소 곧 신유, 승리, 평강, 만족, 의로움, 보호, 인도, 임마누엘 등의 요소를 포함하고 있다.[10]

예수님이 구약에 나타난 하나님의 이름을 완성하셨다. 무엇보다도 예수 이름 안에 하늘과 땅에 속한 영적 권세가 있다. 초대교회는 예수 이름의 권세를 알고 사용했다. 하나님 말씀과 예수 보혈과 이름의 무기를 기도와 금식과 전도와 찬양 중에 사용한다면 마귀를 제압하는 실제적인 강력한 무기가 된다.

3. 영적 전쟁에서 승리하는 길

영적 전쟁에서 승리하기 위해 먼저 싸움의 대상을 명확히 알아야 한다. 싸움의 대상은 사람이 아니라 마귀라고 성경은 분명히 말한다(엡 6:12). 형제를 용서하지 못하고 분을 품고 있다면 이미 마귀에게 속고 있는 것이다. 싸움의 대상은 사람이 아니라 죄와 사탄이다. 사탄에게 속지 않고, 사람과 싸우지 않기 위해서는 무엇보다 사람과 죄를 구분하는 시각이 필요하다. 죄를 범한 사람을 긍휼히 여기고 그 사람의 죄와 연약성은 그리스도의 보혈로 구속받도록 해야 한다.

영적 전쟁에서 승리하기 위해서는 그리스도인의 신분과 권세를 알고 사용하는 일이 중요하다. 사탄은 그리스도인들이 하나님의 형상으로 회복되며 자신의 원 위치를 찾아가는 것을 싫어한다. 사탄은 그리스도인들이 하나님 닮은 성품을 주요 공격목표로 삼는다. 사탄은 우리가 하나님 형상 닮은 사실을 잊고 자기 자신이 쓸모없다고 생각하도록 부추긴다.[11] 우리의 신분을 바로 아는 것과 하나님을 향한 우리의 태도가 어떠해야 함에 대해 아는 것을 방해하기 위해 사탄은 낮은 자존감, 잘못된 하나님에 대한 이미지, 불안감 등의 다양한 책략들을 준비해 놓고 있다. 예수께서 제자들에게 주신 영적 권세를 하나님 나라를 증거하기 위해 사용해야 할 것이다. 찰스 크래프트는 영적 권세는 영적 친밀함과 비례한다고 말한다. "우리의 능력은 성령의 내주하심으로부터 나온다. 우리의 권세는 주님과 좋은 관계를 유지하는 것으로부터 나온다."

딘 셔먼은 생각과 마음과 입술의 세 가지 싸움터가 있다고 말한다.[12] 날마다의 영적 전쟁에 승리하기 위해서는 생각과 마음과 입술을 잘 지켜야 한다.[13] "우리가 육체에 있어 행하나 육체대로 싸우지 아니하노니 우리의 싸우는 병기는 육체에 속한 것이 아니요 오직 하나님 앞에서 견고한 진을 파하는 강력이라 모든 이론을 파하며 하나님 아는 것을 대적하여 높아진 것을 다 파하고 모든 생각을 사로잡아 그리스도께 복종케 하니"(고후 10:3-5). 불신, 낙담, 두려움, 부정적인 생각, 열등감, 죄책감 등의 잘못된 생각의 진을 거절하고 하나님의 말씀을 받아들일 때 견고한 진이 파해질 것이다. 마음을 지키기 위해 성경적 태도와 감정을 유지해야 한다. 교만하거나 분을 품는 등 잘못된 태도는 마귀에게 공격할 기회를 주게 된다.

베드로전서 5:6-9절에서 볼 수 있는 영적 전쟁에서 승리를 위한 핵심적인 교훈은 겸손할 것과 염려하지 않는 것이다. "죽고 사는 것이 혀의 권세에 달렸나니"(잠 18:21상) 말씀처럼 말에는 죽이고 살리는 권세와 능력이 있다. 긍정적이고 믿음의 말로 입술을 지켜야 한다. 생각, 마음, 입술을 지킬 때 승리를 경험하게 될 것이다. 영적 전쟁에서 승리하기 위해 마지막으로 성경적인 영적 전쟁에 임하는 법을 알아야 한다. 영적 전쟁은 기도를 한다거나 귀신을 쫓아내는 것만이 다가 아니다. 그것은 삶이며 성령께서 주관하시는 생각과 태도이다. 마귀와 반대 정신으로 사는 일이다.

딘 셔먼은 영적 전쟁에 임하는 법을 다음과 같이 제안한다.[14] 영적 전쟁으로서 회개하는 것, 지역을 위해 기도하기, 영적 전쟁으로서 전도하기, 의로운 마음으로 반응하기, 금식을 통한 영적 전쟁, 영적 전쟁으로 나누어 주기, 영적 전쟁으로 일치하기, 섬기는 것, 레마의 말씀에 근거한 믿음의 행동, 찬양을 통한 영적 전쟁, 입술로 마귀를 대적하는 것 등이다. 영적 전쟁은 삶이다. 그것은 진리를 품으면서 원수를 분별하고 하나님께 헌신하는 매일의 삶이라 할 수 있다.

미 주

1) 머피 에드. 『영적 전쟁 핸드북』, 두란노 간 (서울: 도서출판 두란노, 1999), 227.

2) Ray Stedman. *Spiritual Warfare* (Portland, Ore.: Multnomah, 1975), 13-14.

3) 마크 부벡. 『사탄을 대적하라』, 유화자 역 (서울: 생명의 말씀사, 1982), 27-28.

4) William Vine. *An Expository Dictionary of New Testament Words* (London: Oliphants, 1953), 4:233-34.

5) Ibid.

6) 에드 머피. 상게서, 367-68.

7) 신상언. "단지 그대가 크리스천이라는 이유만으로" 〈선교타임즈〉 2000년 10월호, 93-94.

8) C.F. 디카슨. 『천사 : 사탄과 귀신론』, 김달생 역 (서울: 성광 문화사, 1990), 191-203.

9) 오스왈드 샌더스. 『사탄의 정체』, 김문기 역 (서울: 보이스사, 1987), 112-42 참조. 샌더스는 마귀에게 속을 수 있는 몇몇 이단 종파를 소개하고 있다. 즉, 견신론(Theosophy), 기독교 연합학교 (Unity School of Christianity), 관념론(Spiritism), 크리스천 사이언스(Christian Science), 그리스도 신비주의(Christadelphianism) 등.

10) 테리 로. 『찬양과 경배의 능력』, 전가화, JEANIE L. KIM 공역 (서울: 도서출판 은혜사, 1991), 104-13.

11) 찰스 H. 크래프트. 『사악한 영을 대적하라』, 윤수인 역 (서울: 도서출판 은성, 1995), 109-12.

12) 딘 셔먼. 『영적 전쟁』, 이상신 역 (서울: 도서출판 예수전도단, 1992), 51-69.

13) Ibid., 129-31.

14) Ibid., 215-39.

참고 문헌

Ray Stedman. *Spiritual Warfare* , Portland, Ore.: Multnomah, 1975.

William Vine. *An Expository Dictionary of New Testament Words,* London: Oliphants, 1953.

딘 셔먼. 『영적 전쟁』 이상신 역, 서울: 예수전도단, 1992.

마크 부벡. 『사탄을 대적하라』 유화자 역, 서울: 생명의 말씀사, 1982.

머피 에드. 『영적 전쟁 핸드북』 두란노 간, 서울: 두란노, 1999.

C. F. 디카슨. 『천사 : 사탄과 귀신론』 김달생 역, 서울: 성광 문화사, 1990.

신상언. "단지 그대가 크리스천이라는 이유만으로" 〈선교타임즈〉 2000. 10월호.

오스왈드 샌더스. 『사탄의 정체』 김문기 역, 서울: 보이스사, 1987.

찰스 H. 크래프트. 『사악한 영을 대적하라』 윤수인 역, 서울: 도서출판 은성, 1995.

테리 로. 『찬양과 경배의 능력』 전가화, JEANIE L. KIM 공역, 서울: 은혜사, 1991.

선교 특강 [7]

지역교회 평신도의 선교동원과 동참 사례

장 근 조 장로 | 비거주선교사
서울 · 장충교회, 에코하우스Co. 사장
e-mail:stone4545@hanmail.net
(사진: 2차 4줄 좌로부터 네 번째)

[들어가며]

2005년 말 통계에 의하면 우리나라의 파송 선교사 수는 14,000명을 넘어서 15,000명에 접근하고 있다고 한다. 이렇게 급증하는 선교사의 증가는 하나님의 축복이며, 우리 민족을 사용하여 열방을 구원하려는 하나님의 비전이 구체화된 것이라고 생각된다.

이 많은 선교사님들이 하나님의 부르심을 받고 선교의 일선에서 마음껏 사역하기 위해 우리 **지역교회가 해야 할 역할**은 무엇이며, 그 지역교회의 구성원인 성도들은 **어떻게 선교에 동역**해야할 것인가에 대하여 몇 가지 사례를 소개하고자 한다.

1. 선교위원회의 활성화로 교회 체질 개선

※ 필자가 섬기고 있는 장충교회(예 · 장합동) 선교위원회는 10가정 20여 명의 안수 집사들 가족이 주축을 이루어 다음과 같이 선교 활동을 하고 있다.

(1) 가장 쉬운 것부터 실천하여 '선교' 맛들이기

　① 선교사 사역 보고서 파일 만들기 – 현장 이해

　② 핸드폰, 이메일로 문안하기 – 교제, 위로

　③ 사진과 기도제목 가지고 다니며 기도하기

　④ 선교정보 나누기 – 선교사 만나기, 선교정보를 자료화, 각종 선교모임 참여

(2) 중보기도 net-working

　① 선교위원별 선교사 배정(현재 협력선교사 22명)

　② 교회 각 기관별, 제자 훈련기별 선교사 배정

　③ 새벽기도회 때에 선교 중보기도

(3) 단기 선교를 통한 선교지원과 교회 내 선교 붐 조성 :

현지 선교사님과 긴밀한 협조 하에 전략적인 단기선교를 통하여 선교사와 교회
가 선교시너지 효과를 가져 옴.

　① 연중 여러 지역을 다양한 전략을 가지고 단기 선교사 파송

　　예) 축구선교, 김치선교, 문화선교, 펜팔선교

　② 선교위원들 여름휴가시 전 가족 선교지 방문

　　찬양, 워십, 뮤지컬, 고전무용, 태권도, 사물놀이 등 다양한 방법으로 현지인
　　과 동화

　③ 초등학생부터 청장년까지 선교지 체험 증가

　④ 국내 외국인 근로자 사역 : 현재 몽골인을 섬기고 있음, 매년 1~2회 몽골인
　　가족 방문

(4) 교회의 선교환경 조성 – 당회, 재직회가 선교의 중요성, 긴급성을 인식하도록.

　아직도 선교에 부정적인 많은 성도들 특히, 중직 자들의 선교 인식을 바꾸어 선
　교 지향적인 교회로 체질을 개선

　① 선교 예산 확대

　② 선교사 파송, 협력 확대

③ 잠재 선교사 개발, 훈련

2. 선교관 운영 – '산돌하우스' 사역

※ 선교관은 교회나 선교 단체가 해야 하지만 개인(혹은 기업체)도 얼마든지 할 수 있다. 15,000명의 선교사를 위하여 쉴만한 선교관이 많이 필요하다고 본다.

하나님께서 내게 '선교사님을 돌보는' 은혜를 주셔서 선교관 – 산돌하우스를 운영하고 있다.

(1) 위치 : 서울 강남구 역삼동, 교통이 좋은 곳에 위치

(2) 규모 : 방 4개(싱글, 더블, 가족실)

(3) 특징 :

① 사용료 없음, 인터넷, 전화 제공, 냉 · 난방 완비

② 선교사님을 VIP로 모심 – 신원 확인만 되면 누구든지 쉽게 이용 가능

③ 취사도구는 물론 양질의 쌀과 직접 담은 된장, 간장 상비

④ 깨끗한 이부자리, 도우미 아주머니가 늘 관리

⑤ 봄부터 가을까지는 옥상에 유기농 야채 재배

(4) 사용기간 : 2개월 이내(특별한 경우는 연장가능)

※가장 편하게 쉴 수 있는 선교관이 되도록 노력하고 있음.

3. 선교 복덕방 – 상담, 교제, 위로의 장(場)

※ 선교에 관심 있는 성도들, 특히 기업을 하는 여러 교회 성도들과 선교 동역회를 만들어 조금 더 전문화되고 심도 있는 선교지원 체제를 구축

(1) 선교사 VISA 문제 도움

창업 – 고용창출, 전문인 선교사 컨설팅

(2) 후원자 개발, 후원 교회 중매, 기도모임 소개

(3) 선교지 방문, 선교 응원부대 동원, 선교단체 협력, 선교단체 사무실 제공

4. 응원석에서 필드로!

※ 필드에 있는 선수들을 객석에서 응원하다가 선수들과 함께 뛰고 싶은 충동을 느낀 관중이 옷을 벗고 뛰어 내려가 함께 뛰는 패러다임

(1) 비 거주 선교사로(Non Residential Missionary)

무역을 하는 필자로서는 해외여행을 자주하게 된다. 여러 나라의 다양한 사람들과 만나게 된다. 일정 지역에 거주하지는 않지만 여행이나 출장의 자유로운 분위기에서 기회를 노려 복음을 증거한다.

(2) Silver 선교사로

어느 때인가 일선에서 물러나면 남은 여생을 '무엇을 할 것인가?' 일생의 경륜을 선교지에 쏟아 붓는 일 – 얼마나 가치 있는가! 나와 내 주위 사람에게 이 일을 권하고 싶다.

(3) 선교동원에 일조

여러 교회에서 '선교를 어떻게 하면 되느냐?' 는 문의가 많다. 강의 요청도 많다. 부족하지만 그동안 교회에서, 사업체에서, 가정에서 선교할 때 역사하신 하나님의 은혜를 정리하여 나누고 있다.

※ 원고를 마감하며…

전세방에서 살 때 모처럼 고국을 방문한 선교사님이 마땅히 쉴 곳이 없어 어려움을 겪는 모습을 보고 '선교관' 에 대한 비전을 갖게 되었다. 주님은 이 기도를 10년 전에 들어 주셔서 '산돌하우스' 를 허락하시고 온 세계의 선교사님들을 모실 수 있는 축복을 주셨다.

　　필자는 과테말라에서 개최된 [제1차 라틴아메리카 선교전략회의]의 과정을 지켜보면서　또한 2차 선교전략회의에 직접 참여하면서 많은 도전을 받고 있다. 앞으로 라틴아메리카 선교전략회의를 위해 사역과 진행에 도움이 되는 길이 있다면 발 벗고 나서고 싶다.

글쓴이 주소 : 서울 강남구 역삼동 609-1번지

연락처 : 02)557-9035, 011-410-0777

e-mail : stone4545@hanmail.net

선교전략 모델 세우기

선교전략의 원리와 실제

ACTS 편집부
www.acts.ac.kr

선교전략 모델 세우기의 목표

우리는 예수 그리스도의 지상명령을 받고 있다. 그 사명을 올바르면서도 효과적으로 감당하기 위해, 마땅히 성경적인 선교전략 모델을 찾아야 한다. 초대교회의 선교전략을 기초로 하여 교회역사를 통해 나타난 몇 가지 모델들을 성경과 선교신학적 관점에서 이해·평가하고 오늘의 라틴아메리카 상황에 적합한 모델을 수립해 보기 원한다.

참여자들은 먼저 성경에 나타난 선교전략을 이해해야 한다. 나아가 초대 교회와 근대–현대교회의 선교역사 속에 나타난 선교 모델들을 통찰할 수 있어야 할 것이다. 또한 우리들이 지금까지 관심 있게 사역해 온 선교현장을 분석하는 도구들을 습득해야 한다. 그리하여 가장 적합한 선교 전략을 수립하고 발표함으로써 선교지 영혼구령은 물론 선교 동원 능력을 배양하도록 하는데 목표를 둔다.

첫째, 선교전략 이론에 대한 이해를 돕는다.
둘째, 전략적 방향을 설정하는 데에 필요한 도구와 정보를 얻는다.
셋째, 실제 사역을 위한 적용 원리와 모델을 발견한다.

우리에게 진정한 선교 정책이나 전략(strategy)이 있는가? 그리고 중·남미 현재 기독교

의 상황은 어떠한가? (1차 자료 · 부록 2 : Dr. Samuel Escobar 참조)

아놀드 토인비는 역사관을 생물학적 언어로 표현할 때, 배태 – 발아 – 성장 – 성숙 – 분해 – 쇠퇴 – 사멸로 보고 있는데, 중 · 남미 선교는 어느 단계에 와 있으며 한국 파송 선교사들은 어떤 사역의 자세로 임하고 있는가를 물어 볼 때이다.

선교 확장에는 특징적인 '세 시대'가 있다.

첫째, 개신교도들의 의식이 깨이므로 미전도 대륙을 향한 선교사 파송.

둘째, 아프리카, 아시아, 라틴 아메리카의 내륙으로의 선교운동.

셋째, 미전도 종족과 도시 외곽 빈민을 위한 선교운동.

그리고 선교전략에는 선교를 방해하는 장벽이 도사리고 있음을 직시하게 된다.

(1) 지나친 경비 부담

(2) 이데올로기와 국가주의적 장벽

(3) 문화 충격과 언어 정복

(4) 타종교의 장벽

(5) 세속화의 장벽

(6) 정부 차원의 제한된 장벽

들어가는 말

성숙한 선교에 있어서 선교전략에 대한 이해가 필수적이라는 사실은 그동안 여러모로 입증되었다. 선교전략의 올바른 이해를 위해서는 현지 문화와 정보 · 언어에 대한 충분한 이해가 필요하다. 그 이유는 선교전략은 문화 속에서, 상황화 속에서 형성되기 때문이다. 선교사가 자신의 선교전략이 무엇인가를 기술한다는 것은 매우 중요하다. 선교전략은 우선 파송기관(Mission board)의 광의적 의미에서 대륙별, 국가별로 구체적으로 마련되어 있을 것이며, 다음으로 현장에서 직접 사역하는 선교팀이나 선교사 자신에게 적합한 선교전략이 주어져 있을 것이다. 우리가 살펴보고자 하는 것은 후자에 속한다.

근래에 와서 선교 분야마다 선교전략에 의문을 품는 사상이 한국교회와 선교단체에 만연되고 있다. 선교사들이나 선교 실무자 중에는 선교사들이 다만 '선교사역'이나 '선교사업'

을 하기 위하여 파송되었다고 생각하고 있는 이들이 많다. 하지만 예수 그리스도께서 "세상 끝 날까지" 그들과 함께 하겠다고 약속하셨고, 선교사들이 목적을 달성하면 성령께서 열매를 허락하시는 것을 우리는 믿고 있다. 따라서 선교활동에서 핵심요소는 성령이시다. 그렇기 때문에 그 영광은 하나님께로 돌아가야 한다. 그러나 우리가 미처 알지 못하는 다른 이유로 하나님께서는 그의 전도 목적을 세상에서 완성하시기 위해서 인간을 사용하셨다. 인간들 곧 선교사들은 성령의 역사에 방해가 될 수도 있지만 또한 하나님의 손 안에서는 효과적인 도구가 될 수 있다. 어떤 때에는 불행하게도 육신적인 동기와 하나님에 대한 천박한 지식과 자기본위와 현명치 못한 사역, 융통성의 결여로써 말미암아 실패하는 때가 발생한다. "성령을 선교의 전략으로 바꾸어서는 안 된다".

적절한 전략은 성령으로 영감된 것이며, 성령이 지배하는 것이다. 전략이 성령과 경쟁하는 것이 아니라 성령이 전략을 이용하는 것이다. 이 전략은 선교사역의 수단들을 깨끗하게 정리하므로 성령께서 이 세상에서 그의 뜻하시는 일을 이루시는 것이다. 훌륭한 관리와 사려 깊은 계획은 선교와 배치되지 않고 오히려 하나님 나라 사업의 한 분야를 차지한다. 선교전략과 계획을 성령에 대립시키는 것은 부당하며 하나님의 사역을 방해한다. 그러기에 세계선교는 성령에 의지하며 교회역사 속에 나타난 선교전략들을 연구 · 이해하며 현 선교지에 합당한 고도의 실천전략이 필요한 것은 자명하다.

1. 전략이란 무엇인가?

전략(strategy)이란 어느 특수단체가 결정한 목적을 달성하기 위해 서로 동의한 수단을 의미한다. 그리스어의 "strategos"란 말은 분석(analysis), 계획(planning), 모집(recruitment), 혹은 배치(deployment)의 개념을 갖고 있다.

그리고 **전술(tactics)**은 그 계획을 세부적으로 수행하는 것과 선정된 목적에 도달하는 데 필요한 여러 가지 다양한 수단들과 방법들을 다룬다. 이것들은 모두 전쟁에 대비한 군사용어로써 항상 적군도 아군을 향하여 전략(전술)을 가지고 있다는 것을 전제하고 있는 것이다. 따라서 전략이란, "목표에 어떻게 도달할 수 있을지 또는 어떻게 그 문제를 풀어나갈 수 있을까를 말해 주는 전체적인 접근 방식과 계획 내지 수단이다.

훌륭한 전략은 광범위한 원칙과 특별한 작전에 관심을 두지만, 정한 목적을 늘 염두에 두어야 한다. 어떠한 목적이 없거나 진행 방향이 설정되지 않았을 때는 전략은 필요하지 않을 것이다. 선교사역은 이러한 무지나 무관심한 자세를 취해서는 안 된다. 우리는 세계선교를 논할 때 분명한 목적을 가지고 그 목적을 말과 글로써 분명하게 표현할 수 있어야 한다. 현장에서 선교를 할 때도 기도와 성경 연구와 지역의 문화 이해 및 원숙한 상식을 통하여 정한 목적에 도달하는 방법을 알고 있어야 한다. 그렇기 때문에 세계 선교전략이란 **성경중심(B), 효율성(E) 및 연관성(R)**의 삼대 요소라고 할 수 있다.

삼대 요소에 대해 피터 와그너는 다음과 같이 설명한다.[1]

성경중심(Biblical)에 관해 세속적인 사람들은 자기들의 전략이 성경적인지의 여부에 관심이 없다. 그러나 선교하는 당사들에게 주님의 사역은 주님의 방법으로 해야 하기 때문에 전략의 성경적 여부에 큰 관심을 모으게 된다. 성경은 하나님의 궁극적 목적에 관여한다는 사실이 분명하기 때문에 성경 말씀은 주님의 참뜻을 살피는 데에 있다. 그렇기 때문에 성경은 주님의 사역을 하는데 중요한 근본 자료이다.

다음은 **효율성**(Efficient)이다. 선교의 자원은 제한되었다. 이런 제한은 선교를 하는 동안 언제나 나타날 수 있다. 이러한 이유로 성경은 첫째, 청지기와 가용자원의 책임 있는 활용을 강조한다. 청지기로서 사역하는데 효율성은 중요하다. 선교는 물질적 자원보다 일꾼이 더 중요하다. 그러나 예수 그리스도를 소유하지 않은 이 세상 사람들의 영적 상태는 종말적인 필요를 절감케 한다. 자원을 부적당하게 사용한다는 것이 사람들로 하여금 그리스도를 믿지 않고 영원히 멸망 받도록 버려둔다는 것임을 인식한다면, 사역자들은 사역의 효율성에 대해 무관심할 수 없다. 효율성은 최선의 인사기용을 포함한다. 많은 사역자들이 효과적으로 기용되지 못했기 때문에 하나님의 사역이 지연되고 있다. 둘째는 재정적 자원의 최선적 이용이 필요하다. 선교 자금이 제한되었기 때문에 재정을 효과적으로 적절하게 잘 사용하여야 한다. 우선순위를 결정해야 하기 때문에 전략이 필요하다. 셋째로 시간의 최선적 적용이라고 하겠다. 선교사들은 일하는 시간은 많지만 정해진 목적을 달성하는 것이 항상 문제다.

그리고 **연관성(적용성**: Relevant)이다. 선교 전략이 시대마다 다를 수 있다. 또한 시대에 뒤떨어질 수도 있다. 80년대의 선교 전략과 90년대 초의 선교전략과 차이가 있고, 90년 초와 2000년대는 선교전략이 다를 수밖에 없다. 선교지의 정세 변화가 심하기 때문이다. 선교는 시대의 변화에 따라 해마다 조정이 불가피하다. 전략조정은 쉬운 일이 아니지만 같은 전략만 적용할 때에 선교사역은 복잡해질 수 있다. 시대의 보조를 맞추는 데는 지혜와 광범위한 선교전문서적 독서, 융통성, 회의, 계획 및 용기가 필요하다. 따라서 선교전략이란, 선교의 목표 달성을 위해 총체적 상황을 정리, 분석하여 장단기적 대책과 목표 성취를 위한 방법들을 연구하며 실천하는 것을 의미한다. 다시 말하면 하나님 나라 확장을 위한 목표가 될 것이며 각 선교지 상황에 따른 독특한 전략 강구가 필요하게 된다.

2. 초대교회의 선교 전략

먼저 성경에 나타난 초대교회의 선교전략으로서 사도 바울의 선교사역을 살펴볼 수 있다. 바울은 분명한 전략(계획)이 있었음을 시사한다. 사도행전 17:2-3에서 "그의 전례를 따라...."서 행함을 볼 수 있다. acostumbrar 동사의 미완료과거 형태를 취하며 의지형 según과 continuos 를 사용하고 있다.

(행 17:2-3 "Y Pablo, *como acostumbraba*, fue a ellos, y por tres días de reposo discutió con ellos, declarando y exponiendo por medio de las Escrituras .... 1926년 판 Vulgata 성경엔, Pablo *según* su costumbre entró en ella, y por tres sábados *continuos* disputaba con ellos sobre las Escrituras)

바울의 이러한 선교 전략은 그의 사도로서의 계시적 권위에 근거해 후대교회의 선교 원리와 전략에 중요한 지침을 제공하고 있다.[2]

여기서 다섯 사람의 선교학자들의 연구 조사를 토대로 바울의 선교전략을 살펴보고자 한다.

a. Roland Allen

1895년부터 1903년까지 중국 선교사로 활약했던 그는 세 가지 질문에 대한 답변 형식으로 바울의 전략을 논하고 있다.

첫째는 바울에게 전략이 있었느냐 하는 점이다. 그는 로마서 15:23을 지적하여 바울에게는 분명한 선교 전략이 있었음을 진술하고 있다. 바울의 선교 지역(안디옥, 수리아, 길리기아)의 대부분은 로마제국의 행정 구역이며, 교통의 중심지요, 국제 교역의 중심지였다. 바로 이러한 전략 지점을 교두보로 하여 당시 도시 주변의 소도시나 시골 지역을 대상으로 방사원식 선교를 실시하였으며, 또한 도시에서 세계로 선교를 시도하였다는 것이다. 이런 점에서 사도 바울은 고린도, 에베소를 중심으로 소아시아 선교 사역을 마쳤고, 스페인 선교를 위해서 로마로 가기를 원하는 전략적인 염원을 하고 있는 것이다.[3] 이런 측면을 현재 우리들의 선교 상황에 비추어 보자. 선교지의 대도시에 장기적으로 머무는 것이 바울처럼 전략적인 측면에서 교두보를 확보하려는 것인가, 아니면 도시 생활의 편안함과 선교사로서 타문화권 적응에 따른 희생을 줄이기 위한 생존의 방편으로 전략 없이, 계획 없이 주거하고 있는 것인가 한 번쯤 엄중한 질문을 해보아야 할 것이다.

둘째는 선교에 특정 대상이 있었는가 하는 점이다. 사도 바울은 선교 사역에 있어서 어떤 규례(전략)를 가지고 있었다. 그것은 그가 어디를 가든지 회당을 중심으로 선교를 시작하였다는 점이다. 회당 안에 누가 있었는가? 유대교의 회당은 바벨론 포로 이후 종교 생활의 생존을 위하여 비롯된 것이다. 유대인들은 회당을 세워 신앙을 유지하였고 후세에 신앙을 전수할 수 있었다. 그들은 또한 유일신 하나님을 섬기는 예와 고상한 도덕적 우월성 등으로 이방인들을 개종시키기도 하였고 많은 추종자들을 얻을 수 있었다. 이것을 성경은 개종자들과 하나님을 경외하는 자들로 지칭하고 있다. 회당 안의 이러한 이방인들은 구약적 복음의 메시지에 이미 그 마음이 열려 있었으며 유일하신 하나님을 인정하고 있다는 것을 보여준다.[4] Allen뿐 아니라 칼빈신학교의 선교학 교수인 Richard Ridder도 이러한 바울의 회당중심 선교를, 개종자들과 하나님을 경외하는 복음에 수용성 있는 사람들을 대상으로 한 전략적 접근이었다고 주장하고 있다.[5]

셋째는 선교에 사회적, 종교적, 도덕적 요인이 있는가 하는 점이다. Allen은 당시의 헬레니즘 문명 아래서 민족 종교의 발흥으로 일반 서민들이 귀신의 존재를 인정하고 있었음을 지적하고 있다. 또한 노예제도나 검투 시합을 즐겨하는 잔인성(고전 4:9) 등으로 인하여 사회의 도덕적 기반이 흔들렸음을 언급한다. 이러한 제 요인들이 복음을 받아들이는데 있어서 사람들의 마음을 수용성 있게 준비시켰다고 믿는 것이다.[6] 이것은 초기 한국선교 역사에 있어서도 찾아볼 수 있는 일이다. 유교 가치관의 쇠퇴와 토속적 한국민속 종교인 샤머니즘의 발흥은 각종 귀신들을 두려워하며 섬기게 하였고, 이로 인해 복음이 전파될 때 큰 저항감 없이 받아들일 수 있게 한 것이다. 이런 요인을 Hulbert나 Blair가 지적하고 있다.[7] 오늘날 선교학자들이 선교가 쉽게 이루어지는 지역을 연구하였을 때 정령 숭배에 젖어 있는 애니미즘 사회가 나타남은 우연한 일이 아니다. 중 · 남미 선교에 있어서도 이런 정령 숭배에 빠져 있는 지역들을 좋은 선교지 대상으로 선정하여 전략적으로 선교를 집중할 수 있을 것이다.

b. Robert E. Speer

그는 특히 1890년대부터 1910년까지 미 · 장로교 극동 지역 선교 총무로 수고하였고, 한국 선교사들을 관할하는 책임자이기도 했다. 그는 『인간 바울의 연구』에서 다음의 일곱 가지 바울 선교전략의 특징을 논하고 있다.

1. 바울은 단독 선교가 아닌 팀 선교를 하였으며
2. 지역 교회를 세운 후 반드시 토착 지도자를 키웠고
3. 선교 사역에 경직성이 아니라 융통성 있는 탄력을 가졌으며
4. 복음을 전하고 교회 설립 이후에 곧 미복음화 지대로 옮겨 갔으며
5. 선교전략적인 차원에서 대도시에서 시골로 선교 방향을 잡았으며
6. 지역 토착민과 경제적으로 비슷한 생활을 유지하였고
7. 말씀 선포에 최우선을 두었다.[8]

여기에 주목할 것은 팀 선교이다. 성경은 어디서든지 단독적인 사역을 지지하지 않는다. 예수 그리스도가 교회의 머리로 각 지체를 관장하며 지체는 상호 유기적으로 은사로 연관되어 머리되신 그리스도 안에서 서로 연결되는 것이다. 이것은 우주적 교회의 경우에도 적용할 수 있다. 선교는 분명히 서로 연합하여 각자의 은사를 인정하며 팀을 조직해 이루어져

야 한다. 선교지에서 서로 비방 중상하며 용서할 줄 모르는 약육강식의 경쟁 체제는 아무리 합리적인 변명이 있다 하더라도 성경적인 기준과는 상관이 없는 것이다.

과거의 서구 선교사는 문화적 우월감에 빠져서 복음을 서구 문명과 동일시하며 선교하여 토착 지도자 키우는 일을 소홀히 하였다.[9] 이로 인하여 아프리카나 아시아, 라틴 아메리카의 교회는 부흥은 하지만 지도력의 부족으로 심각한 위기를 맞이하고 있다. 다행스럽게 한국교회는 Speer같은 훌륭한 선교 지도자 관할 하에 있었으며 네비우스 정책으로 지도력을 키우는 일에 최선을 다하였다.[10] 현재 중·남미 선교에 있어서 지도력 공백으로 인한 교회의 위기를, 지도자 훈련 혹은 목회자 재훈련 측면에서 한국 선교사들이 이 사역에 큰 결실을 맺고 있다.

c. Dean S. Gilliland

Fuller 신학교의 아프리카권 담당 교수인 Dean S. Gilliland은 바울 전략에 대해 분석했다. 그의 대표적 저서인 『바울 신학과 선교실제』에서 그는 특히 바울의 선교사로서의 인격 문제에 대해 언급하고 있다. 바울은 권위나 지배의식이 없었고 일보다는 인간관계를 중요시하였다는 사실이다. 과거 서구 선교사들이 아프리카나 동양 문화권의 선교지에서 실패했던 요인 중 하나는 지나치게 일에 집착하고 시간과 조직의 중요성을 강조한 반면 선교지 토착민과의 인간관계를 소홀히 하였다는 점이다.[11] 한국 선교사들은 어떠한가? 선교지에서의 인간관계에 우선을 두어야 할 것이다. 궁극적으로 한 잃어버린 영혼을 주님께로 인도할 때 복음을 전하는 자들과 복음을 받는 자와의 인격적인 신뢰와 상호 교류가 없다면 복음을 효과적으로 증거하기란 어려울 것이다.

d. David Hesselgrave

트리니티(Trinity 일리노이주) 신학교의 David Hesselgrave는 바울 선교의 동심원 모델을 보여 주고 있다. 그에 의하면 바울의 선교 사역에는 후대 교회가 그대로 따라갈 수 있는 선교 모델이 있다는 것이다. 그는 이것을 선교사의 부름에서부터 시작하여 선교사 위임, 토착민과의 관계, 메시지의 적응, 청중의 개종, 토착 교회 설립, 지도자 위임 후에 선교교회와 피선교 교회와의 관계 등으로 과정화하여 바울의 선교 전략을 논하고 있다. 그는 특히 바울의 복음 메시지의 적응과 효율을 타문화권 전달학의 측면에서 분석하고 있다.[12]

e. Michael Green

런던대학의 신학부 학자인 Michael Green은 초대교회의 선교방법을 네 가지로 논하고 있다. 첫째는 대중 선교로서 회중전도와 노방전도, 간증 등을 열거하며, 둘째는 가정선교, 셋째는 개인전도, 넷째는 문서선교를 언급하는데 초기 바울서신 등의 경우를 그 예로 들고 있다.[13]

f. Donald Anderson McGavran

도날드 A. 맥가브란은 인도에서 선교사의 아들로 태어나 그곳에서 30여 년을 사역했다. 그는 교육 선교사로의 경험을 토대로 하여 종래의 선교기지(센터) 중심의 선교사역에서 벗어나 '족속운동'(People/s Movement) 선교로 전환해야 한다는 기초(전략)를 세웠다. 즉, 선교란 교회개척과 성장을 병행하여 개개인의 개종이 아닌, 집단적인 전체의 개종을 통한 기독교 복음전파를 성취하는 것이라는 주장이다. 그는 대표 저서 『The Bridges of God』에서 선교는 다리를 건설하는 것이면서도 다리 위에 있는 사람들과 다리로 연결되어 있는 다리 저편의 사람들에게 복음을 전하는 것임을 찾아내었다. 여기에 나타난 'people'의 개념은 마태복음 28:19의 모든 족속 'nations'와 창세기 12:3에 묘사된 땅의 모든 족속 'peoples'에 대한 조화이다. 맥가브란은 바울이 이러한 족속운동의 원리를 갖고 있음을 시사한다.[14] 바울은 어느 지역에 도착하는 즉시 사람들을 그리스도에 대한 확신으로 변화시켰다. 우리는 그가 미래의 개종을 위한 기반을 마련하기 위해 눌러 앉는 모습을 결코 볼 수 없다. 그 결과로 생긴 교회들은 전도하며(self-propagating) 급속하게 자립(self-supporting)했으며 자치적(self-governing)이 되었다.

우리는 바울이 선교지원금으로 현지 봉급 사역자를 고용한 일이 없음을 본다. 약 6개월 동안 개종자들에게 신앙의 필수적인 요소들을 가르쳤으며, 목회자를 안수하였고, 성례의 관리를 위해 준비하였다. 그 후에 그는 떠나고 그 교회는 성령의 능력에 의해 자라게 된다. 그는 가끔 그 교회를 방문하고 또 그 교회에 편지를 쓰지만, 그 어떤 건물도 짓지 않는다. 그는 현대선교에서 말하는 세련된 교훈도 주려고 하지 않는다. 그런 것들은 나중에 그 교회 자체의 생명력에서 생성되는 것이다. 바울은 교회들을 세우고 그 교회들이 그리스도께로부터 나오는 능력으로 성장하도록 하는 것으로 만족한다. 맥가브란은 바울의 몇 가지 귀중한 전략들을 열거해 준다.[15] (1) 회중들의 급속한 행정적 자치 (2) 신생교회들의 확신에 찬 순종 (3) 성령의 자연스런 열매로서 그 교회 자체로부터 사회 개선이 일어나도록 하는 것이다.

☞ 생각해보기 : 초대교회의 선교전략

바울의 선교사역은 초자연적 성령의 인도(행 16장)와 하나님의 전략(Divine Strategy)에 의했음을 볼 수 있다. 따라서 전략이란, 목표 달성을 위해 총체적 상황을 정리, 분석하여 장·단기적 대책과 목표 성취를 위한 방법들을 연구하며 실천하는 것을 의미한다. 즉 성격적 선교전략이란, 선교적 측면에서 하나님 나라 확장을 위한 목표가 될 것이며, 각 선교지 상황에 따른 독특한 전략 강구와 방법들이 필요하다. 선교전략을 심도 있게 연구하기 위해선 무엇보다도 현대선교전략의 역사적 고찰이 필요하다.[16]

3. 선교 전략 형태 (Types of Strategies)

선교전략의 4가지 형태를 살펴볼 수 있다.[17]

a. 표준적인 해결 전략 (Standard solution strategy) : 한 가지 기준을 가지고 일괄적으로 선교하는 전략이다. 복음전파를 위한 전략으로써 5w1h를 기본적으로 동일한 전략지침으로 적용시킬 수 있는 것으로 본다 (예: 세계 문서 선교회, 대학생 선교회의 4영리).

* 문제점: 상황과 문화와 사회적 차이가 고려되지 않는다.

b. 자연스런 인도 전략 (Being-in-the-way strategy) : 무계획적인 순간적 발로나 아이디어로 대처한다. 하나님의 역사하심과 함께 기독교인들의 협력에 있어서 인간의 계획이 필요한 것은 아니다. 때때로 인간의 계획은 성령을 거스리는 것으로 보여질 수 있다. 그러므로 어떤 것을 하든지 하나님의 인도하심이며 하나님의 뜻이다. 결과적으로 영성과 관련시켜 실패(순교)를 두려워하지 않는다. 초기 선교시 이들의 열정으로 선교의 기초를 놓는데 많은 공헌을 하였다.

* 문제점: 서로가 충돌할 경우, 서로의 활동을 방해하게 된다.

c. **계획 전략** (The plan-so-far-way strategy) : 우리가 선교 사역을 시작할 계획을 세울 경우, 하나님께서는 그 나머지 모든 일들을 스스로 수행하실 것이라는 전제를 갖고 있다. 즉, 결과보다는 시작에 중점을 두고 있다.

* 문제점: 용두사미형으로 선교 초기에는 철저한 준비와 계획을 세우나 그 이후에는 상황이나 변화 요인에 따라 무조건 맡기는 형태이다.

d. **독특한 해결 전략** (Unique solution strategy) : 과거에 하나님께서 사람들을 인도하셨던 방법을 배우고, 성령의 성공적인 인도하심을 진정한 근원으로 삼는다. 즉, 각 상황에 맞는 특별한 전략이 필요함을 인식하고 있다. 가장 이상적인 것으로 상황에 따라 총체적으로 접근해 가는 상황화 전략이다.

또한 선교전략에는 **'전략 성명'**(a strategy statement)이 필요하다. 각 선교 기관의 장 · 단기 선교를 총망라하여 구축하여야 할 것이다.

(1) 선교 대상의 지리적, 문화적, 언어적 정체에 대한 규정
(2) 선교 대상으로 규정된 지역의 선교 목적에 대한 명확한 진술
(3) 목적을 이루는 데 부합되는 특별한 활동들의 목록
(4) 각 선교지에서 착수될, 용인된 형태의 선교 프로그램을 규정한 단계적인 계획
(5) 권위의 노선에 대한 관계

4. 선교 전략의 구조

전략적 구조는 먼저 팀사역(Team ministry)과 협력사역(Partnership), 공식적(Formal) · 비공식적(Informal) 사역 그리고 비형식적(Nonformal Education) 구조로 나뉘어진다. 전략적 구조는 이중적 구조(Parallel structures)를 가지게 되는데 곧 양육구조(a nurturing structure)와 전도 구조(an outreach structure)로 설명할 수 있다. 예를 들면, 신약에선 공회당과 초대교회 선교사 그룹을 들 수 있으며, 오늘날 개신교의 발전된 단계에서는 지역교회와 교단, 교단 선교부와 선교단체를 들 수 있다. 첨단적으로는 각 교회의 구역(Oikos)이 선교전략 구조에 들기도 한다.

☞ 생각해보기 : Ralph Winter, Peter Wagner, David Barrett

Ralph Winter는 선교의 구조를 형태를 두 가지로 분류하였다.
(1) Modality : 회원이 되는데 있어 나이나 남녀 구분이 없는 양육 구조를 말함.
(2) Sodality : 연합체 또는 공동체로서 회원들이 특별한 그룹이나 부서에 자원적인 헌신을 바치며, 공동과제를 위해 원칙에 따르기로 동의한 확장구조를 일컬음.

* 복음화를 위해 전략적 구조에서 본 다섯 가지 사역 **"P's"**

Peter Wagner(원리적 'P')와 David Barrett(실천적 'P')는 현장, 전파, 결신을 중시했다.
현장 사역(**presence** : parenting, helping) + 전파 사역(**proclamation** : witness, making known the message of Jesus) + 결신 사역(**persuasion** : evangelism, making disciples) + 교회 개척 사역(**planting**) + 세계 선교 사역(**propagation**)

We must **pray** as if we could not **plan**, and **plan** as if we could not **pray**.
Effective strategies come from **research** and **prayer** (cf. 민수기 13장, 신 1:19-33).
a. Prayer is the supernatural way of sending out workers
b. Prayer opens closed doors for Christian presence
c. Spiritual warfare breaks the control of darkeness

John D. Robb은 말하길, "우리가 일선 사역을 위해서 할 수 있는 가장 전략적인 일은 계속적인 기도와 특별한 미전도 종족 및 나라에 초점을 맞춘 영적 전투 정보망 형성을 고무하는 것이다."

* 선교전략 모델 3 추천: 1. 브라질(아마존), 안승렬 선교사 "브라질 아마존 오지 강변 주민들을 위한 선교전략" (1차 자료집, 2005. pp. 104-107 참조)
　　　　　　　　　　　　 2. 아르헨티나, 김마태 선교사 "아르헨티나 국제 캠퍼스사역 (CMI) 선교전략 방향"

3. 지역사회개발선교 *Community Health Evangelism : MAI* 국제의료대사선교회 (Medical Ambassadors International)

나가는 말

하나님은 우리에게 전 세계에 복음을 전할 임무를 주셨을 뿐 아니라 나름의 선교전략까지도 세워 주셨다. 그 선교전략은 사람과 사람, 집단과 집단을 상호 연결해 주는 교량도 주셨다. 초대교회에서는 유대에서 그리스와 로마로 건너가는 다리들을 통하여 복음이 전파되었으며, 바울은 이 다리들을 가장 잘 활용한 선교전략가였다.

하나님께선 또 19세기에 헌신한 선교 전략가들 헨리 벤(Henry Venn: 런던 교회선교협의회 the Church Missionary Society in London. 총무)과 루퍼스 엔더슨(Rufus Anderson:미국 해외선교사협의회 the American Board of Commissioners for Foreign Mission. 총무)을 보내셔서 3자 선교원리의 기초를 놓으셨다.

이 두 사람은 한결같이 선교지 교회가 성장하여 그 기능을 잘 발휘하게 되면 현지인들이 다시 복음전도의 진행을 시작할 수 있도록 선교사들은 그 지역을 떠나야 할 것을 요구(missionary euthanasia)하였다. 한편 중국 산동의 장로교 선교사였던 John L. Nevius는 이것을 중국에서보다는 오히려 한국에 적용하여 성공함으로써 교회의 괄목할만한 성장을 가져오게 되었던 것이다. 그럼에도 불구하고 선교전략은 여전히 제국주의적, 식민주의적 관점으로 지역교회를 외국교회의 식민지로 전락시키고 계속적인 선교사의 간섭 하에 놓아두려 하였다. 마침내 1910년 에든버러 세계 선교대회를 기점으로 이러한 전략에서 큰 전환점을 가져오게 된다.

선교의 다양화와 향상을 위해 재생산 능력이 있는 교회들을 인정하고 교회들은 적극적으로 선교를 지원하는 전략보다 더 좋은 것은 없다.[18]

이제 현대 선교전략은 개인 회심, 교회개척, 전도와 교육 및 의료를 통한 사회봉사와 개혁을 시도하는 횃불이 되고 있다. 이처럼 우리는 어떤 방법으로든지 전략을 갖고 있다고 말할 수 있다. 의식적인 전략의 결핍 또한 전략이라고 볼 수도 있다. 즉 "전략이 없다."라는 것이 전략이 될 수 있다. 그러나 방법론의 결핍으로 인해 선교의 비효율성을 초래하게 된다면 하나님의 뜻을 이루어 나가는데 있어 장애요소가 될 수 있다. 우리는 중 · 남미 선교를 위해 개인 및 팀의 전략을 꾸준히 개발해 나아가야 한다. 어떤 원칙들이 선교의 목적을 이루는데 도움이 될 수 있도록 최선을 다해야 할 것이다.

미 주

1) Peter Wagner, *Prontiers in Missionary Strategy*, Chicago: Moody Press, 1971. p.15.

2) 바울에 대한 입장은 크게 두 가지로 나누어진다. 고전적 자유주의자든지 신자유주의자든지, 바울 당시 문화적 요인이나 상황적 측면 등을 사도로서의 바울의 계시사적 위치를 무시하고 유기적 영감관을 고려하지 않은 채 상대적으로 해석하는 입장이 있다. 그러나 복음주의 진영에 속한 사람들은 바울의 사도로서의 권위와 특별계시관에 의해 바울의 선교사역에 원리적인 측면이 있음을 공통적으로 인정하고 있다.

3) Roland Allen. *Missionary Methods : St. Paul's or Ours?* (Grand Rapids, Michigan : Eerdmans, 1962), p.18-25.

4) Ibid., p.18-25.

5) Richard De Ridder. *Discipling the nations* (Grand Rapids, Michigan : Baker, 1979), p.77-83.

6) Allen, op. cit.., p.26-37.

7) H.B. Hulbert. *The Passing of Korea* (New York : Doubleday Page, 1906), p.403-404.
William Newton Blair. *Gold in Korea* (Topeka : H. M. Ives & Sons, Inc., 1957), p.10-11

8) Robert E. Speer. *Studies of the Man Paul*, New York, p.292-299.

9) Rodger C. Bassham. *Mission Theology* (Pasadena : William Carey Library, 1979), p.16. 특히 이 점은 1910년 에든버러 세계선교대회시 Balfourr경이 개회사에서 비서구 지역을 향한 서구선교는 개화와 자유를 가져다 주는 것이어야 한다고 한 것에 함축적으로 담겨 있다.

10) Robert Speer. *Missionary Principles and Practice* (New York : Fleming H. Revell Co. 1902)

11) Dean S. Gilliland. *Pauline Theology & Mission Practice* (Grand Rapids, Michigan : Baker, 1983) p.284-286.

12) David J. Hesselgrave. *Planting Churches Cross-Culturally : A Guide for Home and Foreign Mission,* (Grand Rapids, Michigan : Baker, 1987), p.135-438. David Hesselgrave는 바울의 동심원(Pauline Circle)을 국내든지 국외든지 교회의 선교사역에 전형으로 본다. 그는 이것을 구체적으로 세분화하여 성경 신학적인 측면과 그에 관련된 제반 이론들과 실제적인 사역 현장의 응용적인 면을 고려한다.

13) Michael Green. *Evangelism in the Early Church* (Grand Rapids, Michigan : Eerdmans, 1985), p.194-235.

14) Donald A. McGavran. *The Bridges of God*, 이광순 역, 『하나님의 선교전략』. 서울: 한국장로교출판사, p.174-175.

15) Ibid., p.176.

16) ACTS 라틴아메리카 선교전략집 1차 자료 참조. 2005년 p. 43-51. 김성태,『세계선교전략사』 서울: 생명의 말씀사, 2004. 켈트, 동방교회, 프란시스회, 예수회, 종교개혁가, 모라비안, 청교도, 웨슬리 형제단, 신앙선교 단체들, 교회성장학파, 미전도, 전문직, 비거주, 한 나라 제자화, 도시선교 등 연구.

17) Edward Dayton & David Praser. *Planning Strategies for World Evangelization* (Grand Rapids: Eerdmans 1980), p.16-19.

18) Donald A. McGavran. op. cit., p.174.

참고 문헌

Daniel Reeves R. & Ronald Jenson. *Always Advancing : Modern Strategies for Church Growth*. Calif.: Here's Life Publishers, 1984.

David J. Hesselgrave, *Planting Churches Cross-Culturally ; A Guide for Home and Foreign Mission*, Grand Rapids, Michigan : Baker, 1987,

Dean S. Gilliland. *Pauline Theology & Mission Practice*, Grand Rapids, Michigan : Baker, 1983,

Edward Dayton & David Praser. *Planning Strategies for World Evangelization*, Grand Rapids : Eerdmans, 1980.

Guthrie Stan. *Missions in the Third Millenium; 21 Key trends for the 21 Century*, Paternoster Press, Cumbria, 2000.

Jonathan Lewis, ed. *World Mission: The Strategic Dimension*, Part 2.

Michael Green, *Evangelism in the Early Church*, Grand Rapids, Michigan : Eerdmans, 1985.

Ralph D. Winter & Steven C. Hawthorne, eds. *Perspectives on the World Christian Movement*. Pasadena, Cal. : William Carey Library, 1992.

Richard De Ridder, *Discipling the nations*, Grand Rapids, Michigan : Baker, 1979,

Roland Allen, *Missionary Methods : St. Paul's or Ours?*, Grand Rapids, Michigan : Eerdmans, 1962.

Wagner C. Peter, *Prontiers in Missionary Strategy*, Chicago: Moody Press, 1971.

Wagner C. Peter, *Your Church Can Grow*, Glendale Ca.: G/L Regal Book Pub., 1976.

김성태, 『세계선교전략사』 생명의 말씀사.

김태연, 『21세기 선교의 핵 전문인 선교사를 깨워라』 이레서원.

노봉린 편저, 『미전도 종족 선교정보』 횃불.

데이비드 게리슨, 『비거주 선교사』 생명의말씀사.

데이튼 & 프레저, 『세계 선교의 이론과 전략』 대한 예수교 장로회 출판국.

데츄나오 야마모리, 『미전도종족 이렇게 접근하라』 죠이선교회.

도날드 A. 맥가브란, 『하나님의 선교전략』 한국장로교출판사.

스티븐 니일, 『기독교 선교사』 성광문화사.

이태웅, 『선교의 이론과 실제』 GMF.

전호진, 『종교다원주의와 타종교 선교전략』 개혁주의신행협회.

존 랍, 『초점-종족집단별 접근전략』 GMF.

폴 히버트, 『선교와 문화인류학』 죠이선교회.

피터 와그너 외, 『선교현장과 영적전쟁』 나눔터.

한국외대대학원 지역연구회 편, 『지역학 연구의 과제와 방법』 한국외국어대학교.

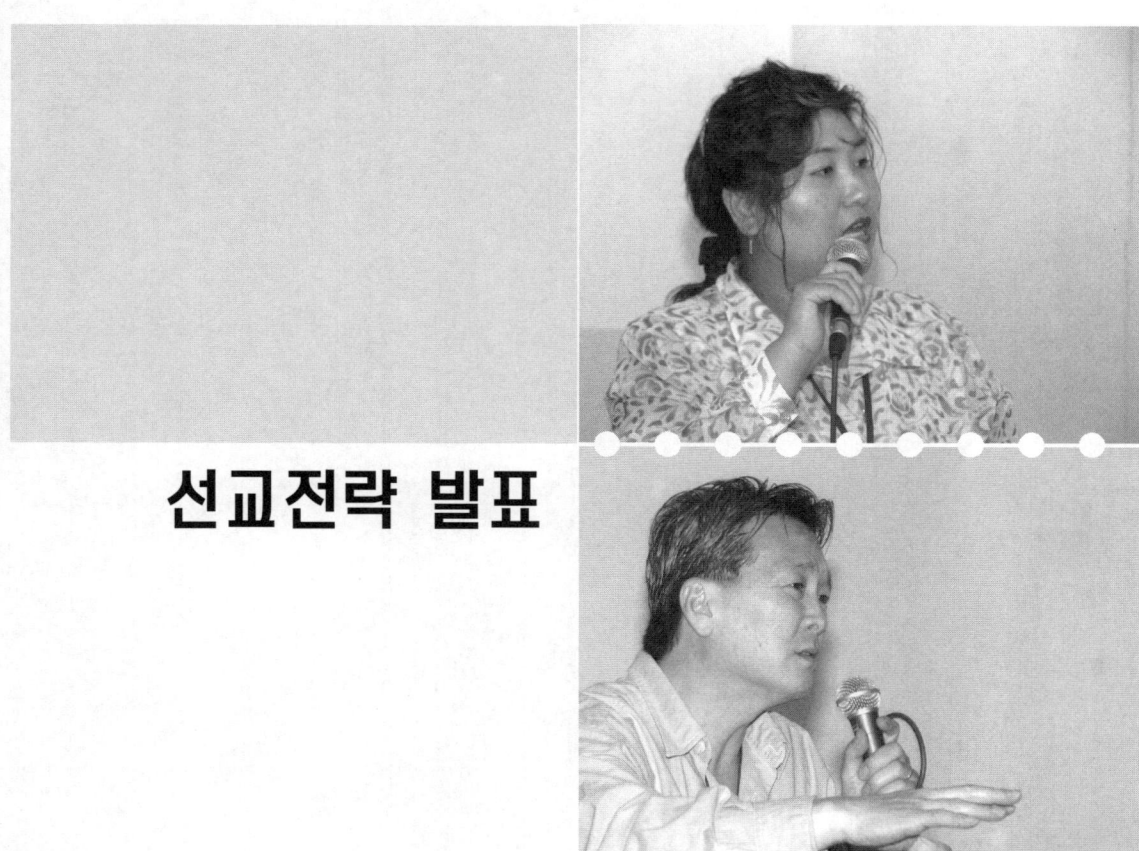

선교전략 발표

선교전략 발표 1

브라질 아마존 오지 강변 주민들을 위한 선교전략

안 승 렬 선교사 | 목사
브라질 아마존 교육 · 의료 사역
e-mail:brazillove32@gmail.com
(사진: 1차 3줄 좌로부터 다섯 번째)

들어가는 말

전략이 없는 선교는 부화뇌동(附和雷同)이다.

위대한 바울 사도는 선교전략이 뚜렷하였다. 선교전략이 없이 선교지에 가서 사역을 하는 것은 마치 '남들이 다 시장에 가니까, 나도 시장에 가야 하는데, 팔 것은 없으니까, 똥통을 들고 간다.'는 것과 같다. 좋은 전략을 세우고도 사역에만 휩싸이다 보면, 일중독(Work-holic)에 빠지는 경우가 많으며, 선교사가 일을 조정하는 것이 아니라 일이 선교사를 조정하게 되는 위험성에 빠지게 된다. 그러므로 선교에 있어서 좋은 전략은 중요한 것이다.

선교는 세 가지의 'M'이라고도 한다. 즉 선교를 하려면 세 가지의 요소가 있어야 하는데, 선교사(Missionary)가 있어야 하며, 재정(Money)이 필요하며, 선교전략(Method)이 있어야 한다. 이번에 대회는 선교전략 대회이다. 선교사의 자질이나 영성은 좋은 강사님들을 통하여 향상될 것이며, 발전되어야 할 도전들을 받게 될 것이다. 기도를 열심히 하다보면 재정이 확보되는 법이다. 그리고 선교전략들은 선교의 '전문가' 들인 일선 선교사들이 발제를 하게 되며, 좋은 선교 정책을 발견해 나가야 할 것이다. 전략은 계획을 의미하며, 계획은 목적과 목표가 뚜렷하여야 한다. 그러나 좋은 꿈이나 선교 비전을 가지고 있다고 모든 일이 해결되는 것은 아니다. 그 목표나 목적을 실현시킬 방법론과 동기와 재료들 (Resources)들이 필요한 것입니다. 이러한 전략을 가지고 선교 열매를 맺어 가면서 항상 염두에 두어야 할 것은 평가이다. 평가를 통하여 잘못된 점들은 시정하고 잘된 점들은 더 보완 내지는 발전시켜 나가는 것이다. 그리고 평가를 통하여 다음 단계의 계획을 또 잡아 나가는 것이다. 평가를 해서 변화시키는 것은 융통성을 의미한다. 변화는 성장을 의미한다.

필자는 브라질 아마존에서 선교 사역을 하는데 다음과 같은 선교 전략 플랜을 가지고 사역을 하고 있다.

1. 우리들의 사명 선언서 (Mission Statement)

"우리들은 사람들을 개발하는 것이 목적입니다. 이 개발된 사람들이 하나님께서 각자에게 맡겨주신 소명(Propose)*을 실행*함으로써 *신앙과 사랑과 봉사의 공동체*를 이루어 나가며 ***하나님의 나라를 이 땅에 확장***하기 위하여 존재하고 사역을 합니다"

이 선언서를 설명한다면 제일 먼저 우리들이 중요시 여기는 것이 사람을 개발하는 것이다. 인재를 발굴하고, 사람을 발전시키기 위하여 노력하는 것이다. 사람 건축을 해 나가는 것이다. 구조보다는 건물보다는 사람이 더 중요하다. 물론 이 사람 개발은 우선적으로 주님을 영접하고 하나님의 자녀로 되는 것이 첫 단계이다. 이 공동체를 개발하는 목적은 각자가 하나님께서 맡겨주신 소명이나 목적을 실행할 수 있도록 도와주는데 있다. 인간은 자기의 목적을 달성할 때에 인생의 의미를 찾을 수 있으며 행복해진다. 그런데 이 목적 달성은 개인만을 위한 이기주의적이 되어서는 안 된다. 공동체 안에서만 인간은 자신의 최고의 목적 달성을 이루는 것이다. 그래서 우리들의 선교의 다른 목적은 교회를 세워 나가는 것이다. 교회 성장학파의 창시자라고 할 수 있는 도날드 맥가브란은 '선교는 교회를 세워나가는 것이다.' 라고 하였다. 신앙과 사랑과 봉사의 공동체를 만들어 나가는 것이 우리들의 목적이며 존재의 이유이기도 하다.

개인 구원을 통하여 교회가 세워질 때에 이 세상에 하나님의 나라는 확장되는 것이다.

2. 우리들의 근본 가치관 (Core Values)

1. 사람 투자
2. 그리스도안에서, 성령의 능력으로, 하나님의 영광을 위하여
3. 균형 잡힌 총체적 선교 (Soma Psiche Pneuma Social Ecological)
4. 선교사의 필요성을 제거시키는 선교

사명 선언서에서 명시했듯이 우리들의 근본 가치관의 일 번 주자는 사람 투자이다. 두 번째로 삼위일체의 하나님께서 우리들의 선교를 주관하게 하며, 우리들은 선교를 함으로써 삼위일체 하나님을 나타나게 하는 것이다. 복음주의적인 '하나님의 선교'(Missio Dei)를 구축해 나가는 것이다. 세 번째로 우리들은 총체적인 선교를 추구한다. 영혼 구원만 하는 것도 아니며 사람들의 고통을 들어주는 사회사업만 하는 것도 아니다. 인간은 총체적인 존재임을 인식하며, 총체적으로 접근을 해 나가야 하는 것이다. 그리하여 교회 개척을 하고, 의료 봉사를 하고, 교육 선교를 위하여 선교원, 직업 훈련원, 컴퓨터 학원을 하는 것이며, 공동체 개발 프로그램들을 해 나가는 것이다. 뿐만 아니라 개인을 도와줌으로 사회가 더 밝아져야 한다. 그리고 마지막으로 인간 사회는 자연을 파괴하지 않으며, 자연과 조화를 이루면서 생존해 나가야 한다. 생태계에 대한 관심은 우리들이 아마존에서 사역을 하기 때문에 더 중요하지 않을 수 없다. 네 번째로 우리의 선교는 현지인들을 개발하여 그들을 훈련시켜서 가능하면 빠른 시일 내에 자국민(Indigenous, native)이 선교지의 사역들을 인수 받을 수 있도록 노력하는 것이다. 선교사가 필요 없어지는 선교를 해 나가는 것이다. 교회 개척 당시부터 삼자(자립, 자전, 자치)의 교회로 목적 하는 것이다.

3. 우리들의 삼대 선교 사역의 영역들

A. 아마존 오지 (강변 마을들 및 인디오)
B. 마나우스 도시 선교
C. 신학교
이 세 가지 영역은 서로 상호의존적이다(Interdependent). 각 영역이 따로 떨어져 있는

독립적이 아니라는 말이다. 즉 한 가지 영역을 하는 것은 다른 영역을 도와주거나 목적 달성에 이바지하는 것이다. 한 가지 영역을 하는 목적은 다른 영역이 더 잘 되라고 하는 것이다. 우리들의 선교 방향은 도시에서 오지이다. 도시 선교를 해야 하는 이유는 여러 가지가 있겠지만, 나름대로 다음과 같다고 생각한다. 사도 바울의 선교 전략을 보면, 항상 큰 도시에 먼저 가서 선교를 시작하였다. 도시에는 많은 사람들이 군집해서 산다. 도시에는 선교 본부를 세울 수 있는 모든 인프라 구조가 갖추어져 있다. 통신이 빨리 되며, 재정 유통이 잘 된다. 물자 유통이 쉽게 된다.

자녀 교육 내지는 문명 수준이 선교사 파송국과 비슷해질 수도 있다. 그래서 문화 충격이 조금 완화되기도 한다. 우리들이 먼저 도시 선교를 하는 것은 앞으로 아마존 오지 선교의 인력 자원 및 재력 자원을 확보하자는 것이다. 선교사가 평생토록 파송 교회로부터 후원을 받을 수만 없는 것이다. 피 선교지의 교회들이 미래에는 선교 후원을 담당해 나가야 할 것이다. 처음부터 아예 선교 교회로 만들어 나가자는 것이다. 아주 깊은 오지에 외국 선교사들이 들어가서 생활하는 것은 힘들지만, 우리 같은 경우에는 빈민촌에 사는 사람들은 오지의 생활에 익숙해져 있다. 오지 출신들이 많기 때문이다. 그들은 다시 오지로 들어가서 거주하면서 선교를 하는데 아무런 어려움을 인식하지 못한다.

신학교도 이러한 개념에서 볼 때에 오지 선교를 존중하고 있다. 일단은 현지 목회자들을 양성하는 것이지만, 우리 신학교에서 훈련을 받는 이들에게 선교 마인드를 가지게 한다. 그래서 도시에서 목회를 하더라도 선교 교회를 세울 수 있도록 하는 것이다. 그리고 브라질은 브라질 사람들이 책임을 질 수 있도록 선교사 소명을 발견하도록 돕는 것이다. 동시에 오지에 사는 평신도 지도자들을 신학교 기숙사로 불려 들어, 공동체 생활을 하면서, 집중 훈련을 받는 것이다. 이러한 선교 전략들의 저변에는 교육이 깔려져 있다. 도시에서 교회 개척을 하든, 오지에서 교회 개척을 하든, 신학교에서 훈련을 받든, 교육과 훈련이 중요한 운용 방법론(Modus Operandi)이 되는 것이다.

이 교육은 전통적이고도 형식적인 교육뿐만 아니라, 비형식적이며 무형식적인 교육까지 포함한다. 즉 일하는 것이 배우는 것이며, 배우는 것이 일하는 것이다. 현지인 지도자들은 사역 현장에서 일을 함으로써 실전을 쌓아 나가는 것이며, 실습을 하고 있는 것이다. 백문이 불여일견이라는 말이 바로 그런 말이 아닐까? 일을 잘 하기 위해서 배우는 것이다. 그러므로 우리들의 교육은 실질적이며 실용적이다. 동시에 배우는 것이 바로 일이다. 즉 일을 해야 할 그 시간에 배우는 것이다.

각 영역에서 실행되는 전략 전선들 (Strategic Fronts)

A. 제 일 사역 영역: 아마존 오지: 오 대 전략 전선

1. Church Planting
2. Laymen Leadership Training
3. Medical Mission
4. Education Mission
5. Agriculture Technics

B. 제 이 사역 영역: 마나우스 도시 선교: 사 대 전략 전선

1. Church Planting
2. Medical Mission
3. Education Mission
4. Community Development

C. 제 삼 사역 영역: 신학교 (아마존 개혁신학교)

1. Bible Institute
2. Bachelor of Theology
3. Mission of Art
4. Doctor of Ministry
5. Mission Training Centre
6. Seminars, Publication

나가는 말

선교 전략이 기부스와 같은 역할을 해서는 안 될 것이다. 기부스는 부러지거나 접골된 뼈나 관절, 힘줄이나 근육 파손 등의 문제가 있을 때에 임시로 고정을 시키기 위한 것이다. 그러나 기부스는 엄연히 임시 응급조치이다. 선교 전략도 한 번 세워 놓고 평생 동안 물을 불러 먹는 식이 되어서는 안 된다. 새로운 시대의 도전과 시대의 변화에 대응하여 향상 되어져야 한다. 평가와 융통성을 기해야 한다. 위의 선교 전략들이 아마존 선교 사역에 무한한 선교 열매들을 맺을 수 있도록 기도하며 노력하는 바이다.

부록 :

아마존 강변 마을에 사는 주민들을 위한 의료 선교 전략

[병원선 사역]

아직도 아마존 오지에는 미전도 마을들이 많이 있다. 단지 인디오들뿐만 아니라, 까보끌로(Caboclo 인디오: 백인, 흑인들의 혼혈족으로 아마존 전역의 오지에 사는 사람들을 칭한다) 마을들에도 아직도 복음이 들어가지 못한 곳이 많다. 개신교 복음은 들어가지 못했지만, 개신교 복음보다 먼저 들어와 있는 것들이 있다: 축구, 브라질 글로브(Globe) 방송국의 연속극, 로마 가톨릭. 그러므로 오지 선교도 가톨릭교 신자들을 대상으로 선교를 하는 것이다. 물론 남미의 가톨릭은 혼합종교의 전례적인 예이다. 너무 미신적이다. 그리고 너무 몰상식하며 고지식하다. 개신교에 대해서 너무 적대적이다. 그래서 실제로 핍박을 받는 경우도 있다.

이러한 지역에 복음을 가지고 들어가는 제일 좋은 방법은 병원선이다. 의료 혜택을 주겠다는데 거절하는 경우는 그리 흔하지 않기 때문이다. 그래서 병원선 사역은 아마존오지강변 선교 사역에 중요한 역할을 한다. 병원선은 선구자의 역할을 한다. 선교의 문을 열어 주며, 선교의 길을 닦아 준다. 병원선은 거의 모든 의료 장비가 다 갖추어져 있다. 간단한 수술도 할 수 있으며, 치과 장비가 모두 구비되어 있다. 그리고 간단한 임상진료 검사들도 할 수 있다. 약품들을 제공해 줄 수 있는 약방도 있다. 병원선은 팀 사역이 잘 이루어지는 곳이다. 선원들로부터 요리사까지, 복음전파자나 어린이 사역자들로부터 의료진들까지 모두 선교사들이다. 그래서 병원선이 한 마을에 들어가면, 이 모든 팀원들이 한 마음과 한 목적과 한 열정을 가지고 마을 주민들을 위하여 봉사하고 사역을 한다.

[의료 사역을 하면서 다음과 같은 이슈들을 해결해야 할 것이다]

1. 치료 의학과 예방 의학
2. 계몽 운동, 위생관념에 대한 인식 (개인 위생 관리, 식수 처리, 오물 처리 등)
3. 가족계획 (피임 방법)
4. 현지인 원주민 건강요원 훈련
5. 식생활 향상

아마존 개혁신학교 졸업생들 (첫째줄 맨 왼쪽: 필자)

파라과이에서 본 로마가톨릭교의 세계선교 모습과 우리(개신교)의 선교전략

정 금 태 선교사 | 목사
파라과이 예술학교장 사역
e-mail:amorr1004@yahoo.co.kr
(2차 1줄 우측 맨 처음)

로마 가톨릭교(천주교)는 사도(使徒) 베드로의 후계자로서의 교황을 세계교회의 최고 지배자로 받들고 그 통솔 밑에 있는 그리스도교의 교파이다.

단순히 가톨릭이라고 할 때에는 동방정교회(東方正敎會: 그리스 정교회)까지를 포함하여 지칭하는 말이 된다. 그러므로 최고의 직위가 로마 교황인 정통 가톨릭교회를 이것과 구별하기 위하여 로마가톨릭이라고 한다. '가톨릭'이라는 말은 원래 그리스어로 '보편적'이라는 뜻이다. 이 말은 2세기 무렵부터 교회를 나타내는 말로 쓰이기 시작했다. 또 4세기에 이르러 니케아와 콘스탄티노플의 두 공의회(公議會)가 그 신앙선언 속에서 '가톨릭교회'라는 명칭을 사용함으로써, 그 이후 이 이름으로 불리게 되었다. 실제로 예수 그리스도의 구원사업은 특정한 개인·인종·시대를 초월한 전체 인류를 위한 것이므로 이 명칭은 그 교회를 나타내는 가장 적합한 명칭이라 그들은 말하고 있다.

15세기가 되자 유럽의 경제력은 증대하고 생활은 현저하게 향상되었으나, 반면 교회는 차차 세속주의에 빠져 들었고, 교회 지도자는 권력을 둘러싼 싸움의 계속으로 분열을 일으켜 대립교황(對立敎皇)이 출현하였다. 또한 성직자나 수도자의 무지와 도덕성의 퇴폐도 심하여 개혁을 요구하는 목소리가 높아지게 되었고, M. 루터의 등장으로 결정적 단계를 맞게 되어 가톨릭교가 분리되면서 프로테스탄트교회가 생성되었다고 말하지만 실제로는 성경으로 돌아가자는 성경 본래를 찾게 되는 운동이 일어났다. 이에 대하여 가톨릭교회에서도 예수회 등의 신수도회에 의한 쇄신운동을 진행시켜 교회는 점차 새로운 힘을 회복시켜 해외 선교활동 등도 활발히 진행되었다.

천주교 통계 연감(2002.12.31. 기준)에 따르면, 세례 받은 가톨릭 신자 총수는 1,070,315,000명으로 세계 총인구 6,221,894,000명(2002년 6월 30일 기준, UN 「인구 연감」)의 17.2%를 차지한다. 대륙별로 인구에 대한 신자 비율을 보면, 아메리카가 62.3%(534,339,000명)로 가장 높고, 유럽 39.9%(279,915,000명), 오세아니아 26.8%(8,399,000명), 아프리카 16.6%(137,428,000명), 아시아 2.9%(110,234,000명) 순이다. 또 세계에서 가톨릭 신자가 가장 많은 나라는 브라질(149,329,000명)이며, 그 뒤로 멕시코(92,220,000명), 미국(65,454,000명), 필리핀(65,063,000명), ˙이탈리아(55,763,000명), 프랑스(46,110,000명) 순이다. 교구(성직 자치구, 자치 수도원구, 자치 선교구 포함) 수는 총 2,883개(라틴 예법 2,673개, 동방 예법 210개)이며, 사목구 수는 411,690개이다.

사목구는 본당 사목구 217,397개(52.8%), 공소 110,476개(26.8%), 기타 83,817개(20.4%)로 이루어져 있으며, 교구당 평균 본당 사목구 수는 143개입니다. 본당 사목구 가운데 사제가 사목하는 곳은 212,715개이다.교회의 사도직 인력 현황을 보면(괄호는 2001년 총계), 주교 4.695명(4,649명), 신부 405,058명(교구 신부 267,334명, 수도회 신부 137,724명: 2001년 신부 수는 405,067명), 종신 부제 30,097명(29,204명), 수사 54,828명(54,970명), 수녀 782,932명(792,317명), 재속회원 28,766명(29,846명), 평신도 선교사 143,745명(139,078명), 교리교사 2,767,451명(2,813,252명)이다.

사제 양성 기관은 총 6,606개(6,520개)로, 그 가운데 교구 사제 양성 기관은 3,122개(3,215개), 수도 사제 양성 기관은 3,484개(3,305개)이다. 그 밖의 교육 기관과 소속 학(원)생 수를 살펴보면, 유치원이 63,103개에 5,815,728명, 초등학교가 91,550개에 28,056,146명, 중고등학교가 37,275개에 15,116,978명이고, 대학교 등 고등교육기관의 학생 수는 4,177,209명으로 집계되어 있다.

기독교 통계 분포도(2004.12현재)를 살펴보면 전체 14.74%에 달하고 있는데, CIS 10.78%, 유럽 36.54%, 중동 0.36%, 아프리카 28.36%, 아시아 5.32%, 태평양 52.69%, 북미 58.77%, 중미 17.64%, 남미 14.89순이다. 천주교가 17.3%에 비해 기독교가 14.74% 는 굉장한 수치이다. 그러나 신교세력과 천주교의 그 세력은 비교가 안 될 정도로 천주교는 전 세계의 종교를 장악한 듯 현실로 나타나고 있다. 그것은 로마 교황의 역사적 잔악성을 볼 수 있을 것이다. 비율로 보면 천주교가 아메리카가 62.3%로 가장 높고, 유럽 39.9%, 오세아니아 26.8%, 아프리카 16.6%, 아시아 2.9% 순을 볼 때, 사실 천주교는 중남미가 최고의 수치를 차지하고, 신교는 북미쪽이 60%에 달하는 최고의 수치를 차지하고 있다.

아래 가톨릭교의 나라별 신도 숫자를 보면 최고 많은 곳이 중남미에 있다. 지면 관계상 전세계 분포도를 다 빼고 1-5등까지 나라만 넣고 최고 적은 나라 Comoro를 넣었다. 사실 전 세계에 안 들어 간 나라가 없을 정도로 곳곳에 침투되어 있는 종교다. Comoro는 인구 725,000명에 2,000명이 천주교가 0.28%에 지나는 않는 작은 나라이다. 그러나 이들이 가는 곳곳마다 신학교를 세우고 후계자나 지도자를 키우는데 얼마나 많은 신경을 쓰고 있는가를 볼 수 있다. 유치원이 63,103개, 초등학교가 91,550개, 중고등학교가 37,275개, 대학교 등 사제 양성 기관은 총 6,606개로, 그 가운데 교구 사제 양성 기관은 3,122개, 수도 사제 양성 기관은 3,484개가 있다. 이 얼마나 놀라운 일인가?

Statistics by Country by Catholic Population

#	Catholics	Population	Percent Catholic	Country	Dioceses	Diocesan Priests	Religious Priests	Total Priests	Permanent Deacons	Male Religious	Female Religious	Parishes
1	145,240,000	183,112,000	79.32%	Brazil	267	9,713	7,060	16,773	1,347	13,067	33,434	9,060
2	125,576,000	141,952,000	88.46%	México	90	10,988	3,590	14,578	831	6,666	28,215	6,105
3	68,721,000	87,876,000	78.20%	Philippines	86	4,949	1,671	6,620	3	4,046	10,661	2,875
4	64,199,000	279,856,000	22.94%	USA	194	31,421	14,709	46,130	13,302	21,952	73,003	19,135
5	57,630,000	59,459,000	96.92%	Italy	225	34,405	17,143	51,548	2,708	23,609	102,902	25,714
6	2,000	725,000	28%	Comoros	1	1	2	3		3	4	2

가톨릭권의 선교양상을 보면 남미나 아시아나 아프리카뿐만 아니라 천주교가 들어간 나라는 어느 곳이나 비슷한 것 같다.

1. 그 모습들이 ;

1) 교육 수준이 낮은 것 같고 더구나 성경을 바로 알지 못하고 2) 경제적인 수준이 낮은 것 같고 3) 문화 혜택이 약한 것 같고 4) 경제 수준이 낮은 탓이겠지만 습관적으로 이중성격이 많은 것 같다 5) 또한 본산지의 이방신을 섬기는 우상 숭배가 성하고 혼합종교로 전락한 것 같다 6) 날씨 관계이겠지만 게으르고 큰 비전이 없는 것 같다

2. 이런 문제를 어떻게 해결할 것인가?

1) 세계복음화를 목표로 하는 선교의 관점에서 볼 때, 오늘날 전세계 인구의 65%가 부분적으로나 전체적으로 정통적인 선교사의 접근을 막고 있는 국가에 살고 있고 2000년도에는 이러한 폐쇄적인 77-84개 국가의 인구는 성장해서 전세계인구의 약 65-68%를 차지할 것으로 예상되며, 모든 불신자의 83-84%가 그러한 나라에 살게 될 것이다(데츄나오 야마모리, 1995).

또한 16,750개의 숨겨진 민족(Hidden Peoples)이 존재하는 것으로 분석되며, 성경번역이 필요한 곳도 2,500부족 이상 남아 있는데(신서균, 1993), 특히 회교도권과 북방지역을 비롯한 많은 지역에서 단순히 복음만을 들고 나가는 것만으로는 한계에 부딪히게 되기에 선교전략이 필요한 것이다.

따라서 전문인 선교가 요구되는 현재의 상황들을 좀 더 구체적으로 살펴보면,

첫째, 갈수록 정식 선교사의 입국을 거부하는 국가가 많아지고 있다는 것이다. 과거에는 복음사역에 대한 문을 열고 있는 국가나 종족, 부족을 상대하면서 닫힌 나라, 즉 선교접근 제한지역이 열리기를 기다렸다. 그러나 갈수록 국가들이 복음에 대해 폐쇄적인 입장을 취하기 때문에 기존의 전통적인 방법으로는 불가능하기에 오히려 전문인 선교라는 더 적극적인 접근을 선택해야 된다.

둘째, 미전도 종족 집단 혹은 미전도 국가는 말할 수 없이 많고, 선교사의 수는 절대적으로 부족하다는 것이다. 이러한 상황에서 전통적인 방법, 즉 신학교를 마치고 안수 받은 제한된 수의 목회자들에게만 세계선교를 맡긴다면 세계 복음화는 점점 더 멀어질 것이라고 본다

셋째, 복음화되지 않은 미전도 종족 집단의 약 95%이상은 이란, 터키, 아프가니스탄 등과 같이 강력한 중앙집권적인 국가를 이루고 있거나 티벳, 쿠르트족과 같이 이러한 국가내의 소수민족으로 존재하고 있다. 이러한 집단이 갖는 문화적 응집력은 지난 수세기 동안 서구의 무수한 선교 노력에도 불구하고 여전히 숨겨진 종족으로 남아있게 만들었다. 따라서 우리는 이러한 미전도 종족을 선교하기 위하여 전통적인 방법이 아닌 새로운 시도를 감행하여야 할 때가 된 것이다.

넷째, 선교신학의 변화도 전문인 선교 활성화에 큰 역할을 하였다. 1974년 스위스의 로잔에서 열린 제 1차 로잔 대회에서는 선교에 있어서 전도가 우선순위를 차지하지만 사회봉사 등과 같은 인도주의적인 행위도 선교로 볼 수 있다는 평가가 나왔다. 이로써 과거에는 전문직종은 전도의 도구로만 한정되어 생각되어 왔지만 이제는 전문직종을 통해서도 선교를 정당하게 할 수 있다는 개념이 형성되었다.

다섯째, 미국 등 서구 국가에서의 내적변화이다. 과거에는 선교사가 선교지를 택하여 일생동안 선교지에서 그 생애를 보내는 것이 보편적인 선교양식이었다. 그러나 오늘날 젊은 층 선교 후보자들은 일생동안 자신을 헌신하는 일을 꺼려하게 되었고 오히려 먼저 시험해 보고 단계적으로 선교를 위해 시간과 노력을 투자하는 단기선교 및 비전 트립 등이 성행하게 되었다.

2) 또 다른 분야는 사회복지분야에서 보면 각종 분야를 통한 전문인 선교 대상은 특수한 욕구나 문제를 가진 사람으로서 효과적인 복음전파를 위해서는 이들에 대한 정확한 문제사정 및 욕구의 파악과 효과·효율적인 자원투자를 통한 최선의 결과를 얻는 것이 중요하다고 본다. 그래서 전 선교사들이 복지 분야에서 간접전도 효과를 갖는 사역에 눈을 돌려야 된다고 본다. 신체장애인, 시각장애인, 정신장애인, 알콜 중독자, 정신 지체자, 비행

청소년, 의료기관에 수송된 환자를, 빈민과 소외자들, 결손, 빈곤가정, 윤락여성, 외국인 노동자, 오지나 취약한 환경에 주거하는 주민들을 대상으로 하는 선교를 한다든지 기업을 통한 선교, 전문 기능을 통한 선교, 문화나 예술을 통한 선교, 매스컴을 통한 선교, 문서를 통한 선교, 스포츠를 통한 선교, 기타방법을 통한 선교 등도 구상하여 전문인 선교가 이루어져서 복음화 일획을 담당해야 한다고 본다

3) 천주교 이상으로 학교기관을 많이 세워서 후계자들을 양성해야 하는 것이다. 실제로는 종교개혁이 다시 일어나야 한다고 본다. 사실 15세기에 중남미만 종교개혁이 일어나지 않았기 때문에 비율적으로 중남미 천주교인이 제일 많다고 말할 수 있다.

a) 성경으로 돌아가야 구원의 역사가 나타나게 된다고 본다. 성경을 많이 읽도록 한다. 학교와 교회에서는 성경을 보급하며 성경을 많이 읽게 하고 철저한 Mission School을 지향해 나가야 할 것이다 더욱이 천주교에서는 성경은 평신도는 읽는 것이 아니라는 정도의 수준으로 있기 때문에 성경을 많이 읽게 하여 천주교의 교리가 얼마나 허무하다는 것을 깨닫게 한다

b) 교육기관을 많이 세워서 학교교육을 통해서 지적, 영적, 성경 교육을 시킨다. 학교를 많이 세워 교육하는 것은 어른들 천주교는 이미 마음과 정신이 굳어있고 그들에게 전도는 굉장히 어렵지만 학교교육으로 어린이에게 어릴 때부터 복음을 그들의 가슴에 넣어주고 어른들은 간접적으로 전도하기 좋은 기관이 학교교육이라고 본다. 학교 프로그램이 매주일 첫날 전교생이 예배를 드리며 성경을 가르치고 교사 전체가 세례교인들로 구성되어 유치원부터 고등학교, 대학교까지 성경 교육을 시키므로 성경을 바로 알아 천주교 교리의 잘못을 파악하고 그들이 진정으로 성경을 바로 알게 만들고 성경 말씀대로 살도록 가르친다. 특히 교회마다 선교원을 세워 어린 하얀마음에 십자가를 그려 주어야 한다.

c) 그리스도가 참 구원자임을 바로 가르쳐 주고 성경암송과 교리 공부를 통해 다른 이로서는 구원자가 없다는 것을 바로 가르쳐 주어 구원의 이중성을 탈피하게 만들고

오직 구원자는 주 예수 그리스도이심을 알게 하여 구원의 확신을 주어야 한다(행4:12).

d) 삶의 목표가 무엇이며 마지막 인생의 목표가 어디임을 알려 명확한 비전 속에서 하나님의 나라가 이 땅에 이루어지도록 만들고 사회나 가정이나 내 자신의 아름다운 삶을 살아가므로 현존의 나라가 성경위에 세워지도록 가르친다(마6:31-33). 결론적으로 가톨릭뿐만 아니라 어디서든지 성경위에 세워진 선교가 이루어질 때 하나님의 나라가 아름답게 열매가 맺어질 것이다. 그러므로 '성경으로 돌아가자' 하는 슬로건 아래 선교사들이 복음을 증거하면 이 땅에 하나님의 나라가 이루어지게 될 것이다.

선교전략 발표 3

아르헨티나 교도소 선교전략

박 건 영 선교사 | 목사
아르헨티나 변호사
e-mail:esthercita2301@hanmail.net
(사진: 1차 4줄 우로부터 세 번째)

LA NECESIDAD DEL MINISTERIO CARCELARIO

BIBLICAMENTE ES OBLIGATORIO

Y POLITICAMENTE ES CONVENIENTE Y UTIL

교도소 사역은 성경적으로 의무적이며

정치적으로는 적합하며 효율적이다

서 론 : 교도소 선교의 필요성

교도소 선교의 필요성은 먼저 성경적(BIBLICO)으로 의무적인 것이며, 다음으로 정치적(POLITICA CRIMINAL)으로는 하늘나라 확장을 위해 유익한 것입니다.

히브리서 13:3 "자기도 함께 갇힌 것 같이 갇힌 자를 생각하고 자기도 몸을 가졌은즉 학대 받는 자를 생각하라"

성경에서는 "자기"가 갇힌 것 같이 하라 했습니다. 만약 우리가 갇혀 있으면 우리에게 방문하고, 사랑을 나누고, 복음을 갖고 찾아오는 것을 기다릴 것입니다.

창세기 1:27; 2:7; 5:1; 9:6; 인간은 곧 하나님 형상대로 사람을 창조하셨습니다. 아무리 죄를 지었어도 하나님의 형상은 남아 있습니다. 모든 인간은 형제자매입니다.

마태복음 25:31-46 지극히 작은 자 하나에게 한 것이 곧 예수님에게 하는 것과 같습니다. 예수님에게 잘 하려면 지극히 천한 자에게, 도움이 필요한 자에게 잘 해야 합니다.

누가복음 6:35,36 하나님의 성품을 닮아야 됩니다.
그는 은혜를 모르는 자와 악한 자에게도 인자하셨습니다. 아버지의 자비하심 같이 우리도 자비하라 하셨습니다.

마태복음 28:18-20; 막16:15,16 모든 사람에게 복음을 전해야 합니다. 사도바울은 "헬라인이나 야만인이나 지혜 있는 자나 어리석은 자에게 다 내가 빚진 자라" 했습니다(롬 1:14). 우리도 복음을 전하기 위하여 받은 고로 그 받은 복음을 전달하지 못한 자들에게는 우리가 빚진 자입니다. 복음을 전하라고 하신 예수님에게 빚진 자가 되고 복음을 우리에게로부터 받아야 되는 자들에게도 빚진 자입니다(혹 복음을 받아야 할 자들이 모를 지라도).

누가복음 15장 (잃은 양 비유, 되은 동전 비유, 탕자 비유).
천국에서 잔치가 일어나는 것은 오직 죄인이 회개하고 돌아올 때입니다. 하나님은 죄인이 회개하는 것을 제일 기뻐합니다 그래서 예수님은 죄인을 (의인이 아니라) 보러 오셨습니다. 온 세상을 창조하시고 권능하신 예수님이 죄인을 위하여 오신 것을 볼 때 죄인인 우리는 당연히 죄인들에게 복음을 전하여야 합니다(**이신칭의**에 대한 메시지는 더 깊게 토론을 해야 합니다).

고린도전서 6:9-11 우리도 "도적이나 탐심하는 자....였지만" 주 예수 그리스도의 이름과 성령 안에서 씻음과 거룩함과 의롭다 하심을 얻었습니다. 그러므로 우리도 도적들이나 탐심을 내는 자에게 복음을 전해야 합니다.

빌레몬 1:10,11 무익했던 오네시모가 옥에서 사도바울의 전도로서 복음과 예수님의 교회

일에 유일한 자가 되었습니다. 옥에 갇혀 있는 무익한 자들도 복음을 받으면 주님의 일에 유일한 자가 됩니다. 그리고 사회에서도 필요한 자가 됩니다.

마태복음 22:37-40; 요일2:10,11; 3:10,14,16; 약2:18; 갈5:14 이웃을 사랑하라는 말씀.

마가복음 5:44; 눅6:27,35; 로12:20 이웃은 물론이고 원수도 사랑해야 한다는 말씀.

마가복음 7:12 그러므로 무엇이든지 남에게 대접을 받고자 하는대로 우리도 남을 대접해야 됩니다. 이것이 율법이고 선지자이고(구약), 예수님의 말씀입니다. 만약에 우리가 잘못을 해서 옥에 갇혔다 할지라도 우리를 돌보아 주는 것을 바랄 것입니다.

본 론 : 교도소 선교 전략

1. 예수님은 아무 차별 없이 누구에게나 복음을 전했습니다(세금 받는 자, 교회 지도자, 가난한 자, 부자, 도적질하는 자, 창녀, 병든 자, 등...). 우리들 중에 예수님처럼 누구에게나 복음을 전할 수 있는 자가 되기란 매우 힘듭니다, 하지만 교회는 이러한 모든 사람들에게 복음을 전할 수 있어야 합니다. 교회마다 분야를 나누어서 예를 들어 ,교도소 선교, 병원 방문 선교, 의료 선교, 가난한 자들 선교 등... 교인들이 처소마다 선교해야 합니다.

2. 교도소 선교를 펴나가기 전에 먼저 갇혀 있는 사람들의 사정을 알아보아야 합니다(가정환경, 방문 문제 등). 주마다 혹 달마다 방문을 못 받고 있는 자들에게 친밀하게 방문하며 물심양면으로 도와주며 예수님을 소개하며 사랑을 전해 주어야 하겠습니다.

3. 교도소에 갇혀있는 자들의 가정을 돌보아 주며 최선을 다해 교회로 인도하여야 합니다. 왜냐하면 교도소 안에서 아무리 복음을 받은 형제라 할지라도 석방 후에 가족들과 그들의 환경이 죄에 빠져 있는 상태라면 다시 범죄하기가 쉽습니다.

4. 교도소에 갇혀있는 자는 물론이고 그 가정도 돌보아 됩니다. 왜냐하면 남자가 없으면

모든 일을 감당하기가 힘들기 때문입니다(먼 교도소 방문해야 됨, 남편 뒷바라지, 자식들 교육문제 등.....).

5. 교도소마다 그 안에 교회를 세워야 합니다(CREAR PABELLON EVANGELICO).

믿는 자들이 함께 교제하도록 환경을 조성해 주어야 합니다. 그리고 그 교회에 목자, 혹은 영적 리더를 세워야 하고 그 밑에 도우는 자를 세워야 합니다. 이렇게 하면 서로 조정하고 다툼이 없게 됩니다. 교도소 안에 있는 교회를 방문하며 예배를 드리며 사랑을 나누면 옆에 있는 안 믿는 자들도 다가옵니다.

6. 교도소 대표자들과 교회 대표자들이 협의하여 6개월~1년 후쯤 석방될 자들의 명단을 교회에 주어서 제일 가까운 교회에서 나올 죄수 형제, 자매를 맡아 일자리를 준비해 주고 교회로 인도해야 할 것입니다. 결코 차별하지 말아야 합니다.

7. 교도소장 및 모든 경찰들에게 복음을 전해야 합니다.

그들이 볼 때에 목사나 선교사들이 많이 방문하는 것이 교도소의 입장으로서도 유익하고, 교도소장에게도 유익하고, 나라에게도 유익하고, 옥에 갇혀있는 자들에게도 유익함을 깨닫게 해야 합니다.

8. 사관학교에도 복음을 전해야 합니다.

갇혀있는 자들을 회복시키는 중요한 사명은 국가를 위해서도 주님을 위해서도 우리가 주님의 일꾼이라는 것을 분명히 보여 주어야 합니다.

결 론

하나님은 사람을 그의 형상대로 지으셨기 때문에 아무리 인간이 죄를 범하였다 해도 그의 형상이 남아 있습니다. 이것은 종교의 씨앗과도 같습니다. 그래서 죄인이라 할지라도 하나님과 항상 교제를 되찾을 수가 있습니다. 그리고 하나님도 이 교제를 바라고 있습니다.

크리스천의 영적 눈으로 보면 모든 감옥에 갇혀 있는 사람들은 그리스도의 이름으로 구원을 얻을 수가 있고, 완전히 회복하고 우리와 형제가 되는 것입니다. 예수님의 이름 안에는 불가능한 것이 없습니다.

우리가 죄의 대가로 죽어갈 때 예수님은 우리를 그냥 버려두지 아니하시고 우리를 살리시려고 목숨까지 바치셨습니다, 우리도 차별하지 말고, 버려두지 말고 열심히 그리스도의 사랑으로서 형제를 회복합시다. 우리가 누군가에게 복음을 들은 것처럼 우리도 복음을 전해야 합니다, 이는 믿음은 들음에서 나기 때문입니다(롬 10:17), 그러나 "전파하는 자가 없이 어찌 들으리오"(롬 10:14), 그래서 우리가 예수님을 이들에게 소개해야 합니다. 오직 예수님만이 인간을 새롭게 변화 시킵니다. 그리고 성경에는 갇힌 자를 동정하는 일에 담대함을 버리지 말라 하셨습니다, 그리고 이러한 일은 "큰 상을 얻으리라" 하셨습니다(히 10:34,35).

(아래의 글 "교도소에도 성탄절의 종소리는 울린다"는 아르헨티나 '라틴 크리스천 타임스'가 2004년 12월 박건영 변호사와 인터뷰하여 편집한 글임을 밝힙니다)

교도소에도 성탄절의 종소리는 울린다.

2004년 12월 박건영 변호사와 인터뷰한 내용 : 라틴 크리스천 타임스

아르헨티나 부에노스 아이레스 주에 소재한
총 35개의 교도소에 수감되어 있는 신자들,
그들도 가족들에게 성탄카드를 보내도록 해주자.

모범수 10%, 준모범수 9%, 탁월한 모범수 8% 등 엄청난 회개의 역사

아르헨티나 라 쁠라따(부에노스 아이레스 주 수도)엔 현재 180명의 크리스천 수감자들이 있다. 라쁠라따 올모스 지역의 이 크리스찬 교도소는 지난 11월 29일 이전하여 50명이 더 추가된 것이다. 원래 17 교도소 (마약범 전용) 공간이 넓어 교도소 장소를 서로 바꾼 것이다. 올모스 지역엔 모두 5개의 교도소가 있는데 아르헨에서 유일한 이 크리스천 교도소는 〈Unidad 25〉라고 불린다.

부에노스 아이레스 주 〈Unidad 25〉 크리스천 교도소의 수감자 상황을 보자. 옮겨가기 이전의 수감된 사람들의 분포를 보면 아래와 같다.

수감죄명	인원
강도	66명
단순강도	16명
단순살인	15명
살인강도	2명
강간	12명
폭력	3명
미성년성폭행	2명
위증	1명
절도	2명
무허가무기소지	10명
감금죄	1명
계	130명

50%의 강도, 12%의 단순강도, 11% 살인죄의 순으로 나타난다. 수감자들의 분포지역을 보면 수도의 도심지역은 거의 없으며, 주로 도시 외곽의 위협지구(비쟈촌)인 것으로 나타난다. 예를 들면 La Matanza 지역 20명, La Plata 지역 15명, Quilmes 지역 11명, Berazategui 지역 10명, Loma de Zamora 9명 등의 순으로 나타나 있다. 이들 중 수감생활에서의 행실에 대한 보고서를 보면 모범수 10%, 준모범수 9%, 아주 좋은 수감자 8%, 좋은 수감자 7%, 괜찮은 수감자 5%, 문제아 1%, 평소 살펴보는 대상 65% 로 나타나 있다.

다음으로 교육상태를 보면, 초등학교중퇴 100명, 중학교중퇴 25명, 대졸은 없으며, 문맹자 5명이 된다. 현재 교도소 안에서 초등학교 수료를 위해 공부하고 있는 사람들이 110명 정도 된다고 한다. 그 외 중등, 대학과정은 전혀 없는 형편이다.

수감기간을 보면, 대개 2-3년에서 20년까지 있다고 하며 평균 6-7년으로 추정한다는 것이다.

1. Unidad 25 는 어떤 교도소인가?

부에노스 아이레스 주에는 모두 35개의 교도소가 자리 잡고 있다. 각 교도소엔 복음전파를 위한 크리스천 사역자들이 있기 마련이다. 2002년 8월 부에노스 아이레스 주 정부의 승인을 받아 그리스도인들만 수감하는 세계 최초의 기독교 교도소가 아르헨티나에 창립되었던 것이다. 이 교도소는 법적으로 「그리스도, 유일한 소망」이라는 이름을 갖고서 출발하였다. 처음엔 다른 여러 교도소에 흩어져 수감되어 있던 사람들 중 모범적인 그리스도인들을 별도로 뽑아 수감시키고 있는 특징이 있다. 교도소 안에서의 생활은 그냥 철창 속에 감금되어 있는 상태가 아니라, 마치 아파트 안에서의 생활처럼 건물 안에서는 자유롭게 행동할 수 있다.

2. 신학교육 과정과 수업 상황

IBBA(InstitutoBiblico de Buenos Aires) 신학교에선 지난 2003년 3월 박건영 번호사(재아 한인 성광교회 담임/ 교도소 선교사)를 Unidad 25 교도소에 신학대학 분교 학장으로 임명 파송한 바 있다(라틴 크리스천타임스 2권 6호 12면).

일주일에 8과목의 신학기초를 배우며 5명의 교수가 1차년도, 2년 계획으로 지도하고 있다. 옮겨가기 이전의 130명 중 거의 모두가 신학수업에 동참하고 있는 실정이다. 수감기간이 평균 6-7년이다 보니 신학수업에 충분히 참여할 수 있는 기간이 되는 셈이다. 이들 가운데는 경제범이나 정치(사상)범이 없는 것으로 보면 거의 비쟈(빈민위협지구)에서의 가정문제나 무교육과 빈곤, 타락 등이 범죄의 근원인 것으로 드러난다. 신학수업이 이들에게 미치는 선한 영향은 이루 말할 수 없을 만큼 크다. 그러한 만큼 교도소 선교와 신학교육 전수는 복음전파에서 빼놓을 수 없는 막중한 사명임에 틀림없다.

3. 박건영 선교사의 교도소 사역 내용

〈Unidad 25〉크리스천 교도소 수감자들은 박건영 선교사와 IBBA의 파견 교수들로부터 신학공부를 할 수 있는 기회를 얻어 학과 이수에 열심히 임하고 있다. 박건영 선교사는 자신이 졸업한 IBBA(대학원 목회학과 졸)에 건의하여 이 교도소 안에 부속신학교를 설립하는 데 계획안을 제출하고서 교수회에 통과 되었으며 마침내 선교의 큰 뜻이 열매 맺는데 성공하였다. 박 전도사는 말하길, "학생들을 불러 모으는 신학교가 아니라, 교도소 담장 안으로 학교가 들어가는 길을 택하였고 마침내 성령님께서 그 길을 허락하여 주셨다"고 간증한다.

따라서 IBBA(신학교) 역시 세계 역사상 처음으로 교도소 안에 신학교 분교를 세운 신학교로서 복음전파의 놀라운 공간을 획득하게 되었다. 이들 교수들은 아무런 보수 없이 자비량으로 교도소를 드나들며, 기쁨으로 신학교육에 최선을 다해 봉사하고 있다. 하나님께로부터 거저 받은 복음을 거저 나눠 주는 선교활동에 사명감을 가지고 가르치는 것이다. 수감자들 가운데는 19%의 모범수들과 아주 좋은 모델이 15%나 생활하고 있다. 이는 회개의 역사이다. 따라서 이들 가운데는 장차 미래의 복음을 위한 일꾼들이 있음을 인식하고 격려해주며 그들을 위한 중보기도를 결코 잊어서는 아니 되겠다.

4. 2004년 성탄절을 그들의 가족을 위해!

이들에게도 정든 가족들이 있다. 비록 가난과 무지와 싸워왔지만, 한 가족으로서 돌아갈 곳은 가정뿐이다. 이들의 면회 상황은 가족관계자들은 1주일에 두 번 허용된다. 토요일은 남자들끼리만, 주일엔 여자들에게만 허용된다고 한다. 매달 토요일과 주일이 윤번제로 동성끼리만 면회하도록 허락한다는 것이다.

그런데 친구나 친지는 수감기간(형기) 동안에 2번만 허용된다고 한다. 오늘날 전 세계적으로 도전하고 있는 기독교 복음은 성탄절을 맞아, 교도소 수감자들이 가정에 성탄카드를 보내며 가족들에게 선물을 보낼 수 있도록 그 재료들을 제공해 주는 캠페인이 번지고 있다. 여기 재아 한인교회도 예외가 될 수는 없다. 세계 최초로 크리스천 교도소가 설립된 도시에 우리가 살고 있다. 그리스도의 사랑으로 이들을 찾아가 이들도 그들의 가정에 성탄의 메시지를 알리고 다시는 죄를 짓지 않도록 격려하며 도전하며 도와주는 성탄카드와 작은 선물 한 가지라도 제공해 주도록 하자.

금번 성탄절엔 라틴 크리스천타임스와 IBBA(신학교)가 이일을 맡았다. 고 에스더 (박 변호사 부인, 직장 연락처 : 4393- 8867)가 이 일을 맡아 봉사하기로 하였다. 2004 성탄절엔 카드 한 장과 작은 인형, 작은 학용품 하나라도 교도소에 수납될 형제들의 가족들을 위해 솔선수범하여 그리스도의 사랑을 전해 보지 않겠는가!

라틴아메리카 원주민교회 찬양사역 방향

박 세 이 선교사 | 아르헨티나 찬양사역
Consevatorio Musica Nacional de Moron 수료
e-mail:sarah5701@hanmail.net
(사진: 1차 1줄 좌로부터 세 번째)

들어가며

처음부터 찬송을 부르는 것은 기독교 예배에 있어 매우 중요한 위치를 차지했다.

찬양에 대해서만은 중·남미 개신교가 로마 가톨릭교회에 빚을 지고 있는 셈이다. 최근 개신교에서 복음송이 많이 개발되어 교회학교와 가정에서 널리 불리워지고 있는 것은 사실이지만, 역사적으로 볼 때 위대한 찬송가들은 양쪽 다 공감하며 유산을 나누어 왔다. 중·남미인들에게 찬송의 유산은 성경에 근거를 두고 있으며 성경은 계속하여 찬송가와 영적 노래들을 부를 것을 권하고 있다. 시편 40:3절에서 다윗은 예루살렘 성전 예배자들 가운데서 감사 찬송을 드렸다. "새 노래 곧 우리 하나님께 올릴 찬송을 내 입에 두었으니...." 이런 전통은 신약에도 나타난다. 주님께서 제자들과 만찬을 드신 후 함께 찬송을 부르시며 떠나셨다(마 26:30, 막 14:26). 사도행전에서도 사도 바울과 실라는 빌립보 옥중에 갇혔지만, 석방되기 전에 그들이 하나님께 기도하고 찬송을 부를 때 다른 죄수들도 들었다(행 16:25). 바울 서신에서도 말씀과 성령의 충만으로 하나님께 찬송할 것을 권면한다(롬 15:9, 엡 5:18-19, 골 3:16).

이 글은 아르헨티나를 포함한 라틴아메리카 국가들 안에서의 원주민 교회를 위한 찬양사

역의 방향모색에 중점을 두고 있다.

라틴아메리카*는 인구 약 4억 5천을 헤아리는 거대한 대륙이다. 그 중 우리가 사역하는 아르헨티나는 유럽계 백인의 나라이다. 아르헨티나 총인구 3,800만 명 중 개신교인들은 약 8%를 차지한다. 즉 전체 인구의 8%가 하나님을 찬양하고 있다. 다시 말하면 300만 명 이상이 하나님의 영광과 성호를 찬양한다. 여기에 가톨릭 신자까지 합하면 그 수는 엄청나게 불어날 것이다. 필자의 가족은 1990년에 총회선교부(예장 · 고신)로부터 파송되어 1년간의 언어훈련 과정을 거쳤고 찬양사역자로 거듭나기는 1994년부터였다고 기억된다.

1. 남미로 파송하신 하나님의 뜻

하나님께서는 예정하신 대로 우리를 남미 아르헨티나로 보내셨다.

내가 계획한 길이 아니었지만, 하나님의 부르심에 순종하여 그분의 뜻을 기쁘게 수용하였다. 하나님께서 부르셨고 하나님께서 인도하셨다. 마치 바울을 다메섹 도상에서 부르시고 마케도니아 길로 인도하셨듯이.... 우리가 사역하는 아르헨티나는 한국과는 전혀 이질적인 문화였고 인종과 역사 배경도 다른 나라였다. 정착하면서 어려움도 많았지만 정작 힘들었던 일은 현장에서 선교사역을 일찍 시작함으로써 따라오는 것들이었다.

한국에서 교회생활을 시작할 때 찬양하기를 좋아했고, 찬양으로 하나님을 만나고 마음이 뜨거워졌기 때문에 기회가 닿는 대로 찬양하기를 즐거워했다. 아르헨티나에서 선교사역을

---

* 라틴아메리카라는 말은 신대륙이 유럽의 라틴계에 의해 발견되어지고 지배−형성되어 왔기 때문에 그 역사와 언어와 문화적 입장에서 표현되는 이름이다. 이는 이탈리아 출신 아메리고 베스푸치(Amerigo Vespucci)가 스페인 항해사 오헤다와 함께 지금의 남미 북부 지역인 베네수엘라 땅의 오리노코 강 유역을 항해하고 난 후, 그의 친구이자 지도 제작자인 독일인 왈스 뮐러가 『세계지리입문』(1507년)에서 아메리고 베스푸치를 기념하여 그 대륙을 '아메리카'로 부르자고 주장했다. '아메리고'가 '아메리카'로 된 까닭은 각 대륙의 명칭이 에우로빠(유럽), 아시아, 아프리카 등 모두 '−a'로 끝나는 여성형이어서 여기에 맞춘 것이다. 그런데 '중 · 남미'로도 불리는 것은 단순히 아메리카의 중앙과 남쪽에 위치한다는 의미로써 지리적으로 분류한 이름이다. 우리나라에선 중 · 남미라는 이름으로 사용하는 것이 일반적이다. 그 외 카리브 해협이 있다.

시작한지 4년이 지나자, 수도 부에노스 아이레스에서 1시간 정도 떨어져 있는 국립 모론 음악학교(Consevatorio Musica Nacional de Moron)에 입학했다. 음악학교의 어려운 과정을 거쳐 오면서 라틴아메리카의 음악을 배우게 되었고, 음악의 이론과 실제를 새롭게 터득하기 시작했다. 처음엔 피아노 전공으로 시작했으나 2년 뒤 성악으로 바꾸어서 하나님과의 사귐으로 은사를 계발하게 되었다. 5차례 현지인들과 함께 콘서트도 개최하면서 성악 공부의 영역을 넓혀가게 되었다. 교회 사역을 하면서 공부하기가 여간 벅차지 않았지만(엄마로서 아내로서) 나에겐 목표가 있었다. 그 목표는 성악 공부를 통해서 교회 사역을 더욱 활성화 시키고자 하는 열망이었다.

하나님의 나라 건설을 위해 쓰여지는 도구가 되고 싶었을 뿐이다. 그래서 시작하게 된 것이, 현지인 교회들의 초청을 받으면서 찬양은 활성화되었다. 한 때 칠레인들이 모이는 칠레 감리교 성가대를 지도하면서 본격적인 찬양 사역의 물꼬가 트이게 되었다. LAPEN (아르헨, 어린이전도협회)에서 주최하는 주교교사 교육을 맡았을 때도 성악 기초 이론과 교회음악 서론도 더불어 지도하였다. 1999년 한인 음악 전공자들과 '주사모'(주님을 사랑하는 사람들의 모임) 모임을 발족하여 그동안 4차례에 걸쳐 정기연주회(1년 1차)를 개최하였다. 이제는 남미를 향한 찬양사역에 대해 하나님께 구체적인 계획을 묻기에 이르렀다. 라틴아메리카 사람들의 구령을 위해, 그들의 심성을 위해하며, 그들의 문화 속에서 하나님의 임재를 체험할 수 있기까지는 결코 쉬운 일이 아니었다. 오직 성령님이 그 길의 전부이셨다.

2. 중 · 남미 찬양의 특징

멕시코의 유명한 복음송 가수요 작곡가인 마르코스 위트(Marcos Witt)는 그의 저서 『Adoremos』(찬양합니다. Mexico, 1993)에서 다음과 같이 쓰고 있다.

첫째, 찬양은 잔치라고 생각한다. (La alabanza es fiesta! Ahora si, la fiesta!)
둘째, 찬양은 바깥으로 나타내는 것이라고 확신한다. (Alabanza es presumir)
셋째, 찬양은 영적 전쟁이라고 생각한다. (Alabanza es guerra)

이는 중 · 남미 크리스천들의 찬양에 대한 기본자세를 언급해 주는 것이라고 보아도 무관하겠다. 호라시어스 보나르(Horatius Bonar)는 찬양하기 전에 아래와 같이 기도하였다고 한다.

> 하나님,
> 입술만의 찬양이 아니라,
> 마음만의 찬양이 아니라,
> 제 삶의 모든 부분으로 찬양할 수 있기를 구하나이다.
> 평범한 생활 속에서
> 나가든지 들어가든지 찬양하며
> 모든 맡은 일들과 행하는 일들이
> 아무리 적든지 크든지
> 찬양하게 해 주소서!

(1) 찬양과 경배

짧고 간결한 노래들을 코러스라고 부른다. 우리가 복음송이라고 알고 있는 노래들이 여기에 해당한다. 찬양과 경배 사역에서 코러스의 개념은 매우 중요하다. 전통적인 예배의 찬송도 그 가사가 주로 시적이어서 연에 따라 몇 절씩 길게 부르며, 주제도 천지창조 이야기에서 십자가와 부활, 재림 내용에 이르기까지 한 곡에 다 넣을 수 있다. 반면, 찬양예배에 있어서의 코러스는 주제가 간단하여 내용이 직접적으로 전달된다. 이 코러스들을 계속 연결하여 찬양하면서 하나님의 임재를 체험하는 것이 찬양과 경배사역이다. 이러한 개념에서 볼 때, 라틴아메리카의 깐띠꼬(cantico: 복음송)들은 그 가사와 곡들이 아주 유연하게 잘 갖추어져 있다. 우리가 예배드리는 최고 목표 중의 하나는 하나님의 임재 안에 들기를 원하며 하나님을 만날 목적으로 함께 모이는 것이다. 하나님의 임재에 들어가기 위해선 다양한 표현이 있는데 적어도 다음 세 종류는 경험해야 한다.

첫째는 하나님의 신성과 무소부재(롬 1:12)이시다.
둘째는 비록 두세 사람일지라도 예수님의 이름으로 모였을 때 그 가운데 함께 계신다(마

18:20). 역대하 5:13-14을 보면, 하나님을 찬양할 때, 솔로몬 성전은 영광의 구름으로 가득 차게 되었다. 이 영광의 구름(쉐키나: 임재)이 너무나 웅장하여 제사장들은 서서 하나님을 섬길 수 없을 정도였다.

셋째는 성령으로 인 쳤을 때, 찬양하게 되었다(엡 1:12-14).

그러므로 하나님께 드리는 예배는 어떤 공식이나 틀을 요구해서는 안 된다. 예수께서는 경배가 어떤 의식이나 공식을 시행하는 것이 아니라, 영에 관계됨을 말씀하셨다(요 4:23-24).

다음 구절들은 찬양으로 하나님의 임재에 들어가는 모습을 보여준다. 시편 95:2 "우리가 감사함으로 그 앞에 나아가며 서로 그를 향하여 즐거이 부르자", 100:2, 4 "기쁨으로 여호와를 섬기며 노래하면서 그 앞에 나아갈찌어다. 감사함으로 그 문에 들어가며 찬송함으로 그 궁정에 들어가서...." (참조: 시 42:4, 45:13-15, 68:24-26, 사 30:29, 35:10 등). 이렇게 하나님의 임재에 접근하기 위해선 오직 하나님의 방식이 있을 뿐이다. 그리고 경배 인도를 맡을 때마다 깨닫는 것은, 깊은 기도 생활을 통해 각 예배마다 하나님의 방법을 잘 분별할 수 있도록 영적 민감성을 개발해야 하겠다는 다짐이다.

(2) 찬양을 통한 하나님 임재의 성격

찬양할 때 하나님께서 우리의 존재 안으로 들어오신다고 말하기보다는, 우리가 하나님 앞으로 나아가는 것이다(시 100:4, 150:1). 우리가 찬양을 드릴 때, 하나님께서 우리에게 내려오시는 것이 아니라, 나는 그 반대라고 생각한다. 우리가 하나님께로 올라가는 것이다(사 2:3, 시 24:3). 하나님은 언제나 준비가 되어 계시지만 문제는 우리 자신이다. 특히 중·남미 찬양에 있어서는 자기감정이 심하게 노출되어 찬양 속에서 제어 장치가 약한 모습들을 쉽게 발견할 수 있다. 이는 대부분 펜테코스탈 무브먼트(오순절 운동)의 경향이기도 하지만, 정치·경제의 저 소득층에서 상·중류 계층간의 소외와 불화를 교회를 통해 해소하며, 교회를 통해 사회적 소속감을 회복해 가는 과정이라고 볼 때 긍정적인 면도 간과할 수는 없을 것이다.

우리는 시편 22:3절을 새롭게 살펴볼 필요가 있다. 이 말씀에 기초하여 사람들은 찬송이 우리를 하나님의 임재에 접근할 수 있게 해 준다고 생각하기 쉽다. 그것은 마치 "우리는 하나님의 임재를 어떻게 만들어 내는지 알고 있다"라는 식으로 말하는 것과 같다. 혹자는 "찬양만 하면 보좌가 내려 와 하나님이 동참 하신다"라고.... 그러나 경배 인도자가 하나님의 임재를 창출해 낼 수는 없는 일이다. 하나님은 우리의 찬양을 받으시며 거처를 정하시며, 우리의 찬양을 매우 기쁘게 받으신다. 다시 말하면 우리가 찬양할 때, 하나님께선 우리의 왕으로 좌정하신다.

(3) 어떻게 경배하면 좋은가

그러면 경배는 어떻게 해야 하는가? 시편 132:13-14절엔 하나님께서 우리의 찬양 가운데 거하시는가에 대해 보다 정확한 이해를 제공하고 있다. 대부분의 크리스천들은 '바치겠다'는 태도가 아니라, 예배를 통하여 가능한 많은 것을 '얻어 내겠다'는 태도에 몰두한다. 목회자나 예배 리더들에게 예배에 대한 책임이 있는 것이 아니라, 신약에서 말하는 대로 모든 그리스도인이 제사장 직분을 갖고 있는 적극적인 지체임을 믿는다면(출 19:4-6, 벧전 2:9-10), 즉 우리 모두가 하나님 앞에서 제사 드리며 섬기는 자들이라고 믿는다면, 우리는 회중 가운데서 진정으로 섬기는 자의 역할을 감당해야 한다. 모든 경배자의 책임은 하나님을 섬기는데 있다. 우리는 놀라우신 하나님을 섬긴다. 하나님은 우리가 드릴 수 있는 가장 영화롭고 풍성한 모든 찬양과 경외를 받으시기에 합당한 분이시다. 우리는 우리의 노력을 들이지 않으면 찬양의 엄청난 비밀을 놓칠 수도 있다. 나는 영화로운 찬양이야말로 그것을 위해 노력한 사람들의 영역이 될 것이라 믿는다. 따라서 찬양은 영적 희생제물로서 하나님께 나아가는 사람들에 의해 시작된다.

하나님은 자연발생적인 경배자들로부터 전혀 감동을 받지 않으신다. 벤 패터슨(Ben Patterson)은 "자연발생적 경배자들이란 자기 기분이 내킬 때, 감정에 따라 혹은 자기 마음에 들 때, 찬양과 경배를 드리는 사람들을 말한다"고 지적한다. 우리는 기꺼이 전심으로 하나님을 찬양해야 한다. 중 · 남미인들의 찬양 열기는 때때로 무질서하고 소란하기까지 하다. 예배의 귀한 시간들이 허비되지 않기를 바란다. 나는 찬양을 인도할 때, 반복하기를 "마음에 활기를 불어넣고서 내 영혼아, 여호와를 송축하라!"고 강조한다. 찬양하는 일에 스스로 동기를 유발시켜서 열정으로 예배에 임하기를 호소한다. 그저 노래하는 것이 아닌, 하나님께 찬양한다는 것은 우리의 노래가 영혼으로부터 우러나오는 것이어야 한다. 즉 진실한 찬양이 되게 하는 것은 우리의 책임이다.

하나님의 임재 안에서 찬양은 활기차다. 젊은 아가씨가 데이트 준비를 하는 것을 상상해 보자. 머리를 손질하고 얼굴에 화장을 하고, 가장 잘 어울리는 옷을 고르는데 시간을 소요하고.... 마침내 상대가 벨을 누르면 그녀는 아름다운 미소와 상기된 목소리로 맞이할 것이다. 그 날이 그녀에겐 최악의 날이 될 수도 있겠지만, 그래도 그 남자 앞에선 여왕이나 공주가 될 수 있는 날이다. 우리도 마찬가지이다. 예배에 임할 때 모든 감정적 혼란은 덮어 두고 먼저 찬양의 옷으로 갈아 입어야 한다. 얼굴에 환한 미소를 띠고 하나님께 감사의 찬양을 돌리며 당신도 심령의 문을 열어야 한다. 서툰 지휘자나 악기 연주자 때문에 산만해지면 안 될 것이다. 중·남미에선 음악교육의 부재로 인해 종종 악기 연주자들이 산만해지는 경우를 본다. 그러나 그러한 시간일 때라도 하나님을 송축하는 특권을 잃어버리지 말아야 하겠다. 우리의 찬양 자세에도 성화의 과정을 필요로 한다.

(4) 찬양과 행위들 : 왜 찬양해야 하는가?

찬양은 반드시 행동으로 나타나야 한다. 앞서 언급했던 보나르(H. Bonar)는 "당신의 행위는 말하고 있으며 당신의 말은 행동하고 있습니다. 그러나 당신의 행위가 말하는 것은 당신이 행위에 대하여 말하는 것보다 훨씬 큽니다."라고 고백하였다.

1) 찬양하는 행동에 있어서 내 방식은 있을 수 없다. 즉 팔짱을 끼는 것, 머리를 숙이는 것, 입을 다무는 것 등.

2) 찬양은 선포되거나 표현되어야 한다. 그 송축 소리가 들리게 해야 한다(시 66:8). 힘써 소리를 높여야 한다(사 40:9). 벙어리도 표정과 몸으로 표현할 수 있어야 한다. 한 쪽 팔이 없던 한 형제는 찬양 시간에 자신의 뺨을 치면서 찬송했다는 일화는 아주 감동적이다. 가끔 왜 찬양해야 하는가를 묻는 원주민 신자들이 있다. 우리는 왜 주님을 찬양하는가?

1) 말씀을 통해 명령을 받았기 때문이다(시 150:1). 하나님을 찬양할 때 비로소 우리는 하나님과 올바른 관계를 맺게 된다.

2) 하나님은 우리의 찬양 가운데 거하시기 때문이다. 우리가 찬양을 드릴 때, 응답하시고 친히 백성의 찬양을 사랑하신다(시 22:3).

3) 찬양엔 영적 에너지가 들어 있고, 영적 전쟁을 할 수 있는 무기이다. 우리의 입술에 주신 무기임에 틀림없다(대하 20:22-25, 시 149:6-9, 옥중에서의 찬양: 행 16:26, 승리의 방법: 시 118:19-20).

(5) 언제 어떻게 찬양할 것인가?

하나님께 올려 드리는 찬양은, 스스로 찬양하고 싶을 때, 곧 지금이다. 어디서 찬양하면 좋은가? 성도들의 모임에서, 모든 성도들과 열국 앞에서, 어떻게 찬양하는가? 성경은 손을 들고(느 8:6, 시 28:2, 63:4, 134:2, 141:2, 딤전 2:8) 찬양하는 모델을 선보인다. 손을 높이 드는 것은 성령께 우리의 마음을 열기 원한다는 것을 보여주는 행위이며, 우리 삶 가운데 하나님이 행하신 모든 역사를 받아들인다는 상징성이 있다.

그렇다. 찬양할 때의 동작은 대단히 중요하다. 손뼉을 치는 것(시 47:1), 악기를 연주하는 것, 서 있는 것과 무릎을 꿇는 것과 허리를 굽히는 것, 엎드리는 것의 의미 또한 깨어 있음과 경외하는 표시로써 나타나게 된다. 찬양은 목소리로 나타내기 전까지는 찬양이라 할 수 없다(시 26:7). 악기로 연주하는(시 150: 3-5) 그 자체가 경배이다.

3. 아르헨티나에서의 찬양사역의 방향

찬송은 이방 민족의 영혼을 품는 사랑의 은사가 샘솟듯 일어나게 만든다. 교회 개척은 물론 예배 프로그램 갱신에 필수적인 영역이다. 찬양사역은 관심의 분야를 넘어 사람의 영혼을 사랑하는 실천이다. 성경 공부와 더불어 코이노니아 선교가 이루어지도록 방향을 설정해야 할 것이다.

그동안의 선교사역을 통해 아르헨티나에서의 찬양사역 방향을 정리해 본다.

(1) 하나님의 임재를 체험하게 된다. 선교사 가족 전체의 영성을 건강하게 인도한다.

(2) 새 노래는 당신이 선교하는 지역을 새롭게 태어나게 한다.

(3) 이웃 전도와 초신자들을 위한 교회 생활 적응에 필수적이다.

(4) 주일학교 교사 훈련과 성가대 조직에 필요한 방향을 모색해야 한다.

(5) 악기 공부(기타, 피아노, 타악기, 관악기 등)와 연주를 도와주며 성가대 조직에 박차를 가해야 한다.

(6) 연합운동과 교회 부흥회에 생명력을 공급한다.

(7) 개인의 신앙향상과 청지기 직분을 향상시킨다.

(8) 감사의 조건들을 제시하며 감사의 표현을 북돋운다.

(9) 성전을 청결케 한다.

(10) 열정이 요구되지만, 감정만으론 문제가 일어난다.

(11) 찬송가 분류와 편집이 새로워져야 한다.

(12) 교회나 선교단체마다 순회 찬양세미나를 장려해야 하고 "청년 찬양학교"가 설립되어져야 한다.

나가며

라틴아메리카에서 교회 찬양은 예배의 시작이요 끝이라 할 수 있다. 그만큼 찬양은 프로그램으로서가 아니라, 하나님의 임재를 체험하는 것이요, 우리가 하나님께 나아가는 목표가 된다. 흔히 라틴아메리카를 가리켜 노래를 좋아하는 국가요 국민이라고 말한다. 틀린 말은 아니다. 탱고, 삼바, 살사, 포도주, 커피 등 대중의 기호에 맞는 축제들이 필요 이상으로 많이 소요되는 대륙임엔 틀림이 없을 테고 그 때마다 노래가 따른다. 그렇지만 정작 올바른 음악 교육을 받은 사람들은 아주 드물다. 실제로 악보를 펼쳐 놓으면 악보를 따라 연주하기란 여간 어려워하지 않는다. 따라서 음악 교육적 수준은 얼짱일 수밖에 없다. 아이들에겐 전래 동요나 신작 특집이 없기 때문에 건전한 어린이 노래를 들어보기란 하늘의 별따기이다. 찬양을 바르게 이해하는 주일학교 교사들이 절대적으로 필요하다.

라틴아메리카 대륙에서의 찬양은 잔치임에 틀림없다. 특히 여기서의 찬양은 바깥으로 나타내는 독특한 기질상의 표현이 존재한다. 또한 찬양은 영적 전쟁이기도 하다. 감정표출이 아니라, 무소부재하신 하나님의 임재하시는 성격이요 찬송함으로 예배 자들이 직접 하나님의 보좌 앞으로 나아가게 된다. 라틴아메리카 교회들 역시 찬양함으로 코이노니아 선교를 이루어가야 한다. 초신자들은 교회의 성경공부와 제자 훈련을 통해 '한 나라 제자화 운동'에 참여해야 할 것이고, 찬송이 교회부흥의 심지와도 같음을 인정해야 한다. 예배자가 드리는 모든 찬양은 음성과 악기와 온몸을 동원한 총체적 찬양으로써 그들이 가지고 있는 음악적 장점들을 살려 인내심을 갖고서 사역해야 한다. 나아가서 찬양사역자의 조심해야 할 바도 많다. 예배용 찬송가의 작곡과 분류와 편집도 이루어져야 하고 공급도 되어야 한다. 장차 탁월한 경배와 찬양팀이 배출되도록 발굴과 양육 작업도 해야 할 것이다.

위의 모든 형태로 나타난 경배와 찬양이 라틴아메리카 찬양 사역을 발전시켜 가는데 기초가 된다. 그리고 찬양사역의 방향을 잡는데 있어서 청지기들의 달란트를 개발할 수 있도록 장점을 살려주어야 한다. 나아가 진정한 경배와 찬양에 동참할 수 있는 음악적 재능을 도와주어야 하겠다. 무엇보다도 한국 선교사 자신이 제사장 나라가 되어 열악한 가운데서도 사명감을 가진 찬양사역자가 되어야 한다. 찬양 리더들을 육성시켜서 하나님께 민감하게 반응할 수 있도록 신앙인격의 성숙을 도와주어야 한다. 기타, 오르간, 탬버린 등 작은 타악기 하나라도 성도들이 연주할 수 있도록 악기 사용을 돕고 가르쳐야 할 새로운 사명이 불붙기 바라마지 않는다.

파나마 인디오 선교전략

우 웅 섭 선교사 | 목사
파나마 인디오사역
e-mail:wongsub@hanmail.net
(사진: 1차 3줄 좌로부터 네 번째)

1. 라틴아메리카 가톨릭교의 실체

라틴아메리카 대륙의 토속종교는 로마가톨릭이 혼합된 구원 없는 종교라고 단정할 수 있다. 가톨릭교회는 그 신앙 자체가 사마리아인들의 혼합주의 종교관과 다름이 없다. 요한복음 4:22에 예수님께서 사마리아인들의 종교관에 대하여 "너희는 알지 못하는 것을 예배(숭배)하고 우리는 아는 것을 예배(경배)하노니 이는 구원이 유대인에게서 남이라"고 지적하신 것처럼 라틴아메리카의 가톨릭 종교관을 가진 사람들에게 "너희는 알지 못하는 것을 예배(숭배)하고"라는 지적을 할 수 있다.

중남미 대부분의 나라들은 가톨릭을 국교화 하였다. 중남미 사람들이 침략국의 종교인 가톨릭을 쉽게 받아드릴 수 있었던 원인은 이들의 토속 종교인 마야문화와 아즈텍 문화나 잉카문명의 종교에도 세례, 고백, 성체, 배경, 승려제도, 성지순례, 의식제전에 대한 개념, 분향, 및 십자가의 상징 등이 있었다. 심지어 사후의 삶과 상벌로서 천국과 지옥의 개념도 있으므로 가톨릭이 개종을 강요했을 때 거부 반응을 보이지 않고 가톨릭을 받아 드렸던 것이다.

보편적으로 한국에서 알고 있는 표면상의 가톨릭과 달리 중남미의 가톨릭은 아메린디오의 토속 종교관과 중세적인 가톨릭의 의식 종교관이 혼합된 하나의 대중종교로 형성되어 있다. 결과적으로 4세기 정교회와 가톨릭이 성인 성상문제로 싸우며 결국 성인 성상을 인정하며 구원이 없는 예배(숭배: 마리아 상, 성인 상, 인디오 성인 상)로 전락하고 말았다.

2. 파나마의 대략적인 실태

1. 국명 : 파나마 공화국
2. 인구 : 약 3,200.000명
3. 수도 : 파나마 시티
4. 인종 : 66% 메스티조, 14% 아프리카인 후손, 10% 스페인인 후손, 10% 인디오
5. 종교 : 93% 가톨릭, 6% 개신교, 1% 기타 (이슬람교, 이단 포함)

3. 지리 및 기후

파나마 지협은 중미와 남미를 연결하는 탯줄과 같은 곳이다. 서쪽으로 코스타리카, 동쪽으로는 콜롬비아와 국경을 접하고 있다. 파나마의 아치형 모양은 두 대륙 간의 다리 역할을 상징할 뿐만 아니라 양 대양의 통로임을 반영하는 듯하다. 가장 좁은 곳에서는 겨우 50km 넓이이지만 1,160km에 이르는 카리브 해 해안이 북쪽에 자리하고 있으며, 남쪽에는 1690km에 이르는 태평양 연안을 가지고 있다.

유명한 파나마 운하는 80km 길이이며 사실상 파나마를 동서 지역으로 양분하는 역할을 한다. 동광맥과 구리가 풍부하고 마호가니 산림을 비롯하여 바나나와 사탕수수를 재배하는 대농원이 잘 발달되어 있다. 2000년부터 파나마 운하에 대한 권리를 독자적으로 행사하면서 운하가 파나마의 재정 수입에 큰 역할을 하고 있다. 최근에는 칸사스 지역에 대규모 유전이 발견되어 탐사가 진행 중이다.

4. 파나마 인디오들의 인종 실태

파나마 인디오들은 모두 5족으로 Guaymies(과이미에스), Kunas(쿠나스), Chocoes(초꼬에스), Teribes(떼리베스), Bokotas(보코따스)로 분류된다. 2000년 파나마 정부 인구조사 통계에 의하면 약 234.260 명이 살고 있다.

(1) 과이미에스(Guaymies) 인디오

163,726명으로 파나마 인디언 중 가장 많은 인구를 차지하고 있다. 대부분 높은 산에 거주하고 있으며, 이들의 주업은 농업이다. 그들의 언어는 nobe(노베), murire (무리레)가 있다. 교육열은 아주 미약하며, 자녀에 대한 관심을 가지고 있지 않기에 질병으로 많은 어린 이들이 죽기도 한다

(2) 쿠나스(Kunas) 인디오

약 50,000명이 섬과 육지에서 살고 있다. 카리브 해안을 끼고 사는 이들은 영농, 어업, 관광을 생업으로 삼고 있으며, 인디오들 중에서 자기 부족에 대한 자존심이 대단히 강하며, 언어는 Kuna(쿠나)라는 부족어를 사용하고 있다. 쿠나스 인디오들은 자신들의 문화를 자녀들에게 전수하여 사용을 하고 있다. 가정교육과 교육열로 지식인들이 배출되고 그러므로 사회적으로 활동을 하고 있는 부족이다.

(3) 초코에스(Chocoes) 인디오

약 19,000명이 살고 있으며 파나마와 콜롬비아의 국경에서 살고 있는 종족이다. 언어는 Embera(엠베라)와 Waunana(와우나나) 두 가지 언어를 사용하고 있다. 하체를 가리고 있으나 상체는 드러내 놓고 살고 있다. 생업은 주로 농업으로 산지에서 농사일을 하며 유까(yuca)라는 뿌리 열매를 주식으로 한다.

(4) 떼리베스(Teribes) 인디오

약 2,500명의 떼리베스 인디오들이 살고 있으며 Costa Rica(코스따 리까)와 파나마 국경에서 살고 있다. 언어는 Teribe 부족어를 사용하고 있다. 주로 산지족(영농와 어업)들로

구성되어 있으며 생업은 농업으로 산지에서 농사를 짓고 살고 있다. 카리브 해안과 태평양 해안가에 살고 있는 이들에게 바다는 생계의 큰 몫을 차지한다. 주식으로는 생선과 쌀이다.

(5) 보코따스(Bokotas) 인디오

약 3,980명이 산악지대에서 농업으로 생계를 이어가고 있다. 언어는 Bokota 부족어를 사용한다.

5. 부족의 생활상황

이들 5부족들은 타인의 밭에서 일을 하거나 직접 개간한 땅에서 옥수수, 쌀, yuca(유까) 등 기본적인 곡물을 파종하고 있으며 정글지역을 끼고 있으므로 사냥을 주로하며, 물고기를 잡고 여자들이 만든 자신들의 민속 옷과 mola(몰라) 액세서리 등을 팔기도 한다.

삶의 환경은 건강면에서 매우 좋지 않은 악조건의 삶을 지탱하고 있다. 식수로는 강물을 마시며, 마을과 집은 온통 흙으로 비가 오면 걸어 다닐 수가 없을 정도이다. 회충약을 복용하지 못한 사람이 대부분이며 많은 인디오들이 피부병으로 상처를 제때에 치료하지 못하고 또 천식으로 고통을 받으며 많은 사람들이 죽어가고 있다. 식용 바나나 섭취 등 여러 가지 환경에 의한 설사가 매우 심하며, 특히 말라리아가 계속 인디오들의 삶을 위협하고 있다. 마을을 방문할 때마다 필수적으로 회충약, 설사약, 감기약, 상처 났을 때 바르는 약 등을 지참한다.

경제적인 면은 간신히 먹고 산다고 말할 수밖에 없다. 소작을 하므로 수확량이 적을 뿐더러 모든 일이 수작업으로 많은 것을 기대하기는 어렵다. 식구들 먹고 남은 것을 내다 파는데 큰 시장으로 가지 못하므로 중간 상인에게 싼값에 넘기게 되며 열악한 생활을 하고 있다. 그래서 식구들마다 각자의 병아리를 키우기도 한다.

교육열이 열악한 상태이며 대부분에 인디오들이 교육에 대한 필요성을 느끼지 못하고 있다. 마을마다 인디오 자녀들을 위한 초등학교를 정부에서 세우고 선생님들을 파견하여 교육을 시키고 있지만 기본적인 지원만을 하고 있어서 실제로 대부분 개신교회와 가톨릭교회들로부터 도움을 받고 있다. 나이가 많은 인디오들은 거의 서반아어를 하지 못하고 있고 아직도 여자들은 배울 필요가 없다는 생각을 가지고 있다. 종족마다 미신의 행위를 계속하고 있으며, 샤마니즘은 이들의 삶에 깊숙이 들어가 하나의 규례나 법으로 지켜지는 경우가 대부분이다.

하늘의 신과 조상신이 살아 있고 귀신들이 있으며 귀신들을 달래야 한다는 생각을 가지고 있다. 마을마다 미신 행위를 주도하는 무당들이 있다. 문화적인 혜택은 전혀 받지 못하고 있으며, 전기와 수도시설이 없어서 원시적인 방법으로 삶을 살고 있다. 음식은 하루 한 끼 정도로 나머지는 유까와 옥수수와 식용 바나나를 삶아 먹는다.

파나마 인디오들의 삶은 열악한 상태에 있으나, 정령숭배에 빠져 있고, 복음만은 쉽게 받아들이지 않고 있다. 이들에게 복음을 전하기 위해 본인은 파나마에 1년 전 재파송되었다.

도미니카 선교 활성화 비전과 전략

이 철 영 선교사 | 전문인
도미니카공화국 찬양사역
e-mail:dom270@hotmail.com
(사진: 1차 2줄 좌로부터 다섯 번째)

여는 글

21세기 도미니카 선교 활성화 비전과 전략은 무엇인가?
선교의 최초의 모델이신 예수님의 '성육신'적 삶을 따라서 사는 것 ....
말씀이 육신이 되어 .... 즉 , 자기 부정적 삶을 사는 것이다.

선교는 사람이 되는 것이고 삶이 되는 것이다.
선교는 미국 사람이 한국 사람이 되는 것이고, 한국 사람이 동남아 사람이나 중남미 사람이나 다른 지역의 사람이 되는 것이다. 사도 바울은 자기의 선교방식을 설명하면서 유대인들에게는 유대인과 같이 되는 것이고, 율법 아래 있는 자들에게는 율법 아래 있는 자와 같이 되는 것이고, 약한 자들에게는 약한 자와 같이 되는 것이고, 여러 사람에게는 여러 모양이 되는 것이라고 지적하였다(고전 9:20-22).

1. 우선적 사고

선교사인 우리의 모습을 점검해 보아야 한다. 저의 경우는 아직도 도미니카 사람들을 낮쳐 보는 경향을 발견한다. '치노' 라는 소리를 들으면 '아이티아노' 라고 반사적으로 튀어나오는 거부감!

(Chino : 동양인을 낮춰 부르는 말, 한국말 뉘앙스는 "떼놈"이라는 의미 / Haitiano : 아이티인이라는 뜻이지만 도미니카 사람들이 제일 싫어하는 호칭, 우리 정서로 말하자면 "왜놈" 이라는 의미)

2. 선교는 주님이 보여주신 대로 그곳에 거하는 것

주님이 우리 가운데 거하시며 천막을 치고 함께 산다는 것이다. 예수님은 30년 동안 사람들과 함께 사셨다. 사도 바울은

안디옥에 가서,

빌립보에 가서,

데살로니가에 가서,

뵈뢰아에 가서

고린도에 가서,

에베소에 가서,

로마에 가서....

그곳에 있는 사람들과 함께 거하며 살았다.

따라서 선교는 그리스도인이 세계 곳곳에 가서 그곳에 있는 사람들과 함께 살면서 그리스도를 나타내 보여 주는 것이다. 선교사들이 지금 세계 곳곳에 가서 현지인들과 함께 사는 것이 바로 선교다. 기쁨과 즐거움과 슬픔과 아픔을 서로 나누면서 함께 사는 것이 성육신적 선교다.

- 힘에 의한 선교(power encounter)가 아닌 (힘 포기) 감동의 선교, 치유의 선교, 성육신의 선교를 해야 한다.
- 성경의 원칙에 충실한 성령의 기름 부으심과 성령의 인도하심에 의존하는 선교를 해야 한다.

3. 재고 ①

말에도 예의가 있다. 예의 없는 말은 상처를 주거나 혹은 자존감을 공격한다 .

– 저의 경우 더디지만 성령께서 진행시키시면 진행했고, 진행을 멈추시면 기다렸다.
– 팀 사역 : 서로의 차이를 환영하고 서로를 결합시키는 선교
– 중 · 남미 대륙의 혼합주의로부터 복음의 순수성을 유지하고 성화된 크리스천이 되게 하는 것

4. 전략적 비전 (strategic vision)

그리스도께선 "내가 줄 상이 내게 있어 각 사람에게 그의 일한대로 갚아 주리라."(계 22:12)고 하셨다. '가는 선교사' 혹은 '보내는 선교사' 로 성도들을 선교에 동원해야 한다.

선교에 동참하도록 동기를 부여하여 대를 잇는 전도자들로 나아가게 해야 한다. 우리 모두는 하나님과 함께 일하는 자(고후 6:1)로 부름을 받았기 때문에 '그리스도의 지체(롬 12:5)' 로서의 의식고취가 필요하다.

내 교회, 내 교단, 내 선교회가 최고이고 나만이 할 수 있다는 생각에서 벗어나야 한다. 이를 위해 다각도의 선교협력이 절실히 필요하기에 오늘 이렇게 함께 모인 것이다.

"내가 줄 상이 내게 있어 각 사람에게 그의 일한 대로 갚아 주리라."(계 22:12)고 하셨다.

5. 재고 ②

복음전도가 인생의 가장 중요한 일이라면 …. 과연 내 자녀가 선교사로 살아가도록 목숨 걸고 추천하는 선교사는 몇 %나 될까? 그런데 하나님 아버지는 보내 주셨다. 왜 일까? 그것이 가장 필요한 것이라 몸소 보여 주셨다. 우리를 위하여 외아들을 보내주신 것, 그리고 십자가의 대속물로 죽이신 것이다.

6. 선교사의 문제 분석 (인격적, 사역적 측면)

a. 선교 불신 : 선교에 대한 부정적 시각이 팽배하다.

선교사간의 자기 자랑, 타선교사 비판, 비난과 보복의 악순환을 극복하고 상황적 이해와 총체적 시각이 필요하며 치유적 접근이 필요하다.

b. 군림하는 선교 : 힘의 대립적 선교가 치열하고 존경받지 못하고 무시당하는 경우도 허다하다.

c. 선교사들 간의 불협화음 : 공동체 훈련과 내적 치유가 풍성하여 이를 회복시켜 가야 한다.

d. 게릴라식 각개 전투식의 선교 : 탈진과 무지의 행보를 계속하는 경우가 있다. 협력선교의 부재와 협력선교의 중요성을 깨우쳐 준다.

e. 목회적 선교 : 현지인 교회를 개척하여 끝까지 목회하다가 오는 경우를 본다.

f. 도박성 선교 : 직관적, 한건주의, 물량주의, 업적주의로 단시간의 성과를 부추기고 한국 교회앞에 보고거리를 만들려고 한다. 성육신의 재 묵상이 필요하다.

g. 피상적 설교 : 언어 이해, 문화 이해 없이 속히 지도자가 되려 한다. 선교지 사람들이 복음을 확실하게 받아들일 수 있도록 지역 주민들에 관한 세계관 연구가 필요하다.

h. 대박 헌금 : 선교비 모금문제로서 누군가 한 번 크게 지원해 주기를 바라고 있다. 선교비 사용의 투명성의 문제가 뒤따르며, 생활비, 선교비, 교육비의 구분이 명확해야 한다. 보내는 단체의 책임성은 선교사 자녀 교육비에도 무관하지 않다. 받는 선교사 역시 선교비 사용의 보고가 투명해야 한다.

i. 현지인 동역자 고용 문제 : 대부분 주종관계로 형성되어 있다. 선교지에서 동역자라 부르면서 군림하는 자세는 꼴불견이다.

j. 평신도 선교사 : 전문인, 평신도 선교사의 위상을 높여야 할 때가 되었다.

k. 자녀교육 제일주의형 : 자녀교육 문제는 관여 말아야 할 것인가? 깊이 관여해야 할 것인가? 이것은 모든 선교사에게 있어서 큰 관심사이다. 그런데 포기형도 있고 국제학교(최고)형도 있다. 문제는 정체성 없는 국제미아로 키워서는 안 되겠다. 선교사 자녀는 한국교회의 미래선교에 있어서 내일의 일꾼이다.

l. 슈퍼맨 선교사 : 안식년 부재로 일중독 내지 초인의 의지를 보일 때가 있다. 나중에 "나

는 안식년 없이 일했다."라는 자만형을 버리고 가급적 선교본부와 선교단체의 안식년제도에 따르는 것이 질서를 존중하는 것이며 무난하다.

　m. 이미지 선교 : 가면 선교를 비롯한 인간 중심으로 흘러갈 수 있다. 모든 것이 은혜 위주로 된 듯 하다. 진실로 하나님을 두려워할 줄 알아야 한다.

닫는 글

　어머니 같은 주님의 품으로 ....우리가 선교사 선후배간에 중 · 남미 선교전략 회의로 모이고 있는 이 기간만이라도 모든 것을 품어 주시는, 안식처인 주님의 품으로 돌아가야 할 때이다.

　"주 예수님, 저는 죄인입니다!"의 고백으로 인한 감격과 위로가 있는, 우리의 안식처인 주 예수님의 품으로 돌아가 안겨야 한다.

　거기 품에 안긴 내 형제를, 눈물로 인해 부어 오른 눈두덩이를 보며 울고 웃고 ...

　그러다 누워 나만 먹게 침 발라 놓은 물병을 내미는 ....

　" 너두냐 ? 나두다!" 서로 보며 깔깔거리며 웃는 ... 엄마 품에 안긴 하나 됨의 감격, 행복감....

　그런 만남의 장이 이제 아세아연합신학대학교(라틴 선교연구원)를 통해 펼쳐진 것이다.

　중 · 남미를 가슴으로, 무릎으로 혹은 상처들과 더불어 품고 최소한 10년 이상 선교지에서 주 예수님의 본을 따르다 오늘 만난 것이다. 우리의 귀한 첫 모임이 잃어버린 형제를 찾는 예수님의 성육신적인 삶을 본받아, 중 · 남미에 살아 있는 선교 현장의 기쁨과 예수님의 성육신적 선교자로의 뜻을 본받기 위한 고민을 나누는 장이 되었으면 한다!

　우리들은 서로간에 경쟁자도 아니며 비교하는 자는 더욱 아니다.

　우리들은 주님의 피 값 치루고 사신 바 된 몸의 각기 다른 역할을 맡은 지체들이며 파송받은 선교사들로서 부름 받은 한 몸 이룬 한 형제들인 것이다.

선교전략 발표 7

도미니카 공화국 선교전략 연구
A Study Strategies for Evangelization of Dominican Republic

최 광 규 선교사 | 목사
도미니카공화국 교육사역
e-mail:kodomi88@gmail.com
(사진: 1차 2줄 맨 우측)

목 차

At the end of the twentieth century, Korean churches have flourished in missionary revival so that it would be unparalleled in history. The Korean mission handbook has said that the growth of the Korean missions has multiplied 47.3 times from 1979 to 1996. By the year 1999, there were 7,000 missionaries. With this exponential growth, it can be predicted that in the year 2005 there will be around 14,000 missionaries, including the missionaries sent by Korean churches that exist around the world.

This missionary work has increased so much in Korean churches, that it may be called a mission explosion. This has become very encouraging to a lot of Christ followers. Although, this rapid expansion is beneficial, it also has its negatives, so a counter plan is needed. From the lack of strategies, more problems may start to occur. One of the results was the acceptance of Dr. Luis Bushes 10/40 Windows Focus strategy, without much examination. This caused an unbalance in missionary distribution. So the places that seek spiritual harvest, which is Central & South America, was out of reach and care from the missionaries. This problem was brought forth from the missionary leaders.

On May of 1995 a nation and global mission meeting was held. In this meeting the Director of The Oversee Mission Committee of KPC, Reverend Im Soon Sam, and Dr. David Tae Woong Lee of GMF let this issue be indicated through their essays.

Since Central and South America is highly concentrated with Catholics, the indifference there is that they have lost many of the blessings of the Korean missions harvest. In Central and South America, the Catholic leaders allow their influence and efforts unto the people. Then it is said to be Christian because they are already in Shamanism.

The Professor of Park Byung Shik of Korea Theological Seminary & College said that there are 260 differences between Evangelism and the Catholic. Catholicism is believed to be a cult. The Reverend Yoo Sun Ho wrote a book called Seven Reasons to Reject Catholicism. Through this book Catholics believed in Shamanism and worshiped idols. This essay will reveal and research about Shamanism in the Catholic religion and the general situation in Dominican Republic, along with a couple of strategies.

First of all, Catholics worship saints and ask them for help and reverence. They are willing to praise saints in public, and will teach this to the whole world. To praise is not just to respect but also to worship the saints as gods. The name of a saint is given unto a person by a pope. Even after death, they believe that the gods are able to effect, influence and help the church. The false religion of Babylon consisted of 5,000 gods, male and female. They believe that each day, each month, each job, had a god, which would protect them. This belief spread throughout the world. When the Roman Empire dictated over the whole world, this theory of worshipping the idols filtered into the Roman Catholic Church. The smith Brighit, was the goddess of the shoe making and poetry. Juno Regina was the goddess of marriage. Ops was the goddess of wealth and richness. Ceres was the goddess of corn, wheat and vegetation. (The word cereal came from the goddess of ceres).

Hercules was a god of happiness, pleasantness and wine. Mercury was a god of speech. (While Paul was done preaching in Rousdra people started to call Paul, Mercury. (Acts 14:11, 12)). At the time this Babylonians religion spread everywhere. This paganism of worshipping the idols infiltrated the Roman Catholic Church as worshipping saints. These gods and goddesses have been named saints in the Catholic Church. Throughout the many centuries, they have come up with many more saints and statues. Nowadays a total of 2,000 to 3,000 saints and statues are in Europe. This is the same as the legendary three founders of ancient Korea and the alter or shrine, for a tutelary deity.

The adoration of idols was present ever since ancient Egypt, for example Obelisks, Temple and Tower. From those three the one that is most extraordinary is Obelisks, which was moved into New York Central Park, Rome and London. The capital of all the Catholic countries an Obelisk Tower is built. The rights of the writer is in the capital Dominican Republic, Santo Domingo every Christmas it is decorated.

The original Obelisk was named Macheva(囚攝), the symbol of the Baal. It was related as an adoration of the sun. The Egyptians believed that the sun gave life to all living things, for that reason they had to worship it. The Obelisk was established in a symbol of sexual being as a penis unto the sun. The word, image, can be defined in many ways in the Hebrew language. From these meanings one of them means Obelisk. (2 Kings 18:4, 23:14, Leviticus 43:13, Micah 5:13). In Dominican Republic the women who are not able to bear a child ask the Obelisk to give her a child by offering it gifts, such as beautiful flowers. In Korea it is similarly done at the alter, where they give food and ask for a child.

In the Roman Catholic Church, the remains of a dead person and its relics are adored. They believe that the remains and the relics have supernatural power and are holy. This is placed very high and holy in the church. The remains of the saints, the cross and the nails are also part of the holy remains. The thorns from Jesus head are also holy. The attire that was not sown together before the crucifixion was considered very holy. Marys hair and marriage ring was also put in a high place. The baby bottle of Jesus, the bones, arms, legs, clothes, and their possessions of the saints are considered holy, also many more, extensively.

Its become clear and declared that the remains of the saints are included animals bones. The worshipping of idols and Shamanism has many in common but their primary belief is to worship and idolize Mary. This theory is brought down from the basis of ancient times, of adoring the mothers of god and goddesses.

The story of the mother and the child became widely known. The goddess Seramis was holding her child in her arms, this picture is appeared in Catholic churches with Mary holding Jesus in her arms. Catholics have large cathedrals and in those places are statues of Mary and those pictures are placed everywhere instead of Jesus. This is an evidence that shows that Mary is much more important and emphasize Mary is more than the Savior himself, Jesus. Yet, the authorities of the church say that all they do is respect Mary not adores her. Then why is Mary in a higher position than Jesus in the church? The Dominican Republic, where the writer works, is a Catholic affiliated country. As a result they are under the influence of Catholics, which affected the social system and culture. In 1992, a new airport was built, in the middle of the airport where most people walk by, a great painting of Mary is placed there, but of course not one of Jesus. All the children born in January, part of their name is Alta Gracia. The saint Marys name and they feel protect them and give them fortune. The boys born in December are not named after Jesus. There are boys named Jesus in this place but not because they were born on December. This simply shows that Mary is the object of their worship not Jesus.

In order to place Mary as a saint the Catholics have made new characteristics of her. They say that she is an everlasting virgin and that she rose up into heaven with Jesus. She is sinless so she excelled the tomb and she rose up and rose up into the heavens. She is also seated on the right hand of God also with

Jesus. This shows that Catholic is a cult because it is founded on Mary, mother of Jesus.

The Dominican Republic is under the power of Catholics first introduced by the Columbus on 1492. At that time, through Columbus the strongest country Spain, was able to colonize a large continent. Spain put a general government in the Dominican Republic. One by one they started to capture the Central & South Americas. Even after 500 years later, just like the Spanish conquered one by one and started their government there, by prayer Dominican Republic should extend religious influences throughout the country and all over Central South America. It is located $17°-20°$ N, $62°-72°$ E between Cuba and Puerto Rico. The name of the island is Hispaniola, on the east is Dominican Republic and on the west is Haiti. The island has dimensions half the size of South Korea, 48,671 square kilometer. The population of the Dominican Republic is 8 million people. From these people fifteen percent of the population is white, from Spanish or European descent and fifteen percent is black, from African descent, seventy percent is called mulatto, which is a mix of European blood,

Indian blood and African blood. They are made up of white, black and yellow culture. The island has a subtropical climate, which gives an everlasting summer. The average degree is seventy-seven Fahrenheit. It is possible to go the beach all four seasons.

The amount of rainfall is fifty-three per year, in the north one hundred inches and in the southern deserts thirty inches. In this place between August and October there is a tension of hurricane. The Dominican Republic is always anxious about earthquakes because of the 1950 large earthquake. These climate conditions makes a gospel receptive place.

In mid−19th century evangelical missionaries came into the Dominican Republic. In 1836, the English missionary Tindall went to the Dominican Republic so that he may survey the north part of the Dominican Republic and started missionary work. After this the Wesley missionary committee asked for more missionaries. So in this committee they sent the Rev. William T. Cardy. He also sent a team and sent money so they may start their work.

During the next two year, the two Reverends worked hard and the work was interrupted. Reverend Tindall became sick and the president of Haiti Boyer strongly disapproved of their work. They restarted in the year 1840. The churches in the Untied States and Canada also joined the mission work. This began the Dominican mission history.

After about 100 years, on August of 1988 the Korean church sent the first Korean missionary, Reverend Kwang Kyu Choi, to join and participate in Dominican mission work. Recently, many cults and pseudo Protestants have joined. These cults are multiplying greatly because of the tremendous support it is receiving from headquarters in the United States. Their strategy is to keep on building schools in order for the next generation to learn their ways and plant seeds. This strategy is extraordinary and it is easily done because of their great support system and their system is keep growing. From these many false teaching comes in the Mormons. Nowadays, Mormons is one of the most rapidly growing groups. In 1978, the first Mormons came into Dominican Republic. Afterward in 1994, there were 540 missionaries and 40,000 members. In 1998, they had 460 missionaries working there and increased to 60,000 members. Another large cult is the Jehovah witnesses. In 1945, Reynard Jonson went to the Dominican Republic. They are also increasing by the years that they have almost reached the same numbers as the Mormons.

The Dominican Republican religious stand pleads for Christian missionaries to come in and help them. Christianity was in a spiritual lower down but now a new gust of wind is blowing. At the same time, these cults are going to extremes to work hard for them. Catholics, the power religion, did not care before, but are also looking at Christianity in a different way because of the new spiritual wave. So the Christians have to overcome these obstacles. Considering all these things, a strategy for missions is being thought of.

First, there will be a new gear towards education. This technique is traditional, but it is still very useful today. Education has always been a factor of modern missions. Modern missions is reducing, but thirty five percent are still working into this part. In case of the Dominican Republic seventy percent are literate, and the rank of this country will always be inferior. Public schools are administrated though Catholics and they teach all about Mary and Catholic teachings. Most Dominican people are mostly named Catholics. Before this keeps on spreading, Christianity must spread and get to these people.

Second, women must be used more often and in head positions. Socially, the Dominican Republic has a multilineal society. So this feminine power must be used in order to help and be embossed. This does not just to the Dominican Republic anymore, it is applied to the entire world. In the United States, 1970, there was only two percent of women pastors. In 1984, this percentage tripled and went to a seven percent increase, so in the year 2000 there will be a 20 to 25 percent increase. In mid 21 century, it is predicted that fifty percent of women will become a pastor. So in the Dominican Republic this needs to be cultivated.

Thirdly, a strategy of social services. Missions and social services is something very needed. Especially, for those countries of the third world. In the case of Korea, while it was in its hard times, the American missionary groups extended their help. IN 1952, 1953, Korea had held a World Vision Mission, which help many and bared much fruit. In these social workers, the medical services give a great mission opportunity. Dominican medical services need to be upgraded. They lack financial aid, so through help evangelistic is possible. Los Alcarrizos, where the writers field is located, has one of the most highest crime rate. The people who live there do not except others surrounding them and keep them away by doing many malicious deeds. In this place doing pioneer missions was very hard. Every summer, the short-term missionaries have helped out a lot.

Fourth, to make a community where everyone will know each other. The reason why Christianity is in rapid growth in the Dominican Republic is because it helps their everyday lives; through this evangelistic was made easy. Most of these groups were made up of thirty people, and made factories or made anyway for them to make a living. This community made a family like environment.

Lastly, Dominican Republic is a spiritual harvest. Their anxiety of the weather, of not knowing what will happen next, keeps them off their feet. Catholicism has become a bore to these people; they needed something stronger to believe in. Many people started moving to the cities, so there is bigger likely hood for many people listening to the gospel. The 21st century mission is to waste the same time, same money in order to harvest and give attention to the Dominican.

참 고 문 헌

[사전]

1. 『가톨릭 교리 사전』 박도식 편저, 서울: 가톨릭 출판사, 1989.

2. 『국어사전』 금성출판사간, 서울: 금성출판사, 1994.

3. 『중요 교리 전례, 용어 해설집』 가톨릭 출판사, 서울: 가톨릭출판사, 1979.

4. 『Britanica Encyclopedia』 1999년 판 CD.

5. 『가톨릭 백과사전』 가톨릭신학대학 편역

[국내서적]

1. 김기홍, 『천국의 기둥』 서울: 두란노서원, 1993.

2. 김보록, 신부『로사리오의 묵상』 서울: 생활성서사, 1993.

3. 박도식, 『무엇하는 사람들인가』 서울: 가톨릭출판사, 1983.

4. 유선호, 『천주교를 배격하는 이유 7가지』 서울: 할렐루야서원, 1992.

5. ____ , 『천주교도 기독교인가?』 서울 : 할렐루야서원, 1991.

6. 이종기, 편저『교회사』 서울: 세종문화사, 1975.

7. 이종헌, 『참 진리는 이것이다』 서울: 성모출판사, 1993.

8. 이필영, 『샤마니즘의 종교사상』 대전: 한남대학교출판사, 1991.

9. 전호진, 『종교다원주의와 타종교 선교전략』 서울: 개혁주의 신행협회, 1993.

10. 이판석, 『천주교를 알려드립니다』 서울: 천주교 가두선교단, 1998.

11. 엄무광, 『가톨릭신앙안내서』 시카고: 한국순교자 천주교회, 1999.

[번역서]

1. 루이스 벌콥, 『기독교신학개론』 신복윤 역, 서울: 은성문화사, 1974.

2. 허버트케인, 『선교사의 생활과 사역』 백인숙 역, 서울: 두란노서원, 1986.

3. 히워드 스나이더, 『21세기 교회의 전망』 박이경, 김기찬 역, 서울: 아가페출판사, 1993.

4. 요한 칼빈, 『그리스도의 구속사역』 엄성옥 역, 서울: 은성출판사, 1989.

5. 한스 큉, 『교회란 무엇인가』 이홍근 역, 경북: 분도출판사, 1984.

6. 랄프 우드로우, 『로마 가톨릭 주의의 정체』 편집부 역, 서울: 할렐루야서원, 1993.

7. 존 브라이언, 『억만인의 신앙』 정신석 역, 서울: 가톨릭 출판사, 1983.

8. 레오나르도 보프, 『성사란 무엇인가』 정한교 역, 경북: 분도출판사, 1992.

9. 미국천주교주교회의 간, 『우리의 어머니 성모마리아』 황종렬 역, 서울: 성요셉출판사,
    1987.

10. J.욤 파르트, 『가톨릭과 개신교』 정종휴 역, 서울: 성 바오로출판사, 1993.

[논문 및 정기 간행물]

1. 이태웅, 『세계 비전과 주요 선교 동향』 한국해외선교회 출판부.

2. 임순삼, 『선교사 파송및 관리』 "제2차 민족과 세계복음화 회의" 서울: 한국세계선교협의
    회와 한국컴퓨터선교회에서 자료배포

3. 최광규, 『도미니카 특집』 미션월드, 1994년 1월호.

4. 한국선교핸드북 1998-2000, 서울: 한국해외선교회 선교연구원편, 1998.

5. 해외시장 국별 자료, 『도미니카 공화국』 KOTRA, 1992.

[신문]

1. 김무정. "중남미 선교 현황과 문제점", 국민일보 1994년 4월8일자.

2. "한국선교에 대한 대담" 기독교신문 1993년 11월 21일자.

[외국 서적]

1. Nuez C.,Emilio A. *"Crisis in Latin America"* Chicago: Moody Press, 1989.

2. Siewert,John A & Kenyon,John A *"Mission Handbook"* CA: MARC, 1993-95.

3. Johnstone, Patrick *"Operation World"* MI: Zondervan Publishing House, 1993.

4. Fraternidad Teologica Latino America *"Tercer Congrso Latino Americano
    Evangelizacion"* Quito, 1992, 8,24-9.2

5. Vera B,Wenleslao *"Historia del Derecho Dominicana"* Santo Domingo:Instituto
    Tecnologico de SAnto Domingo, 1986.

6. Ocaa,Antonio *"Testimonio Para La Historia"* Santo Domingo: Editora Alfa & Omega, 1992.

7. Greenway,Roger & Monsma,Timothy M. *"Cities"* MI: Baker Book House

8. Grigg,Viv *City of the Urban* CA: MARC, 1992.

9. La Secretaria EStado Educacion & Bellas Artes *Texto de Historia para Bachiller* Santo Domingo: EDUCA, 1994.

10. Jones, Nathaniel, *A Brief of the Wesleyan Church in Puerto Plata*, Puerto Plata: Tipografia Mathew, 1930.

11. Geoge A.Lokward, *El Protestantismo en Domincana*, Santo Domingo: Editora Educativa Domincana, 1982.

12. Gomez, Pelegrin, *Breve Historia de la Iglesia Metodista Domincana.*

13. Gimiro, Felicano Amparo, *La Historia de las Asembleas de Dios en la Republica Domincana.*

14. Carson, Hebert M. *Dawn or Twilight,Leicester* : Inter-Varsity Press, 1966.

15. Boellner,Loraine *"Roman Catholicism"* Grand Rapids. Baker Book House, 1983.

16. Hislop,Alexander *"The Two Babylons or The Papal Worship"* New Jersey. Loizeaux Brothers, 1959.

17. Brown,Rebecca *"Preparemonos para la Guerra"* Pa. Whitaker House, 1990.

18. Kim Tae Gon, "Components of Korean Shamanism" Korea Journal December, 1972.

19. Hays,H.R. *"In The Beginning,Early Man and gods"* New York: Putnam, 1963.

20. Durant, Will" *The sotry of civilzation,caesar and Christ"* New York: Simon and chster, 1977.

21. Irving, Rouse, *The Tainos, Rise and Decline of the People who greeted Columbus,* New Haven, Coon. 1990.

볼리비아 여성 지도력 개발을 위한 선교방안 모색

이 수 미 선교사
볼리비아 여성 · 교육 사역
e-mail:pablonam@hanmail.net

I. 들어가는 글

선교지에서 가난한 여성들의 눈물과 배고픈 아이들의 비인간적인 삶의 모습은 하나님의 형상으로 지음 받은 인간의 존엄성에 의문을 갖게 한다. 필자가 볼리비아에서 만난 여성들의 곤고한 삶을 볼 때 더욱 그러하다.

24살의 젊은 나이에 남편을 잃고, 남겨진 세 아이들을 키울 경제적인 능력도 없이 자신마저 병들어 있는 홀리아(Julia). 10살부터 가정부로 6년간 일해서 벌었던 미화 200불을 16살에 동거한 남자로부터 다 빼앗기고 구타까지 당한 채 딸과 함께 쫓겨 난 후스티나(Justina). 18살에 아기를 낳은 지 며칠 되지 않은 날, 무직으로 마약을 하던 남편으로부터 구타 후 살해 당한 로사(Rosa). 배고픔을 이기지 못해 본드와 마약을 하며 거리에서 방황하는 그 여성들의 아이들. 그동안 가난한 여성들과 아이들을 위한 선교적인 노력이 없었던 것은 아니었다. 그러나 다양한 선교적 시도는 제한적이고 부족한 면을 가지고 있다. 왜냐하면 아직도 이런 여성들을 위해서는 구제에 치우친 선교를 하고 있고 구제를 통한 변화를 기대하는 것은 쉽지 않기 때문이다. 이제는 여성에 대한 선교적 시각을 교정할 필요가 있다. 가난한 여성들이 계속 복음의 대상으로만 존재하는 것이 아니라 이 여성들도 하나님 나라를 확장하는 일에 지도력을 가진 동역자들이 될 수 있도록 해야 한다.

현재 세계 복음주의자들의 70% 정도가 비서구 지역에 살고 있고, 농촌보다 도시지역, 18세 이하, 부유층보다는 가난한 자들이 더 많고, 이들 중에 세계 기독교 사역자의 38%가 배출되고 있다. 남미지역은 국가별 차이는 있지만 헌신된 기독교인들은 매년 4.7%의 성장률을 보이고 있다.[1] 여기에서 주목할 것은 기독교인이 된 여성들이 남성들보다 다수를 차지하고 있고, 그들이 교회 성장에 영향을 미치고 있다는 것이다. 이것은 여성들의 특성과 은사를 활용한 선교 방안의 모색과 교회 내의 가난한 여성들도 지도자로 세워질 수 있는 가능성을 보여주는 것이다. 이를 위해 여성들이 현재의 상황을 넘어서 복음의 요청에 헌신할 수 있도록 하는 것이 필요하다. 기독교 신앙이 갖는 능력은 역사 속의 여성들에게 성령의 힘으로 인간의 한계를 넘어 전진할 수 있도록 해 왔기 때문이다.

이 글은 '볼리비아 여성 지도력 개발을 위한 선교 방안 모색'이라는 주제하에 이미 기독교를 받아들인 여성과 일반 여성 모두를 대상으로 하고, 남미 지역 볼리비아라는 특정 선교지를 그 지역적인 범위로 한다. 이 글에서 선교적 방안으로 제시되는 내용은 선교사의 개인적 경험과 선교지의 상황에 비추어 볼리비아 여성들에 국한시켰다.

II. 전개하는 글 : 볼리비아 역사와 여성 이해

여성 지도력 개발을 위한 선교 방안 모색을 위해 볼리비아의 여성을 이해하는 것은 중요한 일이다. 이를 위해 볼리비아의 일반 역사, 가톨릭과 기독교의 영향을 알아봄으로써 여성을 이해하고자 한다.

A. 볼리비아의 역사

볼리비아의 땅을 포함한 남아메리카 땅에 인류가 존재하기 시작한 것은 기원전 4만 년보다 더 오래 되었다고 평가한다. 이들이 원시 수렵생활을 하며 살았던 흔적이 현재 볼리비아가 위치한 안데스 산맥 근처에 발견되는 것은 기원전 1만 년 전부터이고 이를 비스카차니(Viscachani) 문명이라 한다. 그 후 기원전 2500-1000년 사이에 안데스 산맥의 동서쪽으로 처음 자체문명이 발생하는데 완카라니(Wancarani), 치리파(Chiripa), 푸카라(Pucara)와 같은 문명이다.[2] 볼리비아는 지형으로 인한 환경적 영향으로 안데스 산맥 주변인 고산

지역(la altiplanicie)과 밀림지역처럼 낮은 저지대(las tierras bajas), 또 계곡지역(los valles)으로 나뉘어져 각각 다른 문명이 발전되어 왔다. 현재 볼리비아 영토 안의 고원지역과 계곡지역에서 발견되는 아이마라 부족의 자체 문명이었던 잉카시대 이전의 띠와나꾸(Tiwanaku) 문명이 기원후 5-7세기에 절정을 이루다가 1000-1200년경에 쇠퇴하기 시작하여 1200-1400년 사이에 사라지면서 1430년에서 1500년 경 잉카의 정복자들이 그 자리를 대신하게 된다.

잉카제국은 안데스의 고산지역을 통합해 가기 시작했고 현재 페루지역인 쿠스코(Cusco)를 중심으로 점점 융성하기 시작하여 스페인 침략자들이 페루에 도달했을 때는 오늘날의 페루, 볼리비아, 에콰도르, 콜롬비아 남부, 아르헨티나 북서부, 칠레 북부에 걸친 광대한 제국을 통치하였고 파라과이에까지 세력을 떨쳤다.[3] 그러나 잉카제국은 마지막 왕 아따우왈빠(Atauwallpa)가 스페인 정복자들에 의해 체포되어 처형된 후 스페인 식민지가 된다. 스페인의 볼리비아 지배는 아메리카 대륙이 발견된 1492년부터 16세기 전반에 걸쳐 식민지 개척에 대한 스페인과 포르투갈의 주도권이 관철되어 가는 중에 이루어진 일이다. 이 시기 스페인의 군사적 우위는 폭력적인 정복이 가능하게 했고, 선교는 아메리카 대륙을 스페인화 하는 것에 상응하여 이루어졌다.[4]

볼리비아의 독립은 1825년 8월 6일 스페인 군인을 물리친 후 공화정을 선포하면서 시작되었다. 그리고 국가의 이름을 남아메리카를 스페인의 지배로부터 독립시킨 볼리바르 장군의 이름을 본따 볼리비아로 짓게 되었다. 그러나 무력투쟁, 빈번한 헌법개정, 수많은 군사 쿠데타, 정치적 암살 등으로 혼란의 양상을 드러내고 경제적, 사회적 구조도 식민지 시대의 상태 그대로 연장되었다. 혼돈의 시대가 계속되던 1879년 볼리비아는 칠레와의 태평양 전쟁에서 패배하여 해안지역을 모두 빼앗기고 내륙국가가 되었고, 20년 후인 1899년 볼리비아 동부의 아마존 정글지역을 브라질에 빼앗기게 되었다. 그 후 볼리비아와 파라과이 국경의 정글 지역인 차코에서 석유가 발견되면서부터 시작된 파라과이와의 1932-1935년간 차코전쟁에 패배함으로 개혁을 위한 사회 경제적 변화가 시도되었다. 1952년 볼리비아 혁명이 일어났고 혁명정부는 광산 국유화, 농지개혁 단행, 군부해체와 민병대의 대체를 시도했다. 그러나 순조롭게 진행되지 못하다가 군부의 힘에 넘어가게 되었고 민간정부와 군사 쿠데타가 계속 이어지다가 1983년 심각한 경제 위기를 직면한 군부가 권력을 의회에 넘겨주고 물러남으로 현재까지 민간정부가 계속 이어져 오고 있다.[5]

B. 볼리비아의 가톨릭과 여성

볼리비아 여성들에게 400년 넘게 영향을 미쳐 온 가톨릭의 이상적인 여성상은 아내 또는 어머니로서의 여성이었다. 따라서 가톨릭교회가 여성들에게 요구했던 신앙심은 아내로서 순종하고 어머니로서 자기희생을 감내하는 정신이었다. 또 여성 교육의 핵심은 성모 마리아 숭배를 통한 순결의 강조였다. 가정으로 국한된 여성의 이해라는 범위 때문에 여성의 역할에 대해 모성은 여성 정체성의 핵심이며 가족 안에서의 여성의 일이 가치가 있다는 것으로 제한하였다.

이런 가톨릭의 여성 이해는 그들의 선교지였던 볼리비아에도 영향을 미쳐 성모 마리아의 모성과 신적인 이미지를 선교의 확장에 이용하였다. 예를 들면, 스페인의 식민 지배를 받던 산악지역의 볼리비아인들은 성모 마리아에 대한 신앙을 토속 신앙의 대상이었던 땅의 어머니인 파차마마(Pachamama) 신앙과 연결하여 받아들였다. 그들에게 땅은 생명의 기원이자 힘의 근원이었고 이것은 어머니와 같은 존재이다. 땅의 어머니인 파차마마가 가톨릭의 신앙과 혼합되면서 땅의 어머니가 그들에게 곡식과 열매를 주어 많은 유익을 주듯 성모 마리아가 그 아들 예수를 사람들에게 주어 유익을 주었다고 생각하였다.[6] 오늘날에도 파차마마를 성모 마리아와 동일하게 여기고 성모 마리아가 그들에게는 어머니로서 자녀의 필요를 채워주고 고통을 덜어주는 존재와 생명을 보호하는 여신으로서 여겨지고 있다. 유럽의 어머니이자 여성인 성모 마리아의 이미지가 볼리비아에 심어져 가톨릭 신앙을 통해 모성을 강조한 여성 이미지를 고착화하는 역할을 하게 되었다.

C. 볼리비아의 개신교와 여성

볼리비아의 개신교 선교 역사를 통해 여성을 이해하기 위해서 개신교의 일반적인 여성 이해를 먼저 하고자 한다. 16세기에 등장한 개신교는 여성문제에서도 가톨릭과 대립했다. 개신교는 가톨릭이 가졌던 처녀성이라든가 은둔 생활에 특별한 가치를 두지 않고 기독교도다운 성실성이 가장 잘 실현될 수 있는 조건을 결혼이라고 보았다. 만인사제설에 따라 모든

기독교인은 평등하다고 전제함으로써 사회적 신분 이동과 상승 기회가 증가하게 되었다.[7]

  19세기로 접어들면서 개신교 여성들의 종교적 지위도 차츰 달라지기 시작하였다. 이는 평신도의 지위가 상대적으로 높아진 덕분이기도 하였다. 특히 대각성운동을 통해 '형제'와 '자매'를 동등하게 대우하는 곳이 있었고, 신앙심에 따라 더러는 여성들이 남성들에게 영향력을 행사할 수 있는 기회를 제공하기도 했으며, 더 나아가 평신도들 가운데 여성들이 신앙을 간증한다거나 설교를 하는 관례상 금지되어 왔던 일이 가능해져 18세기 말엽에 가면 여성들도 '순회 설교자' 자격으로 설교단에 오르고, 19세기에는 지속적인 활동을 벌여가게 되었다. 개신교의 여성들은 사회 개혁운동에도 뛰어 들었는데 노예제 폐지 운동, 매춘 철폐 운동, 여성 노동자의 더 낮은 임금 등 도덕적인 문제나 사회적인 문제에 참여하였다. 이 모든 일은 박애정신에 강조점을 둔 것이었고, 박애정신이란 여성들로 하여금 '사회적 소명'을 실천하고 '계급간의 화해'를 이루어 내는데 공헌하는 정신으로 정의되었다. 서구 세계의 변화와 교회 내 여성의 역할이 급성장함으로써 현대 선교에 있어서도 여성들이 중요한 역할을 담당할 수 있었다. 여성들은 독신으로 또는 남편과 함께 더 많은 사역의 기회를 위해 선교지로 파송되었다.[8]

  서구 사회의 기독교 영향 하에 있던 여성 선교사들을 통해 시작된 볼리비아의 여성 선교는 주로 기혼 여성들을 중심한 여전도회 활동에서 찾아 볼 수 있다. 그 중 침례교(Union Bautista Boliviana)와 기독교복음주의연합교단(Union Cristiana Evangelica)을 사례로 살펴보고자 한다.

  먼저, 침례교(Union Bautista Boliviana)는 1925년 비로소 여성 사역이 시작되었고, 교회 내 기혼 여성들을 위한 주일학교(Escuela Dominical)가 시작되었고 1938년 여전도회가 처음으로 조직되었다. 여전도회의 목적은 하나님을 섬기며 기도하고 전도하는 일에 헌신함, 영적 성숙을 위한 성경공부에 헌신함, 예수 그리스도의 증인된 삶의 기회를 향상시켜 감을 그 목적으로 한다. 국내 여성 조직은 선교와 복음전도를 강조하면서 성장해 나갔다. 현재 여성 조직인 여전도회는 볼리비아 침례교여선교회연합(Union Femenil Misionera Bautista Boliviana)이라는 공식 명칭 하에 활동하고 있다.[9]

다음은 기독교복음주의연합교단(Union Cristiana Evangelica: 이하 U.C.E.)의 여전도회이다. U.C.E.의 여전도회는 여성들이 교회 내 여성으로서 정체성을 갖고 자신의 가치를 인정하며, 여성에 대한 편견을 버리고 지도력을 가져야 한다고 보고 하나님의 뜻을 분별하지 못하여 갖는 여성 지도력에 대한 나쁜 인식에서 벗어나야 함을 지적한다. U.C.E.는 여성 사역을 위해서 국내여성위원회(Comite Femenil Nacional)가 있다. U.C.E.의 여성위원회는 국내 여성들을 위한 계획과 프로그램을 개발시키고자 조직되었다. U.C.E.의 여성위원회는 사회적인 봉사에 있어 고아원과 마약 중독자를 위한 자활원, 빈민지역이나 고산지역의 결식아동들을 위한 사역, 병원 운영, 성경학교와 신학교 등의 사역을 통해 사회의 필요를 돕고자 노력하고 있다.

III. 대안 모색을 위한 글: 여성 지도력 개발을 위한 선교 방안 모색

남미지역이 이제는 선교의 대상으로만 머물러 있지 않다. 1988년에 900명의 남미 출신 선교사에서 1994년에는 4,075명으로 늘어났고, 1997년 10월의 멕시코 아카풀코 시에서 열린 COMIBAM '97 세계선교대회에서 남미 선교사들을 10/40도 창문국가에도 파송하자는 것을 결의했다.[10] 남미의 볼리비아도 복음의 사명을 감당해야 하는 것에는 다른 지역과 다를 바 없는 일이고 여성에게도 이 사명은 동일하다. 물론 아직까지 여성들은 빈곤층의 70%와 문맹의 2/3를 차지하고 있고,[11] 인종차별, 성차별이라고 하는 이중 삼중의 고통 속에 있다. 하지만 여성들을 위한 선교 사역을 통해 더 나은 교육 기회를 제공하고, 그들의 출산과 자녀 양육의 어려움을 덜어 주며, 생활 보장을 위한 직업 교육을 하고, 영적 정신적 성숙을 돕는다면 이들에게도 여성 지도력의 가능성이 있다. 이런 희망으로 볼리비아 여성들의 지도력을 기대하고 선교적인 방안을 찾아보고자 한다.

A. 미성년자 자모들과 그 자녀들을 위한 방안 모색

볼리비아의 도시빈민지역 사람들도 세계의 여러 나라들처럼 도시화 과정에서 혈연집단의 결속력 약화와 생활고로 인해 가정이라는 보호처를 잃었다. 그로인해 부모의 사랑이나 가족의 관심으로부터 벗어난 여자 아이들이 일찍 임신을 경험하는 예가 많다.

예를 들면, 필자가 만난 카리나(Carina)는 13세에 임신하여 중학교 1학년을 중퇴하고 아이를 키우며 자신의 부모님 집에 살고 있는데, 경제적인 어려움을 겪는 가족들의 눈치를 봐야 하고, 가끔씩 자신의 아이와 함께 형제들의 냉대와 구타를 당하기도 한다. 에벨린(Evelin)은 고등학교 1학년인 17세에 임신하여 남자 친구의 잦은 구타에도 불구하고 남자 친구의 집에 잠시 머물면서 아이를 낳은 후 살아 갈 거처를 찾고 있는 중이다. 이런 여성들이 몰려있는 도시빈민지역에서는 하루의 생존도 해결하기 힘든 경제적 상황과 변화하려는 의지나 미래에 대한 기대감 없이 살아가고 있는 미성년자들을 쉽게 발견할 수 있다. 20대 이전에 임신과 출산을 경험한 어린 자모들이 자신의 아이들과 함께 방치되어 있는 이런 상황에서 이 자모들을 위한 선교는 중요하다. 여성에 대한 자신의 정체성도 갖기 전의 십대들이 아무 준비 없이 모성을 경험하고 자녀를 양육해야 하는 상황은 외부적인 도움이 없이는 해결할 수 없는 어려움이다. 이 미성년자 자모들을 위해서는 다음과 같은 접근이 필요하다.

첫째, 교육을 통한 선교적 접근이 필요하다. 정규교육을 받을 수 있도록 도움으로써 어린 자모들이 또래의 학생들이 겪을 수 있는 성장과정과 교육과정에서 배제되지 않도록 해야 한다.

둘째, 미성년자 자모들의 자녀들이 일반적인 가정환경에서 자라지 못하는 결핍을 적게 경험하도록 배려하고 보호와 교육을 받을 수 있는 탁아시설 운영이 필요하다. 아직은 모성으로서의 역할을 감당하기 어려운 어린 자모들을 위해 육아의 짐을 나누어지고 육아의 중요성과 자신들의 아이들과 함께 이루는 가정의 소중함을 교육하는 것이 필요하다.

셋째, 미성년자 자모들이 자신의 아이들과 함께 경제적인 자립을 하는데 도움을 줄 수 있는 직업교육이 되어야 한다. 사회생활과 연결될 수 있는 직업교육은 자신들의 재능을 발견할 수 있고 건강한 사회인으로 살아가도록 도울 수 있다.

넷째, 이 여성들의 거처를 마련하여 비슷한 상황에 다시 노출되지 않도록 보호하고, 같은 형편의 여성들과 함께 모여 자녀를 양육하고 공동의 관심사를 나누며, 신앙 교육을 통해 미래에 대한 희망을 가지게 하는 공동체가 필요하다.

이런 시도를 통해 미성년자 자모들은 자신의 자녀들과 함께 복음 안에서 삶의 의미를 깨닫고 세상 속에서 자신들의 사명을 찾아 능동적으로 살아가는 꿈을 가질 수 있을 것이다.

이 프로그램은 미성년자 자모들이 성인이 될 때까지 학교교육, 직업교육, 신앙교육을 받으며 성장하다가 각자의 재능과 관심사 혹은 선교적인 사명을 따라 자신들과 같은 처지의 사람들을 돕는 주체적인 지도력이 되도록 돕고자 하는 프로그램이다.

B. 기혼 여성들을 위한 방안 모색

기혼 여성들은 먼저 가정 속에서 자신의 정체성을 발견해야 한다. 많은 여성들이 결혼을 통해 가져야 하는 자신의 책임감을 인식하지 못한 채 살아가기 때문이다. 자신의 부모에게서 바람직한 부부와 부모의 역할, 결혼의 긍정적인 면, 가정을 지키려는 노력을 보지 못한 경우가 대부분이다. 그러므로 결혼 전의 생활과 결혼 후의 삶에 대한 기독교 여성으로서 바른 역할에 대한 인식이 필요하다. 이를 위해 교회는 기독교 가정이 세상과는 다른 도덕성과 가치관을 가지고 책임 있게 가정생활을 하도록 도와야 한다. 또 가정과 교회가 연결되어지고 개인적인 신앙에서 교회 공동체를 통해 나눔을 경험하는 신앙으로 발전하도록 교회 내부의 여성 조직을 활성화해야 한다. 현재까지는 교회 내에서 여성들이 주로 성경공부 참석, 심방, 구제, 교회의 부엌일, 청소, 바자회 등의 일과 생계에 필요한 가내 수공업을 함께 하거나, 제빵, 봉제 등 관심 있는 취미 활동을 여전도회에서 해왔다. 그러나 이런 교회 내의 활동이 가정과 사회에 적절한 기독교적 영향을 미치지는 못하였다. 이는 교회적으로 기혼 여성에 대한 인식 부족 때문이다. 그러므로 교회 내의 기혼 여성들이 기독 여성, 모성, 아내로서의 정체성을 갖도록 교육해야 한다.

또, 교회 여성들이 지역 주민들과 연결되어 지역의 문제에 적극적으로 활동하고 지역과 교회를 연결하는 일을 하도록 여전도회의 활동 영역을 넓힐 필요가 있다. 가사노동의 연장인 교회의 갖은 일에 묶여 세상과 분리되도록 할 것이 아니라 세상의 필요에 관심을 갖고 도움과 도전을 주는 기독 여성으로서의 역할을 감당할 수 있도록 해야 한다. 교회 외부 활동을 위해서는 지역 여성 조직과 연대하는 것이 필요하다. 교회 내의 여성들이 자신이 속한 지역의 일에 관심을 갖고 참여함으로 기독 여성 인력이 교회 외부에도 지도력을 행사 할 수 있도록 해야 한다. 그래서 버림 받는 여성들과 가정을 버리는 여성들, 버려지는 아이들의 문제를 교회가 지역 사람들과 함께 해결해 감으로써 일반 여성들에게 삶의 방향을 제시해 주는 복음 전달자로서의 지도력을 가질 수 있도록 해야 한다.

IV. 마무리하는 글

앞으로의 선교는 현지 여성 지도력을 통해 더 확장되어질 수 있다.

볼리비아의 경우 미성년자 자모들을 위한 선교 방안을 통해 교회 외부 여성들의 필요에 응답하는 것과 교회 내의 여전도회를 강화하고 활성화 하는 것을 통해 여성 지도력을 발굴하고 개발하는 것은 시도되어야 할 선교 방안이라고 본다.

이를 위해 이상에서 살펴본 바를 다음과 같이 정리하고자 한다.

첫째, 여성을 위한 여성의 사역이 되어야 한다. 여성을 위한 사역은 여성의 필요와 특수성을 잘 이해하는 여성들을 통해 되어질 때 가장 효과적이 되고, 여성들 서로에게도 도전을 주는 사역이 될 수 있다.

둘째, 여성이 주체가 되는 기독 여성 운동이 되도록 해야 한다. 여성의 정체성에 대한 자각은 여성들의 자아발견을 위한 노력과 신앙적 응답으로 가능하다. 여성이 주체가 되어 여성들의 필요에 적극 나서는 기독 여성이 되기 위해서는 교회 내의 제도적인 장치를 개선할 필요가 있다. 여성들의 지도력을 인정하고 교회 내에서 제도적으로 남성과 동등한 자격을 부여하고 교육하며 기회를 제공하는 것이 필요하다. 이런 것들이 바탕이 되었을 때 여성들이 주체적으로 자신들의 사명을 감당하게 될 것이다.

마지막으로, 여성 지도력이 개발되고 전수될 수 있도록 해야 한다. 여성 지도력의 책임있는 역할을 통해 여성 자신을 성장하게 하며 주변의 다른 여성들에게 영향을 주어야 한다. 이와 함께 여성 지도력은 모성에 대한 이해를 염두에 두어야 한다. 여성과 모성은 뗄 수 없는 관계이고 이것은 사회에 영향을 미치는 기본적인 인간관계를 형성하기 때문이다. 여성이 전인적 인격으로 자녀들에게 지도력을 행사 하고 삶의 모범이 되어 기독 여성 지도력을 전수하는 것은 미래의 선교를 위해 중요한 일이다.

그러므로 여성 지도력을 통한 선교는 이 땅의 절반을 향한 선교이고, 가난하고 소외된 여성들에 대한 관심과 필요에 응답하는 선교이며, 차세대와 연결된 수직적 지도력 전수의 선교이다. 여성 지도력의 기대와 가능성을 찾는 것은 세상의 질서를 넘어서는 하나님의 선교 방법이기도 하고 성령의 역사를 믿는 믿음 안에서 기독 여성들이 감당해야 할 선교적 책임이기도 하다. 그러므로 가난한 여성을 선교의 주체적 인력으로 보고 이들을 통한 지도력을 기대하는 '볼리비아 여성 지도력을 위한 선교적 방안 모색'은 이 시대에 수행되어야 할 선교 사역이다

미 주

1) Bryant L. Myers, *Exploring World Mission: Context & Challenges*, 장훈태 역, 『세계선교의 상황과 도전』 (서울: 월드비전-선교한국, 2004), 52-63.

2) Jose de Mesa et al., *Historia de Bolivia* (La paz : Gisbert, 2003), 4-5.

3) 곽재성, 우석균, 『라틴아메리카를 찾아서』 (서울: 민음사, 2000), 36-37.

4) 김웅태, 『선교의 역사와 개념』 (서울: 가톨릭출판부, 1992), 58.

5) 우덕룡 외 3인, 『라틴아메리카』 (서울: 송산출판사, 2000), 293-296.

6) Jose de Mesa et al., *Historia de Bolivia*, 상게서, 147-148.

7) 상게서, 997.

8) Tucker, Ruth A., *Guardians of The Great Commission*, 이상민 역, 『여선교사 열전』, 12-13.

9) Arturo Nacho, *Seminario Teologico Bautista 100 Aos de Mision: Historia de la Obra Bautista en Bolivia,*, (Cochabamba: Seminario Teologoco Bautista, 2002), 158-165.

10) 노봉린, "로잔대회 이후의 복음주의 선교운동", 『선교와 신학』 제5집 (서울: 장로회신학대학교출판부, 2000), 74-75.

11) 가난한 여성들은 국제 연합(UN)의 통계에 의하면 여성은 전 세계 노동의 3분의 2를 차지하지만 전체 수입의 10분의 1을 받을 뿐이며, 전 세계 문맹자의 3분의 2를 차지하고, 전 세계 재산의 100분의 1도 소유하지 못하고 있다. 기혼 여성들과 어린 소녀들은 학교교육을 적게 받고, 더욱 빈약한 영양 공급을 받으며, 건강의 돌봄을 조금 밖에 받지 못하고 있다. Bryant L. Myers, 한철호 역, 『세계선교의 상황과 도전』 (서울: 월드비전-선교한국, 2004), 30, 32.

참 고 문 헌

[외국 서적]

Barnadas, Joseph M. *La Evangelizacion en Bolivia; Historia General de La Iglesia en America Latina* VIII, Salamanca: Sigueme, 1987.

_____. *La Evangelizacion en Bolivia; Historia General de La I glesia*, Colombia: Caribe, 1989.

Henry, Carl F. H. and W. Stanley Mooneyham, ed., *One Race, One Gospel, One Task, World Congress on Evangelism*, Berlin 1966, vol.1. Minneapolis: World Wide Pub., 1967.

Henry, Carl F. H. *The Uneasy Conscience of Modern Fundamentalism*, Grand Rapids: Eerdmans, 1947.

Charupa, Roberto Tomicha. *La Iglesia en Santa Cruz 400 Anos de Historia 1605-2005.* Sucre-Bolivia: Verbo Divino, 2005.

Paton, David M. ed., *Breaking Barriers, Nairobi* 1975, London: SPCK, 1976.

McGavran, Donald. ed., Frankfurt Declaration, *The Conciliar- Evangelical Debate: The Crucial Documents*, 1964-1976, Paradena: William Carey Library, 1977.

Parkman, Francis. *The Jesuits in North America in the Seventeenth Century*, Boston: Little, Brown, and Company, 1868.

Hill, Patricia R. The World Their Household: *The American Woman's Foreign Mission Movement and Cultural Transformation*, 1870-1920, Ann Arbor: University of Michigan, 1985.

Jose de Mesa, et al., *Historia de Bolivia*, La paz : Gisbert, 2003.

Goodall, Norman. ed., *The Uppsala Report* 1968, Geneva: WCC, 1968.

Orchard, Ronald K. ed., *Witness in Six Continents*, London: Edinburgh House Press, 1964.

Smith, Timothy L. *Revivalism and Social Reform: American Protestantism on the Eve of the Civil War*, Gloucester, Mass.: Peter Smith, 1976.

Soriano, Waldemar Espinosa. *Los Incas,* Lima: Amaru, 1997.

Tucker, Ruth A. *Women in the Maze: Questions and Answers on Biblical Equality,* Downers Grove, IL: Inter Varsity, 1992.

[한국어 서적]

강남순. 『페미니즘과 기독교』 서울: 대한기독교서회, 1998.

김웅태. 『선교의 역사와 개념』 서울: 가톨릭출판부, 1992.

곽재성, 우석균. 『라틴아메리카를 찾아서』 서울: 민음사, 2000.

독일성서공회해설. 『성경전서』 서울: 대한성서공회, 1997.

이광순, 이용원. 『선교학 개론』 서울: 한국장로교출판사, 1993.

우덕룡 외3인. 『라틴아메리카』 서울: 송산출판사, 2000.

한국선교신학회 편. 『선교학개론』 서울: 대한기독교서회, 2001.

[번역 서적]

Costas, Orlando E. *The Integrity of Mission.* 진희근 역. 『통합적 선교신학』 서울: 대한예수교장로회총회교육부, 1982.

Dautzenberg Gerhard, Helmut Merklein and Karlheinz M. *Die Frau Im Urchristentum.* 윤선아 역. 『원시 그리스도교의 여성』 서울: 분도출판사, 1992.

Duby Georges and Michelle Perrot. *Storia delle Donne in Occident,* vol. IV. 권기돈, 정나원 역. 『여성의 역사 상』 서울: 새물결, 1989.

Fiorenza, Elisabeth S. *In Memory of Her: A Feminist Theological Reconstruction of Christian Origins.* 김영애 역. 『크리스찬 기원의 여성 신학적 재건』 서울: 종로서적, 1986.

Hurley, James B. *Man and Woman in Biblical Perspective.* 김진우 역. 『성경

이 말하는 남녀의 역할과 위치』 서울: 여수룬, 1989.

Laffey, Alice L. *An Introduction to the Old Testment: A Feminist Perspective.* 장춘식 역. 『여성신학을 위한 구약 개론』 서울: 대한기독교서회, 1998.

Myers, Bryant L. *Exploring World Mission; Context & Challenges.* 장훈태 역. 『세계선교의 상황과 도전』 서울: 월드비젼-선교한국, 2004.

Winter, Ralph D. and Steven C. Hawthorne. *Mission Perspecives.* 정옥배 역. 『미션 퍼스펙티브』 서울: YWAM 출판, 1999.

Tucker, Ruth A. *Guardians of The Great Commission.* 이상만 역. 『여선교사열전』 서울: 도서출판엠마오, 1995.

_____. *From Jerusalem to Irian Jaya.* 박해근 역.『선교사열전』 서울: 크리스천다이제스트, 1983.

[학술논문 및 정기 간행물]

김경희. "원시 기독교의 여성 선교자들", 『신학과 현장』 9집. 대전: 목원대학교출판부, 1999.

김영동. "통전적 선교관." 『교육교회』 제318호. 2003. 11.

노봉린. "로잔대회 이후의 복음주의 선교운동", 『선교와 신학』 제5집. 서울:장로회신학대학교출판부, 2000.

박보경. "19세기 개신교 선교에 있어서의 여성의 역할", 『장신논단』 제23호. 서울: 장로회신학대학교출판부, 2005.

박정은. "저소득여성의 모성 건강관리를 위한 사회적 지원 방안 연구." 『한국여성』 1, 2월호. 서울: 한국여성개발원, 2000.

박혜원. "제3세계 선교와 여성 리더십 역할에 관한 소고", 『선교신학』9집. 서울: 한들출판사, 2004.

손윤탁. "성경적 선교신학과 통전적 선교관", 『선교와 신학』 제7집. 서울: 장로회신학대학교출판부, 2001.

송용조. "복음주의 선교운동의 회고와 전망", 『한국복음주의선교학회 논문집』 제1권, 1985.

송인설. "통전적 선교: 에큐메니칼 운동과 복음주의의 화해", 『한국교회사학회지』 제16집, 2005.

안승오. "통전적 선교를 위한 한국교회 예배의 역할 및 방향 연구", 『선교와 신학』 제7집, 서울: 장로회신학대학교출판부, 2001.

윤철호. "페미니스트 성서해석학", 『 96. 교수 논문집』 1981.

최혜영. "신약성서 안에서의 여성과 가정", 『가톨릭신학과 사상』 제50호. 서울: 가톨릭대학교출판부, 2004, 겨울.

Misioneras Cruzadas de La Iglesia, *Bajar A La Calle*, Madrid: Marzo, 1994. *Report of the Jerusalem Meeting of the International Missionary Council 1928*, 8 vols. (London: Oxford University Press, 1928), vol. 1: The Christian Life and Message in Relation to Non-Christian Systems *Your Kingdom come: Mission Perspectives* (Geneva: WCC, 1980).

[사전류]

『에큐메니칼 운동과 신학사전I』 서울: 한국기독교교회협의회, 에큐메니칼선교훈련원, 2002. 『성서대백과 8권』 서울: 성서교재간행사, 1981.

Dictionary of Feminist Theologies 『여성신학사전』 서울: 이화여자대학교출판부, 2003.

Diccionario Historia de la Iglesia , Colombia: Caribe, 1989.

Lexikon Missionstheologischer Grundbegriffe 『선교학사전』 서울: 다산글방, 2003.

[기타]

Arturo Nacho, *Seminario Teologico Bautista 100 Anos de Mision: Historia de la Obra Bautista en Bolivia* , Cochabamba: Seminario Teologoco Bautista, 2002.

Bangkok Assembly 1973. Geneva: WCC, 1973.

Comite Femenil Nacional *U.C.E.*, *El Rol de la Mujer en la Iglesia*, CBBA: Junio 1998.

Concepcion Dominguez Barcala, *Evangelizacion y Catequesis en Nazaria Ignacia March (1889-1943) y en Las Misioneras Cruzadas de La Iglesia,* Roma: Mayo 1984.

U.C.E. Union Cristiana Evangelica Estatutos, CBBA-Bolivia: 1996.

Rycroft, W. S. in World Christian Handbook 1962.

브라질 교육현황과 유치원 사역의 효율성

김 혜 란 선교사
브라질 교육 사역
e-mail:brazilgp@hotmail.com
(사진: 제1차 3줄 좌로부터 여섯 번째)

1. 들어가며

브라질의 역사는 1500년 포르투갈인 카브랄에 의해 발견되면서 동북부 해안의 바이아 주를 중심으로 식민역사가 시작되었으며 1532년부터 포르투갈 인들이 정착하게 되었다. 국민의 62%가 유럽계, 11%는 아프리카계, 혼혈이 26%이며 인구의 대다수가 혼합된 천주교(가톨릭)를 믿고 있다. 다음의 글은 브라질의 일반적 교육현황과 선교전략으로써의 유치원 사역의 효율성에 관한 소고이다.

2. 브라질 개관

브라질은 남아메리카 최대의 나라로, 러시아, 캐나다, 중국, 미국에 이어 5번째로 큰 면적을 갖고 있는 나라이다. 남북길이 4,394Km, 동서 길이 4,319Km, 남미대륙의 48% 를 차지하고 있고 지리상으로 5개 지역과 26개 행정구역으로 이뤄진 나라로 해안선의 길이가 7,367Km, 국경선의 길이는 15,719Km나 되며, 프랑스령 기아나, 수리남, 기아나, 베네수엘라, 콜롬비아, 페루, 볼리비아, 파라과이, 아르헨티나 및 우루과이와 국경을 접하고 있다. 사실 브라질 내에서는 4개의 시간대가 사용되고 있는데, 일반적으로는 한반도와는 12시간 차이가 나는 것으로 알려진 이유는, 브라질의 수도 브라질리아를 비롯한 산업이 가장 발전한 상파울루, 그리고 관광의 도시 리우 데 자네이루가 우리와 지구 정반대에 위치하기 때문이다. 축산업은 아르헨티나에 이어 세계 2위를 차지하며 동남부의 커피, 북동부의 콩, 오렌지, 사탕수수, 담배, 남부에서는 바나나, 쌀, 옥수수 고무를 재배하고 있다. 남미 최대의 조선업, 어업도 발달하고 있으며 천연자원으로 석영, 수정, 350억 톤의 철광석 매장량, 크롬, 운모, 흑연, 티타늄, 망간, 텅스텐, 석탄, 금, 은 등이 생산되고 있다. 식품가공, 목화, 제지산업이 활발하고 커피는 수출의 60%를 차지한다.

브라질의 국민총생산은 세계 10위에 이르며, 인공위성을 자체 설계, 제작할 정도로 발달한 우주항공 산업과 전 세계 중소형 여객기 시장을 25%나 석권하고 있는 기술선진국으로 중남미 최대 경제블록인 메르코수르의 실질적인 맹주로 라틴아메리카 국가들에게 막강한 정치, 경제적 영향력을 행사하고 있다. 한편 브라질은 세계 최대의 빈부격차로 악명이 높은데 실제 브라질 국민의 국민소득에 대한 소득분포를 보면, 최상위층 10%가 국민소득의 거의 절반을 차지하고 있는 반면에 최하위층 10%는 0.8%에 불과하다. 이러한 불평등은 브라질의 교육제도에서도 나타나는데 브라질은 GNP의 2.5%만을 교육비로 투자한다. 이는 중남미 국가의 교육비 예산의 평균이 4%인 것을 감안할 때 매우 낮은 액수이다.

a. 브라질의 교육 제도

하지만 제도만을 놓고 볼 때, 브라질의 교육은 가히 이상적이라 할 수 있다. 국·공립의 경우, 초·중·고의 보통교육은 물론 대학 이상의 고등교육조차도 무상 교육이다. 더욱이 석 박사 이상의 과정에서는 공립학교 교사의 봉급(us$500~$1,000)보다도 많은 장학금(us$700~$1,000)을 받아가면서 공부할 수 있다. 유치원부터 초등학교까지는 각 시에서 관할하며 시 예산의 25% 이상을 교육에 투자하는 것을 법으로 제정하였고, 중학교에서 고등학교까지는 주 정부에서 관리하며 역시 주 예산의 25%를 교육에 사용하게 되어 있으며, 대학교 이상의 교육은 나라에서 관리하며 예산의 18%를 교육에 투자하여 대학 이상의 운영비와 석·박사과정 학생들의 장학금으로 그 중 80%를 사용하고 그 외 20%는 북부지역이나 지방의 시 예산이 적은 도시의 초·중·고 교육을 위해 지원하고 있다.

한편 브라질의 현행 학제를 보면, 유치원을 제외하고 7세부터 10세까지의 4년제 초등학교 과정과 11세부터 14세까지의 4년제 중등교육과정을 합쳐 8년간의 무상 의무교육을 하고 있고, 15세부터 18세까지의 3년제 고등학교 과정과 대학교 과정은 과에 따라 19세부터 26세까지의 3-6년제로 되어 있다. 그러나 이상적인 제도임에도 불구하고 교육 수준은 매우 낮은데 2000년 실시한 학교 센서 조사 결과 15세 이상 전체인구의 13.6%가 문맹이고, 초등 4년제를 이수하지 못한 인구를 포함시키면 그 수치는 약 3배로 증가한다. 전통적으로 브라질 교육정책은 중상 계층에 치중돼 있어 대다수의 저소득층은 소외되어 왔다. 따라서 사회의 불균형은 더욱 심화되고 빈곤의 악순환은 거듭 되풀이되고 있다. 또 노동자들의 낮은 교육수준으로 브라질 국제경쟁력의 장래는 어둡다는 지적도 대두되고 있다.

브라질의 저명한 알바로 지니 교수(경제학)에 의하면 브라질의 이런 '낮은 교육현상'은 낮은 졸업율과 낙제율 때문인데, 초등학교 과정 입학생 중 55%가 졸업을 못하는 것으로 집계되고 있고, 입학생의 45%인 초등학교 과정 졸업생 중 정규기간 내(8년)에 학점을 이수하는 학생은 겨우 한 자리 수에 불과한 실정이다. 브라질은 이러한 낙제 제도로 인해 연간 10억 달러를 소비하였는데 SP주 정부 학교는 예산 부족으로 낙제 제도를 폐지하였고, 시 관할 학교는 아직도 낙제제도를 유지하고 있다. 낙제 제도의 폐지는 학생들의 수준을 낮추는 결과를 가져 와서 미국의 '교육평가서비스'가 평가한 20개국의 공립학교 13세 어린이들의 수학과 과학 성적 조사에서 브라질은 끝에서 네 번째를 차지했다. 알바로 지니 교수는 "고학력 노동자를 많이 가진 국가는 생산성이 증대 되고, 고부가가치의 첨단산업이 발전할 수 있다. 또 급격하게 변화돼 가는 현 사회에서도 빠르고 능동적으로 대처해 실업률을 감소시킨다."고 지적한다. 그는 이와 함께 "'고학력 노동자'는 부의 지나친 편중도 억제하며, 균형 있는 사회발전에도 이바지한다."고 주장한다. 국민들의 교육수준 정도가 한 나라의 경제·사회발전의 근간이라는 것이다.

브라질의 교육예산은 국내총생산(GDP)의 4.6%(80억 달러)를 차지한다. 이는 절대 예산액 기준으로 볼 때, 다른 개도국보다 결코 낮은 수준은 아니다. 그러나 이 예산 중 3분의 2(49억 달러)가 대학교육에 치중돼 있다는 사실이 근본적인 문제점으로 지적되고 있다. 브라질 내에서 '일류대학'들은 주로 등록금이 무료인 '주립연방대학'이다. 사립대학들은 대부분 주립 연방 대학과 비교해 볼 때 질이 낮을 뿐 아니라 고가의 등록금을 학생들로부터 받아내고 있다. 그러나 모순 되게도 무료인 주립·연방대학 입학생들은 주로 중·상류층 자녀들이다. 왜냐하면, 이들은 좋은 교육환경의 사립 중, 고등학교에서 우수한 교사들로부터 양질의 교육혜택을 누렸기 때문이다. 예를 들면, 브라질 최고의 명문을 자랑하는 상파울루 주립대학의 경우 지난해 신입생 중 66%가 사립학교 출신이었다.

파울로 헤나토 소자 교육부 장관은 "공립학교의 수준이 낮은 가장 주요 근원은 교사들에 기인한다."면서 "전체 초·중등 교사 1백30만 명 중 무려 44.5%가 전문교사 양성과정(4년 간의 직업 고등학교에 해당)을 통해 충원돼 수준 높은 교육을 기대하기 어렵다."고 강조했다. 그러나 사립명문인 '반데이란지' 학교의 교장 마우로 살레스 아기아르는 "낮은 월급이 공립학교 교사들의 열의를 저하시키는 첫째 원인"이라고 지적한다. "유명사립학교의 교사들 월급이 3천 달러인데 반해 공립학교 교사들은 6분의 1인 5백 달러(상파울루 주 경우)에 불과하니 성의 있는 교육이 이루어질 리 만무하다."는 것이다. 교육의 중요성은 아무리 강조해도 지나침이 없다. 그리고 국가는 전체 국민들의 균형 있는 복지를 위해서 소수 상류층보다는 대다수 서민층에 중점을 두어야 하고, 대학교육 육성도 어느 정도 국민들의 기초교육이 다져진 뒤 이뤄져야 한다. 그런데 브라질의 현실을 보면 정반대로 정책이 시행되고 있다. 그러나 시장 개방에 따른 자유경쟁체제와 더불어 양식 있는 좌파 정치인들의 활동이 활발해지면서 브라질도 서서히 변화의 움직임을 보이고 있다.

b. 브라질 유치원 교육의 현황

이러한 전반적인 브라질의 교육 현황을 기초로 하여 유치원 과정을 살펴보면 1996년 개정된 교육법에는 (LDB) 유치원 교육은 어린이의 권리이자 브라질 국민 교육의 기초라고 적혀 있다. 그 전까지는 유치원 하면 그저 직업을 가진 부모를 가진 아이들을 돌보는 탁아소 수준으로만 인식되었는데, 유아교육의 중요성이 강조되면서 전문적인 유아교육 기관으로 인정을 하고 장려하고 있다. 유치원 교육은 0세부터 3세 반까지의 유아를 대상으로 하는 탁아소와 4세부터 6세까지의 유치원으로 나누어진다.

그러나 아직까지 수요에 비하여 공급이 부족한 상태여서 선거철만 되면 후보자들의 선거공약에 유치원 시설 확충 약속은 항상 들어가 있다. 그만큼 시설이 부족하다는 얘기인데 사실 나의 선교지 두 지역을 보더라도 인구수가 약 4천명인데도 불구하고 우리가 하는 있는 유치원이 유일하다. 주민들은 시에 요청을 하지만 건물을 짓고 운영하는데 필요한 자금이 쉽지 않아서 우리가 사역하고 있는 모지 시의 경우에는 시 보조금을 주어 개인이나 단체가 운영하도록 하고 있다. 이런 시스템은 각 시의 재정 형편에 따라 다르기 때문에 시 예산이 적은 곳은 시 보조금 유치원은 없고 시에서 운영하는 유치원만 있는 경우도 많다. 상파울로시를 중심으로 근교 도시들은 대부분 두 가지 형태의 유치원이 있지만 북부지역으로 가면 갈수록 유치원 수가 줄어들고 교육 환경이 좋지 않기 때문에 선교사들이 유치원 사역을 하기가 훨씬 좋다고 할 수 있다.

c. 선교사역과 전략으로서의 유치원 교육

따라서 선교사들이 교회를 개척하면서 유치원을 하게 되면 주민들에게만 아니라 시에서도 좋은 평가를 받을 수 있다. 먼저 한국의 '선교원' 처럼 교회 내에서 놀이방 형식으로 시작을 하여 어느 정도 경험이 쌓이면 학교로 등록을 하면 된다. 브라질에서는 유치원 역시 교육부에 정식 학교로 등록을 해야 하며 학교 법을 준수해야만 한다. 그러나 선교사들이 브라질의 교육법이나 시스템을 모르는 상태에서 유치원을 열어놓고 교사를 초빙하여 수업을 주게 하고 운영을 맡겨 놓으면 대부분이 노동법에 저촉되게 되거나 속임을 당하는 경우가 많이 생긴다.

브라질은 노동법이 매우 까다롭기 때문에 선교사들이 현지인과 노동분쟁을 하는 경우가 많이 있는 편이다. 특히 학교의 경우는 일반 회사와는 다르기 때문에 교사의 봉급이나 노동 시간을 잘 알아야 하고 수업을 할 수 있는 모니터는 교사와는 다른 카테고리에 속하기 때문에 잘 알지 못하면 법적으로 고소를 당할 수도 있다. 유치원 교사는 직업 고등학교(마지스테리오)를 나온 사람과 사범대학을 나온 사람(유아과)이 할 수 있고 교장은 대학교에서 교장 자격증을 받은 사람만이 할 수 있는데 유치원을 운영하는 데는 반드시 교육을 책임 질 사범대 졸업생이 있어야 한다(코르데나돌). 한국에서 교원 자격이 있는 경우 브라질 대학에 들어가 일정 과목을 이수한 후 현지 자격증으로 바꿀 수 있는데, 이 때 교사 자격증이 있다고 다 교장자격을 가질 수는 없기 때문에 항상 공부할 대학에서 교장 자격을 주는 지를 확인해야 한다. 자격증이 없을 경우엔 대학졸업장을 가지고 편입을 하여 공부를 할 수 있다. 일단 브라질 대학에서 공부를 하게 되면 브라질의 교육제도와 운영에 관한 다양한 지식들을 배울 수 있기 때문에 선교사가 유치원 사역을 하는데 매우 수월하다.

시 보조금을 받는 경우 탁아소(종일반)일 경우 한 아이당 한 달에 약 48불 정도를 받게 되고 유치원일 경우는 하루 5시간 공부하고 약 32불 정도를 받는다. 물론 각 시마다 형편에 따라 더 많을 수도 있고 더 적을 수도 있다. 그 밖에도 아이들 수만큼 매주 간식도 공급을 해 주고 학교를 잘 운영할 수 있도록 계속적으로 도움을 주며 시 보조금을 잘 사용하고 있는지 한 달에 한 번씩 재정 감사를 한다. 그 외에 교육과목이나 신앙교육 같은 것은 터치를 하지 않기 때문에 예배를 드리고 성경공부 시간을 통해 아이들에게 복음을 자연스럽게 전할 수 있다. 또한 학부모들과도 학부모회의나 상담을 통해 자연스런 교제를 하게 되면서 교회에 대한 좋은 인상과 거부감을 없애 주어 교회에 출석하는데 용이하게 해 준다. 만약 학교로 정식 등록을 안 한 상태라면 유치원 기부금 명목으로 학부모에게 운영 실비를 받을 수 있다. 사립으로 등록한 경우는 학생들에게 정식 등록금을 청구할 수 있고, 시 보조금을 신청한 경우에는 등록금은 받을 수 없지만 기부금 형식으로 학부모들에게 청구할 수 있다.

d. 선교와 비영리단체 법인

학교를 운영할 경우 비영리 단체를 설립하여 단체의 활동사항으로 교육 사역을 할 수도 있다. 이 경우 시뿐 아니라 주 정부나 시의 교육부가 아닌 다른 부서, 예를 들어 사회부 같은 곳에서 보조금을 받을 수도 있고 회사나 개인에게 기부금을 요청할 수도 있다. 브라질은 회사이익금의 1%를 교육에 투자하도록 장려하고 있고, 또 브라질 사람들 자체가 기부를 많이 하는 편이기 때문에 기부금을 받기가 수월한 편이다. 실제로 현재 우리가 학교건물을 건축하고 있는 땅은(15800 평방미터) 일본인 농업그룹에서 기부한 것이고 주위의 브라질 회사에서 조금씩 도와주고 있다.

3. 글을 맺으며

이상과 같이 브라질의 일반적인 개관과 선교전략으로서의 유치원 교육사역을 살펴보았다. 브라질에는 약 150여 명의 선교사들이 사역을 하고 있는데 그 중에 교육 사역을 하고 있는 선교사는 10여 명 정도이고 대부분 교회 사역을 하고 있다. 지역에 따라서 다르겠지만 교회 내에 유치원을 설립하여 지역 아이들을 가르치면, 주민들에게 좋은 평가를 받을 수도 있고 아이들이 자라서 교회의 일꾼이 될 수도 있다. 이러한 사역엔 많은 시간이 필요하고 인내심 또한 많이 필요하다. 하지만 한국의 경우를 보더라도 선교사들이 학교를 세우고 교육에 힘썼기 때문에 오늘날의 우리가 있는 것이라고 해도 과언은 아닐 것이다.

물론 교육 사역만이 좋다고 하는 것은 아니다. 다만 브라질에서 선교사들이 사역을 하는데 있어 유치원 사역이 용이하고 여러 가지 유리한 점이 있기 때문에 다른 선교사들에게 추천하는 바이다.

온두라스 원주민교회 선교전략

선교지 교회를 세계선교의 장에 이끌어 내기

김 상 익 선교사 | 목사
온두라스 원주민교회 사역
e-mail:blessed7@hanmail.net
(사진: 제1차 2줄 우로부터 두 번째)

"너희는 가서 모든 족속으로 제자를 삼아....**내가 너희에게 분부한 모든 것을** 가르쳐 지키게 하라."

이렇게 말씀하셨지만, 선교사들은 자신의 선교지에서 현지의 교회에 M1의 선교적 과제는 나누어도 M2 내지는 M3의 선교적 과제, 즉 타 문화권 선교의 과제는 요청하지 아니한다.

선교사는 마땅히 선교적 과제- 세계 선교 과제를 현지 교회와 함께 나누어야 할 것이다.

1. 과연 중 · 남미 선교지 교회가 세계 선교에 기여할 수 있는가?

1) 우리가 선교지에서 선교의 목표를 더 높게 설정할 필요가 있다.

예를 들면, 미국 선교사들의 한국 선교의 초반기에 한국 교회에 해외 선교를 요청하였음을 볼 수 있다- 방지일, 이기풍 선교사.

한 선교사의 예 : 남미의 한 국가에서 십 년이 넘게 선교한 선교사- 기독교율이 30%가 넘으니 더 이상 선교할 이유가 없다면서 철수한 선교사가 있다.

2) **그들도 주님의 지상 명령에 순종하여야 하며, 복음을 전파하여야 한다.** 그러므로 우리도 그들에게 세계 선교의 사명을 가르치고 참여하기를 요청하여야 한다.

왜 중남미 교회들이 세계 선교에 참여하지 아니하였는가? 지역적인 문제와 선교사들의 영향을 들 수 있다.

2. 중·남미 출신 선교사들의 세계 선교에서의 장점과 약점

1) 약점

가. 현지 교회가 재정적인 능력이 없다.

나. 세계 선교의 경험이 없다.

다. 세계 선교의 네트워크가 자국 또는 같은 교단 외에는 없다.

2) 강점

가. 스페인어가 로망스어 계통의 언어로서 포르투갈어, 프랑스어, 이탈리아어, 루마니아어와 함께 같은 라틴어 계통의 언어의 근간을 가지고 있다. 그래서 이들 언어와 영어를 배우기 쉽다. 동시에 이런 언어를 쓰는 나라에 선교지 언어를 빨리 배울 수 있는 장점이 있다. 예를 들면 아프리카에 프랑스어를 쓰는 나라가 22개국이 있으며, 포르투갈어를 사용하는 나라가 6개국이며, 스페인어를 쓰는 나라가 2개국이며, 영어를 쓰는 나라가 20개국이 있다.

나. 가난한 나라의 선교사들이기에 가난한 나라의 어려운 지역에서 그들과 비슷한 환경에 있는 사람들에게 효과적으로 선교할 수 있는 큰 장점이 있다.

예를 들면, 인도의 연 인구 증가가 2%, 도시집중으로 인한 빈민가의 인구 증가가 5%인데, 거의 모든 저개발 국가의 도시 집중 현상으로 도시 빈민층의 증가율이 매년 5%이다.

이 가난한 지역에 선교사로 나가는 데는 이 가난한 지역에서 자란 중·남미 선교사들이 적격이다.

다. 돈이 없는 사람들이기에 프로젝트 중심의 사역이 아닌 초대 교회와 같이 돈이 들지 아니하는 대인 중심의 사역이 될 것이다.

라. 교회가 예배 형태의 정형이 없는(LOW CHURCH) 무정형의 예배를 드리던 사람들이라서 이러한 형태의 예배나 교회가 필요한 지금의 미 전도지역의 제3세계의 국가들에게 선교하는데 유효할 것이다.

마. 성령의 역사를 강하게 의지하는 중 · 남미 선교가 제3의 물결을 일으키는 차세대 선교의 주역이 될 수 있다. 예언, 방언, 통변, 축귀, 하나님의 음성듣기 등 성령의 다양한 은사들을 개발할 수 있을 것이다.

바. 돈이 들지 아니하는 선교를 하기를 원하는 교회들과 연계가 되기를 원할 것이다.

사. 중 · 남미인의 얼굴의 생김새가 흑인, 백인, 근동의 이슬람권 선교사로 어디에서도 잘 적을 할 수 있는 인종적 부류가 있다. 그래서 유럽, 아시아, 아프리카, 북미에서도 선교할 수 있는 선교 인력이 있다.

3. 중미 교회들의 세계 선교의 참여 시작

중미 교회에서 시작됨 : 76명의 선교사들이 인디아, 모로코, 멕시코, 스페인 등지에 파송
코스타리카 교회 : 120명의 선교사들이 있다.
온두라스 교회 : 지금까지 10명 정도의 선교사가 파송되었다.

Centro Americana 교단 : 미국의 CAM (CENTRO AMERICA MISSION)에서 이들이 세운 교회에 선교사들을 추천 받아서 훈련시켜서 미국의 CAM 선교회에서 지원하여 선교하려는 시도가 있다.

이 CAM 선교회의 CENTRO AMERICANA 교단 초청 선교관심자 CONFERENCIA에 CHRISTAR 선교회에서 관계자가 나와서 자신의 선교회 소개를 하고 지원요청을 한 바 있다.

4. 선교적 문제 해결

1) 재정 지원 문제

가. 현지 교회가 자신들이 보내는 선교사 혹은 연합하여 선교사들을 지원하도록 요청할

수 있다.

나. 한국이나 미국 등 특히 미국에 있는 히스페닉계 교회 등과 연계할 수 있는 전략을 세울 수 있다.

다. 전문인들을 발굴하여 훈련시키며 자비량으로 선교비를 해결할 방법을 개발한다.

2) 선교 자원 개발

가. 타 문화 선교사 훈련원, 신학교의 선교과목, 선교학과 등을 개설한다.

나. 국가별, 지역별, 대륙 별 선교 대회를 열어 전체 국가, 지역, 중미 남미 대륙에 선교 운동이 일어나게 전체의 국가별 교회의 영적인 분위기를 바꾸어 선교 운동의 물결을 일으켜야 한다. (예) 한국의 80 세계 복음화 대회 등.

다. 해외 선교사 파송을 위한 선교회를 구성한다.

라. 해외 선교사 본국 선교 보고 대회 지역 교회들의 선교의 사기를 앙양시킨다.

5. 필자와 함께하는 **온두라스 타 문화권 선교사 훈련원 (CENTRO DE CAPACITACION MISIONERA TRANSCULTURAL)** 설립과 선교 전략

1) 현재 선교사 후보생 8명과 온두라스에 있는 선교 단체 PUERTO AL MUNDO에 있는 45명의 선교사 후보생이 준비되어 있다.

2) 2006년 1월 강의 개강 예정.

3) 2006년 1월 28일 선교사 훈련원 개원식 프로그램.

4) 2006년 27-29일 온두라스 MISSION CONFERENCIA를 온두라스 교회의 목회자, 지도자들을 초청하여 TEGUCIGALPA에서 열 예정이다.

5) 강의 내용

가. 일반 신학 과정

나. 선교 훈련(인류 문화학, 음성학, 언어 습득 방법, 문맹퇴치 방법, 선교사 후원 그룹 만들기, 학습 방법론, 자원(인적, 물적) 관리법, 상담학, 내적 치유, 교회 개척, 제자 훈련, 이슬람, 유대교, 힌두교, 불교, 기독교 세계관, 영적 전투, 타 문화권 제자훈련, 문화 충격, 인간 관계 다이나믹, 포스트 모드니즘의 영성, 현대 선교의 흐름과

종교, 이슬람의 도전, 복음의 상황화 방법 등)

　다. 공동 생활 훈련 프로그램

　라. 개인 경건 생활과 사역 수준과 전투적 기도의 능력의 배양

　마. 타 문화 전도 프락티스 등

6) 선교 훈련 기간 : 1년 2개월(공동 생활을 겸하여)

　(예) 해외선교 가능 대상 국가 : 인도, 아프리카의 불어권, 포르투갈어권, 영어권.

과테말라 깩치 부족(Kekchis)을 위한 선교전략

변 홍 근 선교사 | 목사

과테말라 미전도종족사역

e-mail:gimbyun@gmail.com

(사진: 1차 4줄 우로부터 두 번째)

목 차

1. 과테말라 원주민 주거 지역과 언어를 중심으로 본 현황
2. 과테말라의 역사적 배경
3. 깩치 부족의 배경 및 복음화 현황과 사역의 필요성
4. 선교사역 현황
5. 전략적 제안 및 결론

---

1. 과테말라 원주민 주거지역과 언어를 중심으로 본 현황

과테말라에 복음이 들어온 지 200년. 그 중에 한국에서 온 역사를 돌이켜 볼 때. 이제는 과테말라의 선교 사역에 대한 점검과 그동안의 시행착오와 열매들을 통한 새로운 선교 전략의 수립이 필요한 시점이 되었다고 본다.

한인 선교사로는 1988년 현재 과테말라 한인교회에서 시무하고 있는 김상돈 선교사가 처음으로 입국, 먼저 한인 디아스포라 선교의 문을 열었고, 거의 같은 시기에 합동측 안명수 선교사가 입국하여 순수한 원주민 선교의 문을 열게 되었다. 1980년대의 열악한 과테말

라의 상황에서 볼 때 이들의 시작은 자신을 제물로 내놓는 헌신의 사역이었다. 이렇게 시작된 한국인의 과테말라 선교사역을 살펴보기 전에 먼저 과테말라의 인구와 부족 및 언어를 중심으로 살펴보도록 하자.

과테말라는 중앙 아메리카 동경 88도에서 92도 사이에 위치하는 국가로, 북으로 멕시코를 접하고 동남쪽으로는 엘살바도르와 온두라스와 국경해 있으며, 동서로는 대서양과 태평양을 접하고 있다. 면적은 약 10만 평방키로미터에 인구는 1,200만이며, 공용어는 스페인어이고, 원주민 부족이 인구의 40%를 점하며, 그 나머지를 메스티조(라디노라 함)와 유럽계 백인, 카리브해에 접한 지역 일부에는 흑인이 살고 있다.

원주민은 22개 부족으로 각기 고유 언어를 갖고 있으며, 그 중 대표적인 부족은 깍치켈(Kakchikel), 끼체(Quiche), 꼑치(Kekchi), 맘(Mam)으로 전체 인구의 32%이며 기타 다른 부족은 약 9%에 해당하며 뽀꼼치(Pocomchi), 초르띠(Chorti), 뽀꼼맘(Poqomam), 싱까(Xinca). 쭈뚜힐(Tzutujil), 츄흐(Chuj), 아까떼코(Akateko), 까누오발(Q'anuobal), 뽑띠(Popti), 떽티떼코(Tektiteko), 씨바까펜세(Sipakapence), 이쉴(Ixil), 아와까테코(Awakateko), 사까쁠테코(Sakapulteko), 우스빤떼꼬Usbanteko), 아치(Achi), 모빤(Mopan), 이짜(Itza) 등이다. 이 중 한 부족은 현재 2,000명으로 멸족 위기에 처해 있기도 하다. 각 부족은 부족 이름과 같은 언어를 사용하며 원주민들은 부족언어와 스페인어로 공립학교에서 교육되고 있으나 원주민의 문맹률은 전체 인구 문맹률 30%보다 훨씬 높아 60%이상이며 일부지역은 90%의 문맹률로 알려진 곳도 있다.

과테말라는 22개 주로 되어 있으며, 거의 중심부에 수도 과테말라가 위치하고 남부와 동부는 일부지역을 제외하고 모든 지역이 스페인어를 사용하고, 주로 메스티조인 라디노인의 거주지역이며 북부 및 서부 지역은 거의 원주민들의 주거 지역이다.

현재 한국인 선교사들은 대략 목사 선교사 25명과 자비량 선교사 5명으로 총 30가정이 과테말라를 섬기고 있다. 사역형태에 따라 다시 디아스포라 선교와 원주민 전담선교 그리고 이들의 혼합형태인 디아스포라 및 원주민 선교 형태로 나뉜다.

선교사들의 사역지는 비교적 지역적으로 골고루 분포되어 있으나 아직도 접근되지 못한 부족이 대다수이다. 현재 츄, 끼체, 깍치켈, 꼑치 등에는 한국 선교사들이 사역하고 있으나 다른 부족에는 사역하고 있는 선교사들이 거의 없어 이들을 위한 선교정탐과 전략적인 접근과 사역이 시급한 실정이다.

2. 과테말라의 역사적 배경

AD 254-900년까지 마야 문명이 꽃피웠고 1524년 스페인 Pedrode Alvarado의 침공으로 스페인 식민지가 되었음.

1821년 멕시코와 합병하여 독립
1823년 중미연합국 수립(과테말라, 코스타 리카, 온두라스, 엘살바도르, 니카라과)
1839년 과테말라 단독국가로 독립
1873-85년 근대화
1944년 사회주의화
1970년 군부 정치 장악
1970년대 정치탄압으로 5만명 사망 (좌익)
1976년 대지진으로 27,000명 사망 백만 이재민 발생
1981년 반정부 세력 성장, 11,000명 민간인 사망
1989년 1980년부터 이 해까지 100,000명 사망, 40,000명 실종
1995년 내전 종식, 좌익 정당 국회 진출
1996년 36년 내전 후 평화 협정 조인

이 같은 약 300여 년의 식민지 정책과 36년의 내전으로 인한 저들의 삶의 황폐함은 누구도 위로가 불가능하고 소망을 줄 수 없는 실정이다. 여기에 하나님의 복음이 전파되기 시작한 과테말라는 기독교 25%의 증가율을 보일 정도로 급속 성장하였으나, 이에 못지않은 크고 작은 문제점들이 나타나 있는 실정이다. 대체적으로 지방으로 갈수록 신학교육이 전무한 목회자 문제, 기복적이고 가톨릭적인 신앙관, 영성의 문제, 문맹률 40%에(인디오의 경우 80-90%) 이르는 교육 문제 등 문제들이 산적해 있는 실정이다. 이에 과테말라 동북부의 깩치 부족을 섬기고 있는 과테말라 내지 선교회(이하 GIM으로 표시)의 사역을 소개하기 전에 깩치 부족에 대한 일반적인 배경을 소개한다.

3. 깩치 부족의 배경과 복음화 현황 및 사역의 필요성

깩치 부족은 까아봉 강과 폴로칙 강이 있는 지역, 즉 꼬방 주변 지역에서 인류학자들에 의하여 16세기에 발견되었다. 깩치는 언어학적인 발전을 통해 볼 때 B.C 600년 전 끼체 부족에게서 분리된 것으로 알려져 있다. 깩치 부족은 과테말라 동북부에 위치한 알타베라파스 지역에 주로 거주하며, 수도에서 약 220km 지점에 소재하고 있다. 그 외에 이사발과 페텡 일부 지역에도 거주하고 있다. 알타베라파스는 한국의 강원도와 같은 곳으로 고도는 약 1,300-2,000m에 이르는 내륙지역이다.

알타베라파스는 과테말라 22개 도 중의 하나이고 16개 군으로 나뉘어져 있다. 도청 소재지는 꼬방이며, 사용되고 있는 언어는 스페인어, 깩치, 보꼼치 등 3개 언어이나 실제적으로는 거의 깩치로 통용되고 있다고 보아도 과언이 아니다. 군 단위로 나뉘어져 있다고는 하나 각 군 안에는 아직도 현대 문명의 혜택을 전혀 느낄 수 없는 산족 마을도 많이 있다. 알타베라파스는 1543년에 설립되었으며, 정복시에 거주민들의 호전성으로 인해 전쟁의 땅이라는 뜻으로 테술루틀랑(Tezulutlan)이라고 불리워졌으나, 1557년 진정한 평화라는 프로젝트가 시작되면서 까를로스 5세에 의해 진정한 평화라는 뜻의 베라파스로 개칭되었다. 독일 이주민이 이 지역으로 들어와 지역의 후진성을 벗어나게 하는데 도움이 되었다. 정부의 면세특권 등의 도움과 인디헤나들의 값싼 노동력으로 대규모 커피재배가 발달하여 인프라 구축의 개선을 가져왔고, 인구 증가와 외국 풍습이 들어옴으로 이 지역에 혼혈이 이루어 졌다.

이 지역의 주 산물은 커피와 까르다 모모(향신료 및 한약재료로 쓰임)이다. 이 지역은 대부분이 산간지역으로 교통이 불편하고 통신이 발달되어 있지 아니하므로 문명의 혜택이 미치기 어려운 곳이 허다하다. 특히 다른 도에 비하여 알타베라파스는 인디헤나(인디안)의 인구 점유율이 높은 것도 특색 중의 하나이다. 그 중 도청소재지인 꼬방 다음으로 큰 군으로 알려진 산 페드로 까르차를 중심을 살펴보면, 49개의 면과 213개의 리로 구성되어 있는데 리 단위의 지역으로 가기 위해서는 면 소재지에서 5시간에서 10시간의 거리가 떨어져 있는 곳도 있다.

교육은 산 페드로 까르차를 중심으로 살펴볼 때 90%의 문맹율을 보이고 있다(1999년 산타 크루스 베델 신학교 에드가르 까알의 졸업 논문에서 발췌). 이 지역에서의 복음화 상황을 이 지역의 가장 큰 교단 중의 하나인 하나님의 성회 교단을 중심으로 보면, 37개 교회뿐이라고 볼 때, 49개 면 213개 리에 비해 절대적으로 부족한 숫자이다. 면 소재지에서 3시간 정도 떨어져 있는 세탈 지역의 경우 2,000명이 넘는 주민이 있으나 교회가 하나도 없으며 그 안쪽으로 1-2시간을 더 가면 3,000명 이상이 거주하는 지역에도 교회나 교육시설은 전무한 상태이다.

참고로 객치 부족의 주택현황과 인구현황을 구체적으로 살펴보면 다음과 같다.

* 객치 부족 현황

도시별	주택현황	인구현황
Guatemala(국가)	2,578,265	11,237,196
Alta verapaz(도)	149,996 (약 5.8%)	776,246(약7%)
Carcha(군)	28,015 (약18.6%)	148,334(약19%)

* 객치 부족 인디안 분포현황

도시별	총인구	인디안 인구	비인디안 인구
Guatemala(국가)	11,237,196	4,610,440(41%)	6,626,756(59%)
Alta verapaz(도)	776,246(약7%)	720,741(92.8%)	55,505(7.2%)
Carcha(군)	148,334(19%)	143,691(96.9%)	4,653(3.1%)

4. 과테말라 내지 선교회 (Guatemala Inland Mission: GIM) 사역 현황

첫째, 순회전도 사역 : 연합집회, 개교회 집회

둘째, 방송사역 : 비디오 선교, 지역 라디오 방송국

셋째, 교육사역(김성현 선교사 전담) : 국립 대학교 한국어 강좌, 평강 유치원, 평강 초등학교, 신학교(틴타 신학교, 까르차 신학교, 탁틱 신학교)

넷째, 교회건축 사역 : 교회건축 지원사역, 교회 건축 사역

1) 순회 전도사역

개요 :

순회전도는 과테말라 내지 선교회의 제일 우선사역이다.

95년 9월 22-24일까지 과테말라 제2의 도시인 케살테낭고 실내 체육관에서 처음 순회 전도집회를 시작하여 오늘에 이르고 있다. 97년 7월 24-26일까지 있었던 San Pedro Carcha집회는 GIM의 큰 전환점을 갖는 연합순회전도였다. 예배시작 2시간 전, 준비기도 중에 심령에 심히 통곡케 되는 경험을 하였고, 그 집회에서 인디헤나 300명의 개종과 놀라운 주님의 위로하심의 체험들이 나타났다. 그것이 계기가 되어 과테말라 동북부의 깩치 부족은 GIM의 주 선교지역이 되어 오늘에 이르게 되었다. 98년 사역의 전환을 했던 바 그동안의 전도 중심 사역에서 영성을 위한 새벽기도와 훗날 선교사를 파송하는 나라로서의 경제성장을 위한 십일조 운동의 2대 방향이 제시되었다. 이유는 과테말라의 중남미 제사장 나라로서의 사명감과 그 실천을 위한 것이었다. 좋은 반응을 통하여 현재 깩치 부족의 하나님의 성회 교회에서는 매월 마지막 주 약 50명 정도의 성도들이 한 주간동안 새벽기도를 드린다. 97년 연합집회 개종자 5명과 시작한 Dios es Amor교회는 현재 450명의 교인과 19개의 산족 지교회를 설립하여 약 1,300명의 교인들을 관리하고 있다.

순회전도 일람표 :

95년 2회, 96년 1회, 97년 2회, 98년 3회, 99년 5회, 2000년 1회, 2001년 10회, 02년 10회, 03년 1회, 05년 1회, 총 33회의 순회전도를 실시하였다.

2) 방송사역 (비디오 상영을 기초)

개요 :

비디오 선교편 : 99년 까르차 에드가르 목사님께서 산에 사는 인디오들을 위하여 발전기와 텔레비전을 통한 복음전파의 제안을 해 왔다. 부족어로 번역된 테이프는 예수 일생을 담은 영화 한 편뿐이었다. 동년 11월 5일 처음 차밀이라는 곳에 도착하여 영화상영을 했다. 처음 보는 전기 불이며, 상자 안에 사람들이 오가는 모습들을 보면서 그들은 한눈 한 번 팔지

않고 감상하였다. 춥기가 한국 겨울을 능가하였고, 미끄러운 길을 오가는 곡예수준의 첫 비디오 상영이었다. 다음 날에 간 곳은 티플깡 교회였고, 춥고 먼 밤길을 오르내리는 아내는 마침내 졸도하여 인공호흡 및 한동안 법석을 떨고 내려올 수 있었다. 그 뒤 산호세 꼴로니아에서 ....

한 가지 재미있는 사실은 외딴 산자락에 교회당이 있는데 영화 상영이 있는 날에 보면 어디서 오는지 꾸역꾸역 몰려들어 발 디딜 틈이 없이 꽉 찬다. 그리고 현장에서 영접하는 사람과 전도되어 나오는 사람들로 10명 안팎의 교인들이 50에서 60으로, 그리고 100명으로 증가하면서 교회들이 건축되어 간다는 사실이다. 참위로와 소망이 엮어지는 귀한 사역이다. 이로 인한 교회 설립과 많은 미자립 교회들의 부흥이 있었다.

방송 선교편 : 2000년 폴로칙 지역의 신학교를 담당하고 있는 로렌조 목사가 지역 복음화를 위한 지방방송국 설립 의견을 내놓았다. 수도에서 있었던 방송국 입찰경쟁을 하였는데 상업방송을 목표로 한 경쟁에서 도저히 감당할 수 없어 입찰을 포기하였다. 그러나 산족들을 위한 복음전파 사역으로 방송사역은 꼭 해야 할 사역임을 절감하게 되었다. 골방에서 전하여졌던 것이 이제 지붕 위에서 전파되리라는 성경 말씀에 기초하여, 가지 못하는 산곡과 기타 지역에 하나님 나라의 복음을 전파하기 위한 사역이었기 때문이다.

마침내 2001년 까르차에 지역 방송국을 개설하게 되었다. 아침 5시부터 밤 10시까지 전파되는 설교와 찬양들을 통하여 많은 개종자들이 교회에 등록하게 되었고, 어느 산골 촌장은 가톨릭 교도였으나 방송을 통하여 개종을 결심하고 자신의 산에 나무를 베어 놓은 후 교회당 부지로 제공하는 사건도 있었다. 그리하여 미국 새소망 교회의 지원을 받아 이름을 새소망 교회(Nueva Esperanza)로 명명하였다. 정말 놀라운 주님의 인도하심이 크고 컸다.

참고 1. 방송국 소개
1) 산 페드로 까르차 라디오 방송국
* 방송국명 : La Libertad
* 주파수 : 98.5 FM
* 주소 : Barrio Saraxoch San Pedro Carcha Altavera Paz

* 담당자 : Edgar Guillermo Caal Tzub(Pastor de Iglesia Dios es Amor)

참고 2. 가전제품 보유 현황표
* 현지 교회를 중심한 가전제품 보유현황 (라디오 방송국 개설의 원인)

탁틱(Tactic)

분류	라디오 보유	텔레비전 보유	전화(핸드폰)보유
마을 소재지 154가정	80%	30%	50%
산지 족 332가정	6-46%	1-20%	2-14%

까르차(Carcha)

분류	라디오 보유	텔레비전 보유	전화(핸드폰)보유
마을 소재지 314가정	50-60%	50%	35%
산지 족 319가정	15%	5%	10%이내

틴타(Tinta)

분류	라디오 보유	텔레비전 보유	전화(핸드폰)보유
마을 소재지 123가정	43%	4.9%	7.3%
산지 족 191가정	40.8%	0.05%	4.7%

3) 교육사역
(1) 국립대학교 한국어 강좌

개요 :

95년 4월 San Carlos 국립대학교 내 한국어 강의 신청을 대사관에 서류를 접수하였다는 소식을 접하게 되었다. 다음 날에 김성현 선교사는 대사관과 학교 당국에 소정의 서류 제출과 대학 당국의 시험을 거처 5월부터 첫 강의를 시작하게 되었다. 무보수로 시작한 한국어 강의는 5년이 지난 후 UBF 선교사들의 협조로 활기를 띄기 시작하여 99년부터 시작한 한국의 날 행사는 대학생들에게 한국의 전통 무용과 음식, 태권도 등을 통한 문화행사로 자리를 잡아가게 되었다. 해를 거듭할수록 대사관과 한인회의 협조를 통하여 명실공히 한국을 알리는 교민 행사로 이어지고 있다.

현재는 5명의 교사진이 무보수로 헌신적인 사역을 감당하고 있으며, 학교 당국의 배려로 2003년 김성현 선교사의 모교인 한국 외국어 대학교와 교환학생 교류 협정을 진행 중이며, 단과대학 승격에 따른 한국어 학과 개설에 노력하고 있다.

(2) 유치원과 초등학교
개요 :

2001년 선교지의 에드가르 목사가 지역 어린이들을 위하여 문맹퇴치 운동을 제의 받았다. 이에 일단 교회에서 모집하여 약 150명의 학생들이 모였다. 처음에는 급식과 문구류를 제공하는 수준에서 시작하였으나 감당할 수 없어 일단 접었다. 그러나 마음에 초롱초롱한 아이들의 눈망울이 마음을 떠나지 않았다. 그들을 교육할 수 있는 길은 자립하는 길 외에는 다른 방법이 없음을 깨달았다. 이때 만나게 된 재 과테말라 사업가인 우윤구 집사를 통해 학원 선교의 뜻을 나누게 되었다. 최초로 GIM에 동역자가 되는 자리였다.

그 후 교육부에 모든 서류를 제출하여 2003년 정식으로 한인교민 사회에서 최초로 인가를 얻어 유치원 및 초등학교 학생들을 모집하게 되었다. 무지한 한국사회를 일깨워 주었던 한국주재 외국 선교사들의 빚을 조금이나마 갚을 수 있게 된 감격의 순간이었다. 물론 근본 취지는 선교지 지역에 초등학교 및 중·고등학교를 세워 이 나라의 장래를 책임질 인재를 양성하는데 목적이 있음은 주지의 사실이다.

(3) 신학교 사역 : 틴타 신학교
개요 :

98년 까르차의 에드가르 목사의 요청으로 폴로칙 지역의 목회자들을 위한 신학강좌를 요청받았다. 그들은 목회를 하고 있지만 전혀 신학교육이 부재한 상태라는 충언이었다. 약 15만 명이 인접하여 살고 있는 폴로칙 지역은 5개의 읍 단위의 시골로 산재하여 살고 있는 지역이다. 신학생들의 교육 자료에 제시하였듯이 정말 무지한 우리의 동역자들이었다. 5개 지역의 중간에 위치한 틴타라는 곳을 에드가르 목사와 방문하였다. 그 곳 로랜조 목사와 대화를 통하여 간단한 정관과 교재 및 간단한 사항들을 결정하여 도청에 신학교 인가를 허가 받아 동년 6월 개교하게 되었다. 4년 과정의 학사일정이었으나 여러 환경으로 인하여 6년 만인2004년 1월에 7명의 1회 졸업생을 배출하였고, 현재 20명의 학생들이 수강하고 있다.

수업 방법은 한 달 마지막 주에 한 주간 집중적으로 교육하였다. 그러던 중 까르차에서도 신학교육의 필요성을 느껴 그 곳에서도 시작하게 되었다. 그러나 한 달에 2주간을 비워야 하는 어려움에 당면하게 되었다. 미국을 방문 중에 좋은 비디오 교재를 소개 받아 그 교재로 까르차와 탁틱이라는 2곳에서 목회자 신학 교육을 실시하고 있다. 이제까지 3곳에서 현지 목회자들의 영성 훈련과 신학교육을 감당하고 있는 교육사역은 앞으로 과테말라 서부지역과 멕시코 남부 지역으로 확장할 계획으로 추진 중이다.

참고1. 현재 각 신학교 학생인원 및 학력 현황

신학교 이름(목회자)	학생 수	학력
탁틱 신학교	11명	고졸 1명. 초졸 4명. 초중퇴 6명
까르차 신학교	30명	고졸 3명. 중졸 3명. 초졸 7명. 초중퇴 20명
틴타 신학교	24명	초졸 4명. 초중퇴 20명

4) 교회 건축사역 및 과제

개요 :

가난과 고통에 젖은 산지족 인디오들의 교회 건축은 요원하기만 한 실정이다. 부분적으로 교회 건축에 협조를 하여 오던 중, 미국 로스엔젤리스에 있는 찬양교회의 인디오 교회의 성전건축 결정 소식은 과테말라 산족들을 위한 놀라운 소식이었다. 본인들의 교회당도 없이 인디헤나 산족들의 교회 건축을 과감하게 시도한 것은 놀라운 헌신의 씨앗이 되었다. 이후 뉴저지 갈릴리 교회의 치색 교회건축과 미국 새소망 교회의 원주민 교회 건축 선교회의 적극적인 지원으로 현재 8개 교회가 완공되었으며, 3개 교회를 건축 중에 있다.

안타까운 실정은 도시 중심의 교회설립은, 2-3천 명의 사람들이 사는 산간 마을들에게 까지는 교회설립에 어려움이 많고 신앙교육뿐만 아니라 일반교육도 이루어지지 못하고 있다는 것이다. GIM의 사역은 이제까지 그들의 필요를 듣는 일에 열심을 쏟아왔다. 그리고

그들의 필요를 채우는 일을 위해 주님께 아뢰는 일을 지속하고 있다. 교회설립, 지역 방송국 설립, 학교 설립과 순회전도를 통한 주님의 사랑을 저들과 함께 나누는 일을 하고 있으나, 아직도 듣지 못하는 저들의 음성과 주님의 뜻을 듣는 일이 GIM의 남은 과제이다.

5. 전략적 제안 및 결론

1) 미전도 마을의 선교사역 :

지역에 따라 다를 수 있겠으나 중남미 대부분의 지역에서는 미전도 종족은 없으리라 본다. 그러나 개인적인 선교 사역을 통해 경험한 바로는 현재 미전도 마을은 수를 헤아릴수 없이 많다. 도시 선교중심의 사역도 중요하지만 세상에 태어나서 한 번도 복음을 듣지 못하는 자들에게 복음을 전하는 사역 역시 중요함을 느낀다(마 3:1). 인구 밀집 지역을 위한 신학교와 도시 중심의 선교사역이 필요한 것과 같이, 발걸음이 미치지 않는 내륙지역의 무수한 미전도 마을을 향한 선교사역이 절실하다고 볼 때, 이들을 향한 사역자 훈련과 문맹퇴치를 통한 계몽 및 교육사역과 구원을 위한 복음 사역을 위한 체계적이고도 구체적인 선교사역에 대한 프로젝트가 절실히 요구되어 진다(마 24:14, 막 16:15).

2) 선교사의 재배치 및 재파송

시니어 선교사의 헌신적인 활동은 각 지역의 일반교육과 신학교 사역, 각종 사역들을 인해 큰 공헌을 하였으리라 의심치 않는다. 그러나 이제는 씨니어 선교사들의 각개전투와 같은 사역보다는 과테말라 전체를 바라보고 각 부족을 향한 통합적인 전략과 접근으로 효과적인 선교사역이 이루어지도록 해야 한다. 그러기 위해서는 무엇보다도 씨니어 선교사들의 기득권 포기와 전시효과를 위한 사역방향이 재고되어져야 한다. 다양한 교단과 선교회의 배경을 가지고 있지만 교단과 선교회를 위한 사역이 아니라 하나님 나라 확장과 영혼 구원이라는 절대 명제 앞에 교단과 선교회를 초월한 절대적인 협력이 이루어져야 한다(고후 8:19). 시니어 선교사들의 축적된 경험과 헌신을 바탕으로 선교사들 전체의 협력이 이루어진다면 과테말라는 바람직한 선교의 장의 모본이 될 것이며, 다시 오실 주님의 길을 예비하는 기회가 될 것을 의심치 않는다.

a) 마게도니아 지역의 음성듣기 : 기관이나 교단의 프로그램에 의한 선교정책은 사람의

뜻이 우선할 경우가 있다. 물론 하나님의 뜻을 이루는 사역임에는 틀림이 없으나 하나님의 뜻은 바울의 생각보다 높은 계획이시다(사 55:9). 당시 바울의 아시아 선교보다 시급한 마게도니아를 향한 자기 계획의 전환, 기득권 포기, 동역자와의 협력은 오늘에도 동일하게 적용할 수 있는 매우 중요한 오늘의 선교전략이라고 믿는다(행 16:6-10).

b) 인디헤나(Indigenas, 원주민)의 음성듣기: 수가성의 여인의 경우 인간들은 여인의 외적인 삶의 모습을 보고 판단할 수 밖에 없으나(요 7:24), 주님은 그 여인의 내면의 요구에 응답하시는 선교사역을 이루셨다(요 4:4, 26). 자칫 내 사역이나 교단의 사역을 중심으로 한 보이고 보여주는 선교전략보다는 그 지역과 지역민들의 영적 필요에 부응하는 선교전략의 개혁 및 집행이 보냄 받은 자의 신실한 사역임을 믿는다(요 4:34).

결론 : 선교사의 사명의식 회복

바울은 특별히 부름받은 자로서의 사역을 마친 후에 버림받음에 대한 부담감이 있었음을 본다(고전9:27). 주님께서도 많은 능력을 행한 자들을 향하여 불법을 행한 자들아 나는 너희들을 모른다고 하셨다(마7:23). 시작은 사명감에 의해 했지만 환경의 지배와 인간의 욕심에 의해 빗나간 사역들은 과감하게 버릴 수 있는 용기가 필요하다(롬6:19). 오직 선교사는 내 일이 아닌 보냄받은 자로서, 보내신 자의 일을 지금하고 있는가? 라는 질문 앞에 자신의 정체성에 대한 인식과 각성이 늘 동반되어져야만 한다(요13:16). 자신의 그물을 버리고 주님을 좇아갔던 12명의 제자들처럼, 자기를 부르신 주님 앞에서 성령의 음성에 순종하여 선교사역의 선봉에 서 있었던 바울처럼 오늘 우리도 우리의 사명을 새롭게 인식하고 각성하는 진정한 주님의 선교사가 되기를 소원한다.

아르헨티나 도시빈민 선교전략

부에노스 아이레스 빈민촌 Villa 1-11-14, Bajo Flores를 중심으로

장 영 관 선교사 | 목사
아르헨티나 도시빈민 목회사역
e-mail:changpablo@hanmail.net
(사진: 1차 3줄 우로부터 네 번째)

I. 서론

19-20세기는 선교가 현대화 되는 시대였다. 무수한 나라들이 복음을 받아들였으며, 선교사들은 첨단의 전략을 가지고 선교현장으로 들어갔다.

그러나 막상 현장에 갔을 때 현장의 상황들은 선교사들에게 환상을 준 것이 아니라, 선교사들의 희생을 요구하였다. 즉 그들의 은사와 물질과 인내를 통해 펼쳐져야 할 사역들이 즐비하게 늘어서 기다리고 있었던 것이다. 그들은 복음을 전하러 왔다가 복음전파와 동시에 사람들의 현장 속에 용해되어 있는 가난과 교육의 문제, 윤리와 삶의 질, 종교와 사회적 문제들을 보게 되었다. 따라서 선교사들이 선교현장에 파송되면 만능인사가 된다는 말이 틀리지 않음을 경험한다. 선교사들은 현장에서 무엇이든지 해결해 가야하므로 만능인이 되고 말았다.

21세기 역시 문명과 문화는 발달해 가는데 고통과 가난과 전쟁과 교육의 문제는 더 심각하게 다가오고 있다. 라틴아메리카엔 국가의 부도라는 I.M.F. 구제금융이 들이닥치므로 가난은 더 증가되었고 중산층이 무너지는 비운을 맞게 되었다. 아르헨티나도 예외는 아니다. 한국도 마찬가지지만, 아르헨티나도 중산층이 무너진 지 몇 해나 지났다. 그러다 보니 선교

사들이 복음도 증거해야 하며, 또한 빈민들의 고난에 참여하게 되고 그들의 고난이 교회 안에까지 들어오므로 많은 선교사들이 급식소를 차리고, 빈민들에게 음식 제공과 때로는 일자리를 알선하고 기술교육까지 가르쳐 삶의 질과 일용할 양식까지도 신경을 써야 했다. 거기에다 선교사들의 대부분 선교지가 가난한 서민 내지 빈민지역이다 보니 한결같이 그들의 삶의 질에 신경을 써야만 했다. 21세기 들어서도 여전히 선교사역의 대부분이 빈민지역이나 도시빈민층에 집중되었다. 그러니 선교사역 역시 주민들의 필요에 집중하게 되어 있는 것이다. 필자 역시 도시 이민자 빈민 사역이기에 그들의 구원문제와 더불어 삶의 질의 문제도 사역의 중심에 있음을 고백하면서 이 소논문의 주제인 도시 이민자 빈민들을 위한 전략을 중심으로 글을 쓰게 될 것이다.

II. 문제 제기

산업혁명 이후에 도시는 급속도로 발전해 가며 인구집중의 한 동기가 되었다. 산업화와 삶의 질을 높이는 한 방법이며, 더 나아가서는 첨단 문화와 교육의 중심으로 인하여 많은 지방과 시골에 있는 사람들이 집중하였지만, 현대는 지방, 이웃나라를 가리지 않고 삶의 질과 돈을 벌기 위하여 도시로 집중하고 있고, 직장을 얻는 일과 잘 살아 보려는 욕심에서 도시로 오게 되었다. 도시에는 많은 일할 곳과 공장이 있기에 지방과 시골보다는 일하기가 쉽고, 때로는 단순한 일을 할 수 있는 조건도 지방보다는, 가난한 자기 나라보다는 수월하기 때문이다. 로져 그린웨이는' 도시들' 이라는 말은 '문제들' 이라는 말고 동의어적인 것 같다고 말하였다. [1]

그렇다면 그들이 도시에 온다고 모든 문제가 해결이 되는가? 결코 그 문제는 해결이 불가능하다. 왜냐하면 도시에서 요구하는 것은 기술과 전문 인력이기에 그들이 와서 일하는 것은 고작 단순작업이나 노동과 잔심부름과 청소나 식모일에 지나지 않기 때문이다. 그들의 문제는 자녀의 교육과 건강, 주택문제, 밀집지역에 사는 문제로, 사고와 사건들, 불공평한 임금과 인권, 억압 등 다양한 방법의 불이익을 받으면서 도시에서 살고 있다. 도시인은 이것을 미끼로 지방인과 외국인 노동자의 인권과 임금을 유린하고 있고, 더 나아가서는 작업 사고시 책임을 지지 않고 내보내는 것이 현실이다. 도시는 빈민들로 넘쳐난다. 우리는 어떻게 저들에게 접근하여 복음을 전하며 삶의 질과 인권과 교육문제를 엮어갈 것인가가 선교 현장에서 해결해야 할 문제이며 전략을 요구한다. 이들도 영적, 육적, 육체적, 사회적 필요를 갖고 있는 전 인격적 존재인 만큼 예수 그리스도의 복음과 구원의 은혜를 당연히 누려야 할 권리가 있기 때문이다.[2] 필자는 선교 사역현장에서 11년째 일하면서 사역한 과정과 결과를 살펴보면서 전략을 논하고자 한다.

III. 연구의 목적

도시의 가장 큰 숙제는 이들을 어떻게 살릴 것이냐가 문제이다. 그 누구도 이들을 풍요로운 삶으로 초대할 수가 없다 .이번에 한국에 나갔더니 서울역 광장에 많은 사람들이 길 잃은 철새처럼 힘없이 누워있거나 술을 마시며, 취해 있었고 지나는 사람들에게 방해가 되고 있었다. 이들 중에는 도시 빈민으로 근근이 살아가던 사람들도 있었을 것이고, 잘 나가던 사람들도 포함되었을 것이다. 본인이 사역하는 지역은 지방에서 올라온 사람들도 있고, 주변국가에서 온 사람들이 더 많다. 이들은 이 나라가 살기 좋다는 소문을 듣고 이 곳에 온 사람들이다. 원래 가난한 자들이 아니라, 본국에서는 고등교육을 받은 사람들이며, 나름대로 열심히 살던 사람들이다. 그런데 이민 왔다가 직장을 얻지 못하고, 또한 특별한 기술이 없는 관계로 노동자로 일하다가 I.M.F 위기 후에 많은 고통을 받았고, 최근까지 어려움 당하는 사람들이었지만 이 지역에 일주일 시장이 열리므로 생활에 큰 보탬이 되고 있다.

이들의 삶의 질과 삶의 변화를 일으키려면 다양한 방법적 접근과 직업훈련을 통한 기술교육과 그들이 삶을 영위할 수 있는 장을 열어 주어야 한다. 그런 의미에서 사역 현장에서 시장은 3일, 일주일 장이 열리게 하는 방법도 한 방법이며, 직업기술을 통한 삶의 질을 상승시키는 것도 그들을 생활하게 하며 복음의 접근을 이루게 하는 전략이 되겠다. 한 예로 아르헨티나엔 I.M.F 위기 이후 벼룩시장이 많이 생겼다. 이것이 지역경제와 교인들의 삶의 질을 높이는 전략도 된다.

IV. 연구 방법

일부는 도시선교에 대한 선교학자들의 연구 논문을 참조하며, 필자가 11년 사역하면서 직접 경험한 복음사역들을 토대로 하고자 한다. 도시 빈민들에게 가장 필요한 복음사역과 그들 앞에 놓인 문제들을 바로 알고, 문제들을 해결하기 위해 함께 생활하면서 시도했던 경험과 그 과정들을 기술하면서 전략을 논하고자 한다.

1. 도시 빈민 및 이민자 빈민의 증가 원인

도시는 전 세계적으로 증가하고 있다 그 원인은 산업화와 인구증가, 삶의 질과 교육의 질, 미래의 좀 더 나은 삶을 위하여 도시로 이주를 하고 있다. 그런데 도시로 간다고 모든 꿈이 실현되는 것이 아니다. 거기에다 지방에서만 몰려드는 것이 아니라, 이웃 나라의 못 사는 주변국가의 사람들마저도 일하러 온다는 것이다. 그러기에 21세기는 국경도 없고 국가 개념도 사라지는 세대에 우리가 살고 있다. 한국을 보더라도 길거리, 어디에서든지 아시아인, 유럽인, 미주, 남미, 아프리카 등 어느 민족, 어느 나라 사람을 막론하고 길거리에서 혹은 교회에서(외국인 예배를 드리는 곳) 보게 되었다. 이것은 20년 전만 해도 상상할 수가 없었다. 그런데 지금 어떤가! 지방에서, 낙도에서 오는 것이 아니라, 세계인들이 몰려오니, 도시는 밀집이요, 거기에다 주택난, 교통난, 일거리, 먹고 사는 문제로 자연히 수요와 공급의 불균형으로 인건비는 싸지고, 일자리는 경쟁으로 인해, 먹고 사는 문제, 주택문제, 도시의 인구 밀도의 불균형, 너무나 다양한 문제들을 안고 함께 살아가고 있다. 그들은 경제적, 육체적, 사회적, 영적으로 소외된 자들이다. 그러기에 그들은 예수 안에서, 복음 안에서 위로와 회복의 은혜를 받아야 한다.[3]

1) 지방인들의 이주

켐벨은 건강한 생활에 관한 기본 요서에서 인간은 정서의 만족, 긴장감이라고 하였다. 그러기에 인간은 물질적인 것을 소요하거나 얻고자 하는 물질 만족의 욕구, 둘째, 사회적, 인간관계에 대한 욕구, 셋째, 자아성취의 욕구. 그런데 우리가 사역하는 선교현장에 있어야할 것을 넷째로 넣는다면 영적인 회복과 구원의 축복을 누리면서 산다면 인간이 완벽하게 살아갈 수 있지 않을까? 인간의 삶의 질과 행복, 신앙생활과 마음의 평강, 그리고 소망과 내일의 준비. 그들은 인생의 삶의 질과 신앙생활을 편안하게 하기를 원한다. 왜냐하면 그들이 사는 곳에는 첫째 삶의 질에서 떨어지기 때문이다. 학교 교육문제, 적은 인건비와 비싼 물가, 그리고 신앙생활의 몰이해와 영적 지도자의 준비미비(아르헨티나의 예; 모두가 아님, 개신교 지방교회와 근교의 영적 지도자의 교육 미비와 신학수업을 받지 않은 자들)로 인한 삶의 허전함 등으로 인하여 어렵게 살아가고 있다. 그러면서 다수가 일에 대한 불만과 적은 인건비, 그리고 혜택에서 멀어져 있고, 모든 면에서 뒤떨어져 있다. 거기에다 아르헨티나는 5-6년전에 I.M.F. 시기를 맞아 국민들이 크나큰 어려움을 겪었다. 사람들은 직장을 잃었으며, 은행은 문을 닫았고, 저축해 놓은 돈은 없고, 지방에서 올라와 공부하던 대학생들이 도둑질을 하게 되었다. 지방에서 부모로부터 돈이 올라오든지 아르바이트을 하며 공부를 하였는데, I.M.F.로 인하여 일을 할 수가 없었고, 이 기간에 200만개의 중소기업이 문을 닫았다고 한다. 거기에다 아르헨티나는 태환정책을 달성하였기에 남미 이주민들이 무수하게 들어와서 일해서 살게 되었다. 그래서 아르헨티나인들는 그만큼 일자리를 잃게 된 것이다. 또한 정부에서는 실업구제책을 발표하였지만, 지방에 사는 사람들은 혜택을 받을 수가 없어서 도시 빈민지역으로 몰리게 되었다. 필자가 사역하는 곳에는 1994년 사역을 시작할 때보다 현재는 2.5배나 늘어난 상태이다. 더욱이 아르헨티나에는 19개의 빈민지역이 산재해 있다. 각 빈민지역에 약 2-3만 명의 사람들이 거주하고 있고 다수의 민족이 살고 있는 형편이다(갈수록 더 많이 늘어나는 추세).[4] 인도네시아는 전체 인구의 30%가 빈민이다(UPC 통계 2002). 그러나 자카르타의 비공식_집계는 경제적 빈곤층이 60%에 이른다.[5] 세계적으로 빈민지역의 거주자의 비율이 50%를 넘는 도시들이 많다. 세계 최대의 도시인 멕시코시티는 전체 인구 3천 2백만 중에 빈민 인구는 절반 가까이인 15백만이나 된다고 보고 있다.[6]

아르헨티나 북부 사람들인 Formosa, Jujuy, Tucuman, Chaco 지방과, Capital 주변에 있는 많은 사람들이 이주하여 살고 있다. 따라서 Capital 주변에는 빈 땅만 있으면 정부 땅이든 개인의 땅이든 들어가 가건물을 짓고 살아가고 있다. 가건물을 짓고 살면 함부로 쫓아 내지 못하기에 우후죽순 격으로 집을 짓고 사는 곳이 수도지역 근교에 무수하게 많다. 이들은 그렇다고 가진 것이 없고 많이 배우지 못하였기에 대다수가 미장이, 청소부, 남의 집 식모로 일을 하며 살아가고 있다. 가건물의 살면서 전기세, 수도세, 그 외 세금을 내지 않기에 많은 사람들이 친구의 소식을 통해, 친척의 소식을 통해 계속해서 이주민들이 늘어나는 추세이다. 이제는 이곳도 자리도 없다. 거기에다 이곳은 주정부에서 관심을 가지는 곳이다. 20여 년 전에 형성된 곳이며, 많은 사람들이 거주하기에 정부에서도 함부로 하지 못하는 곳이다. 많은 아르헨티나인들이 살기에 정부에서도 정치인들의 표 의식에 이곳을 이용하고 있다. 주지사 선거, 국회의원 선거가 있으면 이 주위를 맴돌면서 선거 전략을 세우며 몰표를 요구하고 있다. 그러기에 도시 빈민지역은 늘어나는 추세이며 국가에서도 어찌할 바를 모르는 단계이지만, 주정부에서 아파트를 지어 분양을 계속하고 있다. 다른 지역에 비해 이곳은 그나마 혜택을 받고 있다. 왜냐하면 주민들을 위해 아파트를 건축하여 분양해 20년에서 30년 분할로 매달 30불 정도의 월세를 내어야 되며,[7] 국가에서 매달 한 번의 양식을 제공받고, 때로는 실업수당을 받고 있기 때문이다. 그러나 지방에는 이런 일이 극히 드물다. 모두가 세금을 내야하며, 안내면 전기, 물, 그 외 다 끊어버리기 때문이다. 그런 측면에서 도시 빈민은 지방민이나 외지에 사는 분들보다 혜택을 받기에 도시로 몰리는 원인도 제공해 준다.[8]

2) 주변국가 주민들의 이주

아르헨티나는 1990년 이후 10년간 외국인에게는 돈을 벌기 좋은 나라였다. 남미에서 유일하게 이 나라 화폐와 달러가 1대 1의 태환정책을 고집한 나라였기에 외국인에게는 참으로 수입을 올려서 본국으로 송금하기 좋은 나라였고, 이로 인해 많은 친척과 친구를 불러 본국으로 송금하여 자국에 집을 짓거나 부를 축적하였다. 현재 아르헨티나엔 볼리비아 사람이 약 150만 명이 살며,[9] 파라과이 사람들도 거의 100만 가량이 살며, 페루 사람도 수만이 살며 그 외 칠레, 우루과이사람들이 살고 있다.

이들은 철저하게 일하며 본국으로 송금을 하고 있다. 그리고 아르헨티나에서 부를 늘려가고 있다. 그러면서 거기에서 살며 동거하며 자녀를 낳고 자녀를 낳으면 아이는 아르헨티나인이 되며 자동적으로 (서류만 준비하면) 수개월 안에 영주권을 받게 된다. 이로 인해 바캉스 전에는 열심히 일해 돈을 모아 바캉스 때에는 본국에 갔다 온다(볼리비아인들, 페루인). 이들은 주로 3 부류 업종에서 일을 한다. 자국민들이 하지 않는 노동과 식모, 음식장사 그리고 봉재와 가내 수공업 일을 하며 부를 축적하고 있고 이런 가운데 집을 사기보다는 도시 빈민지역으로 들어와 전기를 쓰며 봉재와 가내수공업 일을 하며, 철저하게 절약하면서 부를 늘려가며, 친척을 불러 함께 잘 살 수 있는 길을 열어 준다. 그러기에 많은 친척들이 몰려오는 것이다.

* 이주민들의 증가 원인

① 경제 : 본국보다 잘 산다. 본국에서 일하는 것보다 임금이 많다.

② 노동력 : 아무 일이나 할 수 있다.

③ 삶의 질 : 아르헨티나 국민의 삶의 수준이 훨씬 높다.

④ 교육 : 국립일 경우 무상혜택이 주어진다.

⑤ 사회복지 : 의료 등 사회보장의 혜택을 받을 수 있다.

(a) 자녀들의 무상교육 : 외국에서 오는 이주민이나 이주하는 모든 자녀들에게는 학교에서 교육을 무상으로 받을 수 있는 법이 3년 전에 통과하여 모든 자녀에게 학교공부를 원하기만 하면 공부할 수가 있다. 필자가 사역하는 주변의 초등학교의 과반수 이상은 볼리비아 아이들과 파라과이 아이들, 페루 아이들이 대부분이다. 이로 인해 교육에 차질을 빚으며 일선 교사들이 힘들어 하고, 교육의 진도가 늦어 많은 학생들이 피해를 보고 있고, 때로는 주변나라에서 각 나라마다 교제와 학습 진도율이 차이가 나기에 피차 어려움을 겪고 있다.

(b) 시립병원의 무상 진료 : 많은 이주민들이 시립병원의 혜택을 받고 있고 국가의 국고가 많이 손실을 입고 있다. 왜냐하면 모든 나라 사람들에게 혜택을 주고 있기에 외국인에게는 좋지만 자국민에게는 큰 손실과 국고가 빠져 나가는 관계로 많은 사람들이 때로는 불만을 표시한다.

(c) 출산시 무료 혜택 : 올 2005년 필자의 3째 자녀 출산 관계로 국립병원을 수시로 이용하게 되었다. 많은 사람들이 주변 국가에서 왔으며, 국립병원에 근무하는 의사들의 수고가 매우 크다. 이들은 각 환자들을 친절하게 진료하고 있고, 의대를 졸업하면 졸업 후에 의무적으로 일주일에 2-3번은 오전에 국립병원에서 의무적으로 일하게 되어 있는 관계로 늘 병원은 의사들이 있고, 오전에 4-6(오전7-12시/ 일부 의사는 오후, 일부 의사는 저녁에)시간을 순번제로 일하면서 경험도 쌓고, 환자도 돌본다. 모든 진료는 무상 내지는 수납처에 us$1 달러 정도 등록하여 예약을 하거나 때로는 입구에서 줄을 서 번호표와 시간을 예약 받

아 진료를 받는다.

3) 이주민들로부터 야기되는 문제들

(a) 자녀교육 문제와 이민자들의 교육문제가 있다 : 다민족 사회에서 교사들의 외국어 문제가 대두된다. 왜냐하면 이주민 자녀들이 현지어를 모르는 관계로 통역자의 도움이 필요하기 때문이다. 본인 역시 아르헨티나에 살면서 초기엔 통역자의 도움을 받았다. 이로 인한 혼란도 야기된다.

(b) 국제결혼: 인구의 증가만이 아니라 무수한 국제결혼도 있게 된다. 신문광고, 길거리 어디를 보나 국제결혼 광고가 즐비하다. 이로 인한 사회적 문제도 발생한다. 더욱이 국제결혼을 장려하고 있다. 사회가 부족하거나 경제적으로 힘든 경우는 결혼도 마음대로 할 수 없는 사회가 되었고, 이혼 문제와 자녀 교육이라는 이름 아래 기러기 아빠들이 많이 생기므로 동거문화가 자연스럽게 다가왔고, 또한 가난한 나라에서는 결혼 문화보다는 동거문화를 더 즐기는 것이다.[10]

(c) 빈곤의 격차 : 지방이나 외국에서 이민 온 자들의 가정은 빈곤하게 되어 있다. 왜냐하면 대부분 가난이라는 것을 벗어나기 위해 떠나온 사람들이다. 그런데 그들의 자녀들은 어떠하겠는가? 역시 가난이라는 것을 먹고 살고 있다. 이주민들과 관광자로 와서 눌러 앉은 사람들 역시 6개월에서 1년 이상 있기에 때로는 동거하며 12-18세 때 자녀들을 낳게 된다. 여기서 야기되는 이혼과 자녀문제는 때때로 고아들을 생산하는 사회문제로 제기된다.

(d) 이혼과 현지처와 동거 : 아르헨티나에 편만한 이러한 상황을 필자와 교인들과 지역주민들은 이미 오래 전에 알고 있다. 그런데 한국 이민자들도 예외는 아니라는 점이다. 즉 이민자들의 국제적 동거 후에 그들이 자녀들과 함께 살면 다행이지만 본국으로 돌아갈 때, 그 자녀는 고아로 남거나 때로는 길거리에 버려진다는 것이다. 우루과이에도 한국 원양 어선을 타던 한국인들이 도착하여 현지 우루과이 여성이나 접대부를 통해 낳은 아이들이 있고 수많은 아이들이 길거리에서 혹은 접대부의 자녀로 거리를 배회하면서 살고 있다고 한다. 이곳에 한인 선원선교사 두 명이 사역하고 있는데, 그런 아이들을 위해 교회의 문을 열고

주일학교로, 때로는 학교를 오픈하여 한글을 가르치고 있다는 것이다.[11] 한국 역시 도시 빈민들의 다수가 살아가면서 많은 부류가 이혼이라는 아픔을 안고, 외롭게 살아가고 있다. 그들의 아픔을 누가 어루만져 주겠는가? 그들의 고통을 누가 치료해 주겠는가? 그들에게 놓인 가난을 누가 회복해 주겠는가? 그런데도 도시로 끊임없이 밀려오고 있다. 그러나 살 수 있는 인원은 한계점을 넘어섰다. 사람들은 계속해서 지방에서 주변 국가에서 더 이상 못살겠다는 것이다. 도시엔 경제적 원인으로 몰려오기도 하지만 일거리의 부족과 미래의 불확실성으로 이주민들은 병들어 가고 있다.

2. 성경에 나오는 도시 빈민과 소외된 자

1) 누가복음에 나타난 소외된 계층
우리는 누가 복음서에서 저자가 가난한 자에 대해 많이 할애하는 모습을 보게 된다.
4:18 : 가난한 자, 포로 된 자, 눈먼 자, 눌린 자.
6:20-22 : 주린 자, 우는 자, 핍박 받는 자.
7:22 : 소경, 앉은뱅이, 문둥이, 귀머거리 등.
14:13 : 병신, 저는 자, 소경 등.

이들은 대부분 소외 계층이면서 당시 지도급에 있는 사람들에게 철저하게 배척당한 사람이며 멸시당한 사람들이, 또한 죄인 취급받았던 사람들이다. 사회란 아무렇게나 굴러가는 것이 아니다. 자신의 존재가 주변 사람들로부터 나름대로 인정받고자 하는 욕구가 있다. 그런데 무시하면 반발하며 때로는 사회에 대항한다.[12] 부를 가진 자가 다른 것마저 차지해 버린다면 사회는 더더욱 어려움과 고난과 시민의 폭발이 일어나게 된다. 단 그들이 진리 안에 서라면 우리는 대항할 근거가 없다. 그런데 성경 마태복음 23장에서 우리 주님은 신랄하게 바리새인과 사두개인을 대단하게 책망과 비판하고 있다. 우리 주님은 일방적으로 부자를 책망한 것이 아니다. 그들이 불의하기 때문에 책망한 것이다. 가난한 자 그들 역시 하나님의 백성이며 창조물이며, 구원받아야 할 사람들이다. 그들 역시 불의하다면 책망과 징계가 있다. 그런데 가장 중요한 것은 그들에게 역시 하나님의 나라와 위로와 구속의 은혜가 주어졌다는 것이다. 오늘 우리의 사역 현장에 가난한 사람들이 더 빨리 복음을 받아들이고, 참

되게 살아가고 있으며, 구원의 축복을 누리며 살고 있다.

2) 느헤미야 시대 때 나타난 국가 패망으로 인한 도시 빈민들

당시 예루살렘은 너무나 어렵고 힘든 상황이었으며 아무도 관심을 두지 않았다. 그런데 느헤미야가 그의 형제들을 본국에 보내 예루살렘의 어려운 처지를 알게 되었다. 느헤미야 1장3절에 거기에 남아 있는 자들이 환란을 당하고 능욕을 받으며 예루살렘성이 허물어지고 성문은 불탔다. 이 소식을 들은 느헤미야는 앉아서 수일을 울고 금식하며 하나님 앞에 금식하며 긍휼을 원하는 기도를 드리고 있다. 후에 아닥사스다 왕을 통해 긍휼을 입게 된다. 왕의 긍휼은, 먼저 2장 7절에 비자를 주소서, 2장 8절에 성을 증축할 재료를 주소서, 2장 9절에 군사를 동행하게 하소서 였다. 예루살렘을 증축할 사람으로 하나님은 느헤미야를 보내 도시 빈민과 같았던 예루살렘에 새롭게 도시를 회복시키고 51일 만에 예루살렘 도시에 새로운 시가지를 만들고 새로운 소망 중에 살 수 있도록 하였다. 도시빈민의 가장 큰 문제는 아무도 관심을 기울이지 않는다는 것이다. 예루살렘도 가난, 절망, 폐허, 환란이 그들의 마음과 상황을 지배하고 있었다(1:3).

*도시빈민을 위해 가장 중요한 것은 무엇인가?

느헤미야를 통해 보여 주는 것은:

① 한 사람의 하나님의 사람이 문제 및 상황을 정확하게 파악해야 한다.

② 그 문제에 대해 마음 아파하며 기도해야 한다(느 1:4).

③ 문제에 대해 자기에게 가장 가까운 왕에게 도움을 청하고 있다(느 2:6).

④ 그가 친히 가서 정확하게 상황을 알고 일을 진행한다(느 2:13).

⑤ 그 지역에 가서 지역의 유지들을 통해 일을 진행한다(느 2:17-18).

⑥ 일을 하는데 꼭 대항하고 대적하는 자가 있음을 알아야 한다(느 2:19).

⑦ 혼자 일하는 것이 아니라 철저하게 그들이(지역 리더들) 가지고 있는 달란트와 직위와 직업을 연관시켜 일을 나누며 지도한다.

⑧ 그들에게 신뢰를 받고 일을 하고 모두가 동참하고 있다.

(예) 대제사장 엘리아십은 양문(3:1), 옛 문은 므술람이 중수하고(3:6), 분문은 레갑의 아들 말기야가 중수하고(3:14), 샘 문은 골호세의 아들 살룬이 중수한다(3:15).

일을 하려면 주위에 있는 많은 사람들의 도움이 필요하다. 혼자서 하는 것이 아니라, 주위에 있는 사람들과 팀 워크로써 합심하여 지역과 도시 빈민의 아픔을 미리 알고 다가가야 하며 그들의 가장 필요하며 회복되어야 할 것이 무엇인지를 알고 접근하여야 한다. 관심이 있고 행동이 있으며 후원과 사랑과 인내가 있으면 도시 빈민과 소외된 자들을 변화시킬 수가 있다. 그런데 여기에는 인내와 시간이 필요하다. 우리는 너무 빨리 결과를 보기를 원하며 그들의 아픔과 긴 시간의 습관과 잘못된 고질적인 그들의 악한 행동을 짧은 시간에 바꾸려고 한다. 그것은 우리의 욕심이며 욕망 때문이다. 구약성경에서 하나님은 모세를 광야에서 40년을, 요셉은 13년을, 신약에서 예수님은 베드로는 3년 이상 훈련하셨다. 우리는 몇 년의 시간을 통해 변화하고 있는가. 우리 역시 사역하면서 우리의 잘못된 생각, 습관, 전통, 그리고 우리의 자아의 문제를 주님이 사역하면서 다스리지 않는가?

도시 빈민과 성경의 인물들은 관심과 행동과 문제 해결을 통해 본인이 직접 참여하면서 주위에 있는 이들을 참여케 하여 일을 하였다. 그들이 하고 있는 것은 말로만 하는 것이 아니라 삶의 질과 영적인 삶을 병행할 수 있는 기회들을 주었다는 것이다. 그리하여 가난에서 벗어나며, 예수 믿고 구원받고 삶의 질이 나아지는 것이다. 느헤미야가 하나님의 은혜로 도움을 받고 예루살렘 도시 빈민과 폐허가 된 도시에 공헌한 것은 회복과 치유와 하나님의 축복과 소망을 그들에게 준 것이다. 이는 대단한 전략이며, 하나님의 축복이며 구원의 역사이다.

3. 도시 빈민자들 중 이민자들의 어려움과 그 문제점

필자의 아르헨티나 사역지의 예: 빈민촌 Villa 1-11-14.

1) 무허가 건물에서 산다.
이 지역은 정부의 땅인데 여기에 마음대로 집을 짓고 20여 년 전부터 현재까지 무허가 주택에 살아왔다. 최근에 와서는 더 집을 짓고 살 곳이 없어졌다. 이주민들이 차고 넘치기 때문이다. 여기에선 적은 생계비로 살아갈 수 있고 도시에서 가깝기 때문에 이곳을 선호 하는 것이다. 가까운 근처에 인력 시장이 있고 빈민들이 이곳을 선호한다. 매주 월요일 마다 일꾼을 구하려고 한인들이 이곳을 찾게 되었고, 많을 때에는 300-400명의 사람들이 벅적이면서 일들을 구하는 곳이다. 많은 한국 사람들이 봉재일과 잡일을 하기 위하여 이곳을 선호하였다. 이곳은 교통편이 좋은 관계로 많은 이들이 선호한다. 비록 외곽지역이지만 버스만 타면 곧 중심가로 갈 수 있는 교통편이 있다. 또한 주변에는 병원, 학교(유치원, 초등학교, 중학교, 직업학교)들이 가까이 있기에 많은 사람들이 이곳에 모이며, 이곳엔 세금이 없고, 전기세, 물세, 그밖에 오물세도 내지 않고 살 수 있다.

2) 이곳에서 일어나는 문제점

(a) 방 한 칸에서 사는 문제점

많은 이민자들이 집을 짓고 방을 세놓거나 때로는 월세를 사는데, 많은 사람들이 작은 방 하나를 갖고 자녀들과 함께 거한다. 여기서 오는 문제점은 부부들과 삶의 질의 관계이다. 각자가 방이 없으므로 함께 살기에 서로가 불편함을 느낀다. 부부들의 불편, 다 큰 자녀들의 불편함. 이로 인해 아이들이 이성에 빨리 눈을 뜨게 된다는 것이다. 그리고 일부 사람들은 방은 넓으나 칸막이 하나 없이 천으로 막아 사는데 이로 인한 자녀들의 고충이 많다.

*성장한 자녀와 한 방에서 자야한다.
*때로는 의부와 전 남편에게서 난 딸들이 계부에게 겁탈 및 성폭행을 당한다.
*부부관계가 자녀들에게 노출된다.
*자녀와 계부 사이에 때로는 모녀 사이에 많은 갈등이 자리를 잡고 있다.

(b) 자녀들의 공부방 문제

이곳에 사는 많은 이들 중에 남미 이주민들은 자녀들에게 공부에 관심이 있고 더 나은 공부를 시키기 위해 온 사람들도 있다. 하지만 자녀의 공부보다는 전적으로 돈 벌기에 급급해하는 많은 이민자들이 더 많다. 상당수의 이주민들의 실상은 자녀 양육엔 관심이 없고 오로지 돈을 벌기에 바쁘다. 이러한 현상은 돈을 벌어 가구와 집의 모양세는 날마다 달라지는데 아이들을 위한 공부방 하나, 책상 하나 책꽂이 하나 사 주지 않는다는 것이다. 그러니까 아이들이 학교 갔다 오면 놀거나 TV에만 열중하고 공부엔 흥미가 없게 된다. 그러니 많은 아이들이 제대로 좋은 성적을 낼 수가 없다. 주변에 많은 학교가 있지만 대부분의 아이들이 이주민들의 자녀인 관계로 학교의 질도 떨어지는 추세이다. 많은 아이들이 이로 인하여 학업을 잃으며 부모 역시 바쁘기에 자녀들에게 가르쳐 줄 수 없으니 아이들이 학습의욕을 상실한 채, 학교만 왔다 갔다 하다가 결국 진급을 못하고 다시 동일한 학년을 배운다든지 아니면 학교를 포기하게 되는 것이다. 그래서 일부 학부모들은 학교의 질과 학생의 질 문제 때문에 이 지역에서 먼 곳으로 보내 배우게 한다.

(c) 자녀들의 여러 가지 어려운 상황

많은 자녀들이 홀어머니 밑에서 자란다. 이유는 아버지가 다른 여자와 동거하든지, 어머니가 처녀 때 만나 정을 통해 임신하고 혼자 살기 때문이다. 이러다 보니 부모 없이 혼자서 성장하거나 때로는 할머니 밑에서 자라게 된다. 고로 바른 성장이 안 되며, 그들 역시 사랑을 받지 못하고 자라기에 정상적인 청소년들로 성장하기가 어렵다. 이로 인해 많은 청소년들이 거리로 나돌게 되며, 할일 없이 때로는 흡연과 술로 인해 마리화나 마약에 손을 된다. 이유는 거리에서 많은 사람들이 마약을 팔거나 쉽게 구입할 수가 있기 때문이다.

마약이 구하기 어렵다든지 아주 비싸든지 하면 마약에 접근하는 청소년들을 보호할 수가 있는데, 마약이 us$2 달러 정도 밖에 하지 않으니 청소년, 소녀들이 쉽게 접근하게 되고, 학교 앞 구멍가게나 학생들이 직접 팔고 있으니 사용하기에 용이하고, 사회지도층 인사나 유명인들이 본을 보이지 못하고 그들 역시 하고 있으니 거기에 청소년들이 빠져드는 것이다. 유명한 축구선수, 유명한 변호사, 부자들이 필자가 사역하고 있는 곳에 들어와 마약을 구해 가기 때문이며, 그들이 산 다음 날에는 이곳에 소문이 나기 때문이다.

(d) 삶의 질 문제

이들에겐 삶의 질보다 돈벌이가 우선이다.

지역은 계속 변화하고 있으며 주 정부에서도 아파트를 지어 3차에 걸쳐 분양하여 많은 주민들이 아파트로 이주하였다. 그러나 그들의 삶의 질이 바뀐 것이 아니라, 일부는 빈민지역에서 살던 그 방식 그대로 살고 있다는 것이다. 그들이 직업 없이 종이나 고철들을 주워 생활하기에, 아파트로 옮겨 산다 하지만 넝마들이 주위에 널려 있기 때문에 항상 지저분하다. 또한 많은 이들이 봉재나 가내 수공업(볼리비아인, 페루인들 대부분. 파라과이인들은 청소부나 식모로, 남자는 미장이나 잡일)을 하기에 집 안은 늘 쓰레기로 쌓여있다. 우리 교회 교인들도 가내 수공업을 하기에 항상 쓰레기더미 위에 아이들이 자라고 있고, 그 안에서 놀거나 숙제를 하고 있다. 그러니 건강문제, 공부문제, 성장문제 등 열악한 문제들을 안고 살아가고 있다. 그리고 우리 주변에는 많은 어린이들이 에이즈에 시달리고 있다. 부모들이 보균자로 살거나 에이즈 환자이지만 숨기고 살고 있다. 필자도 에이즈 환자가 병에 걸려 바짝 마른 것을 보았다. 마치 폐병에 걸려 먹지 못해 깡마른 사람과 같았다. 얼마 후에 그는 사망을 하였다. 그들 가운데는 남편을 잘못 만나 질병에 전염된 사람도 있고, 자녀들이 고아로 고생하며 마약에 빠져 허우적거리며 도둑질이나 악한 길로 가는 것을 10년 동안이나 보아 왔다.

선교란 David Bosch가 언급한대로 교회가 하는 모든 일이라고 규정한다. 해외로 파송하는 것을 위시해서 정치적 참여, 궁핍한 자를 위한 사역, 교육과 복음 전도 및 사회 경제적 발전과 해방, 신학교, 원조와 협력 및 문명화, 문화 보급, 교회 개척 등 거의 모든 사역이 교회와 관련된 것을 선교에 포함시키고 있다. 고로 선교란 하나님의 역사이고 교회를 통한 사역이다.

4. 사역을 위한 전략적 내용

1) 영적 전략 : 교회에서의 주 사역들

오전 6시 기상 기도

* 장년 직장 가기 전 30분간 새벽 및 아침 기도하기

* 어린이 선교팀 학교 가기 전 6시 45분에 와서 7시 30분까지 기도(일주일 2-3회)

* 청년들 일터와 직장 가기 전

(a) Esperanza교회 자체 내에 선교팀 운영

(b) 음악 1. 2팀 사역(주 2회 연습)

- 20대 초반 결혼한 팀 : 매일 묵상, 오전 9시에 1 팀

- 일반대학 팀: 수요일 성경공부(오후 9시)

(c) 율동 1. 2팀 사역(초등학생, 중 · 고등부 학생 주 2회 연습)

– 1회는 성경공부와 기도회(화요일 오후 7시)

– 1회는 율동 연습 · 훈련(금요일 오후 7시)

(d) 성극팀 (중 · 고등부, 대학팀) 주 2회 모임

– 화 · 금요일 오후 10시

(e) 성경공부팀(중 · 고등부 화요일 오후 8시)

– 대학 · 청년: 수요일 오후 9시

(f) 현지 교회 방문팀 : 한 달 내지 두 달에 한 번 주변 50km 지역 내에 있는 현지인 교회 방문사역

　*2005년 : Maran-ata 2회: 3월, 10월, Maran-ata 지교회 1회: 5월

　　　　　　　Logos 교회 1회: 9월

　*단기 선교팀과 협력사역 : 7월–8월 (2 주간 5교회 사역)

　*Iglesia Asentamineto

　*Iglesia Luz y Paz

　*인디오 지역 Iglesia Poz Azul

(g) 급식소(Comedor Menari) 사역 : 120여 명의 아이들이 월요일부터 금요일까지 하루에 2번 와서 점심과 간식에 참여. 이러한 기회를 통해 구원초청과 복음 증거

(h) 장년 성경공부 : 교회

　*매일 화–금요일 장년 아침 묵상(오전 9시–10:30분)

　*매주 금요일 오후 8시–10시 : 부부를 성경공부

　*매주 금요일 오후 6시 : 노인 성경공부(가정)

위의 사역들을 통해 빈민지역에 있는 사람들의 생각을 바꾸고, 세계관과 부모의 세대에 잘못된 생각과 습관들을 변혁하는데 역할을 하였고, 부모의 가난을 더 이상 자녀들에게 물려주지 말아야 한다는 메시지 전달에서 전략의 중요성이 있다. 이러한 사역을 통해 교인들의 영성과 삶의 변화를 발견하고, 사역의 실천을 통해 아이들이 자신감을 가지고 미래의 비전을 가지며, 아무데서나 두려움 없이 최선을 다하는 모습을 보아 왔다

2) 교육적 선교 전략 : "가라! 아니면 오게 하라. 선교사의 생각이 바뀌어야 전략이 보인다"

선교는 시도이다. 누가 해 주는 것이 아니라, 찾아 행동하는 것이다. 바울이 그랬고, 느헤미야가 그랬으며, 빌립이 지역 주민들의 필요를 충족시키면서 돈 들이지 않고 사역하였다. 그러면서 떳떳하였고, 복음의 진리 안에서 자유를 누리며 지역의 리더를 준비해 갔다. 혼자 하는 것이 아니라 선교는 함께 사는 것이다. 선교는 혼자 계획하고 하는 것이 아니라, 지역의 필요가 무엇인지 정확히 깨닫고 그들을 우리가 가게 하는 것이 아니라 오게 하는 것이다. 그럴 때 교회는 지역사회에 중심이 되며 그들의 필요와 함께 존재하며 교회의 선교가 배척 받는 것이 아니라, 중심에 서서 선교사와 함께 행하며 지역의 영적 리더로, 또는 안내자로, 지역 유지로서의 사역이 가능해진다.

이 지역 거주자들 중 약 70%가 주변 국가에서 온 이민자들이다. 얼마든지 다양한 교실을 통해 복음을 전할 수 있고, 가서 전하는 것이 아니라, 스스로 오게 하는 것이 필요하다. 지역의 이민자들은 무엇이든지 배우기를 원하며, 경제적인 유익만 되면 어디든지 가서 배우는 사람들이다. 그러기에 다른 지역에 비해 더 열심히 배우고 열심히 살아가는 모습을 볼 수 있다.

(a) 봉재교실

대상 : 주부, 미혼모, 무직자들

시작 : 1997년 식당을 하던 지인이 큰 공업용 냉장고를 기증하였고, 한인교포들 중엔 의류와 봉재업을 하는 이들이 많았으므로 자연스럽게 접목되었다. 또한 지역에 볼리비아인들과 페루인들, 직업상 노동자와 일일권 생활자들이 많았기에 봉재교실을 열게 되었다.개원 후 한인교포교회 교인들이 옷감을 제공해 주므로 이웃 주민들이 와서 미싱을 배우게 되는 일이 늘어나게 되었다. 그 후 2001년 Argentina에 I.M.F. 금융위기가 닥쳐와 많은 이들이 일자리를 잃게 되었고 주민들은 남미의 본국으로 돌아가게 되고 멀리는 스페인, 이탈리아로 재이주하는 일들이 빈번하였다.

마침 자투리 천으로 한 교우가 머리띠를 만들어 팔게 되므로 이것이 동기가 되어 많은 교인들이 경제생활을 할 수 있는 기회가 되었던 것이다. 이것이 지역 주민들에게 생활의 도움을 주었고 복음의 길과 전도의 길이 열리게 된 동기이다. 일의 하청을 주면서 복음을 증거하는 계기가 되고 일부 교인들은 쪽 복음을 나누어 주거나 시장에서 전도를 하는 동기도 되었던 것이다. 이들이 생활의 안정을 찾음으로써 교회의 리더와 집사로 봉사하게 되었고 헌금함으로 교회 재정에도 적지 않은 영향을 주어 현재는 많은 이들이 적은 수입이지만 십일조와 감사 헌금을 드리고 있다. 봉재 도구는 렉다 2대, 오베록 2대와 수를 놓는 기계 1대로 모두 5개를 비치하고 있다. 봉재교실 참석 인원은 60-70명 정도이며 이들의 예배 참석은 매주 화요일 오후 2시부터 4시까지이다. 그리고 이들을 위해 주 1회 한 시간 교회 리더십 공부를 하며 5-10분 메시지 선포 및 성경공부로 연결한다.

(b) 참석자들이 주일 예배에 전부 참석 : 찬양, 기도, 설교, 헌금, 시간 및 옷감 제공(예배에 빠지면 명단에서 제외되나 사전 연락시 명단과 자기 시간은 지속됨).

(c) 예배 설교 전까지 와야 옷감을 받아 갈 수가 있음(단 처음 오는 사람은 예외 둠).

(d) 지역 주민들 중 페루인들의 대부분은 봉재교실을 통해 등록한 성도들이다.

*수공업을 통해 생산된 물건은 시장 판매: 월·목요 시장(교인들 한 달 수입 1,000-2,000페소=us$300-340)

*봉재 교실에 나오는 주민들 중엔 가톨릭교인들이 대부분인데 이들은 큰 저항 없이 예배를 드리고 있고, 그 중 어떤 이들은 등록하여 개종하기도 한다.

3) 교회학교 공부방 전략 : "가라! 찾으라! 그리고 주변에 있는 것을 활용하라!"

한인교포 교회와 연결하여 교회학교, 중등부 학생들이 매주 토요일 교회학교를 마치고 교포 교회로 가서 과외 공부를 3년째 계속하고 있다. 공부를 지도하는 교사는 스쿨버스까지 제공해 주고 있는데 매주 토요일 오후 3시부터 5시까지 돌보아 준다. 각 학년별로 초등학교 1-7학년과 중등 1반 별로 교사들의 헌신적 사역이 돋보인다. 한인교포교회와 협력함으로써 얻는 유익과 선교사가 사역하는 교회 학생들이 얻는 유익이 적지 않은 본보기이다. 또한 지역주민 가운데서 대학생들이 자원하여 사회봉사 활동과 선한 경험을 쌓으며 성장하고 있다. 때로는 선교 현장에 위험이 있을 경우 이들의 도움으로 사고를 미연에 예방할 수 있는 동기마련이 된다.

4) 선교사가 직접 사역하는 교회가 얻는 유익이 있다

대부분 선교사들의 사역현장을 보면 빈민지역이나 현장이 열악한 가운데 있는데 선교사 혼자서 모든 사역을 다 감당할 수는 없는 일이다. 신앙훈련도 좋지만 미래 지도자를 준비하기 위한 전략적 차원에서 교회의 아이들을 위한 과외공부는 하나의 필수적인 사역이라고 본다. 필자가 사역하는 현장의 교우들 가정에 심방하면, 아이들을 위한 공부방 하나 없고, 공부할 수 있는 책상 하나 없다. 그러니 아이들이 학교만 다녀오면 밖으로 나가든지, TV 앞에 가서 떠날 줄 모른다. 주변에 있는 아이들은 5일간만 공부를 하는데 비해 교회 안에서는 6일간 공부를 한다. 토요일은 정오부터 오후 5시까지 교회에 나오는 아이들을 책임져 준다.

그러다보니 토요일도 부모들이 편안하게 일할 수 있고, 교회는 교회대로 아이들의 신앙생활과 학업을 지도하여 믿음도 자라고 성적도 오르고 자기 학년 진급을 다한다. 아이들 역시 기도생활, 성경공부, 영어교실 등에 참여하여 열심히 참석하여 좋은 모범을 보여 주고 있다.

(a) 영어교실을 통한 선교전략

부에노스 아이레스 주청 교육부에서 영어교육을 초등학교에 일반화한 것은 2003년부터이다. 우리교회는 1998년부터 교회서 영어교실 시작하였다. 처음에는 아이들이 선택된 아이들만 공부하므로 흥미를 가지지 않다가 2003년에 들어서야 비로소 교육부 정책 아래 전국 초등학교에서 영어를 의무적으로 가르치게 하였다. 이로 인하여 주변 아이들이 영어교육에 관심을 두게 되었고 현재 15명의 아이들이 영어교육을 받고 있으며 학교에서 좋은 성적을 얻는다. 특별히 영어교실 시간에 영어 찬송을 가르쳐 1일 선교사역 시 학생들과 함께 사역하며 때때로 우리 교회(Iglesia Esperanza)에서 발표회를 갖는다. 어릴 때부터 영어공부를 한 학생 중에 현재 Bs. As. 대학 영문학과에 진학하여 2학년에 재학 중인 여학생이 있다. 이웃에 사는 불신 부모들도 자녀의 영어 성적 때문에 고심하여 교회를 찾아오는 일도 있으며, 때로는 이것이 동기가 되어 교회학교에 나와 신앙생활을 하고 있다. 영어공부는 선교사역에 지대한 영향과 전도방법에서 필요한 사역이다.

(b) 노인 대학

주변에는 많은 노인(빈민층에선 제3세대라 칭함)들이 있으며, 이들은 집에서 하루를 소일하고 있다. 현대의 가장 큰 문제는 노인들의 복지 문제이며 가정과 국가의 이슈로 등장하였다. 고령화 시대에 갈 곳 없는 노인들, 일할 수 없는 노인들, 가정과 사회에서 소외된 노인들, 또한 교회에서 마저도 소외된 노인들..... 어디로 가야하며 무엇을 해야 하나? 아르헨티나만 하더라도 수많은 노인들이 공원에서 카드놀이나 잡담으로 하루를 그냥 보낸다.

이들에게 어떻게 삶의 변화를 줄 수 있을까? 필자는 오랫동안 기도하며 성령님께서 이 일도 도와주시길 간구하였다. 어떻게 하면 믿음이 좋은 천국의 일꾼들로 변할 수 있을까? 한 달 전 현지인을 대상으로 목회하는 해외 선교사들의 모임인 9개 교회 연합에서 노인대학 학생팀이 와서 봉사하게 되었다. 우리 모두는 노인대학도 선교적 차원에서 아주 훌륭한 사역임을 입증해 보였다. 대개의 선교 사역자들은 유년층, 청년층과 리더십 교육 쪽으로 관심을 모으고 있지만, 노인들을 위한 사역 또한 사명을 갖고 준비해야 할 때이다. 왜냐하면 이들로 인하여 그들의 자녀들이 구원의 길로 초대되기 때문이다. 아직도 남미 현지인 교회에서는 지역의 노인들을 위해 전략적 프로그램을 내놓지 못한 상황이다. 사실 노인대학 프로그램은 시급한 사안이다. 우리교회에선 매주 금요일마다 노인들이 모여 정기 예배를 드리며 상호 대화의 시간을 나누기 위해 공원으로, 박물관으로 함께 나가 하루를 즐기게 해 주고 있다. 이들 중엔 주일학교에 나와 아이들을 위해 봉사하거나 급식소에서 음식을 준비해 주며 흐뭇해 하는 이들이 있다.

(c) 컴퓨터 교실을 통한 선교전략

아르헨티나 사회는 물론 학교와 교회에서 컴퓨터는 일반화되어 있다. 저개발 국가에서의 선교 매체는 한 손에 말씀과 다른 한 손에 컴퓨터라는 소식이 들려온다. 유독 빈민층 교회에서만 어렵고 힘들기 때문에 아이들이 컴퓨터를 가지지 못하고 있다.[13] 이로 인하여 더 나은 공부를 하지 못하는 실정이다. 이곳에선 가난하다는 것 때문에 아이들이 학교에서는 배우는데 집에 오면 연습도, 만질 수 있는 기회조차 없다. 필자는 3년 전부터 교회에서 컴퓨터 교실을 열어 청소년들을 교육시키고 있다. 벤더빌트 대학의 헤쳐 교수는 "현대의 기술 진보는 사회가 미처 윤리를 발전시키기 전에 이미 너무 빠르게 나아가고 있다." 하면서 "사회는 클릭수를 줄이고 인터넷과 기술발전에 생각하고 논의할 수 있는 시간을 늘려야 한다.[14]고 말했다. 또한 교회가 지나치게 빠른 것도 문제지만 지나치게 동떨어진 것도 문제가 된다. 우리는 교회가 문화를 변혁해 가며, 그 안에서 복음의 능력을 키워 나가야 한다. 그러기에 개방적인 자세를 취하며 문화의 변동에 예민하게 반응하면서 적응과 변혁을 이루어가야 한다.

A.W 토저는 『세상과 충돌하라』는 그의 책에서 적극적인 자세로 살 것을 요구하고 있다.[15] 지금의 세대는 충돌과 도전과 적극적인 시도를 통해 앞서 일어날 것에 대한 준비를 하지 않으면 결코 컴퓨터 세대를 리드할 수 없다. 현대는 음악을 들으면서 메시지를 보내며 할 일을 하는 세대이다. 그런데 교회는 그것을 파악하지 못하고 점점 늙어만 가고 있다.[16] 선교사가 개척한 원주민 선교교회도 마찬가지로 교회가 줄 것과 가르칠 것과 선포할 것을 잘 융화를 시켜 나간다면 미래의 지도자를 키우며 교회가 앞장서 세상을 이끌어 나갈 것을 확신한다. 이런 정보적 차원에서 교회 역시 청소년들을 잘 활용하여 21세기에 좋은 리더들을 양산해야 할 것이다.[17]

5) 지역 이민자를 위한 관청과의 협력 전략

(a) 페루 영사관과의 협력 사역 : 에스뻬란사 교회 주변엔 페루에서 이주해 온 약 700세대의 페루인들이 살고 있다. 연말연시 페루인들에게 복음초청을 위한 공연과 아이들을 위한 선교사역에 드는 선교비를 페루 영사과에서 지불해 준다. 페루 영사과 입장에선 우리교회와 지역의 평화와 조화를 위한 전략이기도 하다. 프로그램은 주로 페루 영사관에서 준비한 페루 문화 공연을 20분 정도 공연하고 우리는 복음초청을 위한 1시간에 걸친 성극을 시도한다. 예를 들면, 예수의 탄생, 교회학교 초 · 중고등부 율동, 영어 연극 및 찬양, 설교의 순서이다.

(b) 페루 영사관과의 관계협력으로 부에노스 아이레스 주 정부에서 주관하는 직업기술 연수에 연결한 예도 있었다.
 – 페루인들의 아르헨티나 영주권 취득을 위한 교회의 협력과 주민의 편의제공.
 – 볼리비아 영사가 지역을 방문하여 볼리비아인들 중에 영주권이 없는 자들을 위해 지역민을 파악할 때 교회가 앞장서 협력 봉사하여 취득케 해 줌.

(c) 부에노스 아이레스 시의회 종교 수석관과의 협력을 통한 사역들 : 지역에 연합 예배를 드릴 수 있는 기회 마련.

우리는 빈민지역의 교회연합을 위해 초교파적으로 연합 부흥회를 할 수 있는 동기를 시 종교 수석관과 연결하여 시도하려 하였다. 이때 빈민지역 안에 있는 6개 현지교회가 연합하여 대중집회를 하였는데, 주일 오전 11시부터 오후 5시까지 주일 시장이 열리는 시간에 맞게 사역을 함으로써 대중집회를 통한 복음선포의 기회를 가질 수 있었다. 개교회가 전도대회를 시도할 때는 드는 경비와 안전문제로 인한 환경이 어려웠는데 경비 경찰까지 4명이나 동원시켜 주어서 안전하였으며 비용도 들이지 않고 잘 마칠 수가 있었다. 시의회에선 이렇게 빈민을 위한 프로그램 개발에 협력하고 있으며 우리교회에서도 시의회에서 시도하는 각종 프로그램에 협조하고 있다. 지역 주민 중에 필요로 하는 직업 훈련 연결과 그분들을 교회로 인도 및 성도들의 삶의 질을 올리는 기회가 되었다. 따라서 현재 2명의 여성이 미용 기술을 배울 기회를 얻었고, 4명의 교인들이 주정부에서 운영하는 지역개발 프로그램에 참여하고 있다. 또한 주정부에서 운영하는 어린이폭력과 부부폭력 근절 프로그램에 15명의 여성들이 참여하여 인권 교육을 받는다.

5. 신학 교육 전략

올해 10년째 사역해 오면서 최근 3명의 신학생을 배출하였다. 현재 한 명이 신학교를 졸업하여 Esperanza교회에서 봉사한다. 한 사람은 지난 10월 두 번째 설립한 Logos교회에 선교사로 사역하고 있고, 다른 한 사람은 교회 급식소에서 120명의 아이들을 대상으로 협력사역을 하고 있다. 이 협력자는 자기 집(Florencia Varela)을 교회당으로 사용할 개척계획 중에 있는 것이다.

(a) 검증된 사람이 필요하다.

교회에서 신앙생활을 오랫동안 함께하면서 성경공부와 말씀묵상을 계속해서 해 왔고 일부는 교회학교 교사로 일부는 교회 예배 반주자겸 찬송 리더로 사역을 해 오고 있다. 그러므로 교회개척과 더불어 신학교에 보내고 있으며 사역지에서 신학수업을 받은 사람과 함께 사역함으로써 바른 말씀 전달과 기도를 병행하여 균형 있게 사역할 수 있게 되었다.

교회가 바른 신학적 자세를 가지고 선지자들과 사도들의 터 위에서 그리스도의 말씀을 전수해 갈 때 복음적이며 교회도 좋은 평가를 받을 수 있는 모델이 될 수 있을 것이다. 또 이들을 중심으로 매주 금요일 오후 8시부터 10시까지 성경공부를 실시한다.

모든 신학생들과 졸업생들은 의무적으로 참여하고 현재 출애굽기를 공부한다. 바른 하나님의 종으로 좋은 동역자로 준비시키면서 말씀의 토대 위에 세워져 가기에 바른 사역과 바른 전략 안에서 동역할 수 있는 것이다.

(b) 성경공부 후에 연합 기도 모임이 필수적이다.

지도자들이 먼저 함께 기도하는 모임이다. 말씀을 먼저 나누고 공부하며 함께 통성으로 기도하므로 사역지에서 건강한 영적 지도자로 성장하기를 원한다. 이 지역이 도시빈민가이기 때문에 사고가 나면 대형사고가 나므로 영적으로 건강하게 무장하지 않고서는 사역이 불가능하다. 때로는 이 지역에 있는 마피아나 도둑 집단으로부터 위협이나 협박을 받을 때도 있다. 빈민지역에서 사역하는 선교사들이 이구동성으로 힘들다 하는 까닭은 사역자체나 프로그램 운영보다는 대형사건에 교인들이 연루되어질 때이다. 또는 영적 무장과 신학적 뒷받침이 느슨하여 어둠의 권세들이 대적해 올 때, 현지인 사역자들이 사역을 그만두게 된다거나 천박하게 나타날 때이다. 사탄은 언제나 지혜롭게 다가오기 때문에 우리를 업신여길 수도 있다. 기회를 내어 주지 않아야 한다. 도시빈민 지역을 보면 많은 교회가 세워지는 것 같으나 또한 어느 순간에 교회들이 없어지기도 한다. 하지만, 곰같이 기도하며 하나님의 전략에 순종하면 은혜 가운데서 엄청난 결실을 맺는 부분이 허다하다.

(c) 신학생들이 이 지역 빈민출신이므로 사역하기에 용이하다.

이들은 빈민지역의 문제점들을 누구보다도 잘 알고 있다. 주민들의 신앙적 배경과 자신들에게 필요한 신학적 정립과 앞으로 프로젝트를 실천해 나감에 있어서 남보다 우수하다. 그러기에 빈민지역을 이해하고 바른 신학에 서 있는 현지 출신이 선교전략에 투입되면 지역 복음화를 위해 엄청난 시너지 효과를 얻을 수 있게 된다.

V. 결론

하나님의 나라– 그리스도의 피의 복음, 성령님의 인도와 영적 능력을 가지고 선교지로 나간다면 우리는 더 말할 바 없는 선교사가 될 것이다. 그런데 우리의 현실은 어떤가? 선교지에 가보면 삼위일체 하나님의 보내심을 받은 선교사들이 지역적 상황과 토속 신들과 샤머니즘의 저항에 심한 도전과 어려움을 겪고 있다. 이 모든 것들이 지난 세기 수백 년 동안 보냄을 받았던 선교사들이 체험했던 영적 전쟁이었다. 그래도 하나님의 나라 확장은 꾸준히 성장하였고 훌륭한 인재들이 배출되어 지역과 인종들의 세계관이 바뀌는 등 피 묻은 복음의 터 위에서 선교사들은 영적 싸움에 승리해 왔다.

오늘날도 하나님께서는 당신의 나라 건설을 위하여 선교사를 보내시고 또한 그들과 함께 사역하시면서 아직도 남은 미전도 지역에 종들을 보내신다. 하나님은 선교사들과 여전히 동행하시고 거기 계신다. 사실 우리가 하나님께서 원하시는 뜻을 제대로 헤아리지 못하고 어렵게 사역할 때가 많다. 그러기에 이 시대에 필요한 선교전략들이 나오고 선교신학적 차원에서 방법론을 세우며 논문을 발표하여 타 지역에서도 전략에 참여하도록 권고한다.

이렇게 [제1차 라틴아메리카 선교전략회의]를 통해 중·남미 영혼을 사랑하는 선교사들이 서로가 경험한 사역을 나누며 모범적 모델들이 있으면 지역상황에 맞게 적용해 보는 시도가 필요할 것이다. 선교사역 10년이 넘는 선후배들의 수고에 영광의 박수를 보낸다. 미래에 받을 하나님의 생명의 면류관을 바라보며 우리는 오늘도 받은 은사와 함께 복음의 전신갑주를 입고 전진한다. 누가 시켜서 하는 것이 아니라 하나님의 명령이기에 영적 무장을 하고 전략을 세우며 현지에 가장 알맞은 사역을 전개하는 것이다. 이제는 무턱대고 기분대로 하는 것이 아니라 정확한 자료를 챙겨 보며, 먼저 사역을 시작한 선배 선교사들의 이야기와 간증자료들을 통해 미리 준비해야 한다. 그 지역상황을 잘 파악하기 위해서 주민들의 교육 수준, 종교, 가치관, 시민정신, 세계관 등을 이해하고서 그들의 필요가 무엇인지까지도 알고 시작해야 할 것이다. 지역 주민들이 원하는 삶의 질과 교육향상의 길을 함께 의논하며 복음을 전파한다면 멋진 사역과 신뢰 받는 사역이 될 것이다. 또한 하나님의 나라 확장도 피의 복음도 거룩한 터 위에 영원히 세워질 것이다. 이것이 피의 복음을 위해 우리가 담당해야 할 계속적인 숙제일 것이다. 복음전파는 무계획적으로 할 일이 아니다. 미리 준비하여

행한다면 실패할 확률이 줄어든다. 진리의 복음을 전파할 때, 같은 지역에 제2의 사역자가 파송되어 온다 하더라도 그들과 힘을 합하여 공동의 적인 사탄을 추방하게 될 것이다. 그리고 궁극적으로 구속의 복음을 주민들의 삶에 깊이 뿌리내리게 하여 그 지역에 선교사가 없을지라도 그들 스스로 세계선교 과업을 이루어 가도록 해야 할 것이다.

미 주

1) 자끄 엘룰. 『도시의 의미』 최홍숙 역, 서울: 한국로고스연구원, p.252.

2) 한화룡. 『도시선교』 서울: 한국 대학생 선교회 출판부, p.194.

3) Ibid.

4) 윤춘식. 「영미 부흥운동에 적용해 본 아르헨티나 선교운동」
   http://latintimes.adminschool.net 논문 2004.

5) 허경애. 「도시 빈민 위한 선교 전략 연구」 논문 2003, p.4

6) Ibid.

7) 아르헨티나, 부에노스 아이레스 Villa 1-11-14에 사는 주민들에게 주 정부 주택과에서 아파트를 지어주고 20-30년 분할 상환할 수 있도록 혜택을 주어 4개 지역 1,500세대가 2005년 현재 거주하고 있으며 계속 아파트를 건축하여 분양할 계획이다.

8) 중앙일보. 아르헨티나 판 1면, 2004년 5월15일자.

9) 볼리비아 대사관의 영사 확인 사항, 2004년 10월.

10) 《La Nacion》 아르헨티나 신문 1997년 5월 16일자; 부에노스 아이레스에 사는 사람들의 50%가 혼인신고 없이 동거를 하고 있으며 지방은 70% 이상으로 나타나 있다.

11) 우루과이 '선원 선교회' 소속 L 선교사의 증언.

12) 《기독교 세계》 통권 51호, p.65.

13) 원래의 도시 빈민과 외국에서 이주한 이민자 빈민 관계로 (가난과 부모의 몰이해).

14) 《기독교 세계》 감리교 홍보 출판국, 2005년 3월호, 통권 897호, p.74. 재인용.

15) Ibid., p.75.

16) 전희근. 『선교와 신학』, 서울: 장로회 신학교 출판부, p.195.

17) 브라이언트 L 마이어스. 『가난한 자와 함께하는 선교』, 장훈태 역, 서울: 기독교 문서선교회, p.98.

참 고 문 헌

브라이언트 L 마이어스. 『가난한 자와 함께하는 선교』 장훈태 역, 서울: 기독교문서선교회,
                2000.
이광순. 『선교와 신학』 장로회신학교출판부, 1998.
자끄 엘롤. 『도시의 의미』 최홍숙 역, 서울: 로고스연구원, 1998.
전희근. 『선교와 신학』 장로회 신학교 출판부, 1998.
한화룡. 『도시 선교』 서울: 대학생 선교회 출판부, 1993.

[논 문]
허경애. 『도시 빈민선교를 위한 고찰』 2003.
윤춘식. "영.미 부흥 운동에 적용해 본 아르헤니나 선교 운동 2004" http://latintimes.adminschool.net

[신 문]
아르헨티나 일간지 〈La Nacion〉 1997. 5. 16.

[잡 지]
기독교 세계, 감리교 홍보 출판국, 2005년 3월호, p.897.

[설교집]
토미 P. 니 지음. 배용준 역, 『하나님께 굶주린 예배자』 규장, 2005.

전문인 선교사 파송전략

오 안 도 선교사
ENM 선교회 지역대표, 대학생 전문인 사역
e-mail:netoh42@yahoo.co.kr
(사진: 1차 2줄 우로부터 다섯 번째)

들어가는 말

사물을 보는 각도와 경험하는 정도에 따라 다양한 관찰을 하게 된다. 다양한 시각의 관찰과 체험들이 종합될 때 더 효율적이고 실제적인 생각으로 진행될 수 있다. 아래 글은 30년 넘게 평신도 사역자 훈련과 파송의 은혜를 누려온 사람의 시각에서 본 평신도/전문인 선교사 파송전략이다.

I. 평신도 사역의 성서적 근거

평신도가 말씀을 가르치며 영적 지도력을 발휘하는 것이 성경적인가?성경에는 제사장직과 선지자직이 있다. 하나님께서는 이 두 가지 귀중한 사역 형태를 지속시켜 오시면서 회중사역과 선교단체 사역의 형태로 발전시켜 오셨다. 랄프 윈터(Ralph Winter)는 30여 년 전 발표한 "The Two Structures of God's Redemptive Mission"라는 논문에서 이 부분에 대해 명쾌한 제시를 하고 있다.

[평신도]라는 용어의 적합성 여부는 새로운 논쟁거리가 되고 있다. 그러나 광범위하게 사용되고 있는 현실이기에 교계에서 합의하여 받아들이는 신학적 용어 정리가 되기까지는 그대로 사용하도록 하겠다.

오순절 성령강림 이후 복음의 확산과 선교에 있어서 평신도들의 역할과 기여는 놀라웠다. 최초의 순교자는 집사 스데반(행 7장)이었고, 이방인에게 최초로 복음을 전한 사람은 집사 빌립이었다(행 8장).

로마 교회는 무명의 신자들, 이름 없는 평신도 전도자들에 의해 세워진 교회라는 것을 우리 모두는 잘 알고 있다. 브리스길라와 아굴라 부부는 이 로마 교회에서 믿음이 성장한 자비량 평신도 사역자들이었다. 이들이 알렉산드리아의 디아스포라 출신으로 성경을 가르치는데 열심이었던 아볼로에게 복음을 일깨워 주어 강력한 복음 전파자가 되도록 도와주었으며 바울의 동역자로 복음에 기여한 바 크다.

다메섹 가는 길에서 주님을 만나 회심한 사울에게 하나님의 뜻을 전해 준 다메섹의 아나니아라는 제자(행 9:10) 역시 평신도 사역자로 보아야 하지 않을까? 그 외에도 성경에는 많은 평신도 사역자들이 등장한다. 사도 요한이 교회의 한 신도였던 가이오에게 보낸 편지인 요한삼서 5-7절에서 "사랑하는 자여 네가 무엇이든지 형제 곧 나그네 된 자들에게 행하는 것이 신실한 일이니, 저희가 교회 앞에서 너의 사랑을 증거하였느니라. 네가 하나님께 합당하게 저희를 전송하면 가하리로다. 이는 저희가 주의 이름을 위하여 나가서 이방인에게 아무것도 받지 아니함이라."고 한 이 '나그네 된 형제들'은 성직자들이었을까? 아니면 평신도 사역자들이었을까?

평신도 선교사들의 사례를 들어본다.

아프리카 코트디바르에서 10년째 사역을 하고 있는 장진호 선교사는 평신도 선교사다. 약사였던 그가 사진 기술을 배워 코트디바르로 진출하여 매일 아비장 대학에 나가 기도하며 선교를 하는 동안 폭도들에게 점포가 약탈당하기도 했고 집으로 찾아 온 권총강도를 만나 생명이 위태로웠던 적도 있었다. 이 사건으로 크게 다쳐 한쪽 다리가 3센티미터 정도 짧아지기도 했다. 그러나 믿음으로 사역을 해 온 장진호 선교사 부부의 수고를 하나님께서 기쁘게 받으시고 아비장 대학 사역을 통해 수백 명의 헌신된 제자들을 길러 내셨고, 그들 중 두 명의 선교사를 이웃 나라들로 파송하는 은혜를 누리게 하셨다.

김송희(가명) 선교사는 창의적 접근지역으로 분류되는 한 나라에서 15년째 선교를 하고 있다. 현지 대학과 대학원을 탁월한 성적으로 이수하면서 대학 당국의 인정을 받아 두 개 대학에 강사로 근무하며 외국인인지 구별할 수 없을 정도의 언어 실력과 영적 감화력을 가지고 교수, 교사 전문직 직장인들 사이에서 놀라운 사역을 이루어가고 있다. 사역 결실들은 이미 영적 자생력을 가진 사람들이 되어 그들 자신의 사역을 확장해 나가고 있다.

II. 평신도/전문인 선교사의 장점과 단점

1. 평신도/전문인 선교사의 장점

1) 선교 대상들과의 접촉과 관계형성이 자연스럽다.

평신도 사역자들은 사역 대상과 생업 현장에서 호흡을 같이 하는 사람들이다. 따라서 수많은 선교 대상들과 자연스럽게 접촉하게 되고 관계를 형성하게 된다.

2) 선교 대상들의 삶과 개성을 더 잘 파악할 수 있다.

삶의 현장에서 함께 일하며 호흡하는 평신도 사역자들은 사역 대상들의 내면의 생각과 가치관과 세계관과 성품과 기질을 체험적으로 알아가게 된다. 따라서 선교 대상에게 효율적인 접근방법과 복음 전달의 지혜를 갖게 된다.

3) 선교 대상들이 사용하는 말로 선교하게 된다.

선교 대상들이 사용하는 말로 선교한다는 의미는 단순히 그 나라 말을 사용한다는 의미가 아니다. 교회 안에서의 문화와 교회 밖에서의 문화의 장벽과 갭은 이민족 사이의 문화의 간격보다 더 높고 두텁고 깊다고 할 수 있다.

예를 든다면 "우리는 아브라함처럼 믿음으로 행하고 롯처럼 보이는 것을 따라 살지 맙시다."라는 말을 그들이 어떻게 알아들을 수 있겠는가? 한국에서 석/박사 학위를 가진 분들이 처음 교회에 나오게 되면 심한 문화적 충격과 함께 한국어로 진행되는 예배와 설교를 알아들을 수 없어 당혹감과 함께 일종의 수치심을 느끼게 된다. 선교 대상들이 일상생활에서 사용하는 말로 관계를 맺고 친구가 되며 복음의 진리를 전달할 수 있다는 것은 놀라운 은혜라 하겠다.

4) 선교 대상들에게 자연스러운 본보기가 된다.

교회 안에 있는 성도들과 교회 밖에 있는 불신자들은 일반적으로 전도하고 성경을 가르치는 일은 성직자들의 사명적 내지는 직업적 업무로 보는 경향이 있다. 따라서 목회자들이 강단에서 많이 강조하더라도 평신도들이 영적 지도력을 발휘하며 생업 현장에서 하나님 나라를 확장해 나가는 모습을 보기가 쉽지 않은 현실이다.

인도와 전도는 다르다고 본다. 안드레가 주님을 만난 후 자기 형제 시몬을 예수님께 데리고 온 것은 인도라고 본다(요 1:40-42). 그러나 집사 빌립이 에디오피아 여왕 간다게의 내시에게 이사야서의 말씀을 풀어 복음을 깨닫게 하여 믿게 하고 자원하여 세례를 받게 한 것은 전도다(행 8:26-40).

평신도/전문인 선교사가 생활 속에서 전도하고 성경을 가르치고 전도 결실들을 주님의 제자로 길러내는 본을 자기 눈으로 보게 되는 선교결실들은 자연스럽게 그 본을 따르게 된다.

"형제들아 너희는 함께 나를 본받으라. 또 우리로 본을 삼은 것 같이 그대로 행하는 자들을 보이라."(빌 3:17)

5) 자비량하는 경우 파송 기관/단체의 선교비를 절감시켜 준다.

자비량하는 평신도 선교사들은 파송기관과 교회의 해외선교비를 엄청나게 절감시켜 준다. 이들은 주님의 은혜와 복음을 자신들에게 전해 준 믿음의 선배들의 희생을 생각하며 자신들의 필요를 스스로 채우면서 복음에 참여하는 것을 당연한 것으로 여기는 사람들이다.

"어찌 나와 바나바만 일하지 아니할 권이 없겠느냐? 누가 자비량하고 병정을 다니겠느냐? 누가 포도를 심고 그 실과를 먹지 않겠느냐? 누가 양 떼를 기르고 그 양 떼의 젖을 먹지 않겠느냐? 그런즉 내 상이 무엇이냐 내가 복음을 전할 때에 값없이 전하고 복음으로 인하여 내게 있는 권을 다 쓰지 아니하는 이것이로라."(고전 9:6,7,18)

6) 선교지에서 장기 사역(Long Run)하게 되는 사람들이다.

평신도/전문인 선교사들은 본국에서 직장이 있거나 전문인으로 자리매김이 되어 있는 안정된 사람들이 대부분이다. 주님의 은혜에 감격하여 선교 소명을 받아 본국에서의 안정을 버리고 선교지로 자원하여 나가는 사람들이다. 이들이 해외에서 10년 내외의 기간을 보내고 나면 귀국 해도 생계를 위한 취업이나 창업을 하기 어렵게 된다. 필연적으로 선교지에서

터를 잡고 평생을 선교사로 살아가게 되는 사람들이다.

2. 평신도/전문인 선교사의 단점

1) 자비량하는 일에 많은 시간과 정력을 쏟게 된다.

현대 사회는 무한경쟁의 시대이다. 생업에 전무해도 살아남기가 어려운 현실이기도 하다. 그런 가운데서 선교의 사명을 수행해 나가는 평신도/전문인 선교사들은 자비량하는 일에 많은 시간과 정력을 빼앗기게 되어 선교를 향한 심령의 소원을 위해 더 많은 투자를 하지 못하는 아픔을 안고 사역하게 된다.

2) 선교사 사회에서 동역자 대우를 받지 못하는 경우들이 있다.

우리 한국 사회는 기능적 역할과 계급적 역할의 구분이 모호한 경향이 있다. 하나님의 교회 안에서 목사와 평신도의 구분의 영적 의미가 기능면인가 직위인가? 하나님께서 세우신 질서와 영적권위를 존중하는 것과 세상적 권위구조의 형태는 구별되어야 한다. 평신도/전문인 선교사의 영성과 자질에 따라 합당한 역할이 위임되고 존중되며 동역자의 관계가 아름답게 이루어질 때 선교의 효율성이 극대화될 것이다.

3) 선교후원을 받기가 어렵다.

평신도/전문인 선교사가 한국교계에서 후원을 모집하기는 상대적으로 어려운 형편이다.

4) 자아상과 정체성의 갈등을 겪을 수 있다.

평신도/전문인 선교사는 사회적으로 목사님들처럼 영적 지도자로서의 객관적 신분이 부여되지 못한 채로 사역을 해 나가는 사람들이다. 따라서 스스로 주님과 깊이 있고 의미 있는 동행을 하며 경건한 인품과 영성을 키워 가는데 게을리 하거나 사역자로서의 자기계발을 소홀히 하게 되면, 심각한 정체성 혼돈에 빠질 수 있고 심한 경우 자아상이 무너지면서 선교소명을 상실하는 안타까운 경우도 발생하게 된다.

III. 평신도/전문인 선교사 파송전략

1. 자질을 갖춘 평신도/전문인 선교사를 파송해야 한다.

마태복음 9:36-38에서 예수님은 "무리를 보시고 민망히 여기시니 이는 저희가 목자 없는 양과 같이 고생하며 유리함이라. 이에 제자들에게 이르시되 추수할 것은 많되 일꾼은 적으니, 그러므로 추수하는 주인에게 청하여 추수할 일꾼들을 보내어 주소서 하라 하시니라." 고 하셨다. 이 말씀에서 예수님은 선교를 위해 가장 필요한 것이 [일꾼]이라고 일깨워 주신다. 선교지에 필요한 사람은 영혼을 추수할 줄 아는 일꾼이다. 몇 년간 지역 주민들을 위해 지속적으로 달걀을 공급해야 한다는 조건으로 1,000개의 무정란과 10여 개의 유정란 중 택하라고 한다면 어느 것을 택하겠는가? 천개 만개의 무정란보다 몇 개의 유정란을 확보해야 할 것이다. 무정란은 병아리로 부화시킬 수 없고 장기적으로 보존할 수도 없다. 먹어버리면 그것으로 그만이다. 유정란은 부화시키면 4개월 반 정도 성장한 후 계란을 낳기 시작한다. 소수의 유정란이라도 재생산할 수 있는 닭들을 번성시키면서 동시에 달걀을 필요로 하는 사람들에게 공급해 줄 수 있기에 많은 무정란보다는 소수의 유정란이 더 중요하다.

파송되는 평신도/전문인 선교사들은 영적 유정란 같은 사람들이어야 한다. 국내외 선교를 위해 일꾼을 길러내는 일꾼 생산공장의 역할을 하는 선교사들이어야 한다.

2. 성경에 대한 올바른 지식과 복음적 해석 능력이 있으며 말씀을 올바로 사용할 줄 아는 사람이어야 한다.

평신도들도 주님께 쓰임 받고자 하면 말씀에 능한 사람들이 되어야 한다. 풍부한 성경지식과 올바른 성경해석의 지혜가 있어야 하고 복음적으로 말씀을 적용할 줄 알아야 한다. 성령의 검인 성경말씀을 자신과 다른 사람들을 위해 잘 사용할 줄 알아야 한다.

"네가 진리의 말씀을 옳게 분변하여 부끄러울 것이 없는 일꾼으로 인정된 자로 자신을 하나님 앞에 드리기를 힘쓰라."(딤후 2:15)

3. 선교지의 목사 선교사들과 아름다운 동역자 관계가 맺어져야 한다.

목사님들은 사역 안에 있는 평신도들을 성장시켜 동역자 반열에 올려 놓고 함께 사역할 필요가 있다. 평신도/전문인 사역자들은 선교 현지의 목회자들과 목사 선교사들을 존중하며 그들의 사역에 힘이 되어 주면서 사역할 줄 알아야 한다.

"그가 혹은 사도로, 혹은 선지자로, 혹은 복음 전하는 자로, 혹은 목사와 교사로 주셨으니, 이는 성도를 온전케 하며 봉사의 일을 하게 하며 그리스도의 몸을 세우려 하심이라."하신 에베소서 4:11,12 말씀에서 [봉사의 일]은 복음사역을 의미한다. 영적 지도자들의 사역 목표가 평신도들을 그리스도의 몸을 세워 나가는데 효율적인 사역자들로 온전하게 갖추어 주는 것임을 분명하게 일깨워 준다.

양 새끼는 양이 낳고 양이 젖 먹여 기르는 것이 하나님이 정하신 자연의 이치이다. 목자의 역할은 양무리가 맹수에게 희생되지 않도록 보호해 주면서 꼴 좋은 초지로 인도하는 것이다. 양은 스스로 꼴을 먹으며 성장하고 새끼를 낳아 기른다. 평신도들이 스스로 영의 양식인 말씀을 먹을 줄 알고 주님과 동행하며 성장하고 영적 재생산을 하도록 북돋아 주고 성숙한 평신도들과 동역하게 되면 주님의 사역은 복되게 자라갈 것이다.

4. 평신도/전문인 선교사가 정착할 수 있도록 현지에서 적극적으로 도와준다.

평신도/전문인 선교사가 선교지에 뿌리내리고 삶의 터전을 마련하도록 격려 받아야 한다. 평신도/전문인 선교사들은 귀국할 경우 생업을 갖기 어려운 사람들이다. 본국에서의 안정과 귀국할 수 없다는 약점을 알면서도 돌아갈 배를 불태워 버리고 온 사람들이다. 선교지에 있는 교회들과 교민 사회에서 이들의 직업적 정착을 관심을 가지고 도와주면 이들은 더 효율적으로 선교를 해 나가게 될 것이다.

이들은 버릴 것들이 있는 사람들이며, 또한 주님 뜻을 따라 버릴 믿음도 있는 사람들이다. 이들은 고국에서 확보된 생업과 지위를 버리고 용기 있게 믿음의 걸음을 내디딘 사람들이다. 요한삼서 1:5-8에서 "사랑하는 자여 네가 무엇이든지 형제 곧 나그네 된 자들에게 행하는 것이 신실한 일이니 저희가 교회 앞에서 너의 사랑을 증거하였느니라. 네가 하나님께 합당하게 저희를 전송하면 가하리로다. 이는 저희가 주의 이름을 위하여 나가서 이방인에게 아무것도 받지 아니함이라. 이러므로 우리가 이 같은 자들을 영접하는 것이 마땅하니 이는 우리로 진리를 위하여 함께 수고하는 자가 되게 하려 함이니라."하신 말씀처럼 자비량 선교사들이 격려 받으며 사역할 수 있도록 현지 교민 사회에서 적극적으로 도울 필요가 있다.

5. 효율적이고 적절한 후원이 이루어져야 한다.

자비량 선교사의 부족한 재정을 보충해 주어야 한다. 또 이들의 사역 책임이 커 감에 따라 자비량에서 전임 선교사로 바뀔 필요가 있다. 그렇게 되는 것이 놀라운 은혜 아닌가? 전임선교사로서 생활하며 자녀를 기르며 사역을 확장해 나가도록 적극적인 후원을 해 줄 필요가 있다.

6. 후원교회/단체의 지도자들이 선교 현장과 현실을 알아야 한다.

한국 교계는 뜨거운 선교열정이 있다. 그러나 선교를 지휘하는 교단 지도층 인사들과 선교기관의 책임자들 가운데 선교사의 경험을 한 분들이 많지 않다. 그러다 보니 선교사들을 지휘하고 선교 결과를 기대하는 내용이 선교사들에게 어려움이 되곤 한다. 선교사들은 선교사명의 열망과 현실 사이에서 스트레스가 많다. 처음 선교지에 갈 때와 달리 선교지에서 시간이 갈수록 잊혀진다고 느끼게 되는 정서적 어려움도 만만치 않다. 자녀양육과 교육도 상당한 어려움이 되곤 한다. 자녀가 성장해 감에 따라 늘어나는 자녀교육비와 사역의 성장에 따라 커가는 선교비 후원을 먼 선교지에 있으면서 확보해 나가는 것도 커다란 기도제목이다. 다녀가는 국내 교우들이 선교지의 형편을 모르면서 나름대로 느낌에 따라 엉뚱한 소문을 퍼뜨리는 것도 마음에 아픔이 되곤 한다. 선교지에서 10년 정도 성공적 사역을 경험한 분들 중에 학문적 열정이 있는 분들이 귀국하여 선교 신학자들이 되고 교계 선교 전략가들이 되어 선교에 효율성을 더할 필요가 절실하다.

7. 평신도/전문인 선교사는 전략적으로 Mega City 선교를 할 필요가 있다.

바울의 선교는 Mega City(인구 백만 정도의 도시) 선교였다. 사도행전과 복음서들에 나타나 있는 첫 세기 교회들이 있었던 도시들을 살펴보자. 안디옥, 이고니온, 루스드라, 다소, 빌립보, 베뢰아, 에베소, 드로아, 데살로니가, 고린도, 두로, 등등. 이 모든 도시들의 공통점이 무엇인가? 하나같이 대도시들이었다. 해로와 육로의 교통요충이었으며, 무역과 상업의 중심지들이었고, 인근 지역의 행정 중심이기도 하였다. 지금의 표현을 빌린다면 하나같이 Mega City들이다. 성령님의 특별하신 인도를 받으며 선교를 하였고 성령의 감화로 하나님의 말씀을 받아 기록하기도 한 바울은 왜 당시의 거대도시들을 선교 타깃으로 삼았을까?

* 평신도/전문인 선교사 파송에 있어서 Mega City의 전략적 장점들이 많다.
1) 생업을 구할 수 있다.

사도행전 18:1-3 "이 후에 바울이 아덴을 떠나 고린도에 이르러 아굴라라 하는 본도에서 난 유대인 하나를 만나니 글라우디오가 모든 유대인을 명하여 로마에서 떠나라 한 고로 그가 그 아내 브리스길라와 함께 이달리야로부터 새로 온지라 바울이 그들에게 가매 업이 같으므로 함께 거하여 일을 하니 그 업은 장막을 만드는 것이더라."

2) 미전도 종족 선교의 전략 요충이다.

살전 1:6-8 "또 너희는 많은 환난 가운데서 성령의 기쁨으로 도를 받아 우리와 주를 본받은 자가 되었으니, 그러므로 너희가 마게도냐와 아가야 모든 믿는 자의 본이 되었는지라. 주의 말씀이 너희에게로부터 마게도냐와 아가야에만 들릴 뿐 아니라 하나님을 향하는 너희 믿음의 소문이 각처에 퍼지므로 우리는 아무 말도 할 것이 없노라." 바울이 미전도 지역을 찾아가 전도하노라면 데살로니가 성도들 중 그 지역 출신이 성도가 고향방문을 하거나 사업차 다녀가면서 이미 사도 바울에 대한 이야기와 함께 온전하게 복음을 전했기에 바울은 아무 할 말이 없었을 정도였다. 대도시에서 사역하시는 분들의 결실들 중에서 먼 원주민 마을 출신이 있다면 그 마을에 들어가 사역하는 선교사들이 있는지 확인하고 원주민 마을 깊숙이 들어가 수고하시는 선교사들과 대도시에서 선교하는 선교사들 사이에 사역 결실을 서로 연결시키며 유기적 협력선교를 할 필요가 있다.

3) 일꾼의 잠재력을 가진 사람들이 많은 곳이다.

대도시들은 주변 넓은 지역에 사는 모든 족속들이 모여드는 곳이다. 특히 용기 있고, 모험심 있고, 다양한 사람들을 상대로 사업을 할 수 있는 능력이 있는 사람들이 대도시로 진출하는 경향이 있다. 젊고 진취적인 사람들이 공부하며 경험을 쌓아 발전하고자 모여드는 곳이 대도시이다. 대도시에서 사람을 얻으면 다양한 사람들을 얻게 된다. 이들이 성장하면 자기들의 고향을 방문할 때 복음을 전하게 된다. 그가 속한 민족/족속에게 가장 효율적으로 복음을 전할 수 있는 준비된 사람들이다. 언어공부가 필요 없고, 문화적응이 필요 없으며, 가족/친지/친구들의 관계가 이미 있는 곳이기에 관계를 통한 전도가 쉬운 사람들이다.

로마 교회는 예루살렘에 왔던 사람들이 복음을 듣고 가서 세운 교회이다. 대도시 선교는 그 나라 안에 있는 미전도 종족뿐 아니라 멀리 다른 나라에서 온 사람들까지도 복음을 듣고 돌아가 전도하여 자기 나라에 믿는 무리들의 모임을 만들게 하는 선교이다. 데살로니가의 성도들은 자신들의 지경을 넘어 마케도냐와 아가야와 많은 지역들에 복음을 전파하였다(살전 1:6-8).

4) 방해 받지 않고 사람들을 집중적으로 훈련시킬 수 있는 장소를 마련할 수 있다.

시골 마을은 누가 누구네 집에 언제 드나드는지를 다 안다. 특히 외지 사람들, 아니 외국인이 드나드는 일은 금방 눈에 띤다. 그 부락이나 부족의 정서에 맞지 않으면 많은 문제들이 따르게 된다. 그러나 대도시에서는 비교적 안전하다. 옆집에 누가 드나드는지 알지 못한다. 관심도 별로 없다. 함께 거하며 훈련할 장소를 찾기도 용이하다. 또한 대도시는 그 나라뿐 아니라 이웃 나라들로부터 장래 지도자감들이 스스로 찾아와 공부하거나 삶을 개척해 나가는 장소이다. 이들에게 복음을 전하고 일꾼으로 훈련하여 장래 사역자로 일하도록 도울 수 있는 매우 효율적인 장소이다.

바나바가 사울을 데리고 가서 일 년간 제자양육에 전무했던 안디옥(행 11:25,26), 바울이 일 년 육 개월을 집중적으로 말씀을 가르쳤던 고린도(행 18:11), 회당에서 석 달 동안 말씀을 강론한 후 믿음의 반응을 보이는 사람들만 따로 데리고 두란노 서원에서 날마다 강론하기를 2년 동안 했던 에베소(행 19:1-10) 등이 이러한 대도시의 특성들을 활용할 수 있었던 도시들이었다.

나가는 말 : 선교지의 필요들

"주 여호와께서 가라사대 보라 날이 이를지라. 내가 기근을 땅에 보내리니 양식이 없어 주림이 아니며 물이 없어 갈함이 아니요 여호와의 말씀을 듣지 못한 기갈이라. 사람이 이 바다에서 저 바다까지, 북에서 동까지 비틀거리며 여호와의 말씀을 구하려고 달려 왕래하되 얻지 못하리니, 그 날에 아름다운 처녀와 젊은 남자가 다 갈하여 피곤하리라."(아모스 8:11-13)

세상의 청춘남녀들이 복음을 모르고 말씀을 알지 못하고 찾지 못해서 영혼을 만족시키지 못할 것들을 얻고자 헛된 투쟁을 맹렬하게 하며 살아가고 있다. 그러나 이 모든 것들은 바닷물과 같아서 갈증을 풀어줄 수 없는 것들이다. 바다에서 조난 당한 사람들은 어마어마하게 많은 바닷물 가운데서 갈증으로 죽기도 한다. 바닷물은 그 속의 염분으로 인해 마시면 마실수록 갈증이 더 심해질 뿐이다. 물질과 지위를 탐하게 되면 영혼에 만족을 주기보다 오히려 물질과 지위와 명예에 대한 갈증만 더 심해질 뿐이다. 결국 영혼을 세상과 흥정하게 되고 인생을 망치게 되고 만다.

중국 내지의 대도시에 있는 한 교회를 찾아간 적이 있다. 젊은이들이 몰려온다고 한다. 젊은이들만을 위한 집회를 토요일 저녁에 따로 갖는데 예배당이 가득 찬다고 한다. 다 믿는 사람들인가 물으니 아니란다. 慕道友(mudaoyou: 진리를 찾는 벗들)란다. 그들을 어떻게 도와주고 있는가 물으니 도와줄 길이 없어 예배 이외에 아무 것도 해 줄 것이 없단다. 이들이 제 때에 도움을 받지 못하면 사단이 노략해 갈 것이다. 중국뿐 아니라 인도에도, 중·남미에도, 세계 수많은 나라들의 많은 젊은이들이 하나님의 말씀이 없어 주리고 목말라 하고 있다. 이들이 일단 하나님의 구원의 진리와 은혜를 깨닫게 되면 주변의 영적으로 굶주린 영혼들을 불러 모아 주님께 데리고 나올 것이다.

중·남미도 마찬가지라고 본다. 중·남미는 중국보다 젊은이들의 비율이 더 높은 곳이다. 이들에게 정서적 공감대를 이루며 삶 속에 파고들어가 삶과 인격과 믿음과 비전을 나누며 전도하고 주님의 제자들을 훈련해 내는 평신도/전문인 선교사들이 절실하게 요구되고 있다.

중 · 남미 학원선교 침투전략

Penetrating Strategy For Latin Campus

장 윤 현 선교사 | 전문인
세계로선교회, 서울대학 전담사역
e-mail:yhenm@hanmail.net
(사진: 1차 4줄 좌로부터 네 번째)

Objective of Presentation

21세기에는 많은 영역에서 변화의 파도가 밀어 닥치고 있다.

– 인터넷의 발달로 시공을 초월하는 정보공유

– 전형적인 감성세대의 출현으로 문화 감성 중심의 사역

– 세대간 문화 차이의 극심화로 캠퍼스는 타문화권 지대

따라서 Latin America Campus 현장에서의 효율적인 선교 전략을 제안함으로 라틴 아메리카 차세대 그룹을 제자와 일꾼으로 훈련 시켜서 주님께서 마태복음 28장 18-20절에서 명령하신 지상 대사명 성취에 기여하고자 한다.

Road Map of Nurturing

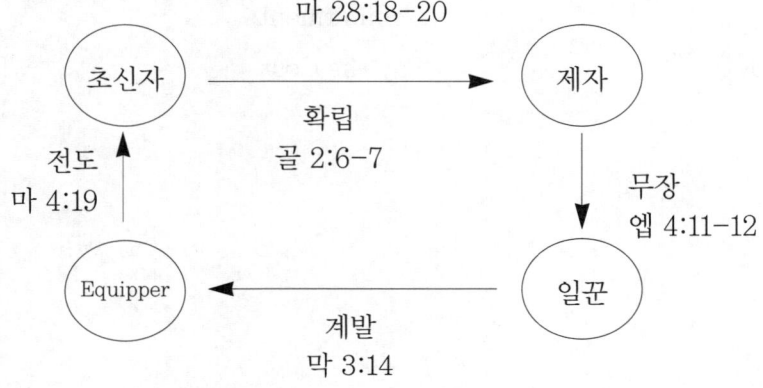

Balance of Nurturing

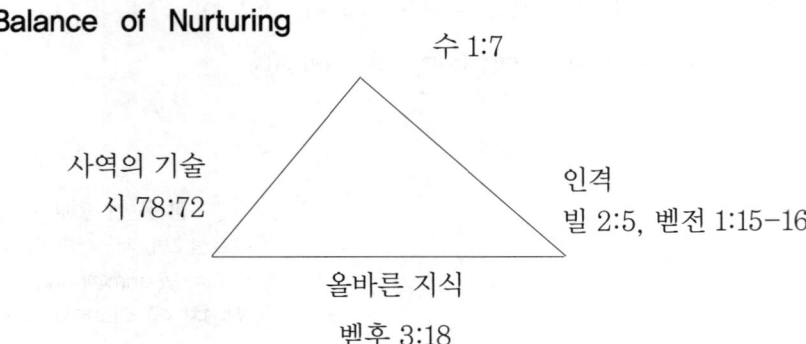

수 1:7

사역의 기술
시 78:72

인격
빌 2:5, 벧전 1:15-16

올바른 지식
벧후 3:18

Steps of Nurturing   골 2:6-7

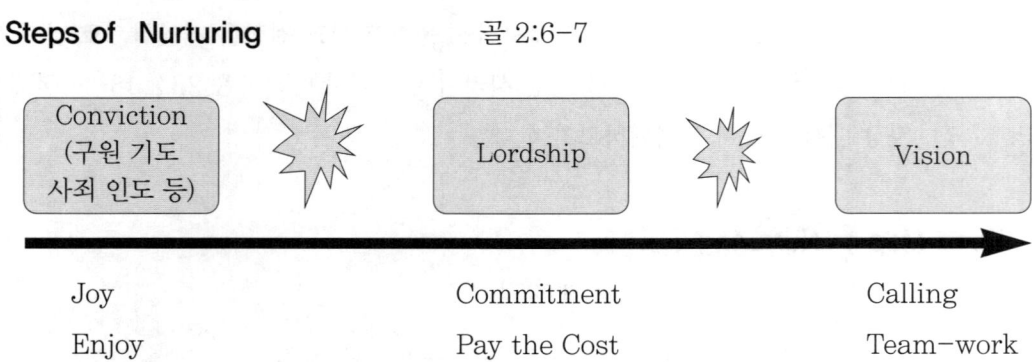

| Conviction (구원 기도 사죄 인도 등) | | Lordship | | Vision |

Joy   Commitment   Calling

Enjoy   Pay the Cost   Team-work

Key Factors for Campus Ministry

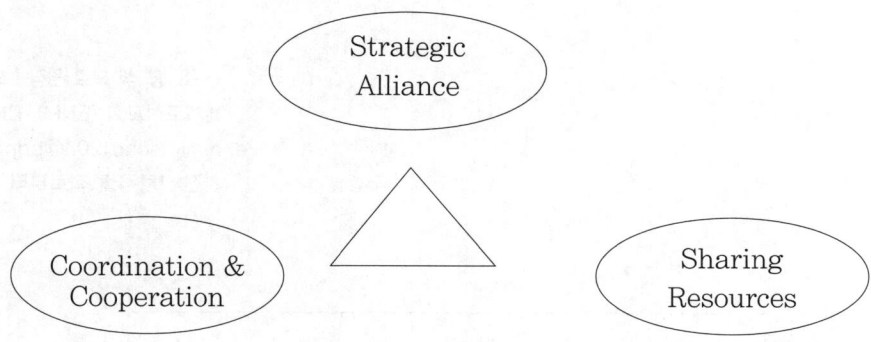

How To Alliance

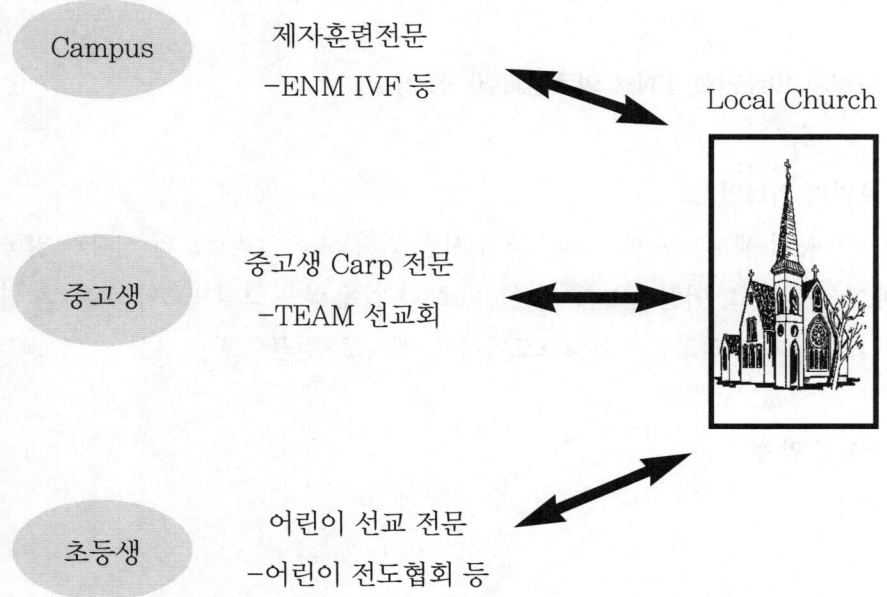

중·남미 의료선교 지원전략

조 형 석 의료 원장 | 외과 의사
세계로선교회 (ENM), BMA 회장
e-mail:hscho1204@hanmail.net
(사진: 1차 4줄 좌로부터 세 번째)

차 례

– BMA(브릿지 의료인회, ENM 의료선교회) 소개
– 중·남미 의료선교 전략

[BMA(브릿지 의료인회, ENM 의료선교회) 소개]

BMA (브릿지 의료인회)

의료사역을 통해 세계 곳곳에 그리스도의 사랑을 나누며, 그리스도의 제자와 일꾼을 세우는 일에 가치를 두고, 어떤 일보다 우선순위로 이 일에 삶을 드림으로써 그리스도의 대사명 성취에 기여한다. "의료인을 그리스도에게로, 제자로, 일꾼으로"

BMA 약속의 말씀

창 12:1-3
사 45:14
사 60:21-22
행 1:8

BMA 사역

국내 : 의료인 및 의료계 종사자 복음전파와 제자훈련 및 일꾼 재생산

해외 : 의료선교사 파송과 의료선교병원의 구축과 지원, 의료봉사

국내 의료인 및 의료계 종사자 복음전파와 제자훈련 및 일꾼 재생산

■ 사역 대상

1) 대학 중심의 사역

2) 의료계 직장인 사역

3) 의료봉사 사역

■ 목표 및 활동

1) 목표 : 현재 7개 팀 → 2010년 20개 팀 (200명)

2) 활동 :

- 매주 성경공부, 기도모임, 개인교제, 팀 활동, 전도 활동

- 의료봉사 활동

- 국내, 국외, 외국인 노동자 진료

- 비 그리스도인과 함께 함으로 관계형성 전도

의료선교사 파송

■ 방글라데시

- 이석로 (1994년-현재) : 가정의학과, COMMS 파송, 꼴람뽈라병원 원장 재직 중

■ 동아시아

- 이은상 (2000년-현재) : 치과, MSI 파송, K 지역 CHE(지역보건교육) 사역 중

- 임복제 (1998-2003년) : 가정의학과, ENM 파송

　　　　　(2003년-현재) : B & S 지역 비거주 선교사역 중

해외 의료선교 병원

■ 아시아

방글라데시 다카 꼬람뽈라 병원

■ 아프리카

Cote d' Ivoire 선교병원 설립추진중

BMA 해외 의료봉사
■ 제1차 해외 의료 봉사
- 일시 : 2000년 6월 29일~7월 3일
- 장소 : 몽골 울란바토르 연세 친선 병원 등
- 내용 : 케르트산트지역 주민 순회 진료 및 치과 치료

■ 제3차 해외 의료 봉사
- 일시 : 2003년 2월 10일~2월 18일
- 장소 : 방글라데시 꼬람똘라병원
- 내용 : 구강외과 수술, 외과수술

■ 제6차 해외 의료 봉사
- 일시 : 2005년 2월 5일~2월 13일
- 장소 : 방글라데시 꼬람똘라병원, 인근지역
- 내용 : 구강외과(구순열) 수술, 순회진료

[중·남미 의료선교의 필요성]

BMA의 중·남미 의료선교 전략

BMA의 은사와 준비된 인적 자원
- 제자와 일꾼으로 훈련된 의료인 준비
- 재생산의 사역을 통한 지속적인 의료인 후배들을 양성

지원 Model과 전략

- 단기 의료봉사
- 의료선교사 파송
- 단기
- 장기
- 선교병원 설립 or 지원

극복해야 할 것들

- 협력과 동역을 위한 시도들
- 문화적인 문제
- 지리적인 문제
- 언어적인 문제
- 경제적인 문제

의료선교를 통하여 영육간에 상처받고 훼손된 하나님의 형상을 전인적으로 치유하겠습니다.

중 · 남미 선교사들을 위한 중보기도 전략

임 복 제 선교사 | 의사
세계로선교회 전문인사역
라틴아메리카 선교전략회의 총무
e-mail:eastlim@hanmail.net
(사진: 2차 앉은 줄 좌로부터 두 번째)

차 례

---

1. 중보기도 왜 해야 하는가?

성경을 통해 세계선교의 본이 되는 바울 사도는 서신서를 통해 중보기도를 요청했다. 세계선교를 동참하길 원하는 성도는 선교사의 선교사역을 위해 기도할 필요가 있다. 중보기도 요청관련 구절들은 골 4:3, 살전 5:25, 살후 3:1, 히 13:18, 롬 15:30 이다.

2. 중 · 남미 중보기도 왜 해야 하는가?

중남미가 처한 특수 상황으로 인해 중보기도가 더욱 필요하다. 특수 상황들은 완고한 가톨릭 배경, 다른 복음과 혼합주의, 실패한 사회주의와 자본주의, 빈부격차 심화, 대다수 빈민층 등이다. 한편 한국 교계 상황으로는 먼저 중남미에 대한 언어적, 지리적, 경제적 접근 미숙(경험의 부족) 및 정서적, 선교(학)적 접근 미숙성으로 인해 더욱 중보기도가 필요하다.

3. 중 · 남미 선교 홍보와 기도 요청

이를 위해 먼저 중남미 선교 현황을 잘 알아야 한다. 예를 들어 다음과 같은 내용으로 관련 자료를 계속 확보해야 할 것이다.

(예) 국가 – 도시/지역/족속 – 사역 – 선교사 – 교단/선교회 – 년도

　　과테.. 과테..시티　　학원　임복제　ENM　2005년

한국의 교단과 초교파 선교회 중에서 중남미 선교에 무관심한 지체를 파악해야 할 것이다. 이들에게 중남미 선교상황 및 선교사를 연결시켜 중보기도를 하도록 요청해야 할 것이다.

4. 광주 ENM의 중 · 남미 선교전략

(1) 배경

광주 ENM에서는 그동안 복음에 닫혀진 나라(closed countries)인 동아시아를 대상으로 선교사를 파송해 왔다. 이제는 사역의 균형을 이루는 의미에서 열려진 나라(open countries)인 중 · 남미 대륙에서 사역을 일굴 필요가 대두되었다.

(2) 과정

이리하여 2004년부터 중 · 남미 상황을 알기 위해 정탐이 시작되었고, 그 연장선상에 중 · 남미 선교전문가인 윤춘식 교수를 모시고 2005년 선교비전세미나-남미-를 개최하였다. 선교비전 세미나 후에 스페인어 회화반이 시작되었고 동시에 남미선교연구팀이 만들어졌다. 현재 약 20여 명이 스페인어를 배우고 있고 10여 명이 남미선교연구를 하고 있다.

남미선교연구팀에서는 매주 1회 모임을 통해 중남미 최근 뉴스를 나누고, 중남미 국가를 연구하며, [라틴아메리카 역사]라는 책을 공부하며, 중남미 선교를 위한 중보기도를 하고 있다.

(3) 선교비전 (mission vision)

광주ENM 해외선교위원회(GEMC)에서는 향후 중남미선교를 앞두고 다음과 같은 선교비전을 제시하였다.

2005 ~ 2006 중 · 남미 선교후보생 선발

2006 ~ 2007 중 · 남미 선교사 훈련

2007 ~ 2008 중 · 남미 선교사 파송

이를 위해 매년 그룹을 지어 중 · 남미 정탐을 시도하며, 선교사를 파송할 때는 팀을 이루어 파송(group sending)할 계획이다.

5. 광주 ENM 중 · 남미 선교사 중보기도 사역

GEMC에서는 중남미 선교사 현황을 잘 파악하여 정보를 제공할 계획이다. 그리고 중 · 남미 선교사 중보기도에 뜻이 있는 형제자매들이 실제 중보기도를 할 수 있도록 다음과 같이 계획하고 있다.

(1) 중 · 남미 선교사 중보기도 책임자 임명

(2) 중 · 남미 선교사별 grouping

(3) 각 group은 각각의 선교사를 맡음

(4) 선교사로부터 선교정보 & 소식지, 기도제목 등을 제공받음

(5) 중보기도를 시작함

(5) 맡은 선교사를 탐방 및 선교지를 정탐함

6. 마치는 글

ENM은 그리스도의 일꾼 재생산 사역을 이루어 나갈 선교사를 중·남미 대륙으로 파송하기를 원한다. 이를 위해 중·남미 사역자들의 도움이 절실히 필요하다. 중보기도를 통해서 중·남미 사역에 기여하고, 중·남미 선교사를 파송, 일꾼재생산 사역을 통해 주님께 영광 돌리게 되도록 도와주시길 바라는 마음 간절하다.

아르헨티나 국제 캠퍼스 사역(CMI) 선교전략 방향

김 마 태 선교사
아르헨티나 캠퍼스 사역, C.M.I. 대표
e-mail:mateo_kim@ciudad.com.ar
(사진: 2차 4줄 좌로부터 다섯 번째)

I. 일반적인 역사 소개

(1) C.M.I. 선교 역사의 특징

C.M.I는 Campus Mission International의 약자입니다. 이름에서 알 수 있듯이 저희들의 선교 사역의 주목적은 현지 대학생들을 복음화하고 그들을 예수님의 제자로 키우는 것입니다. 물론 선교지 전 사회를 복음화 하는 것을 경시하는 것은 아니지만 그러나 저희들의 역사의 초점은 학원 선교입니다. 대학이야말로 미래 인재들의 산실이요 국가의 심장부이기 때문입니다. 그러므로 내일의 역사의 주역이 될 오늘의 지성인들을 기독교적인 인생관과 가치관, 역사관, 세계관을 갖도록 돕는 것이 매우 중요합니다. 이것은 체계적인 성경공부를 통해서만 가능합니다. 어느 사회를 물론하고 물질주의, 인본주의, 쾌락주의, 이기주의, 상대주의에 병들어 있지 않은 사회는 없습니다. 가정이 파괴되고 가정이라는 개념도 변질되고 있습니다. 미래의 희망들을 키우는 학원까지도 위와 같은 타락한 사상들과 영향들에 의해 오염되어 있습니다. 따라서 한 국가의 미래의 희망들을 악한 문화에서 보호하고 정상적인 리더들로 키울 수 있는 방법은 바른 성경 공부를 통한 신앙 교육 밖에 없음을 봅니다. 그래서 저희들은 캠퍼스 복음 역사가 힘든 십자가지만 이 역사에 생명을 걸었습니다.

(2) 아르헨티나 CMI 역사의 시작

아르헨티나 C.M.I는 1984년 1월 한국에서 파송된 다섯 가정의 선교사들에 의해서 시작되었습니다. 이들 중 대부분은 대학 졸업 후 직장에서 평신도의 삶을 살던 자들로 남미 선교에 생명을 바칠 각오로, 단기 또는 장기 선교가 아닌, 이민 선교로 온 자들입니다. 다시 말해서 선교지에 뼈를 묻을 각오가 된 자들입니다. 이들의 선교 슬로건은 "아르헨티나는 우리의 밥이다."였습니다. 대부분이 20대 후반 또는 30대 초반으로 선교의 열정과 자신감으로 충만했습니다. 선교 역사도 본국 개척 역사처럼 쉬울 것으로 생각했습니다.

(3) 초기 자립 역사

C.M.I의 당시 선교 원칙은 철저한 자비량 역사였습니다. "스스로 일어나 걸어가라." 는 것이 선교사 삶의 대원칙이었습니다. 또 지팡이만 들고 매 순간 주님만을 의지하며 사는 것을 가장 이상적인 선교사 삶으로 여겼습니다. 그래서 그동안 본국에서 직장 생활을 해서 조금 모았던 물질까지도 거의 다 본 교회에 헌금하고 거의 빈손으로 선교지에 도착했습니다. 그러나 선교지의 실제 삶은 저희들이 예상했던 것과는 판이하게 달랐습니다. 선교사 다섯 가정 중 한 가정을 제외한 나머지 네 가정은 한 살에서 여섯 살 사이의 자녀들을 둘 이상씩 두었기 때문에, 이들을 양육하며 개척의 기초를 놓기란 결코 쉽지 않았습니다. 아르헨티나에 도착 후 남은 돈으로 자립 생활을 위해 할 수 있는 것이란 가정 별로 미싱 한 대와 오버록 한 대를 사는 것이 고작이었고, 이것으로 남의 집 삯일을 하며 그 수입으로 연명할 수밖에 없었습니다. 그러나 한국에서 바느질을 해 본 경험이 전혀 없었기 때문에 여러 번 밤을 새우며 미싱을 밟았지만 기본 생활비도 마련하기 어려웠습니다. 어떤 선교사는 자립 생활을 해결하기 위해 현지에서 구두 수선을 배워 구두 수선으로 자립문제를 해결하고자 시도했던 자도 있습니다. 선교지에서 살아남기 위한 피나는 투쟁이었습니다.

(4) 선교지 언어 정복의 역사

이런 어려움 속에서도 절대적으로 감당한 것은 언어 정복이었습니다. 저녁 일곱 시가 되면 아무리 바쁜 일이 있어도 제쳐 놓고 스페인어를 암기하기 위해 다섯 가정이 한데 모여 한국에서 갖고 온 고등학생용 서반어 교과서를 암기하고 외우는 시험을 보았습니다. 불합격한 자는 거기에 상응하는 처벌을 받았습니다. 또 쉴 틈만 생기면 바깥에 나가 현지인들에게 접근해서 그 때 그 때 배운 언어들을 현장 실습했습니다. 그 결과 1년 후부터는 좀 더듬거리긴 했지만 현지 대학생들과 성경 공부하는 것이 가능하게 되었습니다. 저희들이 이처럼 언어 정복에 치중한 이유는 언어 정복 없이는 바람직한 선교 역사가 이루질 수 없음을 확신했기 때문입니다. 성경이 의미하는 바를 선교지 언어로 바르게 전달할 능력이 없이는 결코 유능한 성경 선생이 될 수 없습니다. 이 노력의 결과로, 지금은 거의 모든 선교사님들이 언어에 별 어려움 없이 현지인들을 성경 말씀으로 도울 수 있게 되었습니다.

* 힘든 과도기 역사: 언어의 장벽이 어느 정도 허물어졌어도 선교 역사의 기초를 놓기란 결코 쉽지 않았습니다. 거의 매일이다시피 캠퍼스를 심방하고 새로운 학생들을 만나 성경 공부 약속을 받지만 그들이 주는 주소의 대부분은 가짜였습니다. 바쁜 가운데서 힘들게 시간을 내어 주소를 갖고 집을 찾아가 보지만 가짜 주소 앞에서 허탈하게 돌아올 때가 수십 번이었습니다. 그들 중에는 약속을 지켜 성경 공부에 참여하는 학생들도 제법 되지만 거의 모두가 한두 번 한 다음엔 더 이상 공부하길 꺼려했습니다. 그야말로 밀물처럼 밀려왔다가는 썰물처럼 사라져 갔습니다. 이런 일이 10년 이상 반복되었습니다. 양들 없이 선교사님들 얼굴만 바라보고 스페인어로 몇 년을 계속해서 주일 설교한다는 것이 제겐 참으로 고역이었습니다. 선교를 하러 온 것이 아니라 인생을 낭비하려 왔다는 생각이 들기 시작했습니다. 고통을 견디지 못해 하나님께 부르짖어 기도했습니다. 어느 금요일 철야기도 시간에 하나님의 음성을 들었습니다. "뭇 별을 셀 수 있나 보라, 네 자손이 이와 같으리라." 마음에 확신이 들었습니다. 그 다음 날부터 역사가 달라질 것 같은 기대감이 들기 시작했습니다. 그러나 그 후에도 몇 달 동안 여전히 양 없는 역사는 계속되었습니다. 하나님께 속았다는 생각이 들었습니다. 그러나 일 년 정도 지났을 때부터 그 전에 경험해지 못했던 일들을 경험하기 시작했습니다. 학생들이 한두 번 공부한 후에도 사라지지 않고 계속 성경 공부를 하겠다며 주일 예배에도 참석하기 시작했습니다. 조금씩 모이는 자들의 숫자가 늘어갔습니다. 또 말씀이 그들 속에 역사하고 주의 종으로 살겠다고 결단하는 것이 보였습니다. 약속을 신실하게 이루어 가시는 신실하신 하나님을 볼 수 있었습니다.

(5) 현재 상황

아직도 견고한 기초가 놓여진 상태는 아니지만 그런대로 역사의 모양새는 갖추어졌음을 볼 수 있습니다. 현재 Buenos Aires 주일 집회에는 100여 명 가량의 현지인들이 모이며, 그 중 30명 정도는 현재 대학교 재학 중이거나 대학을 졸업한 자들입니다. 또 Argentina

제2의 도시인 꼬르도바(Prov. Cordoba)도 개척이 되어 현재 30명 가량의 현지인들이 성경 공부와 예배에 참석하고 있습니다. 또 제3의 도시인 Santa Fe에도 한 가정이 파송되어 5명 정도의 현지인들을 말씀으로 섬기며 개척의 기초를 닦고 있습니다. 아직은 미미하지만 이 역사가 하나님의 은혜 속에서 창대케 될 것을 확신합니다.

II. 선교 전략 및 구체적인 역사 방법

(1) Campus 사역과 정복

이미 설명했듯이 CMI의 역사의 핵은 campus 복음화입니다. 한 나라는 물론 이 세계의 미래가 그들의 손에 달려 있다고 해도 과언이 아니기 때문입니다. 젊은이들을 성경공부를 통해 영적으로 키우는 것만이 밝고 건강한 미래를 보장받을 수 있기 때문입니다. 어떤 면에서는 저희 모임은 도시 선교를 지향한다고 볼 수도 있습니다. 왜냐하면 대부분의 대학이 사람들이 밀집되어 사는 도시에 있기 때문입니다.

(2) 한 사람의 Abraham 세우기

C.M.I의 역사의 성패는 한 사람의 리더를 세우느냐, 그렇지 못하냐에 달려 있습니다. 처음부터 많은 사람을 모으려 하지 않습니다. 왜냐하면 한 사람이 말씀으로 변화되어 믿음 안에서 굳건히 섰을 때, 그 한 사람의 변화된 삶이 개척 역사에 견고한 기초가 되기 때문입니다. 그의 희생적인 삶은 선교 역사에 큰 힘이 될 뿐 아니라, 또 그의 순종의 삶은 새로운 양들에게 좋은 본보기가 되기 때문입니다. 이 방법은 바로 하나님이 이스라엘 백성을 세우시기 위해서 사용하셨던 방법입니다. 하나님은 Abraham 한 사람을 25년 동안 훈련하셨고 그가 믿음의 조상으로 쓰임 받을 수 있을 정도로 충분히 영적으로 준비되었을 때 비로소 그를 통해 Israel 백성을 세우기 시작하셨습니다.

(3) 성경 교사 양성

위에서 언급한 Abraham이란 바로 다른 사람에게 성경을 가르칠 수 있을 만큼 영적으로 준비된 자를 말합니다. 성경 선생이 된다는 말은 하나님께서 자신에게 허락하신 영적 사명이 무엇인지를 깨닫고 그 일에 충성하는 것을 의미합니다. 예수님께서 승천하시기 전에 제자들에게 다음과 같은 명령을 주셨습니다. "하늘과 땅의 모든 권세를 내게 주셨으니 그러므로 너희는 가서 모든 족속으로 제자를 삼아 아버지와 아들과 성령의 이름으로 세례를 주고 내가 너희에게 분부한 모든 것을 가르쳐 지키게 하라." 여기서 제자를 삼는다는 말씀은 다른 사람을 도와 성도로서의 영적인 삶을 살게 할 뿐 아니라, 그를 영적으로 키워 예수님의 제자로 세워 감을 의미합니다. 다시 말해서 영적 재생산을 의미합니다. 리더들의 바른 영적 성장은 자신이 성경 선생이 되어 남을 말씀으로 섬길 때 두드러짐을 봅니다. 왜냐하면 남을 가르치면서 자신의 미성숙함과 무지함과 개으름을 발견하기 때문입니다. 자신이 남에게서 배울 때 얻는 것보다 가르치면서 얻는 것이 월등하게 많음을 봅니다. 물론 성경을 바로 가르치지 못할 때 야기되는 영적인 문제점도 없진 않지만, 남을 가르칠 때 얻어지는 영적 유익은 문제점과 비교할 수 없을 만큼 엄청남을 볼 수 있습니다.

(4) 가정을 개척교회로 활용

저희들에게 있어서 개척이란 위에서 이미 설명했듯이 눈에 보이는 교회 건물을 세우는 것이 아니라 한 사람의 믿음의 조상 아브라함을 세우는 것입니다. 그러기 때문에 파송된 선교사들은 역사가 어느 정도로 커지기 전까지는 자신의 집을 성경 공부 장소로 사용할 뿐 아니라 거기서 예배를 보며 필요한 그룹 모임도 갖습니다. 한 사람의 아브라함이 서면 그를 중심으로 열두 명의 제자 양성 역사를 위해 기도합니다. 이렇게 교회가 양적으로 성장이 되어 예배처가 비좁게 되었을 경우 그들을 모두 수용할 수 있는 조그만 홀을 구합니다. 다시 말해서 교회 건물을 세워 놓고 교인들을 찾는 것이 아니라, 교인 숫자에 맞는 공간으로 계속 예배 공간을 확장해 갑니다. 따라서 언제 어느 곳에서도, 재정 지원이 전혀 없이도 개척을 시작할 수 있습니다.

(5) 지속적인 캠퍼스 심방 역사

저희들은 교회 간판 없이 개척 역사를 시작합니다. 따라서 교회 간판을 보고 찾아오는 자들은 전혀 없습니다. 따라서 저희 개척 역사의 중심 사역은 지속적인 캠퍼스 심방입니다. 성경 공부를 소개하는 팜플렛을 준비하여 거의 매일 성경에 관심 있는 젊은이들을 찾아 캠퍼스로 갑니다. 물론 빈 그물로 돌아올 때가 거의 매일이지만 그래도 가끔씩 하나님께서 준비된 생명들을 허락하심을 경험합니다.

a. 1:1 성경 공부: 일단 성경에 관심 있는 젊은이가 나타나면, 그를 1:1 성경공부에 초대하고 그를 영적으로 도울만한 성경 선생을 소개하여 지속적으로 1:1 성경 공부로 돕습니다. 이 방법은 사도 바울이 자주 사용하던 방법입니다. 이 성경 공부 방법이 그룹 성경 공부에 비해 나은 점은 가르치는 사람과 배우는 사람이 1:1 만남을 통해 인격적인 관계성을 맺을 수 있다는 점입니다. 따라서 성경 공부 시간에 자신의 내면 문제는 물론 공개하기 힘든 가정의 문제, 학교생활의 문제, 직장의 문제도 털어 내어 놓고 함께 기도할 수 있는 큰 장점이 있습니다. 이 때 맺어진 두 사람 간의 목자와 양의 관계는 양이 성장하여 큰 목자가 된 다음에도 지속됨을 볼 수 있습니다.

b. 그룹 성경 공부: 1:1 성경 공부를 통해 어느 정도 양이 영적으로 성장하고, 주일 예배에 참석하여 교회 분위기에 익숙해지면 제자 양성을 위해 마련되어 있는 소그룹 성경 공부에 참석토록 돕습니다. 이 소그룹은 신앙 수준이 필요한 자들을 구성원으로 하여 7-8명 정도로 구성되며 매주 일회 정도 이루어집니다. 모든 참석자들은 반드시 그날 있을 성경공부를 예습해 와야 하며 성경 공부를 위해 노트를 준비해야 합니다. 예수님의 제자가 되기 위한 훈련 과정이라 볼 수 있습니다. 신앙 수준에 따라 베르나베반, 확신반, 성장반, 제자반, 사역반으로 나누어져 있습니다. 저의 교회에서는 누구를 막론하고 세례를 받으려면 반드시 확신반까지 공부해야 합니다.

c. 소감 발표 모임: 금요일 밤은 기도 모임으로 모입니다. 그러나 기도 모임 전에 그 주간 동안 주일 말씀을 갖고 묵상하고 투쟁한 내용을 발표하는 시간을 갖습니다. 이 소감 발표는 영적 교재를 위해 마련되어 있는 소그룹 모임에서도 갖고 있습니다. 주일 말씀을 마음에 새기며 일주일 동안 그 말씀을 갖고 살 수 있도록 돕기 위한 방법입니다.

III. 성경 공부 교재

(1) 귀납적 성경 공부 교재

새 신자들을 영적으로 돕고 리더들을 영적으로 훈련하기 위한 교재들이 다양하게 준비되어 있습니다. 신약의 대부분의 책들은 물론 구약의 중요 책들도 성경공부가 가능하도록 문제지 및 본문 중심의 설교로 준비되어 있습니다. 특히 창세기, 요한복음, 로마서의 교재는 새 신자들에게 하나님, 예수님, 기독교 근본 교리 및 신자의 삶을 소개하는 가장 중요한 교재로 다루어지고 있습니다.

(2) 주제식 성경 공부 교재

리더들을 훈련하기 위한 교재입니다. 초신자들은 물론 그들의 영적 성장에 따라 알맞는 성경 공부가 되도록 엮어져 있습니다.

(3) 일용할 양식

개인적으로 매일 성경을 읽고 주님과 교제하며 영적인 투쟁을 할 수 있도록 준비된 책자입니다. 1년 2회 발간되며 성경 전권을 4년에 걸쳐 공부할 수 있도록 되어 있습니다.

Ⅳ. C.M.I. 선교 사역의 문제점과 미래를 위한 전망

앞서 언급했듯이 저희의 선교 사역은 자비량 선교입니다. 누구든지 선교사로 살겠다는 각오만 되면 언제든지, 어디든지 갈 수 있다는 장점이 있습니다. 따라서 파송 교회에서는 물질적 부담 없이 무제한으로 선교사를 파송할 수가 있습니다. 그러나 문제는 선교지에서 선교사들이 경제적 문제를 해결하고 살아 남기 위해서는 엄청난 시간과 힘을 자립 문제 해결에 사용해야 한다는 점입니다. 대부분의 경우 5년 내지 10년 이상을 이것 때문에 낭비합니다. 그 결과 많은 선교사들이 영적으로 소진되어 선교 역사에서 멀어지는 것을 봅니다. 저희들의 경우 20년 이상의 선교지 삶을 통해 이제 선교사로서 삶을 어느 정도 터득하고 현지인들을 도울 수 있는 영적 준비가 비교적 되어 있는 편이지만, 전폭적으로 선교 역사를 섬기려할 때마다 걸림돌이 되는 것은 여전히 자립생활의 십자가임을 봅니다. 이것은 모든 자비량 선교사들이 겪어야 하는 선교 역사의 걸림돌일 것입니다.

선교 역사란 선교사를 파송한 한 지역 교회의 역사가 아니라 하나님의 역사입니다. 따라서 선교사를 파송한 파송 교회는 물론 선교 역사의 현장에서 뛰고 있는 선교사들도 다른 교회와 영적인 교제를 가질 뿐 아니라 물질적 협력 관계를 맺으므로 초 교파적인 대책을 세움이 필요하다고 봅니다. 또는 개인적으로라도 선교 역사를 물질적으로 지원할 자를 찾아 볼 필요가 있다고 봅니다.

이제 CMI의 이야기를 끝내야 할 지점에 온 것 같습니다. 아르헨티나에서 CMI 선교 역사를 시작한지도 벌써 20년 이상의 세월이 흘렀습니다. 그러나 아직 시작 단계에 있습니다. 그러나 저희들에겐 아르헨티나의 모든 캠퍼스들을 복음으로 정복해야 한다는 분명한 목적과 사명이 있습니다. 물론 우리 세대에 이 목적이 이루어지리라는 보장은 없지만 선교사 2세들을 통하여, 또 현재 믿음 안에서 성장하고 있는 현지 젊은이들을 통하여 저희들의 선교역사는 계승될 것이고 언젠가는 반드시 꽃이 피고 열매를 맺을 것입니다. 왜냐하면 성경 공부를 통해 영적 리더들을 훈련하고 세우는 것만이 이 나라를 하나님이 쓰실 만한 영적 제사장 나라로 세울 수 있는 유일한 방법임을 확신하기 때문입니다. 또 현지 교회들과의 긴밀한 교제를 통해 저희들이 사용하고 있는 방법을 소개하고, 또 이미 준비되어 있는 교재들을 보급하므로 초 교파적으로 예수님의 제자들을 세워 갈 것입니다. 저희들은 이 일을 위해 하나님께서 저희들을 Argentina에 파송하시고, 지금까지 훈련하시며 미미하지만 역사의 기초를 닦게 하셨다고 확신합니다.

콜롬비아에서 열매 맺는 신학교육 선교전략

김 위 동 선교사 | 목사
콜롬비아 신학교육 사역
e-mail:wuidong@hanmail.net
(사진: 2차 4줄 맨 우측)

목 록

■ 들어가는 말

1970년대에 기적적인 교회 성장을 이룩한 한국 교회에 1980년대에 들어서부터 해외선교 열풍이 강하게 불기 시작했다. 지금은 모든 교단에서 일만 육천 명 이상의 선교사를 세계 곳곳에 파송하고 있는 선교 대국이 되었다. 세계에서 두 번째로 선교사를 많이 파송하는 나라가 되었고 이런 추세라면 조만간 제일 많이 선교사를 보유한 나라가 될 것이다.

이런 급속한 해외선교의 성장은 은혜로운 성령의 인도하심에 따른 역사이다. 한편으로는 우리 시대에 성령께서 부탁하신 선교의 과업을 잘 이해하지 못하여 수많은 시행착오를 일으키며, 선교사역에 많은 부작용을 초래하여 수고하고도 비난을 듣는 경우를 많이 당하게 되었다.[1)]

오늘날 한국 교회는 80, 90년대의 선교 열기가 식어져 가고 있고, 해외선교가 침체된 국면을 맞이하고 있음을 부인할 수 없다. 한국교회의 선교사의 한 사람으로서 당면한 위기의식을 공감하며, 이 위기를 극복하기 위하여 한국교회의 해외 선교를 살펴보며 진단하여 잘못을 바로잡아 바른 선교를 수행하여 주님이 기뻐하시는 열매를 거두어야겠다는 마음이 간절하다.

1. 두 가지 선교관?

선교의 정의에 대해선 학자들마다 조금씩 다르게 말하나 대체로 전통적인 선교관과 현대적인 선교관으로 크게 구분할 수 있겠다. 선교의 주체와 선교에 대한 개념 정리는 하나님의 백성들에게 선교의 실천과 당위성을 제공한다. 이러한 두 가지 분석은 선교를 충돌하게 만들지 않고 더욱 가속화 하도록 지지한다.

a) 전통적인 복음 선교관

전통적으로 가장 강력한 선교관은 전도중심의 개념이었다. 선교의 주된 목표를 교회성장으로 보고 타문화권 전도와 교회개척 및 양적 성장을 근간으로 보는 견해다.[2)]

b) 현대적 선교관 '하나님의 선교' (Missio Dei) 견해다.[3)]

선교를 삼위일체 하나님 자신의 사역으로 강조한다. 하나님의 선교는 전통적 선교 개념이었던 교회를 선교의 주체로 보지 않는다. 하나님께서 선교의 파송자이기 때문에 교회도 파송받은 기구에 지나지 않으며, 이 세상이 다 선교지라고 보는 견해이다. 하나님의 선교의 특징은 첫째, 그리스도의 성육신과 에큐메니칼 운동의 중심사상이라 할 수 있는 그리스도의 현존에서 형성되었다. 둘째, 믿는 모든 이들은 교회와 더불어 세상에 보냄을 받은 사도직에 비중을 둔다. 셋째, 역사 속에서 일하시는 하나님의 활동이 선교의 중심이 된다. 따라서 하나님이 친히 일하시는 활동 무대를 교회보다는 이 세상에 두고 있다.

2. 한국교회의 해외선교의 성장 배경

a) 일제 강점기(1920-1940년대)

이 시기에 일어난 국산품 애용 운동인 물산장려 운동과 민족기업 육성 운동을 통해서 마련된 민족자본은 독립운동과 항일운동 자금으로 사용되었다. 이러한 민족운동에 기독교인들이 적극 추진하고 가담하였다. 교회적으로는 구령(전도)운동과 교포선교운동으로 전개되었다. 이 기간 동안 한국교회는 255명의 교포 선교사들을 여덟 군데의 선교지에 파송하였는데, 나라별로는 만주에 172명, 일본에 32명, 시베리아에 21명, 제주도에 14명, 미국에 9명, 중국에 4명, 몽고에 2명, 그리고 쿠바에 1명 등이었다. 1931년 교세를 보면 한국에 271,000여 명의 교인이 있었는데, 255명의(0.1%)의 선교사를 파송하고 후원하였다. 민족독립과 관련하여 거의 교포선교에 집중하였음을 알 수 있다.[4]

b) 전후 재건기(1950-1970년대)

6.25 동란을 지내면서 한반도에 얼룩진 물질적 영적 상처와 아픔은 너무나 깊었다. 50년대 후반에는 신학적 입장의 차이로 인한 교회의 분열과 동란이후 민심을 자극하는 열광적인 종말론의 등장으로 한국교회는 그야말로 어려움에 봉착할 수 밖에 없었다. 더욱이 전쟁의 참화로 파멸된 시설로 인하여 경제적인 어려움은 극에 달하였다. 그럼에도 불구하고 1950년대 이후에 장로교회가 대만(계화삼)과 태국(최찬영, 김순일)에 선교사를 파송하는 등 타문화 선교에 관심을 갖기 시작한 시기였다.[5]

1960년대 중반부터 한국은 군사 정부 아래 경제 재건에 박차를 가하면서 산업사회로의 기반을 쌓게 된다. 두 번의 원유 파동(1973년 10월, 1979년)의 위기를 겪으면서 한국 경제는 더욱 체질을 강화시켜 나간다. 이 기간에 한국 교회는 고도 성장을 경험하였다. 인구의 도시집중화로 도시에 대형 교회들이 생겨났다. 한국 교회는 지속적인 노력을 통하여 선교사를 파송하였는데, 주로 대형 교회들이 주도적으로 해외에 선교사들을 파송하기 시작하였다. 개 교회 중심의 선교를 통하여 선교사들을 후원하고 관리하는 선교행정이 주를 이루었다. 1979년 Marlin L. Nelson 선교사가 한국선교사 현황을 조사하면서 93명의 선교사가 활동하고 있는 것으로 드러났다.[6]

c) 경제 부흥기(1980년대 이후)

1980년대 중반에 접어들면서 전반적인 70년대에 이룩한 교회 성장, 80년대 후반의 군사 정권의 종말, 사회안정과 경제성장, 해외 여행의 자율화에 힘입어 각종 대형집회와 선교대회를 통해 헌신한 많은 선교 소명자들이 선교사로 파송을 받게 된다.[7]

1994년 6월에 집계된 전체 한국선교사 수는 3,272명이었다.[8] 1997년 IMF를 겪으면서 선교사 파송은 주춤하는 듯 했지만, 2004년도에는 16,000명으로 비공식 집계되었다.[9] 2006년 현재는 2만 명 가까이 되리라고 본다. 정확한 통계 자료를 가질 수 없는 것도 한국 해외 선교의 일면을 보여주고 있다. IMF 경제 위기는 한국교회의 해외 선교를 재고하는 기회가 되었다. 양적 성장만을 지향할 것이 아니라 효과적인 선교의 구조조정을 하도록 하지 않으면 안 되었다.

3. 한국교회의 해외 선교 동기

실제로 전통적인 선교사들의 선교동기는 다양하였다. 반 덴 브그(Van Den Berg)의 연구 조사에 따르면 대략 10가지 동기로 찾아볼 수 있다. 공리적 동기, 인도적이며 문화적 동기, 금욕적 동기, 의무감으로 선교, 낭만적인 동기, 하나님 중심의 동기, 사랑과 동정 때문에, 교회론적 동기, 종말론적 동기, 그리고 지상명령에 대한 복종 등이 해외선교의 동기가 되었다.[10] 그러나 최근에 일어난 한국교회의 해외선교 열기를 살펴보면 그 동기가 매우 독특함을 알 수 있다.

a) 성경에 기초한 동기

주님의 지상 명령(마태 28:19-20)에 그의 몸 된 교회로서 순종하기 위하여 우선순위를 해외선교에 두고 실시하는 것이다. 기장측에 속한 전주 안디옥 교회가 대표적인 예라고 하겠다. 그리스도의 사랑에 기초한 인류애를 구현하며 하나님께 영광을 돌리려는 자세이다.

b) 민족주의를 앞세운 동기

민족의 번영을 위해서 기독교가 민족을 구원할 수 있다는 소망을 가진다. 외국 선교사들에게 진 빚을 갚기 위해서라는 민족적 의무감을 가진다.

c) 개인(집단)의 유익을 위한 동기

많은 교회들이 우리 교회의 부흥을 위해서 해외 선교에 동참한다. 이런 교회들은 해외 선교는 교회의 프로그램 가운데 하나로 다룬다:

4. 한국교회 해외선교의 부작용과 문제점 : 물질 사용과 관련해서

최근 20년 동안 한국 교회가 해외로 파송한 선교사를 숫자상으로 볼 때 대단한 성장이라 말할 수 있다. 그럼에도 불구하고 한국 교회의 선교에 대한 비난의 소리가 높은 것은 무엇 때문일까?[11] 그러나 여기에 대한 소문은 무성하지만 분명한 사례 자료들이 나와 있지 않다.

KWMA 1997년 보고서에는 "소위 돈 드는 선교는 자제해야 한다. 여기서 선행되어야 할 사항은 선교사의 자질이다. 즉 고급 인력을 파송하지 못한 데서 자연히 돈 드는 선교를 하게 된다. 선교 현지의 상황은 경제와 산업이 낙후하여 경제나 기술의 도움을 요청하는 봉사 선교가 요구되지만 여기에 한계가 있다. 특히 프로젝트 사역은 지양되어야 한다. 따라서 이제 한국교회는 현지인 교회 스스로 일어서서 일하도록 하는 자립선교를 강화해야 한다. 여기서 신학적으로 하나님의 교회는 하나님께서 경제적으로 역사하신다는 믿음이 요구된다. 경제적 시련이 신앙을 강하게 한다는 것도 선교의 교훈이다."라고 하였다.[12]

한국 교회의 선교가 모두 다 잘못되었다는 게 아니다. 경제력에 의지한 선교의 부작용이 심각하다는 것이다.

a) 후원교회의 부작용

개(대형) 교회 중심의 선교 개 교회를 위한 선교이다(선교가 본교회의 목회사역에 도움이 되어야 하고 개 교회의 이름이 나타나야 한다. 몇 명의 선교사를 보냈다는 실적을 자랑하며, 앞으로 몇 명의 선교사를 더 파송하겠다는 것이 선교의 목표와 정책이 되어 있다. 즉, 개 교회가 선교 현장을 활용할 수 있어야 한다.).

　대형 교회는 재정적인 능력이 있으므로 돈을 앞세운 선교를 하기 쉽다.[13] 교단 차원에서도 여기서 크게 벗어나지 않고 있다.

b) 선교사의 부작용

　가시적인 업적 중심의 사역을 한다. 속전 속결, 물량 공세, 경쟁적 사역, 허위 보고(파송 교회가 조속한 업적을 암암리에 요구한다.).

　개인 중심의 사역을 한다 모두가 선교 센터가 되어야 한다(자기 사역을 가지고 있다.).

c) 문제점

　— 파송(개) 교회가 선호하는 지역에 선교하므로 중복 투자가 일어난다(가까운 동남아 지역).

　— 선교가 유행을 탄다. 뜨는 선교를 선호한다.

　— 선교 현장에서 한국 선교사 간의 심한 경쟁과 위화감이 생긴다.

　— 협력 사역을 할 수 없다.

　— 선교 현장에 대한 충분한 이해와 조사가 없이 조급하게 대량으로 물량 투자를 하므로 헌금을 낭비하며 선교의 장애를 초래한다.[14]

　— 선교사가 선교 현장에서 사역에 힘을 쏟기 보다는 선교비 모금과 보고서 작성에 더 헌신한다.

　— 무분별한 단기 선교 활동으로 선교 현장을 엉망으로 만든다.

　— 사람 선교(전도, 양육, 성숙)보다는 건물 선교와 여행 선교에 더 치중한다.

　— 피선교지에 잘못된 본을 보여주고 있다. 선교사들이 종종 돈 문제로 현지인 사역자들과 다툰다.

　— 후원 교회, 선교사, 선교 기관 및 선교 미디어들이 선교 현장을 제대로 전하지 못하고 있다.

5. 바른 선교를 위한 제언 : 원칙에 충실해야 한다 – 예수 그리스도와 바울의 모범

a) 파송단체에 대하여

파송, 후원 단체의 해외선교에 대한 이해가 제대로 확립되어야 한다.

선교사 파송은 양보다는 질적으로, 그리고 우리의 필요에 의한 것이 아니라 현지의 필요에 따라 사람을 파송하고 지원해야 한다.

선교사 인선에 신중해야 한다.

당장 보이는 실적보다 올바른 복음의 열매를 기대해야 한다.

프로젝트 선교보다는 (지양하고) 직접 섬기는 선교사로 격려해야 한다.

협력선교를 통하여 중복 투자와 불필요한 경쟁을 피해야 한다.

선교사의 자녀 교육, 계속 교육, 안식년 활용, 은퇴 후의 삶에 대한 대책이 수립되어야 한다.[15]

b) 선교사들에 대하여

복음 선교로 돌아가야 한다(말씀의 삶과 사랑을 나누는 선교).

성령의 능력을 의지하여 사역을 해야 한다.

선교사는 현지인들과 삶을 나눔으로써 복음을 증거해야 한다.

선교사는 외적 환경을 만들기 보다(시설 투자) 내적인 적응력(언어, 문화, 수용성)을 먼저 키워야 한다.

같은 지역의 선교사들은 협력해서 사역을 하도록 노력해야 한다.

현지인들과 경제적 삶의 간격을 최소화 해야 한다.

6. 라틴 아메리카에서 효과 있는 선교를 하려면 : 고려해야 할 점들

a) 배경

(1) 라틴 아메리카의 기독교 역사

스페인 식민지 시대와 로마 가톨릭교 – 교회와 국가는 하나였다. 형식적, 명목적, 문화적, 민속적 형태의 카톨릭 주의로 나눌 수 있다.[16]

개신교 – 주로 자유주의 사상과 가까웠다. 정부의 핍박을 받은 역사를 가진다. 뒤늦게 시작되었다(19세기 중엽). 선교사들과 교회들의 대다수가 오순절적이며 보수적이다.

오순절 교회의 급속한 성장 – 교회들은 초기부터 대부분 토착적이었다, 교회들은 외국의 원조 없이 스스로 재정을 꾸리는 법을 배웠다. 평신도 전도자들을 선용해 왔다. 찬양과 간증을 통해 라틴족의 감정과 기질에 호소한다. 전도는 인구의 대부분을 차지하는 하층민에 초점을 맞춘다. 성령 충만과 신유 은사를 강조한다(빈민들에게 호소력이 있다).[17]

(2) 사회 경제적 배경 – 빈부 격차와 사회주의 운동, 해방신학의 영향, 빈약한 민족의식과 개인주의, 열악한 인권 개념과 부도덕성 및 높은 범죄율 (마약, 납치, 살인, 절도, 이혼, 부정....)

b) 고려해야 할 점들

책임 윤리를 갖도록 훈련해야 한다. 신앙과 도덕성의 조화, 은혜와 응답, 청지기 직분, 이웃을 위한 봉사. 중남미의 빈곤은 상대적 빈곤이다.

하나님께 헌신하도록 해야 한다. 은혜와 응답, 성육하신 그리스도의 인격을 따르도록 선교사는 돈줄이 되어서는 안 된다. 복음사역의 동역자로 나타나야 한다. 중남미에서 프로젝트 선교(학교, 병원, 교회 건축 등)는 위험성이 높다.

성경공부를 깊이 있게 가르쳐야 한다. 종교개혁적인 운동, 개혁정신실천운동을 강조한다.

선교사는 현지인과 일체감을 유지해야 한다. 다른 점보다는 동료라는 점이 부각되어져야 한다.

7. 콜롬비아 개혁신학교의 사례와 신학교육 전략

a) Seminario Teolgico Reformado de Colombia 콜롬비아 개혁신학교 소개

1992년 7월 시작 – 현지 장로교 목사 Arcesio Cruz, Misael Acero, 스코틀랜드 선교사 Juana de Buchanan와 필자가 시작. 월 us200불 예산 지원과 학생들이 내는 등록금(10불 정도 – 9명의 학생으로 시작하였다). 첫 해는 강사 수고비가 없었고, 사무원 1명을 최저 임금의 반으로 고용.

대학 과정으로 4년제 야간으로 운영 – 학생들이 등록금, 차비, 책, 학용품을 사기 위해선 낮에 일을 해야 한다.

시작은 개척교회의 사무실에서 시작했으나, 1994년 보고타 북쪽 지역의 집 한 채를 구입하였다. 6년 만에 첫 졸업생 4명을 배출하였다. 20명이 입학하면 3~4명이 졸업한다. 14년이 지난 지금까지 20명의 졸업생을 배출, 그 중 18명이 목회에 사역하고 있다. 졸업생들에게 개척을 위한 경제적인 지원이 없고, 자력으로 목회를 시작하도록 한다. 현재 25명의 학생이 공부하고 있으며, 그 중 상당수가 이미 사역을 시작하고 있다.

b) 콜롬비아 개혁신학교의 운영 방침

사명감 있는 좋은 교수진(현지인 전임 3명 모두 석사, 그 외 시간 강사 3인)을 확보 제공하여 학생들이 목회자로서 잘 준비하도록 하여 스스로 목회지를 개척할 수 있는 지적 영적 힘을 배양함에 있다. 2007년도 등록금 300,000페소(약us130 달러), 운영 경비 월 us2,300달러(그 중 인건비가 us1,800불).

콜롬비아에서 한 사람의 헌신되고 준비된 목회자는 10개, 20개 교회보다 더 중요하다.

■ 나가는 말

2006년 6월 30일 부산 수영로교회에서 한국기독교총연합회와 한국세계선교협의회(KWMA)가 공동 주최하는 '2006년 세계선교대회 및 선교전략회의(NCOWE IV)'가 열렸다. 여기서 한국교회 선교비전 대회를 가지면서 해외 선교를 향한 한국교회의 비전을 선포했다. "2030년까지 한국교회의 반 이상을 선교에 동참시키며 선교사 10만 명을 세계에 파송한다."는 내용을 담고 있다. 그러나 지금처럼 많은 문제를 안고서는 이와 같은 목표를 달성하기는 어렵다고 본다.

KWMA의 1997년 보고서는 이런 말로 끝맺음하고 있다. "해외 선교를 우리는 지속적으로 해 나가야 한다. 문제는 방법이다. 별다른 대안이 없이 대부분의 선교가 물질 중심으로 이루어졌기에 우리는 경제문제 때문에 선교 문제를 연결하고 있는 것이다. 물론 최소한의 생활비나 선교비용은 들어가야 하지만, 솔직히 그 동안은 물질 중심의 사역을 한 것이 사실이다. 이제 이러한 구조를 벗어나 전략적인 방법론을 찾아 선교의 맥을 찾아야 할 것이다. 예수님은 '너희 전대에 금이나 은이나 동이나 가지지 말고' 선교여행을 하라고 하셨다."

아직도 한국교회의 해외선교 방법이 나아진 것 같지가 않다. 그러나 많은 선교 단체들과 선교사들이 문제의 심각성을 잘 이해하고 있다. 이제는 실적 중심의 선교 사역에서 벗어나 복음 선교의 바른 방법을 찾으면서(선교학적인 성찰) 계획 준비하며 실행하도록 해야 할 것이다.

미 주

1) 전호진, 『선교신학』 한국복음주의 선교신학회 간 (서울: 도서출판 솔로몬, 1998), p. 24. 화란의 목사 Leo Oosstrom은 그의 논문에서 "한국기독교와 선교사상에는 민족주의 성향의 위험이 있다. 한국민이 선민이라는 사상은 민족적 자존심으로 발전하여 다른 나라 교회보다는 더 우월하다는 사상이 강하다. 그리고 많은 한국 선교사들은 예수 그리스도의 십자가와 부활의 복음보다는 한국 기독교의 성공 이야기나 성공의 메시지를 전파하기 위하여 선교지로 출발한다. 한국 선교사들에게는 신학교육에서 국제적이고도 에큐메니칼 협력이 가장 시급하다"고 말하고 있다.

2) 서정운, 『교회와 선교』 (서울: 두란노, 1991), p.131. 현대 선교신학자들 중에는 맥가브란이 대표적이다.

3) 김동선, 『하나님의 선교』 (서울: 한국장로교출판사, 2000), p. 20 이하 참고.

4) 강승삼, 『선교신학』 한국복음주의 선교신학회 간, (서울: 도서출판 솔로몬, 1998), p. 36.

5) Ibid., p. 38.

6) 이영제, 「한국의 선교현황 보고서」, 서울: 한국컴퓨터선교회 간, 1997.

7) 강승삼, op. cit., p. 39.

8) 이영제, op. cit.

9) 기독공보, 2004년 12월 24일자. '한국선교연구원' (원장: 김상철 KRIM) 의 조사 발표에 따르면 2002년 기준으로 파송된 한국교회의 선교사는 1만4백22명으로 통계에 잡히지 않은 소규모 교단과 교회 또는 단체가 파송한 선교사 수까지 합하면 더 늘어난다. 2004년 현재 대략 1만6천명에 이를 것으로 추정된다.

10) 서정운, 『교회와 선교』 (서울: 도서출판 두란노, 1991), p. 132-134.

11) 이광호, 『세계선교의 새로운 과제들』 (서울: 예영커뮤니케이션, 2004), p. 23.

121) 이영제, op. cit..

13) 기독공보, "해외 단기선교 열풍 문제 있다" ; 2005년 3월 11일자, "무분별한 단기 선교"; 2005년 10월 4일자.

14) 각 교단 해외 선교부는 실패한 프로젝트나 문제 선교사들의 사례들을 비밀 파일에 보관하고 있다. 아마 좀더 시간이 지나면 자료로 발표될 줄 믿는다.

15) 많은 교회들이 파송선교사의 숫자를 늘이려고 시도하면서(1,000명 파송 등등)도, 파송된 선교사들을 위한 자녀 교육, 의료, 은퇴에 따른 대책 등을 회피하고 있다.

16) J. Herbert Kane, 『세계선교역사』; *A Concise History of the Christian World Mission*, 신서균 역, (서울: 기독교문서선교회, 1993), p. 199.

17) *Ibid.* p. 201 ff. 피터 와그너(Peter Wagner)는 라틴 아메리카의 95%의 신도들이 보수적 복음주의자들이라고 평가하고 있다.

참고 문헌

김동선. 『하나님의 선교』 서울: 한국장로교출판사, 2000.

서정운. 『교회와 선교』 서울: 두란노, 1991.

이광호. 『세계선교의 새로운 과제들』 서울: 예영커뮤니케이션, 2004.

이영제. 『한국 선교현황 보고서』 서울: 한국 컴퓨터선교회 간, 1997.

한국복음주의선교신학회. 『선교신학』 서울: 솔로몬, 1998.

Kane J. Herbert. 『세계선교역사』 신서균 역, 서울: 기독교문서선교회, 1993.

[신 문]

기독공보. "한국 선교사 현황" 2004. 12. 24.

　　　　 "해외 단기선교 열풍 문제 있다" 2005. 3. 11.

　　　　 "무분별한 단기선교" 2005. 10. 4.

볼리비아 사역현장에 뿌리내리는 선교

정상근 선교사 | 목사
볼리비아 교회개척과 교육사역
e-mail:totaitu@yahoo.co.kr
(사진: 2차 4줄 맨 좌측)

시작하는 말

이 글은 선교지에서 경험하고 실천한 내용을 정리한 것입니다. 강의라고 하기엔 단 한 권의 서적도 참고함이 없이 부족할 뿐입니다. 현장의 언어로만 표현되어 세련되지 못하고 거칠고 투박합니다. 그러나 독자들은 본 내용에 땀과 먼지가 버무려져 있는 것을 발견하게 될 것입니다. 안데스 산맥 오지에서 사역하는 한 선교사의 12년이 녹아 있는 간증이자 선교전략입니다. 현장에 복음의 씨앗을 뿌려 뿌리를 내리고 줄기가 자라는 선교라는 한 가지를 위해서 오늘까지 살아왔습니다.

시간도 충분하지 못하고 책도 없어서 책을 읽을 수도 없고, 더욱 무슨 특별한 세미나에 참여할 여건도 못 되는 선교지에서 강의를 준비한다는 것은 쉬운 일이 아닙니다. 늘 책과 함께 사는 일상도 아니고 그렇다고 설교라도 자주 한다면 준비에 도움이 되었을 텐데 그렇지도 못하니 더욱 힘든 일이었습니다. 더욱이 주최측(ACTS 선교대학원)에서 이렇게 준비하라는 취지로 모델 강의안을 복사해 보내주셨는데, 그것을 본 이후로 더욱 자신까지 없어졌습니다. 그렇지만 뚝심으로 한번 해 보려고 합니다. 약속을 드린 상태이기도 해서….

언제든지 인터넷이나 책을 펼치면 알 수 있는 사실들은 독자들에게 맡기고, 저는 이번에 [제2차 라틴아메리카 선교전략회의]에서 볼리비아에서 필자가 체험하고 현재 진행 중인 사실들을 중심으로 말씀드리겠습니다.

유구한 선교의 역사 가운데 수많은 선교사들이 선교대열에 참여해 왔습니다. 현재도 많은 선교사들이 세계 각국 각처에서 수고를 하고 있습니다. 선교사 한 사람이 선교하는 데는 수많은 재원과 돕는 사람들이 필요합니다. 한 사람의 중요성이 선교지보다 더 강조되는 사건은 없을 것입니다. 선교사 한 사람을 통해서 마을이, 작은 도시가 변합니다. 심지어는 나라가 통째로 변하는 동기를 만들어 내기도 합니다.

그러나 기본적이며 아주 중요한 선교 마인드가 있다는 사실을 잊어서는 안 됩니다. 운전을 직접 해야 길을 알게 된다는 이치와 같습니다. 조수석에 앉아 편안하게 길을 가신 분은 나중에 다시 그 길을 가게 될 때, 길을 찾기 위해 새로운 고생을 해야 합니다. 선교지에선 현지인들이 복음을 위해 직접 움직이도록 만드는 일이 무엇보다도 더 중요하다는 것입니다. 현장에 뿌리를 내리게 하려면 란을 나무 기둥에 묶는 일은 선교사가 하지만 란 스스로 뿌리를 내려야 하는 일은 현지인이 해야 합니다.

1. 로스 안데스 선교현장 이해

현장을 이해하려면 현장을 알아야 합니다. 알기 위해서는 현장을 찾아 가야 합니다. 선교는 발로 하는 것이지 책상에 앉아 머리로 하는 것이 아닙니다. 선교현장은 늘 선교사를 필요로 하고 선교사는 또한 현장이 있어야 합니다. 현장에서 바라보는 선교지와 현장 밖에서 바라보는 선교지는 다를 수밖에 없습니다. 현장에서 만나는 현지인들과 현장 밖에서 만나는 현지인도 크게 다릅니다.

안데스 산맥에 위치한 자연 마을은 크게 두 가지로 나눌 수 있습니다. 천주교회의 성당이 있는 마을과 성당이 없는 마을입니다. 이유는 너무나 간단합니다. 생산물이 많은, 즉 부유한 마을과 가난한 마을의 차이가 성당의 존재유무를 결정하는 요인입니다. 처음 가는 마을의 자립수준을 파악하려면 성당이 있는지 없는지를 파악하면 됩니다. 성당이 있는 마을은 부자 마을입니다. 이렇게 말하면 일종의 고발이 됩니다만 말하겠습니다. 뭔가를 가지고 갈 수 있는 곳에, 더 정확하게 말하면 뭔가 착취가 가능한 곳엔 성당을 세웠습니다. 성당은 식민(제국)주의자들의 사리사욕을 채우는 도구로 사용되었던 것은 이미 주지의 사실입니다.

성당이 있는 마을에 교회를 개척하는 일은 성당이 없는 마을보다 어렵습니다. 개척을 해도 성장이 느립니다. 이미 그곳을 장악하고 있는 신부와 천주교 세력의 조직적이고 끈질긴 반대가 있습니다. 경제력이 있어 자립이 가능한 마을은 그렇지 못한 마을보다 영적으로 느슨해 있습니다.

오늘날 안데스 산맥에 위치한 자연 마을은 아직도 피해의식에 강하게 사로잡고 있습니다. 그래서 타지인을, 특히 외국인을 두려워합니다. 마을에 낯선 사람이 나타나면 모두 집에 들어가 숨어버립니다. 대문을 열고 들어가서 찾아보면 어두컴컴한 방구석에 쭈그리고 앉아 두려움이 가득한 눈으로 눈치를 봅니다. 때로는 이것이 자신들을 방어하기 위해 마을 사람들이 갑자기 폭력집단을 이루게 되고 그 힘을 이용해 외부인을 공격하기도 합니다.

그 가운데는 중앙 정부의 행정력이 미치지 못하는 오지가 있습니다. 그곳 주민들은 전통적으로 내려온 자신들만의 법으로 살아갑니다. 이웃 마을들과의 분쟁을 없애고 평화롭게 살아가기 위해 일정한 시간에 일정한 규모의 피해를 약속하고 일종의 전쟁을 하기도 합니다.

안데스의 자연 마을은 외부와 연락이 단절된 곳이 많습니다. 완전히 단절되지 않았다 해도 원활한 접촉이 이루어지는 마을들이 아닙니다. 그래서 선교사의 출현은 마을과 외부를 연결하는 고리 역할을 하게 됩니다. 마을이라는 울타리를 넘어 외부를 바라보게 되는 계기가 됩니다.

대부분의 안데스 마을들은 기초 생계도 안 되어 아주 영세하고 가난합니다. 감자의 원산지인 안데스 산맥에선 여러 종류의 감자는 생산되고 있지만 물이 부족하고 농지의 경사가 급해서 생산량이 부족합니다.

물이 부족하고 지대가 높기 때문에 밤이 되면 기온이 많이 내려갑니다. 강한 태양으로 따갑게 내려쬐는 무더운 낮에는 얼굴이 탈 정도이나 해가 지면 갑자기 차가워집니다. 그래서 피부가 거칠고 강합니다. 목욕을 못하기 때문에 심한 냄새가 납니다. 이 냄새 때문에 더욱 외부와 접촉이 어렵게 됩니다.

그 외에도 안데스의 대표적인 문화로 남아있는 잉카 문화와 꼴랴 문화의 특징을 찾아 볼 수 있겠습니다. 그리고 브라질과 파라과이, 아르헨티나와 볼리비아의 일부를 대표했던 문화(평지 문화)로 뚜삐 과라니 문화가 있었습니다. 이런 문화들을 관계되는 책을 통해 더 깊이 접근한다면 더욱 많은 것을 알게 될 것입니다.

2. 선교전략들 : 접촉점 구축과 사역의 구분

현지 선교부의 선교전략은 선교대상 지역에 따라 먼저 접촉점 구축과 사역의 구분, 그리고 성경교육을 우선시 합니다. 단기선교팀을 활용하는 방안도 결코 소홀히 할 수 없습니다. 무엇보다 안데스 산맥 오지에 세워진 개척교회가 자립하며 자립된 교회가 다시 재생산하는 교회가 되도록 하는데 저희 현지 선교부 최선의 전략이 있습니다.

a. 안데스 산맥의 오지 마을에 개척되는 교회들

안데스 산맥에 교회를 개척하는 일은 쉬운 일이 아닙니다. 우선 거리가 멀고 험하며 비포장이고 위험하기 짝이 없습니다. 아무런 준비 없이 안데스의 자연마을을 찾아간다는 것은 매우 위험하고 효과가 떨어집니다. 그래서 우리의 선교전략은 먼저 접촉점을 찾아 이루어집니다.

볼리비아엔 개신교 역사가 시작된 지 오래되어 대부분의 자연마을에서 기독교인을 만날 수가 있습니다. 기록에 의하면 1854년 안데스 산골에서 한 선교사가 선교하다가 잡혀 순교한 사실이 기독교 역사로는 처음으로 볼리비아 역사에 나옵니다. 그러나 대부분의 사람들은 기독교 역사는 이보다 훨씬 더 오래되었을 것으로 봅니다.

오지 마을 자체엔 오랜 기독교 역사를 갖고 있지 않지만 신자들이 살고는 있습니다. 아직 교회를 이룰 수 없는 여건이어서 교회가 없는 것입니다. 가난과 무지 그리고 소외는 이들로 하여금 교회를 가질 수 없게 했습니다. 그래서 이웃 마을에라도 교회가 생기면 가끔씩 가까운 교회에 가게 되는 것입니다. 그 이웃 마을까지 가는 신자를 만나는 것이 우리 사역의 시작입니다.

현지인의 도움으로 맨 처음 꼬마라빠에서 이런 그룹을 만나게 되었습니다. 꼬마라빠 중앙교회를 꼬마라빠 성도들과 같이 의논하며 처음으로 세우게 되었습니다. 현지인들이 할 수 있는 일과 우리가 해야 할 일을 같이 의논하며 나누어 교회 건축을 완성시켰습니다.

b. 현지인들이 할 수 있는 일과 현지 선교부가 도와야 할 일의 구분

현지인들이 할 수 있는 일은 현지에서 조달이 가능한 일들입니다. 교회를 세울 땅을 먼저 확보하는 일인데 안데스의 자연 마을에서 교회 부지를 얻는 일은 어려운 일이 아닙니다. 물론 전부는 아니지만 대부분 성도들이 교회를 건축하기 위해서 마을에 위치한 자신들의 땅을 바치게 됩니다. 그리고 흙을 파서 풀과 섞어 흙벽돌을 만든 후 대충의 설계에 따라 교회의 벽을 쌓기 시작합니다.

아주 극소수이지만 마을이 비옥하여 농사가 잘 되는 마을엔 주변에서 주민들이 많이 이동해 옵니다. 그리고 그런 곳은 대부분 땅 값이 다른 곳에 비해 비쌉니다. 그런 곳이라도 교회당 부지는 성도들이 구입할 수 있도록 설득합니다.

노동력도 현장에서 구합니다. 대부분의 교회들이 건축에 필요한 일은 성도들이 맡게 되고 기술이 필요한 일도 가능하면 그 마을에서 현지인을 구하게 합니다. 그래서 그 마을에 일거리를 마련해 줍니다. 공사가 대부분 농한기에 이루어지게 됩니다. 공사 중이라도 농사를 해야 하는 경우가 생기면 공사는 자연스럽게 연장이 됩니다. 물론 어떤 교회는 낮에는 농사를 짓고 밤에는 불을 켜 놓고 교회를 세우기도 했습니다. 그러나 보통의 경우 농사가 없는 기간을 이용하여 교회당을 건축하게 됩니다. 그래서 공사 기간이 보잘 것 없는 교회 규모에 비해 오래 걸리게 됩니다.

공사하는데 필요한 자재도 대부분 그 마을에서 쉽게 구할 수 있는 것으로 택합니다. 나무를 구하기 쉬운 곳이면 나무로, 그렇지 못하면 대도시에서 철근 등을 구입하게 됩니다. 철근을 구입하게 되면 철근비용은 현지 선교부에서, 철근을 용접하는데 필요한 물건은 현지인들이, 함석비용은 선교부가, 함석과 서까래를 연결하는 기구와 못은 현지인들이, 흙벽돌로 지은 벽에 시멘트를 하게 되면 시멘트는 선교부가, 모래는 현지인 교회에서 마련하게 합니다.

교회당이 완성되어서 에너지 공급을 위해 태양열 전기를 설치하기 원하면, 구입비를 나누어 반은 현지인 교회에서, 나머지 반은 선교부에서 부담합니다. 우물을 원하면 우물을 파는 일은 현지인 교회에서, 전기 모터는 선교부가, 그리고 화장실 건물이 필요한 경우 공간은 현지인 교회가 준비하고, 변기는 선교부가 맡습니다. T.V.와 비디오 시스템을 갖춘 교회도 생겨났습니다. 전기가 없는 곳에서 이런 것들을 이용하려면 발전기가 필요하게 됩니다. 발전기를 구입해서 발전을 일으켜 비디오테이프를 이용하여 설교와 찬양 등을 듣게 됩니다. 도시에 있는 우리 선교센터에 1년에 여러 차례 현지인들이 올 기회가 있습니다. 그 때 문화생활에 대한 꿈을 가지게 되고, 구입하고자 하는 것의 반을 성도들이 모으면 나머지 반을 선교부에서 충당하여 구입합니다.

그렇지만 여러 가지를 구비한 교회와 구비하지 못한 교회 사이에 불협화음은 없습니다. 왜냐하면 원칙이 있고 그 원칙에 따라서 집행하기 때문입니다.

c. 현지인 성경 교육

현지인들에게 행할 교육은 아주 중요한 일입니다. 안데스 교회 사역자들의 학력이 대부분 초등학교 3학년입니다. 물론 무학자도 있습니다. 우리는 안데스 현지인 교회의 사역자를 현지에서 준비하는 것을 원칙으로 합니다. 그 마을에서 그래도 가장 나은 분으로 합니다. 경제력도 있고 학식과 인격을 갖춘 분을 그 마을의 사역자로 세웁니다.

교육이 이루어지는 장은 크게 두 곳입니다. 볼리비아에서 두 번째로 큰 도시인 산타크루스 선교센터에서 교육을 합니다. 현장 가까운 곳에 위치한 교회들끼리 묶어서 여러 가지 일들을 같이 하도록 했습니다. 특히 부흥회와 성경교육을 하는데 이 조직을 활용합니다. 조직엔 선교사가 있고 현지에 그 주변을 맡는 주임목사가 있습니다. 그래서 선교사- 주임목사- 현지교회 목사 순서로 일들이 진행되고 처리됩니다(편의상 사역자를 목사로 부르겠습니다). 주임목사는 그곳에서 가장 중심이 되는 큰 마을에 위치하며 교회를 담임하면서 주변 교회들을 돌보고 새로운 교회를 개척하게 됩니다.

이 현장에 선교사가 가서 주변의 목사들을 모아 성경 교육을 합니다. 교육의 주 내용은 주로 실제 목회에 필요한 목회학에 관계된 내용들입니다. 성경개론, 기도론, 설교론, 심방

등 현지에서 가장 필요한 것들을 주제로 강의를 합니다. 반드시 강의록을 만들어서 곁에 두고 참고하게 합니다. 공부하는 것이 몸에 베어있지 않는 이 사람들에게 더 효과적인 교육이 되려면 자료를 곁에 두게 하는 교육입니다. 안데스의 산허리에 모여 이루어지는 성경공부는 교육 내용만큼이나 신선하고 그림 같습니다.

산동네의 부흥회는 가장 이상적인 예배와 전도행위입니다. 한 교회에서 1년에 보통 한 번의 부흥회 기회를 가지게 됩니다. 이 부흥회를 위해 1년 동안 준비하며 기다립니다. 주변의 교회 성도들을 모두 초청하고, 이 기회에 교회가 아직 없는 동네의 주민들도 소문을 듣고 참석하게 되고, 이 기회에 예수 그리스도를 영접하게 합니다. 특별한 이벤트가 있을 수 없는 안데스 산맥의 오지에서 부흥회는 이들이 경험하는 유일한 이벤트가 되기도 합니다. 3박 4일(목-주) 계속되는 부흥회 기간 중에 특별히 강사가 따로 없습니다. 모임에 참여한 모든 사역자와 목사가 강사가 됩니다. 이 기간 중에 세례와 결혼식까지 가지게 되어 일 년 중에 가장 큰 축제일이 됩니다. 부흥회를 맡은 교회가 준비하는 것 중에 가장 어렵고 보람 있는 것은 식사 준비입니다. 최근에 있었던 한 교회(라 하라)의 부흥회에는 500여 명이 모였고 준비하는 교회에서는 2마리의 소를 잡았습니다. 한 마리는 1년 동안의 헌금으로 마련하였고, 다른 한 마리는 부흥회 시작 전에 온 성도들이 특별 헌금을 하여 한번에 마련한 것입니다.

험한 산을 넘어 아이들의 손을 잡고 걸리고 부흥회에 참석하면 이들에겐 4일 동안 먹고 자는 문제가 해결됩니다. 특히 고기를 먹게 되고 수많은 사람들 사이에 끼이게 됩니다. 태어날 때부터 외로운 존재인 인간이 이 기회에 실컷 다른 사람을 만남으로 행복하게 됩니다. 그래서 부흥회가 끝나는 시간은 꿈에서 깨는 시간이고 이 꿈을 지속하기 위해 자신들의 마을에도 교회를 세우기를 원합니다. 교회를 세우는 방법을 알려 주게 되고 이렇게 교회들이 오지 마을에 세워지게 됩니다.

두 번째로 교육에 사용되는 장소가 도시에 위치한 선교센터입니다. 오지에서 태어나 외부와 연락을 하지 못하고 사는 이 분들에게 도시로의 여행은 그야말로 특별한 기회입니다. 우리는 처음엔 이분들의 교통비를 부담하고 식사와 잠자리를 무료로 마련해 주었습니다. 처음엔 목사와 사모로 제한을 하였으나 후에 15세부터 30세 이하의 결혼 전의 청소년으로 확대했습니다. 이 기간 동안 목사부부는 지금도 교통비를 무료로 하고 있으나 청소년은 각 교회에서 2명만 무료로 하고 나머지는 본인 부담으로 했습니다. 1년에 한 번 가지게 되는 이 기간에 우리는 가르치는 교육 이외에도 많은 효과를 추가로 거두어 내고 있습니다.

목욕을 하는 것을 가르치고 깨끗한 환경에서 자고 먹는 것을 배우게 됩니다. 특히 깨끗한 화장실이 구비되어 있는 곳에서 용변을 난생 처음으로 하게 됩니다. 숟가락 하나로 식사를 하던 이들이 포크와 나이프를 사용하게 됩니다. 식사와 잠자리를 포함한 삶의 혁명을 경험하게 되는 것입니다. 그리고 늘 경계의 대상이었던 도시 사람들과 외국인(아르헨티나, 브라질, 파라과이, 페루 사람들, 그리고 한국인 선교사)들이 자신들을 사랑해 주는 사람들임을 알게 됩니다. 남미 타국에서 이 청소년 모임을 입으로 전해 듣고 초청이 없는 데도 몰려옵니다. 이들은 이 도시로의 여행 경험이 늘어나면서 서서히 문명과 연결이 되어 가는 것입니다.

이들의 변화는 달라진 집과 화장실에서 크게 나타납니다. 주거 환경이 더 편리하고 크게 변하고 화장실이 생겨납니다. 처음엔 교회에 공동 화장실을 만들지만 차차 교인들의 집에도 화장실이 생겨납니다. 과거보다 똑똑해집니다. 자신이 없고 비굴하게 보이던 이들에게 생기가 넘치고 우리가 찾아가면 멀리서부터 뛰어와 자신 있게 안깁니다. 숨고 피하던 이들이 자신들이 가꾼 농작물을 선교사에게 선물로 내놓게 됩니다. 그리고 주는 기쁨을 맛보며 성도로서 성장하게 됩니다.

이 기회엔 영적인 성장과 더불어 물리적이고 외형적인 변화를 집중적으로 조명하고 있습니다. 이것이 더 쉽게 이들의 변화를 설명해 줄 수 있기 때문입니다.

3년 전부터 남미에 소재한 본 교단(성결교) 내에서 현지인 목회자 수련회를 국가별로 돌아가면서 가지고 있습니다. 아르헨티나, 파라과이 등 올해엔 브라질에서 있었고 내년에는 볼리비아에서 있을 예정입니다. 이러한 해외로 나가는 순례 수련회에도 우리들이 지금까지 감당해 온 정책이 그대로 적용되고 있습니다. 1년 동안 전체 교통비의 반을 마련하는 사람들이 이 모임에 참여하게 됩니다. 모두에게 아주 공평합니다. 준비하는 분들은 참석하는 기회를 얻게 되고 그렇지 못하는 분들은 갖지 못하게 됩니다. 가능하면 많은 사람들이 참석하게 되기를 바라면서 교회를 방문하여 교인들을 설득하는 일은 선교사가 합니다. 11년 전 작은 오지에서 시작하여 이젠 남미의 미국인과 브라질 상파울로까지 넓어지게 되었습니다.

d. 단기선교팀을 활용한 선교의 열매

10년 전에 처음으로 캐나다의 벧엘교회에서 단기선교팀이 도착했습니다. 그리고 이제 그 교회는 볼리비아 단기선교가 고정된 연중행사가 되어버렸습니다. 이 교회는 지난 4년 동안 연속으로 단기선교를 왔습니다. 한 명의 치과 의사의 헌신으로 시작된 이 단기선교는 평생 볼리비아에 선교한다는 큰 목표를 세웠습니다. 이 교회의 청년팀에게 단기선교의 힘을 가르치고 경험하게 했습니다. 1년 동안 준비하여 정성을 다 모아 단기선교를 오게 됩니다. 단기선교 기간이 보통 3주(21일)인데 그 동안 2주는 약 10개의 오지 교회를 방문하여 할 수 있는 모든 일을 하게 합니다. 그리고 나머지 1주일은 볼리비아의 아름다운 곳을 찾아서 교제하며 쉬게 합니다. 손발을 씻어주고 머리를 감겨주는 일부터 미용사는 머리를, 치과의사는 이를 빼고 치료해 주고, 풍선 만들기, 손발톱에 매니큐어 칠하기까지 도시의 일상에서 일어나는 일 전부가 재현됩니다. 가능하면 같은 교회를 계속해서 갈 수 있도록 해서 단기선교에서 얻을 수 있는 열매를 맛보게 했습니다. 전년에 왔던 친구들의 3분의 1이상이 다시 단기선교를 오게 됩니다. 그들은 올해 처음으로 단기선교에 참석한 친구들이 알지 못하는 기쁨을 맛보게 됩니다. 달라져 있는 교회와 마을, 그리고 무엇보다도 작년에 사귀었던 아이들이 이름을 부르며 뛰어와 안기게 됩니다.

단기선교에서 돌아가면 1년 동안 다시 내년의 단기선교를 준비합니다. 돌아가서 두 달 안에 내년 팀이 구성이 되고, 구성된 팀은 일 년 동안 스페인어 공부와 기도, 그리고 펀드를 만들어 자금을 충당합니다. 그러는 동안에도 현장 선교사와 연락을 인터넷 등으로 계속하며 현장의 필요한 것들을 위해 기도하고 도와줍니다. 우리 현지 선교부의 차 3대 가운데 두 대는 이 친구들이 사 준 것입니다. 그리고 1년에 한 번 선교사 부부를 불러 캐나다에서 선교 부흥회나 특별한 집회를 엽니다. 1년은 너무 길다 하여 일 년의 중간쯤에 가지게 되는데 이 기회에 우리는 다시 만나 다음 단기선교 계획을 점검하는 시간을 가지게 됩니다.

이 단기선교팀이 선교의 큰 힘이 됩니다. 선교사에게 물질적인 후원뿐 아니라 정신적인 후원이 되고 있고, 현지인들에게는 선교사가 아닌 외국인들의 출현이 되면서 외국에도 믿음의 형제들이 있다는 사실을 알게 해 줍니다. 선물을 가지고 일 년에 한번씩 나타나는 이들에게서 현지 성도들은 자신이 혼자가 아니라는 사실을 알게 됩니다.

이번 해엔 4개의 교회에서 단기선교를 왔습니다. 한 팀은 고등학생 중심이었고 다른 한 팀은 청년과 젊은 집사님들로 구성이 되었습니다. 그리고 나머지 팀은 목사님 부부와 여 집사님들로 구성되었습니다. 연말에는 장년(남자)들로 구성된 단기선교팀이 한 팀 올 예정입니다. 이 팀들은 7-10일 정도로 기간이 길지 않았지만 프로그램은 비슷하게 적용했습니다.

그 중에 한 팀은 제가 참여하는 행사 광고를 인터넷에 알리면 그 때마다 관심을 쏟아 주시고 기도해 주십니다. 선교사에게 백만 대군의 응원군이 따로 없습니다. 선교지를 알고 선교사를 이해하는 건실한 단기선교팀이 있으면 된다는 생각이 듭니다.

3. 자립하는 교회에서 재생산하는 교회로 성장

저희 선교지 교회들은 처음부터 억지로라도 자립해야 했습니다. 도시의 교회이건 오지의 교회이건 처음부터 자립입니다. 제가 처음에 교단 총회 선교사로 파송되어 나와 보니 5개의 교회가 이미 개척되어 있었고, 2명의 선교사가 이미 있었는데 현지인 목회자 한 분에게 매달 us500불 생활비로 도와드리고 있었습니다. 2명의 선교사가 생활비에서 미화 500불씩 내고 주임 선교사가 모금으로 미화 1,000불을 감당하고 있었습니다. 제가 선교사로 파송되어 부담이 줄어들었다고 했습니다. 우리가 볼리비아에 도착하여 1주일 만에 병환 중에 있던 주임 선교사가 위암으로 순교하였고, 6개월이 못 되서 다른 한 분도 귀국하였습니다. 혼자서 매달 미화 2,500불을 감당하기는 어려운 일이었습니다. 더욱이 걱정되는 것은 교회가 늘어나면 이 부담이 계속 늘어난다는 것이었습니다. 지혜로운 방법은 교회를 줄이거나 문을 닫는 일이었습니다. 그러나 그것은 두 가지 다 있어서는 안 되는 일이었습니다. 그래서 현지인 목회자 생활비 지원을 줄여 나갔습니다. 더욱이 그 다음 해엔 의욕적으로 1월부터 12월까지 12개월 생활비를 다 모아 두었다가 12월에 한꺼번에 사역비를 만들어 주었습니다. 물론 현지인 목회자들을 모두 은행에 불러 일 년짜리 통장을 만들어 본인들이 언제든 자신의 통장을 확인할 수 있게 했습니다. 단 돈은 제 사인이 추가로 들어가야 찾을 수 있게 안전장치를 마련해 두었습니다.

그런대도 현지인 목회자들 가운데 한 사람도 흩어지지 않고 건강하게 살아 남았습니다.

그 다음 해엔 그렇게 목돈이 생겨 가게를 열거나 집을 샀는데도, 다음 해엔 그분들의 반대가 너무 심해 모아서 주는 일은 계속할 수가 없었지만 한 가지 큰 교훈을 얻었습니다. 안 도와주어도 될 수 있다는 사실을 알게 되었습니다. 그 대신 교회 헌금 사용을 크게 완화해 주었습니다. 당시 3,000볼리비아노(Boliviano 당시 가치로는 미화로 미화 500-600불에 해당)는 작은 돈이 아니었습니다. 헌금이 3천불에 이르기까지는 그 3천불의 절반을 교회에 그 사용 출처를 알리지 않고 목사가 임의대로 사용할 수 있게 했습니다. 3천불이 넘어가면 교회의 임원들과 의논해서 목회자 생활비를 결정하도록 했습니다. 헌금이 많아지면 목회자 생활비가 더 늘어난다는 사실도 교육했습니다. 그리고 이 교육은 효과가 있어서 그 후 3년 안에 선교부의 지원을 모두 없앴습니다. 대신 현지인 목회자 교육과 후생을 선교부가 맡게 되었습니다. 놀라운 사실은 이 때부터 천천히 각 교회들의 성장이 눈에 띄었습니다.

시골의 오지 교회도 마찬가지입니다. 교회가 생기기 전에도 훌륭하게 살아 남았고 사역자가 되기 전에도 잘 살아왔습니다. 이분들은 모두 자기의 경작지가 있습니다. 사역자는 다른 사람들보다 대부분 더 많은 밭을 가지고 있습니다. 사역자가 된 후에도 예전과 똑같이 농사일을 계속 합니다. 단지 일과 보람이 조금 더 늘었을 뿐입니다.

생활비를 안 주어도 된다면 교회는 많을수록 좋은 것입니다. 그래서 12년만에 5개의 교회에서 43개로 늘어났습니다. 현재도 계속 늘어나고 있습니다. 교회개척에서 교회 벽까지의 공사가 끝나면 소식이 옵니다. 지붕 작업부터 현지 선교부의 지원이 시작되기 때문입니다.

이 교회들이 모임을 가지고 그 모임에서 십일조의 십일조를 내어서 목회자의 복지를 위해 자금을 마련하고 있습니다. 이제 규모가 커져서 재생산이 가능한 교회들은 주변에 선교부에서 하고 있는 것과 같은 지원을 하며 다른 교회들을 개척해 나가고 있습니다.

정해진 시간 내에 빨리 교회를 건축하는 것보다 느리지만 스스로 건축하는 교회가 더 건실합니다. 현지 선교부에서 모든 것 다 부담해서 건축한 교회들은 아직도 교회 건물에 문제가 생기면 선교부를 찾습니다. 그러나 스스로 개척하고 선교부가 도와 지은 교회는 스스로 알아서 잘 해결해 나갑니다. 고기를 잡아 주는 것보다 고기 잡는 방법을 가르쳐 준 결과입니다.

도시에 교회를 개척할 때도 이 방법을 사용하기 시작했습니다. 이런 생각을 하기 시작한 것은 불과 3년 전이었습니다. 도시엔 대지 값도 비싸고 건물 규모도 커서 이 것을 실행하기가 쉽지 않습니다. 그러나 시작을 하였고 역시 잘 진행되고 있습니다. 임대부터 같이 시작합니다. 임대료를 성도들의 헌금으로 그 반 이상을 충당하게 교육하고 실천하게 합니다. 필요한 액수가 미화 200불이면 미화 300불을 만듭니다. 그리고 그 나머지는 교회 건축헌금으로 저축을 하려고 했습니다. 그러나 아직까지는 약속이 잘 지켜지지 않는 성도들 때문에 여유가 없습니다. 그러나 매달 미화 200불 이상은 채워집니다. 그리고 나머지 미화 200불은 선교부에서 모금하여 도와줍니다. 땅을 사거나 건물을 구입할 때도 이 원칙을 적용할 것입니다. 물론 액수가 크면 선교부의 부담이 70-80% 늘어나게 될 것입니다. 이 경우에도 현지인들이 최선을 다해 헌금하는 것을 기초로 이루어지게 될 것입니다.

현재 볼리비아 수도인 라 빠스에 한 교회가 전문인들을 중심으로 3년 전에 개척되어서 천천히 그러나 성장하고 있고, 1년 전에 산타 크루스에 또 한 교회가 개척되었습니다.

마치는 말

볼리비아 사역자들도 모두들 시골엔 가기를 꺼려합니다. 도시에서 잘 교육된 현지인 사역자를 보낼 수 있다면 선교가 더 효율적이 될 것입니다. 그래서 헌신된 사역자를 교육하는 것이 무엇보다 중요한 일입니다. 오지의 각 교회마다 사역자를 보내는 것은 어려운 일이기도 하고 효과도 떨어질 것으로 생각되어 계획에도 없지만, 순방하는 현지인 사역자를 양성하여 보내는 일은 매우 필요하고 가능하다고 생각합니다. 이 일을 위해서 신학교를 운영할 계획을 세워 두고 있습니다. 더 나아가서는 일반 미션스쿨을 만들어 운영함으로 자립하는 선교부를 가지길 원하고 좋은 기독교 사회를 만들어 내려고 합니다.

3년 전부터 오메레께(안데스의 오지 마을)에서 방송으로 복음을 전하고 있습니다. 복음뿐 아니라 찬송과 농사 지식, 그리고 마을의 공지 사항까지 알리는 문화매체로써 넓게 사용하고 있습니다.

이번에는 꼬마라빠라는 20개 이상의 교회가 밀집해 있는 곳에 그런대로 규격이 갖추어진 방송국(2분의 1킬로 와트)을 만들고 있습니다. 이미 모금이 되어 장비를 구입 중에 있고 면허를 신청한 상태입니다. 이 라디오 방송국들이 자라서 후에는 크리스천 T.V. 방송국으로 변하게 될 것을 희망합니다. 헌 장비와 간단한 비디오카메라를 이용하여 작은 비용으로 마을 T.V. 송신소를 운영하는 곳(우리 교회가 있는 미스께라는 마을)도 있습니다. 여기 볼리비아의 안데스는 제대로 된 것도 없지만 불가능한 것도 없습니다. 가난해도 배터리를 이용하는 라디오는 많은 사람들이 유일한 문화매체로 사용하고 있어서 전파를 통한 복음을 전하는 일이 아주 중요합니다.

특히 많은 채널이 필요 없는 단순 라디오는 가격이 매우 저렴하여 한 가정에 라디오 한 개 운동을 전개하고 있으며 반응이 아주 좋습니다.

크리스천 청소년 문화공간이 전무한 이곳에 청소년 문화공간을 만들기 위해 준비 중에 있습니다. 가스펠송과 커피가 있는 공간입니다. 청소년들의 왕래가 많은 도심에 집을 임대하여 인터넷과 상담소를 만들고 독서실 겸 도서실을 만들어 숙제나 공부를 하게 하고 친구들과의 교제의 시간을 가지게 하여 남는 여유시간을 그리스도인으로 살아가게 하는 프로젝트입니다. 특히 상담소는 기독교인 전문가들을 설득하여 자원자로 각종 청소년 문제 상담과 특히 성 상담을 하려고 합니다. 이 일은 같이 사역하는 다른 한국인 선교사가 큰 관심 속에 열심히 준비하고 있습니다. 볼리비아인에 의해 볼리비아가 선교되는 선교가 가장 바람직한 방법이라고 믿고 12년을 살아 왔습니다.

이번 기회에 이런 저희의 12년 사역을 처음으로 정리하며 선교전략을 발표하게 되어 기쁩니다. 이 대회를 주관하는 ACTS, 라틴아메리카선교연구원과 임원들과 제2차 전략회의를 후원하시는 분들께 깊은 감사를 드립니다.

선교전략 발표 20

과테말라-멕시코 전문인(자비량) 선교사들에 의한 현지 대학생 선교사역 30년 역사 및 그 현황과 선교전략 검토

안 요 셉 목사 | 전문인
미국 대학생 성경읽기 세계선교 교회
e-mail:josefahn@googlemail.com
(사진: 2차 3줄 우로부터 여섯 번째)

1990-현재 주 시카고 UBF 세계선교본부 라틴담당 선교사(Chicago North Eastern University) 개척사역. 현재 75명이 주일 영어예배 참석. 2006년 5월부터 스페인어 예배 개설 설교담당.

차 례

1. 선교의 시작과 그 역사
   A. 성경적 고찰
   B. 역사적 고찰
2. UBF 전문인 자비량 선교사의 중남미 대학생 선교사역
   A. 그간의 선교 유형
   B. 자비량 선교사의 필요성
   C. 자비량 선교사의 장점
   D. 선교 현황: 중남미 20개국에 90명 평신도 선교사 활동 중
   E. 중 · 남미 대학생 선교전략
3. 중 · 남미 전문인 자비량 학생선교의 한 사례
   A. 과테말라 개척(1976-1979)과 선교전략과 결과
   * 선교전략 : 말구유 역사와 5병2어 말씀
   B. 멕시코 개척(1982-1985)
   C. 선교전략

준비물: power point slide - Mexico, venezuela etc.

"예수께서 일러 가라사대 하늘과 땅의 모든 권세를 내게 주셨으니, 그러므로 너희는 가서 모든 족속으로 제자를 삼아, 아버지와 아들과 성령의 이름으로 세례를 주고, 내가 너희에게 분부한 모든 것을 가르쳐 지키게 하라. 볼찌어다 내가 세상 끝날까지 너희와 항상 함께 있으리라 하시니라" (마태복음 28:18-20)

1. 선교의 시작과 그 역사

A. 성경적 고찰

"창 3:15: 내가 너로 여자의 후손과 원수가 되게 하리니 그는 너의 머리를 부술 것이며, 너는 그의 발꿈치를 물 것이니라"

태초에 하나님이 천지를 창조하셨습니다. 그리고 각종 식물과, 바다의 물고기와 공중의 새와 육지의 짐승들을 지으셨습니다. 마지막으로 이를 다스리며 지키는 청지기로 아담을 창조하셨습니다. 하나님은 아담을 위해 하와를 동역자로 지으시고 에덴낙원을 창설하여, 위로는 하나님을 섬기고 아래로는 그 지으신 만물을 다스리며 영원토록 낙원에서 살 수 있는 축복을 허락하셨습니다.

그러나 인간은 사탄의 꾀임으로 하나님을 불순종하였습니다. 그 결과 낙원에서 추방되었습니다. 또 때가 되어 죽고 영원히 지옥형벌을 받아야 하는 멸망의 존재가 되었습니다. 자, 이런 절망적인 상황에서 하나님은 무엇을 하셨습니까?

하나님은 가련한 인생들을 불쌍히 여기셨습니다. 그리고 이들을 살릴 방도를 강구하기 시작하셨습니다. 창세기 3:15절을 원시 복음이라 합니다. 즉 구세주를 여자에게 보내시겠다는 계획입니다. 그가 사탄의 머리를 깨고, 자신은 그 대신 죽어 인생들을 구속하시겠다는 것이었습니다. 이렇게 하나님의 구속역사, 다시 말해 하나님의 선교사역은 태초에 인간이 타락한 그 순간부터 이미 출발했다고 보아야 하겠습니다. 세계만민을 구원하시려는 선교사역의 시작은 바로 하나님 자신이시라고 할 수 있겠습니다.

그 뒤 하나님은 아브라함 한 사람을 불러 25년간 키우시고 믿음의 조상이 되게 하셨습니다. 창세기 12:3에서 하나님은 "너와 네 자손을 인하여 땅의 모든 족속이 복을 받을 것이니라"(창 12:3) 곧 온 세상을 구속할 메시아를 그의 후손 가운데서 허락하겠다 하셨습니다. 그간 많은 선지자가 오갔습니다. 그들은 한결같이 오실 메시아에 대해 예언하였습니다. 다윗 왕 때였습니다. 하나님은 하나님의 마음에 합한 다윗에게 메시아의 약속을 확인해 주셨습니다. 그의 보좌는 영원하겠고 그 왕국은 영원하리라 했습니다. 마침내 때가 되어 하나님은 아브라함과 다윗의 자손 가운데 예수님을 메시아로 보내셨습니다. 즉 예수님은 하나님께서 보내신 만민 구속을 위해 성육신 하신 하나님이십니다.

예수께서 선교사로서 하신 일은 크게 두 가지로 나눌 수 있겠습니다. 그 하나는 자신을 죄인들의 대속물로 드려 십자가에 돌아가신 일입니다. 그 두 번째는 12제자를 기르신 일이십니다. 그리고 부활하신 예수님은 하늘과 땅의 모든 권세자로서 이 복음을 땅끝까지 가르쳐 지키게 하라는 절대명령을 하셨습니다.

오늘날 우리가 이곳 쿠바까지 와서 중 · 남미 선교대회를 할 수 있게 된 것은 바로 이 12사도요 선교사들인 예수님의 제자들이 성령을 받고, 또 말씀에 절대 순종한 결과라고도 할 수 있겠습니다.

B. 역사적 고찰

사도행전은 곧 성령의 행전입니다. 12제자들은 예수님께 직접 훈련을 받은 자들입니다. 그들은 3년간 선한 목자 예수님을 보고 배웠습니다. 십자가에 돌아가신 예수님을 직접 체험했습니다. 또 부활을 그 눈으로 보고 또 그 손으로 만진 자들이었습니다. 그러나 이들은 여전히 겁에 질려 벌벌 떠는 무리들에 지나지 않았습니다. 그러나 이들에게 성령이 임했습니다. 하나님의 성령은 이들로 두려움 없는 선교사가 되게 했습니다. 그들은 예루살렘과 온 유대와 사마리아로 복음을 담대히 전하며 돌아다녔습니다. 그들에 이어 하나님은 살인자 바울을 변화시켰습니다. Tent maker 바울을 통해 복음은 소아시아를 거쳐, 유럽에 상륙했습니다. 마침내 로마를 정복하고, 당시의 땅끝 전 세계로 퍼져갔습니다. 이 복음은 어두운 중세를 거쳐, 근대의 서구세계 식민제국주의가 번져갈 시 영국, 프랑스, 화란 등을 통하여 호주, 아프리카와 더 나아가 아메리카 신천지로 전파케 되었습니다. 한편 스페인과 포르투갈을 통해 15-16세기경 중ㆍ남미 여러 나라에 전해졌습니다. 처음엔 가톨릭교의 이름아래 복음이 전해 오게 되었던 것입니다.

개신교에서 중ㆍ남미를 선교대상으로 삼아 사역하기 시작한 것은 20세기에 들어가서야 겨우 시작되었다고 하겠습니다. 무엇보다 100년 남짓한 역사밖에 갖지 못한 한국 개신교 교회가 중ㆍ남미 선교에 관심을 가지게 된 것은 반세기도 채 되지 못하는 지난 30-40년 역사밖에 되지 않는 줄 압니다. 중ㆍ남미 이민 역사가 멕시코 유카탄을 기점으로 100여 년 전으로 거슬러 가기는 합니다. 하지만 본격적인 선교라고 할 수 있게 된 것은 1960년대 5.16 혁명 후, 1970년대 브라질, 파라과이 등 남미 지역 이민 장려 정책으로 많은 가족들이 대거 이민 하는데서 기원을 찾을 수 있다고 하겠습니다. 그간의 복음사역은 주로 이민자들을 중심한 이민교회 형태가 주를 이루었습니다. 서구의 선교사역이 주로 교육선교, 병원선교, 순수 말씀선교 형태를 가졌다면, 중ㆍ남미의 선교는 주로 이민교회설립, 아동선교, 태권도 체육선교, 좀 더 나아가 오지 선교 및 현지인(도시빈민) 선교 등이었습니다.

2. UBF 전문인 자비량 선교사의 중ㆍ남미 대학생 선교사역

이와 때를 같이 하여 30년 전인 1976년 하나님께서는 중ㆍ남미에 대한 전문인 자비량 학생 선교역사를 조용히 시작하셨습니다. 오늘 본인의 발표는 바로 선교사 중에서도, 본부 교회나 선교단체의 재정적 지원을 받지 않는 전문인 자비량 선교사에 관한 것입니다. 그것도 중ㆍ남미 현지인 상대의 선교입니다. 중ㆍ남미 현지인 중에서도 대학생이라는 특수 집단에 대한 선교사역이 어떻게 시작되고 이제까지 발전되어 왔는가 하는 것에 초점을 맞추고자 합니다.

A. 그간의 선교 유형

그간 서구 중심의 선교사역 방법은 무엇이었습니까? 주로 모 교회 또는 선교단체에서 파송되어 온 풀타임 선교사 또는 목회자에 의해 시행되어 왔습니다. 이제까지는 선교사의 신분으로 세계 각국에 비교적 별 문제 없이 입국하여 선교사업을 할 수 있었습니다. 이분들은 재정적으로 또 정신적으로 지원을 받아 비교적 안정된 상황하에서 각자의 선교 사역에 종사하여 왔습니다. 이들의 상대는 주로 일반 모든 사람이었다고 볼 수 있겠습니다. 그 선교

방법은 교회개척과 교육을 통한 것, 질병치료를 통한 병원선교, 문서선교, 구제선교, 아동선교 등 다양한 방법이 있었다고 하겠습니다. 하나님께서는 이제까지 이분들의 노고를 통해서 세계 각지의 어두운 곳에 빛을 밝히는 역사를 해 오셨습니다.

B. 자비량 선교사의 필요성

그러나 세계가 정보화 시대를 맞았습니다. 세계는 지구촌이라 불리며 가족화가 되어 가고 있습니다. 엄청나게 쏟아지는 정보를 빠른 시간에 공유하는 등 열린사회가 되어가고 있습니다. 서로 간에 네트워크가 절실히 필요한 시대가 되었습니다.

그 반대로 선교사들에 대한 문호는 점점 더 닫혀가고 있는 현실입니다. 1987년 데츄나오 야마모리가 조사한 보고서에 의하면 완전 폐쇄국가가 3개, 매우 폐쇄적인 국가가 43개, 약간 폐쇄된 국가가 31개, 그리고 폐쇄되고 있는 국가가 7개라 합니다. 이것은 18년 전의 통계인데도 폐쇄관련 국가가 84개국이나 됩니다. 또한 포스트 모던 시대의 젊은이들은 선교사가 되겠다는 소망이 적습니다. 영적 소원보다 세상 직장을 즐기며, 보수가 많은 직장을 선호하는 경향을 볼 수 있습니다. 이제 선교사가 되면 봉급을 더 주겠다고 하여도 선뜻 선교사가 되겠다는 영적인 젊은이들이 줄어가는 시대에 살고 있습니다.

반면 세계 인구는 점점 더 빠른 속도로 늘어가고 있습니다. 다른 말로 하면, 하나님을 모르고 예수님을 알지 못해 죽어가는 자들의 수는 이들을 복음화 해야 할 선교사의 수와 반대로 날로 달로 팽창해 가는 지구촌 사정입니다.

이렇게 변해가는 세상 사정 속에서 예수님께서는 무엇이라고 하시겠습니까? 예수님은 여전히, 아니 더욱 안타까운 심정으로 간절히 말씀하시고 계십니다. "너희는 온 세상에 다니며 만민에게 복음을 전파하라!" 세계선교사명은 명령으로써 불변합니다.

그러면 이렇게 급변하는 현대의 어려운 사정하에서 어떻게 주님의 세계선교 명령을 절대적으로 순종할 수 있겠습니까? 그를 위한 여러 좋은 해결책 중 하나가 아마도 전문인 자비량 선교사를 많이 길러 파송하면 된다는 것일 것입니다.

전문인 자비량 선교사 한 명을 길러 내는 데는 상당한 시간과 노력과 정성이 드는 게 사실입니다. 그러나 만일 우리가 전문인으로서 좋은 직장을 갖고 있는 자를 선교사로 내 보낼 수만 있다면 여러 가지 문제가 한꺼번에 해결되는 결과가 온다고 보겠습니다.

C. 자비량 선교사의 장점

첫째, 경제적인 지원이 필요 없습니다. 한 사람, 한 가정이 이국땅에 가서 정착을 하고 어학을 배우며, 현지문화를 익히고, 현지인이 알아들을 수 있도록 구원의 메시지를 전할 수 있기까지 들어가는 각종 재정지원은 참으로 엄청납니다. 재정이 든든한 큰 교회라고 하여도 적지 않은 부담이 간다고 할 수 있겠습니다. 또 선교단체에서도 Full time 선교사 여러 명을 매달 지원하고 그 가족의 생계, 건강, 교육, 더 나아가 사역에 필요한 주택, 교회, 차량, 현지인 동역자 봉급 등을 다 고려하면 엄청난 자금이 필요한 것을 알 수 있습니다. 그러나 전문인 자비량 선교사는 이러한 일체의 재정부담을 파송교회나 파송 선교단체에 주지 않는다는 장점이 있겠습니다. 그와 반대로 전문인 자비량 선교사는 본 교회, 선교단체에 그들의 헌금으로 지원을 한다는 장점이 있습니다.

둘째 선교폐쇄 미전도 국가에 침투해 들어갈 수 있습니다. 전문인 자비량 선교 사역자는 의사, 간호사, 외교관, 사업가, 체육인, 해외주재 공무원, 회사원, 유학생, 교수 등의 신분으로 선교사를 금지하는 미전도 폐쇄 국가에도 들어가서 자유롭게 활동할 수 있다는 장점이 있습니다.

이들은 자신들의 전문기술로 현지국가, 주민, 현지인 동료들에게 실생활과 근무를 통해서도 유익을 주기에 환영 대상이 될 수 있고 그들과 자연스런 접촉도 가능하다는 것입니다. 현대인은 더 이상 자기 발로 교회를 찾아오지 않으려는 자가 많아졌다고 하겠습니다. 또한 주일날 수많은 각종 오락물, 스포츠 등 이벤트가 많아 이들이 하나님과 선교사들을 찾아오도록 기대하기는 더욱 어렵게 되었다는 것입니다. 그러나 전문인 자비량 선교사들은 바로 그들이 살아가고 있는 현주소에서 같이 숨쉬고, 일하고, 대화하고, 어려움을 같이 당하며, 그 안에서 믿음으로 사는 법을 보여주는 빛과 소금의 역할을 합니다. 바로 예수님의 성육신 선교방법이 전문인 자비량 선교방법인 것입니다.

더 나아가 이 전문인 자비량 선교사가 현지인을 선교할 수 있다면 그보다 더 좋은 일이 없을 것입니다. 이 전문인 자비량 선교사들은 하나님 앞에서 훈련을 잘 받은 자들입니다.

그들은 불신자를 믿게 하는데 그치지 않습니다. 제자들을 키워냅니다. 그래서 그 전문인 자비량 선교사 한 사람 혹은 한 가정이 4-5년 혹은 십여 년에 걸쳐 현지인 제자들을 키워 낸다면 놀라운 종합적 증가의 역사가 일어나게 되는 것입니다. 그들이 보통 일반인이 아닌 한 국가와 세계를 짊어지고 나갈 책임 있는 젊은 대학생들을 길러낸다면 이에 더 바랄 것이 없을 것입니다. 이들 현지 대학생들은 학생시절 하나님을 만나고, 죄 사함과 구원의 은혜를 체험합니다. 그리고 말씀 공부를 꾸준히 하며, 제자 훈련을 받아 곧 제자를 재생산할 수 있게 됩니다. 그의 제자가 또 제자를 만들고 또 꼬리를 물고 연쇄 반응적으로 역사를 하여 나간다면 그 나라를 뒤흔드는 놀라운 일까지 기대해 볼 수 있겠습니다. 그 대학생들은 사회 각 분야의 리더요 전문인 자비량 선교사가 되어 자국의 복음화를 위할 뿐 아니라 힘이 넘치면 세계 선교로까지 연결이 가능케 된다는 것입니다.

한 전문인 자비량 선교사가 또 한 사람의 현지인 전문인 자비량 선교사를 탄생시키고 2년에 한 제자를 키워낸다면 2,4,8,16,32,64,128,256,512,1024,2048,4096 그리고 9182, 즉 13년 만에, 26년 만에 1만 명의 열매가 맺힌다는 대수적 결론이 나오게 됩니다.

전문인 자비량 대학생 사역 선교사를 키워낼 수만 있다면 지금 한국 온 교회가 기도하며 부르짖는 100만 명 선교사 파송도 조만간 이루어질 수 있는 가능한 꿈이 될 것입니다.

과연 이런 꿈같은 좋은 일이 벌어질 수 있는 것입니까? 이런 일이 이루어질 수 있다면 이것이야 말로 영적으로 매우 각박한 현시대에 하나님께서 허락하신 가장 바람직한 선교 유형 중 하나임을 알 수 있을 것입니다.

하나님께서는 제가 방금 말씀드린 이상적인 전문인 자비량 선교사가 현지인 대학생들을 제자요, 제자양성가가 되게 한 실례들을 지금부터 이야기하고자 합니다. 단순히 현지인 제자 양성가를 키울 뿐 아니라, 이들이 또 다른 전문인 자비량 선교사가 되어 심지어 제3국에 파송되기 시작한 하나님의 역사에 대해서 보고 드리고자 합니다. 그것도 바로 우리가 몸담고 있는 이 중 · 남미 33개국(섬 지역 포함) 중 이미 20여 개국에서 하나님이 이루신 역사라는 것입니다. 그 기간은 불과 지난 30년 전후의 짧은 기간이었기에 더 한층 놀라운 일이라 하겠습니다.

D. 선교 현황: 중·남미 20개국에 90명 평신도 선교사 활동 중

1976년대 말 주 과테말라 대한민국 대사관에 안요셉 선교사가 외교관 선교사로 파송되었습니다. 그가 떠난 후 든든한 후계자가 없어 역사가 소멸되었습니다. 그 후 다시 1980년 후반부에 함안나 선교사가 주 과테말라 한국 대사관 여비서로 옴으로 역사가 새로 시작되었습니다. 90년도에 호수에 함 선교사가 결혼하여 와서 이제 주일 예배 30명대로 자라가고 있습니다.

1982년 9월 주 멕시코 대한민국 대사관에 안요셉 선교사가 대사관 영사로 파견됨으로 멕시코 개척 역사가 시작되었습니다. 떠날 즈음 5-7명에 불과했던 역사였습니다. 이번에는 아브라함, 사라 황 선교사 가정과 디모데, 나리 선교사 가정이 안요셉 선교사가 떠나기 일년 전 파송되어 왔습니다. 이분들을 통해 계속된 역사는 지금 주일 평균 115명대를 이룹니다. 12개 지부 30여 명의 평신도 선교사가 있습니다. 내년도 2007 평신도 대학생 선교회 라틴 국제대회 때는 라틴 20개국 멤버들과 타 대륙 선교사를 합해 600여 명 규모의 수양회를 계획하고 있습니다.

이제까지 중·남미 대륙에서 개척된 나라 수는 모두 20개국에 해당됩니다. 멕시코, 아르헨티나, 볼리비아, 브라질, 칠레, 콜롬비아, 코스타리카, 도미니카 공화국, 엘살바도르, 푸에르토리코, 에콰도르, 과테말라, 온두라스, 니카라과, 파나마, 파라과이, 페루, 쿠바, 우루과이, 베네수엘라. 지부 수로는 32개 지부가 됩니다. UBF 전문인 자비량 선교사 총 숫자는 약 90여 명이 파송되어 있습니다. 이들 숫자는 기드온의 300명에도 해당되지 않는 적은 숫자입니다. 그러나 이들 90여 명의 선교사들은 아무의 재정지원도 받지 않고 현대의 사도바울처럼 자비량으로 주님 일을 지난 10년, 20년 모든 환난 고통을 이기고 감당해 온 역전의 용사들입니다. 매일 자기자신과 식구들의 생계문제, 건강문제, 현지문화 적응문제, 2세 교육문제, 비자문제 등으로 하루도 마음 편할 날이 없는 전문인 자비량 선교사들입니다. 그러나 이들은 자신의 문제를 넘어서서 굳건히 예수님을 붙들고 제자양성역사에 온 마음과 가정과 장래를 다 드려 주님께 열정과 사랑을 바치고 있는 오늘날의 산 순교자들이라고 말할 수 있습니다.

이들이 한 사람씩 도와 제자로 자라고 있는 현지 대학생 주일 예배 참석 총 숫자는 약 400여 명이 되고 있습니다. 이들 400여 명은 단순한 학습 수준의 크리스천들이 아닙니다. 지금 대학공부를 열심히 하며 예수님의 제자도 수업도 같이 받고 있는 자들입니다. 장래 어느 순간에는 제자양성가요, 또 선교사로 나아갈 수 있고 나아가고자 소망하고 있는 자들입니다.

멕시코의 예를 보면 지난 24년 동안 현지 목자들이 자라서 주일 메시지를 선교사 대신 전하고 있습니다. 그리고 멕시코대학 시절부터 말씀으로 자란 제자들은 이제 제자 양성가요 선교사가 되었습니다. 페루에 Efrain과 Eugenia 한 가정, 엘살바도르에 Edith 한 가정, 도미니카에 Jorge Antonio 한 형제 선교사가 파송되었고, 푸에르토리코에도 파송되었습니다. 그리고 한 가정은 미국 시카고에 와서 미국 대학생들을 10여 명씩 말씀으로 매주 먹이는 선교사가 되었습니다. 이와 같이 멕시코인이 다른 중남미 나라와 선진국 미국에 선교사로 나아가는 역사는 멕시코 역사상 처음 있다 해도 과장이 아닙니다. 아마도 2007년 8월초에 멕시코에서 개최되는 라틴 국제 수양회에는 600-700명 규모의 학생들이 참석할 것이라고 전망하고 있습니다.

지금 2007년까지 33개국 중 · 남미 국가(섬 지역 포함) 중 인구 10만 이상 국가 25개국을 개척하고자 계속 기도하고 있습니다.

E. 중미 대학생 선교전략

그럼 누구로부터, 어떻게, 어디서부터 학생 선교를 해야 할까요?

첫째, 선교사 그 자신으로부터 시작하였습니다. 각 나라에 도착하는 날 주일부터 시작 합니다. 대부분 청중은 아내와 자식들이 됩니다. 아는 이가 아무도 없는 때입니다. 그러나 매일 QT를 깊이 합니다. 일용할 영적 양식을 매일 먹으며 기도로 혼자 준비할 수 있는 좋은 시간을 갖습니다. 스스로 재충전, 자가 발전의 좋은 기회, 마치 예수님이 40일간 사탄의 시험을 받으시며 자신을 준비하는 것과 같은 좋은 시간 갖는데서 출발합니다.

둘째, 말구유 역사 방법을 따랐습니다. 그것은 하나님께서 하신 방법입니다. 세계구속이라는 엄청나고 방대하며 역사적인 사역을 시작하는 마당에 어디서 시작하셨는가 하면 말 구유에서 어린 아기로 시작하셨다는 것입니다. 또 세례 요한은 사람 아무도 없는 사막 광야에서 말씀을 외쳤다고 했습니다. 평신도 선교사들은 이 방법을 따라 없는 데서 시작합니다. 걸상도 두 서너 개 밖에 없습니다. 강대상은 커녕 사과 상자도 없습니다. 서반아어 성경 찬송도 아직 구입하지 못한 상태입니다. 아무도 예배에 참석할 기미가 전혀 안 보이는 때 바로 자기 집을 말구유 삼아 혼자 주일 예배를 보기 시작한다는 것입니다. 물론 혼자 사회, 기도, 찬송, 말씀봉독, 설교, 헌금, 헌금기도, 광고까지 짧지만 모든 형식을 100여 명이 참석하는 예배에서 하듯 빠짐없이 다 합니다. 하나님 앞에서 하는 예배는 1,000명 앞에서나 아무도 없을 때나 매 한가지로 할 수 있는 것입니다.

셋째, 5병2어식 개척 역사였습니다. 예수님은 5,000명을 먹이시기 원하시면서도 실제는 가지고 있는 5병 2어만 주께 바치면 그것이 가능한 것을 보여 주셨습니다. 그동안 10여 년 이상 배웠던 여러 말씀들은 창세기부터 서반아어 강의안으로 만드는 좋은 계기가 됩니다.

넷째, 한 사람 아브라함으로부터 시작하신 하나님의 구속 역사방법을 따랐습니다. 여기 저기 둘러보는 중 매일 만날 수 있는 한 사람에게서 시작합니다. 저 같이 외교관의 경우, 대사관 비서 아가씨와 또 운전수 아저씨가 있어 그들을 5병2어 삼아 점심시간에 말씀공부를 시작하게 되었습니다. 좀 있어 이들은 주일 예배에 참석하기 시작했습니다. 그러자 그들을 통해 한 대학생이 저와 말씀 공부를 하게 되었습니다. 그는 이 학생을 아브라함처럼 여기고 처음에는 일주에 한 번, 좀 가서는 일대일 말씀공부 2번, 3번, 나중에는 거의 매일 공부하다시피 향상되었습니다. 그러자 이 한 사람을 통하여 하나님은 그의 여동생, 여동생의 애인, 친구, 친척 이렇게 도미노식이랄까 연쇄반응식이랄까, 원자의 핵반응 같은 역사가 일어나기 시작했습니다. 그룹 말씀 공부와 주일 예배에 5명, 7명, 10명, 15명, 20여 명에 가깝게 모여들게 되었습니다.

다섯째, 12제자를 양성하신 예수님의 방식을 따르고자 했습니다. 한 사람을 아브라함처럼 굳게 세운 뒤 할 일은 말씀 공부하러 오는 학생들을 모두 제자로 세워야 한다는 것입니다. 이것은 그의 3년 외교관 근무로는 꿈만 같은 일이었습니다. 그러나 시작은 해놓고 보아야 한다는 것입니다.

여섯째, 현지 문화에 맞는 방법으로 재미있고 기쁜 사역을 하였다는 것입니다. 베네수엘라의 예를 들겠습니다. 한국유교, 불교문화권에서 자란 선교사들이 타 문화권, 특히 중남미 문화권 학생들을 상대로 선교를 하기 시작할 때에 문화적 충돌이 컸습니다. 베네수엘라 대학생들은 한국 선교사에게 너무나 한국적이다, 권위주의적이다, 주일 예배가 지루하다 등등 불평을 하며 떠나갔습니다. 그 선교사는 기도하며 여러 가지 방법을 모색한 끝에 예배 전 30분 정도 베네수엘라 학생들이 주도가 되어 라틴식의 성가를 부르게 하였습니다. 그들은 타악기, 베이스 등 각종 악기를 치고, 몸을 흔들며 마음껏 자기 식대로 찬송을 하였습니다. 그렇게 정서적으로 그들의 마음을 먼저 녹여 주였습니다. 이렇게 충분히 그들의 욕구를 채운 뒤, 깊은 말씀으로 그들의 영혼을 때렸습니다. 그 뒤 그들에게서는 더 이상 한국적이니 하는 문화 차이에 관한 언급이 없게 되었습니다.

일곱째, 현지 학생들의 깊은 인생문제와 죄 문제들을 말씀으로 도전, 회개케 하고 회개한 자는 기쁨으로 받아들여 과거 고백한 죄로 인해 더 이상 노예가 되지 않게 분명하게 복음으로 도왔습니다. 중남미 전체의 근본문제는 스페인 식민지 하의 나쁜 영향을 받아, 아버지가 집을 나가는 문제, 즉 어머니 중심의 외로운 가정문제, 음란문화, 미혼모, 혼인전 성관계, 무능 부패한 정치지도자에 대한 불신, 불만, 졸업하여도 직장을 구할 수 없는 장래 걱정, 가난, 열등감, 시기심, 더 나은 세계에의 열망, 미국행, 세계에 대한 희망 없음, 인생 전반에 대한 자포자기, 한 마디로 개인의 깊은 죄 문제, 사회경제적, 국가적문제로 고민하고 있습니다. 이들을 동정하지 않고, 모든 문제의 근본문제인 죄 문제를 인정하고, 이를 죄사함의 권세자 예수님에게 고백하고 사함 받고 새 사명인이 되도록 분명히 말씀으로 돕습니다.

이를 집중적으로 돕기 위해, 간음하다 잡힌 여인의 말씀(요한 8장), 사마리아 여인의 이야기(요한 4장), 중풍병자의 죄를 사하신 예수님(막 2장), 십자가상에서 우리 죄를 사하시고 다 이루었다 하신 예수님(요 19), 십자가상에서 한 강도를 구원하신 예수님(눅 23) 등을 공부합니다. 그리고 이미 자신의 심각한 간음죄나 흉측한 죄악들을 고백하고 죄 사함 받고 제자 양성가가 된 리더급 중에서 진솔한 간증을 하게 도와주면, 나머지 후배들도 모두 선배들을 따라 죄를 부끄럼 없이 하나님과 예수님께 먼저 고백하고 죄 사함 받은 뒤 또 공중 앞에서도 하게 되는 놀라운 성령의 역사가 곳곳에서 일어나고 있습니다. 리더가 된 자 들에게는 포도나무와 가지의 비유(요15) 말씀을 통해 배운 말씀에 꼭 붙어 있게 도와줍니다. 그리고 "자기를 부인하고 자기 십자가를 지고 예수님을 좇도록" 돕고, 나아가 제자양성가가 되고 선교사가 되도록, "너희가 먹을 것을 주라"(요 6), "네가 나를 사랑하느냐? 내 양을 먹이라" (요 21) 말씀과 또 4복음서의 마지막에 나오는 예수님의 세계선교 명령을 순종하도록 돕습니다.

UBF는 1961년 한국에서 故 이사무엘 박사와, 미 장로교회의 배사라 선교사 두 분이 마음을 합쳐 시작하였습니다. 지난 45년간 UBF는 전후좌우를 돌아볼 겨를 없이 자체 제자양성에 집중했습니다. 그리고 그 중 1,500여 명을 세계 87개국에 전문인 자비량 선교사요, 대학생 선교사역자로 파송하는데 온 힘을 집중하느라 다른 선교단체와 교회들과의 관계에 소흘한 점이 없지 않았습니다. 그러나 이제 한국 기독교 100주년을 기념하며 100만 명 선교사를 전 세계 특히 미전도 종족에게 파송하자는 대열에 앞장서고자 합니다. 이는 전문인 자비량 사역자 양성 및 파송 없이는 감히 엄두도 낼 수 없는 기도제목인 줄 압니다. 그러나 이제 전 교계와 선교단체 등 모두가 한 마음 한 뜻으로 기도하며 힘을 합치면 전능하신 하나님께서 우리시대에 이 기도제목을 이루어 주실 줄 믿고 간절히 기도합니다.

3. 중·남미 전문인 자비량 학생 선교의 한 사례

A. 선교사 준비기간

저는 어릴 적부터 부모님들을 따라 교회에 다닌 모범생이었습니다. 그러나 고등학교에 들어가면서부터 교회를 점차 멀리하게 되었습니다. 저는 예수님을 개인적으로 만난 체험까지 있는 소위 구원과 거듭남까지 체험한 학생이었습니다. 그러나 어쩐지 교회생활은 답답해 보이고 아주머니들과 아이들 아니면 노인 어른들로만 꼭 찬 교회보다 바깥 친구들의 세상이 더 넓어 보이고 좋게 보여 교회생활에서 뛰쳐나와 본 것입니다.

혹시나 한국에서 제일간다는 대학만 합격 할 수 있다면 인생사 모든 문제가 다 해결 될 줄 생각하였습니다. 1965년 5.16 혁명이 막 자리를 잡아가려든 때 저는 하나님의 은혜로 모두가 선망하는 서울대학교 법과대학에 입학이 되었습니다. 그러나 입학의 기쁨도 잠깐 다시 인간의 고뇌에 빠져 들게 되었습니다. 마침 어머님에 이어 아버님까지 돌아가신 그 즈음 석가모니와 같이 생노병사의 고뇌에 푹 젖어 있었습니다. 그 뿐만 아니었습니다, 예전에 죄로 여기던 술 담배도 해보고 그 당시 인기였던 이화여대생들과의 미팅도 주선해 보았지만, 인생의 허무는 더해 갔습니다. "헛되고 헛되고 헛되고 헛되니 모든 것이 헛되도다"라는 전도자의 말을 입에 되뇌면서 인생의 의미를 못 찾아 헤매고 있던 때였습니다. 과연 누가 나를 이 인간 고뇌에서 건져낼 수 있으랴? 이런 때 마침 광주에서 시작하여 전주, 대구, 대전을 거쳐 서울에 상륙한 UBF(대학생 성경읽기 선교회)를 만나게 된 것이다. 그때부터 말씀공부를 매주, 매일 하며 10여 년의 세월이 흘러갔습니다. 무엇보다 이 기간 동안 하나님께서는 언제 어디서고 혼자 말씀을 파서 먹고 생존할 수 있는 일용할 양식(daily bread QT)을 자발적으로 먹는 훈련을 받게 해 주셨다는 것입니다. 또 다른 대학생들을 제자로 키울 수 있는 훈련을 받게 해 주셨습니다. 대학 나머지 3년 간은 점차 성적이 좋아졌고 머리 좋다는 서울법대에서 4년 평균 전교 11등까지 올라가는 모범생이 되었습니다. 또한 매주하는 캠퍼스 말씀공부의 리더를 했습니다. 그때 캠브리지 7인처럼 6-7명의 동기들이 말씀을 열심히 공부했는데 그 중에서 대법관이 2명, 국회의원 1명, 외교관 2명이 탄생되었습니다. 그리고 철 따라 열리는 여름, 겨울 성경학교나 강습회 때 학생 간증 또는 강사로 훈련을 받았습니다. 곧 군에 가서는 군 선교사로 군목을 대신하여 교회에서 말씀을 전하게 되었습니다. 저는 법관이 되어 가난한 신세를 면하고 좀 떵떵거리며 살아야 하겠다고 법대에 들어갔습니다. 그러나 마태복음의 세계선교 절대명령, 또 사도행전 1:8에서 "오직 성령이 너희에게 임하시면, 너희가 권능을 받고 예루살렘과 온 유대와 사마리아와 땅 끝까지 이르러 내 증인이 되리라"는 말씀을 인생요절로 영접하고, 여권이 문제가 없는 외교관이 되고자 방향을 바꾸었습니다. 그리하여 1970년 법대를 졸업하면서 외교관시험에 합격, 외교관이 되었던 것입니다. 1973년 하나님을 사랑하는 아름다운 여인과 가정도 꾸려 믿음과 사명 중심의 가정 형성, 자녀 키움 등 행복한 생활이 시작되었습니다. 외무부 본부 근무 시절엔 초년생이었지만 외무부 신우회를 조직하여 매주 한 번 점심시간마다 그룹 지도 말씀을 인도하곤 했습니다.

B. 과테말라 개척(1976-1979년)과 선교전략과 결과

그러던 중 1975년 서반아어 연수 케이스로 스페인에 발령 받게 되고 이어서 1976년 과테말라로 발령을 받아 가게 되었습니다. UBF에서는 저를 주 과테말라 전문인 자비량 선교사로 임명하여 파송해 주었습니다. 돌이켜 보면 이와 같이 10여 년에 걸쳐 대학 2학년 때부터 해외 선교사로 가기까지 하나님은 전문인 자비량 선교사로 대학생들을 제자로 키울 수 있는 준비를 해 주셨던 것을 볼 수 있습니다.

1975년 말 나는 과테말라 발령을 받고서 예수님이 공생애를 시작하셨던 30세 되던 해인 1976년 9월 과테말라의 수도 과테말라시에 부임하였습니다. 중학시절 지리 시간에 겨우 한두 번 들어본 것 같던 중미의 한 나라 과테말라에 단신으로 부임한 것입니다. 그 당시 UBF 신임 한국 총재로 전요한 박사가 이사무엘 박사의 미국 개척파송을 인하여 군에서 제대한 후 곧바로 계승의 역사를 이어 받고 있던 때였습니다. 그때 나의 아내 안마리아 선교사는 UBF 종로 지부 학사회 책임자로서 100여 명 이상의 학사들에게 주일 메시지를 전하고 있던 때였습니다. 또한 선교재무실무자이며 UBF 본부 종로의 핵심을 담당하고 있던 나의 아내는 전 박사를 도와 역사계승을 도와주지 아니하면 아니될 입장에 처해 있었습니다. 우리들은 주님의 역사를 잠시나마 떨어져 섬기지 않으면 안 되는 상황을 맞았습니다. 나는 사랑하는 아내와 1살 된 아기 요셉을 한국에 남겨 놓은 채 먼저 혼자 과테말라로 떠나게 되었습니다.

1년간의 스페인 어학연수 생활이었으나 여전히 스페니쉬는 서툴기 짝이 없었습니다. 'Como esta ustded? Me llamo Jose Ahn. Yo soy de Corea.' "안녕하세요. 저의 이름은 안요셉입니다. 저는 한국에서 왔습니다" 정도를 나누는 게 고작이었습니다.

먼저 거할 처소를 정하는 것이 급선무였습니다. 대사관 신임 업무도 빨리 익혀야 했었습니다. 처음 발령받은 외교관들이 하는 일은 소위 말해서 대사님 일부터 소사 일까지 모두다 해 내어야 하는 것이었습니다. 그 당시 과테말라 공관이 처음 개설되어 대리 대사로 한 사람 직원이 근무하던 데서 정식 대사가 발령 받아 온 지 얼마 안 되는 시기였습니다. 직원은 대사, 참사관, 무관, 부영사, 외신관 등 5명 공관이 있었습니다. 나는 대사관 총무요 영사업무담당 부영사로서 첫 근무를 시작하게 되었습니다.

과테말라는 만년 봄의 나라로 사철 내내 꽃이 만발하고 있었습니다. 해발 1,500m, 한라산 산정에 해당하는 곳에 과테말라시가 위치하고 있기 때문에 아열대지역에 속하지만 고도 관계로 항상 몸에 제일 알맞은 평균 18-23 섭씨를 지키고 있는 도시였습니다. 아직 차량도 나오지 아니 하였고, 갈 곳도 알지 못했으므로 주로 토요일, 일요일을 집에서 혼자 지내야 하니 참 한가로운 시절이었다. 아직 선교사가 어떻게 살아야 하는지, 무엇을 어떻게 어디부터, 누구와 시작해야 하는지 알지 못하는 가운데 몇 달이 지나갔습니다.

다만 이때라도 한 가지 빼놓지 않은 것은 매일 일용할 양식(QT) 시간을 갖고 꾸준히 하나님과 일대일 만남의 시간을 가졌다는 것입니다. 겨우 대사관 일을 따라 잡고, 기후와 의식주에 기초를 잡고, 혼자 사는 일에 마음을 다시 굳게 잡게 되기에 수개월은 물 흐르듯 지나가 버렸습니다. 겨우 차도 구입하고, 생활에 정신을 차렸으나 아직 대학 캠퍼스를 심방 가서 학생들을 만나 구령하고, 그들을 말씀으로 먹이며 제자로 삼는다는 것은 너무나 역부족이었습니다.

그러나 마음만은 이렇게 외치고 있었습니다. "나는 비록 세계에서 제일 조그만 나라 중 하나인 고요한 아침의 나라 대한민국의 풋내기 외교관이지만, 실은 영원한 하늘나라의 특명 전권대사로 이곳에 파견되어 왔다. 나의 본업은 선교사요, 부업은 외교관이다." 하고 다짐하곤 했습니다. 운전을 막 시작한 초보운전자로서 아직 아무데도 나가지 못하는 입장이요, 서반아어 실력도 변변치 않아서 대학생들을 한 번 만나지도 못한 채 수개월이 막 지나가 버렸습니다.

 # 선교전략 : 말구유 역사와 5병2어 말씀

이때에 생각난 것이 하나님의 선교방법, 즉 말구유 역사와 5병2어 말씀이었습니다. 하나님은 구속역사를 시작하실 때에 75세 된 죽을 날만 기다리는 한 할아버지인 아브람과 말씀 공부를 하심으로 시작하셨다는 것을 기억하였습니다. 또한 말구유에 아기예수님을 보내심으로 시작했다는 것입니다. 그래서 나도 말구유에서 중·남미 최초의 대학생 구속역사를 시작하여야 한다는 생각이 생겼습니다. 1970년 중반 한국 초등외교관의 주택수당은 us$ 200-250 정도였습니다. 그 정도의 돈으로 구할 수 있는 집은 참아 내가 외교관이라고 입 밖에 내 놓을 수 없는 조그만 방 두 칸에 부엌과 화장실, 하나의 소시민 주택 수준이었습니다.

　그래서 아직 교회도 없고, 책걸상도 없고, 강대상은 커녕 사과 궤짝으로 강대상을 대신할 수 있는 조그만 집 거실에서 첫 예배를 드리기 시작했습니다. "아무도 없으면 나부터라도 시작하자. 이것이 바로 말구유 역사 방법이다."라고 혼자 외치며 어느 일요일 내 나름대로 준비한 창세기 말씀 1장으로 첫 예배를 드리기 시작하였습니다. 나 혼자 조용히 예배를 드림으로 전 중남미 개척을 꿈꾸는 하나님의 말구유 역사가 시작된 것입니다. 예배는 혼자 드렸지만 모든 형식은 간단하나마 정식 예배 때 드리듯 가지기로 하였습니다. 바로 모노드라마 예배가 시작된 것입니다. 혼자 일어나 앞에 나와 사회를 보았습니다. "자 지금부터 역사적인 중·남미 캠퍼스 개척 첫 예배를 시작 하겠습니다." 그리고는 기도하고, "다 같이 찬송가 36장을 부르겠습니다."하고는, "예수의 이름 권세여 엎드세 천사들"을 불렀습니다. 그리고 "이제 안요셉 선교사가 창세기 1장 말씀을 전하겠습니다."하고는 토요일 하루 종일 걸려 준비한 스페니쉬 2-3페이지, 창세기 강의안을 떠듬거리며 읽어 나갔습니다. 이제 "헌금 시간입니다."하고는 조그만 헌금을 드렸습니다. "다같이 감사기도 하겠습니다." 하며, 30-40분 안 걸려 주일 예배를 마쳤습니다. 이렇게 주일만 되면 혼자 예배를 드린 지 몇 달이 지날 동안 한국말과 스페니쉬를 섞어가며 예배를 드렸던 것입니다. 그리고 스페니쉬 찬송가를 몇 권 구해 와서 한국 찬송을 대신 했습니다. 매주 정한 시간만 되면 어김없이 혼자 이런 예배를 드리니, 아마도 옆집 사람들이 넘나다 보면, 어떤 미친 동양인 젊은이가 부인도 없이 혼자 와서 주일만 되면 혼자 정신 나간 짓을 한다고 흉 볼까봐 아예 유리창문에 커튼을 내리고 예배를 드렸습니다.

　이렇게 몇 달 혼자 하니 조금씩 스페니쉬 메시지에 자신이 생기기 시작했습니다.
　그 당시 양(성도)이 하나도 없어 언제 동안 이렇게 홀로 드라마를 해야 하나 생각하던 중 퍼뜩 5병2어로 5천을 먹이신 예수님의 말씀이 생각났습니다. 그 때 문득 "그렇다. 바로 이거다!" 그 날부터, 내가 우선 가지고 있고 주님 앞에 가지고 나올 수 있는 것이 무엇인가 찾아보기 시작하였습니다. 누가 보나 보잘 것 없는 보리떡 5개는 나의 떠듬거리는 스페니쉬 실력이었습니다. 또한 부족하나마 창세기, 요한복음 정도는 몇 시간 준비하면 과테말라 사람들에게 가르칠 수 있겠다는 것이었습니다. 그다음 멸치같이 작지만 2어에 해당하는 것이 무엇일까? 생각하는 중 제일 먼저 눈에 띄고 매일 만나는 과테말라 사람으로 대사관에 근무하고 있는 현지인 비서와 운전수가 있다는 것을 알았습니다. 아직 대학 캠퍼스까지 갈 줄도 모르고, 대학이 어디 붙었는지 모르는 시기이기에 우선 이들과 말씀 공부를 시작 해야겠다고 생각했습니다. 점심시간에 바깥에 나가서 점심을 사먹을게 아니라, 직원들이 나가고 없는 조용한 대사관에서 현지 비서 아가씨 및 운전기사와 점심시간을 이용한 말씀공부가 시작되었습니다. 아무도 방해하는 자가 없었고, 일주일 단 하루 수요일에 30분 정도 하기로 하였습니다. 이때는 또 식사를 같이 나누며 교제하는 시간도 되었습니다.

이렇게 하여 과테말라에 온 지 6개월 정도 되던 때부터 시작된 성경공부는 일주일에 한 번에서 두 번으로 발전하였습니다. 그러던 중 어느 날 동네에서 만난 멕시코 고등학생이 여러 나라 말을 배우며 말씀공부에도 관심이 있다고 하였습니다. 그가 최초 주일예배의 참석자가 되었습니다. 나는 너무 신이 나서 맛있는 점심도 준비해 놓고 주일예배를 서반아어로 실감나게 드리게 되었습니다. 그러는 중 KOTRA에 근무하던 대사관 비서의 친구가 업무차 대사관을 방문, 성경공부에 동참하였습니다. 그 이름은 Sylvia였는데 San Carlos 대학생이라고 했습니다. 그리하여 Sylvia와 말씀공부가 시작되었고, 그도 주일에 우리집에 예배 드리러 오게 되었습니다.

우리들의 말씀 공부는 점점 깊어가 일주일에 한 번에서 두 번, 두 번에서 세 번으로 늘어났습니다. 주일예배에도 Sylvia가 그의 동생 Carolina 고등학생을 데려왔습니다. Carlonina는 남자친구가 있었는데 David라는 착실한 학생이었습니다. 그도 말씀공부와 주일 예배에 동참하게 되었습니다. 이들은 자기의 가장 가까운 친구, 친척, 애인 등을 주일 예배에 데리고 와서 3년 가까이 근무하는 동안에 15-20명 선으로 주일 예배 참석자가 불어났습니다.

나는 이들을 데리고 미국 나이아가라에서 개최된 UBF 국제 수양회에 참석도 하며 이들의 영성을 제자로, 또 제자 양성가로 되도록 기도하였습니다.

마지막 삼년의 외교관 선교사 생활을 끝내고 귀국하여야 하는 때가 되었습니다. 1979년 9월 후계자를 위해 기도하는 데 마침 한국에서 갓 군에서 제대한 UBF를 재학 중 다녔던 미남 청년이 과테말라의 Sylvia와 결혼할 마음이 있다고 하여 sylvia를 한국에 데려가 결혼을 할 수 있도록 도왔습니다. 이것이 최초의 중·남미 학생 중 믿음결혼의 시조가 되었습니다. 이들은 제가 떠난 후 지역 한인교회 원주민 예배의 일원으로 섬기게 되었습니다.

1979년 귀국하여 해외에서 귀국한 외교관들이 필수적으로 치러야 하는 현지 어학 검정이 있었습니다. 놀랍게도 내가 외무부 스페니쉬 어학 독해, 작문, 회화 등 시험에서 평균 90점 이상의 점수를 받아 외국어 대학을 졸업하고 3년간 스페니쉬 권에서 근무했던 여타 외교관들을 놀라게 하였습니다. 나는 청와대 영부인 통역으로 발탁되어, 청와대에 스페니쉬를 하는 귀빈방문이 있을 때마다 청와대에서 모시러 와서 영부인실로 가서 통역을 담당하는 특권을 가졌습니다. 이는 돌이켜 생각하면, 3년간 과테말라 근무시 매주일 서반아어로 일대일 말씀공부를 5-6회씩 현지 대학생들과 한 결과였습니다. 또한 매주말마다 밤을 꼬박 새가며 서반아어로 설교 원고를 작성하고, 주일에는 서반아어로 설교를 하고, 또 틈 있는 대로 교정을 받기를 쉬지 않고 3년간 한 결과였습니다. 인간적으로 말하자면 한국말보다 스페니쉬를 더 말하고 쓰고 설교한데서 자연적 생긴 실력이었고, 무엇보다 영적으로 보면, 하나님께서 먼저 그의 나라와 그의 의를 구하는 자에게 모든 것을 더하시겠다는 말씀을 이루어주신 것이었습니다.

이제 과테말라에서 행했던 대학생선교 전략과 그 참담한 결과를 간추려 보는 것도 의미 있으리라 봅니다.

첫째, 선교사 자신 속에 말씀과 기도가 차고 넘쳤다는 것을 들 수 있겠습니다. 매일매일 일용할 양식(daily bread)을 통하여 영적으로 살아 있었습니다.

둘째, 조건을 찾지 않고 있는 데서부터 시작하였습니다. 아무런 설비가 없는 개인집 거실이라도 시작부터 하였다. 곧 말구유 선교작전이었습니다.

셋째, 한 사람부터 시작하였습니다. 선교는 내 자신에서부터, 또 하나님이 허락하신 한 사람으로부터 시작하였습니다. 하나님이 아브라함 한 사람을 25년간 잘 제자양성하였고, 예수님도 3년간 12제자를 잘 양육하였던 것을 본받아 우선 손에 닿는 한 사람부터 말씀으로 먹일 때에 하나님께서 보리떡 5개와 물고기 2마리 같은 사람들을 통하여 맘속으로 사모하며 기도하고 있던 대학생들을 보내시어 대학생 사역이 가능하게 하셨던 것을 볼 수 있습니다.

넷째, 어학진보로 능히 일대일로 가르칠 수 있게 되었고, 주일 예배도 서반아어로 직접 쓰고 또 설교까지 하게 되었습니다. 처음에는 식당에 가서 무엇을 어떻게 주문할지 몰라 쩔쩔맨 적도 있었습니다. 음식을 다 먹은 뒤 계산을 하고 싶은데 말을 할 줄 몰라, 사전을 찾아 "how much?" 하는 뜻이라고 생각하고, "como mucho" 하고 묻기도 했습니다. 웨이터는 내가 "como mucho" 할 때마다 싱긋이 웃기만 하고는 가서 다시 돈 계산하려고 오지 않았습니다. 나중에 알고 보니 'como mucho'는 '잘 먹었다' 혹은 '많이 먹었다'는 뜻이라는 사실을 늦게 알기도 하였습니다.

다섯째, 중 · 남미, 즉 라틴 사람들을 호감으로 대하고 깊이 마음에서부터 중 · 남미 풍속을 좋아하고 중 · 남미 인들을 사랑하는 데서부터 성령이 역사했다고 볼 수 있습니다. 중 · 남미 사람들은 마음만 주면 금방 가장 가까운 친구가 될 수 있다는 것입니다. 처음에는 너무너무 어색하고 혹시 내 아내가 이렇게 아무 여자하고 껴안고 입 맞추는 인사를 하면 당장 이혼하자 할지 모르지만, 알고 보면 이같이 식구 같은 뜨겁고 허물없는 인사가 또 없다는 것을 알 수 있습니다. 내 마음에서 스페니쉬 언어를 그렇게 좋아하고, 그 음식들을 맛있어 하며, 음악이 경쾌하고 신나서 둥실대며, 그들의 생활이 쪼들리거나 아등바등 시간에 쫓기지 않고, 언제나 위기의 때라도 'Manana', 즉 내일 보자하며 여유가 있다는 점입니다.

그러나 이런 것들을 꼴 보기 싫어하는 사람도 있습니다. 아직 선교감각에 예민치 못한 때입니다. 그렇게 되면 이런 것들은 약점으로 전락하기도 합니다. 이들이 감정적이요 이성적이지 못하다고 판단할 수도 있습니다. 그래서 금방 뜨거워졌다가 곧 식어 버리는 감정에 약한 자라고도 볼 수 있습니다. 모든 것은 '내일로'(Manana) 미루고 하지 않는 게으름뱅이라고 볼 수도 있습니다. 이들은 아무리 급해도 호떡집에 불난 듯이 방방 뛰는 한 민족과는 천지차이로 다릅니다. 이들의 속담 중에 "닭이 아무리 운다고 아침 해가 미리 뜨지 않는다."는 말이 있습니다. 만사에 때가 있고, 기회가 있으므로 구지 안달복달 급하게 매달릴 필요가 없다는 것입니다.

여섯째, 친구가 친구를, 즉 한 사람이 말씀으로 자라 다른 한 사람을 데리고 오는 연쇄반응, 혹은 영적인 도미노반응, 다른 말로 하면 제자가 제자를 키우는 제자훈련증식

(discipleship multiplication) 전략을 사용했다는 것입니다. 그러나 과테말라 역사는 참담한 실패로 끝나는 아픔을 보아야 했습니다. 그 이유는,

첫째, 제자들 및 후계자로 온 선교사가 충분히 multiplication(증식), 즉 재생산을 할 만한 제자 양성가로 자라지 못한 가운데 내가 떠나야 했다는 것입니다.

둘째, 이들을 선교지로 보내어만 놓고, 이들이 영육간에 어려울 시 적시적기에 적당하게 지원해주지 못했다는 것입니다. 선교지에는 스스로 어디든지 가서 핵반응 같은 제자양성의 역사를 능히 이룰 수 있는 사람도 있지만, 그렇지 못하여 비리비리하다 지원이 없으면 물 없는 오아시스처럼 처량히 메말라 버리는 선교사도 있을 수 있습니다.

셋째, 내 자신의 믿음이 아직도 튼튼하지 못하였다는 점입니다.

넷째, 중남미를 아직 잘 몰랐다는 것입니다. 그들의 문화의 깊이를 몰랐고, 그들이 감정적으로 기뻐 날뛰고 친구들을 데리고 오면 '이제 제자 양성이 다 됐는가 보다' 하고 쉽게 생각했다는 점입니다.

본부에 돌아와 한 지부를 개척해 보도록 도전을 받았습니다. 그리하여 과테말라에서 하듯 주일마다 설교를 준비하여 전하기 시작했습니다. 2년여 동안 20여 명의 학생들이 모이기 시작했습니다. 지금은 모임이 커졌고 그간 이 모임 통해 50여 명 이상 평신도 선교사가 전 세계에 파송되는 역사가 있었습니다.

하나님은 이때 내가 외교관을 더 사랑하는지 하나님을 더 사랑하는지 테스트하셨습니다. 즉 내가 외교관을 하나님 역사를 위해 그만 둘 수 있느냐는 것이었습니다. 나는 이제 막 재미를 보기 시작한 외교관을 어찌 그만 둘 수 있는가 하고 하나님께 항의하는 마음이었습니다. 그러나 조용히 기도하는 동안 내가 하나님보다 외교관을 더 사랑하고 있는 줄 깨닫고 사표를 써 제출하였습니다. 며칠 후 그 사표를 철회할 수 있느냐는 연락이 왔습니다. 나는 죽으면 죽었지 이제 이미 낸 사표를 철회할 수는 도저히 없다고 뻗대었습니다. 그러나 조용히 기도해 보니 내가 내 체면을 하나님보다 더 사랑하는 것을 깨닫고 가서 사표를 철회하겠다고 했습니다. 인간인 내가 죽고 하나님이 속에서 사시게 되는 좋은 계기였습니다.

그리고 하나님은 내가 사랑하는 나의 아내, 자식보다 하나님을 더 사랑하는지 시험하셨습니다. 그때 나는 아내와 같이 갈 수 없도록 하나님은 모든 환경을 마련하셨습니다. 나는

과테말라에 혼자 가게 되어 너무 괴롭고 힘들었습니다. 둥근 달을 보면 보름달 같이 시원하게 아름다운 사랑하는 아내가 생각나 기타를 치며 외로움을 달래느라 애를 먹었습니다. 드디어 나의 마음에 "주님 당신을 나의 아내보다 더 사랑합니다." 하는 신실한 고백이 나오게 되는 때도 있었습니다. 그때 한 말씀이 내게 깨달아졌습니다. "형제들아 내가 이 말을 하노니 때가 단축하여진고로 이후부터 아내 있는 자들은 아내 없는 자같이 하며....이 세상의 형적은 지나감이라."(고전 7:29-31)

C. 멕시코 개척(1982-1985년)

2년간 한국 외무부 본부에 와서 다시 종로 3부를 개척하고 1982년 멕시코로 발령이 나게 되었습니다. 이때도 묘한 사정으로 인하여 아내와 떨어져 혼자 오게 되었습니다. 안마리아 선교사는 커져가는 종로 학사회 역사를 넘겨 줄 후계자를 아직 발견하지 못한 채 오늘내일 하다가 후딱 세월만 수년이 지나가게 된 것이었습니다. 그리고 그 때쯤 나는 이미 하나님께 "주님을 이 세상 그 누구보다 사랑합니다."라고 사랑 고백을 한 뒤였기 때문에 혼자 있는 것도 나쁘지 않았습니다. 오히려 자유시간이 많고 주님과 성도들과 많은 시간을 가질 수 있어 좋다는 생각까지 하게 된 것 같습니다.

이제 멕시코에 다시 나왔을 때는 완전히 몸과 마음과 선교사로서의 제반 준비가 잘 되어 있던 때였습니다. 무엇보다 라틴의 체취를 너무나 사랑하고 좋아하였기에 멕시코 발령을 기쁘게 접수했던 것입니다.

멕시코에 도착한 지 얼마 안 있어, 멕시코에 한국인 교회 개척을 위해 수고하시던 두 목사님께서 각기 다른 시간에 대사관으로 찾아 오셨습니다. 외무부에서 믿음 있는 선교사란 소식을 잘 들어 알고 있다고 했습니다. 그리고 많은 도움이 필요한 때 너무 잘 와 주셨다고 말했습니다. 가능하면 이번 주부터 꼭 예배에 나와 주시라는 당부를 하였습니다. 그리고 조금 후에 다른 교회의 목사님이 똑같은 안부와 부탁을 하셨습니다. 나의 입장이 난처하게 되었습니다. '몸은 하나인데 어느 교회를 가야하나? 한 주일에 한 교회씩 번갈아 가 주어야 하나? 그보다 나는 멕시코에 온 목적이 한국인 선교목적이 아니요, 멕시코 현지 대학생 선교인데 이것을 어찌한담?' 하고 고민하였습니다.

마침내 기도하던 중 마음에 결심이 섰습니다. 두 분 목사님을 같이 모시고 정중히 말씀

드렸습니다. 하나님의 나라 확장을 위해 우리 모두가 멕시코에 나와 있다는 것과 하나님의 잃은 자녀들은 곳곳에 무수히 많다는 점. 우리 모두는 한 사람이 여러 사명을 한꺼번에 할 시간도 정력도 한정되어 있다는 점. 가장 바람직한 것은 각자 하나님 앞에서 받은 사명에 목숨을 다하여 충성하는 길 뿐이란 것, 다시 말하면, 두 분 목사님은 각기 마음과 성품과 힘과 지혜를 다 내어 어떻게 하든지 멕시코에 와 있는 한국인들을 한 사람도 빠지지 말고 다 주님의 양무리로 만들어야 된다는 점. 그러나 본인은 멕시코 현지 대학생이라는 특수 그룹 선교를 위해 훈련받고, 또 이것 하나만을 위해 온 3년 재직기간을 다 소모하여도 제대로 역사의 기초나 놓을 수 있을지 모르겠다는 것, 이제 우리에게 필요한 것은 각자 맡은바 사명에 충성할 것, 서로 서로의 성공을 위해 기도할 것, 필요하면 언제든지 도움을 청하고, 도움을 줄 수 있을 때 언제든지 협조하자고. 그리고 자주 만나 기도하기로 하고 헤어졌습니다. 나는 학생운동에 전념할 수 있게 되었고 또 멀리서나마 서로의 어려움을 기억하고 기도할 수 있는 관계가 되었다는 것입니다.

그리고 이제껏 경험을 되살려 멕시코 역사는 처음 도착했던 주일 예배부터 곧바로 시작할 수 있었습니다. 스페인어 메시지를 처음부터 차근차근 밤을 새며 준비하고 이를 나중에 책을 낼 수 있도록 정성들여 준비했습니다. 물론 첫 번 두세 달 동안에는 아무도 없는 가운데, 또 혼자 재단을 쌓아야 했습니다. 그러나 아주 소망 가운데 장래를 위해 준비하는 마음으로 마치 많은 성도들이 와서 듣는 것을 상상하며 말씀을 준비하여 전하기 시작했다는 것입니다. 멕시코에서도 다름 아닌 한 사람으로부터 시작하여 끝까지 그 한 사람을 붙잡고 그가 서기까지 온 힘을 다 했습니다.

멕시코에서는 아예 후계자가 얼마나 중요한가를 알고 떠나기 한 해 전에 한국으로부터 두 가정을 지원받아 같이 일년 가량 시간을 보내었습니다. 본인은 외교관 선교사로 한 곳에 3년 이상 근무가 거의 불가능 하므로 그 기간동안 멕시코에 장기적으로 와서 일생동안 몸 바쳐 일할 선교사의 바탕을 준비하는데 마음을 바치자는 것이었습니다. 그래서 오게 된 두 가정은 일년간 가능한 기반을 잡는데 도움을 받고 본인이 해오던 역사의 바통을 받아 섬기게 되었던 것이다.

3년 동안 Adalberto 한 학생을 백여 번 심방하며 말씀을 주며 노력하였으나 그는 결국 따라오지 못하였습니다. Rafael이라는 학생은 자기대신 누나를 보내었습니다. 그녀는 치과 의사였습니다. 그를 말씀으로 도와 Gustavo 형제와 첫 번 결혼식을 올리게 되었습니다. 그러나 이제 떠나가는 마당에 보이는 역사는 없어 답답했습니다. 그때 마음속에 창세기 15장 말씀이 떠올랐습니다. "밖으로 나가 뭇별을 셀 수 있나 보라. 네 자손이 이와 같으리라." 나는 얼른 창밖 베란다로 달려가 어두운 멕시코의 밤하늘을 바라보았습니다. 아, 거기에는 한 개의 별도 보이지 아니하는 것이었습니다. 그 이유는 멕시코의 하늘이 공기 오염으로 꽉 차 있었기 때문입니다. 나는 너무나 실망하여 방으로 돌아왔습니다. "네 자손이 이와 같으리라"고? 눈물을 흘리고 있는 나에게 또 다시 하나님의 말씀이 들려왔습니다. "너는 밖으로 나아가 뭇별을 셀 수 있나 보라. 네 자손이 이와 같으리라." 다시 밖으로 나아가 밤하늘을 쳐다보았을 때, 거기엔 무수한 별들이 보이기 시작했습니다. 하나님께서 나의 눈을 열어 공해 저 넘어 찬란히 비춰고 있는 영원한 별들을 보여 주신 것이었습니다.

20여 년 뒤 다시 찾아간 멕시코에서 하나님은 10여 개 도시 각 대학 캠퍼스 앞에 지부를 가지는 교회로 성장했고, 눈앞에 400여 명의 초롱초롱한 멕시코 대학생들의 눈들이 마치 밤하늘에 반짝이는 별같이 빛나는 것을 보았습니다. '아! 하나님은 약속을 지키시는 하나님이시구나!' 하고 감격에 젖었습니다.

D. 선교전략

저의 선교전략이라면 예수님의 말구유 전략이며 5병2어의 전략이라고 말씀드릴 수 있습니다. 그리고 끊임없는 현지어의 진보에 역점을 두었습니다. 지금까지 이러한 신앙과 선교 전략으로 현장에 임하고 있습니다. 이번 2차 전략회의에 참여하신 여러 선교사님처럼 저도 중·남미의 영혼을 사랑하고 있습니다. 중·남미를 누구보다 사랑하는 것, 이것이 곧 우리의 변치 않는 전략이라고 말하고 싶습니다.

그 후 뉴욕의 UN 근무를 거쳐 스페인에 갔습니다. 1989년 말 이제 20년 가까이 외교관 생활을 그만 두고 하나님만 온전히 섬기는 것이 어떻겠는가 하는 마음이 가득했습니다. 다만 하나님께 신자가 세상직업을 감당 못해 도태되는 불명예가 되지 않게 해달라고 기도했습니다. 어느 날 기도 가운데 결심을 하고 사표를 써들고 출근했습니다. 아침 조회시간에 제출할 생각이었습니다. 복도에서 대사님을 만나 뵈었습니다. 대사님은 희색이 만연하여 내 손을 잡으며 축하한다고 말씀해 주었습니다. 어리둥절한 나에게 공사로 승진되었다는 텔렉스를 방금 본부로부터 받았다는 것입니다. 나는 고개 숙여 하나님께 감사와 찬송을 드렸습니다. 이렇게 섬세히 나의 기도를 들어 주시는 하나님! 어찌 놀라지 않을 수 있으랴. 10분 차이로 하나님은 내가 사표를 던지기 전에 승진시켜 주심으로써 내가 도태되어 외교관을 그만 두는 게 아니라 한국보다 더 크고 영원한 하늘나라 외교관이 되기 위해 외교관을 그만 두게 된 것을 천하에 확증시켜 주신 것입니다.

그 후 시카고 17년 생활이 더 있습니다(중략). 다만 60살이 되어 사람들이 은퇴한다는 때 하나님께서는 "이제껏 준비 운동을 잘 하였지?" 하시며 일을 더 맡겨 주시기 시작하셨습니다. 대학생 성경읽기 시카고 본부에서 중·남미 담당 코디네이터를 맡아 지난 5년간은 일년에 10여 차례 이상 중·남미 각국지부들을 순방하게 하셨습니다. 그리고 Northeastern 대학부 개척을 맡았습니다. 지금 주일 65명 정도의 멤버들이 규칙적으로 나오고 있습니다. 그리고 지난 5월부터 주일예배를 시작 서반아어 메시지를 다시 써서 설교하게 되었습니다. 지금은 혼자 시작한 모임에 15명 가량의 학생들이 나오고 있습니다. 그러나 아직도 평신도 자비량입니다. 이는 큰 아들이 아빠의 후원자가 되겠다고 하여 계속 평신도의 위치로 주님을 섬기게 하셨습니다.

이제 선교학 학위 코스도 시작하여 장래 후진들을 가르치는 좋은 준비도 할 수 있게 하신 하나님께 감사드립니다. 무엇보다 일생을 드려 영원하신 하나님의 나라 대사로 살게 해 주신 하나님께 영광과 찬송을 드립니다.

선교전략 발표 21

페루 복음화를 위한 도시빈민 선교전략

양 주 림 선교사 | 전문인
페루 도시빈민 사역
e-mail:yangjrim@hanmail.net
(2차 앉은 줄 우로부터 일곱 번째)

개략

페루는 남미에서 3번째로 큰 면적을 가진 나라이다. 총면적 1,285,216 평방킬로미터이며 잉카제국의 숨결이 살아 있는 곳이다. 유네스코에선 마추피추 유적을 관리하고 있으며 고대문명이 남아 있는 역사적인 나라이다. 11세기 말 중부 안데스 지역의 잉카족이 12세기 초반부터 꾸스꼬를 중심으로, 국경지역인 에콰도르, 볼리비아. 칠레까지 약 5,000 평방킬로미터의 대제국을 건설하였던 바 거대한 잉카 문명을 자랑한다.

1532년 스페인의 침공을 받고 산 마르틴 장군에 의한 독립이 있기 전 1821년까지 스페인의 식민지 통치로 많은 잉카 문명의 문화제는 파괴되었다. 1980년 군사 정권에서 민정체제로 바뀌었지만, 부정부패는 심각하여 빈민층의 분포가 높아지고 심각한 빈곤과 소외계층들이 늘고 있다.

1. 인구 집중과 인종

전체 인구의 반 이상이 해안 사막 지역, 특히 페루의 수도 리마에 밀집해 있다. 무작정 상경하는 산간지역, 밀림지역 이주민들로 수도 리마는 심각한 인구 집중현상으로 사회 문제가 발생된다.

전체 인구는 약 2,800만 명으로 수도 리마의 인구는 약 800만 명으로 추정된다.

리마는 스페인의 정복자 삐사로에 의해 1535년 1월 18일에 건설되고, 1821년 7월 28일

산 마르틴 장군에 의한 페루의 독립이 선언된 역사적인 도시이다.

인종은 전체 인구 중 54%가 원주민, 32%가 유럽계 백인과 원주민의 혼혈인 메스티조, 12%가 스페인계 백인 , 2%의 흑인, 소수의 아시안계로 구성되어 있다.

공식 언어는 스페인어지만, 께츄아어도 공용되고 있으며 볼리비아쪽 국경지역에는 아이마라어와 기타 부족어를 사용하는데 그 중 200만 명 정도는 스페인어를 사용하지 못하는 것으로 집계되고 있다.

2. 종교

종교의 분포는 약 90%가 로마 가톨릭교이다. 개신교는 4% 미만에 불과하다.

1978년 헌법에 의해 종교의 자유가 보장되었지만 실제로는 가톨릭교회가 강세를 나타내고 모든 종교계에 영향력을 행사하고 있다. 도시 건설시 가톨릭교회 부지는 공식적으로 확보시켜 두고, 관공서 및 주택, 시장 형성이 이루어진다. 페루 주재 외국인 선교사는 60단체에서 890명 정도, 자국 파송선교사 110명(자국내 파송포함)을 헤아리고 있다.

3. 개신교 현황

1) 페루에선 기독교 전통주의자와 자유주의가 함께하고 카리스마 운동으로 많은 영향을 주고 있지만, 감화 받은 사람들이 자치적인 집단을 형성하거나. 복음주의적 교회와 합류하고 토착종교나 외래 소수 종파로도 옮겨 간다.

복음주의교회가 급성장할 때는 국가적 위기 상황이었다. 사회붕괴의 영향으로 개신교는 농촌에서 크게 성장하였다.

개신교는 2000년대에 접어들자 전 인구의 0.8%에서 5.7%로 약 7배로 성장하여 복음주의 지도자를 배출하고 사회에 안정과 희망을 주는 역할을 하고 있다.

많은 농촌지역에서는 고난을 통한 정제된 신앙과 부흥과 기적이 나타나고 있지만, 피상적이고 영적으로 무기력한 도시에서는 아직 부흥이 일어나지 않고 있다.

2) 빈민계층에서 뺄 수 없는 종족이 께추아족과 아이마라족 등 잉카의 후손들로 수백 년 간 극심한 가난을 이어오며 소외를 받고 있다. 이들은 문화적 착취를 당해 왔다. 안타깝게 도 이들은 이교와 기독교적 미신에 얽매어 있으며 수백만 명 이상이 땅이 없거나, 전쟁 난 민들로 많은 수가 도시로 이주해 오고 있다. 따라서 기독교를 받아들이는 지역이 늘어나고 있음을 볼 때 도시빈민 선교는 멈출 수 없는 선교적 비전이다.

가톨릭교에 적을 둔 혼합주의자들의 급성장과 사탄숭배 입신주의자들의 모임도 있다. 그 들에서는 재단이나 체제를 갖춘 예배 형태는 찾을 수 없고 샤마니즘적 예배형태가 자리잡 고 있다.

3) 1980년 이후 기독교인의 박해가 심한 때가 있었는데. 테러리스트와 군대에 의해 약 800명 이상의 기독교인 지도자들이 순교 당했으며 여러 차례에 걸쳐 많은 개신교인들이 학 살을 당했다. 그 중 아야꾸초어로 성경을 번역하던 성경번역자 께추아인이 순교하였다.

4) 기독교인들이 용기를 갖고 견고한 삶을 살아갈 수 있도록, 그리고 박해와 고통 중에서 도 주님께 대한 확실한 헌신을 할 수 있도록 도와야 한다. 능력을 갖춘 지도 목사 및 신학생 을 돕는 지원이 필요하고, 교리의 혼란과 신학의 결핍으로 교단의 난립과 불일치를 막아야 한다. 오직 정확무오한 성경만이 사회를 바로 정화할 수 있으므로 신학교육 및 목회자 연장 교육이 계속되어져야 한다.

4. 도시 빈민지역 현실과 선교전략 : "주민들의 기다림이 선교의 매체이다"

수도 리마에서는 빈민구역이 형성되어 있다. 약 300백만 명 이상의 사람들이 이 빈민구 역에 살고 있다. 매년 35만 명의 이주민들이 새로 들어오고 있는 실태이다. 대부분 비참할 정도의 가난, 실업, 영양실조에 시달리고 있다

리마의 빈민구역을 복음화시키고 어려운 환경을 개선하고 개척교회들을 돌볼 수 있는 방 법들이 약하다. 대부분 오순절교회들의 활발한 활동이 있으나, 최근 몇 년간 테러리스트들 이 이런 빈민지역으로 잠입하여 기독교 사역에 심각한 장애가 되어 왔다. 테러리스트 (6,000명 정도 있으며 4만 명이 지지자가 있다.) 그들의 삶은 메말라 있으며 마르크스주의

자의 교시와 살인으로 뒤틀려 있다.

그럼에도 불구하고 지난 15년간 리마의 빈민지역엔 많은 교회들이 현저하게 성장하고 있다. 해외선교 단체들 가운데 선교사의 65%는 미국의 선교단체들이 점유하고 있다.

필자는 그동안 반미운동이 난동하는 지역에서 간첩 소동, 몰몬교와 여호와의 증인 활동 등으로 인해 힘겹게 사역해 왔으며, 테러의 횡포가 선교사들의 생명과 사역을 위협하고 있다. 대다수의 선교사들은 페루 동쪽 밀림지대에서 교회개척, 성경번역, 지도자 훈련 사역에 중점을 두고 있다. 상류층은 철저한 전통 가톨릭신자이지만, 예수 그리스도와의 개인적인 교제를 갖고 있는 사람은 거의 없다. 하지만 복음전도 대상에서는 뺄 수 없는 존재들이다. 빈민지역일수록 치안이 온전할 수 없다. 범죄의 온상이 되어있어도 경찰은 선두지휘를 하지 못하고 집단으로 몰려드는 난민들에게 속수무책으로 되돌아선다.

전쟁의 상처와 압박 가운데 있는 사람들(다수의 어린이들 포함)과 아무런 도움도 받지 못하고 있는 약 12만 명의 난민 아동과 5만 명의 고아가 있는 것으로 추정되고 외딴 벽지의 광산에 노예로 팔려간 어린이가 수천 명에 달한다. 부모 결손가정의 어린이들이 집단 범죄 소굴에서 성장하고 있다. 거리에는 많은 어린이들이 구걸하고 있으며 학교교육을 받지 못하고 있는 현실이다.

교회의 개척(예배 시작)은 까다롭지 않다. 사람들이 모이는 길거리나 개척을 동의하는 집 앞에서 돌멩이를 의자 삼아 아이들을 불러 모아 간단한 말씀을 전하면서 교회의 출발을 알릴 수도 있다. 주변에 교회가 있어도 상관하지 않는다. 따라서 교회 속에 성도로서의 책임감이나 그리스도의 제자로서의 정체성을 가지고 있지는 않다. 빈민층 사람들은 자신이 죄인임을 고백하고 예수를 구주로 받아들이기보다는 상황과 환경에 따라 믿음이 변한다. 아이들이나 성인들이 떠날까 염려하는 마음이 교회 지도자의 모습들이고, 예배당을 채우기 위한 열심만 있지 어느 교회 출석교인인지는 중요히 생각하지 않는다. 교회 안에서 성도의 활동과 섬김과 봉사에 대한 가르침이 확실히 필요하다. 빈민지역에서는 양육을 통해 성도와 선교사를 만들어 낸다는 것이 아주 힘들고 어렵다. 빈민지역 교회 건축은 몇 십 년이 지나도 자신들의 능력으로는 불가능한 환경이다. 교회 건축은 대부분 선교사들의 물질 지원으로 이루어진다고 볼 수 있다. 그렇지만 신자들의 도움은 물통을 옮겨주는 정도의 역할을 한다. 보수 공사가 생기면 교인들의 힘으로 하려고 하지 않고 선교사들의 도움을 기다리며 건물은 선교사의 것으로 생각하기도 한다.

때로는 건물을 욕심내며 선교사를 떠나게 만드는 집요함과 교인들을 선동하여 교회의 질서를 혼란하게 만드는 일도 발생한다. 이런 경우 교회의 붕괴현상이 나타난다. 성도들도 상처를 받고 떠나고 만다. 그래도 교회의 질서와 양육 교육은 계속되어야 한다. 다행히 성령의 역사로 말미암아 빈민지역의 어린이들과 어른들은 각종 종교행사에 열심히 참석한다. 먹을 것은 물론 무엇이든지 받을 것을 염두에 두고 기다리고 있다. 자신들의 문제를 해결해 주는 사람들을 찾고 기다리는 모습들이다. 여기 주민들의 기다림이 곧 선교를 이끌어가는 매체가 될 수 있다. 빈민선교를 하는 우리들에게 있어 선교전략이란 이 기다림의 매체가 우리들로 하여금 선교의 발길을 묶어두고 있다. 그들이 사랑스럽다.

모든 선교단체들이나 교회들과 한인 선교사들 간에 친밀한 교류와 협력으로써 빈민층 교인들로 하여금 자신의 교회를 잘 섬길 줄 아는 성도들로 세워갈 수 있도록 단합해야 한다. 자주 방문하여 선교사들이 협력하고 있음을 보여줄 필요가 있다. 동시에 빈민선교를 이어받을 후계자(지도자)를 키워야만 할 것이다. 지역교회가 빈민층이라 하여 떠돌이 신앙인으로 두는 것은 개척 선교사들에게 책임이 크다.

쿠바 복음화를 위한 소고

전 재 덕 선교사 | 목사
도미니카-쿠바 신학교육 사역
e-mail:amosdjun@hanmail.net
(1차 2줄 좌로부터 여섯 번째)

들어가는 말

¡Cuba Para Cristo!(쿠바를 그리스도께로!)라는 말은 쿠바 개신교회가 1990년대 초부터 쿠바 복음화를 위하여 내건 표어이다. 1959년 쿠바 공산혁명이 성공한 이후 30여 년 동안의 긴 겨울잠을 자고 일어난 쿠바 개신교회의 외침이다.

카리브 해에서 가장 큰 섬나라, 중·남미의 진주라는 별명이 어울렸던 잘 나가던 나라, 그 쿠바가 이제는 중·남미에서 가장 가난한 나라로 전락하고 말았다.

거의 50년에 가까운 일인 공산독재가 계속되고 있는 쿠바는 영혼을 추수하는 세계선교 대열에서 어떤 위치에 있고, 어떤 역할이 가능한 것일까? 다음의 짧은 살핌을 통하여 그 답을 더듬어 살펴보고자 한다.

1. 쿠바교회의 어제와 오늘

(1) 쿠바 일반 개관 : 쿠바 (Republica de Cuba / Republic of Cuba)

1) 쿠바혁명(Cuba Revolution):

스페인의 식민지였던 쿠바는 미국과 스페인의 전쟁 이후 1902년 독립하였지만, 미국 자본에 종속된 사탕수수 단일작물 재배 경제가 형성되어 실질적으로는 미국의 지배하에 있었다. 토지가 미국인 자본과 쿠바인 대지주들에게 집중되어 있었기 때문에 일반 국민들은 궁핍한 생활을 벗어날 수 없었다. 더욱이 독재정권의 부패도 심화되어 여러 차례의 민중봉기가 일어났지만 미국의 비호하에 진압되었다.

1953년 7월 26일 카스트로의 주도하에서 몬카다 병영에 대한 공격이 이루어지면서 게릴라전을 포함하는 권력에 대한 직접적인 공격노선을 가진 '7월 26일 운동'이 결성되었다. 1956년 12월 2일 그란마호로 상륙한 후 카스트로, 체 게바라 등의 17명이 주도했던 시에라 마에스트라에서 출발한 게릴라운동은 1959년 1월 1일 바티스타정권을 축출하고 민주주의 혁명을 이루게 되었다. 초기에는 토지개혁 등 민주주의 혁명의 성격을 띠었으나, 1960년 후반 이후부터는 사회주의 혁명으로 바뀌기 시작하였다. 1961년 1월 미국과 국교를 단절하고, 이어 미국 기업의 국유화와 농업의 집단화를 단행하였다. 4월 16일 카스트로가 혁명의 사회주의적 성격을 선언함으로써 사회주의 국가가 탄생하였다.

◈ 정부형태: 공산당의 1인 독재
◈ 원수: 카스트로(Fidel Castro) 국가 평의회 의장(59년 2월부터)
◈ UN가입: 1945. 10. 24.
◈ 비동맹가입: 1973. 9. 5.
◈ 화폐단위: 쿠바 PESO(뻬소) 환율: us$1=24 뻬소
　　CUC라는 쿠바 내 사용 달러 통용 (us1$=0.8 CUC)
◈ 무역: (2001년 기준)
　　- 수출: 49억불(원당, 니켈, 담배, 커피, 과실)
　　- 수입: 56억불(원자재, 전자제품, 전기용품, 쌀)
　　- 아바나와 마딴사에 10개 유전개발: 국내수요의 6% 정도 원유생산
◈ GDP: 255억 불(2001년), 1인당 GDP: 2,000불

2) 쿠바인의 생활:

쿠바의 수도 아바나(Habana)시를 보게 되면 공산혁명 전까지 만해도 '중남미의 진주'라는 별명이 손색이 없음을 알게 된다. 건물 하나하나가 예술적인 가치를 가지고 있다. 혁명이후 한 번도 페인트칠이나 보수공사를 하지 못해서 보기 흉하지만 풍기는 멋과 가치는 대단하다. 그 당시에 미국과 견줄 수 있었던 중 · 남미의 유일한 나라였다. 저력이 있는 나라

였다.

그러나 지금의 쿠바는 오래 전부터 미국의 경제 봉쇄로 인해 너무 가난하게 산다. 온 국민이 생필품과 먹을 음식의 절대 부족으로 허덕인다. 화장실에는 휴지나 치약이 없다. 한 달 급료가 미화 7불에서 15불 정도이다. 생닭 한 마리가 4불 정도이다. 한 달에 쌀 2.5kg과 강낭콩, 감자 한 알, 약간의 식용유, 계란 몇 알, 그리고 매일 밀가루 빵 한 개가 지급된다. 그것도 공짜가 아니라 저렴한 가격으로 구입하여 먹는다. 그래서 쿠바 사람들은 대개 하루 한 끼로 연명한다. 굴러다니는 자동차들은 모두 40년대, 50년대 차들이다. 20년대 고물차도 잘 굴러다닌다.

지방도시에 가보면 훨씬 어려운 것을 알 수 있다. 교통수단이 모두 마차에 의존하고 있거나 아예 말을 타고 다니는 사람들이어서 마치 미국 서부영화를 보는 것 같다. 지방도시에는 백화점도 없고 호텔도 찾아볼 수 없다.

2. 쿠바의 종교상황

(1) 사회주의 혁명 이후:

1959년 사회주의 혁명 이후, 쿠바는 1990년대 소련 공산주의가 무너지기까지 나름대로 성공적인 공산주의를 실현하였다고 자부해 왔다. 그러나 소련에만 의존하던 경제가 무너지면서 순식간에 세계 최대 빈민국 중의 하나로 전락하고 말았다. 이런 경제적인 위기가 쿠바 정부로 하여금 쿠바교회를 향하여 문을 열도록 만들었다.

혁명당시의 헌법에는 종교와 집회의 자유가 명시되어 있었으나 부칙으로 '종교인은 공산당원이 될 수 없다' 는 내용이 첨가돼 실제로 쿠바에는 종교의 자유가 사라졌고, 그 후 30여 년 동안 DIOS(하나님)이라는 단어를 사용할 수가 없었다. 1959년 당시 13개의 개신교 신학교가 활발히 사역을 하고 있었다. 그러나 혁명과 함께 그 절반이 문을 닫았고 남은 절반의 신학교도 거의 구실을 하지 못했다.

70% 이상의 목사들이 쿠바를 떠났고 모든 외국인 선교사들은 추방을 당했다. 기존의 교회들은 그 존재는 인정되었지만 두세 명의 교인만이 교회에 출석했다. 공산당원은 교인이

될 수 없었기에 기독교인이라고 함은 곧 사회생활에서의 매장을 의미했다. 근 30여 년 동안 교회는 전혀 부흥되지 못했다. 목회자들은 여러 교회를 순회하며 설교했고 끼니를 잇기 어려운 극한 상황에서 살아남았다. 그러나 이런 상황에서도 소수의 쿠바 기독교인들은 마치 죽은 나무의 연한 그루터기처럼 신실한 신앙을 지켜왔다.

(2) 쿠바에서의 기독교 회복과 견제:

쿠바의 기독교가 다시 살아난 것은 불과 최근의 십여 년 전부터였다. 쿠바는 혁명이후 늘 식량자급이 되지 않았고, 소련의 원조에 의존하다가 소련의 붕괴와 함께 하루 아침에 최빈민국이 되었다. 경제위기로 국민봉기가 일어날 만한 상황에서 "종교는 아편이다"라는 공산주의 이론에 근거하여 극약처방이 주어졌다. 그것은 1991년 공산당대회에서 "종교인도 공산당원이 될 수 있다."라고 부칙을 바꾼 것이었다. 이때부터 쿠바 국내에서의 자국민의 종교 활동은 완전한 자유가 주어졌다고 말할 수 있다. 더욱이 90년대 초의 유류파동 기간에 폭발적으로 늘어나는 개신교인들이 교통수단의 불편과 건물의 협소함 때문에 기존의 교회에 출석하는 것이 어렵게 되자, 1994년 당국으로부터 새로운 교회를 만들 수는 없지만, 가정에서 모임(가정교회/Cell 교회)을 가질 수 있도록 허락을 받았고, 이는 쿠바교회가 자연스럽게 셀 중심 교회가 되어 이때부터 쿠바교회는 폭발적으로 부흥되기 시작했다.

그러나 쿠바에서의 교회부흥은 많은 제약을 갖고 있다. 일체의 매매행위가 금지되어 있고 모든 것을 당국에 보고해야하는 경찰국가이기에 늘어나는 교인을 수용할 공간을 만드는 일이 가장 어렵다. 혁명전에 있었던 기존의 교회건물을 제외하고 새롭게 준비하는 교회 건물의 신축이나 개축은 전혀 허락을 받을 수 없다. 그럼에도 몇 년 전부터 지방도시에서 가정교회들이 편법(주로 집과 집을 교환하는 방법)으로 일반 가정집을 구입하여 교회로 개조하여 사용하게 되었는데 최근에 들어 여기에 대한 단속이 아주 강화되어 그것도 어려운 상황이다.

"쿠바를 그리스도께로!"(Cuba para Cristo)라는 표어 아래 모든 개신교회들이 열심히 전도하고 있고 날마다 수 백 명의 영혼들이 주님께 돌아오고 있다. 놀랍게도 가정교회와 지역교회가 세워진다. 교단과 교회마다 매년 갑절 이상의 부흥이 일어나고 있다.

공식적인 통계상으로는(로마 가톨릭교에 의해서 조작되었다고 함) 개신교인이 국민의 2% 정도에 못 미친다고 하나, 실제로는 적어도 인구 1,200만 중 약 10%를 넘어섰다고 한다.

쿠바는 일반 관광 비자를 가지고 누구든지 여행할 수 있다. 참고로, 쿠바 입출국시 여권에는 스탬프를 찍지 않고 관광카드에만 표시하고 회수하기 때문에 다른 나라들을 여행하는 데 어떤 불이익도 받지 않는다. 그러나 관광 비자를 가지고 들어가서 설교나 전도 등 종교 행위를 하다가 발각되면 추방되어 다시는 들어갈 수 없게 된다. 아직은 쿠바가 공산주의 국가임은 여전하기 때문이다. 중국이나 북한에 비한다면, 쿠바 자체 기독인들에 의한 쿠바의 복음화의 문은 거의 열려있어 큰 장애가 없다고 본다. 미국인 선교사가 입국하면 출국할 때까지 비밀경찰이 미행한다. 그러나 한국인 선교사가 들어가면 일반 관광객으로 알고 아예 관심을 갖지 않는 장점이 있다.

3. 선교를 위한 쿠바교회의 강점과 이를 통한 전략

쿠바는 이 마지막 시대에 히스패닉(스페인어를 국어로 사용하는 사람들)을 선교하기 위하여 준비된 나라이다. 현재의 사회주의 체재를 통하여 하나님께서 이루어 놓으신 놀라운 일들이 있다.

(1) 쿠바교회의 3가지 강점들:

첫 번째는 물질적인 절대 결핍은 영적인 풍요로움을 구하고 또 그것을 얻게 만들었다. 경제적인 궁핍과는 반비례로 쿠바인들은 영적인 풍요로움을 누리고 있다. 쿠바의 어느 개신교회의 집회나 가정교회(Casa Culto, 셀 교회) 모임에 참석해 보면 초대교회의 뜨거움과 성령의 역사를 느낄 수 있다. 함께 동역하고 있는 한 독립교회(쿠바 복음연맹교회 / LIGA EVANGELICA DE CUBA, 담임목사: Rev. Alejandro Nieto)의 주일 예배나 화요일 저녁 모임을 참석해 보면, 성령님의 임재하심과 저들의 간절하고 뜨거운 찬양과 기도 속에서 누구도 저들이 굶주림 가운데서 고통 받고 있음을 예측할 수 없다. 수백 개의 셀 교회가 운영되고 있고, 이 셀 교회를 통해서 날마다 수많은 영혼들이 그리스도께 돌아온다.

해마다 "두 배의 부흥"을 달라고 기도하고 있고 넉넉히 목표를 달성한다. 다른 사람들의 경제적인 도움이 절대적으로 필요한 상황이지만, 오히려 쿠바 성도들의 기도제목은 쿠바의 복음화뿐 아니라 세계선교를 마무리하기 위한 열정 그 자체인 것을 읽을 수 있다. 2005년 10월에 쿠바 감리교회(IGLESIA MEODISTA EN CUBA, 감독/ 리까르도 디아스)의 창립 93주년 기념 주일예배를 참석하여 설교를 하게 되었는데 1,500여 명의 교인들이 회집하였다. 쿠바 감리교회도 철저한 셀 교회 조직으로 운영되고 있으며 예배 때마다 구원받는 영혼들이 몰려들고 치유사역 등 뜨거운 성령님의 임재와 역사를 확인할 수 있다. 일상생활에서 만나게 되는 물질적인 결핍과 불안정이, 영적인 풍요로움과 반비례하는 쿠바의 상황이 언제까지 지속될지는 모르나 현재는 긍정적인 측면에서 작용하고 있음을 본다.

두 번째는 1960년대에 시작된 공산당식 문맹퇴치 운동이다. 아이들을 학교에 안 보내면 그 부모가 체포되었다. 교육기회와 의료의 무료혜택은 국민들의 지적 수준뿐 아니라 질적 수준을 높였고, 지금은 이런 장점이 기독교인들의 신앙생활에서 말씀과 교리 등을 철저히 배우고 익히고 가르치는데 결정적인 도움이 된다. 습관적으로 모든 사람이 글을 쓰고 읽는 취미가 있다. 그리고 모든 예배가 수화로 통역된다. LIGA 독립교회에만 수화통역 봉사자가 수십 명이다. 새신자의 성경공부는 다섯 달 이상 계속되나 중도 탈락자가 거의 없다. 이 교회의 전임사역자들 가운데 30여 명의 의사 출신이 있다. 기독교 역사상 이런 인력수급이 가능했던 교회는 없었던 것으로 알고 있고 앞으로도 쉽지 않을 것이다. 쿠바에서의 의사 배출과 의술은 세계적으로 그 실력을 인정받고 있다. 지난 해 쓰나미로 폐해가 되었던 지역에서 가장 인도주의적으로 환자를 돌보았던 의사는 쿠바에서 파견한 의사였음이 밝혀졌다. 쿠바에서는 훈련되고 준비된 기독교 지도자들을 만나는 것이 어렵지 않다. 쿠바교회는 마치 신병훈련소처럼, 철저한 공산주의 체재 아래서, 하루 한 끼를 먹는 가난 속에서, 평등하게 고등교육혜택을 받을 수 있는, 쿠바만이 가지고 있는 특수한 상황과 여건에 알맞은 영성훈련이 가능하다. 이렇게 준비된 쿠바 기독교 지도자들은 어떤 영적 전장에 배치되어도 자신의 역할을 넉넉히 감당할 주님의 군병들이 될 수 있다고 믿는다.

세 번째는 셀은 셀인데 가히 혁명적인 것 이상이다.
쿠바정부는 지금 두려움 가운데 있다. 이유는 45년 전의 기억이 되살아나고 있어서이다.

59년 혁명은 무혈혁명에 가까운 것이었다. 그것은 Celula Revolucionaria(혁명 셀) 덕분이었다. 쿠바 공산반군은 Fidel Castro 등 뛰어난 지도자들에 의해서 움직였다. 그들은 각 동네마다 공산주의 추종자들을 중심으로 셀(핵심 세포) 가정을 구축했다. 그리고 각 셀에게는 특별한 임무가 주어진다. 경찰서 습격, 요인 암살, 방화, 무기 탈취 등이 거의 소리 없이 전국에서 동시다발로 일어났다. 정부군은 언제 어디서 어떻게 공산반군의 공격이 있을지 알수 없었다. 왜냐하면 그것은 셀 중심의 사역(?)이었기 때문이다. 겉보기에는 평범한 사람들 같은데 그 움직임은 놀라운 효과를 만들어 냈다. 적어도 쿠바 공산지도자들은 그 위력을 알고 있다.

그런데 지금 쿠바에는 전혀 다른 내용과 비전을 가진 셀이 일어나고 있다. 그 위력은 혁명 셀보다 더 위대한 것이다. 바로 가정교회(Celula)이다. 1994년 원유 파동으로 교인들은 멀리 떨어진 교회를 다닐 방법이 없었다. 길에는 자동차만이 아니라 도대체 타고 갈 것이 움직이지를 않았다. 그 한 대안으로 쿠바 정부는, 교회가 5km 이상 떨어져 있고 10명 이상의 교인이 되면 가정에서 모일 수 있다고 선포했다. 그것은 바로 초대교회로부터 시작된 교회의 가장 효과적인 전도와 선교의 방법인 셀 교회를 공식적으로 인정하는 일이었다.

아직도 열악한 대중 교통수단을 해결할 수 있는 능력이 없다. 트레일러 머리에 콘테이너를 개조한 낙타허리 모양의 기다란 버스를 만들어 사용하고 있다. 일명 낙타 버스다. 많이 타면 400명이나 들어간다고 한다. 거리를 누비고 다니는 자동차는 새 차가 아니면 보통 1920년대부터 1950년대의 낡은 것들이다. 기가 막힐 정도로 정비를 잘하여 타고 다닌다. 아니 잘 굴러다닌다. 이런 면에서 쿠바 사람들은 세계 제일이다. 지방 도시에는 말 마차가 주된 교통수단인 것을 쉽게 볼 수 있다. 그래서 아직도 쿠바 정부는 교회에 허락한 가정교회 모임을 해체시킬 방법이 없다.

쿠바정부는 미국이 쿠바교회의 셀을 이용하여 정부 전복을 꾸민다고 의심하고 있다. 교회의 수많은 셀들이 이 일에 행여나 동참한다면 45년 전의 혁명이 거꾸로 일어나 뒤집힐 수 있다고 생각하는 것이다. 그래서 최근에 쿠바에서는 30명 이상이 모이는 것을 허락하지 않는다. 교회 지도자들 중에 이런 이유로 체포되어 어려움을 당하고 있기도 하다. 같은 셀인데 가정교회 셀은 죽을 사람을 살리고, 병든 사람을 치료하고, 고통 받는 사람들을 위로하고 마음의 상처를 싸매주는 하나님의 지체임을 쿠바정부가 깨닫게 되기를 바라며 꼭 필요한 생명의 혁명이 쿠바를 뒤덮기를 기도한다.

(2) 쿠바 선교사역의 비전

쿠바선교사역을 위한 비전은 당연히 쿠바교회가 가지고 있는 강점에 근거하여 펼쳐져야 한다. 쿠바에서는 훈련되고 준비된 기독교 지도자들을 만나는 것이 어렵지 않다. 이렇게 헌신된 쿠바 지도자들을 어떻게 세계선교를 완수하는 일에 쓰임 받게 할 수 있을까를 기도해 왔다. 이들을 모아서 재훈련과 동시에 소명과 능력을 확인하고 전도와 목회의 실습을 통하여 검증하는 과정을 만들어 후에 쿠바뿐 아니라, 쿠바 밖의 세계 모든 나라에 파송하는 일을 계획하게 되었다.

이 일을 위하여 준비된 것이 '쿠바 선교사관학교'이다.

1) 쿠바 선교사관학교(Dios Ama Al Mundo : DAAM) 운영안
(Instituto de Formacion Misionera)

a) 목적

영혼의 추수 때에 꼭 필요한 영적 지도자들을 집중 훈련시켜 쿠바 국내에 교회를 개척하고, 더 나아가 중남미 서반어권의 다른 나라들에 파송하여 선교지를 확보하고 교회를 개척하며 전도하기 위한 선교사양성신학교이다.

b) 목표

① 제자훈련을 한다. 셀구조를 통한 교회 개척설립을 위한 제자훈련.

② 쿠바 국내선교: 수도 아바나를 비롯하여 14개 주(주: 14개 군)에 교회개척 실습.

③ 중남미 선교: 동일언어권인 중·남미의 여러 나라에서 사역하고 있는 한인선교사님들과 연결하여 선교사로 파송하여 교회개척 사역 실시.

④ 세계선교: 타언어권에도 파송하여 선교사역 실시.

⑤ 쿠바 및 다른 나라에 선교사관학교 분교 설립과 운영.

c) 연도별 운영방법

① 1차년도: 일년 동안 집중합숙훈련 방법으로 신학수업과 실습을 겸한다.

② 2차년도: 쿠바의 각 지역에 파송하여 교회를 개척 설립하고 복음을 전한다.

졸업은 2차년도에 교회를 개척한 자만 가능하다.

③ 3차년도: 중·남미 다른 나라에 파송되어 선교지를 확보하고 교회를 개척 선교한다.

d) 훈련 프로그램

이 학교는 선교사양성을 위한 다양한 이론과 실제를 겸한 훈련을 통하여 쿠바 국내 선교 및 해외선교(중·남미 스페인어권)를 준비한다.

연간 수업일 수: 214일, 주 37시간 이론교육과 11시간 실습 훈련.

2003년 3월에 '쿠바 선교사관학교'가 문을 열어서 제1기생 12명이 수업을 마치고 10개의 개척교회를 설립하여 사역하고 있으며, 제2기생은 2006년 7월 7일 28명이 23교회를 개척하여 영광의 졸업장을 받을 수 있었다. 제3기생은 40명이 2006년 7월 수업을 마치고 교회개척을 하고 있다.

현재 '쿠바 선교사관학교'는 아바나(Habana) 본교와 까마구웨이(Florida) 분교, 라스 뚜나스 분교, 삐날 데 홀리오 분교로 확장되었으며, 2006년 9월에 제4기생 65명이 수업을 시작하였다.

쿠바에서 사역을 하면서 해야 될 일도 많고 할 수 있는 사역도 많지만, 늘 한 가지에 집중해야 된다고 본다. 언젠가 쿠바가 완전히 열린다는 가정 아래 열려진 쿠바에서 교회 건물을 짓고 신학교를 세우는 일은 필요한 재정이 준비되면 얼마든지 할 수 있다. 그러나 그 때 가서 아무리 좋은 정책과 많은 재정 지원과 에너지를 쏟아 부어도 하나님의 일군을 준비하는 일에 필요한 시간은 만들어 낼 수 없다고 본다. 그 시간을 대신할 수 있는 것은 없다. 그 때는 이미 늦은 것이다. 그것은 지금 해야만 하는 일이기 때문이다. 그래서 지금 여기서 '그 때'를 준비하는 작업이 바로 쿠바 선교사관학교(DAAM)이다.

지금 닫혀진 쿠바에서 지도자들을 준비한다는 일은 아주 어리석은 일처럼 보인다.

DAAM은 일단 중·남미의 스페인어권 선교를 위해 헌신된 쿠바 기독교인들을 준비시켜 해외선교사로 파송한다는 비전을 갖고 시작하였다. 쿠바의 정치·경제적 그리고 영적인 상황에서 그것은 이상(idea)이어야만 했다. 아니 꿈도 꾸어서는 안 될 일이었다. 그러나 우리들보다 더 이 일에 정신이 빠져있는 분이 계신다. 그 분은 이 일을 그 분의 방법으로, 오묘한 방법으로 인도하고 계신다. 신학생들 한 사람 한 사람을 만나 대화해 보면 그들에게 오늘은 쿠바의 14개 주를, 그리고 내일은 중미, 남미, 아프리카, 중동, 동남아시아 등을 선교지로 목표하고 있는 '미래 쿠바선교사들'의 주님을 향한 감동적인 고백을 들을 수 있다.

(3) 쿠바에서 사역하는 한국인 선교사

쿠바에선 자국인 외에 종교 활동이나 포교는 금지되어 있다. 물론 교회에서 설교하는 것도 금지 조항 중의 하나이다. 오늘날 숫자를 헤아릴 수 없는 많은 선교사들이 관광 여행권을 갖고서 쿠바를 드나들며 선교활동을 펼치고 있다. 대부분 중미에 거주지를 두고 중미와 쿠바 선교를 겸하고 있는 실정이다. 각기 나름대로 조심과 긴장이 존재한다. 그런 가운데서도 현재 쿠바정부로부터 장기 종교비자를 받아서 정착 사역하는 선교사(목사)들도 몇 명 있다. 종교비자를 받는다는 것은 결코 쉬운 일이 아니다. 쿠바 종교성 아래 소속되어 그 거처와 사역을 일일이 보고해야 하는 간섭과 까다로움이 따른다. 하지만 속박 없이 복음을 전할수 있는 유익이 있다. 그리고 단기 종교비자(7일~30일 정도) 취득을 위해 쿠바교회를 통한 추천이 가능하다. 필자는 몇 번이나 종교비자를 신청했지만, 수락되지 않았으며 지금은 단기비자를 신청 중에 있다.

나가는 말

현대선교의 핵심은 지도자양성과 협력사역에 둘 수 있다. 이런 면에서 위에서 살펴본 것처럼 쿠바교회는 쿠바뿐 아니라 5억의 중 · 남미 영혼을 구원하기 위한 우리 주님의 걸작품이라고 믿는다. 더 나아가 세계선교를 마무리할 중요한 역할이 쿠바교회에 맡겨졌다고 본다. 그리고 그 일을 완성하기 위해서 쿠바교회는 지금 진정한 그리스도인의 배려와 베풂과 후원을 간절히 필요로 하고 있다.

한국교회가 세계선교의 주도적 역할을 감당하기 위해서 쿠바선교에 대해 관심을 갖고 힘 있게 움직이는 일은 필연적인 것이다. **[제2차 라틴(중 · 남미)선교전략회의]**가 쿠바에서 개최되어 80여 명의 경력 선교사들이 회집되었다는 것도 결코 우연이 아니다. 특히 스페인어권 협력선교의 차원에서 쿠바의 준비된 인력이 중 · 남미의 여러 나라에서 사역하고 있는 한인선교사님들과 연합하여 함께 주님의 나라를 확장하는데 동역하는 날이 속히 오게 되기를 간절히 소망한다. 따라서 쿠바교회가 오랜 영적인 동면에서 깨어나고 있다. 선교의 총사령관 되시는 우리 주님의 쿠바를 향한 부르심에 응답할 때가 지금이라고 생각한다. 아멘.

◈ 참고사항 하나: **꾸바노 꼬레아노(Cubano Coreano: 쿠바의 한국인)**

한국인으로서 쿠바에 대한 관심을 갖는 것이 괜한 일은 아닌 것 같다. 적어도 '꾸바노 꼬레아노(Cubano Coreano), 쿠바에 살고 있는 한국 사람들'에 대한 얘기를 듣고 나면 그것이 확실해진다. 특별히 기독교인이라면, 그리고 감리교인이라면 더욱 그러하다. 미주를 향한 최초의 한국인 이민은 1903년 하와이 섬에 도착한 102명으로 그 중에 50명이 인천 내리감리교회를 중심한 한국감리교인들이었다. 그 이후 1905년에 멕시코로 수천 명의 더 큰 무리의 한인 이민이 이루어졌는데 기독교인들의 분포도가 높았다고 한다.

이들 가운데 노예생활 같은 멕시코 이민생활에서 견디다 못해 도망쳐 나온 약 288명의 한인들이 1921년에 쿠바에 도착하게 되었다. 그러나 한인들을 기다리는 것은 더 험난한 삶이었다. 그 때 한국인들을 소위 '애네껭'(enequen/ 배에서 사용하는 밧줄의 원료를 만들어내는 선인장이름에서 온 별명)이라 불리어졌다고 한다. 집단농장에서 살면서 선인장 밭에서 중노동의 고통스러운 삶을 살아가야만 했었다.

2006년 8월에 천국으로 부름 받은 장천뢰 할머니(Rosa Chang, 1920. 3. 13. 생, 아바나 거주)에 따르면 그런 생활에서도 당신의 아버지이신 장영기(Angel Chang, 그의 아버지인 장천봉씨는 한국에서 멕시코로, 멕시코에서 쿠바로 온 이민 1세대로 감리교인이었다)씨가 평신도 목회자로 한국말로 예배를 인도했고, 거의 모든 한국 이민자들이 교회에 모여 신앙으로 고국을 떠난 설움을 달랬다고 한다.

한인회가 조직되었고 매년 3월 1일이 되면 3·1절 기념식을 가졌고 애국가를 제창하고 (옛 곡조의 애국가를 지금도 잘 부른다) 장구도 치며 흥을 돋우었고, 마지막에는 '우리나라 만세'와 '만세 삼창'으로 마무리를 했다고 한다.

이러한 신앙의 줄은 계속 이어져서 현재 진실한 기독교인 장천뢰 할머니의 큰 아들인 이현준(David Lee, 62세)씨는 쿠바의 작은 개신교 교단의 교단장으로 목회에 전념하는 목사님이시고 그의 큰 아들도 역시 목회자로 사역을 하고 있다. 이 가정 외에도 많은 한인 후예들이 쿠바의 공산주의 체제에서도 꾸준히 신앙을 잘 지켜오고 있다. 아직은 눈에 띄지 않지만 머지않아 이 신앙에 기초한 쿠바의 한인 후예 기독교들이 한인 뿐 아니라 쿠바인들의 복음화에 큰 공헌을 하게 되리라 믿는다.

◈ 참조사항 둘: **쿠바 한글학교 약사**

1921년 멕시코에서 배를 타고 쿠바로 이민 온 한인 280명은 신앙과 공동체 의식으로 하나 되어 끈질긴 고난의 이민생활에 적응해 왔다. 고국에서 들려오는 소망 없는 일련의 소식들은 저들을 낙심시키기도 남을 일들이었다. 한일합방에 이은 36년간의 일제식민통치와 이어진 삼년간의 한국전쟁, 그리고 남북으로 두 동강이 난 조국에 대해서 저들은 아무런 소망도 가질 수가 없었다. 그렇게 흘러간 80여 년의 시간 속에 쿠바에 사는 한인 후손들은 80세 고령의 이민2세들 몇 명을 제외하고는 한국어와 한글을 전혀 모르고 지냈었다.

1. 첫 번째 쿠바 한글학교 개교

그러던 어느 날, 2000년 5월에 쿠바의 수도 아바나(Habana)에 드디어 한글을 가르치는 한글학교가 탄생되었다.

첫 번 선생님은 이일승 님이다. 이일승 님은 캐나다의 벤쿠버에 거주하면서 미국 워싱턴주의 시애틀장로교회의 후원으로 한인 후손 이르마 임 가정에서 한글학교(Escuela de la Ensenanza del Idioma Coreano)를 시작했다. 아바나 한글학교를 시작으로 마딴사스의 마르따 임 가정에서 마딴사스 한글학교가 확장되었고, 까르데나스에서는 나르씨소 박 가정에서 한글학교를 시작하게 되었다. 아바나 한글학교에는 약 15명의 학생들이 수업을 받았고 10여 명은 결석 한번 하지 않고 열심히 한글을 배웠다. 그러나 이렇게 활발하게 진행되던 한글학교는 2001년말에 이일승 선생님이 쿠바를 떠나면서 계속될 수 없게 되었다. 그럼에도 불구하고 4-5명의 한인3세, 4세의 열심 있는 학생들은 적어도 배운 것이라도 잊지 말자는 신념으로 선생님 없이 계속해서 모여 한글을 공부했다고 한다.

2. 두 번째 아바나 한글학교 개교

그러던 중, 2002년 9월에 쿠바에서 직장생활을 하게 된 문윤미 선생님(Julie Moon)이 뒤를 이어서 같은 장소인 이르마 임 가정에서 매주 토요일 오후에 모여 한글학교를 운영하게 되었다. 그러나 마딴사스나 까르데나스 등의 한글학교를 계속하기에는 역부족이었고 특별한 행사 때나 한 번씩 모이는 정도의 미미한 활동뿐이었다.

3. 아바나 한글학교 확장

2004년 6월 20일 도미니카 공화국의 지명교회(필자 담임)에서 쿠바 평신도 선교사로 파송된 장미경 선생님(Bella Chang)은 매주 일요일 오후에 또 다른 그룹을 모아 같은 장소인 이르마 임 가정에서 한글학교를 시작하였다. 특히 장미경 선생님은 뛰어난 음식 솜씨를 발휘하여 매번 한국 전통음식을 준비하여 공부를 시작하기 전에 함께 먹으며 학생들의 흥미를 만들어 내고 있다.

4. 세 번째 쿠바 한글학교 개교

2005년 2월에 호세 마르띠 문화원(Sociedad Cultural de Jose Marti/ NGO/ 주소: Casa 4208 Septima Avenida Calle #42, Habana, Cuba)에서 한글학교가 새롭게 시작하게 되었다. 쿠바에서 활동하는 사업가인 김동우 회장(AMPELOS 그룹)의 도움으로 호세 마르띠 문화원과 연관된 Martiano라는 합법단체의 한 부서로 한글학교가 자리를 매기게 되면서 처음으로 공식적인(쿠바정부가 인정하는) 한글학교로 출발을 하게 되었다. 김동우 회장은 한글학교 운영에 필요한 일체의 재정지원을 감당한다. 현재 아바나 본교와 마딴사스 분교, 까르데나스 분교에서 약 60여 명의 학생들이 한글을 열심히 공부하고 있다. 쿠바 선교를 사랑하는 독자들의 뜨거운 성원과 기도를 바란다.

코스타리카 선교 전망 - 중미 선교의 문제와 실천적 해결 방안

현지 신학교 및 목회자 훈련사역을 중심으로

임 낙 길 선교사 | 목사
코스타리카 신학교육 사역
e-mail:ampclim@empal.com
(2차 3줄 좌로부터 세 번째)

들어가는 말

모 선교단체의 사무실에 간 적이 있다. 큰 세계지도가 벽에 붙어 있었다. 놀라운 일은 중남미는 이미 복음화가 되었으니 선교사가 필요하지 않다는 것을 그 지도에 보여주고 있었다는 사실이다. 이것은 한국교회가 중남미 선교에 아직도 모르는 부분이 많이 있음을 단적으로 말해주는 일이다. 대부분 교회들은 로마 가톨릭교가 왕성하게 발전해 온 중남미는 이미 복음화가 되었다고 생각한다. 그러나 중남미에서 사역하는 선교사들은 로마 가톨릭은 참 기독교가 아님을 잘 알고 있다. 한편 중남미는 지리적으로 한국에서 너무 멀기 때문에 여러 가지 이유로 선교사들을 파송하길 꺼려하기도 한다. 그러나 이제는 중남미에 대한 선교의 관심이 더욱 고조되어야 할 때이다.

그동안 코스타리카에서 11년째 개인전도, 부흥회인도, 가족찬양, 원주민 교회 목회, 교회 개척, 목회자 훈련사역을 해오면서 경험한 바를 토대로 하여 중미 선교의 문제 9가지를 고찰해 보고, 그 실천적 해결 방안을 신학교 및 목회자 훈련사역을 중심으로 나누어 보기로 한다.

I. 중미 선교의 문제 9가지

1. 로마 가톨릭교회

라틴아메리카 문화는 한마디로 로마 가톨릭 문화이다. 이 종교를 모르면 참다운 선교를 할 수가 없다. 왜냐하면 대부분의 국가들이 국교로 삼고 있으며, 오랫동안 그들의 정신문화를 형성해 오고 있으며, 80% 이상이 가톨릭 교도들이기 때문이다.

그러나 로마 가톨릭은 토착종교와 혼합된 일반 종교에 불과하다. 예를 들면, 멕시코의 과달루뻬(Guadalupe) 성모숭배, 코스타리카의 마리아 천사 숭배, 필리핀의 아기 예수 숭배, 한국의 조상 숭배 등이다. 이 종교는 정령 숭배나 무속 신앙을 인정한다. 한편 구원을 얻기 위하여 로마 교회의 전통이나 전례 등을 성서보다 더 강조하며 순례여행, 선한 일, 종교의식 등을 행하고 있다. 의식을 행하면 구원을 받을 수 있다고 가르친다. 예를 들어 어떠한 죄를 짓든지 고해성사라는 의식을 거치면 하늘나라에 갈 수 있다고 하며 고해성사 만능주의를 만들어 버렸다. 그 결과 행함이 없는 믿음을 만들어 내어 놓은 것이다. 때문에 가톨릭이 지배하는 곳에서는 그 어떤 기독교 윤리도 찾기가 어렵다. 예를 들면 성적 타락, 도덕적 불감증, 동성연애, 미혼모 급증 등등.

혹자는 카리스마틱 운동을 인정하면서 가톨릭을 옹호하기도 한다. 그러나 이 운동은 70년대에 급격히 성장했으나 지금은 동일한 속도로 성장하지는 않는다. 수백만의 사람이 이 운동에 참여했었는데, 몇몇 사람들은 복음주의 교회에 합류했고, 또 다른 사람은 가톨릭교회에 남아 있다. 최근에는 전통적인 가톨릭이 강한 힘을 과시하며 다시 등장했다. 이 일로 인해 복음주의 교회와의 관계가 더욱 악화될 수도 있다. 대중적이면서도 때로 혼합주의적인 가톨릭은 여전히 널리 퍼져 있다. 가톨릭 교인들이 그리스도에 대한 인격적인 신앙을 갖도록 기도해야 한다. 어떤 중남미 통계에 로마 가톨릭교 79.2%. 성장율 1.1%. 3억 2,700만. 많은 수가 영세 받은 교인으로 나타나고 있지만 무속신앙이나 기독교적 이교에 참여하고 있다. 실천적 가톨릭교인은 인구의 10-20% 정도이다. 다른 교단이나 종교로 연간 370만, 매일 10,000씩 빼앗기고 있다.

감사할 일은 복음주의자의 증가이다. 1900년 약 20-30만 명, 1980년 2,100만 명, 1990년 4,600만 명으로 증가했다. 지금의 감소율이 낮아진다면, 2010년에는 8-9,000만 명으로 증가할 수도 있다. 복음주의자들은 남미의 정치, 경제적 구조를 쇄신할 새로운 역동적인 힘으로 등장하고 있다. 주일 예배에는 이 대륙의 대다수를 차지하는 가톨릭 교인보다 복음주의자의 참석률이 더 높다.

2. 영매주의

중미에는 아프리카의 토인 민중 신앙과 아메리카 대륙의 인디언 민중 신앙이 주민들의 문화와 세계관을 지배하고 있다. 이들의 민중 신앙은 고대의 하등 종교 형태이며, 물활론주의 혹은 정령신앙(Animism), 샤머니즘 (shamanism), 강신술 혹은 영매주의(Spiritualism)가 지배적이다. 한국의 무당 종교와 같은 면이 있는 것이다. 이러한 종교 의식이 가톨릭문화와 혼합되어 있으며, 심지어는 신교의 신오순절 교단들에도 팽배하다. 축귀를 해야 하는 예도 허다하다. 신오순절 교단에서 일어나는 많은 '이적' 들이 이러한 영매주의의 영향을 그대로 답습한 것임에도 불구하고, 여전히 성행하고 있는 실정이다.

3. 신오순절교단의 부흥

중미에는 한국의 70-80년대의 교회 폭발 성장을 하고 있다고 세계 교계에 잘 알려져 있다. 많은 사람들이 가톨릭교의 구습에서 벗어나고 영매주의에 젖어 있었으며, 원수 마귀의 굴레에서 종노릇 하던 사람들이 해방되며 주님을 구주로 영접하는 것에는 대환영이며, 하나님의 선교인 줄로 생각한다. 이런 식으로 교회들이 많이 세워지는 것도 대환영이다. 오순절교의 성장은 주목할 만하다. 전 세계 오순절 교인의 거의 40%가 라틴아메리카에 있다. 이러한 성장은 교단의 분열로 인해 조금 주춤하였는데, 몇몇 국가에서는 그 손실의 규모가 컸다. 그러나 이러한 폭발 성장의 부정적인 면들을 한 번 분석해 보는 것이 중요하다고 생각한다.

4. 건전한 신학의 부재

신앙 실천(Praxis)은 올바르며 삶의 변화를 일으켰지만, 정통 신학이 부재하다. 이단적인 요소들도 교회 성장이라는 목적과 결과 때문에 그대로 수긍이 되는 예들을 많이 보게 된다. 이러한 의미에서 선교사들이 바른 신학을 보급시켜 주는 것이 중요하리라 생각한다.

5. 교회 성장에 지나친 혈안

교회성장 측면에만 혈안이 되어 있다 보니, 마케팅 전략을 기독교 진리라는 필터로 걸러내지 않은 채, 비윤리적이며 비진리적인 방법으로 교회들이 운영되어지는 것을 볼 수 있다.

6. 정통신학의 성령론 전수

신학교의 협력과 목회자들의 설교에서 정통신학의 성령론이 보급되어져야 할 것이다.

7. 신학 교육의 문제

많은 현지인 목회자들은 신학교 교육은 물론 일반 교육도 제대로 받지 못한 사람이 대부분이다. 코스타리카의 경우 목회자의 학력상황을 보면, 40%가 고졸, 27%가 중졸, 18%가 초등학교 졸업자이다. 또한 목회자의 52%가 3년 미만의 신학졸업자요, 8%가 1년 동안 성경학교 졸업자이며 17%가 전혀 신학 수업이나 성경공부조차도 하지 않는 자들이다.

8. 교단주의 치중

다른 교단이 하는 사역들은 이단이 하는 것으로 간주하거나 아주 배타적이다. 그런데 교단 수가 엄청나게 많다. 전통 교단들도 갈라질 데로 갈라졌을 뿐만 아니다. 성령론의 문제로 인하여, '계시를 받은 사람들'이 너무 많아서, 자기는 하나님께로 직접 계시를 받았으므로, 교회를 새로 세워야 한다는 것이다. 이러한 사람들을 통해 개인 교회가 생기고, 한 교단이 새로 생겨난다. 그래서 한 교회가 교단인 경우도 있다. 소위 독립교단, 독립교회를 말한다.

9. 교회 지도자(목회자) 문제

중미교회의 대부분은 회중 가운데서 열심있는 성도를 목사로 세우는 일로 인해 교회의 성숙에 방해를 받고 있다. 대부분의 목사는 신학교육을 받지 못한 관계로 프로그램 중심 또는 찬양 중심의 예배로 교회를 이끌어 가는데 이 마저도 기본적인 신학적 지식이 없어 많은 교인들을 이단에 빼앗기고 있는 실정이다. 뿐만 아니라 교회가 목회자의 2중 직업을 갖는 것을 허용하기 때문에 스스로 선포할 말씀을 준비할 수 있는 시간을 갖지 못한다. 이러한 이유들 때문에 성도들은 말씀으로 인한 영적 갈증에 허덕이고 있는 것이다.

II. 중미 선교의 문제 해결을 위한 실천적 방안

1. 신학교 사역에 관한 문제

데이비드 J. 헤셀그레이브는 『신학과 선교』라는 책을 편집하면서 신학 없는 교회의 선교는 비 없는 구름과 같은 것이며, 선교 없는 신학도 있을 수 없다고 말하면서 신학과 선교는 상호 보완적이라고 주장하였다. 즉 신학과 선교는 분리될 수 없다는 의미이다. 선교에 있어서 신학은 가장 중요한 위치를 점하고 있어야 한다. 그럼에도 불구하고 우리는 많은 선교지에서 신학을 선교에 있어서 믿음 성장에 아무런 도움을 주지 못하는 불필요한 학문이라고 믿고 있는 분위기들을 접할 수 있다. 복음을 전하고 그것을 믿는 사람들을 찾는 것이 오직 선교의 의무라고 생각하기 때문이다. 그러나 우리가 고통 가운데서 전한 복음을 믿는 성도들이 신학을 경시하여 이단의 희생자가 되어 있는가를 본다면, 그리고 신학을 경시함으로 신앙의 뿌리가 없어 날마다 흔들리는 것을 본다면, 그리고 말씀의 분별력을 갖지 못하고 언제나 어린아이의 신앙에서 자라지 못하는 것을 본다면 신학을 불필요한 학문이라고 말할 수 없을 것이다. 그러므로 신학은 신앙에 뿌리를 박고 말씀 안에서 바른 성장을 하도록 도움을 주는 것이기에 필요하다.

또 하나 신학교육에 대한 필요성은 선교 현지에서 이단들과 유사 기독교들로 방치하지 않기 위해서이다. 대개 사교들의 활동을 보면 알 수 있다. 가톨릭을 비롯해서 수많은 유사 기독교 집단들이 하나님, 예수, 성령, 말씀, 이적, 은사 등을 가르치고 있다. 그러나 그들이 가르치는 신학을 보면 많은 부분에서 성경을 떠나 있는 것을 알 수 있다. 그들이 가르치는 신학들이 성경에서 떠나 있다는 것을 알 수 있는 것은 성경이 말씀하는 신학에 기초해 올바른 관찰과 해석을 통해 성경이 그것들에 대해 무엇이라고 말씀하고 있는가를 알 때 분명해진다.

중미에서는 가톨릭을 비롯한 많은 이단들이 정통 기독교를 자처하고 있다. 또한 하나의 기독교 운동으로 시작한 오순절 교회들은 오늘날 수많은 교파로 나뉘어 있다. 이로 인해 많은 사람들은 성경관과 가치관의 혼동을 겪고 있는 것을 본다. 오순절 운동이 라틴아메리카 대륙의 선교에 크게 이바지하여 개신교의 급성장에 도움을 준 것은 사실이다. 그럼에도 불구하고 전통적인 개신교의 정통성을 인정하고 출발한 오순절 교회가 오늘날 성도들에게 많은 혼란을 주고 있는 것은 신학의 부재로부터 기인된 것이라는 사실을 부인할 수 없을 것이다.

필자는 오늘날 중미를 보면서 가톨릭의 그릇된 성경관, 이단들의 발호와 부흥, 오순절 교회들의 신학 부재, 자유주의자들의 사상적 기초의 실험장 등을 확인할 수 있다. 그러므로 중미의 교회가 이러한 신앙 성장을 위한 열악한 환경 속에서 하나님께 온전히 서도록 하기 위해서는 바른 신학 교육을 통해 온전히 하나님과 말씀에 헌신된 일군을 양성하는 것이 필연적이라고 본다.

현재 중미에 파송된 한국 선교사들은 신학교 사역에 많은 관심들을 가지고 있다. 그러나 이 일은 팀 사역이 될 때만이 가능하다. 중미에서는 현재 신학교 사역에 헌신할 자격 있는 교수 요원 선교사가 더욱 필요한 실정이다.

2. 목회자 재교육에 관한 문제와 해결방안

허버트 케인(J. Herbert Kane)은 선교전략과 변화하는 정치적 상황들을 말하면서 "오늘날의 선교사는 선교지의 손님이다."라고 역설하였다. 선교사들이 선교현지에 도착했을 때 범하기 쉬운 실수는 현지교회가 자신의 신학에 맞지 않는다고 하여 그 교회를 부정하는 일일 것이다. 물론 그 교회의 신학 가운데 옳지 않은 것들이 존재할 수 있을 것이다. 그렇다고 하여 전체를 부정하는 것은 허물 많은 자기 자신을 부정하는 것과 같을 것이다. 누구에게나 우리에게는 많은 허물들이 있다. 그럼에도 불구하고 자신의 모든 것이 잘못되었다고 부정하는 사람은 없다. 그러므로 선교사들은 현지에서 이미 세워진 목회자들을 부정할 것이 아니라, 그들을 신학과 말씀으로 잘 훈련시켜 말씀 안에서 성장하도록 돕는 일을 해야만 한다. 이 일을 위해 우리는 중미에서 이미 목회자로 임명된 그들을 바로 평가하는 일이 선행되어야 한다.

첫째, 중미의 목회자들은 거의 안수를 받지 않고 선임 목회자들에 의해 임명된다. 개인의 은사에 의해 소명의 확신을 가진 사람과 성도들의 인정을 받는 사람만이 목회자가 될 수 있다고 봄으로써 목회자로서의 소명은 객관성보다는 주관성에 근거하고 있기 때문이다. 해결 방안은 철저한 신학공부 후 교단의 체계 하에 가입과 안수를 받도록 해야 한다.

둘째, 중미의 목회자들은 신학교육을 대부분 받지 않았다. 대부분 저학력 출신이기 때문이며 또한 경제적인 빈민출신들이 많다. 심지어 목사들 가운데는 문맹도 있다. 그러나 아돌프의 예를 들면, 노력하면 길이 있다. 청소년 시기를 알콜 중독자로 보냈으나 늦게 성령 받고 목회를 시작한 그는 목회를 하면서 평생교육제도에 힘입어서 초중고교 과정을 공부하며 동시에 교단소속 신학교에서 공부를 하고 있다. 성공적인 목회를 하면서 날로 그의 지식수준이 높아지고 있다.

셋째, 중미의 목회자들은 말씀을 연구할 시간들을 충분히 갖지 못한다.
가족들의 생계를 위해 별도의 직업을 가져야만 하기 때문이다. 그들은 언제나 돈을 벌기 위해 바쁘다. 교회에 네비우스 선교정책을 강조하고 교육시키며 경제적 자립방안을 마련해야 한다. 철저한 십일조 헌금교육과 첫 열매 감사헌금 등을 교육시키면 교회는 목회자가 세속 직업을 가지지 않아도 충분히 생활할 수 있도록 책임을 지도록 지도해야 한다.

넷째, 목회자로서의 소명을 점검해야 할 것이다.
하나님께서 목회자로서의 부르심에 대한 질문을 하면 꿈과 환상에 근거하는 것을 많이 본다. 이는 지나치게 주관적이어서 평가하기가 난해하다. 그러므로 소명의 객관성이 될 수 있는 말씀으로부터의 소명이 있는지를 확인해야 할 것이다. 즉 말씀을 위해 헌신할 준비가 되었는지를 먼저 점검받아야 하는 것이다.

다섯째, 목회자 자신이 하나님의 종으로서의 훈련받을 준비가 되었는지 점검해야 할 것이다. 많은 목회자들은 자신이 배운 성경 말씀을 전수하려고 하는데서 목회자의 소임을 다했다고 믿는다. 그러나 이것은 선생으로서의 소임은 다했을지 모르지만 하나님의 자녀와 백성과 종으로서의 소임은 다하지 못한 것이다. 우리는 목회자가 되기 전에 하나님의 사람과 신자가 되어야 하는 것이 중요하기 때문이다. 그러므로 목회자는 언제나 자신이 하나님의 종으로서의 훈련을 받을 때 하나님과 말씀과 성도를 위해 헌신할 수 있는 것이다.

여섯째, 가르침의 은사를 점검해야 할 것이다.

가르침의 은사는 말씀을 아는 것만으로 되지 않는다. 오히려 말씀에 대한 분별력과 말씀에 근거한 논리적인 가르침이어야 한다. 성경에 나타나는 단어의 의미조차도 이해하지 못하는 이들에게 말씀을 맡긴다는 것은 교회를 대단히 위험한 곳에 내어 놓는 것과 같은 일이다. 그러므로 문맹들을 목회자로 세우는 일은 금하여야 할 것이다. 목회자가 되는 것만이 하나님을 섬기는 일은 아니기 때문이다.

이러한 점검들은 신학교에 입학하기 전에 받아야 될 것이지만, 이들이 이미 교회에서 목회자로 사역하고 있기 때문에 사전에 이러한 점검을 거친 후 목회자 재교육을 통해 그들이 하나님의 말씀을 맡은 자로서 사명을 잘 감당할 수 있도록 해야 한다. 이들의 성장은 곧 교회의 성장으로 이어지기 때문이다. 현재 중미에서 목회자 재교육은 신학교 사역과 함께 이루어져야 한다고 본다. 목회자 재교육은 현실적으로 신학교 사역보다 더 어려움이 많이 따른다. 그러나 헌신된 한국인 선교사들에 의해 잘 되어질 것이라고 본다. 현재 중미의 선교에서는 목회자 재교육에 눈을 돌려야 할 때인 것이다. 비공식적인 TEE, 교회 프로그램, 공식적인 학교교육. 이 가운데 어떤 것을 통해서든, 현재와 미래의 목회자를 위한 적절한 훈련이 이루어지도록 해야 한다. 어떤 사람은 공식적인 훈련을 받지 않는 복음주의 목회자가 중미에 175,000명에 달하는 것으로 보고 있다. 한 가지 가능한 길은 교단마다 상호 배타적이긴 하지만 각 교단마다 모임은 조직적으로 잘 되어 있으므로 그 모임을 활용하여 각종 교육을 할 수 있다. 이미 정례화 된 그들의 모임에 한 회원으로 참석하며 친목을 도모하면서 기도, 설교, 독서에 도움을 줄 수가 있다. 특히 한국교회의 성장요인 등을 나누면 목회자들에게 아주 유익한 도움을 줄 수가 있다.

나가는 말

한국교회는 중미의 복음화 상황을 잘 파악하며 중미의 교회 사정들에 귀를 기울여야 한다. 그리하여 한 시 바삐 중미의 복음화를 위해 한국 선교사가 파송되어야 할 필연의 선교지임을 상기시켜 놓아야 한다. 목회자가 살아야 교회가 산다. 이와 같이 중미의 현지인 목회자를 살리는 일을 하는 목회자 훈련사역은 아무리 강조해도 지나치지 않는다. 그들을 영적으로 항상 소명감에 불타게 하며 지적으로 높은 수준으로 발전하도록 하며 경제적으로 자립하도록 교회를 교육시키는 일이 급선무이다. 한국교회는 이러한 상황에 민감해야 할 것이다. 중미 교회의 목회자 자신도 복음을 전하는 자들이 복음으로 말미암아 살리라는 믿음으로 대처하도록 하여 중미 교회가 개혁되며 놀라운 부흥과 발전이 있기를 소망한다.

선교전략 발표 24

벨리스 선교의 현재와 미래를 보는 프리즘

임 경 한 선교사 | 목사

벨리스 제자 훈련 사역

e-mail:brotherhan@btl.net

서언 : 과소 평가 Underestimation

나의 초창기 벨리스 선교 사역의 자세였다.

빠른 시일에 큰 열매를 갖게 될 줄 기대했었다. 전체 인구가 한국의 어느 소도시만도 못하다는 과소평가로 인하여 내게는 벨리스가 너무 작고 좁게만 느껴졌었다. 그러나 선교를 오래 해 올수록 많은 실수와 시행착오 후 선교는 결코 쉬운 일이 아니고, 하면 할수록 힘이 든다는 것을 깨닫게 되었다. 그런데 이 힘이 든다는 것은 단지 육신의 어려움을 말하려 하는 것이 아니다. 도리어 그 전에 성급히 과소평가하며 잘못된 사역을 해 왔던 것이 이제는 하나님의 선교 스타일로 바꾸려니 힘이 드는 것 같다.

그 후 벨리스를 더욱 자세히 볼 수 있게 되었고, 한 영혼의 구원이 주는 의미에 대해 깊이 고민하게 되었다. 복음을 전하고 구원만 시켜 주고 사역지를 옮기는 것이 아닌 이들과 동고동락을 하는 필자의 사역은 그 영혼 구원이 결코 얕은 것이 아니었다. 벨리스인 한 명을 향한 구원 활동은 그의 문화와 삶, 그리고 사고방식이 예수님의 삶을 따라가는 한 제자의 삶으로 바뀔 때까지라는 것이다. 매우 적은 인구와 종교에 매우 우호적인 벨리스를, 나는 초창기 사역에서 이 나라를 크게 과소평가하고 있었다. 그 후 20년의 세월이 지난 현재 벨리스 사역은 초창기에 단시일 내에 마치 벨리스 전체를 쉽게 복음화한다는 과대망상에서 벗어나 현재는 훨씬 차분하게 한 영혼을 소중히 여기며 제자 훈련에 중점을 두고 있다.

1. 벨리즈의 역사와 문화

벨리스의 역사는 마야 문명으로 시작된다. 벨리스에 마야 문명이 존재했었음을 증명하는 마야 유적지(Maya Ruin)들이 있다. 이들은 AD 1,000년에 이미 400.000명의 마야 인디오들이 이곳에 정착해 살고 있었고, 현재도 벨리스 남쪽 지방을 중심으로 모판 마야(Mopan Maya) 인디오 부족들과 케치 마야(Keckchi Maya) 인디오들이 거주하고 있다. 그 후 1,500년경 유럽인들이 이주하기 시작했고, 1798년 9월 10일 벨리스 영토를 차지하려는 스페인 해함과의 전쟁에서 승리를 마지막으로 벨리스는 영국의 통치에 들어가게 된다.

벨리스는 중앙 아메리카에서 제일 적은 면적의 나라이면서 제일 적은 인구의 나라이다. 영국에 의해 약 200년 동안 통치를 받아 왔으며 1973년 브리티시 온두라스(British Honduras)라는 명칭을 사용하였지만, 1981년 9월 21일 영국에서 독립함과 동시에 벨리스는(영 BELIZE / 스 BELICE)라는 공식적인 국가 명칭을 사용하고 있다. 벨리스는 현재 영연방 국가의 한 멤버이다. 수상을 중심으로 한 의원 내각제로 영국의 정치 스타일을 그대로 따르고 있다. 매5년마다 선거가 있다. 벨리스의 공식 언어는 영어이고 제2의 공식 언어로 스페인어를 사용하고 있다. 하지만 전반적으로 전체 벨리스인들 사이에는 크리올이라는 원주민 언어(Broken English)를 사용한다.

■ 다양한 인종과 문화

벨리스는 다양한 인종과 문화로 구성되어 있다. 인구의 44%가 메스티조스(Mestizos)라는 유럽인과 인디오들의 혼혈 계통이 있다. 30%는 크리올(Creole)이라는 흑인 계통의 아프리카 노예와 유럽인의 혼혈 계통이다. 그리고 소수 민족으로 물러난 마야 인디오들(모판 마야, 케치 마야)과 아프리카 노예들의 직 후손들인 가리푸나(Garifuna) 인종도 그들만의 고유 언어를 사용하며 존재하고 있다. 그 외 벨리스의 상권을 잡고 있는 서인도 지역에서 이주해 온 인도, 스리랑카 인들을 벨리스 사람들은 힌두라 부른다. 1950년경 멕시코에서 내전의 불안과 이들만의 종교의 자유를 목적으로 집단 이주해 온 아미쉬 메노나이트(Amish Mennonite)도 현재 3부류로 분리되어 각기 다른 장소에서 집단생활을 하고 있다. 그 외 중국인, 대만인들이 약 7,000명 정도 거주하고 있으며 한인들은 40명 정도 거주하고 있다.

국토의 면적은 총 22,965 평방 Km로 남한의 1/4이다. 인구는 약 300,000으로 영토의 면적에 비해 인구 밀도는 매우 낮은 편이다. 그러나 넓은 땅에 비해 많은 부분이 습지대 (swampy)로 실용성은 낮다. 벨리스의 기후는 아열대 기후로 습도가 매우 높고, 건기와 우기의 두 계절을 갖고 있다. 1월에서 6월은 건기로 최고 섭씨 40도를 오르내리고, 7월부터 12월까지는 우기로써 많은 양의 비가 내리고 매우 습한 기후를 경험하게 된다. 특히 이 기간은 허리케인 기간으로 많은 홍수와 비를 동반한다. 벨리스의 수도는 벨모판(Belmopan)이고, 인구는 10,000명을 조금 넘는다. 1962년 하티(Hattie)라는 허리케인의 타격으로 큰 인명 피해를 입은 벨리스는 수도를 벨리스 시티(Ciudad Belice)에서 내륙 지역 벨모판으로 옮겼다. 현재 모든 행정이 주관되고 있다.

2. 벨리스의 종교와 선교

로마 가톨릭교가 65% 이상을 차지하고 있지만 실질적인 헌신된 신도는 극히 적다. 그 다음으로 영국 성공회가 학교와 정치력에 많은 영향을 주고 있다. 복음주의는 10% 미만으로 보고 있다. 그와 반면에 이단의 적극적인 포교로 여호와의 증인, 몰몬교 등이 전국에 깊이 침투되어 있다. 현재 벨리스 기독교의 총체적 문제라 해도 과언이 아닌 목회자·평신도 교육과 훈련 부족으로 이단을 대처하는데 많은 어려움이 있다. 이 외에도 각 종족이 조상들에게 물려받은 토속 종교 활동 역시 사역에 많은 장애 요인이 된다. 크리올 문화권의 빠른 서구화 문명과 스페인어 문화권과 가리푸나 문화권의 로마 가톨릭교와 또 그들의 샤머니즘과 합성된 토속 종교 등이 있다. 마야 인디오들 역시 그들의 토속 종교에 혼합되어 존재하고 있다. 이런 토속 종교들은 그들의 삶에도 깊이 침투해 있는 특징이 있다. 그 외에도 계속 증가해 가는 중국인, 대만인들의 우상 숭배와 불교, 도교(Taoism)등이 증가세를 보이고 있다. 현재 필자가 현장에서 사역하는 가운데 중국인, 대만인 선교사역을 위해 이들만의 교회가 설립되어 있다.

■ 벨리스 선교의 현재

인구 30만의 벨리스에서 현재 사역하고 있는 외국인 선교사의 숫자는 제임스 쿤스에 의하면, 믿기 어려울 만큼 약 8,200명이 사역하는 것으로 보고 되었다(A Survey of

Belizean Churches by James Coons). 이 숫자가 여름에 미국에서 오는 많은 단기선교팀들의 숫자도 포함시킨 것인지는 알 수 없다. 개신교 선교 역사는 1950년경으로 추측된다. 미국과 매우 가깝다는 지리적 여건으로 벨리스에는 많은 미국인 선교사들이 활동하고 있다. 긍정적인 사역 결과도 많이 있지만 매우 부정적인 사역의 결과도 많이 초래했다. 벨리스는 이미 오래 전 복음이 전파되었고 전 국민들은 직·간접적으로 이미 복음을 몇 번 접했다. 이 나라 인구의 90%는 본인들이 크리스천이라 믿고 있다. 그러나 정기적으로 교회를 출석하는 사람은 10% 미만이다.

나의 사역 경험과 관찰을 통해서 볼 때, 벨리스엔 믿음을 상실한 매우 많은 수의 타락한 사람들이 있다. 만나서 대화를 해 보면 이미 교회를 오래 전부터 다녔던 사람들이고, 성경 구절도 제법 많이 인용하기도 한다. 그러나 이들의 삶은 비성경적이고 세상적인 삶을 살고 있다. 교회는 일찍이 복음을 받아들이고 믿었던 이들에게 체계적인 교육과 삶의 적용에 소홀했고, 제자 훈련의 부족으로 이런 결과를 낳게 되었다. 사람들은 자연스럽게 교회를 자주 옮기고 그 후 영적 불감증에 빠져 들은 셈이다.

■ 벨리스 교회의 영적 현주소

벨리스에서 개신교회들의 평균 나이는 29세이다. 성장하기에 적합한 나이지만 실제로는 그렇지 못하다. 모두가 오래된 것 같은 그릇된 사고방식을 갖고 있는 교회들이 많다. 현재 695개의 교회들이 있고, 각 교회의 평균 제적 인원은 40여 명이며 정기적으로 출석하는 교인들의 숫자는 30여 명이다(상게서 *A Survey of Belizean Churches* by James Coons). 이 수치는 결국 30만 명의 인구 중 2만여 명만이 교회에 정기적으로 출석한다는 통계이다. 평균 교회 나이가 29세임을 감안할 때 교회들은 1년에 1명을 교회 정기 출석자로 만든 셈이다.

교회와 교인들의 치명적인 문제점은 구원의 확신이 없고 전도에 대해 미온적인 태도를 갖고 있다는 점이다. 영혼 구원에 대한 갈급함과 중요성을 깊이 인식하지 못하고 있다. 이들은 영혼 구원 사역이 선교사들의 몫이라는 당연한 태도를 갖고 있다. 얼마 전 미국 동부에 위치한 한인 교회가 주최가 되어서 '전도 폭발'(Evangelism Explosion) 임상 훈련을,

필자가 제자 훈련시키고 있는 10여 명에게 실시한 바 있었다. 결과는 매우 긍정적이었고 또 이 프로그램이 무작위적인 복음 전파가 아닌, 이미 교회를 오랫동안 출석한 사람들을 대상으로 전도를 하는 것을 보고 많은 도전을 받았다. 매우 긍정적인 결과를 경험하였다. 이미 복음을 오래 전부터 받아들인 이 나라에서 눈에 보이고 감성을 요구하는 현상을 추구하는 교회들에게 잔잔한 도전이 되기를 바라고 싶다. 이미 본인이 개척하고 사역중인 교회들에게 이 교육을 실시하고 있고 본인 역시 2007년 이 프로그램을 완전히 전수받기 위해 미국 전도 폭발 본부 세미나 참석을 준비 중이다.

연령비율에 대해선 전체 인구의 65%가 만 15세에서 35세의 젊은 층이 많은 나라이다. 청소년 사역의 중요성이 매우 절실한 나라이다. 성경적인 크리스천 문화와 삶의 방향을 형성하는 것이 매우 시급하다. 정부의 부정부패와 신뢰성 상실, 그리고 극히 이기주의적인 정치 지도자들의 태도는 벨리스 청소년들에게 매우 부정적인 국가관을 심어준다.

3. 벨리스 복음화의 장애 요인들

■ 목회자들의 소명(Calling) 불확실과 신학 교육의 부족

교회는 매우 어려움을 겪고 있다. 교회 연합이 매우 미약함도 약점 중에 하나이다. 많은 수의 독립 교회들이 무질서하게 활동하고 있고, 미국이나 주변국가, 특히 과테말라에서 크게 성공을 거둔 교회성장 모델이나 모임 운동들이 해결책인 양 모방하기에 급급하다. 더욱 한심한 것은 이런 현상들이 오래 가질 못한다는 사실이다. 그래서 다음에 또 어느 나라 교회가, 교단이 획기적인 성장을 하면 또 그것이 교회 성장의 해답인 양 떠들썩하게 행사를 개최하고 목회자들을 초청하고 한다.

이런 따위의 일들이 수도 없이 반복되어 가고 있다. 기초 교육도 잘 받지 못한 목회자들은 해답이 성경에 있는 것을 인식하지 못하고, 인간들이 만들어 낸 Dogma에 빠져들고 있다. 이들에게 신학교육이 매우 절실하다. 그러나 이것이 절대적인 해답은 아니다. 목회자들의 평균 연령이 49세임을 감안할 때, 그리고 이들은 이미 15년 이상을 목회를 해 오고 있고 전체 목회자들의 90% 이상이 외부 직업으로 생계를 유지하고 있다. 거의 대부분의 목회자들이 초등학교 졸업인 이들을 위한 신학교육 프로그램에는 많은 어려움이 따른다. 이들의 현실에 적합한 실제 목회교육(Practical Pastoral Education)이 필요하다. 그러나 앞으로 세워질 신학교는 기본 커트라인을 만들어 최소한 고등학교 졸업자들로 시작을 해야 할 것이다.

■ 헌신(Commitment)이 매우 부족하다

형식적인 종교로 그치고, 삶 속에 적용된 변화되고 헌신된 삶은 매우 약하다. 기후 탓으로 돌리기는 너무 지나칠 정도로 신앙에 극히 형식적이다. 어쩌면 외세의 공격이나 기독교에 대한 강한 핍박이나 어려움을 모르고 살아온 이유일 수도 있다. 벨리스의 대표 종교인 로마 가톨릭교 신앙의 안일한 영향도 있을 것이다.

■ 이단들의 공격적인 포교 활동

막강한 재정 투입으로 물질에 약한 현지인들을 현혹하고 있다. 그 외에도 이들은 매우 잘 훈련된 사람들로 목회를 오랫동안 했다고 해도 체계적인 복음 전개와 이단 교파들의 비 성경적인 부분들을 명료하게 지적할 수 있는 지식이 매우 낮다. 더 큰 문제는, 많은 교회들과 목회자들이 이단들에 의해 장래 벨리스에 미칠 치명적인 문제점들을 인식하지 못하고 거의 무관심에 있다는 것이다. 착한 벨리스 사람들은 "No"를 거의 하지 못한다. 그리고 성경 지식과 교육의 부족으로 도리어 이단을 멀리하라는 권면을 들으면 같은 하나님인데 왜 이들을 미워하는가 하고 도리어 의아해하며 이단에게 동조하기도 한다.

■ 다 종족 나라 벨리스

이 나라에 많은 독립적인 문화권을 형성하고 사는 원주민 종족이 있다. 곧 크리올, 메스티조스, 중미 스페니쉬 난민(과테말라, 온두라스, 엘 살바도르로부터), 아프리카 노예직 후손들인 가리푸나, 모판 마야 인디오, 케치 마야 인디오, 서인도 국가들, 중국인, 대만인, 미국인, 유럽인들, 아미쉬 메노나이트 등이다. 이들은 각자 다른 언어를 그들 사이에서 사용하고 있고 그들만의 고유문화를 지금도 계승하고 있다. 공식 언어인 영어를 사용함으로써 대화에는 불편함이 없다. 다민족이다 보니 자연스럽게 무관심의 벽이 높게 쌓이게 되었다. 특히 기독교 역시 각기 다른 고유의 문화에 혼합되면서 본의 아니게 다른 종족에게는 무관심이 되어 버리고 교회 연합 운동은 매우 어렵게 되어진다.

4. 벨리스 선교의 긍정적인 부분들

영어가 공식어인 벨리스는 선교사 훈련에 많은 장점을 갖고 있다. 중미 나라 가운데서 가장 안전하고 정치, 경제적으로도 매우 안정된 국가이다. 장기 선교를 결심하고 선교를 하려는 지원자들에게는 선교사 훈련 및 임상실습 목적으로도 매우 적합한 나라이다. 다 종족이니 다양한 타문화(Cross-Cultural)를 경험할 수 있고, 이곳에 이미 사역이 진행되고 있으니 이곳 사역을 경험하고 관찰함으로 앞으로의 장기 선교를 할 타문화권이나 지역에서의 문화 충격(Cultural Shock)도 어느 정도 감소할 수 있다.

동시에 타국의 선교사 지망생들에 국한된 것이 아닌 벨리스인들을 같이 동참시켜서 이미 영어권과 스페니쉬 권에 익숙한 이들을 함께 훈련시키는 것도 매우 바람직하다. 그간 벨리스는 수많은 서양 선교사들로부터 거저 받는데 익숙해져 있었다. 그러나 언젠가는 벨리스도 주변 국가로 파송하는 것을 시작으로 세계 선교의 비전을 갖기를 갈망한다. 그러나 건강한 교회가 없이 건강한 선교 사역도 존재할 수 없는 것처럼 이곳에서 개 교회들이 풀어가야 할 과제는 아직 산 너머 산이다. 신학 교육을 하기 전 꼭 필요한 목회자와 평신도를 대상으로 한 제자 훈련, 자체 성경 연구 능력, 목회자들을 경제적으로 안정시킬 수 있는 수준의 교회 헌금 상태 개선, 타-문화권 간의 배타적이고 무관심적인 태도 개선, 청소년 사역의 중요성 등이 산재해 있다.

하지만 벨리스인들은 매우 좋은 사람들이다. 순박하면서 정이 많은 사람들이다. 비록 복음의 홍수로 적지 않은 피해(?)를 본 나라이지만, 이들에게 제자 훈련을 시키면 이들은 분명히 변화될 것이다. 성급한 프로그램으로 단시일에 흡족할 결과를 바라는 것이 아닌, 이들과 동역자가 되어 가면서(Belizeanize) 이들을 이해하고 사랑하고 진심으로 섬길 때, 장시간을 두고 결과는 나타날 것이다.

5. 벨리스 선교의 미래

지속적인 제자 훈련이 필요하다. 삶을 나눌 수 있는 제자 훈련이 필요하다. 섬김을 받으러 온 것이 아닌 섬기려는 종의 자세의 제자 훈련이 필요하다. 예수님의 제자가 되는 것은 이들의 문화와 생활 방식을 초월한 예수님의 마음과 정신으로 변해야 하는 도전은 계속 존재한다. 이러한 제자 훈련은 현재 목회를 하는 목회자들에게도 매우 절실하게 필요하다. 그동안 벨리스 교회들은 점차적인 성장과 목회자 및 평신도 훈련을 무시한 채 많은 현상들을 좇아 왔다. 그리고 성경의 절대성을 희미하게 아는 이들의 얇은 지식과 소명감은 여전히 교회 성장과 제자화 사역에 많은 어려움을 줄 것이다.

결언 : 과소평가를 극복하며....

벨리스 선교의 미래는 밝다. 그러나 성급함은 금물이다. 필자가 1986년 이곳에 도착했을 때는 이미 많은 미국인 선교사들이 사역을 하고 있었다. 현재 그 당시 사역을 하던 선배 선교사들은 거의 철수한 상태이다. 아니면 이곳에 상주하면서 선교와는 전혀 상반된 사업을 하는 사람들도 많이 있다. 어깨가 더욱 무거워짐을 느낀다. 하지만 선교사업은 내가 다 하는 것이 아닌 하나님이 원하시는 선교에 종으로 부름을 받았다는 것이다. 초심을 잃지 않고 사역하기를 기도한다. 과소평가에서 헤어 나오게 하신 하나님의 은혜는 무한하다. 그렇다. 어린 나이였던 부족한 나를 받아주고 도리어 나를 키워준 벨리스인들은 어쩌면 나로 하여금 이들에 대해 더 빚진 마음을 갖게 해준다.

베네수엘라 남부 아마존 정글 사역의 리더십 대안

김 재 한 선교사 | 목사
베네수엘라 남부 아마존 정글지역 인디오사역
e-mail:jaehankim2000@yahoo.com

글을 시작하며

한국교회의 성장으로 세계의 거의 모든 나라에서 한국인 선교사들이 하나님의 복음을 전하고 있다. 마지막 때에 한국교회에 맡긴 세계 복음화의 사명을 생명보다 귀하게 여기며 그분의 충성된 복음의 군병들은 오늘도 땅끝까지 복음을 들고 나간다. 많은 곳에서 승리의 소식이 전해 온다. 어둠의 세력들이 쫓겨 가고 복음의 나팔 소리가 울려 퍼진다.

1884년 9월 22일 미국 북장로교회 소속 선교의사인 호레이스 뉴톤 알렌 선교사가 동양의 조그만 나라 조선으로 들어간 후 수많은 서양 선교사들이 뒤를 이어 들어가 이름도 모르던 조그만 조선의 백성들을 위해 목숨을 바치며 복음을 전하였다. 알렌 선교사가 1890년 만 32세로 조선에 도착한지 6년 만에 병으로 그렇게 사랑했던 조선 백성들을 뒤로 하고 하늘나라로 떠났다. 시신을 묻을 곳이 없어 장사를 못 지내다가 고종으로부터 간신히 양화진 한 구석을 허락 받아 그곳에 묻힌다. 이렇게 서양 선교사들의 순교의 피로 자라난 한국 기독교는 세계에 복음의 빚을 진 민족이다. 그러기에 더 많은 한국인 선교사들이 아직도 예수그리스도의 이름을 모르는 종족들을 찾아 땅끝으로 떠나야 한다. 그러나 안타까운 사실은 언제부터인가 한국교회가 외형 성장을 중요시하며 교회건물에 많은 물질들을 투자하면서 차츰 세계선교의 빚을 부담스러워 하는 것 같다. 교회 역사를 통해 우리는 배워야 한다. 유럽의 많은 교회들, 특히 한 때 세계의 선교를 주도하던 영국이 이제는 그 화려한 교회건물들이 어떻게 변했는지 우리는 알아야 한다. 필자는 1988년 아프리카에 단기선교를 다녀오는 길에 영국에 들러, 그 화려한 교회 건물에 놀랐고 주일날 그 안에서 예배를 드리는 모습을 보고 또 한번 놀랐다. 노인 성도들 몇몇만이 예배를 드리고 있었고 그나마 많은 교회들이 관광자원으로 변해 있었다. 더욱 슬픈 것은 한 교회는 이슬람 사원으로 변해 있었다.

또한 선교사 재배치 운동이 일어나야 한다. 많은 선교사들이 사역이 편하고 열매가 쉽게 맺히는 지역에서의 사역을 선호하고 있어 그러한 조건을 가진 지역에는 몇백 명의 선교사들이 서로 경쟁으로 부딪치면서 일하고 있고, 주님이 찾으시는 잃어버린 한 마리의 양을 찾아 나서는 심정으로 땅끝으로 떠나는 선교사들은 줄어들고 있다. 선교사들의 자질에 대한 문제들도 이곳저곳에서 들려온다. 선교사 지도력의 부재, 동역자들과의 갈등, 선교비 문제 등 각종 세상 지도자들의 문제와도 같은 문제점들이 선교지에서도 일어나고 있다. 선교사들은 대부분이 사역지에서의 지도자적 위치에서 일하게 된다. 또한 선교 지역에서의 영적인 지도자로서의 사역을 감당하고 있다. 이러한 지도자적 위치에 있는 선교사로서 영적지도자 훈련이 되어 있지 않으면 사역에 많은 어려움을 겪게 된다.

1. 사역의 근간

필자는 18년간 남미 베네수엘라 아마존 밀림에서 7개 부족의 인디오들에게 주님의 사랑을 전하면서 선교사역을 감당해 오고 있다. 이곳에서 사역하면서 선교사의 지도자적 역할 문제로 고민해 보기도 하고 또한 지금까지 이곳 선교 사역을 연구해 봄으로써 앞으로 이곳 베네수엘라 남부 아마존 정글사역과 한국에서 선교사의 길을 가기 위해 준비하는 선교사 후보생들에게 도움을 주고자 한다. 여기에 연구된 자료들은 모두 본인이 베네수엘라에서 18년간 사역하면서 겪은 이곳 베네수엘라 아마존 인디오들과 베네수엘라 원주민들(메스티조)의 사역에서 경험한 상황에 관한 것들이다.

2. 선교지로 떠나기 전 지도자가 되기 위한 준비

오스왈드 스미스 목사는 선교사로 떠나려면 30대 이전에 떠나라고 강조한다. 30살이 넘으면 이미 생활하고 있는 곳에 많은 기반을 닦아 놓았기에 그것들을 정리하고 떠나기가 쉽지 않기 때문이다. 그의 글을 읽으며 선교사로의 꿈을 키울 때가 28살이었으니 나로서는 늦었다고 생각했다. 언제 신학을 마치고 선교지로 나가나 생각하면 먼 훗날의 일들만 같았다. 한국교회는 선교사로 나가려면 목사가 되어야만 선교사로 대부분 인정한다. 1996년 시카고 세계한인선교대회에서 어느 선교사는 공공연히 평신도 선교사는 가짜 선교사라는 충격적인 발언을 하는 것을 들었다. 또 사역에 도움이 될만한 정보들을 교환하는 자리에서 평신도라는 신분을 알기 전까지는 모든 이야기가 잘 되다가도 상대가 평신도 선교사라는 것을 알면 더 이상의 정보교환이 단절되기도 한다.

하지만 이곳에서 함께 일하는 선교단체인 새부족 선교회(NTM)의 대부분은 평신도 선교사들이다. 그래서 신학교를 마치고 전도사 시절을 거쳐 목사 안수를 받고 선교지로 파송될 때는 선교사로서 소명을 받은 날로부터 많은 세월이 흐른 뒤다. 이때쯤이면 하루 빨리 선교지로 달려가기만을 고대한다. 실제로 내가 만난 많은 선교 지망생들은 선교훈련을 받기 보다는 빨리 선교지로 나가 사역에 임하면서 열매 거두기를 원한다. 그러나 선교사역은 목회를 포함한 더 광범위한 사역이 되므로 선교사 훈련은 선교지로 파송되어 나가기 전에 받아야만 한다. 선교사는 또한 그 지역에서 대부분 지도자적 위치에 서기 때문에 충분한 훈련이 없이는 자신만이 아닌 주위의 동역자들을 어렵게 한다. 이러한 기간 동안 인내심이 비교적 적은 한국 선교사 후보생들에게는 많은 고민을 하게 한다. 그런데 전에는 한국에서 이러한 훈련을 받을 만한 기관들이 드물었다. 그러나 선교훈련이 당장에는 더디어지는 것 같지만 현장에서 장기 사역자들에게는 사역의 열매를 맺는데 지름길이 된다. 떠나기 전에 선교훈련을 못 받으면 현지에서 사역과 생활 속에서 문화충격과 함께 견뎌내야 할 훈련은 지치게 만들고 많은 스트레스와 함께 사역을 더디게 만든다. 심한 경우는 이 기간에 선교를 포기하게 만들기도 한다.

우리가 베네수엘라에 도착한 일 년 후 우리를 파송한 교회에서는 4가정을 추가로 파송할 계획을 갖고 선교사 훈련을 시켰다. 중미 코스타리카에 중남미 선교사 후보생들을 위한 선교언어 훈련원이 있는데 교회에서는 일년 동안 그곳으로 4가정을 보내려 했다. 그러나 2가정은 동의하고 나머지 2가정은 훈련 없이 베네수엘라로 직접 들어오기를 희망했다. 물론 나도 4가정이 훈련을 받고 들어오기를 권유했지만 결국은 2가정씩 나뉘어졌다.

코스타리카로 떠난 2가정은 열심히 훈련을 받아 1년 후에 베네수엘라 사역에 합류할 때엔 스페니쉬로 설교를 시작했다. 그러나 이곳으로 직접 들어온 2가정은 처음에는 열정을 가지고 사역하면서 언어를 배우겠다고 하였으나 여의치 않아 5개월 후 스스로 언어를 배우러 대도시에 있는 언어 학원에 등록하였다. 스페니쉬로 스페니쉬를 배우는 학원이라 그곳도 얼마 못가서 취소하고 말았다. 그 후 일 년이 지났으나 사역은 결정도 못하고 이곳저곳 언어 훈련을 시도하다 끝내 못하고 말았다. 현지에 도착하기 전에 익혀야 하는 선교지의 언어, 문화, 기본 법률(요즘은 기본적인 현지법들도 선교사가 알아야 한다. 현지 직원들을 위한 노동법, 교회 건물 건축시 건축법, 비영리 단체 등록할 때의 종교법 등을 알면 간단히 할 수 있는 것을 모르면 비싼 변호사 비용을 주고 해결해야 한다. 또한 현지 동역자들이 처음 선교가 시작될 때는 가치 있는 선교부 재산이 없어 별 문제가 없지만, 오랜 시간이 지난 후 선교부 재산이 늘어나면 때로는 현지 동역자들의 마음이 변하여 어려움을 주기도 하기 때문임) 등을 미리 공부하고 훈련 받아야 현지에 도착해서 문화충격을 덜 받게 된다. 요즘은 한국도 누구나 자유롭게 외국을 여행할 기회가 많아 옛날 선배 선교사들이 나갈 때보다는 문화충격을 덜 겪으리라 본다. 본인 역시 82년도부터 건설회사에 근무하면서 아프리카를 시작으로 여러 나라들을 다니며 살아 본 경험들이 처음 선교지에 도착해서 겪는 문화충격을 줄이는데 많은 도움이 됐다. 요즘은 언어 또한 한국에서 얼마든지 배울 수 있다. 한국에도 선교적으로 매우 중요한 아시아권의 많은 사람들이 들어와 일하고 있기에 이들을 통한 언어훈련은 매우 효과적이라 하겠다.

3. 선교지에서 한국 선교사의 사역

베네수엘라의 아자쿠초에서 15년간 사역하고 있는 제임스 베니힐 선교사는 이곳에서 2년짜리 선교 초년생이 이리저리 뛰며 애쓰는 나에게 한국 선교사는 선교를 마치 자동판매기와 같이 생각한다고 웃으며 농담처럼 이야기하던 기억이 난다. 동전을 집어넣으면 금방 아래로 굴러 나오는 음료수 캔과 같이 성급하게 열매를 맺으려 한다고....

이것이 한국 선교사들의 장점이요 단점이기도 하다. 미국 선교사들은 선교지에 도착하면

일 년간은 직접적인 사역에 투입하지 않고 언어(인디오 부족어)와 문화를 배우게 한다. 매일 오전에는 선교본부에서 공부하며 오후에는 자유시간을 갖는다. 내가 보기에는 너무 시간을 낭비하는 것 같았다. 그러나 그렇게 일년을 준비하며 보낸 선교사는 10년 이상의 기간들을 꾸준히 선교사역에 헌신하며 사역들을 감당한다. 처음부터 선배 선교사의 일들을 무시하고 열정만 가지고 덤벼들어 몇 년을 열심히 일하다 한 텀도 넘기지 못하고 돌아갔던 한국 선교사들에게는 좋은 교훈이 된다.

1) 베네수엘라 아마존 정글에서 한국 선교사들의 장점들

a. 뜨거운 열정이 있다

선교지에 도착한 한국 선교사들은 웬만한 문화 충격에도 굴하지 않고 열심히 뛴다. 주위에서 우리를 보는 타국 선교사들은 우리의 열심을 보며 모두 부러워한다. 낮과 밤을 가리지 않고 뛰는 우리를 바라보는 그들은 하루 정해진 시간 외에는 개인의 취미를 즐기며 자기가 맡지 않은 사역은 절대 간섭하지 않는 그들의 방법으로는 우리가 모두 슈퍼맨 선교사란다. 아쉬움이란 좀더 체계적으로 일을 하면 좀더 효과적이 될 수 있다. 즉 한 가지 사역을 맡으면 어떻게든 열매를 빨리 맺기 위해 열심히 뛴다. 하나님께서는 급한 성격을 가진 우리 민족을 그분의 영광을 위해 사용하신다. 또한 사역 초기에는 질병이 없는 한 보통 7~8년을 안식년 없이 사역에만 몰두한다. 사도 바울 같은 한국 선교사들의 열정이 오늘도 세계 땅 끝까지 파송되어 잃어버린 한 영혼을 구원하기 위해 뛰고 있다.

b. 한국 선교사들은 현지인들과 많은 유사점들을 가지고 있다

한국 선교사들은 타국 선교사들보다는 이곳 문화에서 많은 동질감을 가지고 있는 이점이 있다. 가족들과의 유대 관계, 마을 중심의 공동체적인 삶, 얼굴 생김새, 어린 아기를 업는 습관, 아기들의 엉덩이에 있는 몽고반점, 빨래 방망이로 강가에서 빨랫감을 두드리는 모습 등 그들의 삶 속에서 우리가 어릴 적 보아오던 모습들을 생각나게 한다. 빼로와 인디오 종족은 그 중에서도 가장 많이 한국인을 닮은 종족이다. 한번은 학생들과 함께 트렉터를 몰고 농장으로 향하는데 마침 타도시에서 강의차 도착한 교수팀이 우리 신학교 학장을 보고서 나를 가리키며 어느 종족사람이냐고 물어 학장이 당황한 적이 있었다. 선교지에서의 이러한 동질성은 타국 선교사들이 결코 가질 수 없는 우리 한국 선교사들만이 가질 수 있는 장점이다. 이러한 동질성이 한국 선교사들이 저들에게 접근해 친근감을 갖게 하는데 많은 이점이 있다. 인디오 선교의 출발점은 그들에게 가족과 같은 친밀함을 갖는 데서부터 시작된다고 해도 과언이 아니다.

c. 문화 충격을 비교적 빨리 극복한다

어떤 어려운 기후와 자연 조건들도 다른 나라 선교사들보다 대체로 빨리 적응한다. 대부분의 한국 남자 선교사들은 젊은 시절 3년간 군대생활을 경험하였기에 그러한 기후와 자연적인 조건에 잘 견디는 능력이 있다. 이곳의 날씨는 전형적인 열대성 고온다습한 날씨로 무척이나 견디기 어렵다. 또한 낮과 밤으로 물어 대는 독충 등으로 고생을 많이 한다. 말라리아는 많은 선교사들을 괴롭히며 때로는 목숨을 앗아가기도 한다. 그러나 이곳의 한국 선교사들은 에어콘이 없이도 더위에 견디며 또한 아직 그 흔한 말라리아에 걸려 본 적이 없다. 단지 96년도에 간염에 걸려 몇 달간 치료를 받았다. 그만큼 자연 조건에 강한 체질을 가지고 있다. 음식과 환경이 낯선 선교지에서 미국 선교사들과 같이 준비가 충분치 않아도 대체로 잘 견디며 문화충격을 빠른 시간 안에 극복하고 적응한다.

d. 현지인들과 빨리 사귄다

우리가 살고 있는 동네에는 젊은이들이 많아 늘 우리 선교팀과 축구를 하며 그들과 허물없이 지낸다. 그런 관계로 늘 집안에는 현지인들이 부담 없이 방문하여 대화를 나눈다. 이웃에 웬만한 일들은 그들과 함께 나누며 우리를 이웃으로 인정한다. 어찌 보면 당연한 것 같지만 우리 주위에 있는 미국 선교사들은 그렇지 않다. 현지인이 미국인 선교사 집에 한번 방문하려면 무척이나 어렵다. 사전에 연락이 없이 오기 때문이다. 우리는 밥을 먹다가도 손님이 찾아오면 반갑게 맞이하지만 그들은 그렇지 않다. 몇 년을 이웃으로 살아가지만 현지인들은 그들이 단지 미국인 선교사라는 것 외에는 아는 것이 없다.

한번 선교부에서 퇴근해 들어오면 다음날 아침까지 집 밖으로 나오는 경우가 없다. 새로운 미국 선교사가 오면 거주할 집을 빌려야 하는데 그때는 어김없이 우리에게 연락이 온다. 그들은 현지인들과의 접촉이 없기에 어디에 빈 집이 있는 줄 모른다. 오래 동안 친한 친구로 지내는 마사라는 현지인 친구는 가게를 가지고 있는데 많은 선교사들이 그 가게를 이용한다. 한 번은 같은 선교사인데 왜 우리는 미국 선교사들과 다르냐고 묻는다. 어떤 면에서 다르냐고 물으면 그들은 몇 년째 우리 가게를 이용하지만 아직 이름도 모르고 꼭 필요한 말 이외는 안 한단다. 아마도 미국인이라는 우월감이 작용하는 것 같다. 그만큼 우리가 허물없이 현지인들과 쉽게 대화를 나누며 사귀는(비록 정확한 스페니쉬가 아니라도) 것은 문화가 다른 곳에서는 큰 장점이 될 수 있다.

e. 지도자와 후계자를 양성한다

처음 얼마간은 현지의 교회개척에 중점적으로 사역을 감당하다 어느 정도 사역에 탄력이 붙으면 지도자 양성에 힘쓴다. 그러므로 선교사가 어느 때 떠나도 현지에서는 그들에 의해 지속적으로 사역이 유지되어 간다. 이곳에서 50년 이상을 사역해 온 가톨릭교에서도 인디오 신부 한 사람 없다. 미국 선교단체도 50년 이상을 사역해 오면서 현지 지도자들을 안 키웠기에 한 마을에서 할아버지 때부터 손자에 이르기까지 선교사들 손에 의해 사역이 지탱되어 가고 있다. 최근 미국 정부와 이 나라 정부간의 마찰로 미국 선교사 약 200명이 쫓겨나가면서 그들이 세워 놓은 선교센터들을 정부에서 모두 차지했다. 만약 이런 선교센터를 운영해 나갈 현지인들을 키워 놓았다면 그들이 나가도 계속해서 선교부는 운영해 나갈 수 있는데 현지 제자화된 사역자들이 없기에 그들의 사역이 중단되고 말았다. 우리 선교부에는 현지인 동역자들이 사역을 배우며 함께 참여하고 있는데 언젠가는 저들이 이 선교부를 이끌어 가게 되기를 바란다.

2) 베네수엘라 아마존 정글사역에서의 한국 선교사들의 약점

a. 인내심이 적다

처음에 선교지에 도착해 열정과 열심을 가지고 사역에 임한다. 그러나 사역지에서의 열매가 생각같이 쉽게 빠른 시간 안에 맺히지 않으면 실망을 한다. 특별히 인디오들을 복음화하기 위한 사역들은 많은 세월 동안 인내를 가지고 임해야 한다. 그러나 한국 선교사들은 그런 시간들을 참아내지 못하고 쉽게 떠난다. 하나님이 나를 이곳에 부르신 것 같지 않다며 나름대로 이유를 만들고 조그마한 어려움을 이유로 떠난다. 오지 선교는 충분한 연구 없이 사역을 시작하면 얼마 못가서 실망하게 되며 사역 열매에 대한 조급한 생각 때문에 사역을 지속하는데 큰 지장을 준다. 또한 영혼을 사랑하는 마음이 없으면 인내심을 가지고 열매를 기다리기가 쉽지 않다. 선교지는 열정과 사명으로 시작하여 현지 영혼을 사랑하는 마음으로 이어지지 않으면 견디기가 어렵다. 평생 학교 교육을 받아보지 못한 그들에게 복음을 전하고 그들의 영혼을 구원하기까지는 많은 시간이 걸린다. 현지의 영혼을 사랑하는 마음이야말로 인내하며 사역할 수 있는 힘이 된다.

b. 대체로 선교훈련이 부족하다

앞에서도 언급했듯이 성급한 성격에 충분한 훈련 없이 현지 사역에 참여한다. 특별히 이러한 정글 사역은 충분한 훈련과 사전 지식이 필요하다. 열정과 사명만 가지고 선교에 참여했다가 많은 시간과 인적 물적 자원이 투입되고 열매는 세상적으로 보면 보잘 것 없는 사역에 실망하게 된다. 이곳의 사역은 특성상 팀 사역이 불가피하다. 현지에 투입되기 전에 군대와 같은 철저한 훈련이 이루어지지 않으면 자칫 사역 현장에서 분란을 일으키기가 쉽다.

오래 전에 이곳으로 4가정의 선교사 팀이 파송되어서 2가정은 훈련 없이 직접 사역지로 뛰어 들었다. 이들은 무조건 열정으로 사역을 시작하고 싶어 했다. 그러나 우선은 언어가 안 되니 먼저 온 내가 항상 동행해야 했다. 3명의 선교사가 항상 함께 몰려다니다 보니 같은 일에 서로의 의견이 늘 달라 다투기 일쑤였다. 각자 한 사람씩은 개인적으로 서로 다른 은사를 가지고 있었으나 언어가 안 되니 늘 함께 한 가지 일에 매달려야 했다. 선교지에 오기 전 철저한 준비와 훈련이 되었다면 순종과 함께 주님이 허락하신 시간에 각자에 맞는 사역들을 주실텐데 이러한 것을 보는 영적인 눈이 부족하여 사역에 실망을 하게 된다. 선교지는 영적전쟁의 최일선이다. 선교현장에 살면서 선교훈련을 받는다는 것은 전쟁터에서 총을 쏘는 훈련을 받는 것과 같다. 이는 싸우기도 전에 자기를 죽이는 일과 같다.

c. 팀 사역이 힘들다

한국 선교사들은 각 개인을 따지면 모두가 지도자요, 개성이 강하고 경쟁심에 열심이 있다. 그러나 이러한 것들이 팀 사역에서는 많은 약점들을 가지고 있다. 이곳에 파송된 4가정 선교사들의 은사들을 보면 가르치는 은사, 봉사, 치료, 정비, 목사 등 서로 각 개인이 다른 은사들을 가지고 있었다. 이곳에서는 모두 귀한 은사들이었다. 그러나 그들은 모두 가르치거나 말씀 전하기만을 원했다. 누가 이곳까지 와서 차만 고치겠는가, 선교사가 이곳에서 봉사만 해야 되는가? 불평이다. 각자가 이곳에 필요한 은사들을 가지고 왔지만 모두 말씀을 직접 전하며 직접 영혼 구원 사역에 투입되기를 원했다. 은사대로 보다는 각자가 원하는 사역을 하길 원한다. 또한 기존 질서를 무시하고 모두가 리더가 되기를 원했다. 먼저 이곳에 사역하던 선교사를 무시하고 나는 나이가 제일 많으니, 나는 목사 안수를 받았으니, 나는 주의 종으로 경력이 오래 됐으니 하는, 서로 리더가 되어야 하는 이유들을 나름대로 주장하며 좀처럼 의견을 모으기가 힘들었다. 결국은 파송교회에서 지도자가 나와 서로의 역할을 분담시켰다. 그러나 그로 인한 상처가 모두 마음에 남았다.

또한 한국 선교사들은 각자 사역을 나누었지만 정이 많아서 그런지 남의 사역까지 간섭한다. 이러한 것들이 선교사들을 갈라놓고 마음에 상처를 만든다. 결국에는 몇 년 후에 모두 각자 흩어져 일부는 다시 다른 사역의 길을 걸어가고, 2가정은 그 후 선교지에서 철수한 후 믿음으로부터 멀어지고 말았다. 이곳 사역을 위해 모두 필요한 은사들을 가지고 있었지만 양보가 없이 강한 개성들로 인하여 선교지에 파송된 선교사들은 팀의 동역자들을 어렵게 만들었다. 참고로 50여 가정이 모여 사역하고 있는 새부족 선교회(NTM)는 철저한 군대식 명령 체계로 운영되며 주어진 사역에 절대 순종한다. 정작 싫으면 선교단체를 떠나면 된다. 또한 철저하게 개인에게 맡겨진 사역에 대해선 다른 선교사들이 관여하지 않는다.

d. 선임 선교사의 경험을 무시한다

새로이 선교지에 투입된 한국 선교사들은 먼저 그곳에서 경험을 쌓으며 사역한 선임 선교사의 경험들을 대체로 무시한다. 먼저 쌓은 경험 위에 다시 그들의 경험을 쌓아 가면 그만큼 선교사역에 성장을 가져올 수 있는데 그들은 다시 처음부터 선임 선교사가 겪은 경험들을 다시 되풀이하기를 원한다. 물론 전에 겪었던 실수까지도 되풀이 하면서. 그들은 선임 선교사가 사역한 선교를 인정하기 보다는 그것은 그들의 방식이고 우리는 우리의 방식으로 다시 하기를 원한다. 그래서 어느 정도 세월이 흐르면 그때서야 비로소 선임 선교사들의 사역을 인정하기 시작한다. 왜냐하면 그때쯤은 선임 선교사가 전에 충고하던 것들을 이해하기 시작하기 때문이다. 그러나 이미 시간과 물질은 똑같은 경험을 다시 한 번 경험하기 위해 소비된 후이다.

e. 기록과 자료를 잘 남기지 않는다

우리가 처음 선교지에 도착하니 먼저 사역하던 선교사님은 사고로 돌아가시고 그분이 하던 사역을 찾아보기가 힘들었다. 사역에 대한 기록들이 남아 있지 않아 그분이 선교하던 지역과 동역자들을 만나기가 힘들었다. 이곳저곳을 다니며 물어보면서 한두 사람씩 전에 선교사님과 함께 사역하던 현지 동역자 분들을 만날 수 있었다. 그러나 때로는 어떤 현지인은 전에 선교사님이 공사비를 다 지불 안 했다고 돈을 요구하기도 하고, 어떤 이는 자기와 돌아가신 선교사님이 함께 사역했다고 계속해서 물질을 지원해 달라고 하기도 했다. 그러나 틈만 있으면 외국 선교사들을 통해 이익을 챙기려는 현지인들로 인해 어떤 사람이 진실한 사역자인지 구별해 내야만 했다. 평소에 글로 기록을 남기는 일이 습관이 안 된 대부분의 한국 선교사들은 귀한 선교의 자료들을 가지고 있으면서 세월이 흐르면서 쉽게 잊혀진다.

선교사들의 사역 중에 하나는 후방 교회에, 하나님이 선교지에서 한 종족의 영혼을 구원하기 위해 어떻게 일하셨는가를 알려 주어야 한다. 따라서 더 많은 교회들이 선교에 참여하고 선교사 후보생들이 헌신할 수 있도록 선교사들은 도와야 한다. 그러기 위해서는 사역지에서 일어나는 조그만 일들도 기록에 남겨야 한다. 후임 사역자가 선교지에 도착했을 때 이러한 자료를 근거로 전임 선교사가 경험한 실수를 되풀이하지 않고, 또한 쌓은 경험을 토대로 보다 나은 선교 정책들을 후임 선교사가 이루어갈 수 있는 것이다.

f. 장기적인 안목을 가지고 계획을 세우는 일들이 부족하다

선교사들이 현지에서 사역하는 가장 중요한 일들은 눈앞에 있는 영혼을 구원하는 일과 먼 장래를 바라보며 미래의 사역들을 계획하며 준비하는 일들이다. 건물을 하나 지을 땅을 구입하더라도 현재의 사역 규모를 보지 말고 하나님의 축복으로 펼쳐질 먼 훗날을 보고 충분한 크기를 구입해야 한다. 건물 또한 당장의 필요에 의해 짓지 말고 앞으로 많은 건물들이 들어설 것을 예상하고 배치해 나가야 할 것이다. 그러나 한국 선교사들은 대부분 눈앞에 급한 상황만 보고 현재 수준에 맞게 토지를 구입하여 건물을 짓는다. 그러나 몇 년 후에는 사역의 성장으로 그 모든 것들이 협소해 다시 장소를 물색하고 건물을 짓는다. 사역 계획을 만들더라도 몇 년 앞을 생각 못하고 당장 눈앞에 일들을 꾸려 나가는데 급하다. 여유가 없다. 워낙 우리 민족이 그러한 상황에서 살아와서 그런지 몇 년 앞을 내다보며 선교 수립을 세우기란 무척 어렵다.

몇 년 전 캘리포니아 바이올라 대학에서 오랫동안 교수로 근무해 오시는 전도사님과 점심을 함께 할 기회가 있었다. 2007년이면 학교 개교 100주년을 맞이하는데 벌써부터 준비위원회가 만들어져 강사 초빙에서부터 여러 계획들을 세우고 있다는 얘기를 들었다. 그 때 당시로 보면 5년이 더 남은 기간을 지금부터 준비를 하고 있다는 말에 그 행사가 잘못 되리라는 것은 상상도 할 수 없다. 이제는 한국 선교도 어느 정도 경험도 생기고 여유가 생겼다. 앞날을 바라보며 계획하며 연구해 가는 선교가 이루어져야 하겠다.

글을 맺으며

베네수엘라 남부 정글지역에서의 지도력 배양은 한국 선교사로서 앞서 언급한 약점들을 하나하나 보완하고 재생산해 가야 한다. 이것이야말로 가장 기초적 전략이라고 생각한다. 우리가 지닌 장점들은 발전시키고 유지해 가면 되지만, 약점들은 옥에 티가 아닐 수 없다.

필자는 베네수엘라 남부 아마존 정글 한 지역의 지도자로서 혹시 내가 아니었으면 하나님께선 다른 종을 택하셔서 더 많은 영혼들을 구원하지 않았을까를 생각해 본다. 많은 한국 선교사들이 선교사 자질의 좋은 장점들을 갖추고 있으면서도 훈련되지 않아 그냥 짧게 선교사의 수명을 마치고 그 길을 떠나는 것이 무척이나 안타깝다. 이곳에도 여러 선교사들이 왔었지만 오랜 사역을 못하고 대부분 짧은 기간들을 사역하고 돌아갔다. 물론 장기 사역을 위해 왔지만 눈에 띄게 금방 사역의 열매를 맺는 곳이 아니기에 실망이 컸다. 이제는 자동판매기식의 선교가 아니라 철저한 훈련을 가지고 떠나는 선교사들이 되어야 한다. 오랜 경험들을 가지고 선교지에서 돌아온 많은 원로 선교사님들이 계시다. 이분들을 통하여 많은 선교의 경험들을 우리는 들어야 한다. 많은 교회에서 단기선교가 이루어지고 있다. 이를 통하여 장기 사역자들을 길러 내야 한다. 앞으로 점점 장기 사역자로 헌신하는 선교 후보생들이 줄어들게 될 것이다. 이곳에서 가장 많은 선교사들이 소속되어 있는 새부족 선교회(NTM)에서도 점점 선교 후보생들의 숫자가 줄어든다고 한다. 그러나 감사하게도 선교사 자녀들이 80% 이상이 선교사로 헌신하여 다시 선교지로 돌아온다고 한다. 필자 주위의 미국 선교사들의 대부분이 할아버지, 아버지가 선교사들이다. 나는 아직 내 주위에서 우리 한국 선교사들의 2세가 선교 활동한다는 얘기를 듣지 못했다. 물론 선교 역사가 짧고 필자가 알지 못하는 한국선교사 2세가 있으리라 믿는다. 감사하게도 우리 두 딸도 장차 MK(선교사 자녀)들을 위한 교사가 되겠다고 늘 고백한다. 자녀들이 선교지에서 공부하면서 남아프리카 선교사(학교 교사) 영향을 많이 받은 것 같다.

추수할 곡식은 세계 도처에서 결실을 맺어가고 있지만 정말로 추수할 일꾼들이 턱없이 부족하다. 우리는 오래 전 조선이라는 동양의 조그만 나라를 찾아와 목숨을 바친 많은 선교사들의 순교의 피를 잊어서는 안 된다. 우리는 모두 복음에 빚진 자들이다. 이제는 철저한 선교 전문 훈련을 받은 한국 선교사들이 복음을 들고서, 아직도 복음을 듣지 못하고 죽어가는 땅끝에 있는 잃어버린 한 마리의 양을 찾아 나서야 한다. 주님이 이 땅에 재림하실 때가 멀지 않은 이 때에 하나님께서 허락하신 한국 교회의 전도와 선교사명을 우리는 잊지 말고 죽도록 충성하여 완성하여야 한다.

볼리비아 대학생 제자양성을 위한 제안

조 계 성 선교사 | 전문인
볼리비아 대학 선교사역
e-mail:estebanchoubf@gmail.com
(사진: 2차 5줄 우로부터 다섯 번째)

I. 볼리비아의 정치 사회적 현황

볼리비아는 파라과이와 함께 남미의 유일한 내륙국으로 토착 원주민의 비율이 가장 높은 나라입니다. 인구는 850만 명이지만 국토의 면적은 한반도의 2배나 되고, 석유, 천연가스, 고무, 광산 등 풍부한 부존자원을 가진 나라입니다. 그러나 고질적인 정치 부패와 지역주의, 극심한 빈부격차로 중남미에서 가장 가난한 나라 중의 하나입니다. 1825년 어떤 정신적 문화적 공감대 없이 소수의 지배층의 이권으로 나라가 형성된 이후로, 칠레, 브라질, 파라과이, 아르헨티나 등 주변국들과의 영토 분쟁으로 본래의 국토의 1/3 이상을 상실했습니다. 특별히 100년 전 칠레와의 영토 분쟁으로 태평양 연안을 잃고 내륙국으로 전락했습니다. 이러므로 볼리비아인들은 나라의 장래에 대해서 매우 운명적이고 일단 모든 외국인들을 경계하지만, 자신들보다 더 우월하다고 생각합니다.

공식 종교는 가톨릭으로 정부와 각종 신디케이트(syndicate)의 대립시에는 중재역할도 하여 정치적인 영향력을 행사합니다. 통계상 인구의 80% 이상이 가톨릭교 신자이지만 개신교도 꾸준히 성장하고 있습니다. 특별히 스페인의 정복 과정에서 함께 유입된 가톨릭교는 토착민들에게 성경으로 그들의 내면세계를 변화시키지 않고, 종교의 형식과 제도를 심었습니다. 그래서 기독교의 형식과 전통은 있지만 내면세계는 토착 샤머니즘에 깊이 자리잡혀 있습니다.

2006년에는 볼리비아 역사상 처음으로 인디오 출신의 에보 모랄레스(Evo Morales)가 국민의 54%의 지지를 얻어 대통령으로 선출되었습니다. 그는 쿠바의 카스트로, 베네수엘라의 우보 차베스와 함께 반미 사회주의 노선을 표방하고 서민 위주의 정책을 취하고 있습니다. 그러나 정부는 여전히 재정 적자로 시달리고 있으며, 노동자 파업, 도로 점령 등 정치 · 경제적으로 불안한 상태입니다.

이런 가운데 대부분의 볼리비아인 보통 사람들은 유럽 등 외국에 나가 노동자로 일하기를 소망합니다. 공항에는 식당 종업원, 양로원 등으로 일하기 위해 떠나는 사람과 (스페인의 경우에만 하루에 300-400명) 가족들이 눈물로 헤어지는 광경을 쉽게 볼 수 있습니다. 서민의 가정에는 보통 한두 사람 정도는 외국에 나가 일하는 사람이 허다합니다. 대부분의 대학생들은 나라에 대한 관심을 잃은 채, 지극히 이기적이 되고 쾌락에 빠져 살아갑니다. 인간적으로 볼 때 볼리비아에는 소망이 없어 보입니다. 그러나 영적으로 볼 때, 볼리비아인은 고난과 무시로 연단되어 있어 겸손한 갈릴리 사람들과 같고, 430년 노예 훈련을 받은 이스라엘 백성과 같습니다. 하나님께서는 이스라엘 백성을 430년의 노예훈련으로 강인하게 하시고, 광야에서 40년 동안 말씀으로 영적인 기초훈련을 시키고, 이제는 거룩한 백성이요 제사장 나라로 삼으시고자 하십니다.

II. 스페인의 정복 과정에서 유입된 가톨릭교가 볼리비아 사람들에게 미친 영적인 영향

볼리비아인의 정신적인 공감대는 다른 중 · 남미 여러 국가들과 같이 가톨릭주의(Catholicism)와 카스테야니즘(Castellanism)입니다. 특별히 가톨릭주의는 볼리비아인의 정신세계를 강하게 지배하고 있습니다. 종교 심리학자인 칼 융은 집단적 무의식의 개념을 통해 한 민족이나 세대가 공유하는 종교의식이 있음을 주장했습니다. 통상 라틴계라 칭하는 중 · 남미인은 그들 특유의 종교의식이 있습니다. 그들의 종교의식을 이해하기 위해서는 스페인의 중 · 남미 식민지화 과정에서 유입된 가톨릭이 그들에게 미친 영향을 이해해야만 합니다. 중 · 남미인을 그리스도의 제자로 세우기 위해서는 반드시 그들 의식의 깊은 뿌리를 점유하고 있는 가톨릭교의 영향을 인식하고 그들의 세계관에서부터 복음화가 이루어져야 한다고 생각합니다.

a. 중·남미인의 종교의식 가운데 심겨진 스페인적 그리스도 이미지(La Imagen del Cristo Español)가 있습니다

스페인적 그리스도(Cristo Español)는 연약하고 고통하며 인간에게 연민의 감정을 불러 일으키는 이미지를 나타내고 있습니다. 또한 성모 마리아의 품에 안겨 있어서 그녀의 보호를 받아야 하는 어린아이의 이미지를 나타내고 있습니다. 그리고 마리아는 예수님을 그녀의 품으로 보호하는 어머니요, 예수님의 수호자요, 예수님보다 상위에서 하나님의 위치에 있게 되었습니다. 이런 배경 속에서 볼리비아 전통 가톨릭교 신자들의 의식 속에는 예수님의 자리에 성모 마리아가 자리 잡게 되었습니다(Jhon A. Mackay, *El otro Cristo Español*, Mexico D. F. : Casa unida de publicación, 1989. p. 116, 121, 128).

그리고 그리스도의 사역에 대해서는 십자가를 지시기 1주간 전의 고난과 죽음의 성경적인 의미보다는 그 사실 자체에만 초점을 맞추고 있어서, 그에게 접근하는 사람들에게 세상의 악한 세력하에서 비참하게 죽으신 예수님, 고통 당하는 예수님, 연민의 대상 예수님을 심었습니다. 그러므로 중·남미인의 종교의식 속에는 승리의 십자가, 영광의 십자가, 그리고 부활의 능력과 영광과 승리의 개념이 약합니다. 그들의 그리스도에 대한 예배 의식은 죽으신 예수님, 세상의 불의 앞에 희생자가 되신 예수님에 초점을 맞추고 있습니다. 그들의 종교의식의 세계는 어둡고, 운명적이며, 패배적이고, 고행적인 것이라 할 수 있습니다.

한 예로, 시골에서 온 한 여대생을 제 아내가 몇 개월 동안 1:1 성경공부를 통해 도운 적이 있었습니다. 그런데 이 자매님이 죄를 짓고 임신을 했습니다. 저희는 이분이 말씀을 통해서 죄를 깨닫고 회개하여 주님 안에서 새 삶을 살도록 도왔습니다. 그럴 때, 주변에 많은 가톨릭교 전통 신앙인들이 그녀에게 말했습니다. "자, 저 나무를 봐라. 나뭇잎 하나도 하나님이 원하시지 않으면 떨어지지 않는다. 그러니 너무 걱정하지 마라."

이 말을 언뜻 들으면, 하나님께 대한 엄청난 믿음이 있는 것 같지만, 깊이 분석해보면 여기에는 종교적 운명주의와 고행주의라는 엄청난 영적인 사실이 있습니다. 그녀가 죄를 짓고 임신하여 엄청난 불행을 당하는 것이 다 하나님의 뜻이므로 어쩔 수 없이 순응해야 된다는 것입니다. 볼리비아 인들이 어려운 한계에 부딪칠 때, 자주 하는 말은 "Ni modo"(어쩔수 없다)입니다. 이것도 그들의 의식세계에 자리 잡고 있는 종교적 운명주의의 표현이라 할 수 있습니다. 그러므로 중 · 남미인을 진정으로 복음화하기 위해서는 반드시 그들의 의식 속에 식민지 시대에 심겨진 "스페인적 그리스도"를 제거하고 "성경적인 그리스도상"을 조각하는 인내의 수고가 요구된다고 볼 수 있습니다.

b. 볼리비아인의 종교의식 가운데는 스페인적인 복음(Evangelio Espanol)이 심어 놓은 고난과 물질에 대한 그릇된 사상이 있습니다

스페인이 식민지화하는 과정에서 원주민들을 손쉽게 착취하기 위하여 성경의 가르침을 정치적 심리적으로 이용했습니다. 당시 토착 원주민들이 생존할 수 있는 유일한 길은 가톨릭교에 귀의하는 것이었습니다. 당시 스페인의 법은 가톨릭교에 귀의한 원주민은 마음대로 죽일 수 없도록 규정하고 있었습니다. 또 경작할 땅이 없는 원주민들에게 땅을 제공하는 곳이 바로 가톨릭교회였습니다. 따라서 손쉽게 내면세계가 복음화되지 않으면서도 원주민들은 어쩔 수 없이 가톨릭교 사람이 되었습니다.

이 과정에서 "고난의 그리스도"의 이미지를 통해 반항적인 원주민들에게 착취당하면서 당하는 고난을 미화시키고, 그들의 지주들에게 순응하도록 하였습니다(Jhon A. Mackay, 1989. p. 69-70). 특히 가난이 좋은 것이요, 부는 악한 것이라는 사상을 심었습니다. 볼리비아인들이 가장 잘 알고 많이 들어온 성경 구절의 하나는 "부자가 천국에 들어가는 것이 낙타가 바늘 구멍으로 들어가는 것 보다 힘들다."는 예수님의 말씀입니다. 이 사실은 제가 7-8년간 볼리비아에서 학사, 석사 과정을 밟으며 수업시간을 통해서 확인한 것입니다. 사람에게는 누구나 잘 살고 싶은 기본적인 욕구가 있습니다. 그런데 중 · 남미인의 종교의식 가운데는 잘 사는 것이 악이라는 의식이 남아 있습니다. 그래서 신앙은 자신의 장래에 방해 요소가 될 것이라 생각하여 복음을 전할 때 방어적이 되는 경향이 있습니다.

c. 스페인적인 복음은 신앙과 생활이 분리된 이중성을 야기하였습니다

식민지 시대에 봉건 지주들은 토착 원주민들을 노예화하였고 그들을 몹시 착취하였습니다. 그러나 주일날은 성당에 가서 앞자리에 앉아 거룩한 모습으로 예배를 드렸습니다. 그리고 성당에서는 최고의 신앙인으로 인정받곤 하였습니다. 하지만 성당을 나가면 그들은 원주민들을 비인간적으로 학대하였습니다. 한마디로 신앙과 생활이 분리되었습니다. 지도자들의 이런 위선적인 모습은 그대로 백성들에게 영향을 미쳤습니다. 이런 신앙이 종교와 분리된 이중성이 오늘날 중·남미의 고질적인 정치 부패의 원인이 되고 있습니다(Dr. S. Lucio Guimaraes, "Seminario-Conferencia de Misionero Bi-Vocacional", 볼리비아 복음대학교/UEB 세미나 강의 노트에서. 2003년 2월, Santa Cruz).

d. 스페인적인 복음은 율법주의를 낳았습니다

지난 17년간 대학 캠퍼스에 나아가 개인 전도할 때, 학생들에게 "어떻게 구원을 얻을 수 있는가?"라고 물었습니다. 이 때 가톨릭교 배경하에 있는 학생들 중 거의 80-90%가 "모세의 십계명을 지킴으로써 구원을 얻을 수 있다."고 대답했습니다. 그러면 "당신은 십계명을 다 지킬 수 있냐?"고 물으면 대부분이 "지킬 수 없지만 지키려고 노력한다."고 하였습니다. 인간이 율법을 지킬 수 없기에 하나님은 근본적으로 죄를 벌하는 무서운 하나님이 되었습니다. 한번은 한 형제가 병들어 입원하여 심방을 갔는데, 가톨릭 교인인 그의 어머니가 제게 와서 따지듯이 말했습니다. "선교사님, 이 애는 죄가 없단 말이에요?" 저는 처음에 이 분이 무슨 말을 하는지를 이해하지 못했습니다.

그러나 뒤늦게 그녀가 말하고자 하는 뜻을 알게 되었습니다. "왜 하나님이 죄가 없는 내 아들을 병들게 했느냐?"는 것이었습니다. 그의 아들이 병든 것은 건강 문제요, 질병 문제였습니다. 그러나 그녀는 하나님이 자기 아들의 죄로 인해 벌을 내려 병든 것으로 생각했습니다. 볼리비아 가톨릭교인들은 집을 나갈 때나 성당을 지날 때 성호(crucifijo)를 긋습니다. 가정의 안전과 번영을 비는 뜻이기도 합니다. 또는 대부분의 사람들에게 신앙적인 것 이라기보다는, 그렇게 하지 않으면 하나님이 벌을 주시지 않을까 하는 두려움에서 나오는 심리적인 것이라 할 수 있습니다.

e. 스페인적인 복음은 가톨릭교와 토착 샤머니즘을 혼합시켰습니다

스페인적인 복음은 중·남미 식민지화 과정에서 토착 원주민들의 샤머니즘과 급속히 접목되었습니다. 이는 스페인 정복자들이 원주민들에게 성경을 가르치지 않고 그들의 필요에 따라, 성호, 성인상(聖人象) 숭배, 각 지역의 수호 동정녀 숭배, 웅장한 성당 건축, 하나님의 대행자로서의 가톨릭교 사제의 절대 권위 강조 등 외적인 종교의식과 형식을 강조하였습니다(Jhon A. Mackay, 1989. p. 77).

이 과정에서 원주민들이 섬기던 샤머니즘적인 우상의 자리에 마리아상, 그리스도상, 성인상들의 상이 자리하게 되었고 원주민들이 자신들의 우상을 섬기던 자리에는 성당이 들어서는 경우가 허다했습니다. 볼리비아인 전통 가톨릭교는 본래의 로마 가톨릭이라기보다는 토착 샤머니즘과 혼합되어 나타납니다.

오늘날 이런 혼합주의는 'Challa'(볼리비아 안데스 산악지역의 원주민들이 어떤 행사나 사업을 시작하기 전에 수호신의 도움을 구하는 의식), '각 지역의 수호 동정녀 숭배와 축제', 'Senor del Gran Poder 축제'(페루 국경지역에서 행해지는 전통적인 미신 행위), 'Oruro시의 광란의 카니발', 그리고 '코차밤바 시의 Urkupina 축제'(성모 Urkupina가 Cochabamba 시를 수호한다고 믿고서 행하는 세속적 축제), '산타크루스(Santa Cruz) 시의 Virgen Cotaca 축제' 등에서 찾아볼 수 있습니다.

f. 스페인적인 복음이 볼리비아인들의 종교의식에 남긴 긍정적인 면

스페인적인 복음은 중 · 남미인의 의식 속에 유일신 사상, 기독교적인 절기(고난 주간, 부활절, 성탄절), 천국과 지옥의 실존, 죄와 고백, 선행사상, 구제사업, 사회정의 실현과 참여 등 긍정적인 면들을 남겼습니다. 이는 볼리비아인 복음화를 위해 잘 활용해야 할 측면이라 할 수 있습니다.

III. 볼리비아 대학생 제자양성 전략

필자는 앞서 I, II 항에서 볼리비아 정치 사회의 현황과 스페인의 식민지화 과정에서 유입된 가톨릭교가 볼리비아인들의 의식 속에 남긴 영향들을 간략하게 기술하였습니다. 주님은 우리에게 "그러므로 너희는 가서 모든 족속으로 제자를 삼으라."는 지상 명령을 주셨습니다. 그동안 17년간의 제 개인적인 경험을 기초로 가톨릭교 배경에서 자란 중 · 남미 대학생들을 위한 제자양성 전략으로 몇 가지 점을 제안합니다.

a. 종교가 아닌 진리의 복음으로써의 접근

II 항에서 살펴본 대로 중·남미 대학생들은 종교에 대해서 부정적인 고정 관념이 있습니다. 종교는 자신의 삶에 간섭하여 자신에게 여러 가지를 강요(고행과 율법주의)할 것이라는 인식이 있습니다. 특별히 종교를 선택의 문제로 여기는 대학생들이나 지식인들에게 종교라는 이름으로 접근해 나갈 때, 그들은 복음 진리 앞에서의 자세는 절대적이지 않고 항상 상대적이 됩니다. 그러므로 종교를 떠나 성경의 진리를 전체적으로 객관적인 시각에서 공부하는 것이 중요합니다. 또 부제 중심이나 교리중심의 성경공부보다는 본문 중심의 사실적 연구(Factual Study) 중심의 성경공부 방식이 효과적이었습니다. 그래서 그들이 성경을 객관적으로 공부하고 자신의 의견을 자유롭게 발표하여, 그들이 종교의 낡은 틀을 벗고 성경에 기초한 진리에 뿌리내리도록 돕는 것이 필요합니다.오늘날 "여호와 증인"이나 "몰몬교"가 이와 같은 성경공부(?) 방식으로 종교에 식상한 중·남미 영혼들 사이에 급속히 퍼져 나가고 있는 것을 주시해야 합니다.

b. 인격과 인격이 부딪치는 공동생활을 통한 제자 양성 역사

II 항에서 지적한 대로 중남미의 가톨릭교는 중·남미인에게 신앙과 생활이 분리된 이중성을 심었습니다. 이러한 이중성을 깨뜨리고 그들을 주님의 제자로 세우는 것은 단순히 성경공부나 주일설교만 가지고는 되지 않습니다. 그들과 삶을 나누고 우리 안에 있는 예수님의 모습을 그들이 보고 느껴야 합니다. 이것이 12제자를 부르시고 함께 하시며 그들과 동고동락하시며 삶과 삶, 인격과 인격이 부딪치는 가운데 제자 양성을 하신 주님의 전략이었습니다. 이 주님의 원리가 저의 사역에도 그대로 적용되었습니다. 지금 그리스도의 제자로 자라고 있는 학생들 모두가 저희와 함께 삶을 수년 동안 나눈 사람들입니다. 결단하고 공동생활을 하지 않은 사람은 인간적으로 아무리 훌륭해도 제자로 자라는데 한계가 있었습니다.

c. 젊은이들에게 전문인 평신도의 모습을 보여주는 것이 중요합니다

II 항에서 살펴본 대로 중·남미 젊은이들은 신앙과 삶의 분리, 종교적 운명주의, 고행, 그리고 세상에서 전문인으로서 자기 삶을 건설하는 것에 대한 오해가 있습니다. 하나님을 잘 섬기려면, 가톨릭교 사제나 수녀처럼 세상을 떠나 수도원으로 가야 한다는 생각이 있습니다. 우리는 제자양성을 통해서 종교인을 키우는 것이 아니라, 주님의 제자요 전문인 평신도를 세워 선교사로 각 사회의 지도층에 파송하는 것을 목표로 하고 있습니다. 특히 오늘날

대학을 나와도 자국에서 취직자리를 구하지 못하고 유럽 등에 노동자로 나가는 젊은이들이 많습니다. 이들에게는 승리의 주, 부활의 주, 그리고 하나님의 축복을 실제 삶을 통해 보여주는 모델이 필요합니다. 가능한 선교사 자신이 이런 모델을 보여줄 수 있어야 합니다. 저희 부부는 자비량 선교사로 살면서 이런 모습을 제자들에게 보여주려고 애썼습니다. 옷 장사를 해서 작지만 집을 사고, 저는 40세에 저희가 섬기는 가브리엘 대학 심리학과에 입학하여 학사와 석사과정을 마치고 지금은 UEB, UCEBOL 등 두 대학에서 강의를 하고 있고, '아동 예수 병원'(Clinica Nino Jesus)에서 심리정신 치료사로 일하고 있습니다. 이것은 실제적으로 신자들을 그리스도의 제자로 세우는데 좋은 영향력을 행사하고 있습니다.

d. 민족의식과 애국심 배양

볼리비아인의 경우 나라를 아는 마음은 있지만, 오랜 정치 부패와 지역주의로 나라에 대한 소망을 가진 사람은 많지 않은 것 같습니다. 복음이 민족의식을 깨우치고 비전을 제시할 수 있어야 합니다. 이러한 비전이 없으면 젊은이들은 모이지 않을 것입니다.

결론 : 사역의 현주소

스페인의 중 · 남미 식민지화 과정에서 유입된 가톨릭교는 중 · 남미인들의 종교심리에 막대한 영향을 미쳤습니다. 중 · 남미인을 그리스도의 제자로 세우기 위해서는 반드시 그들의 의식의 깊은 뿌리를 점유하고 있는 가톨릭 문화의 영향을 인식하고 그들의 의식 깊은 곳에서부터 복음화가 이루어져야 합니다. 종교가 아닌 진리의 복음으로써의 접근, 인격과 인격이 부딪치는 공동생활을 통한 제자 양성 역사, 전문인 평신도 양성, 그리고 민족의식과 애국심 배양을 제언합니다.

현재 볼리비아에는 선교 가정 하나에 현지 지도자(목자) 두 명이 있습니다. 주로 1:1 양육을 하며, 모두 50-60팀과 주일 예배 35명을 이루고 있습니다. 저는 지난 볼리비아 개척역사를 돌이켜 볼 때, 연수에 비해 작은 열매로 인해 부끄러운 마음이 앞섭니다. 제가 좀더 순수 복음 신앙으로 순종했더라면 주께서 더 큰 역사를 이루셨을 텐데 하는 아쉬움이 남습니다. 그러나 지난 시간들을 하나님의 마음으로 돌이켜 볼 때, 마태복음 7장 24절 말씀이 마음에 떠오릅니다. 하나님께서 이 땅 가운데 복음의 기초를 놓는 엄청난 일을 하고 계십니다. 중요한 것은 현재 눈에 보이는 수나 형편이 아니라, 어떤 기초 위에 이 역사가 세워져 가는가 입니다. 지금은 더 깊이 복음의 기초를 경작해 가야 할 때 입니다. 제가 이러한 하나님의 일에 충성을 다 할 수 있기를 기도합니다.

부 록

제1차 라틴 아메리카 선교전략 회의

1ra Conferencia Estratégica para La Misión en América Latina

선 언 문

서문 :

18세기 후반 윌리암 캐리를 선두로 하여 현대선교는 포문을 열게 되었다.

그렇지만 중·남미대륙(라틴아메리카)에선 진정한 의미에서의 복음화는 그 시기가 늦어지고 있었다.

종교개혁 이후, 신대륙으로서의 유토피아적인 각광을 받던 이 대륙에선 가톨릭교의 배타성으로 인해 오랫동안 기독교의 복음진출은 어려움을 겪게 되었다. 하지만 선교의 불길은 끊이지 않고서 19세기 후반에 이르러 유럽의 이민자들에 의해 개신교 교회개척 시대가 열렸으며, 그 후 자생적이면서도 강력한 오순절 성령운동이 전개되기 시작했다.

복음전파의 가장 큰 방해요소는 혼합주의적 가톨릭교회 문화이다.

서구 및 한국인 선교사들이 그간 중·남미 각국에서 선교에 최선을 다했지만, 아직도 채워져야 할 선교적인 필요가 산재해 있다. 중·남미는 복음주의적 세계관에서 볼 때 소외지역이다. 그렇지만 각국에서 파송된 선교사들은 교회개척의 선봉에 서서 제자훈련과 미션스쿨 운영 및 신학교육사역 등을 감당하고 있다.

중·남미 선교의 강점은 문화와 언어의 통일에 있다. 가톨릭교 신앙은 복음전파를 위한 기초를 제공해 주기도 한다. 이제 각국의 선교사들은 은사와 전문성을 살려 각 지역에 적합한 선교전략을 나누고, 주님의 교회와 선교사역의 발전을 위한 지식, 정보, 방법, 지혜 및 영성을 공유하도록 노력할 공동체적 책임이 있다.

이에 아세아연합신학대학교 선교대학원 라틴아메리카연구원은 중·남미 각국의 선교현황을 점검하고 협의하며 향후 중·남미 복음화를 앞당길 총체적인 선교전략을 세우기 위해 본 전략회의를 개최하게 되었다.

목적 :

제1차 '라틴아메리카 선교전략회의'에선 다음과 같은 취지의 목적을 가진다.

1. 중·남미 한국교회(미주교회) 파송선교사들이 연례적으로 한데 모여 진리와 은혜 충만과 현대적 선교전략실천을 위해 토의하며 공감대를 형성한다.
2. 중·남미 선교현장에 직접 몸담고 있는 경력선교사들의 선교전략 계발과 참여 의식을 드높인다.
3. 선교전략회의를 통해 한국교회(미주교회)의 중남미 선교역사(약 30년) 및 선교사역 자료를 정리하며 메시지와 강의 내용, 발표된 모든 전략들을 편집하여 책자로 발행한다.
4. 한국교회 및 해외 동포(이민)교회와 선교사가 사역하는 선교현장간의 간격 좁히기와 전략회의의 지속성을 위해 협력체를 구성한다.

우리는 제1차 '라틴아메리카 선교전략회의'를 통해 성부 하나님, 성자 하나님, 성령 하나님 앞에서 다음과 같이 선언한다.

선언 :

1. 우리는 "가서 모든 족속으로 제자를 삼아 …. 세례를 주고 …, 가르쳐 지키게 하라"(마

28:19-20)고 하신 주님의 지상명령이 세계의 일부인 중·남미에서도 이루어져야함을 확신한다.

1. 우리는 21세기 세계복음화의 큰 축을 감당하고 있는 한국교계가 상대적 선교 소외지역인 중남미선교에 적극적으로 헌신할 것을 촉구한다.

1. 우리는 중남미선교의 사명자요 개척자로서 급변하는 중남미의 선교환경을 올바로 이해하고, 이에 맞는 선교전략을 계발하고 연구·협의하여야 할 책임을 지닌다.

1. 우리는 효율적인 선교를 위해 각 기관 및 사역자들이 중남미선교를 위해 서로의 은사와 장점을 인정하는 가운데 각 선교사간, 교단선교부, 초교파 선교단체, 국제선교기관 및 현지교회간에 긴밀한 협력이 있어야 함을 확신한다.

1. 우리는 중남미 선교비의 효율적 투자를 위한 선교전략 및 재배치를 위해 협력하며, 선교기관들은 성령의 인도하심을 따르며 선교정보를 근거로 선교지가 결정되어져야 하는 것에 동의한다.

1. 우리는 중남미 현장 중심적인 선교사 훈련 프로그램 개발, 선교사 재충전 및 학위과정 이수 등을 통한 선교사의 지성, 영성, 문화적 민감성 및 지도력 계발이 필수적임을 믿고 적합한 연장교육 프로그램을 지원한다.

1. 우리는 선교사 계속교육을 통해 선교사는 다양한 영역의 이슈에 대하여 우주적 차원과 선교적 차원으로 분석하고 해석할 수 있기를 추구하며, 한국교회가 선교를 위해 참여하는 영역도 확대되며, 다양한 선교영역에 대한 활동과 실천이 있어야 함을 믿는다.

1. 우리는 우리의 자녀들이 미래를 열어가는 선교자원이며 주역임을 확신한다. 그러므로 각 교단 선교부와 선교단체들 간의 긴밀한 협력을 통하여 자녀들의 성장과 성숙을 위한 프로그램을 지속적으로 개발 실천한다.

1. 우리는 현대선교의 흐름을 이해하고 은사주의운동, 도시빈민선교, 미전도 종족선교, 타종교(가톨릭)연구, 상황화, 단기선교 및 총체적 선교전략을 연구하며 현지인 지도자 양성과 신학교육을 돕는다.

1. 우리는 중남미라는 다인종 사회와 지리적 상황적 특수성을 감안한 후원 구조 연구, 선교사 및 가족의 영적, 사회적, 신체적, 정서적, 심리적 필요 등에 민감하게 대처함을 통해 선교사역의 안정성과 지속성을 도와야 할 것을 믿는다.

1. 우리는 하나님께서 주신 중남미 선교비전을 따라 지역 복음화를 계속할 것이며, 중남미 각 나라, 각 도시, 각 마을, 각 종족에게 복음이 전파되어 현지교회가 세계선교에 참여하기까지 선교에 앞장선다.

하나님께 영광을 돌리며,
제1차 라틴아메리카 선교전략회의에
참여한 위원회 일동

아세아연합신학대학교 라틴아메리카연구원
Latin America Research Center

원장 윤춘식 교수 (Ph. D.)
전담교수 이한영 박사 (Ph. D.)

위원들 :
중미권 : 김상돈 선교사 (과테말라)
　　　　　노상용 선교사 (니카라과 Th.D.)
카리브해안권 : 전재덕 선교사 (도미니카-쿠바)
북안데스권 : 김위동 선교사 (콜롬비아)

남안데스권 : 김종길 선교사 (칠레 D. Min.), 임성익 선교사 (파라과이 D. Min.)
　　　　　　정금태 선교사 (파라과이 Ed. D.), 전명진 선교사 · 정상근 선교사 (볼리비아)

브라질권 : 옥일환 선교사 (교수 Ph. D.)

아마존권 : 안승렬 선교사 (브라질 D. Miss. c.)

선언문 기안 : 김상돈, 김상익, 김선웅, 박명하, 안승렬, 오안도, 윤춘식, 임복제, 정금태,
　　　　　　정홍호, 최광규 ....

본부 연락처 : 아세아연합신학대학교 선교대학원 라틴아메리카연구원

경기도 양평군 옥천면 아신리 산 151-1

Tel. (031) 770-7700, 7815, 7861

E-mail: latintimes@hanmail.net

삼일교회 : 부산광역시 동구 초량3동 50

Tel. (051) 465-3131

www.samil.org

부산북교회 : 부산광역시 부산진구 전포2동 550-4

Tel. (051) 816-7771

E-mail:csgoo@hahanet.net

미국 연락처 : 열린문교회

3001 Centerville Road, Herndon, VA 20171

U. S. A.

Tel. (703) 318-8970

E-mail:p.y.kim@cox.net

과테말라 연락처 : Iglesia Coreana Presbiteriana de Guatemala

37a Av. 3-36, Z. 7 Colonia El Rodeo Guatemala, Guatemala City,
Guatemala. (America Central)
Tel. 502-2-2433-4533
E-mail: guatekim@naver.com

2005년 12월 2일
제1차 중남미선교전략회의 참석자 일동

현 라틴아메리카의 개신교회 상황과 변화

Dr. Samuel Escoba
(미 · 동부침례교신학대학원 선교학 교수)

- 편집부 번역 : 현 시대의 가장 탁월한 사상가 사무엘 에스꼬바르 교수가 말하는
현 라틴아메리카의 개신교회 변화와 상황을 들어본다 -

지난 2002년 10월 6일 4백만 명 이상의 사람들이 브라질 리오 데 자네이로(Rio de Janeiro) 주의 주지사로 로시냐 가로티뇨(Rosinha Garotinho) 후보에게 표를 던졌다. 이 후보는 모 장로교회에 출석하는 잘 알려진 신문기자 출신이었다. 공교롭게도 그 자리는 아프리카계 브라질 출신의 하나님의 성회 교인인 베네디따 다 실바(Benedita da Silva)라고 하는 매우 유명한 리더의 인수인계를 받았다.

개신교인인 이들은 사회당에 소속되어 정치적으로 성공한 사례로서, 라틴아메리카의 개신교인들의 독특한 특징이 되어 버린 전통적인 틀을 깨뜨리는 변혁의 상징이 되었다. 이 두 여성의 삶을 살펴보면 우리는 개신교인들이 라틴아메리카의 전통적인 남성우월주의에 대항할 뿐만 아니라, 교회가 숫자적으로 성장함에 따라 정치 사회적 영역에서 대두되는 도전에 대하여 전통적인 교인들이나 오순절 교인들이 반응을 보이고 있다는 사실을 알 수 있다.

본 글에서는 개신교의 현황에 대하여 다룰 것이다. 라틴아메리카의 경우, 복음주의(evangelico)라는 용어가 대부분의 개신교를 잘 나타낸다고 볼 수 있다. 물론 여기에는 19세기 유럽과 북미에서 이주해 온 전통적인 교회들과 무소속 선교단체의 선교 사역의 결과로 생성된 무소속 독립교회들, 그리고 선교 사역 혹은 지역 사회의 부흥의 결과로 생성된

교회들이 포함된다. 주 종교는 정치에 대하여 영향력을 확보하고, 공공 교육에 대하여 통제력을 되찾으려고 하는 바티칸과 지역사회의 지도자들의 노력에도 불구하고, 로만 가톨릭은 지난 수십 년 간 의미심장한 변화를 시도했으나 숫자적으로나 사회의 영향력이라는 영역 속에서 지속적인 하향곡선을 보여왔다.

또한 "파라-복음주의"(para-evangelico)라고 일컬을 수 있는 새로운 물결이 일어나고 있다. 로마와 인연을 끊은 몇몇 카리스마적 천주교회들(이를 테면, 페루의 Agua Viva 교회)과 미국의 카리스마적 초대형 교회들의 선교로 세워진 교회들(과테말라의 Verbo 교회), 그리고 전통적인 개신교회들과 결별한 단체들이 바로 이들이다. 이 중에는 피터 와그너가 미국에 본부를 두고 감독하는 신사도적 운동과 연합한 단체들도 있다. 파라-복음주의 교회들은 복음주의자들과 연합함으로써 자신들의 정당성을 찾으려고 노력한다. 그럼에도 불구하고, 그들의 숫자적 증가, 신학에 대한 무지, 포스트모던 문화에 종속되는 신앙생활 추구, 새롭고 독창적인 자기주장은 개신교와 가톨릭과도 구분되는 또 다른 하나의 종교 세력으로 취급하기에 충분하다.

개신교의 성장

미국의 언론들은 이구동성으로 라틴아메리카의 개신교가 지난 수십 년간 급성장했음을 심심치 않게 보도해 왔다. 하지만 이러한 성장이 오순절 교단 안에만 머물지는 않았다. 이같은 경이적인 성장에 대하여 많은 글이 쓰여졌다. 신빙성이 가장 높다고 하는 Operation World 자료에 따르면, 카리브 해협을 포함한 라틴아메리카에만 개신교 인구가 5천 5백만에 육박한다. 동시에 파격적이기까지 한 오순절 운동으로 인하여 실제 개신교 인구는 훨씬 더 많다는 점이 지적되고 있다. 조심스러우면서도 상세한 분석은 콜롬비아와 같은 경우 지속적인 성장세를 보여준다. 1968년만 하더라도 85,000명(1천 9백만 전체 인구의 0.43%)에 불과했던 개신교 인구가 2000년에는 2백만 명을 넘어섰다(3천 8백만 전체 인구의 5%).

이같은 성장은 사회학자들과 로만 가톨릭 지도자들의 관심의 대상이 되고 있는 한편, 개신교의 양적 성장에 대한 이들의 질적 분석은 우리에게 선교학적인 안목에서 관찰할 수 있는 훌륭한 기초를 제공한다. 개신교 역사가 1세기가 넘은 칠레의 경우를 보자. 칠레의 가톨릭대학 연구에 따르면, 칠레 전체 인구의 13.9%가 개신교이다. 상류층의 개신교 인구는 6.2%에 불과하지만, 하류층의 개신교 인구는 무려 21%에 육박한다. 또한 이 연구 자료는 이러한 성장 배후에는 10년 이상의 까다로운 교육과 훈련을 받은 사제들에 비해 대부분의 개신교 목회자들은 독학을 통해 공부한 사람들이라는 분석도 있다.

그러나 어떤 선교학 연구 자료에 따르면, 어느 나라의 경우 개신교인들의 교회로부터의 탈퇴 현상이 나타나고 있다. 신빙성이 있는 어느 설문조사 자료에 따르면, 상당수의 개신교인들이 로마 가톨릭으로 개종하든가 혹은 기독교에 등을 돌리고 있다. 이같은 현상이 실제임을 입증한 사람이 바로 사회학자인 동시에 목회자인 코스타 리카 출신의 호르헤 고메스(Jorge Gomez)이다. 고메스는 1994년에 그의 연구를 완성하였으며, 1989년과 1991년 사이에 연구한 사회학적인 관점에서 이같은 현상을 고찰하였다. 그의 연구를 요약하면 다음과 같다. "자신을 개신교인이라고 간주하는 사람들 중에 50%는 교회를 떠난다. 과거에 혹은 현재 개신교인이라고 지칭하는 20% 중 단 10%만이 개신교인으로 남아 있다." 이 논문은 일반 목회자들이나 교단 지도자들이 생각하는 그 이상의 숫자를 제공했다. 탈퇴 현상은 청년(18세에서 24세까지), 남성, 모태 신앙인, 그리고 새 신자(교회에 등록한지 1-2년 된 자)들 가운데서 가장 두드러지게 나타난다.

제자훈련과 교회 탈퇴 현상은 직접적인 연관성이 있는 것으로 간주된다. 즉, 확고한 제자훈련 프로그램과 목회적 돌봄이 없는 교회들에서 사람들의 탈퇴 현상이 가장 두드러지게 나타난다. 탈퇴 현상의 원인은 교회가 요구하는 도덕적인 삶에 대한 압박감을 불쾌하게 여기는 새 신자들과 목회자와 지도자들 간의 재정적인 문제와 성적인 문제 등을 지적할 수 있다.

지도자 훈련

개신교가 직면하고 있는 가장 시급한 과제는 양적 성장에 따른 지도자 훈련이다. 신학교 집중 과정은 1960년대 선교사들이 채택한 당시의 최선의 방책이었다. 신학교 집중 과정이란 전통적인 신학교 과정이 아닌 기능적 대책이었다. 현재 100년 이상 운영되고 있는 교단

신학교들과 초교파 신학교들이 있다. 그리고 여전히 그들은 목회자, 선교사, 그리고 리더들을 배출하고 있다. 신학교와 함께 평신도 지도자들을 배출하는 성서유니온, 예수전도단과 같은 선교 단체들이 있다.

과거의 신학교 학위는 교회와 교단 내에서만 인정되는 학위였지, 라틴 아메리카의 교육청이 공인하는 학위는 아니었다. 이는 가톨릭 세력의 극소수였던 개신교에 대한 일종의 차별 대우였다. 이런 점을 감안한다면, 푸에르토리코는 스페인어권에서는 예외 사항이다. 그러나 얼마 전부터 국가의 공인을 받기 위하여 신학교 교육의 질적 수준을 향상하려는 움직임이 엿보이기 시작했다. 절대 다수와 상대적으로 세속화된 사회 속에서 이같은 인정을 받고자 하는 움직임은 충분한 공감대를 형성한다. 해방신학으로 저명한 코스타리카의 라틴 아메리카 신학교와 콜롬비아 메델린(Medellin) 소재의 신학교가 라틴 아메리카에서는 최초로 대학으로 인정을 받았다. 초교파적인 이 두 대학은 교육청의 인가를 받기에 이르렀다. 다른 교단 신학교들도 동일한 질적 수준을 향해 발돋움하고 있다. 그러는 동안 파라-복음주의 성향을 가진 초대형 교회들은 카리스마적 색채가 강하게 드러나는 자신들의 신학교를 세울 계획을 수립하고 있다. 어떤 교단들은 높은 수준의 지도자 교육의 필요성에 창조적으로 대응하고 있다. 하나님의 성회의 경우 라틴아메리카 전역에 단기 합숙 과정을 제공하고 있으며, 이 프로그램은 미국 미주리 주의 스프링필드 소재의 하나님의 성회 본부에서 주관한다. 크리스천 선교 협회(Alianza Cristiana y Misionera)는 단기 합숙 과정을 통해 코스타리카 아메리카 기독교 대학을 통해 석사 학위 과정을 제공한다.

지도자 교육에 대한 필요성에 따라 재력과 인력 협력을 위한 노력들이 대두되고 있다. 이와 같은 시점에서 왜 남 침례교 교단의 선교국이 신학교 교육에 손을 떼고, 이른바 미전도종족에 모든 재력과 인력을 투입하고 있는지 의심된다. 리더십의 부재라는 관점에서 보면, 지도자 교육이야말로 우리가 직면하고 있는 가장 시급한 과제라고 생각한다. 제도적 약점이 라틴아메리카 개신교의 특징이라고 할 수 있는데, 문화적 변화와 경제적 궁핍은 제도적 생명 유지의 가장 큰 적으로 대두되고 있다. 몇몇 전통적인 교단들의 경우, 세대를 초월하는 튼튼한 제도적 구축이 되어 있는 반면, 신생 교단들은 이같은 관점에서 힘겨운 씨름을 하고 있는 셈이다.

비오순절 교단으로서 페루에서 가장 크게 성장한 크리스천 선교 협회의 경우, 성공회 주교식의 정치적 제도를 도입할 것을 고려 중이라고 알고 있다. 카리스마적 교회는 상황적인 제도로 보이는 권위적인 리더십 모델을 채택하고 있는데, 이는 가톨릭 문화에 깊이 뿌리내린 권위주의적인 사제적 리더십과 연관성이 있다. 아르헨티나와 페루에서 나타난 일부 초대형 교회의 목회자들의 재정 및 성적 스캔들은 제도적 통제가 전혀 이루어지지 않는 권위주의적인 리더십이 얼마나 위험한가를 드러낸 단적인 예이다. 라틴아메리카의 여러 나라를 방문하면서 나는 다양한 교단의 수많은 목회자들과 대담을 나누었는데, 그들은 이구동성으로 권위주의적인 리더십을 행사해야 교회의 양적 성장과 재정적 안정성을 확보할 수 있으므로 많은 목회자들이 이같은 유혹에 넘어가는 것 같다고 말했다.

제도적 불안정성은 초교파적 연합을 무기력하게 만드는 또 다른 요인이다. World Evangelical Fellowship과 연관성이 있는 CONELA로 보수 교단 연합회는 소멸될 위기에 놓여 있다. CLAI 에큐메니칼 운동 연합회는 언론에 힘입어 존속하고 있다. ALC는 인터넷을 통해 라틴아메리카 전역에 교계 소식을 전하고 있다. 누에보 시글로(Nuevo Siglo) 월간지는 개신교인들에게 가장 훌륭한 시각을 제공하는 유일무이한 정보지이다. 또 다른 성공적인 정보지는 아뿐떼스 빠스또랄레스(Apuntes Pastorales)인데, 3개월에 일회 발행되는 국제 기독교 개발을 위한 목회자 정보지이다. 20년의 역사를 자랑하고 있는 이 정보지는 5만부가 발행되고 있으며, 라틴아메리카 전역에 배포되고 있다. 좁고 변덕스러운 라틴아메리카라는 시장을 감안한다면 대성공이 아니라고 할 수 없다.

교회와 정치적 삶

1959년 쿠바 혁명 직후 나타난 교회의 양적 성장과 사회적 불안은 정치-사회적 상황에 대한 라틴아메리카의 개신교의 영향력을 기대하는 분위기가 조성되었다. 세 가지 영역에서 의미심장한 사회적 충격이 가해졌음을 부인하기를 어렵다.

첫째, 가난과 압력으로 특징지어지는 사회적 상황이다. 대부분의 피해자들은 테러 집단과 정치적 폭력과 가정 파괴를 몸소 경험한 청소년들과 어린이들이다. 이에 대한 대책으로 교회와 선교 단체들은 재력과 인력을 투입함으로써 이들에 대한 대책을 마련했다. 라틴아메리카 선교 단체에서 시작된 레드 비바(Red Viva)는 라틴아메리카 전역에 있는 청소년 복지 기관과 이에 종사하는 사람들과 탁월한 네트워크를 구축하고 있다.

둘째, 원주민 지역의 교회성장은 복음이 삶의 질을 향상시키며, 주민들의 자생력을 강화시켜준다는 사실이 입증되었다. 세속적인 인류학자들과 사회학자들도 과테말라, 멕시코, 에콰도르, 페루, 볼리비아에서 이같은 사회적 변혁이 있음을 인정한다.

셋째, 비록 확실한 데이터가 결여되어 있지만, 대도시에서의 오순절 운동의 확산은 동일한 구속적 변화를 일으켰다. 오순절 운동은 가난한 자들이 대도시라는 정글에서 생존할 수 있도록 도왔다.

사회에서부터 정치에 이르기까지의 변혁은 당연하면서도 논리적인 발전이지만, 수십 년 동안의 개신교의 영향력은 부끄러움과 수치의 수준에 이를 정도로 우리에게 상당한 실망을 안겨주었다. 브라질 출신의 폴 프레스톤(Paul Freston)과 같은 학자들은 라틴 아메리카에 속한 나라 각국에서 여러 자료와 데이터를 수집하며 이같은 상관관계에 대해서 연구하였다. 경험에 입각한 거대한 스펙트럼 안에 행동에 근거한 두 개의 일반적인 라인이 있다.

과테말라의 경우, 에프라인 리오스 몬트(Efrain Rios Montt)나 호르헤 세라노 엘리아스(Jorge Serrano Elias)와 같은 카리스마적 개신교인들은 군사 혁명, 또는 선거 과정을 통해 정치적인 세력을 획득한 대표적인 이들이다. 몬트의 경우, 게릴라들과의 투쟁 과정에서 인디언 원주민 공동체로부터 적지 않은 저항을 받았다. 세라노 엘리아스의 경우, 정치계의 극도의 부패로 인하여 사직해야만 했다.

페루의 경우, 알베르토 푸지모리(Alberto Fujimori)가 정권을 잡고 있을 때 어느 한 침례교 목회자가 부통령으로, 그리고 여러 명의 개신교인들이 의원으로 선출되기도 했다. 그러나 군사 혁명을 통해 푸지모리 대통령은 부통령 제도를 폐지하고, 모든 의원들을 박탈시켰다. 재선을 통해 여러 명의 개신교 정치인들이 국회의원으로 선출되기는 하였으나 사회가 피부로 느낄 수 있는 어떤 형태의 정치적 변혁의 시도마저 사실상 이루어지지는 않았다. 개신교 정치인들은 기독교 사회 윤리적인 특징들을 공적으로 드러내지 않았다. 기본적인 정치 신념이나 비윤리적인 행동으로 그들은 비기독교인 정치인들과 같이 이기주의와 기회주의자들로 전락하고 말았다. 그럼에도 불구하고, 또 다른 물결이 일어나고 있음을 간과해서는 안 된다. 아르헨티나의 감리교인인 호세 미게스 보니노, 페루의 장로교인인 뻬드로 마라나, 콜롬비아의 하이매 오르티즈와 같이 전통적인 교단에 속한 정치인들은 자신들의 종교 신념에 따라 입법의 획기적인 변화를 일으켰다.

시간에 지남에 따라 더 많은 기독교인들이 정치계에 입문할 것은 자명한 일이다. 로시냐 가로띠뇨와 베네디따 다 실바와 같은 사람들은 브라질이라는 상황 속에서 이해되어야 한다. 왜냐하면, 브라질은 기독교인들의 정치 가담에 있어서는 선두주자적인 나라이기 때문이다. 그러므로 교회는 정치인들을 대상으로 목양할 것과 신학자들과 목회자들은 사회 정치 영역 속에서 개신교 신앙에 입각한 상황적인 윤리를 조율해야 하는 과제를 안고 있다.

한국교회는 10/40 창문지역과 동시어 중·남미권 복음전도에도 선교균형을 촉구해야 한다

편 집 부
www.acts.ac.kr

한국교회는 랄프 윈터Ralph D.Winter의 말을 빌려오지 않더라도 선교의 민주화라 부를 만큼 선교가 다양하게 퍼져 있습니다. 우리는 일생동안 항상 특별한 Window 10/40 지역과 더불어 지내게 될 것이고, 또한 그 개념을 점점 더 정리해 갈 것입니다. 대체로 창문지역 외에도 복음을 필요로 하는 지역이 엄청나게 많음에도 불구하고 10/40 창문지역에는 교회가 집중할 수 있도록 의도적으로 협력하고 있습니다. 거기엔 미·전도종족에 대한 열기와 종족 입양 운동과 신구 패러다임 이론 등 한국 선교학계에 끼친 서구 선교신학의 영향이 크다고 하겠습니다. 그렇지만, 세계선교를 향한 선교의 인적, 물적 자원의 균형을 이뤄가야 함에는 의문의 여지가 없을 것입니다.

창문지역에 대해선 성경 어디에도 없는 인간이 만든 것이지만, 그 지역의 우선권을 믿으면서 행동하려는 교회의 권위와 책임에 대해서는 누구도 논쟁할 수 없는 노릇입니다. 이것을 두고 선교학자 스탠 거쓰리Stan Guthrie는 "꼬리(창문지역)를 흔드는 개(선교에서 우선권을 설정하는 깃발처럼)의 모습"이라고 적절하게 평가를 한 적이 있습니다. 그런데 개가 꼬리를 흔들면 누구나 주목하게 됩니다. 그러나 한국교회의 세계선교에의 성숙과 풀어가야 할 미래지향적 안목은 오로지 균형 잡힌 선교에 있음을 인지해야 합니다.

이제 라틴아메리카를 보기 원합니다. 가톨릭교와 가톨릭 문화 속에 묻혀 있는 중·남미 대륙을 향해 유럽이나 미국 선교부에서조차 처음부터 기독교 국가들로 인정하여 선교해야 할 대륙으로서의 시급함(의무감)이나 부담을 느끼지 않고 있었습니다. 모두가 다 그러했던 것은 아니나, 1910년 에딘버러 선교대회(Edinburgh Missionary Conference)에서 영국 성공회의 강력한 주장에 의해 라틴아메리카는 선교지가 아님을 결정하였습니다. 그도 그럴 것이 주지하다시피 아프리카 선교와 아시아 선교가 더욱 막중했을 것이고, 이미 신대륙의 발견 이후 라틴아메리카에 세력을 다진 로마 가톨릭교는 반종교개혁의 기수들을 진출시키고서, 가톨릭교적 종교 강요를 강제 단행했으며, 가톨릭 식민정치 전략과 동시에 개신교의 진입을 핍박하며 무섭게 통제했기 때문이었습니다.

1492년 콜럼버스의 신대륙 발견은 가톨릭교 식민지 개척의 신기원을 이루었고, 반면 신대륙 발견 이후 종교개혁에 성공한 중부 유럽은 선교의 성경적 원리는 갖고 있었으나 구체적인 실천에 연약하여 로마 가톨릭교가 신대륙을 매섭게 선교할 즈음에도 가톨릭 선교를 우습게 여기는 우를 범하고 말았습니다. 그 후 미국에서 선교의 활기를 회복할 무렵에도 미국의 '먼로주의'(Monroe Doctrine)가 공포되어 유럽 세력이 서반구에 간섭하는 것을 막게 되었습니다. 먼로주의 시행으로 인하여 처음엔 미국 선교가 번창하는 듯 하였으나 점차 영국과 유럽선교회는 자연히 라틴아메리카 선교를 피하게 되었던 것입니다. 정치적 불간섭주의가 기독교 선교에 부정적 영향을 끼쳐왔으며, 오늘날 라틴아메리카 복음주의 교회들이 정치에 관심을 회복하기까지 무수한 세월이 흘렀음을 우리는 압니다.

따라서 이방인인 스페인과 포르투갈에 의한 그들의 문화 우월주의와 지배욕은 예수 그리스도의 진정한 구원신앙을 전파하지 않은 채, 이기주의와 현실주의를 양산시켰으며 결국은 올바른 성경적인 선교가 이루어지지 못했던 것입니다. 그런 가운데서 독립 이후의 라틴 아메리카 개신교 부흥은 순전히 자생적이며, 어떤 건전한 지도력이나 올바른 선교정신에 의한 모범적 교회운동보다는 은사 위주의 오순절 운동이 거침없이 일어나고 있었습니다. 현재 라틴아메리카 내 개신교회는 약 7천 만의 신도로 성장했습니다. 그 중 절반에 이르는 절대적인 수치가 브라질 신도들입니다.

하지만 그 환상적이면서도 혼합된 비신학적 배경이나 교회 정치 구조에 대해 누구 한사람 책임 있게 헌신하며 개혁을 주도해 가는 그룹이 나타나지 못했던 실정입니다. 피터 와그너Peter Wagner의 말대로 "당신이 오순절 교인이든 아니든 그들이 라틴아메리카에서 뭔가 옳은 일을 하고 있음"은 틀림없겠지만, 자생하며 성장한 교회의 희생과 추수의 분량이 너무나 넓고 크기 때문에 오늘날 선진국 선교 국가들도 이들을 바라만 보고 있는 형편입니다. 라틴아메리카의 종교 현상만을 보고하는 것으로 마치 세계선교를 수행하는 것처럼 보고서를 작성하는 선교부도 적지 않은 현실입니다. 라틴아메리카는 종교 다원주의화와 뉴-에이지와 종교적(혹은 기독교적) 현상학이 발달하고 이단들의 마지막 발붙일 대륙으로 발전(혼합주의를 역이용)되어 가는 황당함이 우리를 연민케 하고 오열하게도 만듭니다.

이제 라틴아메리카에 파송 받은 선교사들은 그가 어느 대륙 어느 나라에서 들어왔든지, 라틴권의 교회를 사랑하며 신학교육을 도우며 이들을 섬겨 가야 할 시대적 사명을 갖고 있습니다. 그러면서도 한국교회를 향해 세계선교의 균형을 위해 외쳐 대야 합니다. 한국교회는 이 시대 속에서 인적 파송과 물적 지원에 대해 균형을 이뤄갈 책임과 과제가 있습니다. 현재 라틴아메리카 총 26개국엔(중미 / 카리브 해협 / 남미 지역) 원주민 대상으로 사역하는 한국 선교사는 약 450여 가정, 대략 900여 명에 달합니다. 사실상 한국 전체 파송 선교사의 20분의 1에도 이르지 못하는 숫자입니다(한국에 알려진 대개의 통계치는 한인교회 목회자까지 포함하고 있습니다. 그 중엔 이미 수년 전 소천 받았거나 오래 전에 옮겨간 분들의 이름도 많이 나타납니다).

우리는 라틴아메리카에 대한 한국교회의 관심을 촉구하며, 라틴아메리카 내에도 선교(복음)의 창이 있음을 발견합니다. 라틴아메리카의 영혼을 향한 새로운 관심과 기도, 선교지 문화와 문명(아즈텍, 마야, 잉카) 및 언어연구, 아마존 유역과 안데스 산맥의 미전도 종족, 나아가 선교지 방문(여행) 정보 등 필요한 대로 언제든지 찾아주시기 바랍니다.

우리가 바라기는 한국교회가 라틴권 선교에 관해 보다 적극적인 자세와 관심으로 선교의 균형을 이뤄갈 것을 촉구합니다.

부 록 [4]

라틴아메리카 선교연구원(Latin America Research Center) 직제와 주요사역

원장 : 윤춘식 교수(D. Min., Ph. D.)

전담교수 : 이한영 교수(Ph. D.)

라틴아메리카 선교연구원 번역 위원 : 김동조 전도사, 유진상, 김해영 간사

재정부 : ACTS 선교실 위현숙 과장

* 라틴아메리카 5지역권 지역 연구위원

1) 중미 지역 : 김상돈, 손동식, 변홍근, 박명하, 민영진, 폴 서, 노상용 선교사

2) 카리브 해안 : 전재덕, 이철영 선교사

3) 안데스 북부 지역 : 김위동, 방도호, 정경석, 김재한 선교사

4) 안데스 남부 지역 : 임성익, 김종길, 정금태, 전명진, 장영관, 김용원, 장영표, 정상근 선
교사

5) 브라질 · 아마존 정글 지역 : 안승렬, 손성수, 김선웅, 이성전 선교사

* 라틴아메리카 연구원 후원이사회

　임채영 목사(서부 성결교회)

　김상돈 목사(과테말라 한인교회)

　김용훈 목사(워싱턴 열린문교회)

　황은철 목사(브라질 동양선교교회)

　이성우 목사(아르헨 시온교회)

　최주호 목사(아르헨 순복음교회)

　조봉현 목사(연대 한인교회)

　박영주 목사(삼일교회)

* 라틴아메리카 연구원의 주요 사역들

- 라틴아메리카 선교 정보교환과 자료 정리 : 지역연구, 종교 문화 역사자료 수집, 선교 사 파악과 사역소개, 한인 디아스포라교회 네트워크 구축 등
- 대학교 '라티노' 동아리 : 스페인어, 포르투갈어 연구, 복음주의 선교신학과 사역 번 역, 매주 기도회, 중남미 선교 정보파악 및 선교문서 구독, 커뮤니케이션, 라틴아메리 카 선교연구원 회지발간, 로마가톨릭교 및 지역 오순절 연구 등
- 선교세미나 개최 : 매년 1차 중남미와 스페인 등 스페인어권에서 사역하는 선교사들 중 안식년 차 한국에 입국한 선교사들을 위한 세미나 개최
- 국제 전략회의 : 1년 1차 중남미(라틴) 선교 전략회의 개최 [참여 대상자 - 현 지사역 10년 이상 된 원주민 선교사와 한인교회 목회자]
- 아카데미 협력사역 : 한국 내 이베로아메리카 연구소와의 선교 학술 정보교환과 협력 추구 ① 한국 라틴아메리카 학회 ② 서울대학 중남미 연구소 ③ 부산 외국어대학 이베 로아메리카 학회 등
- 라틴아메리카 「선교이론과 실제」관련 학술지 발행 : 2년 1차 라틴아메리카 선교 관 련 학술지 발행

* 라틴아메리카 선교연구원 홈페이지 ① www.acts.ac.kr (세계지도 남미 클릭)

② http://latintimes.adminschool.net

* 라틴아메리카 연구원을 위한 기도 제목

1. 라틴아메리카 연구원과 선교지원팀을 위해 (원장, 교수, 팀장, 간사, 후원이사회, 동아리 ....)
2. 라틴아메리카 선교전략회의 5지역권 연구위원들을 위해
3. 라틴아메리카에 파송된 500여 가정의 한국 선교사들을 품게 해 주소서
4. 서부성결교회 라틴아메리카 연구원 협력선교팀을 위해
5. 라틴아메리카 선교정보와 자료 정리, 선교 학술지 발간

6. 매년 정규 라틴아메리카 영혼 구령(26개국)을 위한 국제 전략회의와 국내 세미나 개최가 하나님 은혜 안에서 순조롭도록

7. 기타 제목들

부 록 [5]

라틴아메리카 선교와 교육 · 문화 관련 웹 사이트

❖ 라틴아메리카 미션 (한) : http://latintimes.adminschool.net

❖ 라틴아메리카 미션 (영어) : www.lam.org/~11k

       (스페인어) : www.comibam.org

❖ 가톨릭교회 미션 (영어) : http://casahistoria.net/jesuitamerica.htm~142k

       (스페인어) : http://www.biodiversidadla.org

❖ 아세아연합신학대학교 라틴권연구소 : http://www.acts.ac.kr (남미 지도 클릭)

❖ 남미 선교사 자녀학교 1 (Carachipampa School) : http://sim.org/ccs

❖ 남미 선교사 자녀학교 2 (Santa Cruz Learning Center) : http://scclc.org

❖ 라틴아메리카 가톨릭 선교 (스페인어) : http://www.biodiversidadla.org

       (영어) : http://www.casahistoria.net/jesuitamerica.htm~142k

❖ 라틴아메리카 선교 (스페인어) : 0http://www.comibam.org

       (영어) : http://www.lam.org/~11k

❖ 라틴아메리카 교육 선교 (영어) : http://sim.org/ccs

❖ 라틴아메리카 종교와 선교 사이트 (영어) : http://www.providence.edu/las

❖ 텍사스주립대학교 라틴아메리카연구소 (영어) : http://lanic.utexas.edu

❖ 콜럼버스가 신대륙을 발견한 후 쓴 선교서신 (스페인어) :

       http://ensayo.rom.uga.edu/antologia/ⅩⅤ/colon

❖ 안데스 문화와 선교 (영어) : http://www.andes.org

❖ 라틴아메리카 종교와 선교 사이트 (영어) : http://www.providence.edu/las

❖ 텍사스주립대학교 라틴아메리카연구소 (영어) : http://lanic.utexas.edu

❖ 콜럼버스가 신대륙을 발견한 후 쓴 선교서신 (스페인어) :

       http://ensayo.rom.uga.edu/antologia/ⅩⅤ/colon

❖ 안데스 문화와 선교 (영어) : http://www.andes.org

❖ 한국 라틴아메리카 학회 (한) : http://www.mecrosul.co.kr

❖ 서울대학교 중 · 남미연구소 (한) : http://plaza.snu.ac.kr/~iberoam

❖ 부산 외국어대학교 이베로 · 아메리카연구소 (한) : http://saejo.pufs.ac.kr/~ibero